北京大学国际汉学家研修基地学术丛刊
乙编 第六种

丛刊编委会
主编：袁行霈

编委（按汉语拼音音序排名）：
程郁缀　傅　刚　刘玉才　潘建国
齐东方　荣新江　沈乃文　王　博
徐　俊　袁行霈　张志清

Marco
Polo
Was
in
China

马可·波罗到过中国

货币、食盐、税收的新证据

[瑞士] Hans Ulrich Vogel 傅汉思 著
党宝海、马晓林、周思成 译

北京大学国际汉学家研修基地学术丛刊

北京大学出版社
PEKING UNIVERSITY PRESS

著作权合同登记号　图字 01-2016-2157

图书在版编目（CIP）数据

马可·波罗到过中国：货币、食盐、税收的新证据 /（瑞士）傅汉思著；党宝海，马晓林，周思成译．—北京：北京大学出版社，2022.5

（北京大学国际汉学家研修基地学术丛刊）

ISBN 978-7-301-32982-5

Ⅰ.①马…　Ⅱ.①傅…②党…③马…④周…　Ⅲ.①社会生活 – 历史 – 研究 – 中国 – 元代　Ⅳ.① D691.9

中国版本图书馆 CIP 数据核字（2022）第 057535 号

Original English version of *Marco Polo Was in China* by Hans Ulrich Vogel © 2013 by Koninklijke Brill NV, Leiden, The Netherlands. Koninklijke Brill NV incorporates the imprints Brill | Nijhoff, Hotei and Global Oriental. The Chinese version of *Marco Polo Was in China* is published with the arrangement of Brill.

英文原版：博睿学术出版社（BRILL）　地址：荷兰莱顿　网址：http://www.brillchina.cn

书　　　名	马可·波罗到过中国：货币、食盐、税收的新证据 MAKE·BOLUO DAOGUO ZHONGGUO: HUOBI、SHIYAN、SHUISHOU DE XIN ZHENGJU
著作责任者	[瑞士]傅汉思（Hans Ulrich Vogel）著　党宝海　马晓林　周思成　译
责任编辑	张　晗
标准书号	ISBN 978-7-301-32982-5
出版发行	北京大学出版社
地　　　址	北京市海淀区成府路 205 号　100871
网　　　址	http://www.pup.cn　新浪微博:@北京大学出版社
电子信箱	pkuwsz@126.com
电　　　话	邮购部 010-62752015　发行部 010-62750672　编辑部 010-62750577
印　刷　者	北京中科印刷有限公司
经　销　者	新华书店 650 毫米 ×980 毫米　16 开本　36 印张　725 千字 2022 年 5 月第 1 版　2022 年 5 月第 1 次印刷
定　　　价	128.00 元

未经许可，不得以任何方式复制或抄袭本书之部分或全部内容。

版权所有，侵权必究

举报电话：010-62752024　电子信箱：fd@pup.pku.edu.cn

图书如有印装质量问题，请与出版部联系，电话：010-62756370

"北京大学国际汉学家研修基地学术丛刊"
总　序

袁行霈

夫往来交聘，诸国所以通有无；转益多师，学者所以广见闻。昔博望西使遂开丝路，罗什东来而兴佛法。方今国学盛于内，汉学盛乎外，连枝之学，枝叶交错，耆宿新秀，相得益彰，中华文明之恢弘气象，由此可见一斑。

岁在丁丑（公元2009年），北京大学始建国际汉学家研修基地。延四海之宾，访八方之书，俾宏达之士，咸集大雅之堂，藉以会通东西之优长，发学术之奥义。《诗》曰："嘤其鸣矣，求其友声"，盖基地之旨归也。

基地初建，即创刊《国际汉学研究通讯》，承各方学者不弃，内容日丰。然亦有《通讯》未能悉载者，遂另行编辑"北京大学国际汉学家研修基地学术丛刊"。"丛刊"分甲乙两编。甲编曰"研究编"，收录汉学研究论著，发前人之所未发，堪称一家之言者。乙编曰"资料编"，前贤未刊之稿，史志失载之册，或其他珍贵资料，加以董理，以飨学人。

"丛刊"初创，体例未备。愿诸君于指瑕之馀，惠赐佳构，非仅吾侪之愿，亦学界之幸也！

献给我的妻子,医学博士,研究耶稣会士与汉、满医学跨文明相遇的历史学家白雅诗(Beatriz Puente-Ballesteros)——为了她的爱、鼓励和支持。

谨以本书纪念伟大的德国汉学家,元代经济、社会、政治、文化史专家傅海博(Herbert Franke,1914—2011)。

目 录

序 一	伊懋可 / I
序 二	梅纳尔 / IV
作者自序	VI
致 谢	IX
转写与体例	XII

第一章 导 论 1
　第一节　本书的结构和内容 2
　第二节　研究途径与方法 6
　第三节　关于"马可·波罗到过中国"的正反方意见 8
　　第一小节　该书的作者 10
　　第二小节　抄本流传的复杂性 13
　　第三小节　该书的性质、文体、写作目的、被接受的状况 17
　　第四小节　旅程与数据信息 28
　　第五小节　汉语地名的波斯语译写 31
　　第六小节　汉、蒙古文明与文化的诸方面 34
　　第七小节　忽必烈官廷中的"拉丁人" 53
　　第八小节　参加襄阳围城战 53
　　第九小节　在扬州的长官职位 54
　　第十小节　波罗一家的使命 55
　　第十一小节　波罗一家与汉文资料 59
　　第十二小节　从中国返回 64
　　第十三小节　象征权力的金牌 66

第二章　元代的纸币 71
第一节　马可·波罗所记元代纸币（1275—1291）......82
第二节　中世纪其他西方、波斯和阿拉伯作家论元代纸币......84
第三节　1294年波斯地区元朝式纸币的短暂发行......87
第四节　元代（1271—1368）关于纸币的汉文记载......91
第五节　元代纸币：马可·波罗的叙述与汉文史料之比较......153

第三章　云南和东南亚流通的贝币 167
第一节　马可·波罗所记贝币（1275—1291）......169
第二节　汉文史料所记元代云南贝币（1271—1368）......172
第三节　云南贝币：比较马可·波罗所记与汉文史料......192

第四章　云南、土番的盐生产和盐币 195
第一节　马可·波罗所记云南盐生产（1275—1291）......196
第二节　马可·波罗所记土番和建都的盐币（1275—1291）......207
第三节　汉文史料所记盐币（8世纪末至20世纪中叶）......216
第四节　云南盐坊生产的盐的形制（18世纪早期）......223
第五节　盐币：马可·波罗与汉文史料的比较......227

第五章　长芦和两淮的盐生产、盐税和盐贸易 239
第一节　马可·波罗所记长芦盐生产技术......240
第二节　马可·波罗所记两淮盐生产和分配......244
第三节　马可·波罗在扬州任过官吗？......250

第六章　杭州及其辖区的赋税收入 262
第一节　马可·波罗的百万：盐税......263
第二节　马可·波罗所记年度税额......272
第三节　《寰宇记》所记商税......280
第四节　马可·波罗所记泉州海外贸易税......281

第七章　元朝的行政地理区划 285

第八章　结　论 297

附录1 马可·波罗书抄本和印本中关于元朝制造和使用纸币章节的
选编 303
附录2 其他西方、波斯和阿拉伯著作家所记中国纸币生产、使用
以及盐课的段落汇编 313
附录3 威尼斯钱币 345
附录4 威尼斯的称重单位 *libbra* 和 *saggio* 349
附录5 *miskal* 的重量 350
附录6 波斯制度中的 *balish*、*sum*、*miskal* 和中国制度中的锭、两、钱
以及马可·波罗的 *saggi*、*grossi* 之关系 352
附录7 马可·波罗书最重要的抄本和印本中关于中国盐币、食盐生产
和盐课段落的选编 361
附录8 表3、表27 401

书　目 419
索引凡例 529
人名索引 530
地名索引 536
书名索引 540
专题索引 543
译后记 552

序 一

伊懋可（Mark Elvin）
牛津 圣安东尼学院

史料的真实性已经成为独特的现代史学的基础。我推测，尽管不一定是最早的，但最能代表现代性这一侧面的实例，也许是伟大的意大利人文主义者洛伦佐·瓦拉（Lorenzo Valla）于1440年撰写的广为人知的《论伪造的君士坦丁圣赐》（*De falso credita et ementita Constantini donatione declamatio*）。他书名中的几个关键词具有多重含义，很可能是有意而为的。不过，或许在当时最能传递它语义的翻译是《对被错误相信，但为伪造的君士坦丁捐献的抗议公告》（*A notification of protest concerning the erroneously trusted but forged Gift of Constantine*）。① 在论辩中，瓦拉指出，广为人知的、所谓君士坦丁大帝把西欧大部分世俗权力和很多其他特权献给天主教会，献给教皇西尔维斯特（Sylvester），是非常令人难以置信的。正像我们现在能够理解的那样，比起彬彬有礼的具有学者风度的论证，书中的论辩时常更像是人性火山的喷发，除此之外，在运用历史语文学、史学论证法方面，瓦拉也表现出大师般的机敏，他还考虑到与值得关注的、接近那个时代的绝大部分帝国晚期史料所提供的状况一致性的需要，实际上，文中甚至包括实物证据，如捐赠书完全没有提到能够表明或暗示教皇对旧帝国西半部具有宗主权的钱币。这样，他揭示了所谓"君士坦丁献土"实际上肯定是8世纪的伪造。② 总体而言，《抗议公告》（*Declamatio*）是方法论上的创新之作。它是最早的经典，展示了如何进行颠覆

---

① 关于术语 declamation（译者按，相当于意大利文标题中的 *declamatio*），见 Jan Frederik Niermeyer and C. van de Kieft, revised by J. Burgers, *Mediae Latinitatis Lexicon Minus*, Brill: Leiden, 2002, p. 404。（译者按：8世纪，天主教罗马教廷伪造了一份文件，内容是4世纪罗马帝国君士坦丁大帝为了答谢罗马主教治好他的麻风病，决定迁都君士坦丁堡，而把整个西罗马帝国献给罗马主教。该文件又被称为《君士坦丁献土文书》。1440年，精通希腊文、拉丁文的意大利人文主义者洛伦佐·瓦拉通过精密考证，得出确凿结论：这份文书是天主教教会伪造的。）

② 见 Christopher Coleman, *The Treatise of Lorenzo Valla on the Donation of Constantine: Text and Translation into English*, Yale University Press: New Haven CT, 1922。

性的研究（demolition）。

不过，就瓦拉工作的总体难度而言（我们还应当提及，在这种看似该受天谴的抨击中，他所要面对的个人危险），在智识的意义上，他的工作相对简单。图宾根（Tübingen）大学傅汉思（Hans Ulrich Vogel）教授现在的这部著作，体现了审慎、博学的严谨，具有丰富的细节和繁密的信息，对多种语言和文化有深刻把握，完成了正、反两方面更多的要求，即通过一个接一个详细而精确的例证，论证了关于中世纪后期马可·波罗《寰宇记》（Le devisament dou monde）①广泛真实性的最终的、无法抗拒的可能性。《寰宇记》是13世纪后期马可·波罗在东亚，尤其是在中国旅行的记录，它是将前近代欧洲与中国历史连接在一起的所有作品中最伟大的著作。这部著作有多种差异显著的版本：不同抄本所提供的内容并不总是相同的；在术语的使用上存在着一些关键的分歧，如马可在扬州城的一段时期曾行使过至少某种程度上的政治权力（seignora），还是仅仅在那里逗留了一段时间（séjourna）；在书的叙述中至少存在着一些明显的中断，尽管它们的大部分可以容易地得到解释。显然，谨慎是必须的，那些在过去甚至是最近对这部书提出各种根本质疑的人，尽管是错误的，但通常并不是漫不经心的或愚蠢的。

除了论辩方式外，傅汉思恰当地使用了瓦拉曾采用过的所有分析方法，他的关键方法是把波罗主要抄本中的内容逐项地与最权威的汉文官方、私家著述中提到同样事物的内容进行比较，它们的绝大部分是波罗在欧洲口述了他的著作数年之后，才进入公共领域的，具有最大限度的广泛独立性。无论如何，波罗不能阅读汉文。在很多事例中，从任何意图和目的而言，两者对应的精确性都是完善的、良好的。对于那些需要进行统计分析的事项，傅汉思通常不得不非常审慎，在指出几乎每个事例中常用的"数量等级"（magnitude）相同时，他对自己的表述进行了限定。在少数特别复杂的例子中，尤其是那些涉及多种译本中久已废弃的价格、重量单位时，至少估算的最大值和最小值的范围都有交集。换言之，各种不一致通常更多地被视为误差，而不是或多或少的夸张。另一个重要方面是，傅汉思指出，在大量的事例中，波罗对实物的讲述非常准确，如元朝印刷的纸币，通常它们只是在最近才被考古学家们所发现。非常可敬的是西方蒙古学家中的老前辈罗依果（Igor de Rachewiltz），他在《中亚研究》（Zentralasiatische Studien）杂志（尤其是出版于1997年的第27期）中阐述了一些深刻的创见，特别是指出，马可·波罗对蒙古统治者的婚姻外交政策具有惊人准确的了解。除此之外，没有任何一项研究能像本书这样，如此坚定地阐

---

① 这是法语意大利语混合语（Franco-Italian）本的书名。

明了以下观点：把这部书各部分所汇集、提供的有用资料作为一个整体加以估量，毋庸置疑的是，这位威尼斯旅行家的绝大部分知识肯定要么是第一手的，要么来自那些自身就非常了解中国事务与中国实际的消息提供者。作为一个整体，这一研究课题现在已经终结。

我是一个中国经济史和环境史学家，就我个人而言，对我们这些曾经或者依然在这两个领域从事研究的人来说，这部著作关键的贡献是增强了我们对波罗之书的信心——基本上它是可信的，如果小心地加以利用，在广泛的情况下，它可以被视为严肃的、可靠的，尽管显然并非总是最终的证据。第二个只是稍显次要的贡献是，在有关蒙古经济和财政制度的货币流通方面，在这一时期食盐的生产、价格和销售区域方面，它给我们的工作提供了前所未有的丰富细节，大部分都是新的，尤其是它为我们提供了一幅关于蒙古政权税收的具有清晰解析度的新画面。

这部书的写作清晰而审慎，它提供了大量信息，对于那些致力于准确地在更广的维度上重建中古中国历史，同时又能用重要的细节来支持其重构的严肃历史研究者而言，他们必定会在今后很长一段时间里怀着极大的赞赏之心来借鉴这部著作。

最后，我要补充的是，在史学方法上，这是新的典范之作。如果允许我做片刻的想象，我猜测即使是瓦拉本人和我们一起读到它，也必定会留下深刻的印象。

序 二

梅纳尔（Philippe Ménard）
巴黎 巴黎大学（索邦）

图宾根大学教授傅汉思先生发表过关于中华帝国经济和货币的大量论文和一部重要的专著《古代中国的食盐生产技术》（*Salt Production Techniques in Ancient China*, Leiden, Brill, 1992），已经引起了中世纪史研究者的很大重视。《马可·波罗到过中国：货币、食盐、税收的新证据》（*Marco Polo* Was in China: *New Evidence from Currencies, Salts and Revenues*）一书为解读马可·波罗的著作带来了新的、值得重视的信息。由一位卓越的汉学家重新研究《寰宇记》，并为我们提供关于这部著名作品的大量事实和观点，对于中世纪史的研究者来说是一件大好事。在 2006 年，懂汉语的何史谛（Stephen G. Haw）出版了《马可·波罗的中国》（*Marco Polo's China*），重点关注这位旅行家经行的地域以及他耳闻目睹的各地物产和生物。不过，他利用的是高第（Cordier）和韩百诗（Hambis）的两种翻译本，没有依据各种原始的版本，他的评论也是简短的。这部著作也完全没有涉及财政问题。傅汉思先生不辞辛劳地检验马可·波罗之书的可信版本，实在值得赞赏。

在这部 600 多页的著作中，傅汉思先生极大地丰富了我们关于马可·波罗时代真实经济状况的了解。《寰宇记》几个版本中涉及纸币的内容，从来没有得到过如此细致和巧妙的研究；对于在云南省和邻近地区的某些边远地方作为货币使用的盐和称作"宝贝"（porcelaine）的贝壳，情况也是如此。威尼斯旅行家对于这些不同种类货币的生产和流通作出了极为准确的描述。用桑树的树皮制造纸币，这让他既惊讶又钦佩。傅汉思先生指出，马可·波罗书中提供的所有的细节都是完全真实的。

在题为"元代的纸币"的很长一章中，这部著作为我们提供了一个关于 1275—1291 年间，即马可·波罗时代，纸币使用状况的详尽研究。纸币是中国一项很古老的发明，在宋代就已出现。不过，通过实行彻底取消一切金属货币的禁令，皇帝忽必烈汗进一步推动了纸币的使用。外国商人也不得不遵行禁令。

皇帝独占所有的黄金、白银。

　　大量有用的附录使本书的内容更为丰富。附录刊布了马可·波罗书中涉及纸币的内容，编辑了不同西方著作家涉及货币事务的段落[准确引用了乔丹·卡塔兰·塞韦拉克（Jordan Catala de Severac）和鄂多立克·波代诺内（Odoric de Pordenone）的著作]，介绍了威尼斯本地的货币、波斯与中国货币单位的换算、用作货币的食盐和贝壳的相关史料。书中还配有大多数鲜为，甚至不为研究者所知的大量插图，这是此书的另一大贡献。对大汗所征税收和马可·波罗所述某些相关细节的考察表明，这位威尼斯旅行者掌握可靠的信息。他可能曾经担任过监督官或管理者[这是伯戴克（Petech）的看法]，拥有在食盐、香料、丝绸贸易中向大汗缴纳贡赋的官方资料。如果不是事先目睹财政记录，没有人能够编造这些数据来夸夸其谈。要了解中国南方大城市（尤其是杭州）的概况，对相关行政机构所做记录有所了解是非常必要的。

　　傅汉思先生的著作不只是对马可·波罗专家有用。它对一般的中国史、东方史研究者也大有裨益。它使我们更好地了解某些商业贸易，它提供了关于古代文明社会最重要的必需品食盐在云南生产的第一手资料，也提到了藏族地区的盐币。作者不仅仅对《寰宇记》中涉及货币的问题进行彻底的考察，还对马可·波罗书的多个版本做了值得重视的梳理，另外，他刊布了非常重要的参考文献目录，不仅包括欧洲主要语言的研究成果，还包括中国和日本学者的论著。重要的是，我们应该知道，在货币形制上，马可·波罗的记述与遗存资料和中国的官方记载完全一致。正如作者正确指出的那样，毫无疑问，马可·波罗到过中国。

作者自序

马尔蒂尼神父（译者按：意大利人，汉名为卫匡国）给出了每个省向皇家金库贡纳的细节，把这种税收提高到更大的金额。这种夸大也曾使波罗先生获得了马可百万（Marco Millioni）的绰号。[①]

正如我们将要看到的那样，由于这部著作要讨论通货、食盐和税收，因而会涉及货币的巨大金额，以讨论马可·波罗（1254—1324）的绰号"百万"（il Milione）作为开篇是恰当的。关于它，已经有几种解释。在19世纪的早期，乔凡尼·巴蒂斯塔·巴尔代利·博尼（Giovanni Battista Baldelli Boni, 1766—1831）认为它源于艾米利亚（Emilia）省的名字，因而出自"Emilione"一词，用这个绰号可以把马可·波罗和他家族中的其他马可们区分开。[②] 博莱斯拉夫·杰斯尼亚克（Boleslaw Szceśniak）认为，这个绰号属于旅行家马可·波罗的一位伯父，即速达奇亚的老马可·波罗（Marco Polo *lo grando* of Soldachia），后来由这位马可传给了他的儿子老尼古剌（Nicolo *lo grando*）。此外，他认为这个绰号由雅各布·阿奎（Jacopo d'Acqui）和其他人错误地安到旅行家马可·波罗身上。[③] 不过，在最近的一篇论文中，马可·波扎（Marco Pozza）指出，"百万"的绰号的确是用来指旅行家马可·波罗的，这个名字在1319年8月1日"仁慈的圣母玛利亚"（Santa Maria della Misericordia）公会的一份名单中已经出现。尽管实际上老马可·波罗和他的儿子老尼古剌也有这个绰号，但是

---

① 法国国家图书馆，新获文献（NAF），7482，Renaudot Sinica 收集品（17到18世纪耶稣会佚名作者的陈述），91页背面。我感谢白雅诗（Beatriz Puente-Ballesteros）让我注意到这段文字。

② 参考 Boleslaw Szceśniak, "Marco Polo's Surname 'Milione' According to Newly Discovered Documents," *T'oung Pao*, 48.4/5 (1960), pp. 447–449; Folker E. Reichert, *Begegnungen mit China: Die Entdeckung Ostasiens im Mittelalter*, Sigmaringen: Thorbecke Verlag, 1992, p. 143。

③ Szceśniak (1960), p. 452, 又见 Igor de Rachewiltz, "Marco Polo Went to China," *Zentralasiatische Studien*, 27 (1997), p. 69。

1319 年行会名单中提到的"马可·波罗百万"（Marco Polo Milion）只能是指马可·波罗本人，因为他的伯父马可在 1305 年或 1306 年已经去世。①

除了这些非常审慎的解释外，还有另一种大体同时存在的，更具有贬损性质的传统说法，即把"百万"和财富、金钱方面联系起来。例如，编年史《世界图像》（Imago mundi）没有署名的作者雅各布·阿奎教士认为，它的出现是由于到东方旅行的波罗等人（马窦、尼古剌、马可）是百万富翁。乔凡尼·巴蒂斯塔·剌木学（Giovanni Battista Ramusio，1485—1577）解释说，它来自马可·波罗生动讲述的大汗数量令人难以置信的税收。② 上文引用的佚名文献已经清楚地说明，"百万"实际上被用作马可·波罗的一个并非很恭敬的绰号，因为人们认为，他夸大了大汗忽必烈（1215—1294）征收税赋的数量。③

在本书中，通过讨论货币、食盐、税收等专题，包括其他方面，我将会指出，马可·波罗不应当得到这种贬损性的绰号。事实上，在本书中将澄清的一个重要问题，是马可·波罗提到的大汗在杭州（行在城/Kinsay）收取税赋的真实性。通过利用文献资料和遗存实物中获取的数据，通过不同货币之间进行换算，我能够论证：马可·波罗的数字是有意义的，并不是为了夸大大汗的税收，将其吹嘘成"百万"而进行空想的结果。

本书是几年前开始的一项附属研究的成果。开始是计划发表一篇论文，只讨论《寰宇记》④中涉及的盐业管理、食盐生产、盐币、盐税等方面，几年过去，事情变得愈发清楚了，为了能够得到更为完整、可信的历史图景，贝币、元朝纸币等货币以及其他种类的税收也必须考虑进去，它的内容便扩大成书了。在不断增长的兴趣和令人兴奋的热情的推动下，这项研究最初设定的主题在很大程度上得到扩展。对本书的扩充和完成得益于 2009 年 8 月我在北京为时一个月的研究以及 2010 年我在鲁汶（Leuven）度过的部分学术休假。我对古代中国货币、财政、盐业、度量衡历史的长期研究工作无疑促进了本书的完成。多年来在这些领域所积累的经验使我能够对马可·波罗涉及元代货币和财政史复

---

① 见 Marco Pozza, "Marco Polo Milion: An Unknown Source Concerning Marco Polo," *Mediaeval Studies*, 68 (2006): 285-301, 特别是 pp. 288-289。Marco Pozza 的论文也是白雅诗提示我的。

② 见 Giovanni Battista Ramusio, *Navigazioni e viaggi*, ed. by Marica Milanesi, Torino: Giulio Einaudi, 1980, vol. 3, p. 30: "为何他一遍又一遍不断地讲述大汗的伟大……把一切说成数以百万计，导致得到马可百万先生（messer Marco Millioni）的绰号。"

③ 又见 Marina Münkler, *Erfahrung des Fremden: Die Beschreibung Ostasiens in den Augenzeugenberichten des 13. und 14. Jahrhunderts*, Berlin: Akademie-Verlag, 2000, pp. 123-124。

④ 《寰宇记》（*Le devisament dou monde*）是法意混合语抄本的书名，通常缩写为 F。它被认为是马可·波罗之书最古老、在很多方面最完整的版本。由于这一结论引申出的各种观点对我来说是可信的，在本书中，除非另做提示，我使用的基本上是这个法意混合语抄本。

杂课题的那些内容有新的审视。具体成果在这部书中得到体现，它是对马可·波罗研究的一个贡献，从而在更广义上，有助于从历史视角考察不同文明的相遇。此外，它也有望推动今后的批判性研究，即把文献资料和遗存文物所提供的信息与日本、中国、西方所取得的研究成就整合在一起。稳健地把握对原始资料的研究、对具有不同来源和文化背景的二手文献的研究，构成了全方位研究途径的基础。毫无疑问，即使是在像马可·波罗研究这样久已存在的领域，这种研究方法的高效性也会带来新颖而出人意料的成果。

致 谢

居住在莫卧儿（Mogor）宫廷的神父们写信给他们在印度的教会兄弟，提到了萨拉森人称作"契丹"（Cathay）的著名帝国。在欧洲，这个名字最早经由威尼斯人马可·波罗的著作而为人所知，但是，经过几个世纪，它被人们遗忘到这种程度，以至于现在几乎没有人相信这个地方的存在。①

我的早期研究成果曾在多个工作坊、学术会议和公共讲座中做过介绍。以时间为序，它们是：2006年5月19—20日，图宾根大学中韩学系，德国科学基金会（DFG）596研究组"1600—1900年中国与东亚的货币、市场和财政：地方、区域、国家与国际的维度"，I.4 工作坊；2007年4月9日，合肥，中国科技大学；2007年5月21—22日，东京大学山上会堂，东洋文化研究所，"对四分之一人类货币历史的研究与货币真实性质的再研究"工作坊；2007年10月26日，图宾根大学，亚洲与东方研究所，"图宾根亚洲与东方研究之夜"；2007年11月10日，卡尔斯鲁厄工商协会，2007年德中协会创建50周年研讨会；2008年4月3-6日，美国佐治亚州，亚特兰大，亚洲研究会2008年年会，第142组，"中国货币史与传统货币理论的缺陷"；2008年7月9日，斯图加特，林登博物馆；2008年12月4日，苏黎世大学，东亚研究所；海德堡大学，卡尔·雅斯贝尔斯中心，"出于在中国与欧洲间研究和教学的愿望"——纪念鲁道夫·瓦格纳（Rudolf G. Wagner）教授执教最后一学期研讨会；2010年12月6日，图宾根盐仓（Salzstadel），图宾根德中友好协会讲座。我感谢这些会议参加者和讨论者们，他们建设性的、有益的评论，在本书中已经尽可能地予以考虑。图宾根大学中韩学系2010/11年冬季学期开设了马可·波罗讨

---

① Louis J. Gallagher, *China in the Sixteenth Century: The Journals of Matthew Ricci: 1583–1610*, translated from the Latin by Louis J. Gallagher, S.J., with a foreword by Richard J. Cushing, D.D., L.L.D., Archbishop of Boston, New York: Random House, 1953, p. 499.

论课，在 2011 年夏季学期有元史讨论课，我要感谢我的学生们对课程积极而富有建设性的参与。

要特别感谢对这项研究工作给予经费支持的几家机构。应当首先提到的是德国科学基金会，他们慷慨支持了 596 研究组的"1600—1900 年中国与东亚的货币、市场和财政：地方、区域、国家与国际的维度"项目，在这一资助框架中，还为我提供了一个学期的特别研究性休假，使我能够在 2010 年 3 月到 10 月在鲁汶停留，在此期间，我得以利用部分假期时间加快完成我的马可·波罗研究和进行书稿的撰写。我要特别感谢鲁汶天主教大学 Nicolas Standaert 教授，他为我提供了办公场所和各种便利，使我能够脱离行政与教学方面的大量各种日常职责和杂务，有效率地推进我的工作。2009 年的夏天，我有一个月的时间留在北京进行研究，在那里我能够获取重要的中文原始资料和二手文献，我非常感谢慕尼黑马普协会（the Max-Planck Society）和北京中国科学院所提供的资助。博睿出版社的工作人员 Alfred Hoffstadt, Patricia Radder 和 Rachel L. Crofut，尤其在手稿的编辑和排版过程中，不断地鼓励我。关于索引，我还仰仗 Anne Holmes 和 Rod Rudnick（缅因州诺布博罗）专业的帮助。另外，巴登－符腾堡州和中华人民共和国协作促进会（Baden-Württemberg Association for the Advancement of Cooperation with the People's Republic of China）和图宾根大学协会－图宾根大学之友联合会（University Band—Association of the Friends of the University of Tübingen）慷慨地为我提供了编制索引所花费的大部分费用。

一些朋友、同事和合作者为我提供了重要的补充材料，或是为我的进一步阅读提出了宝贵的建议。他们是图宾根大学中韩学系的 Peter M. Kuhfus、Achim Mittag、Alexander Jost、Chen Hailian、曹晋、Ulrich Theobald，欧洲北京大学中国研究中心的 Matthias Niedenführ 以及鲁汶天主教大学文学院汉学系的 Beatriz Puente-Ballesteros、Ad Dudink 和 Noel Golvers。Alexander Jost 还为我尽可能地查阅了波斯、阿拉伯作者关于元朝纸币的一些记载，向我提供了一些已经收入本书的原始文献。我们系的两位学生助理 Johann Wong、Patric Dujardin 以及我们的图书馆员 Thomas Gaiser 提供了很大支持，坚持不懈地为我提供我们大学图书馆和我们单位所没有的书籍和论文的复印件。在我的工作单位，我还要借助另外两位研究生 Katharina Markgraf、Ailika Schinkothe 的帮助，他们帮我进行书稿的编辑工作，还为我提供了高质量的插图和相应的版权。图宾根大学地理系的 Stefan Dieball 和 Hans-Joachim Rosner 为本书绘制了多幅美观而有益的地图。第四章英文稿的修订，我最初得到了 Nanny Kim（海德堡大学中国研究所）的协助，后来，所有其他章节乃至最后文稿的修订任务都由

Anthony Green（新西兰，克莱斯特彻奇市）接手。对于以下学者我要致以特别的感谢：黑田明伸（东京大学东洋文化研究所）、Arturo Giraldez（太平洋大学国际研究学院）、Peter Bernholz（巴塞尔大学经济学与商学中心）、罗茂锐（Morris Rossabi，哥伦比亚大学韦瑟赫德东亚研究所）、梅纳尔（Philippe Ménard，索邦－巴黎大学）和伊懋可（Mark Elvin，牛津圣安东尼学院和澳大利亚国立大学），他们阅读了书稿，提出了广泛的评议，从而为我进一步的反思和阐述提供了重要的建议与设想。伊懋可教授和梅纳尔教授还为本书撰写了序言，他们在文中从各自专业的角度，阐明了马可·波罗研究延伸出的重要性。在书稿修订的最后阶段，我尽力在可行和可能之处，顾及上述同行所提出的一切建议。

转写与体例

对汉文的转写，采用拼音系统；对日文，采用赫伯恩（Hepburn）转写系统。对波斯文和蒙古文的术语，我基本遵循罗茂锐（Morris Rossabi）在他的著作 *Khubilai Khan: His Life and Times*（Berkeley and Los Angeles: University of California Press, 1988）中的规则。皇家亚洲协会有一个较早的转写系统，后来有已故田清波（Antoine Mostaert）创制而由柯立夫（Francis W. Cleaves）改进的转写方案，这被罗茂锐所采纳。罗茂锐教授做了如下改动：č 写为 ch，š 写为 sh，γ 写为 gh，q 写为 kh，ǰ 写为 j。对于阿拉伯文的转写，除了引文或类似引文的段落之外，我主要遵循德国东方学会的规则，但是省略了区别性的点和长音符号，因此，我用 j 来表示 ǧ，用 gh 表示 ġ，用 kh 表示 ḫ，用 th 表示 ṯ。考虑到马可·波罗抄本不同版本内容的转写，我尽最大努力，尽可能接近原貌地保留我使用的相关版本区别性的体例和独特之处。

对于汉语官名和行政单位名称的英文翻译，我依照贺凯（Charles O. Hucker）的 *A Dictionary of Official Titles in Imperial China*（Stanford, California: Stanford University Press, 1985），这样做的主要原因是，他对中国整个漫长历史中的这一难题做了全面的处理。不言而喻的是，我还参考了关于元代这一方面的权威参考著作，即大卫·法夸尔（David M. Farquhar）的 *The Government of China under Mongolian Rule: A Reference Guide*（Stuttgart: Franz Steiner, Münchener Ostasiatische Studien 53, 1990）。不过，关于元代纸币和货币机构名称的翻译，我采用了自己的逻辑和术语，目的是能够正确地反映货币改革过程中术语变更所产生的微妙变化。

关于马可·波罗行纪中提到的地名和人名，我主要使用亨利·裕尔（Henry Yule）的 *The Travels of Marco Polo: The Complete Yule-Cordier Edition*（1903, repr. New York: Dover Publications, 1993）一书所提供的拼写形式，因为它们至少已经在盎格鲁－萨克森文献中广泛流传，不过，在一些更为特殊的文本情况下，我会提到法意混合语抄本给出的特有名称，或是把这些词括注在圆括号内。对于技术术语，我使用加布里埃拉·伦齐（Gabriella Ronchi）的

Marco Polo, Milione. Le divisament dou monde: Il Milione nelle redazioni toscana e franco-italiana（前面有 Cesare Segre 的序言，第二版，Milano: Mondadori，I meridiani，1988）一书所转录的法意混合语本。关于马可·波罗书最重要抄本中不同的译写形式，有一部便于利用的参考著作，是伯希和（Paul Pelliot）的 *Notes on Marco Polo*（Paris: Imprimerie Nationale, Librairie Adrien-Maisonneuve, vol. 1, 1959; vol. 2, 1963; vol. 3, 1973）。

第一章 导 论

曼德维尔（Mandeville）象征化的地理是信仰性的，而马可·波罗象征化的地理是商业性的；相应地，商品和人沿着河流和运河上下双向流动。①

在这部书中，我将详尽地讨论马可·波罗关于元代中国（1271—1368）货币、食盐、税收的记述。在对各章的内容和主旨以及我考察它们所采用的方法做一个简短的介绍之前，本书所隐含的一个重要特征必须被加以强调：马可·波罗的许多记述都与汉文资料中讲述的内容极为契合。这些包括《元史》在内的资料，都是在这位威尼斯人离开中国或他死后很久才编纂完成的。② 就历史遗

---

① Suzanne Conklin Akbari, "Currents and Currency in Marco Polo's *Devisement dou monde* and *The Book of John Mandeville*," in Suzanne Conklin Akbari and Amilcare Iannucci, with the assistance of John Tulk (eds.), *Marco Polo and the Encounter of East and West*, Toronto, Buffalo, and London: University of Toronto Press, 2008, p. 123.

② 在新建立的明朝，《元史》于1369/1370年完成编修，1370年付印。见 Herbert Franke, *Geld und Wirtschaft unter der Mongolen-Herrschaft: Beiträge zur Wirtschaftsgeschichte der Yüan-Zeit*, Leipzig: Harrassowitz, 1949, p. 17; Rolf Trauzettel, "Die chinesischen Quellen," in Michael Weiers (ed.), *Die Mongolen: Beiträge zu ihrer Geschichte und Kultur*, Darmstadt: Wissenschaftliche Buchgesellschaft, 1986, p. 11; 特别是 Francis Woodman Cleaves, "The Memorial for Presenting the *Yüan shih*," *Asia Major*, third series, 1 (1988): 59—69。《元史》"志"的大部分，包括那些有关货币、食盐的内容，取材于1331年编纂完成但从未刊印的《经世大典》。《经世大典》只有百分之五的内容保存在苏天爵1342年编纂的《国朝文类》和1408年完成的《永乐大典》之中。见 Franke (1949), pp. 25—34。另一部关于元代经济、财政、律令的重要资料《大元圣政国朝典章》是在1322年后编写的。见 Erich Haenisch, "Steuergerechtsame der chinesischen Klöster unter der Mongolenherrschaft...," *Berichte über die Verhandlungen der Sächsischen Akademie der Wissenschaften zu Leipzig...*, Leipzig: Hirzel, 1940, p. 8。第一位利用该书的欧洲人是俄罗斯修道院长和汉学家卡法罗夫（Pjotr Iwanowitsch Kafarow, 1817—1878），他也以教名帕拉丢斯（Palladius）为人所知。参看 Franke (1949), pp. 11—12。另一部1270—1322年间相关文献的汇编是1323年编成的《［大元］通制条格》。德国汉学家 Erich Haenisch 似乎是第一个利用它的欧洲人。见 Franke (1949), p. 12。关于元朝的原始史料和第二手资料的概况，见 Frederick W. Mote, "A Note on Traditional Sources for Yüan History," in Herbert Franke and Denis Twitchett (eds.), *The Cambridge History of China*, vol. 6, *Alien Regimes and Border States, 907—1368*, Cambridge: Cambridge University Press (1994a), pp. 689—726。不过，他在第718页把1321年而非1322年当成了《［大元］通制条格》的编写时间。

存而言，这点尤为真切。例如元代的纸币，它们只是在我们自身所处时代的最近几十年才被发现并在史学研究上得到充分的利用。在马可·波罗之后几百年，由于中国、日本、西方史学家的近代研究，与《寰宇记》的记述高度一致的很多发现得到揭示。

马可·波罗的记载代表了一种全面描述元代中国货币状况的尝试。依我看来，在这个意义上，它也是独一无二的。它清楚地说明，在蒙古治下的中华帝国，纸币决不是在不同地区以相同的程度流通，也不是在各地全面流通，在一些地区，如今天的云南和四川南部，金、银、贝币、盐币是主导性的货币。在我们现今已知的西方、波斯、阿拉伯的著作家中，没有其他人在处理我在本书所要讨论的这些论题时，像这位威尼斯人一样精确、可靠、全面。因此，在我看来，以下观点是非常奇怪的：和其他所有介绍过远东的中世纪著作家们相比，认为马可·波罗是唯一没有到过中国的人，而通常在准确性上远远不及的所有其他著作家反而被确信曾到过那里。换言之，有更多情况表明，这位威尼斯人的确到过大汗的帝国，而非相反。考虑到通过考察所获得的这个总体评价，我最终决定选择"马可·波罗到过中国"这一标题作为我整部著作的书名。

第一节 本书的结构和内容

诸伟大的皇帝、国王、公爵、侯爵、伯爵、骑士和议员（Burgesses）、各阶层的人们，想要获取关于人类不同种族和世界各地差异性的知识，拿起这部书，让它成为你的读物。在其中你将找到各种令人惊奇的事物，以及关于大亚美尼亚（Great Hermania）、波斯、鞑靼之地、印度和很多其他地方的多种多样的历史，一位聪明、高贵的威尼斯市民马可·波罗亲眼见过这些事物，本书特别依照他的记述，按规整的次序进行讲述。书中有些事物的确不是他目睹的，但这些也都是他从诚实、可信的人们那里听说的。我们将把见到和听到的事物如所见、所闻一样记录下来，因此，没有些微的谬误可以伤害我们著作的真实……①

---

① 见 Gabriella Ronchi, *Marco Polo, Milione. Le divisament dou monde: Il Milione nelleredazioni toscana e franco-italiana*, with a preface of Cesare Segre, 2nd ed. Milano: Mondadori (I meridiani), 1988, p. 305. 马可·波罗书法意混合语本（the Franco-Italian version）的前言收入了 Henry Yule 的译本。见 Henry Yule, *The Travels of Marco Polo: The Complete Yule-Cordier Edition*, 1903, repr. New York: Dover Publications, 1993, vol. 1, p. 1. 关于马可·波罗行纪不同抄本的前言，现在可参阅 Philippe Ménard, "Réflexions sur le prologue des différentes versions du Devisement du Monde de Marco Polo," in Monique Léonard, Xavier Leroux and François Roudaut (eds.), *Le lent brassement des livres, des rites et de la vie: Mélanges offerts à James Dauphiné*, Paris: Champion, 2009c, pp. 97–113.

本书以导论开始，读者从中可以发现，在第一节，列出了书的结构和内容；第二节，是对引导我从事研究的方法与途径的简述。此外，在这个介绍性的第一章中，包括了一个相当长的第三节，为了读者的便利，我在其中列出了关于威尼斯人马可·波罗是否到过中国的论战中所有重要的争论意见（cons and pros）。尽管并不试图穷尽所有内容，但我仍打算提供迄今我所了解的关于这一领域状况的广泛信息，包括如下专题：作者，抄本的流传、性质、风格、意图，对该书的接受情况，① 行程和数据信息，汉语地名的波斯语译写，蒙古人和汉人文明、文化的诸方面，忽必烈宫廷中的"拉丁人"，参加襄阳围城战，扬州的治理者，波罗家族的使命，波罗家族与汉文资料，他们返回欧洲以及具有权威的金牌。

在导论之后，我在第二章考察了威尼斯旅行家关于蒙古统治下中国广阔地区所用纸币的记载。由于多位中国、日本和西方学者已经对著名的元朝纸币进行了扎实而全面的研究，本章重点是马可·波罗记述所提供的相关细节以及通过文献史料和历史文物对此加以阐明。在对马可·波罗的文本进行了话语分析（discourse analysis）之后，我首先把他的各专题性的内容与其他西方、波斯、阿拉伯的中世纪著作家记述的那些内容进行比较。在第二个环节可见，《寰宇记》中所包含的信息与中国资料——不只是史学著作，尤其是留存到我们现今时代的元代纸币的很多实物——所提供的数据并行不悖。这一切表明，在迄今所有西方、东方的中世纪著作家中，马可·波罗的记述是最完备、最准确的，因为它涉及了如此多样化的专题：纸币的生产、尺寸、颜色、面额，涉及纸币生产的各个机构，流通与回收，强制性的货币法律与管制措施，私人和政府交易中纸币的使用，禁止动用金、银、珍珠、宝石而采用纸币支付（以此增加统治者的财富），以及相反的情况（vice versa），即在一些例外的情况下，提供这些珍贵之物而不用纸币进行支付。

在第三章中，集中讨论马可·波罗关于云南和亚洲东南地区流通的贝币的记载。基本上采用与第二章相同的方法，即尽可能详尽全面地把关于元代贝壳货币相关的所有原始资料和二手文献做通盘的考虑。很多专题得以讨论，如币制、兑换率、贝币的进口、在私人部门和公共财政中贝币的使用等。同样，在这一章中，马可·波罗记述的精确性和唯一性成为该研究的显著结论之一。

本书的突出贡献之一，进而对马可·波罗研究可能是最有创新意义的方面，是在第四、五、六章，它们主要讨论元代中国食盐的行政管理、生产、运输、

---

① 我将会时常谈及"马可·波罗之书"。读者应知道这主要是出于简便的目的。我非常了解该书各抄本的巨大差异和它们流传中的复杂性。

消费和使用。第四章，我将从对吴芳思（Frances Wood）书中相关段落的批评性讨论开始。在那本书中她声称马可·波罗没有到过中国。① 接下来是对云南食盐生产和在该行省以及土番（Tebet）使用盐币的相关资料的考察，② 这在马可·波罗的记述和汉文材料中均有记载。第四章和前面关于贝币的第三章一样清楚地表明，在西方、波斯、阿拉伯的中世纪著作家中，马可·波罗是唯一一个提到云南和土番食盐货币的人。大量存在于元代前后的汉文资料为马可·波罗的观察提供了确证。与马可·波罗的记述一起，这些汉文资料提供了关于云南、土番食盐生产、货币状况与特殊习惯行为的富有价值的知识。这些特性包括用作货币替代物的固体食盐的种类和形态，相对于其他大大小小货币而言食盐货币的货币功能特征，在盐币的生产、标准化、发行过程中政府和私人所扮演的角色。对马可·波罗和汉文史料中所获取的信息进行分析、比较，表明这两种从根本上来源不同的资料彼此间可以令人惊异地互补、互证。这是对马可·波

---

① 见 Frances Wood, *Did Marco Polo Go to China?* London: Secker & Warburg, 1995。对于威尼斯人马可·波罗行纪真实性的怀疑由来已久。在 14 世纪的下半叶，与远东的联系被基本切断，对马可·波罗记述的不信任逐渐增加。例如，佛ровенс萨贵族、Cerreto Guidi 村的长官 Amelio Bonaguisi 在 1392 年表示不相信它。最早公开谴责这部书为虚构是在 1747 年伦敦出版的 *Astley's Voyages* 一书中，书中怀疑马可·波罗是否真的到过鞑靼和中国，见 John Larner, *Marco Polo and the Discovery of the World*, New Haven and London: Yale University Press, 1999, pp. 133, 174–175。在吴芳思之前，其他学者，特别是 19 世纪的 Karl Dietrich Hüllmann 和 20 世纪的 Hans O. H. Stange, Fr. Streicher, Herbert Franke, John W. Haeger, Craig Clunas 和 Rolf Trauzettel 已经在不同程度上表示了怀疑，要么质疑马可·波罗到过中国（Hüllmann, Stange, Streicher, Clunas），要么认为马可·波罗的行程没有超出北京（Haeger），见 Dietmar Henze, *Enzyklopädie der Entdecker und Erforscher der Erde*, Graz: Akademische Druck- und Verlagsanstalt, 2000, vol. 4, pp. 353, 365–368, 375, on Hüllmann, Streicher, and Stange; Herbert Franke, "Sino-Western Contacts under the Mongol Empire," *Journal of the Royal Asiatic Society (Hong Kong Branch)*, 6 (1966): 53–54（此文在他的 *China under Mongol Rule* 中重印，Aldershot: Variorum, 1994）; John W. Haeger, "Marco Polo in China? Problems with Internal Evidence," *Bulletin of Sung and Yüan Studies*, 14 (1978): 22–30（观点是：在马可·波罗去泉州以便从海路去波斯之前，他只是待在大都、上都忽必烈的身边，而没有游历过其他地区）; Craig Clunas, in the China Supplement of the *Times*, April 14, 1982; Rolf Trauzettel, "Die Yüan-Dynastie," in Weiers (ed.) (1986a), p. 233（猜测马可·波罗没有到达和林以外的地区，主要从到过中国的商人那里获取关于中国的知识）。在所有这些作者中，已故傅海博（Herbert Franke）审慎而不做定论的表述要特别列出："［……］所有这些［马可·波罗吹嘘做过扬州的长官，吹嘘参加了襄阳围城战，关于波罗家族是忽必烈宫廷中最早的欧洲人的可疑主张，他没有提到茶叶和汉字］给波罗一家曾长住中国的论点带来某种质疑。不过，无论情况可能怎样，在关于以下论点——马可·波罗之书是关于世界的记述，书中关于中国的章节取自其他一些资料，或许是波斯文的（他使用的一些表述为波斯文）——的确切证据举出之前，我们必须假定并非如此，而认为他毕竟到过那里。［……］"换言之，这位杰出汉学家和蒙古学家的话并不能作为证据被引证来否定马可·波罗曾去过中国的真实性。

② 更确切地说，在马可·波罗的记述中，*Tebet*、*Thebeth* 等指的是藏东地区或今天的川西地区，而非现在的西藏（Tibet），见 Stephen G. Haw, *Marco Polo's China: A Venetian in the Realm of Khubilai Khan*, London and New York: Routledge, 2006, pp. 98–99。因此，我选择通过名称与使用斜体字母来显示这一差异。（译者按，在这个中译本中，我们很多时候根据历史情境，将该词译为"土番"。）

罗研究的一个特别贡献。除此之外，阐明云南、土番以及中国西南其他地区使用盐币的历史，为研究小通货和货币替代物的历史提供了有趣的资料。因此，在世界其他地区采用食盐货币的例子被尽可能地整合到这一研究中，目的是从更具全球性的视角，揭示食盐以及其他类型货币替代物的系统性、功能性特征。

马可·波罗不仅提到了云南和土番的食盐和盐币，还对河北东南部长芦的食盐生产做了详细的记述，对著名的两淮盐区的食盐生产、税收、贸易做了更为广泛的评述。这成为第五章的专题，我指出他关于长芦和两淮的见闻与我们通过汉文资料所知的元代及其前后时代中国沿海地区食盐工业、行政管理的记载高度一致。不过，这位威尼斯人的记载不但在关于食盐生产、税收、贸易的细节上，而且在更广泛的意义上，都是准确的，因为他关于"白金"（译者按，即盐）的很多相关材料充分反映了蒙古统治下中国食盐生产，特别是食盐收入的极端重要性。除了这一有启迪意义的专题，我在这一章中将简短地涉及有关马可·波罗在扬州任官的争论，对这一假说的正、反面意见进行评估。

接下来是第六章，不但讨论威尼斯人关于杭州（行在）地区食盐收入的数字，① 还涉及他提出的杭州地区每年征收的全部税款。相当令人惊讶的是，以汉文史料中精选出的数据为依托来加以解释，这些数字并不是令人难以容忍的夸大或虚增。通过这一考察所得出的结论可知，马可·波罗被加以"百万"绰号是很不应该的。在我的序言中提到，他具有这一绰号的原因之一是，杭州辖区征收的政府年度盐课收入被马可·波罗说成数百万金萨觉（*saggi*）。另外，在这一章我将简短地讨论这位威尼斯人关于一般商税和对泉州海外贸易活动所征税收的准确、详细的记述。

在第七章，我将强调马可·波罗记载准确性的另一个方面。在我关于钱币、食盐和税收的研究过程中，我日益认识到这位威尼斯人关于元帝国行政地理结构的很多正确说法。在很多例子中，《寰宇记》所包含的相关记述与观察令人惊异地正确和精准。这是一个目前为止尚未被充分觉察的事实。这最终促使我增加了这个特殊章节以支持波罗一家确曾到过远东的观点。

此外，这部书包括了一些附录，它们讨论了一些特殊但是基础性的、技术性的专题，如威尼斯的钱币，威尼斯、波斯和中国使用的不同重量、计量方式，或是包括最重要的一些抄本在内、不同的马可·波罗抄本中关于元代纸币、盐币、食盐生产、盐课等内容的段落。

最后，除了索引之外，本书以一份马可·波罗书目作为结束，它包括"马

---

① 我不得不承认，在地名和人名的转写方面，我也许没有一以贯之，因为它们在马可·波罗的记述中有不同的写法。在普遍情况下，我主要使用裕尔（Yule 1903）的转写，因为它们在文献中非常通用。在特殊情况下，我会指出在法意混合语抄本中所给出的专名，或是把它们添加在圆括号内。

可·波罗版本""其他原始资料""二手文献"。在关于马可·波罗版本的部分，我加上了一些评论，以帮助读者识别现有马可·波罗抄本或印本的特征和谱系。在"其他原始资料"部分，我收集了一些西文、汉文、日文的论著，它们对于恰当地理解马可·波罗之书的时代背景，或对于我所研究的元代中国以及那一时期的跨文明接触是重要的。有关二手文献的长篇书目在几个方面值得注意。首先，我试图收入从19世纪到21世纪在西方、中国、日本所开展的全部关于马可·波罗的研究；其次，我努力尽可能穷尽蒙古治下元代贝币、盐币以及食盐生产和行政管理领域的研究。不过，关于元代纸币所做的研究，我是有所取舍的，因为这一领域的出版物，特别是汉文的，数量很多，质量参差不齐。

第二节　研究途径与方法

第60章，欣斤塔拉斯（Chingintalas）地区。你肯定知道，在同一座山中，有一道矿脉，可用来制造火蜥蜴［石棉］。真实情况是，火蜥蜴不是像我们这里所宣称的那样属于动物，而是一种从泥土中找到的物质。我将告诉你与它有关的情况。①

我在这部书中所做的研究，以四种特殊的方法为特征。第一，我想通过对与本书所考察的主要专题相关的汉文史料和现有物质遗存做新的、系统性、批评性的审视，为马可·波罗研究做出新的贡献。对于马可·波罗研究而言，这些不同类型的原始资料，即文献记录和实物的适用性是不容低估的。关于历史编纂方面的记述，必须强调其时间，这些文献即使不是大部分，也有很多是在马可·波罗离开或死后很久才写成或编完的，因此，无论以直接或间接的方式，它们不可能作为文献方面的蓝本，供马可·波罗使用。另外，历史遗存也具有非常重要的地位，因为它们的绝大部分是最近几十年才被发现的，所以还不曾在马可·波罗研究方面被系统地加以考察。例如，现存的元代纸钞实物使我们能够在现存遗物和马可·波罗记载的内容之间进行相当周密的比较。因此，尤其注重将文本研究与遗存实物（元代纸钞、银锭、衡器）研究相结合，成为我研究方法的重要突破之一。

本书的第二个显著特点是，我尽力侧重于介绍最近或者虽不是近期但很少为人所知的中国和日本在马可·波罗研究和元代货币制度史、食盐管理史方

---

① Ronchi (1988), *Marco Polo, Milione. Le divisament dou monde*, p. 376. Yule (1903), vol. 1, pp. 212–213, 法意混合语抄本系统的内容。

面的研究成果。一个有益的例子来自 2000 年 8 月 17 日至 20 日天津马可·波罗国际会议的论文所做的工作。在这次会议上，几乎所有中国大陆地区的马可·波罗研究者都坚持认为，这个威尼斯人到过中国，不过同时承认他的记载包含不精确和谬误之处。在他们看来，马可·波罗的著作提供了其他资料所没有的极为重要的信息，尤其是在政治事件、军事事件、风俗习惯、区域和地方特性，以及元代早期的社会和经济状况等方面。此外，很多中国学者强调，马可·波罗的介绍在相当多的事例上和汉文（有时也包括波斯文）史料是一致的。①

被采用的第三个指导原则是，不仅尽可能囊括整个西方、东方马可·波罗研究的近期成果，还尤其注重主要由西方学者完成的对马可·波罗不同抄本的最新研究。我参考了用英文、意大利文、②法文、德文、西班牙文出版的相关论著。不断增长的新认识显示，除了寻找原本或"最初的文本"之外，③更要考虑到流传下来的马可·波罗文本的 135 个抄本中所存在的不容忽视的大量差异。④换言之，当处理关于货币、食盐、税收等主题时，我需要确保我的阐释不会因为仅仅参考一个现代混合版本或是从不同抄本的版本中随机的引用而受到不利

---

① 见 Qiu Shusen（邱树森）and Fang Jun（方骏）, "Conference Report—New Findings in Marco Polo Studies: A Brief Report on the International Conference on Marco Polo and 13th Century China," *Journal of Song-Yuan Studies,* 31 (2001): 356-362. 更早的中国马可·波罗会议论文的汇编，见余士雄主编《马可·波罗介绍与研究》，北京：书目文献出版社，1983 年，以及陆国俊、郝名玮、孙成木主编《中西文化交流先驱——马可·波罗》[纪念马可·波罗离华回国 700 周年（1291—1991）]，北京：商务印书馆，1995。关于自 1870 年以来中国马可·波罗研究的近期回顾，见 Gu Weimin, "Le ricerche su Marco Polo in Cina, dal 1874 al 1995," in Frederico Masini et al. (eds.) (2006), pp. 317-348. 与此相关的情况还可参看张隆溪的评论，例如他认为中国历史学家杨志玖的著作在马可·波罗研究领域值得更广流传并获得更高评价。见 Zhang Longxi, "Marco Polo, Chinese Cultural Identity and an Alternative Model of East-West Encounter," in Akbari and Iannucci (2008), pp. 281ff.。对于其他中国和日本的学者而言，情况也的确如此，我只举其中的两位：方国瑜、前田直典。

② 关于意大利的马可·波罗研究，一个方便而有益的概览见 Francesco Surdich, "La più recente storiografia poliana," in *Storiografia e storia: Studi in onore di Eugenio Duprè Theseider*, vol. 1, Roma: Bulzoni, 1974, pp. 105–121, and id., "Trent'anni di studi italiani su Marco Polo: Un bilancio," in Cosimo Palagiano et al. (eds.) (2007), pp. 161–193。

③ 这方面的批评性立场，见 Philippe Ménard, "Introduction," in Marie-Luce Chênerie, Michèle Guéret-Laferté et Philippe Ménard, *Départ des voyageurs et traversée de la Perse*, in Philippe Ménard (ed.), *Marco Polo: Le devisement du monde*, Gènève: Librairie Droz S. A., 2001, p. 12, 态度更为明确的文章，见 Anja Overbeck, *Literarische Skripta in Ostfrankreich: Edition und sprachliche Analyse einer französischen Handschrift des Reiseberichts von Marco Polo (Stockholm, Kungliga Bibliotheket, Cod. Holm.M 304)*, Trier: Kliomedia (Trierer Historische Forschungen; 51), 2003, pp. 22, 89–95。

④ 关于这个数字的文献论据见 Consuelo Wager Dutschke, "Francesco Pipino and the Manuscripts of Marco Polo's 'Travels'", 博士学位论文, University of Los Angeles, 1993, UMI。

影响。尽管我不时会提到"马可·波罗之书",①这并不意味着我不了解不同抄本系统之间值得关注的差异。不过,罗曼语言和文学的研究者们关于不同抄本在图像、语音、词语形态学、词句形态学、句法学的差异方面所进行的高水平的、令人印象深刻的研究,并不是我在这部书中要重点关注的,我会代之以将马可·波罗所述与汉文文献、文物进行比较。因此,我把自己的目标限定于获取关于马可·波罗抄本研究总体的,然而又系统化的知识。这样做不仅引导我关注不同抄本的版本和它们的译文,也使我能够对以下问题找到自己的答案,即关于本书所讨论的专题,哪些抄本更可靠、更原始。

最后,在完成这部文稿的过程中,我自己进一步熟悉了元代的整体历史,尤其是忽必烈时期。这样做的原因是,我觉得要在阐释学的方法上更好地理解马可·波罗的记述,将其置于他那个时代中国的大背景中是必要的。目的之一是发现更多有用例证,来衡量他记述的可信度或谬误程度;另一个目的是在新的学术道路上进行探索,在这一学术方向上,把威尼斯人马可·波罗提供的信息与汉文、其他史料中包含的资料做更进一步的平行研究,可能会富有成效地得到推进。

第三节 关于"马可·波罗到过中国"的正反方意见

一个月后,王旗向忽罗珊[Khurasan]进发,在阿八哈耳城中,遇到了火者[Coja]及一群使者,他们曾奉阿鲁浑汗[Arghun]之命前往合罕[即忽必烈汗]处,请求合罕赐予大不鲁罕[即大不鲁罕王后]亲族中的一个姑娘,以承袭其位。他们带来了阔阔真[Kökechin]哈敦和其他为帝王们所重视的中国南北方[Catai and Čīn]的珍稀之物。合赞[Ghazan]汗在那里停驻下来,与阔阔真哈敦结婚。婚礼结束后,他从那些珍稀物中取出一只虎及另一些物品送去献给乞合都[Gaykhatu],[此后,]便启程前往迭马云忒。②

---

① 关于作者和编者把他们的记述称为一部"书"(livre)见 Valeria Bertolucci Pizzorusso, "Lingue e stili nel 'Milione'," in Renzo Zorzi (ed.), *L'epopea delle scoperte*, Firenze: Olschki, 1994, p. 61。

② 拉施都丁(Rashid al-Din,又译作"拉施特")关于1293年火者将贵族女子阔阔真交给合赞汗的著名记载,译文和增补见 Francis Woodman Cleaves, "A Chinese Source Bearing on Marco Polo's Departure from China and a Persian Source on his Arrival in Persia," *Harvard Journal of Asiatic Studies*, 36 (1976): 195–197。马可·波罗在他的书中声称,他是忽必烈派遣护送蒙古贵族女子前往波斯伊利汗阿鲁浑宫廷的使团成员之一。(译者按,译文有改动。原文为"从那些珍稀物中取出一部分(a share)及另一些物品,送去献给乞合都"。有误。参考余大钧译《史集》第3卷,北京:商务印书馆1986年版,页262,改为"一只虎"。)

本研究的一个重要成果是为那些认为马可·波罗的确到过中国的学者们提供更多的证据支持。这将在本书的第八章和总结章节加以说明。众所周知，距今约十年之前，吴芳思著作的出版在学术界引起了相当大的反响。吴芳思最终的结论是，根据可靠的证据，马可大概是靠获取信息来编写他的书，而部分信息是从他的父亲和叔叔那里获得的，在她看来，这两人真的到过东方；部分信息来自在克里米亚和君士坦丁堡的家族商行收集到的关于亚洲远东地区的知识，以及他能获得的波斯导游书籍和地图的其他帮助。他没有到过这些贸易商栈之外的地区。尽管一些学者赞同她的质疑，其他很多学者强烈反对她的观点和解释。为给读者一个引导，我将在这里提供一个由吴芳思的质疑所引发的相关论战与讨论的概要。为此，我本人将以罗依果（Igor de Rachewiltz）对吴芳思著作的批判性书评为主要依据，① 但也会补充东、西方很多其他学者的洞见。② 论战

---

① 见 Igor de Rachewiltz, "Marco Polo Went to China," *Zentralasiatische Studien*, 27 (1997): 34–92; id., "Marco Polo Went to China: Additions and Corrections," *Zentralasiatische Studien*, 28 (1998): 177; id., "Wood's Did Marco Polo Go to China? A Critical Appraisal," http://rspas.anu.edu.au/eah/Marcopolo.html。

② 最近在西方发表、回应吴芳思假说的详细而公允的论述，见 Stephen G. Haw, *Marco Polo's China: A Venetian in the Realm of Khubilai Khan*, London and New York: Routledge, 2006; Peter Jackson, "Marco Polo and his 'Travels'," *Bulletin of the School of Oriental and African Studies*, 61.1 (1998): 82–101; Jean-Pierre Voiret, "China, 'objektiv' gesehen: Marco Polo als Berichterstatter," *Asiatische Studien*, 51.3 (1997): 805–821; Joergen Jensen, "The World's Most Diligent Observer," *Asiatische Studien*, 51.3 (1997), pp. 719–729; David O. Morgan, "Marco Polo in China—or not," *Journal of the Royal Asiatic Society*, third series, 6.2 (1996): 221–225。吴芳思的著作在中国也被讨论和批评。例如，杨志玖"再论马可·波罗书的真伪问题"，《历史研究》，2 (1994): 72–78; Huang Shijian, "The Early Dissemination of Tea in Northern Asia and the Western Region—Why Marco Polo Never Mentioned Tea," transl. by Lu Yunzhong, rev. by Yang Zhi and Bruce Doar, *Social Sciences in China*, 15.4 (1994): 167–175; 杨志玖, "马可·波罗到过中国——对《马可·波罗到过中国吗？》的回答"，《历史研究》，3 (1997): 107–122; Yang Zhijiu, "Marco Polo Did Come to China: A Reply to *Did Marco Polo Go to China?*" *Social Sciences in China*, 19.3 (1998a): 98–123; Huang Shijian and Gong Yingyan, "Marco Polo and the Great Wall—Also on *Did Marco Polo Go to China?*" transl. by Deng Ying and Liu Xiangnan, *Social Sciences in China*, 20.3 (1999): 117–134。另外，对吴芳思论著最卓越的批评者之一杨志玖的论文和观点已经汇集成书，见杨志玖《马可·波罗在中国》，天津：南开大学出版社，1999。

和吴芳思商榷的最新中文著作是彭海的《马可·波罗来华史实》，北京：中国社会科学出版社，2010。我会尽量考虑利用彭海很多与众不同的、细致的发现，尽管我没有在所有场合提到它们。我认为，他所提出的用来证明马可·波罗的父亲和叔叔参加襄阳战役的观点并不可信。另外，我也一直没有找到时间去深入探索他所声称的、确实提及马可·波罗的元代资料。他的观点的确值得商榷，但也同样值得仔细查证和周密思考，比起本书，写一篇专门的论文是更适当的处理方式。除了这两个值得批评的观点，在与中国相关的马可·波罗研究方面，彭海的著作是一个宝藏。在处理威尼斯人在扬州的行政职责问题方面，它的论述特别有力，尽管人们在这一问题上也不能无条件地倾向于接受这位中国马可·波罗研究者的所有看法。另外，这部书的一个缺点是编辑工作做得很差，有讹误的英文引文有时简直令人无法识读，不仅如此，汉文也存在很多印刷错误。（转下页）

将分为十三个主要方面,即书的作者,抄本传播的复杂性,该书的性质和风格,行程路线与数据信息,汉语地名的波斯文翻译,汉、蒙古文明与文化的多个方面,忽必烈宫廷中的"拉丁人",参加襄阳战役,在扬州的长官职位,波罗一家的使命,波罗一家与汉文史料,从中国返回,象征权力的金牌。在讨论这些论题时,我将首先介绍怀疑威尼斯人马可·波罗到过中国的那些人的评论,然后继之以支持他到过中国观点的那些人的论点。

第一小节 该书的作者

质疑:作为亚瑟王小说《梅里亚杜斯》(*Meliadus*)的作者而知名的比萨人鲁思梯谦(Rustichello da Pisa 或 Rusticiaus de Pise),在编写马可·波罗之书过程中的身份是模糊不清的。在这部书中,很难说哪些部分是马可·波罗自己的贡献,哪些部分是鲁思梯谦或别的编写者后来的增补。

(接上页)关于中国和亚洲的图像与文学主题以及涉及它们的"奇迹"传统(*mirabilia* tradition)在古代到近代前期欧洲的历史,关于马可·波罗著作在欧洲被接受的历史,可重点参阅 Folker Reichert, "Columbus und Marco Polo—Asien in Amerika: Zur Literaturgeschichte der Entdeckungen," *Zeitschrift für historische Forschung*, 5 (1988): 1–63; Enrico Abramo Vicentini, "I generi in Marco Polo: Il testo e sua storia," PhD diss., University of Toronto, 1991, UMI; Reichert (1992); Dutschke (1993); John Critchley, *Marco Polo*'s *Book*, Aldershot, Hampshire, and Brookfield, Vermont: Variorum, 1992; Larner (1999); Nicole Steidl, *Marco Polos "Heydnische Chronik": Die mitteldeutsche Bearbeitung des "Divisament dou monde" nach der Admonter Handschrift Cod. 504*, Aachen: Shaker Verlag, 2010, pp. 107–222。

关于马可·波罗行纪的一部详细而信息丰富的介绍,见 Leonardo Olschki, *Marco Polo*'s *Asia: An Introduction to his "Description of the World," Called "Il Milione"*, Berkeley and Los Angeles: University of California Press, 1960。一本信息丰富的展览目录是 *Marco Polo: Ausstellung in der SKA-Galerie "Le Point" Zürich*, Zürich: Schweizerische Kreditanstalt, 1995。有一部涵盖到 1980 年代为止的西方语言、俄语、汉语、日语、朝鲜语论著的书目,见 Watanabe Hiroshi(渡邊宏), *Marco Polo Bibliography* マルコ·ポーロ *1477–1983*, Tokyo: The Toyo Bunko, 1986。

马可·波罗研究的持久魅力体现在近期一些涉及马可·波罗行纪不同方面的学术出版物。在这里,我仅限于提及最近时期的西方出版物,如论文集 Suzanne Conklin Akbari and Amilcare Iannucci, with the assistance of John Tulk (eds.), *Marco Polo and the Encounter of East and West*, Toronto, Buffalo, and London: University of Toronto Press, 2008, 以及马可·波罗诞辰 750 周年之际学术会议的三卷本会议论文集,即 Frederico Masini, Franco Salvatori, and Sandro Schipani (eds.), *Marco Polo 750 Anni: Il viaggio. Il libro. Il diritto; Congresso Internationale, Roma, 23 novembre 2004, Venezia, 25 november 2004 (Università degli Studi di Roma "Tor Vergata," Università degli Studi di Roma "La Sapienzia," Università Ca'Foscari di Venezia)*, Roma: Tiellemedia Editore, 2006; Cosimo Palagiano, Cristiano Pesaresi and Miriam Marta (eds.), *L'impresa di Marco Polo: Cartografia, viaggi, percezione; Convegno Internationale, Spoleto, 16 e 17 dicembre 2005 (Dipartimento di Geografia Umana, "Sapienzia" Università di Roma)*, Roma: Tiellemedia Editore, 2007; Silvia Conte (ed.), *I viaggi del Milione: Itinerari testuali, vettori di trasmissione e metamorfosi del* Devisement du monde *di Marco Polo e Rustichello da Pisa nella pluralità delle attestazioni; Convegno Internazionale, Venezia, 6–8 ottobre 2005 (Università degli Studi di Roma "Tor Vergata," Università Ca'Foscari di Venezia)*, Roma: Tiellemedia Editore, 2008。

回应：约翰·克里奇利（John Critchley）在他关于马可·波罗之书的专著中声称，在法意混合语抄本（F）中，鲁思梯谦的影响是微乎其微的。在书的开头，有一段开场白与他的亚瑟王小说《梅里亚杜斯》相似，那是大汗对波罗一家返回的欢迎，与亚瑟王派人欢迎伟大的特里斯坦（Tristan）是相似的，在描述战争场景时也受到了当时传奇小说中亚瑟王风格的影响。①只是在这些方面，才能够看到鲁思梯谦的作用。用计算机分析了文本之后，克里奇利得出结论，考虑到这部书词汇的丰富性，即通过比较不同段落中包含的各种根词（roots）的数量，可知它在语意上是协调一致的，没有变异更动。基于上述原因，再加上其他思考，克里奇利认为，在相反的看法被证明之前，把法意混合语本视为马可·波罗本人叙述、观点、个性的代表，是合理的研究假说。②

关于马可·波罗行纪的作者问题，中世纪研究者和文学史家做了大量的研究，尤其是在意大利。在我看来，关于马可·波罗和比萨人鲁思梯谦的贡献，这些研究中的一些假说比另外一些更有可能性。③它们显示出，这部著作的作者问题是复杂的，然而，在一定程度上可以得到解释。例如，通过总结前人的大量研究，塞萨雷·塞格雷（Cesare Segre）指出，在法意混合语本（F）中，一个普遍现象是，讲述者马可·波罗被称为"马可·波罗先生"（mesire Mar Pol），在被转述和解释时使用第三人称。编写者鲁思梯谦称自己为"先生"（le mestre），用第一人称的单数或复数指称自己。不过，有的时候讲述者马可·波罗会用第一人称单数或复数来指称自己，这显示出在某些情况下，这位威尼斯人清楚地声明拥有这部行纪的作者身份。这样的例子不仅出现于法意混合语本（F）中，也存在于托斯卡纳语本（TA）和托莱多（Toledo）的拉丁文 Z 本中（顺便说一句，在这部书中根本没有提及鲁思梯谦）。第一人称复数具有包含

---

① 不过，Jacques Monfrin 提及，在《梅里亚杜斯》（*Meliadus*）和马可·波罗书的法意混合语描写中有更多的对应性，特别是在前者关于骑士 Caradoc、后者关于海都（Caidu 或 Kaidu）之女阿吉牙尼惕（Aigiaruc，即忽突伦 Khutulun）的记述方面。见 Jacques Monfrin, "La tradition du texte de Marco Polo," 收入他的 *Études de philologie romane,* Genève: Droz (Publications romanes et francaises; 230), 2001, p. 525。

② Critchley (1992), pp. 1ff., 特别是 p. 29。

③ 例如，Folker Reichert 已经指出，中世纪关于亚洲的最重要文献表现出一个共同的分工模式，作者向一位作家讲述他的见闻，后者则负责对所讲内容进行编排和记录。他的例子包括鄂多立克（Odorico da Pordenone, 1286–1331) 和他的教友（*frater*) Guglielmo di Solagna，亚美尼亚人海屯（Hetum）和某个名叫 Nicolaus Falco 的人，尼古拉·康梯（Nicolo de Conti, 约 1395–1469) 和教皇秘书、人文主义者 Poggio Bracciolini (1380–1459)。见 Folker Reichert, "Chinas Beitrag zum Weltbild der Europäer: Zur Rezeption der Fernostkenntnisse im 13. und 14. Jahrhundert*," Zeitschrift für historische Forschung*, 6 (1989a), p. 41。关于对鲁思梯谦晚近研究的介绍，见 Valeria Bertolucci Pizzorusso, "Nuovi studi su Marco Polo e Rustichello da Pisa," 收入 Luigina Morini (ed.), *La cultura dell'Italia padana e la presenza francese nei secoli XII–XV (Pavia, 11–14 settembre 1994)*, Alessandria: Edizioni dell'Orso, 2001, pp. 95–110。

式的意思"我们",这是另一个清楚的区分性含义,指叙述者和阅读者,后者由叙述者所引领。① 总之,在塞萨雷·塞格雷看来,最合理的观点是,在热那亚的监狱中,马可·波罗向鲁思梯谦提供了一些特别具有记述性特征的笔记,在叙述的部分,他可能向鲁思梯谦讲述了这些笔记,后者将他的语句加工成文学形式(参看 F 本,第 CLVII 章: *metre en scrit*)。这部书的写作可能相当急促,不仅仅因为《寰宇记》并没有写完,② 还因为在叙述的过程中,有各种插入的部分,如倒叙、预告、更正、关于作者身份的突如其来的断言,这些只能出自马可·波罗本人。③ 因此,虽然《寰宇记》的作者问题是复杂的,文本的不同抄写者又使其更加难以解决,但在我看来,中世纪研究者们的研究,已经积累了大量的证据,显示出一些假说远比其他假说更有可能性,复杂性不能错误地导致混淆。

---

① 见 Cesare Segre, "Chi ha scritto il *Milione*," 收入 Silvia Conte (ed.) (2008), pp. 5–16。一个相似的论点,参看 Dietmar Rieger, "Marco Polo und Rusticello da Pisa: Der Reisende und sein Erzähler," in Xenja von Ertzdorff and Dieter Neukirch, with the editorial collaboration of Rudolf Schultz (eds.), *Reisen und Reiseliteratur im Mittelalter und in der Frühen Neuzeit*, Amsterdam—Atlanta, GA: Rodopi (Chloe; Beihefte zum Daphnis; 13), 1992, pp. 289–312。不过,Rieger (p. 303) 认为,第一人称复数通常指马可·波罗和鲁思梯谦,但这一点被 Segre (p. 13) 明确否定,他认为无论第一人称单数还是复数(*pluralis maiestatis*)具有同样的功能,主要指编辑者鲁思梯谦,而不是马可·波罗和鲁思梯谦两个人。

② 相对于法意混合语抄本的书名 *Le divisiment dou monde* 和 *Le devisament dou monde*,更为准确的书名是 *Le devisement dou monde*,见 Alvaro Barbieri, "Marco Polo, Rusticello, il 'patto,' il libro: Genesi e statuto testuale del *Milione*," in his *Dal viaggo al libro: Studi sul Milione*, Verona: Grafiche Fiorini (Medioevi; 6), 2004, p. 131n5。不过,由于法意混合语本通常名为 *Le devisament dou monde*,我沿袭了这个用法。

③ 见 Segre (2008), pp. 5–16。这一解释与 Marina Münkler 的看法完全不同。依我看,Münkler 描绘的马可·波罗形象有些过于消极被动。她假设,鲁思梯谦是使马可·波罗开口说话的至关重要的人物,而不仅仅把马可·波罗真实的记述"文学化"。她认为,像很多商人那样,马可·波罗看到很多事物,但是,若没有鲁思梯谦,他将无法对其加以表达。这一假说的实证根据,是少量可以辨识出的鲁思梯谦具有冒险小说(*aventure* fiction)风格的几处增补;理论依据是她的一个宏观结论:13—14 世纪商人提供的只是以他们商业实践活动为目的的关于东方的实用而秘密的知识,有别于僧侣们有意识地记录和传播的体系化的知识(categorical knowledge)。因此,作为商人阶层的一员,马可·波罗要依靠别人来创作文本,从而成为关于东方叙事的一部分。见 Marina Münkler, *Erfahrung des Fremden: Die Beschreibung Ostasiens in den Augenzeugenberichten des 13. und 14. Jahrhunderts*, Berlin: Akademie-Verlag, 2000, pp. 60–66, 112。认同她结论的前提条件是,必须承认马可·波罗的确是有且只有典型商人精神的一位商人而已。在这一问题上,Martina Münkler 与她自己在别处(pp. 106–110)所主张的论点有些矛盾,即马可·波罗可能的确被授以调查和外交的使命,从而超越了在知识方面对商人而言典型的实用主义方法。Gabriella Airaldi 的观点与 Münkler 截然相反,他认为马可·波罗之书是对商人精神(*mercatura*)的赞美,是对即使关注东方也以西方人的方式肯定自己的商人的赞美。这部著作传递的讯息是,只有商人掌握着关于世界知识、关于进入并征服世界奇迹的钥匙。见 Gabriella Airaldi, "Autobiografia di Marco," in Frederico Masini et al. (eds.) (2006), p. 219。

第二小节　抄本流传的复杂性

质疑：在发表于1996年和2000年的论文中，吴芳思详细讲述了马可·波罗书最初文本的缺失，同时批评"综合版本"的编纂掩盖了抄本传播的复杂性。① 她的论点立足于芭芭拉·韦尔（Barbara Wehr）的研究成果，她提出：匹匹诺（Pipino）的版本可能是最有用、最原始的一种。在她眼中，其他接近于最初文本的备选者可能是1400年左右抄写的早期法文本博德利264号抄本（Ms. Bodley 264，共58叶，包含38个插图，简称B2）或是大英图书馆写本部收藏的最早的威尼斯语抄本，包含39叶，系年为1437年。② 在她看来，似乎更长的文本是后来增补的结果，在这一背景下，她特别针对不见于法意混合语本（F）和早期法文本，而只在Z抄本和剌木学的译本中包含的新段落，提出："没有一个最初文本，这些插入的部分更有可能是15世纪中期或更晚的抄写者所为，而不是13世纪晚期马可·波罗所'观察'到的现象。"③ 此外，这位英国汉学家把1496年印行的塞萨（Sessa）版本，视为没有受到Z抄本200个"新"段落影响的文本，予以高度的评价，从而给人这样一种印象：这是一个比早期法意混合语本和法文本更可信的文本。④

回应：约翰·拉纳（John Larner）在他的著作《马可·波罗与世界的发现》（*Marco Polo and the Discovery of the World*）中提出了对芭芭拉·韦尔观点的彻底批判。芭芭拉·韦尔声称，马可·波罗并没有置身于热那亚的监狱，因为没有编年史家提到这件事。她相信，早期的法意混合语抄本是鲁思梯谦的译作，他根据的是马可·波罗本人用威尼斯语写成的、先前存在[而现在亡佚]的文本。她认为，和这个一度存在而现今亡佚的威尼斯语抄本最接近的是匹匹诺的拉丁文本。她设想，鲁思梯谦声称马可·波罗向他口述了此书，只是为了给他自己的文本提供真实性，他还增加了描述蒙古战争的最后那些章节，它们与全书其

---

① Frances Wood, "Marco Polo's Readers: The Problem of Manuscript Complexity," *Asian Research Trends: A Humanities and Social Science Review*, 10 (2000): 67–75, 以及 Frances Wood, "Did Marco Polo Go to China?" *Asian Affairs: Journal of the Royal Society for Asian Affairs*, 28.3 (1996): 296–304, 特别是 pp. 301–303。

② Wood (1996), p. 302.

③ Wood (2000), p. 70.

④ Wood (2000), p. 72.

他部分的基调脱节。① 然而，对拉纳而言，这部著作的最早文本只能始于在热那亚监狱中威尼斯人和比萨人的合作写作，也许在马可·波罗获释以后，写作仍然继续。他的理由如下：

　　a）匹匹诺的版本清楚地体现了一个由博学的多明我会修士改写过的文本，② 以便他所要献阅的教士和有学问的公众能够不带轻蔑情绪地阅读这部书。

　　b）在写作技巧方面，马可·波罗没有受过教育或是具有亲身实践，因而不能写出近似于匹匹诺本的著作。

　　c）尤其是，在远东生活了二十四年之后，马可·波罗不懂任何西方文学传统，因而要依靠像鲁思梯谦这样富有经验的作家把他的讲述写成著作（不过，其中包括了很多具有口述英雄史诗风格的成分，体现了威尼斯人和比萨人之间的合作）。

　　d）考虑到中世纪的编年史家们忽略了可能令当代历史学家感兴趣的数以千计的史事，认为没有编年史家提及马可·波罗在热那亚监狱的囚禁［实际并不尽然，雅各布·阿奎（Jacopo d'Acqui）曾经提及］便成了一个很成问题的默证法（*argumentum ex silentio*）。

　　e）马可·波罗很不愿意讲述他个人生活的细节，这可以解释他为什么没有提及自己曾被囚禁在热那亚的监狱里。③

　　f）马可·波罗担负了护送伊利汗未婚妻到波斯的使命，托莱多 Z 抄本中提到中亚贵族那海（Nokhai）死于 1299 年，考虑到这样的事例，我们很难理解，

---

① 又见 Barbara Wehr, "Zum altvenezianischen Fragment VA¹ des Reiseberichts von Marco Polo," in Luigina Morini (ed.), *La cultura dell' Italia padana e la presenza francese nei secoli XIII–XV; Pavia 11–14 settembre 1994*, Alessandria: Dell'Orso, 2001, pp. 111–142. 在这篇论文中，她特别详细地讨论了威尼斯语抄本 VA¹，它只留存一个残片，是用乡村地区（*terra ferma*）的威尼斯语写成的，这种语言和马可·波罗最有可能用于写作的城市地区威尼斯语有显著的差异。Wehr 推测，VA¹ 本构成了鲁思梯谦本，也就是法意混合语本（F）的基础，而不是相反，因为 F 本从 VA¹ 本中沿袭了一些威尼斯语成分，而 VA¹ 本的残片给人完全可信的印象，不包含法语特有的语法现象（gallicisms）。她对 VA¹ 本是否以所谓马可·波罗本人写作而现今亡佚的最原始文本——威尼斯语祖本（*Urtext*）为底本未下结论。她还声称，VA¹ 本并非依托于匹匹诺的译本，反之亦然。

② 关于 Francesco Pipino, 见 Guido Zaccagnini, "Francesco Pipino traduttore del 'Milione' cronista e viaggiatore in oriente nel secolo XIV, *Atti e Memorie della Reale Deputazione di storia patria per l'Emilia e la Romagna*, serie V, vol. 1 (1936): 61–95.

③ 马可·波罗在何地、何时被俘并被监禁在热那亚的问题一直争论不休，也许永远得不到解决。在 David Jacoby 看来，无论 1294 年 5 月 28 日在 Laiazzo 附近的海战，还是 1298 年 9 月 7 日在 Curzola 的海战，都不能提供令人满意的答案。他认为，这位威尼斯人可能是在一次商业旅途中被热那亚海盗俘虏的，见 David Jacoby, "Marco Polo, his Close Relatives, and his Travel Account: Some New Insights," *Mediterranean Historical Review*, 21.2 (2007): 200–201. Jacques Monfrin 提到了马可·波罗被俘的另一个可能事件，即 1296 年在小亚美尼亚（Lesser Armenia）的 Ayas 附近商船之间的一场战役，见 Monfrin (2001), p. 514.

为什么马可·波罗不能保持对蒙古帝国政治和军事发展的关注，相应地，为什么不能进而加入关于蒙古战争的章节。

g）迪博·谢波哇（Thibaut de Chepoy）所获、后由其子若望（Jean）献给沙尔勒·伐罗洼（Charles de Valois，1270—1325）的一个马可·波罗行纪抄本中包含了波罗与鲁思梯谦合作的纪事。这个抄本是马可·波罗本人送给迪博·谢波哇的礼物。[①] 据此，没有令人信服的理由怀疑，鲁思梯谦的文本未曾得到马可·波罗的认可。

h）无论马可·波罗还是鲁思梯谦都不可能用一个谎言来伤害他们自己的信誉，在意大利城邦国家的小世界里，数以百计的同时代见证者可以轻而易举地揭穿他们。[②]

在1992年出版的著作《马可·波罗之书》（*Marco Polo's Book*）中，约翰·克里奇利对芭芭拉·韦尔的假说表现出一定程度的认同。但是，当进入关于法意混合语本（F）、威尼斯语本（VA）、匹匹诺（P）译本相互关系的讨论时，他论证了更多观点来支持F本为基础文本的理论，而不是反对它："据此，[③] 如果在F本之后确实有一个［现在亡佚］的威尼斯语本，匹匹诺并未翻译这个本子，或至少未对它进行全文翻译。在这方面，F本仍是马可·波罗书的最佳基础文本，也许它并非最佳，但它是我们现在所拥有的最好的。"[④] 关于这一结论的更多证据，我们可以增加克里奇利提出的其他观点：

a）比起法意混合语本，匹匹诺只是删减内容，而很少增加更多信息。

b）匹匹诺增加的内容可能真的取自一个现今亡佚的威尼斯语本，尽管现存的VA本系统中没有它们。

---

① 在 B³、B⁴、B⁵ 三个属于B抄本系统的早期法文抄本中保存了1307年8月涉及 Thibaut de Chepoy 的序言，现在可参阅 Ménard, "Introduction," pp. 24–28. 文中提到："……他著作的第一个抄本，是他本人所写……"（[...] la premiere coppie de son livre puis qu'il l'eut fait [...]）关于这样的说法，梅纳尔评说道：这可能是一种夸张的说辞，或者是抄写者对他尊贵的赠予者的一种友好姿态。它是第一个能够得到的抄本吗？它是在原本基础上修订的第一个誊清本吗？或者它是第一个被带离意大利的抄本吗？梅纳尔认为，多种解释都是有可能的。Peter Jackson 指出，这件礼物的日期1307年8月是不可能的，因为 Thibaut de Chepoy 在5月就离开威尼斯去了布林迪西（Brindisi），见 Jackson (1998), p. 86n25.（译者按，原文 Charles de Valois 的生年误作1240年，此处改正为1270年。）

② 见 Larner (1999), pp. 52–56, 对 Wehr 的见解做了一个概述。

③ 例如，证据之一是，F本使用了一个威尼斯语词汇 *orbeque*（桂冠），在匹匹诺本中没有该词，甚于它在威尼斯语修订本VB本中写作 *laurano*。然而，存在一个例证，特殊的词汇 *rondes*（紫貂）只见于匹匹诺本和威尼斯语 VA³ 抄本，而不见于F本。参见 Barbara Wehr, "Eine Crux im Text von Marco Polo: *rondes*," in Volker Noll und Sylvia Thiele (eds.), *Sprachkontakte in der Romania: Zum 75. Geburtstag von Gustav Ineichen*, Tübingen: Max Niemeier Verlag, 2004, pp. 147–158. 这再次引导出如下推论：匹匹诺本和 VA³ 本构成了马可·波罗文本传播中的特殊分支，与法意混合语抄本不同。

④ Critchley (1992), pp. 139–140.

c）作为一个博学的教士，匹匹诺表现出对一些社会和宗教习惯的反对立场，诸如穆斯林的宗教行为、男子出借他们的妻子、未婚的妇女寻找性伙伴、当丈夫离开后妻子接纳丈夫的替代者等等。他对这些内容的粗陋加工是匹匹诺本最显著的特征。

d）匹匹诺对全书所做的独特的三段式划分，很有可能是基于 F 本，与 VA 本传统无关。①

梅纳尔（Philippe Ménard）和他的合作者们虽然与吴芳思一样，对于建构完整、综合的版本，采取了批判的姿态，但是，他们最近在其文本校勘研究中指出，文本处在不断的变动中，可能存在着两个明显不同的基础文本而非一个——一个是相对完整的法意混合语本和法文本系统，另一个是具有大量增补（也有删节）的 Z 本系统。②很显然，一些文本就像 Z 抄本中找到的那些一样，加入了增补，这些增补明显出自马可·波罗本人。与此同时，一些段落无疑被删除了，就像匹匹诺的译本以及 Z 抄本那样。因此，梅纳尔没有采纳韦尔的意见，也没有接受吴芳思所说的匹匹诺译本是最接近原始文本的结论，因为它显然不过是一个节略改编本。③

我们也要提及另一位杰出的马可·波罗研究者阿尔瓦罗·巴比耶里（Alvaro Barbieri）关于这一问题的看法。这位意大利的语文学家捍卫了贝内戴托（Benedetto）的文本校勘研究，根据诸多理由反驳了韦尔的假说。第一，他认为韦尔提出的关于法意混合语本内容不连贯、存在错误的问题，是无关宏旨的，因为贝内戴托早就指出，F 本只是一个抄本，在完整性和准确性方面距现在亡佚的原始文本相差甚远。第二，韦尔否认匹匹诺译本根据的是威尼斯－艾米里安（Emilian）VA 抄本系统，这和贝内戴托收集到的大量无懈可击的证据相矛盾，后者证明，匹匹诺的确依据 VA 本。第三，他批评这位德国学者没有严谨地评估整个 Z 抄本的文本传统，它对于任何重构马可·波罗行纪文本史的尝试而言都是不可或缺的。④

彼得·杰克逊（Peter Jackson）提出，托莱多 Z 抄本（以及剌木学译本）中增加的内容可能源自马可·波罗本人提供的口述补充信息。让我们也在这里

---

① 见 Critchley (1992), pp. 137–148。对于 Wehr 观点的其他批评，又见 Bertolucci Pizzorusso (2001), pp. 103ff。

② 关于这一看法，亦见 Larner (1999), p. 58。尽管如此，仍有这样的呼吁，由一个研究团队集体协作，以法意混合语抄本为基础，汇编一部新的完整本。见 Eugenio Burgio and Mario Eusebi, "Per una nueva edizione del *Milione*," in Silvia Conte (ed.) (2008), pp. 17–48。

③ 参考 Ménard (2001), "Introduction," pp. 13–17。

④ 见 Alvaro Barbieri, "Quale 'Milione'? La questione testuale e le principali edizioni moderne del libro di Marco Polo," in his *Dal viaggo al libro: Studi sul* Milione, Verona: Grafiche Fiorini (Medioevi; 6), 2004, pp. 63–67。

讨论一下这个假说。杰克逊认为这不是不可能的,此前到过蒙古人那里的访问者做过这样的增补。1247 年教皇的使节、方济各会修道士柏朗嘉宾（Giovanni dal Piano del Carpini, 1182—1252）回到了西方,他成了被人争相邀宴的对象,至少一个意大利人亚当（Salimbene de Adam, 1221—1281 年后）从柏朗嘉宾那里得到了他的报告中无法找到的信息。相似的是,当鲁布鲁克（Willem van Rubroek, 1215—1257 年后）返回之后,英国的方济各会修士培根（Roger Bacon,约 1214—1294）在巴黎和他有过接触,培根打算在把这位弗莱芒（Flemish）方济各会修道士报告中的一些细节抄入他自己的著作之前,做一些核对。①

不过,认为可能是马可·波罗本人对 Z 抄本做了增补的观点,受到了阿尔瓦罗·巴比耶里的强烈反对。他反对的主要理由是,无论 Z 抄本还是剌木学本表现出的错误和问题都可以明确地追溯到法意混合语范本中。因此,马可·波罗决不可能对这样一个已经出现众多缺漏和错误的质量不佳的文本进行增补。②

考虑到上述内容,吴芳思那么看重塞萨（Sessa）印本,把它当作接近于最初文本的候选项之一,就显得外行了。因为和时代更早、内容更丰富的法意混合语本、早期法文抄本相比,塞萨本毫无疑问是一个大幅度删减的文本。如果她只是纯粹在欧洲接纳马可·波罗行纪的维度中审视塞萨本,这可能是一种正当的研究途径,但如果把它作为一个原始文本问题来加以讨论,则是没有意义的。考虑到最近几十年关于马可·波罗之书大量不同抄本、印本所作的所有文本校勘研究的话,就更是如此。

第三小节　该书的性质、文体、写作目的、被接受的状况

质疑：马可·波罗的书写得不像一部真正的旅行见闻录,而是一种为商人写作的向壁虚构的旅行指南（armchair guidebook,字面含义为"扶手椅旅行指南"）,就像裴哥罗梯（Francesco di Balduccio Pegolotti,约 1310—1347）的《通商指南》（*Pratica della Mercatura*,约写于 1335—1343 年）。所谓"扶手椅指南"或"扶手椅旅行者"的性质意味着作者不是从自己的亲身经历获取所有的资料,而是从其他人的书面或口头的记录中获取资料。就像裴哥罗梯,他游历过安特卫普、伦敦、塞浦路斯和法马古斯塔（Famagusta）,但并未到过中国,可是他对去契丹的贸易道路给出了相当详细的描述。

回应：关于本书的文体,约翰·拉纳在他最近的论文中认为,如果马可·波

---

① Jackson (1998), p. 85.
② 见 Barbieri, "Quale 'Milione'?...," 收入他的 *Dal viaggo al libro: Studi sul* Milione, pp. 63–67。

罗编造了（invent）他关于东方的记述，而他根本没有到过那里，那么，它看起来就会像曼德维尔（Jehan de Mandeville）之书。换言之，它会依靠在西方能够找到的资料，从而以那些西方关于东方的想象为依据，充斥各种俗套的奇闻异事和旅行传奇。[①] 在拉纳看来，马可·波罗的记述不是一个探险家的报告，不是旅行见闻录，不是商人手册，不是为基督教传教团写的著作。确切地说，它是蒙古下级官员的作品，在他居留东方的岁月里，他是一个自然地理和人文地理的观察者，是东方风俗和民俗的观察者，尤为重要的是，他是忽必烈汗权力与宫廷的观察者。所有这些观察都出自一个蒙古人的视角。此外，与西方早期关于东方的记述相比，书中传奇性奇闻异事的数量很少，相对该书的主旨居于次要地位。[②] 准确地说，马可·波罗的奇闻异事，绝大部分是东方的日常事物，那是一个市镇和都会构成的全新世界，它们的物产比起西方的城镇要更为繁荣、丰富。不过，这并未妨碍后代的细密画绘制者（miniaturist）在为马可·波罗书的抄本绘制插图时，加入各种奇迹的图像，原因很简单，这是读者们所期待的，而这样做违背了作者的文本和他的意图。[③]

拉纳承认，马可·波罗提供了很多关于商品、宝石、香料、钱币、税收、进口税、市场、贸易等在一定程度上独一无二的信息，但他认为这是因为作为威尼斯商人家庭的孩子，他具有对商业事务的兴趣。[④] 不过，仅此一点并不能

[①] 见 John Larner, "Plucking Hairs from the Great Cham's Beard: Marco Polo, Jan de Langhe, and Sir John Mandeville," in Akbari and Iannucci (eds.) (2008), p. 145。

[②] Larner (1999), pp. 80–81, 区分了威尼斯人马可·波罗记述中六种不同类型的"奇异事物"：1. 合乎情理的奇异事物，如煤、石油等自然现象；2. 记述一些城镇，其范围和延伸区域极为夸大；3. 基于基督教传统的奇迹；4. 中世纪欧洲已经知晓的人类传说，如亚历山大大帝传说；5. 占星家、巫师等非基督徒创造的奇迹；6. 关于东方充裕财富和奇异事物的旅行者传说。关于马可·波罗书中奇迹故事的数量之少，又见 Jackson (1998), pp. 89–90。关于马可·波罗书中的奇闻异事，亦见以下研究：Sergio Marroni, "La meraviglia di Marco Polo: L'espressione della meraviglia nel lessico e nella sintassi del *Milione*," in Silvia Conte (ed.) (2008), pp. 233–262。

[③] 参考 Larner (1999), pp. 68–87, 特别是 pp. 82–83, 85。又见 Alvaro Barbieri, "Un Veneziano nel Catai: Sull'autenticita del viaggio di Marco Polo," *Critica del testo*, 3.3 (2000), p. 2012, 该文认为，马可·波罗的记述终究不是旅行报告，而是一部地理民族志学的著作，因此对于人群和地区的描述成为这部书的特征。

[④] 与其他西方中世纪旅行记关于远东的记载相比，经济和贸易主题在马可·波罗行纪中的重要性由 Jandesek 通过数量分析予以清楚的揭示。马可·波罗关于经济（7.8%）和贸易（6.9%）的记述之和，超过全书篇幅的14%，相比之下，鄂多立克（Odorico da Pordenone, 1330）书中有 7.9% 写经济，只有 0.9% 谈贸易。马黎诺里（Giovanni de Marignolli, 1355—1359）书的相关比例只有 0.8% 和 0.6%，*Libro del conoscimiento* (ca. 1350–1375) 一书是 0.61% 和 1.83%；在 *Niederrheinischer Orientbericht* (1350–1360) 中是 1.7% 和 1.8%；在曼德维尔（Jehan de Mandeville，1356—1371）书中是 3.3% 和 0.3%；在布拉乔利尼（Poggio Bracciolini, ca. 1450）书中是 0 和 1.9%。只是到了近代早期，情况才有变化：Juan González de Mendoza (1589) 书中关于经济的比重达到 10.1%，António de Almeida (1589) 书为 13.8%，Jan Huyghen van Linschoten (1598) 书为 53.2%，Diego de Pantoja (1608) 书为 9.2%，Matteo Ricci and Nicolas Trigault (1617) 书为 14.0%。见 Reinhold Jandesek, *Das fremde China: Berichte europäischer Reisender des späten Mittelalters und der frühen Neuzeit*, Pfaffenweiler: Centaurus (Weltbild und Kulturbegegnung; 3), 1992, pp. 385–412。

说明这部书是一本商人手册，因为与裴哥罗梯之书相比，它缺少关于旅程安排、贸易规模与组织以及市场状况和问题的信息。① 拉纳与雅克·赫尔斯（Jacques Heers）观点一致，赫尔斯评论说，这位威尼斯人对商业事务的兴趣与其说出自一位商人，还不如说出自一位税务官员。这个判断与以下推论契合：马可·波罗可能在大汗治下担任过与税收有关的职务。②

若反对拉纳的立场，可以这样争辩：在马可·波罗的时代，还不存在商人指南书的标准形式。③ 约翰·克里奇利写道，裴哥罗梯自己称呼他的书为《记述诸国之书与经商的方法》[*Libro di divisamenti di paesi (e di misure di mercantantie)*]——这个书名和马可·波罗的《寰宇记》（*Le devisament dou monde*，直译为："对世界的记述"）有几分相似。它现在的书名《商业指南》（*Practica della mercatura*）是18世纪裴哥罗梯指南的编者自创的。④ 不过，尤其是意大利的研究者不断强调《寰宇记》中纪实性的、意义明晰的内容中所体现的商人视角。正像图奇（Ugo Tucci）已经阐明的那样，在意大利出版物中关于马可·波罗不断反复出现的主题 *mercante*（"商人"）必须放到意大利马可·波罗研究学术史的背景下来理解。这位威尼斯人的商人观念没有逃过马可·波罗研究大师（*el grande maestro* of the *studi poliani*）贝内戴托（Luigi Foscolo Benedetto, 1886—1966）周密的视野，不过，他推测马可·波罗在中国居留时没有从事私人贸易活动，似乎这样做在某种程度上不符合他心中更高尚的美德。更断然否定《寰宇记》商业特征的另一位意大利马可·波罗研究权威是奥斯基（Leonardo Olschki, 1885—1961），他认为关于经济和贸易的记述只是波罗关于不同地区和国家的众多记述中的一部分，而且并非最重要的部分。换言之，这些记载可以从他的行政观点加以解释。在奥斯基看来，威尼斯人马可·波罗成了世界最有权力的统治者的官员、特派员和使节，对他来说，"商人"的观念显得几乎微不足道。不过，把商业财富和政治权力相互对立起来，这在威尼斯、热那亚等以商业贵族制为特征的中世纪城市国家是很难想象的。正如图奇所写，商人（*mercatura*）拥有完全的公民地位，能适应执行权力，统治阶级的大多数正是由结合了以上两方面的那些人组成的。因此，一名商人并不只是简单的生意人，也是具有高智力、准备好一旦时机允许便接掌公共官职的潜在"政治人"

---

① 参看 Larner (1999), p. 72。

② 见 Jacques Heers, *Marco Polo*, Paris: Fayard, 1983, p. 258; Larner (1999), pp. 72–73。

③ 关于意大利最早的商业手册，1278年的 *Memoria de tucte le mercantie*，见 Robert Sabatino Lopez and Gabriella Airaldi, "Il più antico manuale italiano di pratica della mercatura," in G. Pistarino (ed.), *Miscellanea di studi storici II*, Genova: Bozzi (Collana Storica di Fonti e Studi; 38), 1983, pp. 99–134。

④ Critchley (1992), pp. 48–50.

（*homo politico*）。①

商人手册的属性，除了商人马可·波罗对商业事务的一般兴趣外，或许最好地体现在法意混合语写本的那 109 个章节，它们在介绍情况时遵循了固定的结构。它们的大部分是关于契丹的章节。对这 109 章所包含主题的分析提供了如下结构性的要素：

a）用计日行程或哩（mile）表示距离，通常附有表示方向的天文学标示；

b）对旅行者有用的民族志式的记录，包括关于行政管理、宗教、语言、文化特性等方面的信息；

c）对于旅行者和他的牲畜而言，每一站所必需的物资供应，包括当地习惯中与饮食有关的或显或隐的知识，以及不遵守这些习惯可能产生的后果；

d）对商人和他们的货物而言，航海和陆路运输的安全性；

e）各城市和地区的农业、手工业产品，特别是它们的质量和数量，有时还记录当地货物的生产方式和特性；

f）在单个市场上能够得到的商品，区分那些当地产品和外来产品；

g）当地的货币［纸钞、金锭或金萨觉（saggi）、贝壳、盐块、貂头］以及它们与西方货币的关系，例如，大汗的纸钞与第纳尔（denier）、图尔（tournois）或威尼斯银币格鲁索（grosso）的关系；价格通常用威尼斯格鲁索或拜占庭金贝占特（bezant）表示。②

博兰迪（Franco Borlandi）和卡里莱（Antonio Carile）提出，在 109 个章节中，马可·波罗关于不同地域及其商业环境的记载可能数量更多、更为详细，但是他枯燥的罗列不符合鲁思梯谦的喜好，他们猜想是鲁思梯谦删掉了它们。这能够从法意混合语抄本中的以下评论中推测出来，在他们看来，这些评论出自鲁思梯谦之手："[...] hi vienent maintes nes con maintes mercandies—e ce sunt dras d'ore e de soie de plosors maineres et de maintes autres couses que noç ne voç conteron eci—[...]"③ 还有这句："[...] il hi a encore maintes autresmercandies

---

① Ugo Tucci, "Marco Polo, mercante," in Lionello Lianciotti (ed.), *Venezia e l'Oriente*, Firenze: Olschki, 1987, pp. 325–329.

② 参考 Antonio Carile, "Territorio e ambiente nel 'Divisament dou Monde' di Marco Polo," *Studii Veneziani*, 1 (1977): 20–22, 他的研究基于 Franco Borlandi 所做的全面分析，见 Borlandi, "Alle origini del libro di Marco Polo," in Gino Barbieri, Maria Raffaella, and Amintore Fanfani (eds.), *Studi in onore di Amintore Fanfani*, Milano: Giuffrè, 1962, vol. 1, pp. 173–226。又见 Ugo Tucci, "Marco Polo andò veramente in Cina?" *Studi veneziani*, n.s., 33 (1997): 54–56。

③ 见 Borlandi (1962), p. 119, 以及 Carile (1977), p. 22, 提到关于摩加答束（Mog[d]asio）岛的 191 章［Ronchi (1988), *Marco Polo, Milione. Le divisament dou monde*, p. 594］。缩短的翻译见 Yule (1903), vol. 2, p. 411："［……］很多商人、很多船只带着金和丝的纺织品以及很多其他种类的货物去那里，进行一场利润可观的贸易。"

de quelz ne firai memoire nostre livre por ce que trop seroit longaine matiere a mentovoir [...]."①

意大利研究者还把马可·波罗之书与裴哥罗梯的商人手册，特别是其中的一章"Avvisamento del viaggio al Gataio"做了比较，得出的结论是，它在一定程度上显示出和马可·波罗行纪 109 个相关章节相似的结构：

a）路途的不同阶段用计日行程表示距离；
b）商人为了让自己适应沿途地区的风俗习惯而必须了解的东西；
c）每站必需的物资供应；
d）记录各条道路对人和货物的安全性，对不安全地区做出明确提示；
e）用佛罗伦萨货币弗罗林（fiorini）表示的旅途花费；
f）沿途有利可图的、实用的投资；
g）当地的货币以及用银盎司表示的主要商品的价格；
h）记录了各地使用的重量单位以及它们和热那亚所用重量单位的关系。

不过，在商人手册中，人们也能找到关于交通、关税和税课的法律规章，关于供给和需求季节性变化的说明，在不同重量、度量、货币之间进行比较的综合表格，关于如何进行贸易的建议和忠告，以及陆上和河流运输方式的装载量和运输能力。在马可·波罗的书中，这些信息也常常可以找到。因此，这一货物目录式的独特方面，会让很多对经济史不感兴趣的读者感到乏味厌烦。②正如图奇所指出的那样，由商贸公司的学徒们对涉及贸易、经济的事务做笔记是很常见的，正像我们从乌咱诺（Uzzano）的例子所了解到的那样，根据在父亲公司工作时所做的笔记，他 20 岁时就写成了一本手册。③这种情况和马可·波罗以及他对家族公司事务的参与非常类似，可以为以下推测提供支持：有关经济和贸易的情况，连同涉及其他主题的那些内容，都是他自己在中国和亚洲其他地区驻留时所做的记录。

在文献中能够找到的另一种可能且可行的研究方法，是假定马可·波罗关于中国和其他地区的描述是他执行大汗使命的产物。例如，1349 年汪大渊（约 1311—1350）《岛夷志略》的结构表现出与马可·波罗和裴哥罗梯的那些记述的某些相似性，不过，毫无疑问，它与前者的相似程度超过了后者，尤其是它包含了有关国家的居民及其风俗习惯的信息：

---

① Borlandi (1962), p. 119, 以及 Carile (1977), p. 22, 提到关于 Canba[e]t 王国的第 186 章 [Ronchi (1988), *Marco Polo, Milione. Le divisament dou monde*, p. 588]。见 Yule (1903), vol. 2, p. 398："［……］有很多其他种类的商品，因过于乏味，不予提及 ［……］"

② Carile (1977), p. 23.

③ Tucci (1987), p. 335.

a）各国的地理位置；
b）它的土地和气候状况；
c）居民以及对他们的风俗习惯的评价；
d）有时会对法律规范和刑罚进行评论；
e）关于当地物产的信息；
f）偶尔会有对货币、重量、度量的记载；
g）有时会增加关于某种特殊物产的特殊章节。①

换言之，马可·波罗书中所讨论的很多具有典型性的主题，不仅表现出和裴哥罗梯商人手册的相似性，也和中国旅行、观测、勘察记录的传统相似。

总之，尽管马可·波罗的行纪只包含商人手册的一部分要素，也无可否认这样的事实：这位威尼斯人表现出对商品生产、运输和销售，对税收状况和货币事务的强烈兴趣。如果人们声称，他完全没有商人的视角，主要体现的是蒙古行政官员缺乏文化修养（de-cultured, entkulturalisiert）的见解，那就言之过甚了。不过，同时不能忽略的是，他的著作远远超出一本商人实用手册（Practica della mercatura）的范畴，特别是它记述了鞑靼的兴起、他们的战争和战役、理想化的大可汗统治、他的各个城市的富庶和繁荣，还涉及其居民的习惯、信仰和特殊的风俗。② 在很大程度上，他的行纪的独特性来源于各种不同方法的结合，不过，其中也包含了这样的事实：只有少量内容涉及奇迹和异事。相反的是，有很多例子表明，这位威尼斯人舍弃了在他的时代之前、当时，甚至延续到其后，关于远东的故事中非常流行的传奇性记载。《寰宇记》另一个显著特征，是马可·波罗广角镜般的视野，不仅涵盖了中国（129 个章节），还包括亚洲的其他部分（208 个章节），③ 其中凝聚了他在 24 年间积累的经验和信息，

---

① Roderich Ptak, "Ein mustergültiges 'Barbarenland'? Kalikut nach chinesischen Quellen der Yuan- und Ming-Zeit," in Denys Lombard and Roderich Ptak (eds.), *Asia Maritima: Images et réalité, Bilder und Wirklichkeit, 1200–1800*, Wiesbaden: Harrassowitz (South China and Maritime Asia; 1), 1994, pp. 88–90, and id., "Images of Maritime Asia in Two Yuan Texts: Daoyi zhilue and Yiyu zhi," *Journal of Song-Yuan Studies*, 25 (1995): 57–58, 74. 另一部具有相似结构但时间更早的著作见 Friedrich Hirth and William Woodville Rockhill, *Chau Ru-kua: His Work on the Chinese and Arab Trade in the Twelfth and Thirteenth Centuries, entitled Chu-fan-chï*, Petersburg 1911, repr. Amsterdam: Oriental Press, 1966. 赵汝适《诸蕃志》的资料来源是多方面的，一方面是根据更早时期著作家们的记录，另一方面是根据从中国和外国商人那里获取的信息。赵汝适本人并没有到过他记载的各国，他是在泉州担任海外贸易监督官（Inspector of Maritime Trade）时编写这部著作的。

② 参阅 Münkler (2000), pp. 103–109。

③ 他对于地理和政治事务的兴趣，集中在 Tuscan Ottimo 本的以下部分：Chandu（上都）(17.2%)、契丹 (14.0%)、大印度 (10.3%)、唐兀 (10.3%)、蛮子 (8.7%)、波斯 (8.3%)、小印度 (6.9%)，等等。参见 Jandesek (1992), pp. 34, 385–388。

相比之下，柏朗嘉宾（Giovanni dal Piano del Carpini，1182—1252）和鲁布鲁克（Willem van Rubroek，1215—晚于1257）在东方分别有六个月和一年的经历，其旅行具有更高的强度。举例说明，根据约翰·拉纳的研究成果，在马可·波罗之前或其后，没有人给西方如此丰富广博的地理新知，① 包括多方面的信息，涉及行政与人文地理，商品的生产和贸易，货币状况，课税和国家收入，宗教信仰，风俗和民间传说，蒙古、元朝历史上的政治和军事事件，最为重要的是，记述了忽必烈汗的权威和宫廷。②

另外，在讨论马可·波罗行纪的性质和风格时，必定会提到，各个主要抄本系统通常并不是写给相同的公众的。它们会被公众以不同的方式接受和解释。这里必须补充一些与预期读者群有关的评论：

——法意混合语本（F）被大部分研究者视为最接近现已亡佚的原稿的抄本。令人感兴趣的是，在它的前言（proemio）中，除了提到统治者和贵族（"enperaor et rois, dux et marquois, cuens, chevaliers"）外，还献给"市民和所有人"（"b[o]rgio[i]s, et toutes gens"），把他们当作对获取关于"人类不同种族和世界各地差异性"（deverses jenerasions des homes et les deversités des deverses region dou monde）之知识有兴趣的潜在读者。③ 这一抄本是用独特的法语-意大利语的混合体写成的，或者，更确切地说，是法语-伦巴第语（Franco-Lombardian）和法语-威尼斯语（Franco-Venetian）。此外，皮佐鲁索（Valeria Bertolucci Pizzorusso）强调，这部书的独特性不仅仅因为它用世俗语言（volgare）写成，还由于和其他关于远东的报告相比，它不是一部受命完成的作品，而是一个独立的记录，出自一个商人家庭私人的、主动的意愿。在威尼斯，散文体的写作使用法语并不是什么怪事，已经有拉蒂尼（Brunetto Lattini，约1220–1294）的《宝藏》（*Tresor*）和卡诺（Martin da Canal）的《威尼斯史》（*Estoires de Venise*，约1267—1275）这些著名的先例。在当时的威尼斯，法语是一种流行的语言。像波罗这样的家庭也必定相当熟悉这种语言。在拉丁化的东方（Latin Orient），法语在不同国家的人们之间作为通用语（lingua franca）使用，而波罗家族在那里经营多年。④ 另外，F抄本不是原始的文本，而是一个复制本的复本。事实很清楚，鲁思梯谦能够像他在他的亚瑟王小说《梅里亚杜斯》（*Meliadus*）中所确

---

① Larner (1999), p. 97.
② Jandesek (1992), pp. 34, 385, 为 Tuscan Ottimo 抄本的全书涉及的所有领域，划分了以下各主题所占的份额：历史 17.50 %、政治状况 13.03 %、宗教习俗 10.50 %、一般习俗 7.90 %、经济 7.80 %、贸易 6.90 %、地形 6.30 %、关于道路的记述 5.10 %、动物 3.90 %、旅行状况 2.20 %、人的外貌 1.70 %、地理 0.40 %。
③ Ronchi (1988), *Marco Polo, Milione. Le divisament dou monde*, p. 305.
④ Bertolucci Pizzorusso (1994), pp. 61–63; Monfrin (2001), pp. 515–516.

实做到的那样，用更好的、受意大利语影响更少的法语进行写作。①

——早期法文本是献给法国贵族的，用"正确"的法文书写，有的带有精美的插图。②众所周知，马可·波罗在1307年把他著作的一个抄本献给了迪博·谢波哇（Thibaut de Chepoy），此后该书由其子若望（Jean）献给沙尔勒·伐罗洼（Charles de Valois，1270—1325），后者是[法国国王]"美男子"菲利普四世（Philippe IV le Bel，1268—1314）的兄弟。沙尔勒·伐罗洼娶了最后一位君士坦丁堡拉丁皇帝的侄女凯瑟琳（Catherine de Courtenay，1275—1307），还是卡洛·安茹（Carlo d'Angiò，1254—1309）之子菲利普·塔兰托（Filippo I di Taranto，1278—1332）的继承人，他成为收复君士坦丁堡计划的倡导者。也是在1307年，教皇、法国人克莱门特五世（Clemente V，1264—1314）在阿维尼翁（Avignon）就职，接到了北京大主教蒙特戈维诺（Giovanni da Montecorvino，1247—约1330）的第三封信。埃拉蒂（Gabriella Airaldi）强调，在当时政治局势的大背景下，马可·波罗向沙尔勒·伐罗洼献书的举动是遵循了"正确的方向"。第一，它很好地与法国国王的计划结合在一起，即组建一支十字军，在君士坦丁堡建立新的帝国，与此同时，为安茹家族夺取耶路撒冷的王位，使沙尔勒·伐罗洼成为君士坦丁堡的国王，并隶属于法国。第二，它反映了关于违反与埃及贸易禁令的商人们（pravi mercatores）的争议。第三，它证明，威尼斯已经准备好与法国国王进行合作。第四，它回应了欧洲统治者关于东方情报的需求。这在同一年，即1307年，史学家、普雷蒙特雷修会（Premonstratensian order）成员亚美尼亚人海屯（Hayton of Armenia，？—约1320）和他的《东方史菁华》（Flos historiarum）中也有体现。因此，或许可以推测，鲁思梯谦和马可·波罗使用法语不是偶然的，而是有意识、有目的的选择，这样可以作为一种途径，向法国国王传递具有重大政治、经济价值的情报。③迪博·谢波哇的文本显然是一个缩减的译本，但是，时常包含法意混合语抄本中找不到的段落。④

——匹匹诺（Pipino）的拉丁文本（P）显示出强烈的教会背景所施加的明显影响。⑤多明我会的会士匹匹诺（Francesco Pipino，约1270—1328之后）

---

① Monfrin (2001), p. 524.
② 参阅 Valeria Bertolucci Pizzorusso, "Le versioni storiche del Milione in Italia: La versione Toscana," in Frederico Masini et al. (eds.) (2006), p. 199。
③ Airaldi (2006), pp. 216–217, 以及 Ménard (2001), "Introduction," p. 26.
④ Monfrin (2001), p. 527.
⑤ 见 Philippe Ménard, "Le problème de la version originale du 'Devisement du Monde' de Marco Polo," in François Livi (ed.), De Marco Polo à Savinio: Écrivains italiens en langue française, Paris: Presses de l'Université de Paris-Sorbonne, 2003, pp. 10–12; id., "Introduction," p. 15。

完成了第一个拉丁文译本,他的教会长老给他的指令是,"为了服务于基督教传教使团的事业,而提供一部极为严肃的著作",不是出于抽象的、智识方面的好奇心或是写成优美的文学作品(*belles lettres*)。① 正如皮佐鲁索和其他学者已经强调的那样,匹匹诺本成为流传最广、最成功的版本。[马可·波罗的]这部著作被从世俗威尼斯语(Venetian volgare)翻译为拉丁文,就是它唤起人们兴趣的证明,以至于多明我会指派了它的一名成员为它的传教士们提供一个拉丁文版本。这部书有了一个新的名称:《东方地区的风俗与状况》(*De consuetudinibus et condicionibus orientalium regionum*),它在传教士的文学圈子、大学、科学界以及广为人知的新世界的探险家那里找到了广阔的销路。②

——另一种拉丁文抄本,泽拉达(Zelada)抄本(Zelada Codex,即托莱多/Toledo 的 Z 抄本)同样受到教会观念的强烈影响。根据梅纳尔(Philippe Ménard)的观点,Z 抄本属于马可·波罗文本中最完整的本子。不过,尽管包含了其他抄本中没有的 200 个段落,它还是省略了数量不少的章节和段落,有时达到非常多的程度。关于这些多出来的段落,最合理的假设是,它们可能是马可·波罗对另一个现在已经亡佚的抄本所做的补充性评注,它们可能幸存于 Z 抄本中,也存在于剌木学的译本中。梅纳尔认为,这些增加段落的绝大部分是真实可信的。③

——皮佐鲁索认为,特别是与早期法语本相比,所有的威尼斯本、托斯卡纳本和"热那亚的"混合编写本都是质量不高的抄本,也缺少精美的插图和装饰。从这一点可以得出结论:它们的受众不是贵族,而是那些中等社会地位的阶级,特别是经商的市民,因为托斯卡纳本使用了以托斯卡纳商业经济为基础的技术术语。一方面,这些意大利方言文本的传播有助于这部著作的流通和普及,其原因之一是,威尼斯的传统为其他几种翻译稿本创造了基础。④ 另一方面,这些传播的潮流也要为文本数量和质量上的缺欠负责。⑤

——梅纳尔和他的合作者们认为,毫无疑问,剌木学(Ramusio)本保存

---

① Larner (1999), p. 62.

② 见 Bertolucci Pizzorusso (2006), p. 200。关于匹匹诺抄本的完整文件,包括一份多明我会的传记,参看学位论文 Dutschke(1993)。

③ Ménard (2001), "Introduction," pp. 16–19.

④ Bertolucci Pizzorusso (2006), pp. 201, 203–207; Overbeck (2003), p. 105.

⑤ 见 Bertolucci Pizzorusso (2006), pp. 201, 203–207。在这篇论文中,作者还阐明了如下情况:在现存的五个托斯卡纳本中,所谓"Ottimo"本,即佛罗伦萨国家中央图书馆(Bibliotheca Nazionale Centrale of Florence)的 ms. II. IV. 88 号抄本绝不是最好的本子,同一图书馆收藏的 ms. II. IV. 136 号抄本才是。荒诞的是,在各个托斯卡纳本中,托斯卡纳本地人鲁思梯谦所有具有传奇文学风格的内容都被省略了!关于托斯卡纳和威尼斯译本,又见 Monfrin (2001), pp. 516–517。

了马可·波罗本人在生前对他的行纪所做的补充性评注。① 无论如何，剌木学本包含了 Z 抄本所独有的 200 多个段落中的大约 60 个，这是非同寻常的。最大的可能是，它们不是得自托莱多抄本或与它有关的其他译本，而是来自现在亡佚的吉西抄本（Ghisi codex）。② 考虑到后来流行的托斯卡纳本和威尼斯本的诸多缺欠，皮佐鲁索赞扬了剌木学的成就，尽管他的版本曾引发并且仍在引发问题，但它堪称近代意义上第一个真实、准确的文本。③ 剌木学声称，在编辑他自己的文本时，他不仅从参考 Z 抄本的原始文本中获益，还获助于另一个与 Z 抄本相似的拉丁文本，他是从吉西家获得这个文本的。④

——在冯·察纳尔（Horst von Tscharner）看来，保存在阿德蒙特（Admont）抄本中的中古德语译本是以马可·波罗书的第二个托斯卡纳本（TB）和它的拉丁文译本（LA）为基础的。第二个托斯卡纳本被认为出自威尼斯的 VA 本系统。德文本对于章节标题中的金、银、珍珠、宝石、钱币等宝物给予了特别的强调。⑤ 根据察纳尔的看法（p. X），阿德蒙特抄本和拉丁文本 LA 相比，往往更不准确，有更多错误。与法意混合语本（F）相比，异教的编年史（*Heydnische Chronik*）显得非常短，而且显得呆板乏味，因为它不是写给公众的，另外，讲述故事的一些要素，如第一人称复数"我们"、用来显示空间动作的动词，几乎都被删除了。除了在内容和风格上的这些重要压缩外，这个文本与法意混合语本相比，过于重视流行的亚洲神话，因此，它与传统的欧洲对亚洲的认知有着密切的联系。⑥

——德文马可·波罗行纪的最早印刷本，同时也是该书所有印刷本中最早的，于 1477 年在纽伦堡（Nürnberg）由克鲁斯纳（Fritz Creußner）出版。此后，由索格（Anton Sorg）做了少许改动，1481 年在奥格斯堡（Augsburg）刊行。与阿德蒙特抄本相似，在公众中只取得了有限的成功，因为它是一个严重删节的文本，尤其是在叙述的部分，因此，和韦尔瑟（Michael Velser）用德文翻译的曼德维尔（Mandeville）游记相比，它令人厌烦，几乎难以卒读。在 1477

---

① Jean-Claude Faucon, Danielle Quéruel, and Monique Santucci, *L'empereur Khoubilai Khan*, in Philippe Ménard (ed.), *Marco Polo: Le devisement du monde*, Genève: Librairie Droz S. A., 2004, vol. 3, p. 14.

② 见 Barbieri, "Quale 'Milione'?...," in his *Dal viaggo al libro: Studi sul Milione*, pp. 54–63。

③ Bertolucci Pizzorusso (2006), p. 203.

④ 见 Reichert (1992), p. 156。关于剌木学和他的编辑作品，见 Marica Milanesi 的论文，"Giovanni Battista Ramusio e le Navigazioni e viaggi (1550–1559)," in Renzo Zorzi (ed.) *L'epopea delle scoperte*, Firenze: Olschki (Collana Civiltà veneziana: Saggi; 40), 1994, pp. 75–101。

⑤ 亚洲的巨大财富和珍宝成为中世纪德文本马可·波罗行纪的奇迹传统的文学主题之一，关于这一问题见 Steidl (2010), pp. 110–114。

⑥ Steidl (2010), pp. 221-222.

年版中,马可·波罗被介绍成为一个"高贵的骑士和旅行者"([...] das puch des edelnn Ritters vnd landtfarers Marcho polo [...]),描述了这个世界上由上帝所创造的伟大奇迹(die grossen wunder vnd wuenderliche ding vnd werck des almechtigen vnsers schopffers der welt [...])。和阿德蒙特抄本一样,这两个德文印刷本是以托斯卡纳抄本 TB 本为基础的,这个抄本不是托斯卡纳 TA 本系统的延续,而是威尼斯本系统的一个翻译本。在德国,马可·波罗的著作直到 1532 年把匹匹诺的拉丁文本合并到格瑞纳乌斯(Simon Grynäus,1493—1541)的编写本之后,才在两年后有了它确实流行的德文翻译本。①

——1503 年在塞维利亚(Sevilla)由普鲁诺和克鲁姆贝格(Estanislao Polono y Jacobo Cromberger)出版了桑泰拉(Rodrigo Fernández de Santaella,1444—1509)翻译的第一个西班牙语译本。它是以威尼斯抄本系统 VA 的一个晚期版本(VA^2)为基础的。桑泰拉的参考文本(reference text)用西西里方言(Sicilian)写成,略带威尼斯方言色彩(with a Venetian patina),现藏塞维利亚城的教会图书馆(Biblioteca Capitular of the City of Sevilla)。很可能是 1491—1496 年间天主教君主们在西西里的巡视员桑泰拉把它从西西里随身携带来的。不过,桑泰拉在他的序言中也收录了 1502 年费尔南德斯(Valentim Fernandes,死于 1518 年或 1519 年)在他的葡萄牙语本中增加的解说。②

根据事实,在一定程度上情况是清楚的,马可·波罗行纪的不同版本面向不同的读者群体。我们也必须考虑到,面对不同译本的读者们因此会用他们自己独特的方式来消费和解释这些版本。

根据维琴蒂尼(Enrico Abramo Vicentini)、莱歇特(Folker Reichert)和其他人的看法,我们能够区分在很多情况下肯定会有所重叠的以下阅读模

---

① Xenja von Ertzdorff, "Marco Polos 'Beschreibung der Welt' im 14. und 15. Jahrhundert in Deutschland," in Gerhard August, Otfried Ehrismann and Hans Ramge (eds.), *Festschrift für Heinz Engels zum 65. Geburtstag*, Göppingen: Kümmerle (Göppinger Arbeiten zur Germanistik; 561), 1991, pp. 50–55; id., "Gedruckte Reiseberichte über China in Deutschland im 15. und 16. Jahrhundert," in Xenja von Ertzdorff and Dieter Neukirch, with the collaboration of Rudolf Schulz (eds.), *Reisen und Reiseliteratur im Mittelalter und in der frühen Neuzeit: Vorträge eines interdisziplinären Symposiums vom 3.–8. Juni 1991 an der Justus-Liebig-Universität Gießen*, Amsterdam: Editions Rodophi B. V., 1992, pp. 422–423; Monfrin (2001), p. 518.

② 参考 Angélica Valentinetti Mendi, *Marco Polo—Libro del Famoso Marco Polo; Libro de le Cose Mirabile*, Logroño: Instituto de Estudios Riojanos, 2008, pp. LIV and LXVIff., and id., "Tradizione ed innovazione: La prima traduzione spagnola del *Libro delle meraviglie*," in Silvia Conte (ed.) (2008), pp. 115ff.。
(译者按,Valentim Fernandes 的卒年在原文中误作 1591 年,改正为 1519 年。)

式，即：①

——当作纯文学的消遣娱乐；

——当作一种对亚洲地区奇异的、不可思议现象（phenoma）的记述；

——通过展示上帝造物的美丽和多样性，展示以基督徒为一方、以各种偶像崇拜者为另一方的道德和人种差异，从而具有神职和精神的启迪教诲意义；

——当作罗兰之歌（Rolandslied）意义上的具有全球维度的史诗，即设想通过广阔蒙古帝国的基督教化部分地实现上帝的拯救之道，或者至少通过西方与蒙古人建立政治－军事联盟来与共同的敌人伊斯兰世界斗争；②

——为文明和野蛮社会的差别提供可靠的标准；③

——在商业手册（mercatura manuals）的意义上，提供有关实用商业利益的信息；

——当作一本包含动物、植物、矿物、岩石等科学信息的手册；

——提供地球上远方各地的地理信息；

——对于到远方旅行具有实用指南的意义。

所有这些因素一方面取决于作者、抄写者、编辑者意图的多样性，另一方面则是由于读者解释的复杂性。这些因素增加了与马可·波罗著作的性质和风格有关问题的复杂性。不过，尽管如此，仍可以认为这种复杂性在一定程度上是可以被把握、厘清和解释的。

第四小节　旅程与数据信息

质疑：马可·波罗的行程是不可信的，因为它缺乏连贯性，而且它与个人无关，实际上在一些例证中，所述日期、距离和事件是错误的。

回应：正如罗依果（Igor de Rachewiltz）所指出的那样，马可·波罗在讲述他的故事时经常出现不规范的情况，这应当归因于以下事实，他无需受到日

---

① 见 Folker Reichert, "Marco Polos Buch: Lesarten des Fremden," in Dietrich Hart (ed.), *Fiktion des Fremden: Erkundung kultureller Grenzen in Literatur und Publizistik*, Frankfurt a. Main: Fischer, 1994; Enrico Abramo Vicentini, "Il Milione di Marco Polo come portolano," *Italica*, 71 (1994): 145–146。关于对马可·波罗行纪的接受状况，存在各种不同的分类，更全面的分析，也可参阅 Vicentini 1991 年的博士学位论文。

② 重点参阅 Hermann H. Wetzel, "Marco Polo's Milione zwischen Beschreiben und Erzählen," in Gabriele Birken-Silvermann and Gerda Rössler (eds.), *Beiträge zur sprachlichen, literarischen und kulturellen Vielfalt in den Philologien: Festschrift für Rupprecht Rohr zum 70. Geburtstag*, Stuttgart: Franz Steiner Verlag, 1992, p. 529。

③ 关于这一论题，可以参阅 Jandesek (1992), pp. 40–44。

记作者、编年史家或行记、商业指南编辑者写作时需要遵循的那些约束。他关于书面语言的知识可能仅限于基本词汇和商业文件（*mercatura*）的老套形式，因为他少年时就离开了威尼斯，他成年人生中的很多年实际是在异国他乡度过的。叙述中个人化的成分很少，这是因为本书的重点并不在此，这在该书的前言中已经做了交代和处理。①

一般说来，无论马可·波罗讲到的主要事件还是名称，都是准确的。正如我们在下文能够看到的那样，这种真实不仅涉及政治、军事事务，也包括地名，几乎所有的地名都能不费太大周折地辨识出来。② 另外，严格说来，《寰宇记》通常不被视为一部旅行指南（*itinerar*），在描述他所选择的地理－政治区域时，会有一个参照点来说明：如果一个人打算向不同的边界移动，哪些路线是必须选择的。因此，若继续旅行到其他地区，这个地理参照点会被再次选取。例如，这样的参照点有波斯的起儿漫（Kerman）、唐兀的甘州（Campichu）、契丹的涿州（Juju）等。虽然它不是一部行程记，但马可·波罗对于一个未知世界的描述所体现出的体系化视角道出了他的著作主体部分的结构。③

不过，马可·波罗无疑有时会犯错，会在一些细节性的事情出现失误。在最近的一篇论文中，福肯（Jean-Claude Faucon）指出，促成马可·波罗著作传播和获得成功的创造性因素之一是它提供了大量的量化数据。在早期法文本中，该书的193章包括了1100个量化数据，它们的大部分与人类有关（绝大部分是关于军人的，也有君王、汗、他们的亲属与侍者，以及世系、居民、旅行者、使者，数据总数约有260个），还有陆地和海洋上的距离（约有245个），接下来是关于时间的数据（持续的时间、年龄、日期，总数约有120个）、度量数据（大约100个）、价格（约55个）、动物（约40个），还有船舶、城市（建筑和民居）、地理、服装、兵器以及其他项目。对于这些数据内容，除了它们的描述功能和作为文学手法的用途外，还可以从它们的可信度上加以分

---

① Rachewiltz, "Wood's *Did Marco Polo Go to China? A Critical Appraisal*."
② 伯希和（Paul Pelliot）对马可·波罗提到的地名做了彻底的考察，见 Paul Pelliot, *Notes on Marco Polo*, Paris: Imprimerie Nationale, Librairie Adrien-Maisonneuve, vol. 1, 1959; vol. 2, 1963; vol. 3, 1973。便于利用又部分改进的概述见 Haw (2006), pp. 82–123。Critchley (1992), p. xiv 评论说，就像马可·波罗提到的那些中国地名一样，Pegolotti 对英国地名的译写，如 Liuzenstri = Leicester, Bufeltro = Buckfast (Devon) 或 Alnuicche = Alnwick 等，在很多时候也需要辅以学术性的注释说明。
③ Jandesek (1992), p. 33.

析。福肯说明,相对于那些拼写错误的、本来错误的、虚增或夸大的数据,[①] 马可·波罗提供的量化数据大部分是可信的或准确的。在很多例子中,表达失误或错误仅仅是出于抄写者的过失或是历法数据换算过程中发生的错误。在以下这些方面,数据尤为准确,如地理距离、城市大小 [例如,哈剌和林 (Karakorum)的范围与考古发现一致],云南黄金、白银的兑换率(这将在本书中讨论),每个驿站马匹的数量(平均30匹),蒙古军队的人员和组织形式,对并不严重的盗窃罪行进行杖责的数量(7、17、27……107下)以及忽必烈在大都(Cambaluc)、夏宫、狩猎地分别度过的月份等。福肯还推断,丰富的数据资料表明,在这位威尼斯旅行者那里存有书面的笔记。[②] 早在1962年,博兰迪(Franco Borlandi)就提出这样的假设:鲁思梯谦不仅记录下马可·波罗本人向他口述的内容,这个比萨人还使用了威尼斯人提供的商人手册式的文本。他这一假说的证据是,在法意混合语本这个现存最早的抄本中,专有名称和地名都没有使用抄本中通常的法语式拼写,而是采用了意大利语的发音。[③] 有书面笔记的说法来自剌木学(Ramusio),他写道,当关押在热那亚监狱里的时候,马可·波罗让他的父亲把他曾经随身携带的文章和笔记给他送来。[④] 有时,一些细节的错误是出于这样的情况:在马可·波罗返回威尼斯之后,他或许不可能对所有内容进行核对。此外,诸如记忆衰退,对多年之前目睹、亲为或听

---

① 这方面的例子包括:1279年纳速剌丁(Nasr al-Din)在缅甸捕获并进献给忽必烈宫廷的大象(在波罗的书中是200头大象,而在《元史》中是12头);1287年大汗进攻襄阳时可能被夸大了的士兵数目;误将忽必烈登基的时间1260年写成了1256年。参见Morris Rossabi, *Khubilai Khan: His Life and Times*, Berkeley and Los Angeles: University of California Press, 1988, pp. 215, 223, 244。杭州并没有12000座桥,在城墙之内约有117座,在城外约有230座。见Folker Reichert, "Die Städte Chinas in europaischer Sicht," in Wilfried Hartmann (ed.), *Europas Städte zwischen Zwang und Freiheit: Die europäische Stadt um die Mitte des 13. Jahrhunderts*, Regensburg: Universitätsverlag (Schriftenreihe der Europa-Kolloquien im Alten Reichstag), 1995, pp. 344–345。虚增或夸张也体现在其他数字上,如扬子江上往返船舶的数量、驿站使用马匹的数量、杭州的人口数量。参阅彭海(2010),页209。

② Jean-Claude Faucon, "Examen des données numériques dans le *Devisement du Monde*," in Silvia Conte (ed.) (2008), 特别是pp. 103–111;亦可参考Larner (1999), p. 52。

③ 见Borlandi (1962), pp. 108–110。Carl Theodor Gossen有相似的看法,根据对法意混合语本(F)中威尼斯语成分(Venetianisms)的分析,他推测鲁思梯谦很可能利用了马可·波罗用威尼斯语或法语-威尼斯语混合语写成的笔记,见Carl Theodor Gossen, "Marco Polo und Rustichello da Pisa," in Manfred Bambeck and Hans Helmut Christmann, in collaboration with Erich von Richthofen (eds.), *Philologica Romanica: Festschrift Erhard Lommatzsch*, München: Wilhelm Fink Verlag, 1975, p. 142. Cf. 相对于这一看法,Reichert的观点缺乏可信度,他认为马可·波罗没有笔记,一切都是口述的,而鲁思梯谦则把他的讲述记录在纸上,并赋予它一种文学形式。参见Reichert (1994), p. 182。

④ 见Ramusio本, 6/7/8r(即在5页、9页之间没有标出数字的单个书叶),征引见Critchley (1992), p. 21: "写信给威尼斯他的父亲,把他带回的笔记和备忘录给他送来。"([...] scritto qui a Venetia a suo padre, che dovesse mandargli le sue scritture e memoriali che havea portati seco [...])

闻之事记忆模糊含混等因素也要予以考虑。① 一个很合适的例子是富有盛名的所谓"马可·波罗桥",即普里桑干桥(the bridge Pulisanghin)。马可·波罗为这座桥"分派"了24个桥拱,而非13个。② 另一个影响消息真实性的因素必定是马可·波罗不仅讲述了他所见到的,还讲述了他曾经听到的,也就是别人告诉他的那些情况。③ 有理由设想,第三方的介绍并不总是正确的,往往包含着虚幻、离奇或神秘的成分。在最新的一种关于马可·波罗的著作中,舒特(Hans-Wilm Schütte)通过常识性的研究途径,得出了以下结论:马可·波罗曾经游历中国,这是最简单而近便的(near-laying)假说,任何反对这一假说的人,任何不愿意把错误、欠精确、概略式的重复、遗漏归咎于那些久为人知的原因(即原稿亡佚、内容中断、鲁思梯谦的增补和夸大,还有后世抄写者、翻译者的增补、歪曲和遗漏)的人,都不得不合理解释这个问题:所有这些所含信息令人震惊、准确而详细的事例究竟从何而来,为什么这个传闻只能为波罗所知所用,而不是别人。然而,准确地说,这样的证据并不存在。④ 下面,我将就所有这些方面提出更多的细节,在很多例子中,可以找到马可·波罗书中令人惊讶的正确、精准的信息。

第五小节　汉语地名的波斯语译写

质疑:马可·波罗提到的地名和专有名称没有(如期望的那样)给出它们的蒙古语或汉语形式,而是采用了它们的波斯语译写。这似乎证实了已故德国汉学家傅海博多年前提出的意见,这位威尼斯人可能使用了某种关于中国的波斯文资料。

回应:在居留元朝的十七年中,马可·波罗辗转于很多外国人的群体间。这些群体早在蒙古入侵之前就已经存在,又由于蒙古政府的多族群政策而得到

---

① Rachewiltz, "Wood's *Did Marco Polo Go to China*? A Critical Appraisal."
② 在亨利·裕尔(Henry Yule)看来,马可·波罗是把这座桥与上游很远处的一座桥混淆了,那座桥的确有24个桥拱。但是,高第(Henri Cordier)指出,后一座桥是在16世纪之初建造的,远远晚于马可·波罗。见 Yule (1903), vol. 2, p. 6。
③ 见 Barbieri (2000), p. 1013; Ronchi (1988), *Marco Polo, Milione. Le divisament dou monde*, p. 305; Yule (1903), vol. 1, p. 1。又见只存于Z抄本中的一段说明,它提示了这位威尼斯人所见之事与只是听闻之事的明显区别:"[……]然而,不要认为我们已经按部就班地讲述了整个契丹(华北)地区,也不要认为写出了整个区域的二十分之一。只是因为我马可过去常常经过这个地区,所以讲述了所经道路沿途的那些城市[……]"见 Jackson (1998), p. 1,所引文字见 Arthur Christopher Moule and Paul Pelliot, *Marco Polo: The Description of the World*, London: G. Routledge, 1938, vol. 1, p. 309。
④ Hans-Wilm Schütte, *Wie weit kam Marco Polo?* Gossenberg: Ostasienverlag (Reihe Gelbe Erde; 1), 2008, p. 61。

大幅度地扩张。在 13 世纪的下半叶，这些群体包括大量的波斯人、操突厥语的中亚和西亚人、阿拉伯人、来自高加索地区的阿兰人，还有来自欧洲不同国家，特别是意大利商业中心热那亚、威尼斯、比萨的商人、传教士、冒险家。所有这些在中国的"西方人"的通用语（lingua franca）是波斯语，它不仅是一种具有优势地位的外语，而且直到元朝末年都是具有官方性质的外语。在社会阶梯的底部是汉族士人，是中国传统和文化的保存者与传承者。因此，汉语是本地臣民的语言，蒙古语（在次要程度上包括突厥语）是外来统治者的语言，这两种语言由于巨大的社会、文化的鸿沟而泾渭分明。① 不同来源的外国人，包括波罗一家，形成了一种中间阶层，与上层有密切联系，而和汉人则是简单的商业和（或）行政关系。他们与其他族群成员的大部分事务（如果不是全部的话），是用波斯语来进行的。因此，马可·波罗用波斯语和突厥语译写地名、专有名称，以及各种官方头衔和事物，是不足为奇的。②

在这一背景下，简短讨论一下马可·波罗的语言能力问题是适当的。巴比耶里（Alvaro Barbieri）已经指出，法意混合语抄本（F）中的相关段落应当读作"il soit de langaies et de quatre letres et scripture"（"是几种语言和四种文字"），这和早期法文本是极为一致的："[...] il sot en pou de temps de pluseurs languages et sot de .IIII. lettres de lors escriptures"（"在短期内懂得几种语言和四种不同的书写字母"），换言之，在短时间内，马可·波罗就学会了几种语言以及四种文字，后者可能是阿拉伯-波斯文（用来书写波斯语）、希腊文、回鹘文（用来书写畏兀儿、蒙古两种语言）和八思巴字母（在马可·波罗到来前不久采用的书写蒙古语的官方形式）③。由于契丹语、女真语这两种语言都有自己的字母，它们也有某种可能性。至于口语，波斯语、蒙古语、畏兀儿-

---

① 关于蒙古人在汉地与社会相隔膜，见 Elizabeth Endicott-West, *Mongolian Rule in China: Local Administration in the Yuan Dynasty*, Cambridge (Mass.) and London: Harvard University Press, 1989, pp. 122–123。

② 参考 de Rachewiltz, "Wood's *Did Marco Polo Go to China? A Critical Appraisal*"。关于波斯语是通用语和官方语言，见 Huang Shijian, "The Persian Language in China during the Yuan Dynasty," *Papers on Far Eastern History*, 34 (1986): 83–95. 关于马可·波罗之书罗曼语文本中对包含"州"字的汉语地名的译写，现在可见菲利普·梅纳尔的近期论文 Philippe Ménard, "Problèmes philologiques dans le *Devisement du Monde* de Marco Polo: Les graphies des noms chinois en *zhou* dans les versions romanes," in Anja Overbeck, Wolfgang Schweickard and Harald Völker (eds.), *Lexikon, Varietat, Philologie: Romanistische Studien Günter Holtus zum 65. Geburstag*, Berlin: De Gruyter, 2011, pp. 713–721. 梅纳尔提出了一个有趣的假说（p. 719），即在这个行政地名成分的译写中存在的差异，可能反映了这个字的不同发音：在中国的西部地区是清齿擦音，在江苏地区是浊齿擦音。

③ Alvaro Barbieri, "Un Veneziano nel Catai: Sull'autenticità del viaggio di Marco Polo," *Critica del testo*, 3.3 (2000): 1020–1021.

突厥语是最有可能的选项。何史谛（Stephen G. Haw）甚至认为，马可·波罗可能至少具备汉语口语的某些基本知识，因为他提到的很多地名应是源自某种汉语发音，而不是它们的波斯语译写。① 对马可·波罗实际掌握这些不同语言的具体程度如何，存在很大争议。大多数研究者得出的结论是，马可·波罗不懂汉语，蔡美彪等一些学者甚至认为，他既不懂八思巴字，也不懂多少蒙古语。② 在一项近期的全面研究中，菲利普·梅纳尔指出，最重要的马可·波罗抄本（法意混合语本、早期法文本、匹匹诺本、Z本、托斯卡纳语本、威尼斯语本）包含了大约45个阿拉伯语或波斯语词汇，12个左右突厥－蒙古语词汇，只有大约6个源自汉语或印度语的词汇。这说明了当时波斯语、阿拉伯语对于国际贸易的重要性，而且，用这位法国杰出马可·波罗学者的话说，也显示了马可·波罗对西方语言发展、对其外来词汇再生与扩展的影响。③

不管马可·波罗是否懂一些汉语基础口语，他绝不是需要面临严重语言问题的唯一例子。在《元史》崔斌（1222—1278）的传记中，我们能够了解到，在蒙古征服了南宋之后，"江淮行省事至重，而省臣无一人通文墨者"。④ 另外，一部明代（1368—1644）早期的著作提到："台、省要官，皆北人为之，汉人、南人万中无一二。其得为者，不过州、县卑秩，盖亦仅有而绝无者也。""北人不识字，使之为长官。或缺正官，要题判署事及写日子，七字钩不从右七而从左ナ转，见者为笑。立怯里马赤，盖译史也。"⑤

虽然后来的元朝帝王们不同程度上具备汉语知识，甚或达到相当好的程度，但忽必烈的汉语很差。虽然他至少能够读畏兀儿文，但向这位大汗做口头报告不得不通过译者翻译为蒙古语。⑥ 无论如何，所有这些说明，马可·波罗的语言能力达到了为蒙古帝国效劳的非汉人官员需要达到的标准。⑦ 肯定高于

---

① Haw (2006), pp. 60–63.

② Cai Meibao, "Marco Polo in China," *Social Sciences in China*, 14.2 (1993): 171–172, 引用了阿克八里（Achbaluch）、伯颜（Bayan）和威尼斯人使用的词汇"駞鞁"，后者是从波斯人那里袭用的概念。另一个被经常引用的例证，清楚显示了他对汉语的无知，他说苏州（Suju）意思是"地"，"行在"（Kinsay）指"天"。见 Yule (1903), vol. 2, p. 182ff.

③ Philippe Ménard, "Les mots orientaux dans le texte de Marco Polo," *Romance Philology*, 63 (2009b): 130–132.

④ 《元史》，北京：中华书局，1976，第13册，卷173，页4038；杨志玖（1998a），页107。

⑤ 叶子奇《草木子》，前言写于1378年，《元明史料笔记丛刊》本，北京：中华书局，1959，"克谨篇"，页49，"杂俎篇"，页82—83；杨志玖（1998a），页107—108。

⑥ Herbert Franke, "Could the Mongol Emperors Read and Write Chinese?" *Asia Major*, N.S. 3 (1953): 28–30.

⑦ 见 Barbieri (2000), pp. 1020–1021。色目人（以西方人和中亚人为主）充当蒙古人的中介，关于他们的多语言能力（polylinguality），见 Frederick W. Mote, "Chinese Society under Mongol Rule, 1215–1368," in Franke and Twitchett (eds.) (1994), p. 646.

那些方济各会的传教士,除了蒙特戈维诺(Giovanni da Montecorvino, 1247—约1330)具备突厥语言、文字的知识外,他们似乎没有掌握任何非西方语言,必须依靠双重翻译。①

第六小节　汉、蒙古文明与文化的诸方面

质疑:马可·波罗未能提及中国生活与物质文化中很多重要的方面、事物和遗迹。这些显著的遗漏包括:a)汉字书写系统;b)书籍与印刷;c)茶叶与饮茶;d)汉人的缠足习俗;e)鸬鹚捕鱼;f)筷子;g)长城。②对此还可以加上针灸、道教、儒学以及其他很多东西。

回应:吴芳思所谓的"遗漏"在一般层面和特殊层面上受到了反驳。在一般层面上,第一,我们可以引述舒特(Hans-Wilm Schütte)的观点:常识未被提及,更能证明报道的真实性,而不是它的二手特征。③第二,其他学者提出,默证法(*argumentum ex silentio*)不能当成确凿论据来使用,而只具有假设的价值。④第三,另一个具有普遍性的论点是,马可·波罗在涉及产品和商品时,通常有明确的倾向去省略那些尚未出现在西方的物品。而且,他对于要论述和描述的话题所做的选择,具有他个人化和选择性偏好的色彩。⑤其他很多人用相似的方式讲出他们的回应,其中包括图奇(Ugo Tucci),他以旅行者的角色(figure)为背景提出,必须考虑到旅行者的性格以及旅行时的心智,对他的感知、抉择、挑选所产生的影响。⑥第四个具有普遍意义的批评是,波罗家族主要与蒙古征服者为伍,为他们效劳,因而与他们的汉族臣民缺乏联系和交往。由此,他们的兴趣集中于蒙古社会、文化、习俗以及元帝国的政治、军事、经济的组织。与此相反,很多汉人社会和文化的特征并未引起马可·波罗的注意,

---

① Johan Van Mechelen, "Yuan," in Nicolas Standaert (ed.), *Handbook of Christianity in China, Volume One: 635–1800*, Brill: Leiden (Handbook of Oriental Studies, Section Four, China; 15/1), 2001, pp. 87–90.

② 没有提到长城已经是一个历史非常悠久的质疑了,它第一次被提出可能是在1774年伦敦出版的 *Astley*'s *Voyages* 中,见 Larner (1999), p. 174。

③ Schütte (2008), p. 46.

④ Barbieri (2000), pp. 1007–1008.

⑤ 见 Barbieri (2000), p. 1008,特别是 p. 1011。在这一页他引述了一段话,见 Ronchi (1988),*Marco Polo, Milione. Le divisament dou monde*, p. 468: "[...] Il ont encore gengibre en abundance et cannelle ausint, et d'autres espices aseç que ne vienent unques en nostre contree et por ce ne fait a mentovoir." 参见 Yule (1903), vol. 2, p. 56: "[……]他们还有大量生姜和肉桂,还有未曾运至我国的其他香料,我们没有必要讲述它们。"

⑥ Tucci (1997), p. 55.

或者在他看来它们不具有进行记述并使其广为人知的头等重要性。① 拉纳（John Larner）质疑说，有多少在香港的英国官员懂汉语或是对他们统治下的百姓表现出很大的兴趣呢？② 此外，拉纳还举了另一个在中国的旅行者忽略当地被统治百姓的例子，蒙特戈维诺（Giovanni da Montecorvino）在 1306 年 2 月写于汗八里（Kambalik/Cambaluc/ 北京）的一封信中写道："为了指导那些未受过教育的人们，我制做了六幅关于《旧约》和《新约》的画作，上面用拉丁文、突厥文（Tursic，［实为蒙古文］）、波斯文书写内容，以便所有的语言能被阅读。"显然，汉人和当地的百姓并不是这位方济各会修道士关注的焦点。③

马可·波罗也可能有意识地省略了很多东西。比起他已讲述的内容，有的见闻、数据和新奇事物远远超出了他同时代人基于虔诚宗教信仰所能接受的程度。马可·波罗不想用它们来填充同时代人的头脑。多明我会修士雅各布·阿奎（Jacopo d'Acqui）告诉我们一个著名的故事，在马可·波罗临终之前，他的朋友们要求他修正自己的著作，删掉不真实的一切。他的回答是，他还没有讲出他真正看到的一半。④

关于这位威尼斯旅行者的具体"疏漏"，以下是被提出的相反观点：

a）马可·波罗只是粗略提到了汉语和"蛮子"（Manzi）地区可以相互理解的各种方言，一个单一的书写系统（"一种字母样式"，one manner of letters）。⑤ 就像伊本·白图泰（Ibn Battuta 1304—1368 或 1369）和鄂多立克（Odorico da Pordenone，1286—1331），他没有对汉字做更多的评述。鲁布鲁克（Rubroek）只有一段很短的记录提及汉字，说汉人用毛刷写字，在一个单独的汉字中，他们写几个字母，组成一个词。⑥ 在罗依果（Igor de Rachewiltz）看来，马可·波罗是以统治者的眼光看中国的，因而对大汗属民的文化没有兴趣。此外，罗依果注意到一个可资比较的例子：尽管意大利和埃及有密切的交往，但是在

---

① Barbieri (2000), p. 1009.

② Larner (1999), p. 65.

③ Larner (1999), pp. 120–121, 引自 Arthur Christopher Moule, *Christians in China before 1500*, New York and Toronto: The Macmillan Co. (London Society for Promoting Christian Knowledge), 1930 p. 178。

④ 见 Yule (1903), vol. 1, p. 54; Larner (1999), p. 45. 不过，Reichert 怀疑这个故事，他认为它应归入"华丽之死"（*schönes Sterben*）的传统文学主题。参看 Reichert (1989a), p. 51。

⑤ 托莱多 Z 抄本相应的原文如下："Set scire debetis quod per totam provinciam Manci una servatur loquela et una maneries litterarum, tamen in lingua est diversitas per contratas veluti apud laycos inter Lonbardos Provinciales Francigensas etc. ita tamen quod in provincia Manci gens cuiuslibet contrate potest gentis alterius intelligere ydioma."见 Moule and Pelliot, *Marco Polo: The Description of the World*, vol. 2, p. 353; Critchley (1992), p. 22。

⑥ De Rachewiltz, "Wood's *Did Marco Polo Go to China? A Critical Appraisal*"; Haw (2006), p. 59.

拉丁文献中甚至没有记载埃及人文字的只言片语。① 杨志玖强调了鲁布鲁克和马可·波罗观察视野的差异。作为一个有学问的方济各会修道士,前者不仅评述了汉字,还提到西藏人、唐兀人、畏兀儿人的文字。而后者的教育背景很差,他的显著兴趣是在商业事务,因此,他很难对外国文字予以关注。②

b)尽管这位威尼斯人没有提到汉文书籍和印刷术,他对纸币的生产做了详细的描述,它们和书籍一样,基本上是印制的。无论复杂的汉字书写系统还是印刷技术的微妙细节,都只能引起那些比马可·波罗或鄂多立克受过更好教育、有文化观念的旅行者的兴趣。③ 除了纸币的制造外,还有另一个关于印刷的间接参考资料:马可·波罗提到了大量销售的小型占星手册。④

c)饮茶是一种主要流行于汉人中的生活习惯,尤其是在中国中部的江苏、湖广地区。无论鄂多立克还是伊本·白图泰都没有在他们的著作中提及。显然,与波罗一家关系密切的蒙古人自认为更喜欢酒精饮料,如低酒精度的库迷思(kumis,发酵的马奶)、葡萄酒、蜜酒,尤其是米酒。他们喜欢的另一种饮料是舍儿别(sherbet)。对库迷思,尤其是米酒,马可·波罗都提到了。在黄时鉴看来,没有证据显示在征服了金朝(1115—1234)之后,蒙古人有饮茶的习惯。尽管在 1330 年忽思慧的《饮膳正要》中列举了 19 种茶叶,但也没有证据表明在 1260 年代和 1270 年代,蒙古人普遍饮茶。⑤ 虽然在元代中国蒙古人和穆斯林社会的上层开始饮茶,但蒙古人和穆斯林人口的大部分并非如此。在欧洲,是剌木学在 1545 年左右第一次提到中国茶叶。⑥ 直到那以后,关于中国茶叶的知识才开始在欧洲传播。⑦ 在 1265 年,忽必烈开始垄断四川的茶叶贸易,1275 年以后又把这种财政控制扩展到中国南方其他地区。⑧ 1285 年,对酒精饮料取消了征税,而对茶叶的征税则照旧进行,这有利于前者的销售而损害了后

---

① De Rachewiltz (1997), p. 59.

② Yang Zhijiu (1998a), p. 108.

③ De Rachewiltz, "Wood's *Did Marco Polo Go to China?* A Critical Appraisal."

④ Thomas T. Allsen, "The Cultural Worlds of Marco Polo," *Journal of Interdisciplinary History*, 31.3 (2001a): 380. (译者按:即历日。)

⑤ Paul D. Buell and Eugene N. Anderson, with an appendix by Charles Perry, *A Soup for the Qan: Chinese Dietary Medicine of the Mongol Era as Seen in Hu Szu-hui's Yin-Shan Cheng-Yao—Introduction, Translation, Commentary, and Chinese Text*, London and New York: Kegan Paul International (The Sir Henry Wellcome Asian Series), 2000, pp. 393–394.

⑥ 见 Henry Yule and Arthur Coke Burnell, *Hobson-Jobson: The Anglo-Indian Dictionary*, Hertfordshire: Wordsworth Editions Ltd., 1996, p. 906。

⑦ 参见黄时鉴论述详尽的论文 Huang Shijian, "The Early Dissemination of Tea in Northern Asia and the Western Region—Why Marco Polo Never Mentioned Tea," transl. by Lu Yunzhong, rev. by Yang Zhi and Bruce Doar, *Social Sciences in China*, 15.4 (1994): 171–174。

⑧ Huang Shijian (1994), p. 173.

者。另外，正如上文普遍观点中已经提及的那样，马可·波罗不想讲述在欧洲不为人知的商品，茶叶非常符合这一标准，因为当时它在欧洲还默默无闻。①

d）在西方、阿拉伯、波斯到过中国的人中，只有鄂多克在大约1330年简短地记载了古怪的缠足习俗。在他之后，过了几乎250年，这种习俗才再次成为西方旅行报告的话题，见于1575年左右拉达（Martin de Rada, 1533—1578）的记述。② 很可能在马可·波罗的时代，这一做法既不普遍，也没有传播开来。缠足可能仅限于中国南方社会上层的汉族妇女和主要的大城市中。它没有引起这位威尼斯人的太大兴趣。事实上，辽朝（907—1125）的契丹妇女、金朝（1115—1234）的女真妇女、元朝的蒙古妇女，清朝（1644—1911）的满洲妇女，都不曾接受这种汉族的风俗习惯，这些政权的统治者也没有对此加以鼓励。另外，与波代诺内（Pordenone）人鄂多克不同，马可·波罗主要活跃于中国的北部地区，而方济各会传教士鄂多立克在元帝国的南方停留了很长时间。③ 马可·波罗与汉人社会的交往有限，他对汉人社会的习俗只有很浅表的兴趣，因此，对这种很大程度上不见于公共视野、属于异族社会阶层的习俗加以探究，对马可·波罗来说是很困难的。另外，至少在托莱多Z抄本中清楚地描述了汉族女性保持童贞的一种优雅的走路方式。④ 尽管马可·波罗可能并不清楚这种特殊走路方式的深层原因，但这可能确实是缠足（或是对它的某种效仿）的后果。⑤

e）同样，鸬鹚捕鱼不见于伊本·白图泰、马可·波罗的记述，而只被鄂多立克记载下来。然而，更值得注意的事实是，在明代以前的文献中，只能找到提及这种做法的两种汉文资料。一种见于唐代伟大诗人杜甫（712—770）的诗歌，另一种见于著名学者、官员沈括（1033—1097）的著作，后者提到，它只见于四川，也许从那里又流传到湖北的西部地区。因此，除了先前蒙古征服时期的战争对很多日常活动造成破坏这一实际情况外，很可能在马可·波罗时代，［用鸬鹚捕鱼］这种特殊做法尚未非常普遍。考虑到在汉文资料中极少提

---

① Barbieri (2000), p. 1011.

② Folker Reichert, "*Pulchritudo mulierum est parvos habere pedes*: Ein Beitrag zur Begegnung Europas mit der chinesischen Welt," *Archiv für Kulturgeschichte*, 71 (1989): 297–307.

③ Yang Zhijiu (1998a), pp. 108–112.

④ 见 Alvaro Barbieri, *Marco Polo, Milione: Redazione latina del manoscritto Z, versione italiana a fronte*, Parma: Fondazione Pietro Bembo / Ugo Guanda, 1998, p. 172: "[...] semper virgines, in earum progresione itineris, tam suaviter gradiuntur quod nunquam unus pes ultra unum digitum alium antecedit [...] ad [...] virginitatis conservantiam [...]."

⑤ Barbieri (2000), p. 1010; Haw (2006), pp. 55–56; de Rachewiltz, "Wood's *Did Marco Polo Go to China? A Critical Appraisal*."

到这一技术，在马可·波罗那里出现这一遗漏，是可以理解的，无需大惊小怪。①

f）无论鄂多立克还是伊本·白图泰，都没有在他们的著作中讲述筷子的使用。②

g）对吴芳思的阐述而言，马可·波罗没有提到长城的问题已经成为最令人信服的反论之一，因此，只需要对争论做一个简要的概述就足够了。现在能看到的带有很多敌楼、外面包砖的长城在马可·波罗时代并不存在，它是16—17世纪由明朝政府修建或重建的一道防御要塞。在明代之前，那里只有一系列不同时期矗立起来的壁垒，用夯土建成，里面用木桩或者捆扎的枝条来加固。那里绝不存在连续的防线，而只有并不相连的墙体，在不同的朝代，择址不同，位置会发生变动。贯穿不同世代而保持不变的只是有关公元前3世纪秦始皇修建"长城"的文学虚构和神话传说。13世纪的汉文资料没有提到物质实体的长城。因此，直到1579年，它才第一次出现在一幅地图作品上，中国的地理学家自己很大程度上忽视了这座墙的存在。在蒙古时代，著名的道人丘处机（长春真人，1148—1227）在成吉思汗统治时期曾经经过长期废弃的边境望楼和界壕，那是金朝为了防御蒙古人而修筑的边境工事。此后到过那里的主要有张德辉（1195—1274）和王恽（1227—1304）。由于知道这些边境防御工事的历史意义，这三位饱学之士留下了关于那里的记载。相比之下，马可·波罗和其他西方旅行者根本没有理由对这些不能给人留下深刻印象的废墟感兴趣。③

黄时鉴和龚缨晏在1998年用中文发表了一篇内容详尽的论文，一年后该文用英文发表。文中写到，波罗一家只有可能在两个地方见到秦汉时期长城的遗存，即敦煌地区、从上都到大都的沿途。不过，在这两个地区，秦汉长城的遗存要么很大程度上被毁坏，要么被流沙所覆盖。在元代文学、历史、地理方面的文献中，只能找到少量与这些遗址有关的资料。一个生动的例子是1330年代或1340年代黄溍关于榆林所写的诗歌，内容如下：

> 崇崇道旁土，云是古长城。却寻长城窟，饮马水不腥。
> 斯人亦何幸，生时属休明。向来边陲地，今见风尘清。
> 禾黍被行路，牛羊散郊垌。儒臣忝载笔，帝力猗难名。

---

① Haw (2006), pp. 56–59.

② De Rachewiltz, "Wood's *Did Marco Polo Go to China?* A Critical Appraisal"; Haw (2006), pp. 52–55.

③ 见 Yang Zhijiu (1998a), pp. 112–114; Arthur Waldron, *The Great Wall of China: From History to Myth*, Cambridge: Cambridge University Press, 1990, pp. 21–22.

黄时鉴和龚缨晏全面研究了元代文献中关于秦汉长城的看法，在此基础上他们得出了如下结论：第一，历代普遍建造的长城常常被混为一谈；第二，士大夫们把这些城墙视为历史遗址和遗物，近似于被废弃的古代庙宇和其他纪念物；第三，在他们的作品中，强调了筑城者遭受的悲苦，尤其是考虑到长城无法阻挡外敌入侵；第四，有时废弃的长城与和平的、得到良好治理的边疆地区形成的对比打开了作者的心结，促使他歌颂元朝的大一统；第五，往往是在被告知以后，作者才认识到所见的遗址是古长城，进而使他发思古之幽情。①

总之，在元朝人的眼中，长城并不具有特殊意义，也并没有被视为中国的象征——这个象征是明朝修建的一条东起山海关，西到嘉峪关，长约7300公里的边墙演变而成的。这条在中国历史上最完整、最坚固的城墙最早由葡萄牙人注意到并加以记载，但时间不早于16世纪中期，相关情况如下：1549年一位传教士的报告，1569年克鲁兹（Gaspar da Cruz，约1520–1570）、1561年维尔和（Bartholemeu Velho，卒于1568年）、1563年巴罗斯（Joao de Barros，1496—1570）、约1575年拉达（Martin de Rada，1533—1578）、1585年门多萨（Juan Gonzalez de Mendoza，约1540—1617）、1604年戈埃斯（Bento de Goez，1562—1607）的记载，在他们之后是16世纪末的利玛窦（Matteo Ricci，1552—1610）、1665年的卫匡国（Martino Martini，1614—1661）、18世纪后期以马戛尔尼（Earl George MaCartney，1737—1806）为首的外交使团，以及此前、此后的很多其他人。②

如果前代的废墟在马可·波罗时代依然存在，它们可能并不引人瞩目。无论柏朗嘉宾（Giovanni dal Piano del Carpini）、鲁布鲁克（Willem van Rubroek）、马黎诺里（Giovanni de Marignolli，约1290—1357后）还是鄂多立克（Odorico da Pordenone），都没有谈及长城。虽然伊本·白图泰提到了想象中的由亚历山大大帝建造的"Gog和Magog"城墙，但是既找不到曾经见到过这座墙的人，也找不到任何人知晓有谁曾经见过它。马可·波罗没有注意到长城同样是不足为奇的。③

---

① 见 Huang Shijian and Gong Yingyan, "Marco Polo and the Great Wall—Also on *Did Marco Polo Go to China?*" transl. by Deng Ying and Liu Xiangnan, *Social Sciences in China*, 20.3 (1999): 120–123.

② Huang Shijian and Gong Yingyan (1999), pp. 123–127; Charles Ralph Boxer, *South China in the Sixteenth Century: Being the Narratives of Galeote Pereira, Fr. Gaspar da Cruz, O.P.,Fr. Martín de Rada, O.E.S.A. (1550–1575)*, London: Haklyut Society, 1953, pp. 70 and 85 for Caspar da Cruz and pp. 263, 279 and 282 for Martín de Rada; Walton (1990), pp. 203–215.

③ Haw (2006), pp. 52–55; de Rachewiltz, "Wood's *Did Marco Polo Go to China?* A Critical Appraisal"; id. (1977), pp. 63–66.

总之，虽然马可·波罗的确没有提到中国文化和社会的一些大大小小的侧面，但应首先回想到多明我会修道士雅各布·阿奎（Jacobo d'Aqcui）讲过的内容，马可·波罗在他临终时声称，他只写下了自己见闻的一小部分。① 早在马可·波罗去世前，他的叔叔马非奥（Maffeo）在垂死之际也对他的忏悔神父说，书中的一切都是真的。② 另外，同时代的人们，如把马可·波罗之书选译为拉丁文本的方济各会修道士匹匹诺，把马可·波罗的观测结果纳入自己所编著作的帕多瓦大学教授阿巴诺（Pietro d'Abano），雅各布·阿奎以及《关于岛屿及其属性》（De insulis et earum proprietatibus）的作者、佛罗伦萨人希尔维斯特里（Domenico Silvestri，1385—1406），所有这些人最终都确信这位威尼斯人的记述或是证实了它的真实性。③

马可·波罗的记述存在一定数量的遗漏（根据人们自身的偏好，这些遗漏尚可继续增加），与此相应的是，人们不能忽视他对于实际情况的所有详细叙述，这些得到了中国资料或其他材料以及现代研究的确证。这是马可·波罗著作的第二个显著特征。以下仅仅选取一些与此相关的事项，并非全部：

——他关于很多历史、政治、军事事件和人物的记载，得到了汉文史料的确证，如以下记载：克烈部（Kereyid）的汗"长老约翰"（Prester John，也就是脱里/Toghril/Toqrul），与成吉思汗（1162—1227）的战争；④ 天德（Tenduc，即汪古 Öngüt）的君主阔里吉思（George）；⑤ 对常州的围城和屠城；⑥ 李璮（亡于1262年）之乱；阿合马（Ahmad，亡于1282年）被刺杀（只

---

① 见 Yule (1903), vol. 1, p. 54。

② 见 Justin V. Prášek, *Marka Pavlova z Benátek; Milion: Dle jediného rukopisu spolu spřislušným zakládem latinským*, Prag: Nákladem Česke Akademie Cisaře Františka Josefa pro Vědy, Slovesnost a Uměni, 1902, p. 2: "[...] in mortis articulo constitutus, confessori suo in familiari colloquio constanti firmitate asseruit librum hunc veritatem per omnia continere. [...]"; Larner (1999), p. 111。

③ Haw (2006), p. 51; Reichert (1989a), p. 52。

④ 见 Voiret (1997), p. 813，以及 Giorgio R. Cardona, "Indice Ragionato," in Valeria Bertolucci Pizzorusso, *Marco Polo, Milione. Versione toscana del Trecento*, Milano: Adelphi Edizioni, 1975, pp. 698–703. 不过，Cardona 还指出，只是因为克烈人和汪古人都是基督教徒，马可·波罗在一定程度上把长老约翰（Prester John）和天德的阔里吉思王（King George of Tenduc）混淆了。

⑤ 见 Igor de Rachewiltz, *Papal Envoys to the Great Khans*, London: Faber & Faber, 1971, pp. 164–167; Qiu Shusen and Fang Jun, "Conference Report—New Findings in Marco Polo Studies: A Brief Report on the International Conference on Marco Polo and 13th Century China," *Journal of Song-Yuan Studies*, 31 (2001): 356–362, 文中提到了杨志玖的发现。不过，并非像马可·波罗所说，阔里吉思娶了忽必烈的女儿，而是他的父亲爱不花娶了忽必烈的女儿月烈，阔里吉思是他们的儿子。见 Cardona (1975), p. 638; Pelliot, *Notes on Marco Polo*, vol. 2, p. 737。

⑥ 关于更多的细节，见彭海（2010），页 127—131。

见于剌木学本）；① 蒙古征服中国南方，南宋灭亡；② 永昌之战，蒙古远征缅国（缅甸，Mien/ Burma）；③ 蒙古入侵占婆（Champa）；④ 忽秃伦（Khutulun，又写为 Kutulan，忽必烈堂侄海都的尚武的女儿）；⑤ 忽必烈汗攻打乃颜的战争；⑥ 第二次武装远征日本（直到 16 世纪，欧洲的文献中再未提到这个国家）；⑦ 忽必烈的爱子、被立为王储的真金（Chinkin, 1243—1286）；⑧ 治理哈剌章的王子忽哥赤（Hügächi/Cogachin，亡于 1271 年）⑨ 和也先帖木儿（Esen Temür/Essentemur，亡于 1332 年）；⑩ 统治京兆的王子忙哥剌（Manggala/Mangalai，亡于 1280 年）；⑪ 关于回鹘不古可汗诞生的传说。⑫ 马可·波罗提到一些重要的军事人物，如伯颜、阿术（Ajul/ Agul, 1227–1281）、⑬ 纳速剌丁（Nasr al-Din/ Nescradin，亡于 1292 年）、⑭ 囊加台（Nangiadai/Mongotay）、⑮ 王著（cenchu）和张易（vanchu）、⑯ 范文虎（Vonsainchin）、唆都（Sögätü/Sagatu）。⑰

——他以很多独特的方式描述了忽必烈汗的个性，包括折中主义的宗教态

---

① 参见 Rossabi (1988), pp. 178–179; Yang Zhijiu (1998a), pp. 101–103。
② 关于南宋灭亡的更多细节，见 Pelliot, *Notes on Marco Polo*, vol. 2, pp. 652–661, "Facfur"条。
③ 见 Rossabi (1988), p. 214–215: "马可·波罗对使命做了有趣的描述，关于战争的记载生动、详细，尽管可能并不完全准确［……］"
④ 见 Haw (2006), p. 164。
⑤ Rossabi (1988), p. 104。
⑥ 见 Rossabi (1988), pp. 222–224; Qiu Shusen et al. (2001)，提到了李治安的研究；Pelliot, *Notes on Marco Polo*, vol. 2, pp. 788–789。
⑦ Ronchi (1988), *Marco Polo, Milione. Le divisamento dou monde*, pp. 531–535; Yule (1903), vol. 2, p. 255ff。
⑧ Pelliot, *Notes on Marco Polo*, vol. 1, pp. 278–280.
⑨ Pelliot, *Notes on Marco Polo*, vol. 1, pp. 394–395.
⑩ Pelliot, *Notes on Marco Polo*, vol. 2, pp. 14–15.
⑪ Gu Weimin (2006), pp. 335, 337, 339.
⑫ Qiu Shusen et al. (2001)，提到了党宝海的研究。
⑬ Pelliot, *Notes on Marco Polo*, vol. 1, pp. 14–15.
⑭ Pelliot, *Notes on Marco Polo*, vol. 2, pp. 793–794.
⑮ 不过，Pelliot, *Notes on Marco Polo*, vol. 2, pp. 781–783，提议说，马可·波罗可能指的是蒙古歹（Manghutai，卒于 1290 年）。
⑯ 吴芳思把 Vanchu（即万户，反叛者之一张易的官衔）错误地当成了对 1282 年刺杀阿合马的反叛者之一、千户（写为 Cenchu）王著的译写。参见 Yang Zhijiu (1998a), pp. 101–103; Pelliot, *Notes on Marco Polo*, vol. 1, pp. 10–11, 236; vol. 2, p. 870。
⑰ 参看 Pelliot, *Notes on Marco Polo*, vol. 2, pp. 836–837。不过，关于马可·波罗所写的 Abacan 和 Cogatai，还缺少清楚的解释，见 Pelliot, *Notes on Marco Polo*, vol. 1, pp. 1–3, 395–396。关于 Abacan，又见 Enoki Kazuo（榎一雄），"Marco Polo and Japan," in *Oriente poliano*, 1957, p. 35。
关于上述历史人物，又见 Haw (2006), pp. 159–164。

度、坚定的宗教宽容，① 尽管毫无疑问这些记述带有威尼斯人马可·波罗对这位统治者强烈的、视若神明的赞美和忠诚。②

——在那些声称代表草原传统价值观的蒙古人和那些更被中国汉地生活方式或波斯穆斯林习俗所吸引并适应它们的蒙古人之间存在着政治裂痕。马可·波罗敏锐地观察到这一点。③

——他介绍了1253年之后成为忽必烈驻地的开平（从1263年起称为上都）和1266年起成为元帝国首都的大都（汗八里/Cambaluc，北京），包括它们的内城、宫殿、建筑、苑囿、④ 狩猎禁区、宫廷生活、磕头之举、⑤ 蒙古统治者们奢华的宫帐、⑥ 诸如忽必烈生日和阴历新年的宫廷典礼之类的欢庆活动、⑦ 忽必烈汗乘坐大象、⑧ 他前往上都夏季住地、⑨ 为大可汗选妃、狩猎文化。⑩

---

① 忽必烈对马可·波罗说，他崇奉、尊敬耶稣基督、穆罕默德、摩西和释迦牟尼佛，但也暗示，他对佛教有所偏重。无疑，忽必烈喜欢藏传佛教胜过道教，这也许可以解释，为什么在他和马可·波罗的谈话中，没有提到道教。见 Rossabi(1988), pp. 39–40, 229。也可参考 Larner (1999), pp. 76–77 的评论：" ……只要所有人对君主大汗忠诚……你可以按照自己的意愿处理有关神祇和你心灵的事情，无论你是居住在鞑靼人中的犹太人、异教徒、萨拉森人或基督徒……"引自 Moule and Pelliot, *Marco Polo: The Description of the World*, vol. 1, p. 96; vol. 2, p. 21。类似的宗教折中主义的态度在蒙哥（Möngke, 1209—1259）与威廉·鲁布鲁克的谈话中有所显示，大汗宣称，神给了手掌不同的手指，就像他给了人类不同的道路。关于蒙古人对不同宗教奉行宗教折中主义和实用主义的更多例子，见 Larner (1999), p. 24, 以及 Richard C. Foltz, *Religions of the Silk Road: Overland Trade and Cultural Exchange from Antiquity to the Fifteenth Century*, New York: St. Martin's Press, 1999, pp. 121ff.。

② 见 Rossabi (1988), pp. 148–152。参阅 Yule (1903), vol. 1, p. 331: "……在武力、土地、财富方面，他是世界上健在的，也许是从我们第一位祖先亚当之时到今天曾经存在过的人中，最有权力的。" 关于马可·波罗之书对大汗的陈述，现在可以参看 Philippe Ménard, "La représentation de l'empereur de Chine Khoubilai Khan dans le Devisement du Monde de Marco Polo," in Venceslas Bubenicek and Rocher Marchal (eds.), *Gouvernement des hommes, gouvernement des âmes: Mélanges Charles Brucker*, Nancy: Presses Universitaires de Nancy, 2007, pp. 229–244。

③ Ronchi (1988), *Marco Polo, Milione. Le divisament dou monde*, pp. 361; Yule (1903), vol. 1, p. 263; Rossabi (1988), p. 236。

④ 关于忽必烈汗对树木园囿的喜爱、蒙古人对树木的辨识，可参阅一篇有趣的论文，Sasaki Shigemi, "Faune et flore dans *Le Devisement du Monde*: 'Mont Vert' du Grand Kaan et 'Vergier' de Deduit," in Alain Labbé, Daniel W. Lacroix and Danielle Quérel (eds.), *Guerres, voyages et quêtes au Moyen Âge: Mélanges offerts à Jean-Claude Faucon*, Paris: Champion, 2000, pp. 381–388。

⑤ Yule (1903), vol. 1, p. 391; Johannes Witte, *Das Buch des Marco Polo als Quelle für Religionsgeschichte*, Berlin: Hutten-Verlag, 1916, p. 40; Leonardo Olschki, *Guillaume Boucher: A French Artist at the Court of the Khans*, Baltimore: The Johns Hopkins Press, 1946, p. 49。

⑥ Thomas T. Allsen, *Commodity and Exchange in the Mongol Empire: A Cultural History of Islamic Textiles*, Cambridge: Cambridge University Press (Cambridge Series in Islamic Civilization), 1997, p. 74。

⑦ Allsen (1997), p. 15; Qiu Shusen et al. (2001)，提及杨志玖的著作。

⑧ Qiu Shusen et al. (2001)，提及王颋的研究。

⑨ Paul Ratchnevsky, "Über den mongolischen Kult am Hofe der Grosskhane in China," in Louis Ligeti (ed.), *Mongolian Studies*, Amsterdam: Verlag B. R. Grunder (Bibl. Orientalis hungarica; 14), 1970, p. 426n50。

⑩ Rossabi (1988), pp. 31–33, 131–135, 174–175; Haw (2006), pp. 68–73。

图 1 大汗乘象

马可·波罗之书格拉斯梅克（Glazemaker）1664 年荷兰文版插图

来源：Jan Hendrik Glazemaker, *Markus Paulus Venetus*, Reisen, en beschryving der Oostersche lantschappen;..., t'Amsterdam: Voor Abraham Wolfgang, 1664, p. 47. 莱顿大学图书馆（Leiden University Library）提供。

——他准确记载了高级官员或军队指挥官在宫廷典礼上系扎用金线、银线制成的昂贵而极其精致的深红色腰带，① 它们被如此大量地使用，以至于元朝在 1289 年建了一座御带库来供应帝王的使用以及做好赏赐的准备。②

---

① Yule (1903), vol. 1, p. 387; Allsen (1997), pp. 18–19.
② 见 Allsen (1997), pp. 18–19；《元史》，第 8 册，卷 90，页 2295。

——他提到高级军官使用称为"伞盖"的金色遮篷作为威信和权力的标志。①

——他准确记载了大汗定期向他的宫廷卫士怯薛丹（*keshigten*）赏赐的单一颜色（*jisün* 直孙/质孙）的袍服（衣金直孙），②其衣料用丝线、黄金制成，上面大量装饰珍珠和宝石；还提到庆典活动中所遵行的有关着装的法规。③

——他注意到，大汗并不很信任汉人，因为他统治的合法性是不确定的，因此，很大程度上依赖鞑靼人、萨拉森人或基督徒的效劳。④

——他提到，在阿合马被杀后，忽必烈再次下达了禁止以伊斯兰教方式进行屠宰（*halal* slaughter）的命令。⑤

——他认为忽必烈支持贸易，关注商人。⑥

——他正确记载了蒙古军队的十进制编制、⑦在江浙和江南部署的重兵、⑧在"蛮子"地区驻扎兵力的数量，⑨以及大汗个人侍卫怯薛丹的数量、四个班次、

---

① Yule (1903), vol. 1, p. 353; Allsen (1997), p. 19.

② 参看《元史》，第 10 册，卷 124，页 3050。

③ 全面的讨论见 Allsen (1997), pp. 19–26。关于织金锦和怯薛，见下文。

④ 见 Yule (1903), vol. 1, p. 418（只见于剌木学本）; Rossabi (1988), p. 66。关于蒙古统治者任用的大量外国人，参见大部头的传记汇编 Igor de Rachewiltz, Chan Hok-lam, Hsiao Ch'i-ch'ing and Peter W. Geier, with the assistance of May Wang (eds.), *In the Service of the Khan: Eminent Personalities of the Early Mongol-Yuan Period (1200–1300)*, Wiesbaden: Harrassowitz, 1993。也可参阅 Ch'en Yuan(陈垣)的经典研究，*Western and Central Asians in China under the Mongols: Their Transformation into Chinese* 元西域人华化考，translated and annotated by Ch'ien Hsing-hai 钱星海 and L. Carrington Goodrich, Los Angeles: Published by Monumenta Serica at the University of California, 1966.

⑤ 参阅 Yule (1903), vol. 1, p. 420（只见于剌木学的译本）。见 Witte (1916), pp. 101–102; Foltz (1999), pp. 125–126。事实上，早于阿合马之死（1282 年 4 月 2 日），元代在 1280 年 1 月 27 日已经按照穆斯林方式屠宰动物的人施行死刑。这一禁令在 1287 年才取消。关于更多背景信息，见 Rossabi (1988), pp. 199–201。

⑥ Ronchi (1988), *Marco Polo, Milione. Le divisament dou monde*, pp. 437–438; Yule (1903), vol. 1, p. 412; Rossabi (1988), pp. 122, 124。

⑦ 参看 Yule (1903), vol. 1, p. 350。

⑧ 关于马可·波罗明确提到的大要塞或生产武器的地点，见 Yule (1903), vol. 2, p. 13, Taian(太原); vol. 2, p. 154, Yanju（扬州）; vol. 2, pp. 190, 216, Kinsay（杭州）; vol. 2, p. 231, Fuju（福州）。Hsiao Ch'i-ch'ing（萧启庆）提到派遣探马赤军到太原，以及作为重兵镇戍城市的扬州、杭州。见 Hsiao Ch'i-ch'ing, *The Military Establishment of the Yuan Dynasty*, Cambridge (Mass.) and London: Harvard University Press, 1978, pp. 53, 56。Gunther Mangold 列举了江南地区的 226 个省级镇戍地，江浙地区的 227 个镇戍地，福建地区的 53 个镇戍地。见 Gunther Mangold, *Das Militärwesen in China unter der Mongolen-Herrschaft*, PhD diss., Ludwig-Maximilians- Universität München, Bamberg: aku Fotodruck, 1971, p. 29。关于镇戍军的普遍存在，也可参考 Qiu Shusen et al. (2001)，提到王晓欣的观点。

⑨ 马可·波罗提到 1200 个大而富庶的城市，每个至少有 1000 人，其中一些甚至超过 30000 人。见 Ronchi (1988), *Marco Polo, Milione. Le divisament dou monde*, pp. 516–517; Yule (1903), vol. 2, p. 190。关于这一问题，又见本书结论部分我的综述。

三天一轮值。①

——在他那个时代,他是记述元朝修建大运河所取得非凡成就的唯一一位非中国著作家。他的记载非常详细。②

——他准确记载了元朝司法裁判中根据犯罪程度对窃贼施以打7、17、27、37、47……107下的处罚;这种在中国法制史上如此独特的量刑制度从1264年开始实行,在其他西方旅行记中未曾提及。③

——他敏锐地注意到,对盗窃牲畜处以九倍赔偿的处罚。对于像蒙古人这样的草原游牧民来说,盗窃牲畜是严重的犯罪,因此,九倍赔偿的法律不仅在中国正规的刑法制度中是一个创举,而且,在1640年的蒙古卫拉特法典(*Mongol Oirat Code*)、喀尔喀法典(*Khalkha Djirom*)和卡尔梅克人的法律中得到了沿用。④

——他提到了对赌博的禁令。⑤

——他提到,报复性惩罚措施断手,成为传统"五刑"的补充。⑥

——他指出了官员们的三年任期。的确,这从1282年就已经成为定制。⑦

——他写到发生自然灾害时的赋税减免措施;⑧ 预防饥荒而建立的义仓;⑨

---

① 马可·波罗提到12,000名怯薛丹(*keshigten*),他们按每3,000人三昼夜进行轮值。见Yule (1903), vol. 1, p. 379。成吉思汗和他的儿子窝阔台都拥有10,000名侍卫。关于怯薛丹数量可以利用的数字有:1312年,10,000;1329年,13,000;1331年,15,000;1332年,13,600。参阅Mangold (1971), p. 19; Hsiao Ch'i-ch'ing (1978), p. 40。关于怯薛丹分为四部分,三昼夜轮值的情况,见 Igor de Rachewiltz, *The Secret History of the Mongols: A Mongolian Epic Chronicle of the Thirteenth Century*, Leiden, Boston: Brill (Brill's Inner Asian Library;7/1–2), 2004, vol. 1, pp. 155–156, vol. 2, pp. 825–827。《蒙古秘史》可能写成于1228年到1251年之间。关于成书时间和文本的历史,见de Rachewiltz (2004), pp. xxixff.。这部著作被转写为汉文并出版的时间不早于1380年代. 见Mote (1994a), p. 694。

② Joseph Needham, with the collaboration of Wang Ling and Lu Gwei-Djen, *Science and Civilisation in China*, vol. 4, *Physics and Physical Technology*, part 3, *Civil Engineering and Nautics*, Cambridge: Cambridge University Press, 1971, p. 312; Haw (2006), pp. 73–81.

③ 见Paul Ratchnevsky, "Die mongolische Rechtsinstitution der Busse in der chinesischen Gesetzgebung der Yüan-Zeit," in Herbert Franke (ed.) (1961), p. 173; Paul Hengchao Ch'en, *Chinese Legal Tradition under the Mongols: The Code of 1291 as Reconstructed*, Princeton, New Jersey: Princeton University Press, 1979, pp. 48–51; Yang Zhijiu (1998a), p. 120。

④ Ratchnevsky (1961), pp. 173ff.; Paul Hengchao Ch'en (1979), pp. 58–59。

⑤ Yule (1903), vol. 1, p. 457 (只见于剌木学译本); Paul Ratchnevsky, *Un code des Yuan*, vol. 4, Paris: Presses Universitaires de France (Bibliothèque de l'Institut des Hautes Études Chinoises; 4), 1985, pp. 368–370.

⑥ Paul Hengchao Ch'en (1979), p. 63.

⑦ 彭海(2010),页133、178、253。

⑧ Rossabi (1988), pp. 119, 186, 254n9.

⑨ Rossabi (1988), pp. 119, 185; Haw (2006), p. 64.

设立孤儿院和对穷困者进行公共救助的机构。①

——他记载了蒙古的驿递服务②以及波罗一家在福建使用官道。③

——他关于元帝国的钱币、货币环境、财政收入有准确的信息,我将在本书中加以详细阐释。

——同样,我们将在本书中看到,他在食盐生产、销售、税收等方面有精确的知识。考虑到元朝食盐垄断的重要性以及作为一个威尼斯人对严格食盐专卖政策的熟悉,这是不足为奇的。

——他提到元朝政府在汉地拆毁城墙、在路边植树的命令。④

——他关于中国宗教状况的丰富而可靠的信息,得到了其他来源的书面资料和考古遗存的支持,不仅涉及伊斯兰教、犹太教、天主教、聂思脱里教,还有佛教,⑤尽管他很少提到儒学和道教,⑥尽管他认识的途径是有限的、有选择的、局部的,他有时会提到令人震惊的细节知识,如他对于道教徒禁欲苦修的赞赏、他记述了藏传佛教宰牲祭祀这一违背佛教禁止杀生惯例的做法,⑦还提

---

① 见 Yule (1903), vol. 1, p. 445; vol. 2, p. 147; Jacques Gernet, *La vie quotidienne en Chine à la veille de l'invasion mongole, 1250–1276*, Paris: Hachette, 1959, p. 161. 有关对鳏寡孤独、老少残疾之人进行公共救助的政府机构,可参阅相关法律规章,收入 Paul Ratchnevsky, *Un code des Yuan*, vol. 2, Paris: Presses Universitaires de France (Bibliothèque de l'Institut des Hautes Études Chinoises; 4), 1972, pp. 83–84.

② 在西方语言中,关于蒙古统治下中国邮驿服务最权威的著作仍是 Peter Olbricht, *Das Postwesen in China unter der Mongolenherrschaft im 13. und 14. Jahrhundert*, Wiesbaden: Harrassowitz (Gottinger Asiatische Forschungen; 1), 1954. 不过,与 Rossabi 基于中国、日本的研究所提出的看法相比,马可·波罗关于每个驿站马匹数量和马匹总数的数据差异很大。Rossabi (1988), p. 124 写道:中国共有 1,400 个驿站,共有 50,000 匹马,8,400 头牛,6,700 头骡,4,000 辆车,约 6,000 只船,200 多条狗和 1,150 只羊。参阅 Yule (1903), vol. 1, p. 434,马可·波罗提到,有 10,000 座房屋(即驿站)和 300,000 匹马。

③ Qiu Shusen et al. (2001),提到高荣盛的研究。

④ Qiu Shusen et al. (2001),提到党宝海的论述。

⑤ 综述见 Gu Weimin (2006), pp. 338–340, 尤其是 Zhang Xiping, "Il Milione e le ricerche sulla storia del Christianesimo in Cina," in Frederico Masini et al.(eds.) (2006), pp. 305–316. 关于这些论题,在应当参考的经典论著中,包括 Moule (1930), 该书有一个便于利用的马可·波罗相关段落的列表,以及关于镇江聂思脱里教团的一章、关于聂思脱里教徒和他们活动的汉文资料的翻译,等等;还有 Paul Demieville, "La situation religieuse en Chine au temps de Marco Polo," in *Oriente Poliano*, 1957, pp. 193–234, Olschki (1960), pp. 178–228; Van Mechelen (2001), 特别是 pp. 49–50, 64, 67, 79, 80, 86(关于福州的摩尼教团体被登记为基督教徒,因而享有和基督教神职人员同样的权利)。

⑥ 关于马可·波罗对佛教的记述、对蒙古人和汉人宗教信条与活动的记述,至今不可缺少同时又非常具有可读性、可用性的综述,见 Witte (1916). 也可参考 Rene Etiemble, "La philosophie, les arts et les religions de la Chine dans l'oeuvre de Marco Polo," in Agostino Pertusi (ed.), *Venezia e l'Oriente fra tardo Medioevo e Rinascimento*, San Giorgio Maggiore (Venezia), Fondazione Giorgio Cini, Centro di Cultura e Civilta: Sansoni, 1966, pp. 375–388. 不过,在 Rossabi 看来,马可·波罗没有提到道教,可能是经过考虑的,这反映了他尊崇的众王之王忽必烈汗广为人知的对藏传佛教的偏好甚于道教。见 Rossabi (1988), p. 39.

⑦ Etiemble (1966), pp. 377, 381, 388; Witte (1916), p. 37.

到聂思脱里教基督徒马薛里吉思（Marsarchis /Marsarquis/Mar Sarghis）的活动，此人在镇江建造教堂，还在 1278 年被任命为镇江府的大汗官员（seignor por le grant kaan），① 这一事实与《至顺镇江志》吻合，该书记载：马薛里吉思是官居三品的明威将军、镇江路副达鲁花赤。②

——他提到蒙古人的宗教习俗，如崇拜大地女神那替该（Natigai），使用毛毡制作偶像。③

——他对习俗、习惯、仪式性礼仪做了非凡的、正确的介绍，例如：蒙古人用射箭表示距离的丈量法；④ 他们在禁地散洒马奶；⑤ 蒙古人对于童贞并不严格要求的态度（相对于他们对忠诚和贞洁的高度尊敬、他们对通奸的痛恨而言）；⑥ 存在收继婚；⑦ 他们安排冥婚的做法；⑧ 对蒙古人而言白色具有独特意义；⑨ 他们禁止让王室成员和敌方首领流血［而死］的禁忌；⑩ 中国南方自杀复仇的行为；⑪ 在云南，人们吃生肉的习俗，傣族人用黄金装饰牙齿的习惯；⑫ 在金齿地区（Zardandan，属云南）对原始祖先的崇拜和男子养护婴儿（couvade）

---

① Ronchi (1988), *Marco Polo, Milione. Le divisament dou monde*, p. 509; Yule (1903), vol. 2, p. 177; Pelliot, *Notes on Marco Polo*, vol. 2, pp. 774–776.

② 参考 Moule (1930), pp. 145ff.; Yang Zhijiu (1998a), p. 120。也见 Pelliot, *Notes on Marco Polo*, vol. 2, p. 775, 他推测，马可·波罗可能从一位撒马尔罕人马薛里吉思那里，获知撒马尔罕教堂的主柱悬在空中的传说。

③ 见 Cardona (1975), pp. 678–679, 特别是 Pelliot, *Notes on Marco Polo*, vol. 2, p. 791–792, 以及 Antoine Mostaert, "Le mot Natigay/Nacigay chez Maro Polo," *Oriente poliano*, 1957, pp. 95–101。关于这个和下面的各论题，也可参阅 Alvaro Barbieri (2004b), "Usanze e culti nell'Oriente poliano (schede etnografiche dal Milione," 收入他的 *Dal viaggo al libro: Studi sul Milione*, pp. 219–243。

④ Chan Hok-lam, " 'The Distance of a Bowshot': Some Remarks on Measurement in the Altaic World," *Journal of Song-Yuan Studies*, 25 (1995), p. 42; Chan Hok-lam, "Siting by Bowshot: A Mongolian Custom and its Sociopolitical and Cultural Implications," *Asia Major*, 3rd ser., 4.2 (1991): 67.

⑤ Ratchnevsky (1970), pp. 426–429.

⑥ Jennifer Holmgren, "Observations on Marriage and Inheritance Practices in Early Mongol and Yüan Society, with Particular Reference to the Levirate," *Journal of Asian History*, 20 (1986): 145–146, 155, 174–177.

⑦ 见 Holmgren (1986), p. 157。关于禁止汉人实行收继婚的法律规定，见 Ratchnevsky (1972), *Un code des Yuan*, vol. 2, pp. 131–134。

⑧ Witte (1916), pp. 64–65.

⑨ 参考文献见 de Rachewiltz (2004), vol. 2, p. 1311。

⑩ 见 Mehmed Fuad Köprülü, "La proibizione di versare il sangue nell'esecuzione d'un membro della dinastia presso i Turchi et i Mongoli," *Annali del Istituto Universitario Orientale di Napoli*, Nuova serie, 1 (1940): 15–23; Cardona (1975), p. 677; Rossabi (1988), p. 65; de Rachewiltz (2004), vol. 1, p. 368。

⑪ Barbieri (2000), p. 996.

⑫ 参阅 Gu Weimin (2006), p. 334, 提及方国瑜和林超民（1994）的研究；Cardona (1975), p. 544; Jacqueline Misty Armijo-Hussein, "Sayyid 'Ajall Shams al-Din: A Muslim from Central Asia, Serving the Mongols in China, and Bringing 'Civilization' to Yunnan," PhD diss., Harvard University, 1996, UMI, p. 144。

——他生动地记载了在中国西南的哈剌章（Carajan）、永昌（Vochan）、鸭赤(Yachi)等地，在萨满和巫师的帮助下，病人奇迹般地康复；③ 在哈剌章地区，通过杀死地位更高贵的人，来俘获他的灵魂。④

——他对于哈密畏兀儿人、四川建都（Caindu）人以妻待客习俗的记载，非常著名，引发了很多讨论。⑤

——他对于汉人葬礼活动的记载，包括：在墙上开一个特殊的洞将死者的遗体运出房屋;⑥ 与死者的遗体一起焚烧用纸做的各种物品，如金子、马匹、骆驼、装饰物（arnaments）、男女奴隶。⑦ 他多次提到采用火葬。⑧

——他强调了在蒙古人、汉人中，咨询占星师、天文学者、⑨ 堪舆师、占

---

① Witte (1916), pp. 75–76; Armijo-Hussein (1996), p. 141.

② Herbert Franke, "Tibetans in Yüan China," 收入他的 *China under Mongol Rule*, VII, p. 298.

③ Witte (1916), pp. 77–78; Armijo-Hussein (1996), p. 137.

④ Witte (1916), pp. 79.

⑤ 参阅 Witte (1916), pp. 80–83; Armijo-Hussein (1996), p. 143。马可·波罗关于以妻待客的描述，在 1321/1323 年到 1347 年间，成了多明我会成员 Philippus of Ferrara 和他的会众谈话的一个有趣的、显示学识的话题。见 Folker Reichert, "Fremde Frauen: Die Wahrnehmung von Geschlechterrollen in den spätmittelalterlichen Orientberichten," in Odilo Engels and Peter Schreiner (eds.), *Die Begegnung des Westens mit dem Osten: Kongreßakten des 4. Symposions des Mediävistenverbandes in Köln 1991 aus Anlas des 1000. Todesjahres der Kaiserin Theophanu*, Sigmaringen: Jan Thorbecke Verlag, 1993, p. 176。

⑥ Witte (1916), pp. 68–69.

⑦ 见 Witte (1916), pp. 68–69, 以及 Hou Ching-Lang（侯锦郎）, *Monnaies d'offrande et la notion de trésorerie dans la religion Chinoise*, Paris: Presses Universitaires de France (Mémoires de l'Institut des Hautes Études Chinoises; 1), 1975, pp. 3–17. 关于对这类做法的禁令，见 Ratchnevsky (1985), pp. 337–338。

⑧ 在马可·波罗关于不同城市和地区的记述中，人们焚烧死者常常被提到。参阅 Gernet (1959), pp. 189ff., 该文全面介绍了火葬被接受的令人惊讶的广泛程度，尤其是在河北、山西、东南沿海各省，这是墓地价格高昂的结果。马可·波罗书中火葬和反火葬（concremation）的话题，是一种区分自我（the Own）和他者（the Others）的表达手段，见 Jean-Claude Faucon, "Feux de l'Ailleurs (les rites de crémation dans le *Devisement du monde*), in *Feu et Lumière au Moyen Âge*, travaux du Groupe de recherches "Lectures médiévales," Université de Toulouse II, Toulouse: Éditions Universitaires du Sud, 1998, pp. 103–120. Faucon (1998), p. 103 已经阐明，直到最近，火葬都被基督教所禁止。

⑨ 见 Yule (1903), vol. 1, pp. 446–448（只见于剌木学本）; Witte (1916), pp. 71–72; Gernet (1959), p. 163; Rossabi (1988), pp. 125-126, 147. 关于蒙古占星术、占卜术丰富文献的综述，见 Charles R. Bawden, "Astrologie und Divination bei den Mongolen—die schriftlichen Quellen," *Zeitschrift der Deutschen Morgenländischen Gesellschaft*, 108 (1958): 317–337. 关于马可·波罗对这些术士的暧昧态度，见 Jean-Claude Faucon, "Marco Polo et les enchanteurs," in *Chant et enchantement au Moyen Âge*, travaux du Groupe de recherches "Lectures médiévales," Université de Toulouse II, Toulouse: Éditions Universitaires du Sud, 1997a, pp. 205–222. 关于中国，特别是蒙古人统治下天文学、占星术、占卜术之间的密切关系，关于蒙古人从整个欧亚地区招募相关的专家，尤其是根据 1280 年授时历系统的制度化对蒙古统治下天文学各方面的彻底研究，参阅 Nathan Sivin 在已故薮内清和中山茂的科研协助下所做的权威研究：*Granting the Seasons: The Chinese Astronomical Reform of 1280, with a Study of its Many Dimensions and an Annotated Translation of its Records*, New York: Springer (Sources in the History of Mathematics and Physical Sciences), 2009。

——卜者①的重要性；也提到存在着廉价而畅销的占星历日；②他提到了代表十二地支的十二生肖，尽管其先后次序令人困惑。③

——关于城市生活，特别是行在城（Kinsay，杭州），④他有很多观察，包括城墙、运河、街道、桥梁、消防军人、⑤宵禁令、⑥户口登记的布告、多层房屋、⑦医院、浴室、游船、饭店、旅馆、宴会场所、娼妓、车辆、手工业行会、商业、市场、商品、食物、饮料、服装。⑧

——他提到了在福建建宁府（Kelinfu/Quenlifu）用巨石建造的桥梁。⑨

——他关于中国船舶的详细记载，特别是它们在航行中以小艇护送、它们的大小、货物、船员、防水船体、甲板、船舱、桨、舵、多个桅杆、风帆、帆具和索具、用桐油和石灰涂抹船体、水密舱、加厚的板材、通过不断叠加新的

---

① Ronchi (1988), *Marco Polo, Milione. Le divisament dou monde*, p. 408; Yule (1903), vol. 1, p. 335; Witte (1916), pp. 71–72; Rossabi (1988), p. 223.

② 参阅 Witte (1916), 还提到 Pauthier (p. 525) 说，在 1328 年，不少于 3,123,185 本这样的历日被印刷。也见 Gernet (1959), p. 196。

③ Yule (1903), pp. 447, 454; 彭海（2010），页 199—200。

④ Kinsay 之名来自于"行在"，即南宋朝廷的"临时驻地"。即使在元朝征服后的一段时间内，它仍被称为"行在"，外国人使用这一名称的习惯延续到更晚的时候。见 Kuwabara Jitsuzō, "On P'u Shou-keng 蒲壽庚: A Man of the Western Regions who was the Superintendent of the Trading Ships' Office in Ch'uan-chou 泉州 towards the End of the Sung Dynasty, together with a General Sketch of Trade of the Arabs in China during the T'ang and Sung Eras," *Memoirs of the Research Department of the Tōyō Bunko*, 2 (1928): 22。

⑤ 关于 12 世纪开封的消防士兵，见 Brigitte Kölla, *Der Traum von Hua in der Östlichen Hauptstadt: Meng Yuanlaos Erinnerungen an die Hauptstadt der Song; Einleitung und Übersetzung Buch 1–3*, Bern, Berlin etc.: Peter Lang, 1996, pp. 169–170. 关于杭州的防火和消防措施，见 Gernet (1959), pp. 35–39。

⑥ Ronchi (1988), *Marco Polo, Milione. Le divisament dou monde*, p. 420; Yule (1903), vol. 1, p. 375, and vol. 2, p. 188（只见于剌木学本）。也可参阅 Ratchnevsky (1985), *Un code des Yuan*, vol. 4, pp. 340–342。

⑦ Étienne Balazs, "Marco Polo in the Capital of China," in his *Chinese Civilization and Bureaucracy: Variations on a Theme*, edited with an Introduction by Arthur F. Wright, transl. by H. M. Wright, New Haven and London: Yale University Press, 1964, p. 89, 引述吴自牧的《梦粱录》，卷 10，页 84; Gernet (1959), p. 123。

⑧ 关于宋元时期杭州的一般情况，重点参阅 Arthur Christopher Moule, *Quinsai with Other Notes on Marco Polo*, Cambridge: At the University Press, 1957; 同作者，"Carriages in Marco Polo's Quinsai," *T'oung Pao*, second series, 24.1 (1925–1926): 66–69; Gernet (1959)。还有一部中文近著，鲍志成《马可·波罗与天城杭州》，香港：香港新风出版社，2000。

⑨ 见 Ronchi (1988), *Marco Polo, Milione. Le divisament dou monde*, p. 525; Yule (1903), vol. 2, p. 225; Voiret (1997), p. 818. Schütte (2008), pp. 70–72, 还提到马可·波罗对刺桐（Zayton，泉州）的桥梁有精确的记述；Voiret (1997), p. 818, 提到他关于浮桥的记载，但是到目前为止，我没能在马可·波罗的著作中找到这两处记载。

防漏板层来维修船只。①

——他准确记录了煤炭的使用；②正确描述了石棉的生产，有关后者的情况是一位名叫祖立福合（Zurficar/Çurficar）的突厥朋友告诉他的。此人在欣斤塔拉斯（Chingintalas）地区生活了三年，为大汗获取这种矿物。③马可·波罗最早打破了认为石棉是火蜥蜴（salamanders）产物的欧洲传说。④1267年，忽必烈声名狼藉的理财大臣阿合马在提交君主的上奏中提出在别怯赤山开采石绒（即石棉），这一请求得到了批准。⑤

——马可·波罗记载了被称为纳石失（nasich, nac, naquesnassit, nac, nascisi）的"鞑靼织物"或"金丝织物"的生产；⑥这种织物在阿拉伯语中被称为 nasij，在波斯语中称为 nakh，被裴哥罗梯（Pegolotti）称为 nacchetti，在汉文史料中写为纳石失或金锦。⑦纳石失不仅在巴格达、大不里士、格鲁吉亚、小亚美尼亚生产，也出产于四川叙州地区、长江下游的镇江，甚至西藏。⑧此外，在关于黄河河套以北天德地区（the province of Tenduc）的一章中，这位威尼斯人提到，在靠近契丹边境的地区，"除了其他各种丝质材料［……］外，还织造那些被称作 Nasich 和 Naques 的优良金线织物"。⑨尽管记述有些间接，它

---

① 参考 Kuwabara Jitsuzō (1928), pp. 66–68; Needham et al. (1971), pp. 465–469; Jacques Dars, "Les jonques chinoises de haute mer sous les Song et les Yuan," *Archipel*, 18 (1979): 41–56; Philippe Ménard, "Marco Polo et la mer: Les navires vus en Orient," in Reynal Abad, Jean-Pierre Bardet, Jean-François Dunyach and François-Joseph Ruggiu (eds.), *Les passions d'un historien: Mélanges en l'honneur de Jean-Pierre Poussou*, Paris: Presses de l'Université Paris-Sorbonne (Collection Roland Mousnier; 44), 2010, pp. 415–424; Sally K. Church, "Zheng He: An Investigation into the Plausibility of 450-ft Treasureships," *Monumenta Serica*, 53 (2005): 7, 12. 我要向根特大学南亚、东亚语言文化系的 Mathieu Torck 致谢，他使我注意到 Church 的论文。也可参阅其他著作，如 Friedrich Hirth, "Ueber den Schiffsverkehr von Kinsay zu Marco Polo's Zeit," *T'oung Pao*, 5.5 (1894), p. 387, 书中依据吴自牧的《梦粱录》，提到载有 500—600 名乘客的杭州大海船和 200—300 名乘客的较小船只。此处参阅 Yule (1903), vol. 2, p. 250, 马可·波罗这样说道："他们的每一艘大船至少需要 200 名水手［有些要 300 名（剌木学增）］。它们真的体量巨大，一艘船可以运载 5,000 或 6,000 担胡椒［过去它们通常比现在更大（剌木学）］。"

② Haw (2006), pp. 64–65.

③ Ronchi (1988), *Marco Polo, Milione. Le divisament dou monde*, p. 376; Yule (1903), vol. 1, p. 213.

④ 见 Berthold Laufer, "Asbestos and Salamander: An Essay in Chinese and Hellenistic Folklore," *T'oung Pao*, 16 (1915): 325, Jean-Claude Faucon, "La representation de l'animal par Marco Polo," *Médiévales*, 32 (1997): 108–110, 文中强调马可·波罗的看法与圣奥古斯丁（St. Augustine）和伊西多尔（Isidore）的解释不同。

⑤ 《元史》，第 1 册，卷 6，页 116; Laufer (1915), p. 265; Jackson (1998), p. 93。

⑥ Ronchi (1988), *Marco Polo, Milione. Le divisament dou monde*, pp. 330, 398; Yule (1903), vol. 1, pp. 63, 285.

⑦ Allsen (1997), pp. 2–3.

⑧ Allsen (1997), p. 34.

⑨ Ronchi (1988), *Marco Polo, Milione. Le divisament dou monde*, p. 398; Yule (1903), vol. 1, p. 285.

极有可能是指著名的织金锦制造中心荨麻林和弘州，两地的生产活动在 1270—1280 年代非常活跃，均设有人匠提举司和纳石失局。①

——在唐兀额里哈牙（Egrigaia）王国的首都哈剌善（Calachan，宁夏）和天德（Tenduc）地区，生产毛缎或毛呢（*camlet, giambellot, camelloit*）。对此，他有宝贵的记录。②

——他对其他各种纺织品有全面的认定，如 buckram、ghilan、muslin、cramoisy、yazdi、baldekin、damask、sandal、fustian 和 hemp。③

——他记载了福建地区为大量出口海外而进行的瓷器生产。④

——他提及大量的动物和自然产品，在很大程度上，它们是正确无误、可以得到确认的。⑤

---

① 关于更多细节和文献，见 Allsen (1997), pp. 41–45。又见 Qiu Shusen et al. (2001)，提到邱树森的研究；Olschki (1946), p. 19。

② 见 Ronchi (1988), *Marco Polo, Milione. Le divisament dou monde*, p. 397; Yule (1903), vol. 1, pp. 281, 284; Allsen (1997), p. 71。

③ Muriel J. Hughes, "Marco Polo and Medieval Silk," *Textile History*, 6 (1975): 119–131. 关于马可·波罗著作中纺织品、皮革和皮毛的总体情况，又见 Franco Brunello, *Marco Polo e le merci dell'Oriente*, Vincenza: Neri Pozza Editore, 1986, pp. 107–112, 114–115。

④ 见 Yule (1903), vol. 2, pp. 235–236, 在 p. 242 注释 5 中有剌木学关于使用特殊的土、显然是高岭土的增补；Ronchi (1988), *Marco Polo, Milione. Le divisament dou monde*, p. 528; Yang Zhijiu (1998a), pp. 106–107; Brunello (1986), pp. 113–114。关于元代陶瓷器和瓷器生产的总体状况，见 Rossabi (1988), pp. 169–170。关于宋元时期泉州和附近的晋江、南安、安溪为海外出口而进行的大规模瓷器生产，重点参阅 So Kee Long（苏基朗），"The Trade Ceramics Industry in Southern Fukien during the Sung," *Journal of Song-Yuan Studies*, 24 (1994): 1–19; Richard Pearson, Li Min and Li Guo, "Port, City, and Hinterlands: Archaeological Perspectives on Quanzhou and its Overseas Trade," and Ho Chuimei, "The Ceramic Boom in Minnan during Song and Yuan Times," 两文都收入 Angela Schottenhammer (ed.), *The Emporium of the World: Maritime Quanzhou, 1000–1400,* Leiden: E. J. Brill (Sinica Leidensia; 49), 2001, 分见 pp. 177–235 and 237–308。

⑤ 列表见 Haw (2006), pp. 124–145, 包括以下名目：麝鹿；察罕淖尔的鹤；大山鹑（cators）；雉鸡；bagherlac（沙鸡）；猎鹰、猎隼、其他矛隼和苍鹰；丝羽乌骨鸡（silkies）；鹅；鼠兔（"Pharaoh's rats"）；狍子和其他鹿；"beyamini"或野牛；貂、狒狒；野驴；牦牛；鳄鱼（有两条腿的大蛇）；大黄；毒草；福建的樟脑；西藏和建都的肉桂；建都的"丁香"；高良姜（galingale）；生姜；胡椒；长胡椒；荜澄茄；枣；（很大的）梨；（很大的）桃子；甘松香；沉香木（lign-aloes）；芦荟木；糖；桐油；用桑树的内皮造纸；福建与藏红花相似的水果。关于这些项目，也可以参照 Brunello (1986) 中提到的那些。

特别有趣的是关于大黄的话题。马可·波罗提到，在唐兀大区的山中生长着大黄，也包括 Sukchur (Succiu)，即甘肃行中书省的肃州，在那里的确有这种药用植物大量生长。见 Yule (1903), vol. 1, p. 217; Ronchi (1988), *Marco Polo, Milione. Le divisament dou monde*, p. 377。除了唐兀，威尼斯人马可·波罗也介绍了长江下游 Suju（Suigiu 苏州）周围的山中长着数量很多的大黄。见 Yule (1903), vol. 2, p. 181; Ronchi (1988), *Marco Polo, Milione. Le divisament dou monde*, p. 511。到目前为止，关于长江下游地区有大量大黄的说法被认为是非常错误的。参阅 Yule (1903), vol. 2, p. 183n3。不过，Haw 提出，关于长江下游地区，马可·波罗谈到的不是只生长在唐兀地区、属于大黄属（genus Rheum L.）的药用大黄的根，他指的是土大黄或"当地大黄"，它看起来和大黄相似，属于和大黄属非常接近的种类，后者的确产自苏州所在的江淮地区。见 Haw (2006), pp. 124–126。关于大黄，也可参考 Brunello (1986), pp. 57–59。（转下页）

——他记载了蒙古人和汉人的食物和饮料，包括稻米、黍、粟、麦、面条和帕斯塔（pastas）、① 发酵的马奶或称库迷思（*kumis*/*kemiz*）、米酒、② 特别大的梨和桃。③

——他记载了在中国南方，特别是在福建，糖的生产与税收的重要性，这在几个方面得到确证：1273年的《农桑辑要》关于甘蔗种植业和制糖技术的记载、1276年平定江南之后设立砂糖局。④ 一个背景事实是，1330年忽思慧《饮膳正要》药物部分具有显著的西亚特征，所记录的药方需要大量精制的食糖。糖浆、舍儿别（sharbuts）、糖渍果脯（confits）、果酱、蜜饯和其他糖食，变成服用所有药用物质的首选方式。⑤

——他提到从巴比伦[根据布鲁内罗（Franco Brunello）的观点，指的是开罗]引进了使用树木灰烬给食糖提纯的技术，这很可能是准确的。⑥

（接上页）Alvaro Barbieri (2000), p. 1003, 强调了马可·波罗关于产麝香动物 gudderi 或 küderi 独一无二的记载，认为没有蒙古文资料提到它们。

关于马可·波罗观察的真实性和准确性的另一个令人惊讶的良好例证是他提到了 beyamini，它常被错误地认做印度野牛（Gaur or Gayal, Bos gaurus H. Smith）。Haw 在他最近的著作 Haw (2006), pp. 132–133 令人信服地论证了马可·波罗提到的是羚牛（Takin, Budoras taxicolor），它在汉语中被称作"白羊"，用更早的发音是 beyang，可能它来自一个非汉语名称，或许是藏语。

马可·波罗之书对动物多种形式的叙述，超越了一般基督教动物寓言集及其道德象征意义。相关研究又见 Faucon (1997)。

a 相关段落只保存在剌木学译本中，见 Yule (1903), vol. 1, p. 438。马可·波罗把丝状面条（filamentous pasta）从中国带到意大利的传说显然是错误的。见 Gregory Blue, "Marco Polo's Pasta," in Hakim Mohammed Said (ed.), *Essays on Science: Felicitation Volume in Honour of Dr. Joseph Needham*, Karachi: Hamdard Foundation Pakistan, 1990, pp. 39–48; Eugene N. Anderson, *The Food of China*, New Haven and London: Yale University Press, 1988, p. 144. 不过，丝状面条（filamentous noodles）可能在马可·波罗时代之前就由中国传到意大利，其途径与造纸术经中亚、阿拉伯世界传入的途径相同。前者是通过传输（transmission），后者是通过传播（diffusion）。关于该论题的一个有趣讨论见 Huang Hsing-tsung, *Fermentations and Food Science*, part V of vol. 6, *Biology and Biological Technology*, of Joseph Needham's *Science and Civilisation in China*, Cambridge: Cambridge University Press, 2000, pp. 493–497。

② 见 de Rachewiltz (1997), pp. 61–62; Anderson (1988), pp. 273–274; 以及 Allsen (2001a), p. 379。

③ 见 Haw (2006), pp. 142–143; Michael Freeman, "Sung," in Chang Kwang-chih (ed.), *Food in Chinese Culture: Anthropological and Historical Perspectives*, New Haven and London: Yale University Press, 1977, p. 155. 关于饮食的一般介绍，又见 Brunello (1986), pp. 63–80。

④ Christian Daniels, *Agro-Industries: Sugarcane Technology*, part III of vol. 6, *Biology and Biological Technology*, of Joseph Needham's *Science and Civilisation in China*, Cambridge: Cambridge University Press, 1996, pp. 91–92, 185; David M. Farquhar, *The Government of China under Mongolian Rule: A Reference Guide*, Stuttgart: Franz Steiner (Münchener Ostasiatische Studien; 53), 1990, p. 77;《元史》，第7册，卷87，页2204。

⑤ Leigh Chipman, "Islamic Pharmacy in the Mamlūk and Mongol Realms: Theory and Practice," *Asian Medicine: Tradition and Modernity*, 3 (2007): 270, 提到 Buell and Anderson (2000), p. 119。

⑥ 关于这一问题的讨论，见 Daniels (1996), pp. 351–352, 以及 Brunello (1986), pp. 75–76。

——他对冬季的西北季风和夏季的西南季风有精确的观察。①
——他同样正确地说到,在小爪哇即苏门答腊,不再能看到北极星和大熊星座;② 在印度洋上用一杆普通长矛测量某个恒星星座高度的做法。③
——等等,等等。

考虑到这些正确而精准的记述所提供的压倒性证据,中国杰出的马可·波罗研究者杨志玖正确地推断,如果我们把出现于这位威尼斯人著作中而其他行记所没有的内容作为判断的标准,那么,所有其他行记都可以被视为其作者捡拾的道听途说的消息。④ 众所周知,在关于中国物质生活和经济、货币状况的记述方面,马可·波罗的记录比起他有关政治事件或社会、文化现象的记载要准确得多。关于后者,他通常更为概括,有时甚至过于简单化,出现错误或是提供不准确的信息(data)。实际上,这是能够从以下方面得到解释的:记忆的衰退,和他的蒙古君主一样他没有在文化上很好地融入汉人社会,或者他本人并非他所提及的很多事件的目击者,而不得不依赖别人的消息或道听途说。然而,他关于物质文化尤为准确、真实、通常独一无二的记述表明,他绝不可能从间接的途径得到所有这些信息。考虑到他留下的很多独特的陈述属于真实的情况,对他到过中国的说法进行证伪,要比证明他到过那里困难得多。

第七小节 忽必烈宫廷中的"拉丁人"

质疑:马可声称,他的父亲和叔叔是忽必烈最早接见的拉丁人,即西欧人。这是不正确的,因为我们知道,在他们之前至少有一个法兰克(发郎)使团。

回应:约翰·拉纳认为,尽管汉文编年史资料记载了1260—1261年发郎人访问忽必烈,但这些人被记载为"碧眼黄发","所经涂有二海"。如果"拉丁人"的含义是"南欧人",那么,坚持认为这些人是"拉丁人"就显得轻率了。⑤

第八小节 参加襄阳围城战

质疑:马可宣称,他、他的父亲尼古拉、叔叔马非奥(Maffeo,译者按,

---

① Philippe Ménard, "Marco Polo et la mer: Le retour de Marco Polo en Occident d'apres les diverses versions du texte," in Silvia Conte (ed.) (2008), p. 183.
② 见 Ménard (2008), pp. 188–189。将小爪哇(Java the Less)认定为苏门答腊,见 Yule (1903), vol. 2, p. 286n1。
③ Tucci (1997), p. 57.
④ Yang Zhijiu (1998a), p. 100.
⑤ 参考 Larner (1999), p. 34。不过,De Rachewiltz (1997), pp. 66–67 认为,在马可·波罗的语境中,"拉丁人"是"法兰克人"的同义词,因此,马可·波罗的陈述是错误的。

在本书中又写作玛窦 Matteo）参加了蒙古人对宋朝在湖北的要塞襄阳的围城战，他们建议元朝建造并使用抛石机，从而在促使这座城市投降的过程中真正地发挥了作用。这一说法显然是错误的，因为襄阳围城战在 1273 年三月末就结束了，而波罗一家三人在大约一年半以后，接近 1274 年年底，才到达华北。

回应：所有重要的马可·波罗研究者都同意，波罗一家参加襄阳围城战是一个荒谬的说法，这可能是马可·波罗本人的吹嘘，或是鲁思梯谦或更晚编者的夸大其词，或是威尼斯人与比萨人的联手编造。这无疑与中世纪人夸大个人身份以及用异想天开的说法、奇异的传说填充知识之间空隙的做法关系密切。① 这种体现在襄阳围城战记述文本中的"军事虚荣"在马可·波罗著作的其他部分也留下了痕迹，因此，展现出马可·波罗性格的一个独特方面。② 然而，除了错误地宣称亲历襄阳围城战之外，我们不应忘记，马可·波罗关于这场关键军事事件的所有细节，或多或少都与我们从汉文和波斯文史料中了解的情况相符，因此，这构成了另一个证据：马可·波罗到过中国，在那里听说了与这场著名战役有关的故事。③

第九小节　在扬州的长官职位

质疑： 马可·波罗声称，他在位于江苏的重要城市和贸易站扬州做了三年行政长官。但是，由于没有扬州的地方志提到他，这看起来是另一个没有确实证据的主张。

回应： 正如本书将要指出的那样，没有理由否认这位威尼斯人曾在扬州

---

① De Rachewiltz, "Wood's *Did Marco Polo Go to China? A Critical Appraisal*"; David O. Morgan, "Marco Polo in China—or not," *Journal of the Royal Asiatic Society*, third series, 6.2 (1996): 224.

② Barbieri (2000), pp. 1016–1019.

③ 见 Gu Weimin (2006), p. 332。这里应当提到，令人感兴趣的是，彭海在 2010 年出版的关于马可·波罗的格外令人兴奋的著作中提出，在某种程度上，襄阳的故事是真实的。他的主要观点可以概述如下：a) 波罗一家可能不是在约 1274 年年底到达中国的，而是约在 1272 年年末已经到来。b) 彭海自己的立论以剌木学译本为基础，对他来说，这是一个由于马可·波罗的父亲和叔叔的规劝，而经马可·波罗本人改正过的版本，彭海断言，只有玛窦和尼古拉参加了围城战，而不是所有的三位波罗。c) 再次以彭海对剌木学本的解释为基础，玛窦和尼古拉参加的不是襄阳围城战，而是其后的 1274 年 9 月间蒙古对沙阳和新洲的进攻。彭海得出这样的结论，是因为剌木学本襄阳章节之后一章说，离开襄阳，朝东南方向走 15 哩，可以到达 Sinju［然而，法意混合语抄本写为从扬州出发，向东南 15 哩到达 Sinju］。这提示彭海把 Sinju 认定为新洲，而不是通常所认为的真州。不知何故，彭海认为，其所指并不是对襄阳的征服，而是对新洲。见彭海（2010），页 228—244。彭海的阐释不能令我信服，不过，这不得不在另一出版物中加以阐明。

居住过两到三年。尽管马可·波罗肯定没有在那个城市或那个地区担任过高阶的官位，他很可能曾经在那里得到过一个有权力的临时性职位，如低阶官职或巡视官或宫廷任命的专员。此外，很可能他或鲁思梯谦后来夸大了他职位的重要性。①

第十小节　波罗一家的使命

质疑：马可·波罗夸大他自己的身份，这不仅表现在声称波罗一家参加了襄阳围城战以及他的扬州地方长官之职，而且波罗一家为教皇和忽必烈汗执行外交使命、马可·波罗受大汗之命在中国进行考察旅行都是不可信的。

回应：关于在这个国家的考察之旅，马可·波罗的确提到，可能有两次他受大汗派遣承担出使任务，去中国的西南地区，从那里去了更远的缅国（缅甸）和越南。另外的使命可能是去扬州和杭州，可能还去了印度和东南亚，最后是经泉州到波斯的一次航行。②

正如罗茂锐（Morris Rossabi）多次强调的那样，忽必烈为了压制他的汉族臣民，获取声望和地位，提升他作为中国统治者和蒙古正统大可汗的合法性，他渴望接纳来自"世界"各地，包括西方在内的朝贡使团和外国来访者，以此为手段证明，他作为至高无上的统治者在更广大的世界里得到承认。另外，他也需要并的确依赖那些有学问、有天赋的人来帮助他管理他在中国的领土。尤其是在 1262 年李璮（？—1262）之乱以后，对于依靠汉人管理这个帝国，他开始变得犹豫，因为这可能会危及他的统治。因此，他不断地任用穆斯林、契丹人、畏兀儿人或欧洲人等非汉人臣佐，目的是降低汉人在行政部门中的影响，尽管这样做具有可能引发汉人更大不满的风险。其结果是，主要由西亚和中亚人构成的"色目人"（即"各种异族人"，马可·波罗也属于这类人群）为蒙古人履行了重要的职责，获得了比土著人员更高的地位。③

马可·波罗是因为太年轻而不能被委以访察使命吗？如果我们假定他最迟大约于 1274 年年底到达中国，他当时只有 21 岁。一些史学家推测大汗不可能

---

① 见本书第五章第三节，在那里我也讨论了马可·波罗研究者关于这一问题所提出的不同观点和假说。

② 见 Jackson (1998), pp. 91—92; Haw (2006) pp. 94, 108。这里需要提到，彭海（2010），页 87—88、页 132—135 认为从 1275 年到 1278 年，在甘肃行省的前西夏帝国地区，马可·波罗也曾出使三年，在《元史》中能够找到关于此次使命的一条记载。这值得进一步讨论，不过，初步看来，彭海关于马可·波罗不同版本的解释引申出的观点，并不能令我信服。我将在一篇单独的论文中处理由彭海提出的这个以及其他的问题。

③ 见 Rossabi (1988), pp. 66, 71, 149, 152, 又见 Allsen (2001a), p. 378。

对这个年纪的他委以使命。然而，有可资利用的证据表明，忽必烈的确有时对年轻人授以重任。例如，在 1257 年，当忽必烈还只是王子、蒙哥汗在华北的总督（viceroy）时，他就任命安童（Hantum, 1245—1293）做他怯薛卫兵的首长。那时安童只有 13 岁，属于札剌亦儿氏，他被选中是因为他对长者的恭敬有礼引起了忽必烈的注意。① 另一个例子是 1262 年被忽必烈汗任命为怯薛长的月赤察儿（Ochicher, 1249—1311）。这个只有 14 岁的许慎（Hu'ushin）被任以此职不是因为他的政治地位重要，而同样由于他的相貌和镇定沉着。② 马可·波罗是一个给大汗和他的帝国带来荣誉的外国人，兼顾这一事实，上述这些例子表明，由于他小心谨慎的态度、学习各种语言和鞑靼礼俗的巨大努力、他的好奇心、聪明伶俐、令人愉快的举止，这位威尼斯人完全有可能被帝王提升和任用。③

关于马可·波罗在中国的访察之旅，克里奇利（John Critchley）已经注意到，波罗之书那些形式固定的内容，看起来的确像是一种官方的记录，不过，它并非中国所独有，它无疑可以被称作"威尼斯式的"（Venetian），因为这个城市的使节有编写此类报告的习惯，其中包括关于某个地区的各种信息：当地的城镇、河流、森林、城堡、港口、气候、土壤、矿产、当地居民的习俗、宗教、社会、政治组织、作战方式、他们可敬君主的祖先、体貌、生活方式、宫廷等。④

在陈得芝 1995 年发表的一篇论文中提到了一则事例，提醒我们注意马可·波罗关于他使命的记载。在一篇元代文献中，学者虞集（1272—1348）说，当董士选转任江南行御史台御史中丞时，他聘请虞集做他家塾的教师。其后不久，董士选成为大都的官员，虞集跟随他来到了元朝的首都。在董士选家一次宫廷侍从的聚会上，虞集听到他们提及以下情况：

> 中统、至元间［1260—1294］，方有事于四方，每大、小使者之出，比还奏毕，必从容问所过丰凶、险易，民情习俗，有无人才、治迹，或久之，因事召见，犹问之也。是以人人得尽其言。当以此观人而得之。由是凡以

---

① Christopher Pratt Atwood, "*Ulus* Emirs, *Keshig* Elders, Signatures, and Marriage Partners: The Evolution of a Classic Mongol Institution," in David Sneath (ed.), *Imperial Statecraft: Political Forms and Techniques of Governance in Inner Asia, Sixth-Twentieth Centuries*, Bellingham (Wash.): Center for East Asian Studies (Studies on East Asia; 26), 2006, pp. 148–149.

② 见 Atwood (2006), p. 149. 关于更多被忽必烈汗挑选和任用的少年男子的例子，见彭海（2010），页 74—76，以及孛罗阿哈的例子，见 Thomas T. Allsen, *Culture and Conquest in Mongol Eurasia*, Cambridge: Cambridge University Press, 2001, p. 64.

③ 相关的段落见 Ronchi (1988), *Marco Polo, Milione. Le divisament dou monde*, pp. 317–319, 以及 Yule (1903), vol. 1, pp. 26–31。

④ 见 Critchley (1992), pp. 78–79. 又见 Gossen (1975), p. 135 提到了这种做法，尽管参考文献属于 17 世纪。

使行者，莫敢不究心省察，以待顾问。①

正如彭海在他的近著中告诉我们的，这只是体现大汗向他的使者和官员显示出强烈好奇心的诸多历史事例中的一个。②

关于派往南亚、东南亚的蒙古使者，我们知道 1280 年元朝的使节到过马八儿（Ma'abar），1281 年到过锡兰（Ceylon）、马八儿、俱兰（Kawlam / Quilon），1282 年重访锡兰，1283 年到俱兰，1285 年到马八儿，1287 年到马八儿和锡兰，1290 年到马八儿。他们的目的不只是交换货物，他们还为宗教、政治－意识形态的目的服务，例如 1282 年的使团受命礼敬和获取钵盂和佛舍利。其他的使节，像 1290 年的那次，派去带回学者和翻译。1282 年的使团似乎与马可·波罗书提到的那次出使直接有关，尽管该书把年代记载为 1281 年，在其他抄本系统中写为 1284 年。书中把佛陀视为"亚当"（Adam），但并未声称马可·波罗曾参与其事。③《元史》提到，1285 年，派马速忽（Masuhu）和阿里（Ali）携带钞千锭往马八儿（即印度），获取奇异珍宝，马速忽被授予一面虎符，阿里授金符。④ 在马可·波罗的记述中，提到了珍珠采集技术和马八儿宝石的价值，但他没有涉及牌符，因此他显然不是作为主要官方使节去那里的。不过，他可能是陪同马速忽和阿里的商人随从的一员，或者，他可能在此后做了类似旅行。⑤ 因此，马可等人作为某个使团诸多成员中的一个，没有重要到他的名字在具有高度选择性的汉人历史编写中被提及，这并不是难以置信的。

关于外交使命，马可·波罗声称，他的父亲尼古拉和他的叔叔玛窦（Matteo）陪同伊利汗旭烈兀（Hülegü，约 1217—1265）的一位使者来见忽必烈，1265 年到达他的宫廷。忽必烈要求他们向教皇转达他的愿望：派遣"对基督教有学养的一百位贤者"到他的宫廷——这是一个他们无法实现的愿望。在他们去中国的第二次旅程中，带上了马可·波罗，据说当他们 1275 年 5 月到达大汗在上都的夏季住地时，向忽必烈呈交了一封教皇的书信。最后，我们被告知，在 1291 年，波罗一家获准陪同护送蒙古贵族女子阔阔真去波斯伊利汗阿鲁浑（Arghun，1258—1291）的宫廷。⑥ 同时，据说他们被委以出使法国和西班牙

---

① 见陈得芝《马可·波罗补注数则》，收入陆国俊等主编（1995），页 38—39 引用的虞集《道园类稿》卷十九《司执中西游漫稿序》。

② 彭海（2010），页 173—174。

③ Jackson (1998), p. 93.

④ 《元史》，第 2 册，卷 14，页 289。［译者按，此处原文有误，《元史》为钞，误译为"纱"（yarn）。］

⑤ Cai Meibao, "Marco Polo in China," *Social Sciences in China*, 14.2 (1993): 174.

⑥ Van Mechelen (2001), p. 69.

等国国王的使命。①

可能迟至 1260 年之后，②意大利商人确曾临时地或永久地居住在元代中国和蒙古帝国的其他地区，在那里从事商业活动，不仅如此，他们还加入了教皇派往蒙古的使团，反之亦然。除了波罗一家外，还有商人卷入政治和宗教使命的其他例子。一是威尼斯人卢卡隆戈（Pietro de Lucalongo），他在 1291 年陪同孟特戈维诺（Montecorvino，1247—约 1330）从大不里士（Tabriz）去中国。据悉，威尼斯商人们把孟特戈维诺的信件从中国带到大不里士。在其中一封信中，孟特戈维诺提到了他与一位热那亚商人萨尔扎纳（Ventura de Sarezana）的交往，可能后者在 1326 年之前的某个时候于泉州加入了方济各会（the Franciscan Order）。另一位热那亚商人吉索尔非（Buscarello de Ghisolfi，卒于 1304 年之后）和他的兄弟珀斯瓦勒（Percivalle）、他的侄子克拉多（Corrado）在 1289、1295 和 1304 年由伊利汗阿鲁浑委以政治使命，派往教皇和欧洲诸统治者处。另一个广为人知的例子是热那亚商人萨维农（Andalo da Savignone），在 1336 年由元顺帝妥欢贴睦尔（1320—1370）派遣，出使教皇。此举促成了 1338 年教皇使节马黎诺里（Giovanni de Marignolli，约 1290—1357 后）在萨维农的陪同下，出使中国。③因此，尽管除了波罗一家的宣称外，我们没有大汗任用欧洲人承担官方外交使命的例子，这样的例子至少在蒙古治下的波斯是的确存在的。④

不过，不能排除以下可能，波罗一家声称被派为蒙古官方使节是《寰宇记》夸大他们自己在远东地位的广泛倾向的一部分。杰克逊（Peter Jackson）已经指出，冒牌使者们曾在整个欧洲穿梭往来，例如 1254 年前某个时候的冒名顶替者西奥多鲁斯（Theodolus），他是一位蒙古使者的陪同，后者病死于尼西亚（Nicaea）。在 1276 年，来自蒙古治下波斯的两位使节提醒英国国王爱德华一世防范由一位聂思脱里基督徒陪同的两个卡塔兰人，他们假装代表伊

---

① Jackson (1998), p. 99.

② 正如 Gregory G. Guzman 所写，在 1231 年到 1255 年间到过蒙古治下亚洲的七位最早的基督教使者极少提到贸易情况。他们是匈牙利修道士里卡都斯（Riccardus）和儒略（Julian，1231—1237）、柏朗嘉宾 (Giovanni dal Piano del Carpini，1245—1247)、波兰人本尼迪克特（Benedict the Pole，1245—1247)、布里迪亚 (C. de Bridia，1247)、圣宽庭 (Simon of Saint-Quentin，1245—1248)、鲁布鲁克 (Willem van Rubroek，1253—1255)。使者们似乎主要是从欧洲战俘和工匠那里获得了他们关于蒙古人的绝大部分信息，只有极少数事例得自商人。只有在蒙古降服了穆斯林的中东和儒化的中国之后，西方的经济渗透（波罗一家是它的重要一部分）才开始。商人提供外交服务的情况也是如此。见 Gregory G. Guzman, "European Clerical Envoys to the Mongols: Reports of Western Merchants in Eastern Europe and Central Asia, 1231–1255," *Journal of Medieval History*, 12 (1996): 53–67。

③ Van Mechelen (2001), pp. 69–70; Münkler (2000), pp. 61–62.

④ Jackson (1998), p. 99.

利汗阿八哈（1265—1282年在位），购买矛隼。另一个例子是比萨人伊索罗（Isolo），他想方设法在两个完全不同的朝廷夸大他的身份。一方面，他让波斯伊利汗国的拉施都丁（Rashid al-Din，1247—1318）相信自己是比萨的统治者之一，并以这样的身份写入了他的《法兰克人史》；另一方面，1301年他在教皇法庭（the Papal Curia）宣称，自己已经被伊利汗国合赞汗（1271—1304）任命为叙利亚和圣地的"教区代理主教"（vicar）。① 比萨作家鲁思梯谦曾经在他的其他著作中明显可疑地宣称，爱德华国王借给过他一部亚瑟王小说。至于马可·波罗，是鲁思梯谦用同样的方式编造了这些颇具声誉的事项中的某些内容吗？②

第十一小节　波罗一家与汉文资料

质疑：无论马可，还是他的父亲和叔叔，在这一时期的汉文文献中都没有提及，这是令人感到奇怪的。马可明确地宣称，他在蒙古治下中国的十七年间，不断被忽必烈汗赋予特殊使命，派到帝国的不同地区去。因此，他必定具有重要的地位，他的名字应当在某处被记载下来。

回应：马可·波罗的确宣称，他曾数次出使，去云南的土番、缅甸和越南，去长江下游，去印度和东南亚，最后去波斯。第一，他声称自己在宫廷中只是被简单地称作马可·波罗先生（mesere Marc Pol /Master Marc Pol），我们不知道马可的名字在汉文和蒙古文中写成什么。蒙古人通常会给他们任用的人起绰号或昵称，它们会被按照读音记写到汉文中。③

第二，有人推测马可·波罗的使命是特殊的、秘密的、个人性质的，因而它们不能被官方的历史文献记录下来。④

第三，即使马可·波罗真的拥有职位或是奉命出使，他的官位并没有高

---

① 更多细节见 Jackson (1998), pp. 95–101。
② Jackson (1998), p. 98.
③ 见 De Rachewiltz, "Wood's *Did Marco Polo Go to China? A Critical Appraisal*"。又见 de Rachewiltz (1997), pp. 81–83, 文中指出，按照任何一种马可·波罗姓氏或名字的可供选择的译写形式（包括各种音节合并和同音字等）在汉文资料中都找不到结果。Marco 可以被写为马忽思，Polo 写为保卢。Olschki 提出，同样的结论对于三位波罗名字的译写也是准确的，见 Leonardo Olschki, "Poh-lo: Une question d'onomatologie chinoise," *Oriens*, 3 (1950): 183–189. 我将 Olschki 建议的名字输入柏林国家图书馆（Staatsbibliothek Berlin）"穿越亚洲项目"（the CrossAsia project）相应的汉文文献电子数据库，同样没有结果。
④ 参阅 Barbieri (2000), p. 1015, 援引 Mario Bussagli, "La grande Asia di Marco Polo," in Alvise Zorzi (ed.), *Marco Polo, Venezia, e l'Oriente*, Milano: Electa, 1981, pp. 176–226, esp. p. 203. 又见 de Rachewiltz, "Wood's *Did Marco Polo Go to China? A Critical Appraisal*"。

到被认为值得由官方历史文献记载的程度，按照制度，它们要留给那些更为高贵的人。另外，罗依果（Igor de Rachewiltz）已经指出，无论马可·波罗同时代的北京第一任天主教大主教孟特戈维诺（Giovanni da Montecorvino，1247—约1330）、著名的修道士鄂多立克（Odorico da Pordenone，1286—1331），还是教皇派往中国最后一位蒙古君主的重要使团的首领马黎诺里（Giovanni de Marignolli，约1290—1357后），① 在汉文文献中都没有任何涉及。这和16—17世纪中国官方资料中关于耶稣会士活动的相关资料非常稀少很相似。因此，对于汉人、蒙古人，或是后来的满族人而言，居住在中国的一些欧洲人没有重要到必定会被写入官方历史著作的程度，"通常是我们高估了自己"。②

第四，中国的历史学家蔡美彪推测马可·波罗可能不是一个普通的色目人，而是著名的斡脱（ortogh）商人组织的一员，他们在财政和商业事务中为蒙古人服务。③ 马可·波罗可能参与了有利可图的麝香贸易。的确，就像最近雅各比（David Jacoby）所揭示的那样，马可·波罗表现出对麝香的特殊兴趣，这不仅体现在《寰宇记》中，在他从远东返回之后，他在威尼斯最后岁月的商业投机中也是如此。④ 斡脱总管府1268年建立，随后在1272年开始设立监管斡脱的地方机构。斡脱商人享有特殊的、半官方的身份，能够从宫廷和贵族那里得到直接的投资去不同地区购买货物，追逐利润或是提供贷款。他们似乎可以

---

① 中国的编年史只记载了来自拂郎王国（Franks）的非凡礼物"天马"，这一奉献被统治王朝视为好的征兆。然而，无论教皇的名字，还是马黎诺里使团三十二位成员中任何一人的名字，他们都没有记录。见 de Rachewiltz (1971), pp. 193–195; Van Mechelen (2001), p. 90。

② 参阅 de Rachewiltz, "Wood's *Did Marco Polo Go to China*? A Critical Appraisal," 也援引了1998年8月5日与威尼斯斯达里（G. Stary）教授的私人通信；de Rachewiltz (1971), p. 206。

③ 关于这些合伙商人，见 Elizabeth Endicott-West, "Merchant Associations in Yuan China: The *Ortogh*," *Asia Major*, 3.2 (1989a): 127–154。关于普通商人以及他们和蒙古统治者的关系，对蒙古统治者的影响，见 Thomas T. Allsen, "Mongolian Princes and their Merchant Partners 1200–1260," *Asia Major*, third series, 2.2 (1989): 83–126。*Ortogh* 是蒙古语名称，*ortaq* 是突厥语名称。在汉文中，这些合伙商人被称为"斡脱"。

④ 细节见 Jacoby (2007), pp. 201–203：
——在1310年2月6日玛窦的遗嘱中，提到 Paolo Berengo 代表他的父亲 Marchesino 转交了86萨觉（*saggi*）或359.48克麝香，用以偿还400小镑（£400 di piccolo）的贷款，这笔贷款有马可三分之二的份额。
——在1310年4月，马可·波罗曾把属于自己和同父异母兄弟 Giovannino 的1磅或451.84克麝香委托给 San Apollinare 威尼斯教区的 Paolo Girardo。不过，Girardo 最终未能取得半磅的收益。这导致了1311年3月的一桩法庭案件，马可·波罗的主张得到了支持。
——在1311年，香料经销商 Valor 的妻子 Nicoletta 交给马可·波罗装有1萨觉（*saggio*）19克拉（carat）或7.49克麝香的几个珍贵器皿，可能是为了从他那里获得贷款而做的抵押。
——在去世的时候，马可·波罗拥有大约83磅麝香，价值217达克特（ducat），那是很大的数量，明显不是为了个人和他的家庭使用的。

使用政府的驿站,被授予官方文书甚或拥有权力的"虎符",① 使贸易更为便利,并提供保护。在罗依果看来,蔡美彪的假设很有道理,因为斡脱商人们尽管自身并非政府官员,但也被要求收集情报。② 这种双重职能可以解释,为什么我们能够在马可·波罗的书中发现,不仅有大量关于商业活动的内容,还涉及中国的各种信条与宗教行为。一方面为大汗窥探各种行动,收集情报,另一方面是牵扯到自身利益的商业活动,③ 在蒙古统治下,这两个方面并不是相互排斥的。很有可能,马可·波罗的父亲、叔叔都在中国进行商业投机活动,这也可以解释,波罗一家因何变得富有。④ 在关于 Canpiciou(即甘肃的甘州)的章节,的确清楚地记载了波罗一家从事商业活动,说波罗一家三人因他们自己的生意,而在那里居住了一年。⑤

第五,何史谛(Stephen G. Haw)近来提出了一个不无道理的假设:马可·波罗可能曾是忽必烈的贴身侍卫——怯薛 (keshigten/kasitan/quesitan)。他所说的怯薛数字 12000 人与忽必烈汗时期的真实数量非常接近,不仅如此,这还可以解释为什么在他死后其财产登记清单中有一条鞑靼骑士的银腰带。如果他真是一名怯薛,那么,这就可以和他所宣称的在元帝宫廷拥有一个可敬的职位一致,和他对大汗的极大崇敬、强烈忠诚一致。由于怯薛成员经常得到这样、那样的职任,这一假说也符合马可·波罗的说法:他曾被委以帝国内外的一些特殊的军事使命。⑥ 不过,在组成大汗亲近侍卫的大约 12000 人中,只有一小部分成员能够得到载入官方历史文献的机会。即使不能最终证明马可·波罗是大汗贴身侍卫的一员,这个研究范例尤其能够说明,在中国的官修历史著作中,大部分文武官员并不能得到关注。一般说来,中国官方历史编纂首先注重帝王言行,其次是上层文武官员,在这种情况下,它的涵盖面被大为高估了。考虑到这种严格的、精英导向的态度,以及没有元代档案保存下来的客观情况,我们可以设想,马可·波罗会像其他诸多侍卫和低级官员那样,只能偶然地、无意间被

---

① 见 Endicott-West (1989a), p. 148。
② 关于斡脱商人卷入间谍活动和情报搜集的一些证据,见 Endicott-West (1989a), pp. 134–135。
③ 见 Yule (1903), vol. 1, p. 30: "……君主委任他到各个地方出使,[而且,有时是得到大汗的允许和授权,处理他自己的私人事务]。"不过,方括号中的内容只见于剌木学译本。
④ 见蔡美彪(1993),页 175—176; de Rachewiltz (1997), pp. 78–81。以波罗一家从亚洲带回的资产为基础,马可·波罗拥有相当可观的财富,见 Jacoby (2007), pp. 198, 206。马可·波罗的财富,包括真正的不动产在内,可能超过 1 万达克特(ducat)。
⑤ Ronchi (1988), *Marco Polo, Milione. Le divisament dou monde*, p. 379: "Et si vos dis que mesier Nicolau et mesier Mafeu et mesier Marc demorent un an en ceste cité por lor fait que ne fa a mentovoir; [...]." 参阅 Yule (1903), vol. 1, pp. 220, 223n5; Jackson (1998), p. 91。
⑥ 见 Haw (2006), pp. 165–168。我们知道,除了蒙古人,中亚人也可以成为怯薛成员。见 Mangold (1971), p. 20。

明确地提到名字。

第六，我们要在此提到最近一位中国马可·波罗研究者彭海的观点，他认为在元代文献《元史》中的确存在关于这位威尼斯人的直接、间接的资料。彭海立论的结构是这样的：他把在他看来《元史》中的相关段落与马可·波罗书中的补充论述并列。另外，他很清楚《元史》中的孛罗主要是指操蒙古语的朵儿边部落的孛罗阿哈（Bolad Aqa），直到1285年前往波斯之前，他一直是忽必烈汗的重要官员，或者也指有类似名字的其他人。不过，彭海确信至少两个，甚至四个段落提到了威尼斯人马可·波罗的名字。一个是在《元史》卷119附加的脱脱传记中，它提到成吉思汗的著名伴当和亲信将领、札剌亦儿氏木华黎（1170—1223）的第四世孙撒蛮曾经拘捕过近臣孛罗：撒蛮"常侍左右，帝尝诏之曰：'男女异路，古制也，况掖庭乎。礼可不肃，汝其司之。'既而近臣孛罗衔命遽出，行失其次。撒蛮怒其违礼，执而囚之别室。帝怪其久不至，询知其故，命释其罪。撒蛮因进曰：'令自陛下出，陛下乃自违之，何以责臣下乎？'帝曰：'卿言诚是也。'由是有意大任之。会以疾卒，不果，年仅一十有七"。① 这个段落可以和《寰宇记》的记载进行对照。后者写道，皇帝对马可·波罗非常器重，和他的关系如此亲密，以至于引起了"一些男爵不断加剧的嫉妒"。② 另外，彭海认为，尽管撒蛮此后很快就死了，威尼斯人马可·波罗和木华黎家族的冲突后来依然延续，特别是和撒蛮的哥哥相威。因此，在彭海看来，忽必烈汗陷入了某种困境，一方面他不得不考虑到木华黎家族后裔的忠诚和对他们的倚重，另一方面，他又想保护他特别赏识的外国侍臣马可·波罗。③ 彭海认为，撒蛮和马可·波罗的冲突，导致了这样的结果：《元史·世祖本纪》记载，至元十二年的二月（1275年的3—4月），忽必烈汗"遣必阇赤孛罗检核西夏榷课"。④ 忽必烈这样做是为了避免马可·波罗与木华黎家族的进一步冲突。彭海认为，这第二条关于威尼斯人的明确记载与《寰宇记》中的记事相当一致，⑤ 即大汗派遣马可·波罗"作为他的使者，去一个足有六个月路程远的地区"，⑥ 波罗一家由于某种使命，在甘肃的Campichu城（即甘州）停留了整整一年。⑦ 然而，接受这第二条材料明确与马可·波罗有关的前提条

---

① 见《元史》，第10册，卷119，页2943—2944。彭海反复强调，这段谈及威尼斯人马可·波罗的内容已经由屠寄在他的《蒙兀儿史记》中提出，台北：世界书局，1983年重印1934年版。

② Yule (1903), vol. 1, pp. 27, 31.

③ 彭海（2010），页71—83。

④ 《元史》，第1册，卷8，页161。

⑤ 彭海（2010），页87—92。

⑥ Yule (1903), vol. 1, p. 27.

⑦ Yule (1903), vol. 1, p. 220.

件是，需要假设马可·波罗不是1275年到达汗八里，而是在1274年的夏季或秋季已经到达此地。① 彭海并不是唯一一个为波罗一家到达中国的时间提出更早日期的人。事实上，这种看法早就存在，例如，日本的马可·波罗研究者爱宕松男认为，马可·波罗到达上都的时间是1274年的中期。②

除了上面两条材料外，彭海把《元史》中的另外两段文字与威尼斯人马可·波罗联系起来。一条在"本纪"的至元十八年一月癸卯（公元1281年1月27日），内容为皇帝"发钞及金银付孛罗，以给贫民"。③ 彭海没有像通常所认为的那样，把这个人判定为孛罗阿哈，而是认为这段文字很可能说的是威尼斯人马可·波罗。原因是：第一，这是一个非常罕见的例子，在记载公共救济措施时，责任人的名字被提及，在彭海看来，对马可·波罗的任命体现了大汗的高度信任和器重；第二，孛罗阿哈被委以这样的使命是不合适的，因为对这种公共慈善工作，忽必烈汗通常会委托给侍臣，此时孛罗阿哈的地位已经非常高，不会去处理此类事务；第三，马可·波罗之书关于元朝的公共救助和慈善制度有专门的一章，这可以被视为与《元史》1281年的记载相匹配的内容。第四，在《元史》中还包含其他两条有趣的内容，至元十九年七月丁丑（公元1282年8月24日），"以蒙古人孛罗领湖北辰、沅等州淘金事"。④ 另一条是在仅仅两个月后（至元十九年九月丁亥），"遣使括云南所产金，以孛罗为打金洞达鲁花赤"。⑤ 由于第一个孛罗清楚地写明为蒙古人，那么第二个孛罗肯定不是蒙古人，否则这一点会被提及。那么，既然如此，彭海认为这条材料指的就是马可·波罗。⑥ 在现阶段，我怀疑彭海的阐释，因为它们在一定程度上并非新见，在很多方面毋宁说是出于推测，有时甚至过于大胆。例如，关于"蒙古人孛罗"被派到湖南金矿区、"孛罗"被派往云南金矿的内容，可以轻松地予以反驳：第二条资料的编写者不认为有必要在"孛罗"的名字前再次加上"蒙古人"字样，因为这已经在几个段落之前做了清楚的说明。每一位汉学家都确信，古典汉语和公文在表达上非常简练，一种表现形式是，省略前面已经提到过的信息，尽管如此，它仍会在文本的深层结构中继续存在。不过，我打算在这里收入彭海的观点以备进一步的讨论，我自己肯定会在另一种语境下重新涉及它们。

---

① 彭海（2010），页64—65。
② 愛宕松男（1957），p. 39.
③ 《元史》，第1册，卷11，页229。
④ 《元史》，第1册，卷12，页244。
⑤ 《元史》，第1册，卷12，页246。
⑥ 见彭海（2010），页92—96，对于他支持马可·波罗的诸多观点，我已经做了概述。

第十二小节　从中国返回

质疑：蒙古贵族女子阔阔真去波斯嫁给伊利汗阿鲁浑（Arghun，1258—1291），马可是此行的陪同，并由此返回西方。这一著名故事可能是从其他资料借用来的。

回应：无论阔阔真，还是1290年忽必烈汗向他的侄孙伊利汗阿鲁浑派出的使节，在关于元朝的官方史书《元史》中都没有记载。这一缺失的原因可能是由于此次出使被认为具有私人的、微妙的性质，因为它涉及两个王室之间的一个内部家族事务的安排、充满了在危险水域长途航行所带来的风险。然而，1290年四、五月间一份由忽必烈汗直接颁布的文件保存在15世纪明朝的百科全书《永乐大典》中，它被杰出的中国马可·波罗学者杨志玖在1941年发现并随后发表。① 这份文件直接命令三位使者 Oulatay（Oulatai，兀鲁䚟）、Apusca（Abushkha，阿必失呵）和 Coja（Coia，火者）取道马八儿（Ma'abar，即科罗曼德尔海岸 the Coromandel Coast）去往阿鲁浑王子处。关于旅途的口粮和供给（rations and provisions）所必须做出的某种安排，它做了清楚的说明。无论使团的目的，还是阔阔真、波罗一家都没有在这份文件中提及。正如杨志玖所推测的那样，人们必须考虑到，阔阔真只是蒙古伯牙兀部普通贵族的女儿，因而不值得详细记录。像波罗一家那样，她与口粮的分配没有关系。② 由于以下几个原因，《寰宇记》（*Le devisament dou monde*）中的记载是至关重要的：

a）马可·波罗不可能从汉文或波斯文书面资料中了解到这次出使，因为前者并没有提到它，唯一提到此事的波斯文资料，波斯史学家拉施都丁（Rashid al-Din）的著作，直到1310—1311年才完成。

b）他必定非常熟悉阿鲁浑使团中的三个使者，他把他们的名字拼写为 Oulatay、Apusca 和 Coja。如果不是这样，他决不可能仅仅依靠二手的口头信息，就能如此准确地按照正确的次序记录他们的名字。

c）马可说，三位使者中的两位在旅途中死去，只有第三人火者活了下来。③ 在1293年的春天或初夏（阿鲁浑此时已经去世），贵族女子阔阔真被送往阿

---

① 又见 Yang Chih-chiu [杨志玖] and Ho Yung-chi [何永侉], "Marco Polo Quits China," *Harvard Journal of Asiatic Studies*, 9.1 (1945): 51, 详细的讨论见 Francis Woodman Cleaves, "A Chinese Source Bearing on Marco Polo's Departure from China and a Persian Source on his Arrival in Persia," *Harvard Journal of Asiatic Studies*, 36 (1976): 181–203.

② 杨志玖（1998a），页101。

③ 只有剌木学本提到火者是唯一的幸存者，马可·波罗书的威尼斯语译本（V）说，只有一位使节生存下来，但没有给出他的名字。见 Barbieri (2000), p. 998n19。

鲁浑的儿子合赞（Ghazan）处，拉施都丁在讲述此事的时候，在他的记录中只出现了火者 Xwāj(a)h（Coja）。这间接地证实了上述事实。在这些事件数年之后，他简短地记载了火者和忽必烈派出的"使团"以及阿鲁浑寻觅的新娘阔阔真姑娘，到达阿八哈耳（Abhar，在加兹温 Kazvin 附近）。没有什么能够妨碍人们去设想，波罗一家就是这个使团的一部分。

d）事实上，归功于马可·波罗的记载，我们可以把汉文和波斯文文献中零碎的相关资料加以调整，从而完成整个图景。同时，由于基本事实与纪年可以彼此互证，这一史事的真实性是显而易见的。马可·波罗以他先前在克里米亚（Crimea）或君士坦丁堡（Constantinople）从某个不知名的知情人那里所获得的二手信息为基础，在热那亚根据记忆或在威尼斯根据笔记，重构整个故事情节的可能性是如此迂远，可以稳妥地排除在外。[①]

e）在最近的一篇论文中，菲利普·梅纳尔（Philippe Ménard）做了一个令人信服的尝试来重构波罗一家从中国返回的旅程。对最重要的马可·波罗文本的所有文献证据、历史知识、传统中国海洋航行技术、冬夏季风导致的气象条件、台风的出现（在七、八、九月）等做了全面考量，梅纳尔推断，由十四艘大型航海船舶组成，护送阔阔真女士的送亲队伍，可能在 1291 年 2 月从泉州出发。利用冬季风，从那里于同年的 5 月航行到婆罗洲（Borneo）。由于西南季风（夏季风），送亲队伍不得不在婆罗洲停留五个月。在 1291 年的 11 月，他们再次利用东北季风（冬季风），离开婆罗洲去锡兰（Ceylon），1292 年 1 月，从那里去位于印度东部沿海的马八儿海岸。他们没有游历更北的科罗曼德尔海岸（Coromandel coast）而是继续去往印度西南沿海的奎隆（Quilon）。送亲队伍可能不得不采用近海或海岸航行的方式从这里继续前行，因为没有可以利用的风支持沿着当地的西海岸航行。他们可能在 1293 年的 4 月最终到达了霍尔木兹港，而并未像通常估计的那样去非洲东海岸。由于在陆上的长途跋涉，直到 1293 年的 9 月或 10 月，阔阔真女士才在加兹温（Kazvin）附近的阿八哈耳（Abhar）被交给合赞，他的父亲阿鲁浑已经在 1291 年 3 月 10 日去世。然后，波罗一家于 1295 年的春天离开波斯，返回了威尼斯（在 1295 年的初冬到达），途中经过大不里士、特雷布松（Trebizond，离开时间约在 1295 年的 5—6 月）、君士坦丁堡（离开时间约在 1295 年 8 月）、尼格罗蓬特（Negropont）。[②]

---

① De Rachewiltz, "Wood's *Did Marco Polo Go to China? A Critical Appraisal.*"
② 关于所有细节，见 Philippe Ménard, "Marco Polo et la mer: Le retour de Marco Polo en Occident d'après les diverses versions du texte," 一文的详细论述，收入 Silvia Conte (ed.) (2008), pp. 173–204。

66　马可·波罗到过中国

83

图 2　1291 年到 1295 年，波罗一家陪同贵族女子阔阔真去波斯

戈登（Withold Gordon）1926 年绘制

来源：Manuel Komroff, *The Travels of Marco Polo [the Venetian]*, with illustrations by Withold Gordon, Garden City, New York: Garden City Publishing Co. 1926, 1930, p. 18. Liveright Publishing Corporation 提供图片。

84　　　　　　　　　　**第十三小节　象征权力的金牌**

质疑：马可·波罗提到他、他的父亲、他的叔叔从忽必烈汗那里获得过具有权力的金牌，这是混乱而令人困惑的，作为威尼斯人旅行的证据并不可靠。

在马可·波罗的财产登记（现存）中记载了这些牌符中的一面，也属此类情形。此外，马可·波罗叔父玛窦1310年的遗嘱说明，马可·波罗通过某种欺诈行为获得了这些牌符中的一面。

回应：马可·波罗详细记述了这些通行证（laissez-passer），他也记载了他、他的父亲、叔叔在他们旅行的过程被授予这些牌符。这类牌符在东方的汉语和蒙古语中分别被称为"牌子"和格勒格（gerege），它们通常是长方形的（但有时为圆形），用金、银或铜制成，尺寸约30厘米长，9厘米宽。它们被授予高官和承担官方使命的使者，但一些牌符也用作某些文武官员的标志，授权它们的持有者在旅行途中享用无偿的住宿、交通工具和膳食。牌子有几种类型，不仅存在于元朝，也用于波斯伊利汗国和金帐汗国的统治地区。波罗一家总共被授予七面牌子：

——1266年，尼古拉和玛窦在他们返回家乡时从忽必烈处得到一面金牌；

——1290/1291年，波罗一家三人离开中国时，从忽必烈处得到两面金牌；

——1293年，离开波斯之前，从乞合都汗（Gaykhatu，1291—1295年在位）处得到四面金牌，其中有两面带有海青图案，一面带有狮子图案，一面为平整的素面。①

另外，在和忽必烈的对手乃颜的战争中一些官员与将领表现出巨大的勇气。马可·波罗在关于忽必烈奖励他们的章节中，描述了各种具有权力的牌符，即银牌（重120萨觉，授予百夫长），金牌或银镀金牌（重120萨觉，授予千夫长），带有狮头的金牌（重220萨觉，授予万夫长），顶部带有狮子图案、下部带有日月图案的金牌（重300萨觉，授予十万夫长）。除此之外，带有海青图案的牌符授予"非常显赫的贵族"。② 此外，他还提到授予十二位男爵即首都各部高级长官的金牌、③ 承担帝国邮驿服务的奔跑者所持有的海青牌。④ 他还对这些牌子上面刻写的蒙古文做了相当准确的翻译，提及和这些证件（laisser-passer）配合使用的证明书或授权书。⑤ 正如罗依果所述，在元代的汉文资料

---

① De Rachewiltz (1997), pp. 70–72; Ronchi (1988), *Marco Polo, Milione. Le divisamentdou monde*, pp. 311–312, 321–322; Yule (1903), vol. 1, pp. 15–16, 34–35.

② Ronchi (1988), *Marco Polo, Milione. Le divisament dou monde*, pp. 412–413; Yule (1903), vol. 1, pp. 350–351.

③ Ronchi (1988), *Marco Polo, Milione. Le divisament dou monde*, pp. 442; Yule (1903), vol. 1, pp. 431ff.

④ Ronchi (1988), *Marco Polo, Milione. Le divisament dou monde*, pp. 445; Yule (1903), vol. 1, p. 436.

⑤ 参阅 de Rachewiltz (1997), p. 71ff.。有关牌符的更多西方语言的文献，见 N. Ts. Münküyev, "A New Mongolian P'ai-tzŭ from Simferopol," *Acta Orientalia Academiae Scientiarium Hungaricae*, 31.2 (1977): 185–215; 彭海（2010），页98—110。

中经常提到金牌，它们存在几种类型，顶部具有老虎、狮子或海青图案，有的仅为素面。① 蒙库耶夫（Münküyev）强调，波斯的权力牌符不具有虎的图案，而极有可能是狮子，因为正如裕尔（Yule）所言，"狮子和太阳……组成了列奥之日（the Sun in Leo）的徽章，代表至高的权力"。② 罗依果在他对吴芳思著作的书评论文中还指出，既不存在关于这些金牌的欺诈行为，也没有家族内部的争执。在马可叔父玛窦 1310 年 1 月 6 日的遗嘱中，清楚地记载了关于一件珠宝和"三面得自鞑靼人崇高可汗的金牌"（tres tabulae de auro que fuerunt magnifici Khan Tartarorum）的明确安排。此外，在 1324 年马可死后编成的马可财产清单中同样列出了一面"具有权威的大金牌"。③ 玛窦的三面牌符和马可·波罗的那一面显然是他们离开波斯时从伊利汗乞合都那里得到的四面牌符之一。因此，这为波罗一家声称他们曾被赋予某种重要使命提供了证据。④

不仅如此，正如巴比耶里（Alvaro Barbieri）所强调的，马可·波罗收集品中的其他"纪念物品"（souvenirs）有力地说明，这位威尼斯人曾经亲莅中国。除了珍贵的丝绸和织锦衣服以及原产中国的布匹外，⑤ 这些物品包括：一件 bosolo [...] a modo di paternostri，这极有可能是佛教念珠；una çentura darçento，可能是一位鞑靼骑士的银腰带；一个 bochta [...] doro con piere & perle，换言之，这是一位蒙古女性装饰着宝石和珍珠的华丽（parade）金头饰（蒙古语称为 bokhtakh）；一件 bosolo .j. di muscio 以及一个 sacheto .j. de pelo che dila bestia——一个装有麝香的盒子和一个装有麝鹿皮革的袋子。⑥ 关于麝香纪念品，在马可·波罗书的威尼斯语本（VB）中有一个有趣的段落，声称他

---

① De Rachewiltz (1997), p. 71.
② Münküyev (1977), pp. 207–208.
③ 见 de Rachewiltz (1977), pp. 74–75; id., "Wood's *Did Marco Polo Go to China? A Critical Appraisal*"; 亦可参考 John Larner 对吴芳思曲解玛窦·波罗遗嘱的尖锐批评，见 Larner (1999), pp. 61–62。
④ Jacoby (2007), p. 203.
⑤ Jacoby (2007), pp. 203–204 列举了以下物品：
——24 威尼斯小磅（light pound）或 7.229 公斤白色的蚕茧（*foleseli bianchi de seda*）。
——1 束重 40 小磅或 12.049 公斤的蚕丝。
——相同数量的用来制作筛子的马鬃（*seda di cavallo*）。
——1 件鞑靼式样（*alla tartaresca*）的白色袍子。
——3 方 camoca 制成的柔软光滑的地毯和带有鞑靼刺绣的便鞋（*choltre 3 a lavorieri tartaresci de chamoch et de zendadi*），价值金额可观，总计 120 达克特。
——1 块黄色、2 块白色的契丹（*catai*）或中国仙达尔（*zendal*），每块价值 10 达克特。
前三项物品数量太大，不是供个人或家庭使用的，必定是马可·波罗因商业原因而储存的。不过，其他物品几乎可以确定是作为纪念品保存的。Camoca 是昂贵的华丽丝绸，包括单色或多色，有时是带有金线图案的织锦。见 Jacoby (2007), p. 203。
⑥ Barbieri (2000), pp. 999–1004.

随身携带一头麝鹿干制的头、蹄返回威尼斯（[...], et portai miego qui in Venexia la testa e I piedi de uno de diti animali sechi, et del muschio.）。① 这些物品中的大部分可能是纪念品，也就是这个威尼斯旅行者为了纪念他的远东之旅而为他的珍宝箱所收集的异国物品。另外，人们也不应忘记他有一位名叫彼得（Pietro）的奴隶为他效劳，此人出自鞑靼种族（de genere tartarorum）。在他的遗嘱中，马可·波罗给予此人自由。②

关于金质头饰，最近何史谛（Stephen G. Haw）提出了一个并非全无道理的假设。他认为顾姑冠（bokhtakh）很可能是与马可·波罗关系密切的一位妇女的纪念品。因此，它可能是来自他妻子的分别礼物。考虑到向忠诚的追随者奖励妇女的蒙古习俗，如果大汗打算把某个年轻的蒙古女子嫁给马可·波罗，这必定很难拒绝。在何史谛看来，顾姑冠是阔阔真的礼物这一看法可以排除，因为将要嫁给一位伊利汗国王子的年轻贵族女性给另一个男子如此贵重的礼物是不恰当的。据此，马可·波罗长期驻留中国期间结婚并非难以置信。③

这里要提到一个令人好奇的对比事例，早期马可·波罗研究者曾与威尼斯人马可·波罗混淆的孛罗阿哈（Bolad Akha）在 1286 年定居波斯之后，组建了第二个家庭。拉施都丁（Rashid al-Din，1247—1318）记载，当孛罗阿哈在中国时曾在那里育有数子，现在他们效力于忽必烈汗；在波斯，他娶了已故伊利汗阿八哈（Abakha，卒于 1282 年）的妾失邻（Shirin）为妻。④

我们知道，在元代，意大利商人的确临时或永久性地居住在远达中国的地区，在那里从事商贸活动，因此波罗一家并不是一个孤立的例子。柏朗嘉宾报告说，1247 年在基辅遇到了热那亚、威尼斯和比萨的商人们，他们穿越了鞑靼之地（travelled per tartaria）。还有商人通告了鲁布鲁克（Rubroek）去蒙古的消息。另外，商人们向鲁布鲁克建议他应当选取的道路、应当使用的交通工具、应当献给统治者的礼物。另一个例子是威尼斯人洛里丹（Giovanni Loredan），

---

① Barbieri (2000), p. 1003.

② 见 Barbieri (2000), p. 1004。例如，在蒙古征服及其之后的时期，很多汉人被奴役，见 Ebisawa Tetsuo（海老澤哲雄），"Bondservants in the Yüan," Acta Asiatica, 45 (1983): 27–48。亦见 Elizabeth Endicott-West, "The Yüan Government and Society," 收入 Herbert Franke and Denis Twitchett (eds.), The Cambridge History of China, vol. 6, Alien Regimes and Border States, 907–1368, Cambridge: Cambridge University Press, 1994, pp. 613–615：在以部落和氏族为基础的蒙古草原游牧社会、经济中，对奴隶的占有并不是它的根本特征，尽管如此，和前代相比，元代还是见证了奴隶数量的增多。绝大部分奴隶是战俘，也有在内部的反乱中沦为奴隶的。另外，在大都存在着奴隶市场。除了汉人奴隶之外，早在 13 世纪的后期，穷困的蒙古男、女开始被作为奴隶贩卖到印度和伊斯兰国家。

③ Haw (2006), p. 43.

④ Allsen (2001), p. 73.

他从中国返回，与其他五名商人于 1338 年离开印度。① 在中国有意大利商人的存在得到了考古遗存的证实。1951 年，在扬州城墙脚下发现了两方著名的墓碑。一方是商人伊利奥尼[Domenico de Vilione（Ilioni）]的女儿卡特琳娜（Katerina，卒于 1342 年）的，另一方属于卡特琳娜的弟弟安东尼奥（Antonio，卒于 1344 年）。②

如果三位威尼斯人没有到过中国，而是在黑海的一个威尼斯贸易点、在君士坦丁堡或是在波斯的伊利汗国度过了二十四年，他们不曾时常返回威尼斯吗？或者，他们不曾被其他商人看到离开那里吗？正如拉纳（John Larner）公正评论的那样，如果情况果真如此，在马可·波罗之书流传开以后，波罗一家变得非常有名，而他们却没有受到那些沿黑海或在波斯与他们一起居住、贸易的意大利商人中任何一人轻而易举的谴责，这是令人难以置信的。③

---

① Münkler (2000), pp. 56–60.
② 见 Van Mechelen (2001), p. 59. De Rachewiltz (1997), p. 40, 认为 Vilioni 是一个威尼斯家族。根据 R. Lopez 的研究，Larner (1999), pp. 119, 211n14 指出，这是指来自热那亚的 Ilioni 家族。
③ Larner (1999), pp. 60–61.

第二章　元代的纸币

此种纸币之上，钤盖君主印信，由是每年制造此种可能给付世界一切帑藏之纸币无数，而不费一钱。既用上述之法制造此种纸币以后，用之以作一切给付。凡州郡国土及君主所辖之地莫不通行。臣民位置虽高，不敢拒绝使用。①

纸钞在蒙古统治下的中国之所以能得到使用和广泛流通，主要是因为元朝的前代宋（960—1279）和金（1115—1234）就已经引入官方发行的纸币，作为货币组合的一个正式组成部分了。由于长期缺乏作为基础货币的铜钱，宋朝通过创行汇票、新的信贷形式和纸钞来扩大货币供给，同时在外贸政策上推行金银本位主义。②除了在农业、水路运输、市场结构、城市化以及科技方面的进步外，货币和信贷领域发生的革命算得上是中国中世和近世史上五大最显著而独特的发展之一。③

北宋（960—1127）力图维持一个以铜钱本位为基础的、统一的货币制度，同时也在四川设置了一个独立的铁钱流通区域。自10世纪40年代后，这种铁钱也在北部边陲地带流通，设置这些区域是用来防止铜钱外流到敌对政权如党项人的西夏（1038—1227）和契丹人的辽国（916—1125）境内。增加货币供给的其他措施还包括振兴矿业，特别是铜矿开采，还有禁止私铸铜器，发行大额铜钱，降低铜钱的含铜量（北宋时期：65%的铜，25%的铅和10%的锡；南宋：40%的铜，50%—60%的铅，5%的锡），还有生产廉价的铁铅锡合金钱，即所谓的"夹锡钱"。④

采用汇票来运输和交易现金及商品的做法，早在唐代就存在了，尤其是在

---

① Luigi Foscolo Benedetto, *Marco Polo, Il Milione*, Firenze: L. S. Olschki (Comitato geografico nazionale italiano; 3), 1928, p. 92.

② 见 Richard von Glahn, *Fountain of Fortune: Money and Moneta y Policy in China,1000–1700*, Berkeley: University of California Press, 1996, p. 48。

③ Mark Elvin, *The Pattern of the Chinese Past*, Stanford: Stanford University Press, 1973, pp. 113–199.

④ Von Glahn (1996), pp. 49–51.

8 世纪由商人和政府创行的所谓"飞钱"或"便换"制度。采用这种制度的原因包括：1. 缺铜；2. 禁止铜钱流入某些地区；3. 转移税收，特别是通过税收和茶叶贸易造成的货币的南北互补性流动；4. 由于携带沉重钱币给商业活动造成的不便。① 这些便于兑换的票据被称为"便钱会子"和"寄附会子"，自 10 世纪 60 年代起就持续在公私交易中流通。

在四川的铁钱区域，"交子"最初可能是作为铁钱的替代品自由发行的，但随后则归官方承认的 16 家富商家族操控，并广泛大量发行。当 1022 年这个制度无法维持的时候，政府进行了干预，并承担了交子的发行，其面额自 1 贯至 10 贯不等（后来减少到两种面额，5 贯和 10 贯）。扣除发行交子所需的工本外，这种纸币据说能够与铁钱足额兑换，以 3 年为一届。这种票据可以称得上是最早的真正意义上的纸币。②

1160 年，随着与金朝重新开战造成的军费飙升，南宋政权（1127—1279）创行了一种新的纸币，它最初是在某些特定的区域发行，后来逐渐扩大到整个南宋疆域。最初，南宋政府的纸币（"会子"）每年的发行量较小，仅为四百六十六万贯，但是由于民间市场不太愿意接受这种纸币，所以无法按照面额足值流通。1166 年和 1167 年两年，政府投入了一百万到两百万贯铜钱来收回多余的纸币，这一措施确立了民间对会子的信任，也造成了会子价值的上升，直到 1190 年，市场一直保持着对会子的信心，以十分接近于面额的价值流通。③

1206—1208 年的宋金战事造成的军费上涨，打破了纸币领域的稳定局面。尽管 1169 年市面上流通的会子已经超过了近两千万贯，南宋政府还是继续增发会子到了一亿三千九百万贯，到了 1233 年，有三亿二千九百多万贯的会子在市场上流通。大规模发行会子的原因还包括蒙古入侵带来的压力，虽然南宋政府在 1240—1264 年间的一段时间内采取了大量财政紧缩的措施。滥发纸币造成了其价值的迅速下跌和可怕的通货膨胀。从官定兑换率看，1 贯会子可兑换 1000 文钱，但是 1 贯会子的市场价格在 1186 年跌落到了 750 文钱，1195 年跌落到了 620 文钱，1210 年是 300 文钱，到了 1230 年则只有 50 文钱。④

1154 年，金朝发行了自己的纸币，与宋辽铜钱并行。女真统治者将纸币的发行范围限定为宋金边境地区的省份，同时禁止在这些地区使用铜钱。在

---

① Peng Xinwei (author); Edward H. Kaplan (transl.), *A Monetary History of China(Zhongguo huobi shi)*, Bellingham, Washington: Western Washington University (EastAsian Research Aids and Translations), 1994, vol. 1, pp. 329–331; Elvin (1973), p. 155.

② Elvin (1973), pp. 155–159; Peng Xinwei (1994), pp. 367–378.

③ Von Glahn (1996), p. 51; Peng Xinwei (1994), pp. 374–375.

④ Von Glahn (1996), p. 53; Peng Xinwei (1994), pp. 410–413.

1165—1166 年，南宋政府对这一行为作出了回应，在宋金边界地区设置了低价值货币区，在淮南混合发行铁钱和纸币。最终，在金朝统治地区，纸币的贬值甚至比南宋还要剧烈，在 1213 年发生了铜钱的反向流动，导致了金朝地区的铜钱大量涌入南宋地区。①

元朝（1271—1368）货币政策的特征，主要在于蒙古统治者力图为中国社会和经济确立一种法定货币。在中国货币史上，元代纸币标志着自秦汉帝国以来一直在支撑着中国经济的以铜钱作为现金货币的传统明显中断了。同时，它又是通往明清时期白银经济的一个过渡期。造成这种重大转折的日子，就是新被推选出来的忽必烈汗（1215—1294）下令改革币制，以便确立一个新的统一的货币体系的那一天。这一货币体系将不仅适用于他统治下的中原地区，而且要遍及整个蒙古帝国。

1260 年的条例旨在确立一个标准计量货币，以便将金、银和铜钱收入政府的国库，同时以纸币来彻底取代金属货币。元朝政府只投入了数量有限的纸币进入流通，法定货币由充足的金银准备金作为支撑。在交易中禁止使用金属货币，而纸币则被规定能与白银足额兑换。同时，纸币也被确立为国家财政的支付手段。②

接下来，我将蒙古统治时期中国境内的纸币发行制成了一个编年表，重点表现 1275 年到 1291 年间的情况，这一时期也是马可·波罗的在华时期：

1223 年 /1227 年：13 世纪 20 年代中期开始，成吉思汗下令在山东博州的

---

① Von Glahn (1996), pp. 52–53.
② 见 von Glahn (1996), pp. 56–58。关于元代货币史，已经发表了大量的中文、日文和西文研究成果，我在这里只能择其要而加以列举。关于元代货币简史可参看 Chan Hok-lam, "The Yuan Currency System," in David M. Farquhar, *The Government of China under Mongolian Rule: A Reference Guide*, Stuttgart: Franz Steiner (Munchener Ostasiatische Studien; 53), 1990, pp. 445–460. 对于元代货币史的针对性研究，特别应该参考傅海博迄今仍有价值的专著 *Geld und Wirtschaft unter der Mongolen-Herrschaft: Beiträge zur Wirtschaftsgeschichte der Yuan-Zeit*, Leipzig: Harrassowitz, 1949, 以及前田直典的重要论著《元朝史の研究》（东京：东京大学出版会），1973，页 3—143。其他重要的日文研究包括岩村忍的"紙幣制の崩壞"，见氏著《モンゴル社會經濟史の研究》（京都：同朋舍），1968，页 471—547；安部健夫"元代通貨政策の發展"，见氏著《元代史の研究》（东京：创文社），1972，页 363—423；高桥弘臣《元朝貨幣政策成立過程の研究》（东京：东洋书院，2000）。岩村忍和高桥弘臣的著作目前已有中译本，即岩村忍著，涛海译："元朝的纸币制度及其崩溃"，《蒙古学信息》1999 年第 2 期，页 7—11，高桥弘臣著，林松涛译：《宋金元货币史研究——元朝货币政策之形成过程》，"日本宋学研究六人集（第二辑）"，上海：上海古籍出版社，2010 年。收录中文研究论文的重要论文集是内蒙古钱币学会编：《元代货币论文选集》，呼和浩特：内蒙古人民出版社，1993 年。也可见该书页 416—427 收录的 1992 年之前的研究书目。值得参考的还有彭信威的关于中国货币史的经典研究，该书也有英译本，见彭信威：《中国货币史》，第 2 版，上海：上海人民出版社，1958 年，英译本见 Peng Xinwei (1994), vol. 2, pp. 471–536。全汉昇："元代的纸币"，载于《中央研究院历史语言研究所集刊》第十五本，1948 年，页 1—48，再版于氏著《中国经济史论丛》第 1 卷，香港：香港中文大学新亚书院新亚研究所出版，崇文书店发行，1972 年，页 396—416。

军事占领区发行临时纸钞，同时也允许南宋会子流通。蒙古新发行纸币与南宋会子有一个兑换率。新货币仅在当地流通，钞本为丝。①

1236 年：在中书令耶律楚材的建议下，蒙古统治者在汉地发行了数量有限的 1 万锭纸币，称为交钞。交钞可能是仿照金朝的同名纸币设立的，以银为钞本，②但主要可能是为了缓解百姓日用中急缺现钱的局面。③

1253 年：发行了另一种纸币，名为行用交钞，同样是在限定地区发行，以银为本。④

1260 年：随着忽必烈主导的影响广泛的货币改革，元代纸币成为了汉地最主要的货币形式。引入纸币的建议是忽必烈的汉人谋士刘秉忠（1216—1274）提出的，史料记载，他指出，钱用于阳，纸币用于阴，沙漠是幽阴之域，蒙古人兴自朔漠，宜用楮币。⑤与这一事件有关的忽必烈的其他重要谋士，还包括王文统（1190？—1262 年）、刘肃（1188—1263）和商挺（1209—1288）。⑥

蒙古政权采用彻底的纸币货币政策的原因是多方面的。首先，当忽必烈继蒙哥（1209—1259）被推举为全蒙古的大汗之后，他面临的不仅是需要继续征服南宋地区的任务，并且他被推选为大汗也受到了他的弟弟阿里不哥（1219—1266）的挑战。因此，采用纸币来彻底取代金银和铜钱，也可视为是应对巨大军事开支和在汉地确立忽必烈的强力统治所必须采取的手段。早在蒙哥汗时期，白银已经通过畏兀儿人和斡脱商人之手，从汉地流向西亚，因为那里对白银的需求更高，有利可图。因此，在忽必烈的统治地区，白银变得越来越稀缺。通过发行纸币并将之确立为唯一的合法货币，强迫民间用贵金属兑换钞，忽必烈也就获得了必要的财政资源，可以实施岁赐——向蒙古诸王贵族以及有功军政官员发放金银、丝绸、锦缎等物品。

其次，农民手中越来越缺乏白银用来支付赋税。汉地白银的匮乏，导致了白银价格的上涨，农民不得不从斡脱商人手中高息借贷，最后不得不大批破家逃亡，从而给国家的财政收入基础带来了严重损害。

---

① 见 Franke (1949), p. 35，傅海博将元代纸币首次发行的日期定为 1224 年到 1227 年之间。又见 Chan Hok-lam (1990), pp. 445–449。
② Chan Hok-lam (1990), pp. 445–446, 449–450; 高桥弘臣（2010），页 130。
③ 高桥弘臣（2010），页 130。
④ 前田直典，"元の紙幣の樣式に就て"，收入氏著《元朝史の研究》，页 3；Franke (1949), p. 36; 高桥弘臣（2010），页 129。
⑤ 关于这一著名的轶事及其解读，见 Chan Hok-lam [Chen Xuelin 陳學霖], "Liu Ping-chung 劉秉忠 (1216–74): A Buddhist-Taoist Statesman at the Court of Khubilai Khan," *T'oung Pao*, 53.1/3 (1967): 135–136。刘秉忠作为忽必烈的谋士，主要功绩有二：用汉法重建了元朝制度和增加了汉人在元朝政治中的影响力。见同上，页 143 及以下。
⑥ 高桥弘臣（2010），页 144。

再次，白银本身并不适宜作为普通货币流通。不仅是因为白银数量稀缺，也因为它不适合作为日常交易的媒介，为此，银锭必须要被切割成小块并加以称量。此外，北方中国半封建的汉人世侯领地，正在逐渐屈服于元朝中央政权，在这些地区，纸币是最常见的支付手段，因此，元朝急于用中央政权发行的法定货币取代当地发行的临时纸币。

最后，除了黄金白银之外，最有可能完成日用交易中介职能的通货，就是铜钱。但是铜钱也难以大量获得，不论是以钱币的形式还是以金属器物的形式。在金朝统治时期就是如此，因此女真统治者不得不大量依靠纸币。因此，纸币的使用在汉地已经十分普遍，不仅是在空间的意义上，而且也是在社会经济的意义上，即它深入到了农民的居家日用中。与铜钱相比，纸币造价低廉，制造简易，并且具有强大的潜力，能迅速取代当地的各种纸币。它完全能够成为新建立的元帝国的通货，缓解流通中货币短缺的问题，有助于解决财政困境，同时还能够减轻纳税者的负担，又可通过发行一定量的纸币兑换民间的贵金属，为国牟利；纸币还是统治者操控物价甚至是经济的便捷手段。尽管引入纸币最初只是权宜之计，计划随后与铜钱并行，纸币却最终成为了华北地区公私交易的唯一合法货币，特别是在忽必烈在1262年镇压李璮反叛之后。忽必烈最终放弃了用铜钱补充纸币的方案，因为就是在发行钞的头几年，钞的流通十分顺畅。在这几年中，金银由地区发行机构（平准库或行用库）掌握，作为钞本，它们数量充足，价格控制也相当有效，纸币作为赋税的支付手段，而纸币的发行也是有限度的。①

1260年八九月间，第一批"通行交钞"开始发行，这种纸币以银为本。稍后又发行了中统银货，有5种面额，以金，尤其是白银作为钞本。但是这种纸币只在有限的范围流通，并且似乎很快就被新的中统元宝交钞取代了。② 中统元宝交钞，简称中统钞，是1260年11月到12月间发行的，主要是作为赋税的支付手段（见图3）。③ 同时，当时已经十分稀缺的铜钱和各地的杂色纸币逐渐被取消，中统钞成为了公私交易中唯一合法的货币。④

中统钞有10种面额（见表1）。⑤ 傅海博在1949年写道，他尚不清楚中统

---

① 高桥弘臣（2010），页137—146、151。
② Franke (1949), pp. 40–41, 此书提到在某些地区，以银为本的纸币显然早已流通，这样一来需要做的只是用新的中统元宝交钞来换购旧钞。
③ Franke (1949), pp. 37–43.
④ Richard von Glahn, "Monies of Account and Monetary Transition in China, Twelfth to Fourteenth Centuries," manuscript, 2009, p. 10; 高桥弘臣（2010），页147.
⑤ Von Glahn (1996), p. 58, 他错误地认为有11种面额。

图 3

来源：《中国古钞图辑》，第 54 页

注释：原书并未提供比例尺，而是按原尺寸出版了这张纸钞，它与表 3（见附录 8）中的数据大抵符合，即高为 16.4 厘米，宽 9.3 厘米。这是迄今发现的最早的中统元宝交钞。在 E 和 C 区域，仅有汉文字样，由此可知这张纸钞肯定是 1269 年以前生产的。另一非同寻常之处则是，它是迄今发现的面额最小的元代纸币。在 D 区域绘有 10 文铜钱的图案，以 4-2-4 的比例分为三列。钞上印有两方正方形朱印，左侧有一方长方形骑缝墨印。在 E' 和 C' 区域填写的字号数清晰可见。关于纸币上各区域的划分见图 8。

钞究竟有 9 种还是 10 种面额。① 在宁夏贺兰县拜寺口双塔，发现了面额 300 文的中统钞，发行于 1286 年之前，由此我们才知道，中统钞还包括这种面额的纸币，并且它至少具有 10 种面额。② 中统钞与白银的官定比率是 2 贯中统钞兑换 1 两白银。③ 长期看来，中统钞成为了元代纸币的主导形式，这一点由以下事实可以证明，在史料中记载的各种价格主要都是由中统钞来标记的。

---

① Franke (1949), p. 39.

② 内蒙古钱币研究会和《中国钱币》编辑部合编，蔡明信译：《中国古钞图辑》，北京：中国金融出版社，1992。此后本书引用这本重要著作时，只称《中国古钞图辑》。

③ Franke (1949), pp. 38–39，又见 von Glahn (2009), p. 10，后者明确指出尽管中统钞以铜钱面值为名，却不能用铜钱兑换而是要用金银兑换。

表 1　主要元代纸币的面额（分别依据汉文史料与《马可波罗行纪》）

汉文史料				马可·波罗	
中统银货（1260—?年）	中统钞（1260—1287；1311—1350年及以后）[a]	中统厘钞（1275—1278年?）	至元钞（1287—1309；1311—1350年及以后）[a]	原始数据[b]	换算为中国货币[c]
		2 文			
		3 文			
		5 文	*5 文*	0.5 秃儿城之钱	4.7 文[d]
	<u>10 文</u>		*10 文*	1.0 秃儿城之钱	9.4 文[d]
	20 文		*20 文*		
	30 文		*30 文*	0.5 格鲁索	26.6 文
	50 文		*50 文*	1.0 格鲁索	53.2
	100 文		*100 文*	2.0 格鲁索	106.5 文
	200 文		*200 文*		
	300 文		*300 文*	5.0 格鲁索	266.2 文[e]
	500 文		*500 文*	10.0 格鲁索	532.5 文
1 两	<u>1 贯</u>		<u>1 贯</u>	1.0 贝占特	1.0 贯
2 两	*2 贯*		*2 贯*	2.0 贝占特*	2.0 贯
3 两				3.0 贝占特	3.0 贯
				4.0 贝占特*	4.0 贯
5 两				5.0 贝占特*	5.0 贯
10 两				10.0 贝占特	10.0 贯

来源：

见 Franke (1949), pp. 37—44, 80; 前田直典（1973），"元の紙幣の樣式に就て"，頁 3；附录 8 中的表 3，附录 1 中的 V1 和 V2。

注释：

a 数字下的下画线表示尚存有实物的纸钞。见《中国古钞图辑》，页 35—76，并见附录 8 的表 3。

b 见附录 1 中的法意混合语抄本（V1）和早期法文本（V2）。加星号的数字表示仅见于早期的法文本（V2）。

c 此处的换算以下文换算表的习惯和计算方式为依据。

d 这些数字是以 1226 年到 1290 年间的一个旧里弗尔（livre tournois）的白银价值（90 克）为基础计算的。以 1291 年到 1300 年的旧里弗尔白银价值（72 克）为基础，计算结果将分别为 3.75 和 7.5 文。

e Yule (1903), vol. 1, p. 427, 裕尔指出：5 个格鲁索很可能系"4 个格鲁索"之误，原因是后者相当于 213 文，与 200 文更加接近。这一说法并非毫无道理，但是 5 个格鲁索的价值也可能相当于 300 文。

99

换算表

元时期的 1 两白银 =40 克

见附录 6。

1 贯纸币	1 两纸币
1 贯或两纸币	1,000 文纸币

1 贯纸币理论上等于 1 "串"（1,000 个 "单位铸币" 或 "文"）。1 文纸币理论上相当于一个 "单位铸币" 的铜钱。1 两纸币理论上等于 1 "盎司" 白银或者 1 贯（1,000 文）的铜钱。此处假定，或许为了说明上的便利，马可·波罗将 1 贯纸币等于 1 两白银。事实上 1282 年和 1287 年的兑换率是 1 贯纸币等于 0.5 两白银。见 Franke (1949), pp. 58, 78。

一个旧里弗尔的白银价值，1226—1290	90.0 克
一个旧里弗尔的白银价值，1291—1300	72.0 克
1 旧里弗尔 = 240 秃儿城之钱	90.00 克
1 秃儿城之钱，1226—1290	3.75 克
1 秃儿城之钱，1291—1300	3.00 克

见 "Conversion de monnaies d'avant la révolution en valeur actuelle," in http://www.histoirepassion.eu/spip.php?article36（访问时间：2012 年 5 月 24 日）。

威尼斯格鲁索的平均银量 =2.13 克

见附录 3。

拜占庭贝占特的金量 =4.5 克

见 *Encyclopaedia Britannica*, http://www.britannica.com/eBchecked/topic/124716/coin/15971/Coinage-in-western-continental-europe-africa-and-the-Byzantine-empire（访问时间：2012 年 5 月 24 日）。

采用的金银兑换率为 1∶8.7

设定金银兑换率为 1∶8.7，是因为这样一来 1 个贝占特就等于 1 两白银，这一比例与元代的金银兑换比率十分接近。见 Yang Lien-sheng, *Money and Credit in China: A Short History*, Cambridge (Mass.): Harvard University Press, 1952, p. 48, 作者在这里给出的元代兑换率如下：1282 年，1∶7.6；1287 年，1∶10；1309 年，1∶10。

100

1275 年：1275 年到 1278 年间，元朝还发行了 3 种小额中统钞，被称为中统厘钞。但是，可能由于这些小额纸币对于通货膨胀导致的日益上涨的价格来说，太微不足道了，1278 年，这种小额纸币的印行就停止了。①

1275 年/1276 年：由于 1275 年到 1276 年间，元朝征服了南宋，纸币的生产持续增长（见表 8 和 9）。除了应付必要的军事开销，元朝继续大量印钞的目的，在很多方面都和 1260 年前后北方的情形相仿佛。也就是说，用新政权发行的货币取代胜朝的货币，从而加强领土的统一，便利富庶的江南地区的产品重新流入华北地区，特别是流入元朝的首都——大都。此外，这样做还可以用纸币交换到原南宋治下的金银和宝货。正如之前提到的，元朝统治者亟需金银来满足奢侈花销，但是，至少在初期，同样也需要给蒙古宗王和勋贵发放岁赐。但是，除此之外，大量的白银都通过畏兀儿人和斡脱商人，出口到了渴求金银的西亚地区，这些人从这种特许权利中获得了暴利。另外，众所周知，蒙古统治者和贵族也从这种贸易中获得了利益，因为他们是斡脱商人的金主，也因此获得了丰厚的利息回报。②

当蒙古人征服江南地区和其他省份的时候，最初允许南宋会子继续行用。但是，很快元朝政府就决定回收和取消宋会，将之与中统钞兑换，正如中统钞在华北世侯的领地取代当地发行的货币一样。在江南，50 贯贬值的宋会可与 1 贯中统钞兑换。这一兑换的目的是稳定当地市场和经济，加强元朝的社会控制，由此为建立有效的税收制度作铺垫。而就在北方，元朝也采取了进一步的措施，禁止使用铜钱和铁钱，并且禁止私人贸易金银。为了鼓励民间行使中统钞，元朝在各地设立了行用库或平准库。③

然而，正如我们在第二章 4.2.5 中看到的，比起汉地来，统一货币的措施在江南执行得不么彻底。在长江沿岸的行省，政策进行得最顺利，因为这些地区在南宋统治下长期以来习惯在公私交易中使用纸币。因此，建立地方货币机构（行用库或平准库），逐步废除之前的货币，禁止使用铜钱或铁钱作为货币，禁止私人金银交易，推行元朝交钞的措施，都进行得十分顺利。但是，再往南的地区，元朝统治尚较薄弱，货币推行也就不么彻底，或者比较迟缓，当地民间仍然继续使用其他种类的货币，特别是铜钱。④

1287 年：为了对付日益严重的通货膨胀和交钞贬值，自 1287 年开始，元朝又发行了一种新的纸币，名为至元通行宝钞，简称至元钞（见图 4）。至

---

① Franke (1949), p. 43（误将这些小额面值纸币首次发行日期定为 1273 年）；Herbert Franz Schurmann, *Economic Structure of the Yuan Dynasty:Translation of Chapters 93 and 94 of the Yuan shih*, Cambridge (Mass.): Harvard UniversitPress, 1956, p. 139。
② 高桥弘臣（2010），页 286—294、318。
③ 高桥弘臣（2010），页 294—302。
④ 高桥弘臣（2010），页 291—294、302—318。

元钞据称有 11 种面额，除与中统钞相同的等级外，还加上了 5 文这一等级。①发行这种小面额的纸币，据说是为了应对当时民间急缺小额钞票，从而给交易造成困难的局面。②元朝政府将中统钞贬值了 80%，而把至元钞定为中统钞此前的价值，也就是 2 贯至元钞兑换 1 两白银。虽然中统钞后来一直行用不废，至元钞则没有这般好运。事实上，1287 年颁布的钞法禁止了金银的私人贸易和擅自生产。③1287 年的货币改革似乎十分成功，因为到 14 世纪初，价格一直保持着相对稳定。④在 1288 年到 1309 年间，元朝不曾印造中统钞，只发行至元钞。⑤

图 4　1983 年和 1984 年在内蒙古黑城出土的一贯至元钞（正面）

来源：《中国古钞图辑》，页 4。

注释：与原始的一贯至元钞相比，这张纸币在原书中的印刷比例过小，因为一贯至元钞应该有 30 厘米长，21 厘米宽（见附录 8 的表 3）。这张纸币是四张保存迄今的面额一贯的至元通行宝钞之一。作为至元钞的标志，它在 E 和 C 区域仅印有八思巴文字样。至元钞的另一特征是 D 区域的铜钱串是垂直绘制的（中统钞则是水平绘制），此处绘有两列铜钱串，每串 5 小串。两方正方形朱印以及左上方的长方形骑缝墨印痕迹均清晰可见。

1309—1310 年：这一时期，元朝发行了被称为至大银钞的纸币，共 13 种面值。私人金银贸易被禁止，而在 1310 年，元朝又新铸了铜钱，以便小额交易，与纸币并行。

---

① Schurmann (1956), p. 139.
② Franke (1949), p. 80.
③ 见 Schurmann (1956), p. 135, 本自 Franke (1949), pp. 57–59; von Glahn (1996), pp. 61–63.
④ 关于通货膨胀趋势，见第二章第五节。
⑤ Franke (1949), p. 81.

1311—1360 年前后：随着仁宗在 1312 年登基，武宗时期的全部货币和财政措施都被废除了，包括废除至大银钞和至大铜钱。元朝允许民间贸易金银。自 1311 年开始，元朝又继续印行至元钞和中统钞，这两种纸币在元朝统治下也一直是主要的通货，其中，中统钞是商品价值的主要计量手段。① 这两种纸币也就是马可·波罗在华时期元朝流通的货币。

最后，在 1350 年，元朝又发行了一种被称为中统元宝交钞的货币。② 在第二章 4.1.5-6 和图 5 中，我们随后会看到，这种后期中统钞的实物遗存可以与早期的中统钞清晰地区分开来。尽管在有元一代，规模大小不一的通货膨胀一直不曾中断，直到 1350 年之前，元朝还不曾发生恶性通货膨胀和纸币急剧贬值的灾难，而在此之后，这种灾难则一直伴随元朝直到它在 1368 年崩溃。

5a

5b

图 5 1965 年陕西咸阳市发现的后期中统钞 500 文纸币（正反面）

来源：《中国古钞图辑》，页 49—50。

注释：原书的复制（未提供比例尺）显然比原件要小，根据表 3（附录 8）提供的数据，原件应该高 28 厘米，宽 19 厘米。这是 1350 年以后印行的后期中统元宝交钞，因为它在 E 和 C 区域不仅同时印有八思巴文和汉文字样，并且背面的长方形墨印显示这张纸币是在至正年间（1341—1370）印行的："至正印造元宝交钞"。纸币的正面有两方正方形朱印，左上方有一方长方形骑缝墨印。至少右侧的 C' 区域填有字号。纸币的背面有一方长方形墨印，顶部饰有花边，下方是一方正方形朱印，左上方是一方长方形骑缝墨印。正面的 5 个铜钱串水平分布，与中统钞的特征一致，而背面的长方形墨印上的 5 个铜钱串中的 4 个交叉分布，呈 X 状，而第 5 串铜钱则像横梁一样位于上端。

---

① Franke (1949), pp. 85–93; Schurmann (1956), p. 135; von Glahn (1996), p. 66; 前田直典（1973），"元の紙幣の様式に就て"，页 3。
② 前田直典（1973），"元の紙幣の様式に就て"，页 3。

第一节　马可·波罗所记元代纸币（1275—1291）

应该顺便指出，没有任何一种中国的回忆录，或者在任何一本典籍中，能找到——像马可·波罗在他的行纪第2卷第18章中描述的那样——关于这个王国通行纸币的记载。但是，由于马可·波罗是一位可信的作家，我想在此解释一下，为何他犯下了这个错误。①

在简要回顾了元代货币史之后，我们现在来看看马可·波罗如何描述作为元代主要货币的纸币。事实上，人们常常注意到，马可·波罗关于纸币的论述，在行纪的许多地方都是相当刻板划一的。但是迄今人们却忽略了，这些关于纸币的刻板描述本身就很有意思，因为，与汉文记载中获得的信息相比，这些刻板的描述揭示出一种非常有价值的空间分布情况。在第二章4.2.6中我们还要回到这一话题。除此之外，为了讨论这种著名纸币的生产，以及它在元帝国的货币、经济、商业和财政中的作用，马可·波罗专辟了一章。通过对行纪最重要的手稿和印本，即法意混合语本（V1）、早期法文本（V2（B1））、匹匹诺（Pipino）拉丁文译本（V4）和刺木学译本（V11）中这一章的内容加以分析，②我们可以获得如下信息：

a) 大汗的造币局设在大都（汗八里）（V1，V2，V4，V11）。

b) 制造和使用纸币的方式被用来和一种神秘的技术或炼金术相比（V1，V2，V11）。

c) 制造纸币的原料是树干木质部和外面粗皮间的白细皮（V1，V2，V4，V11）。

d) 用此种工艺造出的纸呈黑色（V1，V2，V11）。

e) 用作原料的钞纸，依据面额不同，被裁成不同形制的长方形（V1，V2，V4，V11）。

f) 行纪提到了多达13种面额（V1，V2，V4，V11）。

g) 每张纸币之上，有不少专任此事之官吏的署名盖章（V4，V11）。

---

① 见 R. P. Gabriel de Magaillans, *Nouvelle Relation de la China, Contenant la description des particularitez les plus considerables de ce grand Empire*, [1668], Paris: Chez Claude Barbin, 1688, p. 168。此书作者 Gabriel de Magalhães（1609—1677）的解释是，马可·波罗将仿照金银铜钱样式，但用纸制造并烧给死者的冥币误认为是纸币。尽管作者也提到中国皇帝曾经向他的官员和士兵发放"钞"或者纸币，但他随后又认为这些纸币并未被民间接受，因此并未通行长达几个世纪之久。

② 关于行纪最重要的抄本和印本，见附录1。不过，请注意在其中一个早期版本即托莱多（Toledo）的 Z 抄本中，没有关于纸币的这一节。

h) 此后，大汗委任之官吏复盖以朱色帝玺于上（V1, V2, V4, V11）。

i) 伪造纸币者处死（V4, V11）。

j) 大汗的一切开支（特别是军事开支和官员俸禄）均以纸币为准（V1, V2, V4, V11）。

k) 在大汗统治区域内，凡方国、行省及君权所及之地莫不通行纸币（V1, V2, V4, V11）。

l) 商品买卖一概用纸币支付（外来钱币一概不得行用）（V1, V2, V4, V11）。

m) 纸币轻便，可以携带远行，故十分便利（V1, V2）。

n) 任何敢于拒绝使用纸币的人都应处死（V1, V2, V4, V11）。

o) 在使用中破损的昏钞可入库倒换料钞，然须支付3%的费用（V1, V2, V11）。

p) 凡商人之携金银、宝石来自印度或他国者，不敢售之他人，只能售之君主（V2）。

q) 一年之中有数次商人向大汗进献金银、宝石（及金锦）等物（V1, V4, V11）。

r) 有专家（12人）专门负责评估（外国）商人进献之物，毫不延误地用纸币给以丰厚报酬（V1, V2, V4, V11）。

s) 由商人数次进献的物品的总价值，一年可达400,000贝占特（Bezant）（V1）。

t) 外商可用纸币在境内购入货物并出口（V1, V2, V4, V11）。

u) 大汗每年数命使者宣告，（民间）凡藏有金银、宝石、珍珠者，须送至造币局，将获善价（V1, V2, V4）。

v) 大汗（为此等货物之唯一购买者，故）购取贵重物品颇多，而其帑藏不竭，盖其用此不费一钱之纸币给付。大汗之国库富于世界其他地方之君主（V1, V2, V4, V11）。

w) 如一"男爵"或其他人需用金银珠宝制造器皿、腰带之类，可径赴造币局以纸币购买此等物品（V1, V2, V4, V11）。

法意混合语本（V1）和早期法文本［V2（B1）］（见附录1）在描述元代纸币的种类和功能方面不存在重大差异。此外，这些文本在描述上都十分详尽。不过，我们可以找到一个主要的差异点，那就是早期法文本在关于大汗垄断金银珠宝的描述上，比起法意混合语本更详细、更完备一些。法意混合语本并没有明确指出，外国商人被迫将金银、宝石售之大汗。相反，早期法文本［V2（B1）］明确说明，凡商人之携金银、宝石来自印度或他国者只能售之大汗，换得纸币才能在国内购买商品。而法意混合语本则言，人民大都乐意行使纸币来买卖商品及金银珠宝等物。在这一点上，匹匹诺本和剌木学译本都逐字逐句地遵循了不那么清晰的法意混合语本。此外，法意混合语本、匹匹诺本以及剌木学译本都指出，商人是从（中国）各地来的——而不是来自印度或其他国家（如早期法文本）——并且每年都数次进献金银珠宝以及织金锦给大汗，此后则由专家估价并予以丰厚报酬。

最后值得一提的是，有些信息只在马可·波罗书的某一个版本中存在。例如，多达 13 种的面额就只在早期法文本中提到，而每年由商人数次进献的物品的总价值达 400,000 贝占特，这一点在我们上述列举的所有版本中只在法意混合语本中提到；只有匹匹诺本提到，纸币用来偿付军事开支和官员俸禄，该信息随后在剌木学译本中也能看到。剌木学译本提到纸币的形状是长方形的，也就是说长宽不等，以及大汗委任之官吏盖朱色帝玺，它在这些细节上是独一无二的。

接下来，我们打算看看，其他中世纪的西方、阿拉伯和波斯作家是如何描述元代纸币的，这样便于我们对它们进行定量和定性的比较，最后在汉文史料提供的数据基础上获得一个最后的评估。

第二节　中世纪其他西方、波斯和阿拉伯作家论元代纸币

我以言辞无法形容他的财富和绝妙享受。对于未曾目睹的人，简直难以置信。他有着无数巨大的珍藏，因为凡是进入他的国度的金银，都直接流入他的府库，所以在当地并无铸币流通，货币均用纸张、树皮或羊皮制造，其上加盖印鉴，故他能积聚起库藏。①

在附录 2 中，我罗列了元代（1271—1368）和明代（1368—1644）前期的其他西方、波斯、阿拉伯作家著作中的相关段落。如果我们将之与《马可波罗行纪》中关于元代纸币的描述相比较，不难发现，这些材料提供的细节比起这位威尼斯人来要少得多。甚至如果我们把这些史料全部汇总起来，仍然只能够覆盖行纪中大约一半的主要信息。此外，正如我们此后将要看到的，同汉文史料相比，这些其他记载同样不如行纪详细和准确。从对其他中世纪作家文本的话语分析中，我们能够获得下列主要信息：

b）纸币的制造和流通被拿来和某种"哲人石"相比（Ra1）。

c）制钞的材料来自桑树（O3，F1）。但是，鄂多立克的法文译本（O5）

---

① 见 Gilbert Strasmann, *Konrad Steckels deutsche Übertragung der Reise nach China des Odorico de Pordenone*, Giesen: Erich Schmidt Verlag (Texte des späten Mittelalters und der frühen Neuzeit; 20), 1968, p. 115。

提到纸币是用桑树的树皮制造的，类似蚕吐丝一般！曼德维尔（Mandeville）在14世纪后期完成的著作中提到纸币是用皮革、纸（M1, M2）或树皮（M2）制造的。

e）亚美尼亚的海屯（？—1320前后）在1307年写道，纸币是长方形的纸片，根据面额不同而形制不一（Ha1）。这很可能被曼德维尔沿袭（M1）。

f）有记载（S1, F1）还提到过几种面额（最多7种），但是，裴哥罗梯（Pegolotti）在1340年左右似乎只提到了3种（P1）。

h）带有大汗或者王名字的（朱）印被加盖到纸币之上（Ha1, S1, F1, P1, I1）。

i）伪造纸币者处死（S1）。

j）所有皇室经费均用纸币支付（S1）。

k）纸币是帝国唯一通行的货币（O5, J1, M1）。他们不行使金或者其他金属，用于装饰和展示除外（Ha1, M1）。

l）商品交易通过纸币进行（I1）。

n）无人敢于拒绝接受纸币（P1, I1）。

o）如果纸币有磨损，可赴库倒换新币，但须缴纳小额工墨钱。1330年前后，孙丹尼牙（Soltania）的主教提到了3%的扣除（S1）。乌马里（Ibn Fadlallah Al-'Umari，卒于1338年）也提到在倒换新钞时有"小额"扣除（F1）。而伊本·白图泰在1347年左右则错误地坚持，倒换者无须付出任何代价，因为大汗本人支付工本（I1）。在1307年的海屯（Ha1），还有曼德维尔（M1），都没有提到任何费用，后者可能抄自前者。

p）来自异国的商人必须将携带来的金银珠宝(S1)交给大汗（M1）。裴哥罗梯在1340年左右特别指出，商人们带来的白银必须售与契丹之地的君主，交换到纸币以进行贸易（P1）。

t）外商随后便用纸币在境内购买所需货物，特别是丝绸（P1）或者"香料、绸缎和织锦"（S1）。

v）大汗将一切财富都攥在自己手中（O5），这尤其要归功于纸币制度（S1）。

上述史料除了有欠准确和完备外，似乎至少有一位作家的叙述依据了《马可波罗行纪》。孙丹尼牙的主教在1330年前后写下的记载与这位威尼斯人的记载极为相似。他不但提到了纸币上加盖的朱印、某几种面额、昏钞的倒换以及3%的费用（译者按，元代称为"工墨钱"），还提到了外国商人需要将所携金银珠宝交给大汗换得纸币才能进行贸易（S1）。

与马可·波罗详细并且颇为完备的描述相比，其他西方、波斯、阿拉伯作家对元代纸币的描述，并没有为我们提供太多额外或者不同的信息。我们可将这些史料中所能提供的一些额外信息归纳如下（尽管有部分是错误的，对此我们附有按语）：

1）鲁布鲁克报告说，货币由 arta de wambasio（即纸）制成，长宽各一巴掌（按：此处记载有误，钞不是正方形而是长方形的），印有几行字，像蒙哥印玺上的一样。此外，他还提到纸币是黄色的（按：马可·波罗则指出是黑色的）（R1）。海屯也提到纸币呈正方形（Ha1）。纸币有一掌大小这一细节也被伊本·白图泰（I1）提到过。

2）鄂多立克提到有一种名为 balis 的纸币，有 5 种面额，大约值一个半弗罗林（O1，O3 到 O6）。①

3）裴哥罗梯也提到过纸币的价值，他说在契丹有 4 种这样的纸币，被称为 balishi（巴里失），价值 1 索姆（sommo）的白银（P1，P2）。② 这也是错误的，因为 balish 并不是纸币的名字，而是金银和其他金属货币的一种计量单位，等于汉语中的"锭"（1 锭 =50 两）。③

4）伊本·白图泰提到有 25 种纸币被称为 balisht，价值相当于 1 个第纳尔（I1）。

换言之，与马可·波罗提供的信息相比，其他西方、波斯、阿拉伯作家的确不曾为我们研究元代纸币提供什么新的视角。此外，除了方济各会修士鲁布鲁克是在 1253—1255 年间造访东方以外，所有其他的记载都要晚于《马可波罗行纪》。福尔克·赖歇特（Folker Reichert）提出，所有的西方记载都集中在大汗用一种类似炼金术的方法制造财富这一点上，说他掌握了将无价值之物转化为像金银一类珍贵物品的秘密。这些记载的作者都强调，元代统治者是通过强迫臣民和外国商人将珠宝换得纸币，才掌握了全世界的财富。但是，其中任何一位作家都没有把握住纸币的经济学意义。④ 这个概括却不太适用于《马可波罗行纪》。尽管他没有给出关于纸币的完整的经济学和货币学分析——这主要是因为他和其他西方作家都缺乏纸币制度方面的经验，当时也不太可能具备这种经验——他至少提到了某些超出炼金术和财富积累之外的记载，例如，他说所有的皇室经费都通过纸币支付，特别是军事开支和官员俸禄（j），一切交易也都是通过纸币进行的（l），而且这些纸币在大汗统治全境通行（k），由于轻便，容易携带远行，所以民间认为它十分便利（m）。考虑到这些事实，尤其是马可·波罗对元代纸币的叙述高度准确和全面，如果认为其他的这些作家

---

① 在一些拉丁文抄本（O3）中，在第 163 节确实提到，1 个 balis 值两张钞，而不是通常认为的 5 张（见 O3 第 48 节）。

② 裕尔认为，1 索摩白银等于 8.5 热那亚盎司。见附录 2 中对 P2 的注释。

③ 见附录 6，又见附录 2 中裕尔对 I1 的脚注。

④ Reichert (1995), p. 339.

都来过中国，唯独对于纸币的最准确和详细的报道者却并没有旅行到比君士坦丁堡或者克里米亚更远的地方，反而只凭借着父辈的知识和其他材料，特别是波斯文旅行指南、地图和史书才做出所有这些描述，① 难道不显得十分奇怪么？

第三节 1294年波斯地区元朝式纸币的短暂发行

它的效用难以言表，在那个帝国［指中国］流通的钞，就是某种"哲人石"；人们一旦找到了它［这种石头］，那么，它还不如钞的百分之一价值。似乎不可能将钞引入我们的国家［波斯］进行流通。②

从跨文化角度来看趣味盎然的一个插曲，发生在1294年的波斯地区。当时，伊利汗旭烈兀（1217前后—1265）的继承者之一，乞合都（1291—1295在位），曾短暂地试图在波斯地区引入元朝式纸币。这个建议无疑来自当时大权在握、无所顾忌的宰相撒都拉丁（Sadr al-Din），乞合都任命他负责伊利汗国的财政。波斯伊利汗这一极为有趣但却是灾难性的尝试，在1938年已经由卡尔·雅恩（Karl Jahn）作了详尽的研究，因此，我们在这里只满足于对这一戏剧性的货币改革的特征做一番简单的分析。显然，在当时的元帝国和伊利汗国之间存在着密切的关系，因此我们不必奇怪，波斯人对于在元帝国流通的纸币非常感兴趣。有趣的是，在何种方式和程度上，波斯君主和他的大臣试图引进元朝式的纸币（他们称之为Chao，其实也就是汉语"钞"的转写）。据称，引入纸币的目的是"消除贫困和不幸，取消贫富差别"，由此为帝国带来永久荣光。下文罗列了这次跨文化传播几点最重要的信息，依照前文对《马可波罗行纪》的话语分析可对应排列如下：

a）为了制造和发行纸币，建立了所谓的"钞库"，为此还雇佣了大批人员，如库官、书记员和会计，还有负责印造纸币的工人。很可能这种纸币是用雕版印刷术印造的，由当时居住在帖必力思中国区的中国人协助。

c）尚不清楚制造纸币的是哪种纸，原料可能包括了纸莎草纸、亚麻和大麻，也许还有楮皮或者白桑或者黑桑的树皮。

e）纸币形状是长方形，周沿有汉字围绕，在左右两侧的顶端有伊斯兰教的清真言（萨哈达），在下面则是乞合都的荣誉称号Irendjīn Dūrdjī（亦邻真·朵

---

① 这一观点，见 Wood (1995), p. 149。
② 见 Rashid al-Din, *Tanksuqnama-i ilkhan dar funum-i 'ulum-i khita'i* (The Precious Work of the Ilkhan on the Various Branches of Khitay Learning), ca. 1295–1304, 转引自 Karl Jahn, "Rashid al-Dīn and Chinese Culture," *Central Asiatic Journal*, 14 (1970a): 146。

儿只），意即"宝金刚"或"宝杵"。

f）在中央的圆形格子里，用数字写明了钞的面额。面额从半个或者1个迪尔汗一直到10第纳尔。

h）在纸币上加盖了朱红色的玉质国玺，āl，这是君主才有的印信。

i）在纸币的底端印有一段铭文："693年（公历1294年）世界的君主引进了这种神圣的纸币。伪造纸币者全家妻小一并处死，财产没官。"

j）大臣、官员（当然肯定还包括军人）根据他们的功劳和等级获得相应的纸币作为俸禄。

l）纸币应该取代帝国境内的一切金属货币。从事对外贸易的商人则不拘此例。为了让这些商人能够顺利从事贸易，他们被允许用纸币来交换金属货币。

n）拒绝接受纸币者就地处死。

o）损毁的纸币可以在钞库倒换新钞，工本费是10%。这是在中国的工本费的三倍多。

v）一切贵金属都应该流入伊利汗的宝库或者国库。在交易中禁止一切金银。生产贵重物品的工匠如需使用金银，须从钞库支取。

w）使用金的唯一例外是只有伊利汗及其大异密可以用金作为衣饰。

从引入发行纸币的1294年9月13日开始计算，到当年11月之后最终废止这项货币实验，仅过去了不到几个月的时间。废除纸币的原因是它造成了物价的急速飙升，商业和交通运输陷于停滞，各地发生了激烈暴动，民间拒绝行使纸币，城市人口大量流失，还有国家税收的锐减。[①]

除了马可·波罗之外，伊利汗这次不幸的货币实验，是我们目前知道的关于元朝式纸币发行和流通的最详细完备的非汉文记载。这一记载的性质与《马可波罗行纪》不同，它提到的是一次真实而且激进的货币实验，力图引入纸币。这一措施的基本模式无疑是元代中国的纸币发行，而在元代中国，这类措施也已经几经调整以适应新的形势。尽管是撒都拉丁和其他人最早推动引入元朝纸

---

① 见 Karl Jahn, "Das irānische Papiergeld: Ein Beitrag zur Kultur- und Wirtschaftsgeschichte Irān's in der Mongolenzeit," *Archiv Orientalni*, 10 (1938): 309–340. 还可见发表于1970年的该文英文修订版：Karl Jahn, "Paper Currency in Iran: A Contribution to the Cultural and Economic History of Iran in the Mongol Period," *Journal of Asian History*, 4 (1970): 101–135. 关于这一事件的简短介绍，见 Bertold Spuler, *Die Mongolen in Iran: Politik, Verwaltung und Kultur der Ilchanzeit 1220–1350*, Berlin: Akademie-Verlag, pp. 251–252, 以及 Peter Jackson, "Paper Currency Issued in Mongol Iran in 693/1294," *Encyclopaedia Iranica*, Online Edition, 15 June 2010, 见 www.iranicaonline.org, 以及附录2所载 Hammer-Purgstall 翻译《瓦萨夫史》的记载。德里的 Mahomed Tughlak 在1330—1331年间进行了另一次短命的纸币改革，见 Henry Yule, *Cathay and the Way Thither, Being a Collection of Medieval Notices on China*, New Edition, Revised throughout in the Light of Recent Discoveries by Henri Cordier, *Vol. III: Missionary Friars—Rashiduddin—Pegolotti—Marignolli*, London: The Hakluyt Society, 1914, p. 150n2。

币，相关的信息则是从孛罗阿哈（Bolad Akha）处获得的。正是孛罗这个汉语译名使得颇节［Guillaume Pauthier，1801–1873。（译者按，这位法国汉学家给自己取的中文名是"卜铁"。考虑到冯承钧先生的译名"颇节"更为中国学界所熟悉，我们沿用此译名。）］将他误认为马可·波罗。孛罗阿哈曾在13世纪60年代后侍奉忽必烈汗，随后在1283年，他作为使节被派遣到波斯。在这次货币改革之前，他曾经被召到伊利汗宫廷，解释元代纸币制度的运行。拉施都丁记载，他是这样说的：

> 纸钞是盖有皇印的纸，它代替铸币通行于整个中国，中国所有的硬币、巴里失便被送入国库。①

由于我们有清楚的证据表明在伊利汗国也使用汉字印章（见图6），不难推断，在纸币上加盖的朱印印文（h）也是汉字的。②此外，毋庸置疑，也是孛罗告诉伊利汗，纸币是用桑树皮制造的。爱尔森（Thomas T. Allsen）提出，孛罗曾在中国长期居留，对元代的纸币制度和纸币形制有亲身经历。在1281年1月27日（至元十八年正月癸卯），就在孛罗出使波斯前不久，忽必烈还"发钞及金银付孛罗，以给贫民"。③因此，几乎可以肯定，在货币试用之前以及试用期间，波斯就存在中国纸币的样本。汉文史料记载，孛罗是印刷业的热情支持者，特别是在政府资助的出版物方面。这一点，加上最详细而全面的关于中国纸币印刷术的记载（其详尽程度甚至超过汉文史料）来自拉施都丁这一事实，足以说明，在波斯的货币改革中，中国式的雕版印刷技术也被用来印造纸币。④

早期学者曾经将孛罗误认为是马可·波罗，除此以外，马可·波罗还从另一个角度与这次灾难性的货币改革有关。根据菲利普·梅纳尔（Philippe Ménard）对马可·波罗回程的考证，很可能马可·波罗作为护送阔阔真女士前往合赞汗处的随行人员，在这次动荡的货币事件期间，就在波斯境内。但是，马可·波罗并没有提到上述事件，在这位杰出的法国中世纪学家和马可·波罗研究家看来，《马可波罗行纪》一书毕竟不是为记载乞合都和合赞的历史而写的，而是专注于描述忽必烈汗和中国。⑤

---

① Thomas T. Allsen, *Culture and Conquest in Mongol Eurasia*, Cambridge: Cambridge University Press, 2001, p. 177, referring to Karl Jahn, *Rashid al-Dīn, Ta'rīkh-i mubārak-i Ghazani*, 's-Gravenhage: Mouton, 1957, vol. 1, p. 87.
② 又见 Jahn (1970), "Paper Currency...," p. 127n112。
③ 《元史》，第1册，卷11，页229。
④ Allsen (2001), pp. 177–180.
⑤ 见 Ménard (2008), p. 197。

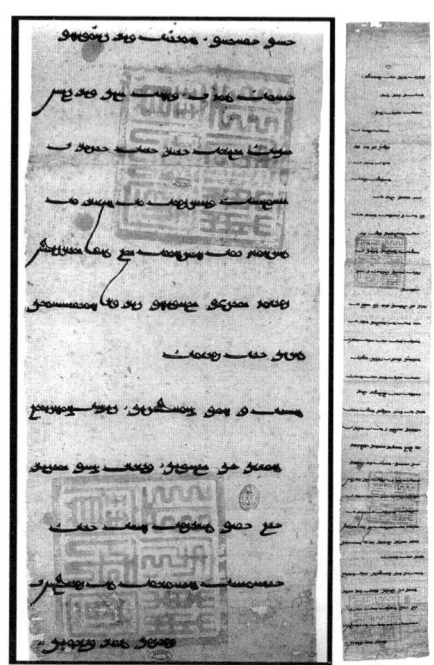

图 6　1289 年波斯伊利汗阿鲁浑（约 1258—1291）致法兰西国王腓力四世
（1268—1314，"美男子"）国书上的汉文印玺

来源：法国国家档案馆（http://en.wikipedia.org/wiki/Museum_of_French_history，访问时间：2012 年 5 月 24 日）。

注释：印文读作"辅国安民之宝"。1302 年伊利汗合赞（1271—1304）致教皇卜尼法斯八世（1235—1303）的书信也使用了同一印玺，见 Kunst-und Ausstellungshalle der Bundesrepublik Deutschland, *Dschingis Khan und seine Erben: Das Weltreich der Mongolen*, München: Kunst- und Ausstellungshalle der Bundesrepublik Deutschland, Hirmer Verlag Gmbh, 2005, p.280。前书页 281 还有 1305 年完者都（1280—1316）致法兰西国王腓力四世书信上的一方汉文印玺。很可能也是 1302 年伊利汗合赞致教皇卜尼法斯八世书信上的另一方汉文印玺，参看 http://en.wikipedia.org/wiki/Ghazan（访问时间：2012 年 5 月 24 日）。该印玺读作"王府定国理民之宝"。曹大龙（Alexander Jost）为我提供了波斯伊利汗印玺的相关信息，谨致谢忱。

跨文化的波斯纸币实验为我们的比较提供了有趣的素材，因为它让我们更深入地了解到，关于元代纸币制度的知识和实践是怎样传播到蒙古帝国的其他部分的。伊利汗国热心于仿效元朝的纸币制度，孛罗在其中扮演了重要角色，与此相比，马可·波罗则仅仅是向读者描述和解释了他认为属于元朝纸币的生产、功能和流通的特性的那些东西。知识和实践的传播，从元朝传入波斯，显然要比从中国传入欧洲容易得多。这一事实也许能够促使我们更加重视那些为我们提供了详细而且准确的异域报告的西方旅行家和作家。

至此我们已经通览和分析了马可·波罗和其他中世纪西方、波斯和阿拉伯作家提供的关于元代纸币的有用记载,现在,我们要将结论通过表2形象化地呈现出来。这张表格明确了只有马可·波罗一人为我们提供了关于元代纸币最为广泛并且详尽的信息,其他8位中世纪作家即使加在一起也不免瞠乎其后,甚至是我们能找到的关于13世纪波斯纸币实验的史料,也无法超过他。下一步,我们要更深入探讨,就马可·波罗提到的这些关于纸币的主要信息而言,汉文史料能够告诉我们什么。

第四节　元代（1271—1368）关于纸币的汉文记载

但是,算术家则证明:根本的问题在于所用的单位和等价物,只要将数字用"两"或者"钞"——也就是纸币——来表示,而不是换算成黄金或者威尼斯钱币,那么数字就会极为精确。①

表2　马可·波罗与其他西方、波斯和阿拉伯著作家对纸币特征叙述的详略程度

特征	作者		
	马可·波罗记载的元代纸币（1275—1291年）	西方、波斯和阿拉伯著作家记载的元代纸币	波斯著作家记载的1294年波斯试行纸币事件
a			
b			
c			
d			
e			
f			
g			
h			
i			
j			
k			
l			
m			
n			

---

① Faucon (2008), p. 106.

(续表)

特征	作者		
	马可·波罗记载的元代纸币（1275—1291年）	西方、波斯和阿拉伯著作家记载的元代纸币	波斯著作家记载的1294年波斯试行纸币事件
o	■	■	■
p	■	■	
q	■		
r	■		
s	■		
t	■	■	
u	■		
v	■		■
w	■		■

来源：附录1与附录2的文本。

在前文对《马可波罗行纪》文本进行话语分析的基础上，在这一章，我们要将马可·波罗提供的主要信息同汉文史料中能够获得的相关信息进行比较。我们可以大致区分两种汉文记载，一种是传世文献，即史书、法条、判例、行政命令和文学记载，另一种是文物，特别是元代纸币的遗存。我们要讨论的主题也可以分为两大类，一方面是纸币的生产，一方面是纸币的流通。尽管两者不能完全区分开来，甚至有时候很大程度上是重合的，这种区分本身对于我们接下来的比较和方便读者理解而言还是很有意义的。关于这个主题的重要研究成果是由中国、日本和西方历史学家共同作出的，我们尽可能地对之加以利用。在接下来的探讨中，我们会看到，马可·波罗关于纸币的记载是与汉文史料的记载极为切合的。

4.1 生产方面

在元朝，纸币的使用是极为失败的。威尼斯的马可·波罗先生在他著作的第2卷第18章中弄错了，因为他说，为了制造作为这种钞票原料的纸张，人们采用了桑树树皮。中国人绝不会随意毁坏如此珍贵的树木，事实上有一种名为 Cou Tchu 的无用之树，树皮晒干之后和接骨木相似，能够制造比竹纸更加耐用的纸张。印造钞票使用的就是这种纸。①

---

① 见 Jean-Baptiste du Halde, *Description geographique, historique, chronologique, politique, et physique de l'Empire de la China et de la Tartarie chinoise, enrichie des cartes générales et particulieres de ces pays, de la carte générale & des cartes particulieres du Thibet, & de la Coree, & orneé d'un grand nombre de figures & de vignettes gravées en taille-douce*, Paris: P. G. Le Mercier, 1735, vol. 2, p. 167。承 Beatriz Puente-Ballesteros 惠示这条资料，谨致谢忱。

在这一小节中，我们打算探讨纸币的生产，主要集中于生产纸币的各种制度，充当原料的各类纸张，以及元代纸币的颜色、形制、花纹图案、印记和文字，还有纸币的面额。1949年，当傅海博撰写关于蒙古统治下中国的货币和经济的论文（此书现在仍然是西方语言中关于元代货币制度最好的著作）时，世人只知道，科兹洛夫（P. K. Kozlov）1907年和1908年在黑城地区发掘出过一些纸币。①在随后的几十年内，中统钞和至元钞大量发现并刊布，这一优越条件让我们得以重新审视马可·波罗在纸币制造方面提供的信息。

4.1.1 大都（汗八里）的皇家造币局

马可·波罗提到，在元帝国的首都大都（汗八里）设有造币局。该机构负责生产纸币（a）。事实上，在1260年前后，在发行中统钞的同时，主要负责纸币生产和发行的机构是诸路交钞提举司。该机构很可能设立于燕京行中书省。②因此，傅海博认为是各个行中书省负责制造纸币的观点是错误的，③因为，根据前田直典的研究，这一命令仅仅是针对燕京行中书省的。④此外，随着中统钞的发行，此前各行省设立的交钞提举司被废除了。⑤在这一时期，纸币的生产和发行主要通过如下方式：诸路交钞提举司或其下属的印造宝钞库将纸币运往同样设在燕京的机构——元宝交钞库，后者则将钞运往腹里或行省的行用库。⑥

但是，某些记载也显示，部分纸币也可以在当地进行生产，但是需要具备特殊条件。此类情形之一发生在1272年5月（至元九年五月戊戌），和林转运使⑦受命同时兼任提举交钞使；8年后，在1280年4月（至元十七年三月辛未），元朝在畏兀地区设立了一个交钞提举司。这类印钞机构的设立，必须联

---

① 见 Franke (1949), p.43。在德文译本中没有给出任何关于纸币的图样。见 P. K. Kozlow, *Mongolei, Amdo und die tote Stadt Chara-Choto: Die Expedition der Russischen Geographischen Gesellschaft, 1907–1909*, transl.by L. Breitfus and Paul Gerhard Zeidler, Berlin: Verlag Neufeld & Henius, 1925, 特别是 pp. 45, 242。科兹洛夫发现的纸币可以在《中国古钞图辑》中找到。
② 见前田直典，"元代における鈔の發行制度とその流通狀態"，收入他的《元代史の研究》，页45—47。
③ 《元史》，第15册，卷206，页4594。Franke (1949), p. 39.
④ 高桥弘臣在他关于宋金元纸币制度的著作中认可了前田直典的解释，见高桥弘臣（2010），页138。和傅海博相似，岩村忍（1968年，页483）似乎认为中统钞在腹里和各行省同时印行。
⑤ 前田直典，"元代における鈔の發行制度とその流通狀態"，页47。
⑥ 见前田直典，"元代における鈔の發行制度とその流通狀態"，页69—70。关于这些以及其他元代货币机构的描述，详见下文。
⑦ 见谭其骧主编：《中国历史地图集》第7册，北京：地图出版社，1982，页3—4, 2/6。

系当时反击叛王海都(1235—1301年)犯边的军事和后勤需要加以考虑。① 但是，忽必烈死后，元帝国重新获得了对东突厥地区和中亚的察合台汗国的控制，这些机构可能就被取消了。②

建立地区性印钞机构的另一特殊条件则是由 1275 年蒙古对华中、华南地区的征服造成的。设立这些机构目的不仅在于为入侵军队提供支付手段，同时是为了引入纸币，在新征服地区取代南宋原有的货币。1276 年 4—5 月间（至元十三年三月＊），③ 元朝在济宁路成立了一个宣慰司，在 8 月份（至元十三年六月），也就是 3 个月后，在大名府又成立的一个行户部，这些机构均负有印造纸币的任务。但是，当大都的造币局随后大肆印钞之后，这些机构就在 1277 年 8 月 1 日（至元十四年七月戊子）被关闭了。④

1287 年币制改革之前设立的另一个货币机构是四川中兴交钞提举司，⑤ 或者叫陕西四川西夏中兴等路（交钞）提举司。后一个名称出现在 1282 年。⑥ 最后，在至元币制改革的背景下，1287 年 9 月 15 日（至元二十四年八月乙丑），元朝设立了江南四省交钞提举司。⑦

除了传世文献中的记载外，考古遗存也显示，部分纸币的印刷是在大都以外的地区进行的。根据表 3（附录 8）可知，印造交钞的钞版在河北平山县、福建福州和广东揭阳县（揭西县）、河北的磁县、湖北的郧县，都发现过。这些都是印造至元钞（1287—1350 前后）的钞版，因此是比较后期的。此外，

---

① 《元史》，第 1 册，卷 7，页 141；第 1 册，卷 11，页 223；前田直典，"元代における鈔の發行制度とその流通狀態"，页 50，53–54。
② 前田直典，"元代における鈔の發行制度とその流通狀態"，页 54。
③ ＊表示该月为闰月，下同。
④ 《元史》，第 1 册，卷 6，页 181，183，191；Franke (1949), p. 55; 前田直典，"元代における鈔の發行制度とその流通狀態"，页 50。
⑤ 见前田直典，"元代における鈔の發行制度とその流通狀態"，页 50，所据为《新编古今事文类聚外集》，富大用编，庐陵武溪书院刊，1326 年，卷 9。
⑥ 《元史》，第 7 册，卷 82，页 2042；前田直典，"元代における鈔の發行制度とその流通狀態"，页 51—52。
⑦ 《元史》，第 2 册，卷 14，页 299；前田直典，"元代における鈔の發行制度とその流通狀態"，页 51—52。关于实际上是该提举司负责四路，而非四路各有一提举司的证据，见前田直典，"元代における鈔の發行制度とその流通狀態"，页 52—53。陕西、四川、西夏和中兴等处行省也是同样的情形。其他的史料还提到某个江西（交）钞提举司，在至元年间存在过一段时间。但是前田直典认为江西系江南之误写，见前田直典，"元代における鈔の發行制度とその流通狀態"，页 51—52，所据为刘岳申（1260—1368 前后）之《申斋集》中所载《湘阴知州崔架之墓志铭》。前田氏对明初笔记《草木子》的"杂制篇"（《草木子》，卷三下，页 67）所载朱清、张瑄得到印造纸币的特权之事持怀疑态度。〔又见 Franke (1949), p. 107; Schurmann (1956), p. 135。〕他认为《草木子》是不可靠的，而朱张二人很可能与江南交钞提举司的印钞事务有关。此外，他还将此二人之名订正为朱瑄和张瑄。见前田直典，"元代における鈔の發行制度とその流通狀態"，页 54。

除了平山县和福州发现的钞版，其他钞版都漫漶不清，值得怀疑是否出自官方。①

上述的历史记载明白显示，从1260年开始，集权化就是蒙古统治下货币制度的显著特征。尽管在马可·波罗在华期间，元朝在不同地区设立过印造交钞的机构，但是它们大都只存在了较短的时间。此外，即使如此，大都的交钞提举司无疑仍然是最重要的机构，负责监管所有在外路分的交钞印造，视情况提高印造数额。因此，对于元代纸币印造而言，大都的造币局无疑是极为重要的。

既然其他的西方、波斯和阿拉伯史家都不曾提到过任何一个纸币印造机构，我们完全不必苛责马可·波罗，认为他只是提到了大都的货币发行，居然没有提到各地那些少数的——并且显然是偏远的——纸币生产机构。此外，我们还要强调，即便是元朝的史料也很少涉及地区性的交钞提举司的信息，一方面，这可以归因于史料的损毁和亡佚，另一方面，也可以说，尽管地区性管理机构的交钞印造不容忽视，但在马可·波罗的时代，其重要性远远不如大都的提举司。

4.1.2　纸张

马可·波罗指出，元朝制造交钞的原料，是白桑树树干的木质部及外面粗皮间的白细皮（c），这是独一无二的记载。马可·波罗研究者都知道，用树的内皮制造纸币的说法，早在1725年就由杜赫德（Jean-Baptiste du Halde）提出过质疑，②在1876年，布莱资奈德（E.V.Bretschneider）又对此表示过怀疑。但是，在1919年，劳费尔（Berthold Laufer）发表了一篇论文，清楚地证明了桑树树皮不仅是元朝制造纸币的原料，在仿效蒙古人印造纸币的明朝，也是如此。《明史》提到如下制造交钞的信息："以桑穰为料，其制方，高一尺，广六寸，质青色。"③

---

① 详见附录8之表3。
② 见本节开头之引文。
③ 《明史》，始于1646年，完成于1736年，初刊于1739年，北京：中华书局，1974，第7册，卷81，页1962。

图 7　大汗帝国的纸币生产，一幅 16 世纪早期的中世纪法国插画

来源：Bibliothèque de l'Arsenal, Paris, 抄本无题名，MS. fr. 5219 (C3), folio 75; Philippe Ménard, *Marco Polo: À la découverte de l'Asie*, Grenoble: Éditions Glénat, 2009a, p. 128。Courtesy of Bibliothèque nationale de France, Paris.

注释：这幅插画中关于纸币生产的表现完全是虚构的，在桑树皮纸上，工匠正在用锤子和一方长方形印章模具拓上大汗的印玺。这幅画显然是受到了西方铸币技术的启发，当时人们想当然地以为元朝纸币的生产也是如此。

中国的历史学研究者认为，在南宋灭亡，元朝完成统一之后，不仅印造纸币的钞版从木制改为了铜制，而且印造纸币的原材料也发生了改变。尽管此前是用绵纸，在某些情况下用绫或者锦缎，此后则是广泛使用桑树皮印造交钞。①

在内蒙古额济纳旗的黑城，考古学家发现了大量的交钞，主要是至元钞。这些纸币的颜色呈灰色或者灰黑色。李逸友认为，那些灰色交钞就是用桑树树皮制造的，要比那些完全或者部分用榆树皮制造的灰黑色交钞耐用。由于含有大量的胶，交钞在使用一段时间后就会变黑。②

陈炳应指出，由于元代变本加厉地印造交钞，桑树皮也不够用了，于是采用了由榆树皮、大麻、棉等混合制成的纤维。他还指出，在 1965 年，咸阳造纸厂和陕西省轻工业研究所共同进行了一次对在咸阳发现的至元钞和

---

① 见叶玉梅，"试析青海柴达木盆地出土的元'钞'"，《青海社会科学》，6（1994a）：114。
② 见李逸友，"元代草原丝绸之路上的纸币——内蒙古额济纳旗黑城出土的元钞及票券"，《内蒙古金融研究》，S2（2003）：11。

中统钞的检验，结论则是这些钞是由桑树皮制造的，但是也含有一些"树皮渣滓"。①

尽管桑树皮不一定就是元朝印造纸币的唯一原料，在某些情形下可能掺入楮皮甚至大麻，但是毋庸置疑，蒙古人印造交钞的最主要的原料还是桑树皮。② 尽管元代的记载对此保持沉默，但是马可·波罗的叙述却可以得到鄂多立克（1286—1331，O 3, O5），以及乌马里（F1）的印证。此外，考古发掘报告和通过其他方式留存至今的元朝纸币样本也偶尔能够显示，纸币就是用桑树皮制造的，尽管迄今尚无一个详细的化学分析报告。③

在描述纸币颜色为黑色这一点上，马可·波罗也是相当准确的（d）。这不仅从《明史》使用"青色"一词可以得到印证，并且有元一代在日常语言中也用"鸦青"来指代交钞。因此，在13世纪元杂剧家武汉臣的《散家财天赐老生儿》中，钱就被呼为"鸦青神"。④ 存在一种黑色纸币的事实也可以由王士点、商企翁的《秘书监志》得到印证，该书提到了一种"鸦青纸"。⑤ 此外，在叙述朱瑄、张璧在1286年印造纸币的史料中，还提到"钞色比官造加黑。印硃加红"。⑥

相反，鲁布鲁克则提到钞是黄色的。各个作家提到交钞时产生的差异，可能不仅源于个体的色觉差异，并且还可能因为在不同时期制造纸币所用的纸张不同。因此，庞文秀分辨出了三种纸张：a）灰黑色的纸，薄而软，印造质量上乘；b）蓝灰色的纸，厚而粗糙，因此只能印造出质量一般的钞；c）深灰色的纸，粗糙，含有粗纤维和颗粒，因此只能印出质量低劣的钞。根据他的分析，目前保存下来的元代早期钞纸质量要比中后期的好。⑦

---

① 陈炳应，"《马可·波罗游记》中的元钞"，《甘肃金融》，11（1998）：59–60。

② 见 Berthold Laufer, *Sino-Iranica: Chinese Contributions to the History of Civilization in Ancient Iran, with Special Reference to the History of Cultivated Plants and Products*, Chicago: Field Museum of Natural History (Field Museum of Natural History Publications 201; Anthropological Series Vol. XV. No. 3), 1919, pp. 561–562; Tsien Tsuen-Hsuin, *Paper and Printing*, part I of vol. 5 of Joseph Needham's *Science and Civilisation in China*, Cambridge: Cambridge University Press, 1985, pp. 58–59; Haw (2006), p. 144。

③ 见冯丽蓉，"无锡市博物馆藏'至元通行宝钞'"，《中国钱币》，3（1989）：44。

④ 见前田直典，"元の纸币の样式に就て"，页5。此处前田直典正确地指出，钱并不是指"铜钱"而是泛指。又见 von Glahn (2006), p. 89, 不过，该文则将"鸦青"释为蓝灰色，很可能是基于《中国古钞图辑》中元代纸币样本的图片。《中文大词典》第10册，页1071释义为"深蓝色"。

⑤ 《秘书监志》，1341—1367年，《四库全书》电子版，柏林国家图书馆（Staatsbibliothek Berlin）CrossAsia project 收录，卷3，杂制；前田直典，"元の纸币の样式に就て"，页5。

⑥ 《草木子》，卷三下，"杂制篇"，页67。

⑦ 庞文秀，"元钞版别杂考（下）"，《内蒙古金融研究》，S4（2003）：12。

4.1.3 印刷

直到 1276 年之前，纸币都是用木版印刷术印造的，其后则用黄铜或者青铜版印。① 马可·波罗并没有明确提到木版印刷，但是，正如舒特（Hans-Wilm Schütte）所言，他在众多的西方（以及阿拉伯和波斯）作家中，是唯一一个对纸币的生产有着详细的描述的人。因此，舒特认为，马可·波罗一定对在中国通常用黄铜雕版，也包括木版印造纸币十分熟悉。② 事实上，我对行纪的所有重要抄本和版本（V1,V2,V4,V11）进行了仔细的检查，其中并没有提到过纸币印刷本身，只是提到了纸币加盖有大汗的印信。此外，匹匹诺的拉丁文译本（V4）和剌木学译本（V11）则指出，纸币也加盖有负责官吏的印信（g）。

金（1115—1234）、元和明（1368—1644）三代的纸币在几个方面有别于宋代（960—1279）的纸币。正如万志英（Richard von Glahn）所揭示的，宋代纸币具有复杂的叙事场景或者影像标志，在纸币两侧至少用了 6 个印版和（或）盖有 6 方印记，还使用了三色套印；其发行有期限，因此每一届的设计都有所不同。相反，金、元、明的纸币是用单独一个印版印造正面图样，而在两面加盖几方印记。金代后期，以及元明时期的纸币没有发行期限，因此这些纸币的图样一直不曾发生改变。③ 下面我们将详细讨论元代纸币的印刷、印记和文字。

4.1.4 形式与大小

我们的威尼斯旅行家提到，用来印造纸币的黑色纸张依据面额的不同而被切割成不同大小的纸片（e），剌木学译本则补充说，这些纸片的形状是长方形的（V11）。后一描述与鲁布鲁克的描述不同，他写道，纸币用的纸长宽各一掌，边缘印有几行文字，文字与蒙哥汗印玺上的相似。此外，他还提到，纸币是黄色的（而不是像马可·波罗认为的是黑色的）（R1）。伊本·白图泰也提到了纸币大小为一掌（I1）。此外，我们所考察的马可·波罗各个文本，在对元代纸币的描述方面要详于且准确于任何一位西方、波斯和阿拉伯作家。不仅剌木学译本提到的纸币是长方形这一细节是正确的，并且现存的元代纸币也清楚地显示，它们的大小确实依据面额而不同。

如果审视一下表 3（附录 8）中的数据，可以观察到一个毋庸置疑的趋势，即面额越大，纸币的尺寸越大或者说印刷面积越广。在那些同时发现了一种交

---

① 《元史》，第 8 册，卷 93，页 2370; Schurmann (1956), p. 139. Franke (1949), p. 44，傅海博误将使用黄铜或青铜版的日期定为 1274 年。

② Schütte (2008), p. 41.

③ Richard von Glahn, "Re-examining the Authenticity of Song Paper Money Specimens," *Journal of Song-Yuan Studies*, 36 (2006): 89, 105–106, 该文仍是西方语言文献中宋代纸币研究的最佳作品。

钞的多种样本的地方尤其如此。例如，在江苏无锡，在一个墓穴中就发现了 15 张 500 文的至元钞，以及 18 张 200 文的至元钞。在尽可能修复原物之后，人们发现所有 500 文的至元钞都比 200 文的至元钞长且宽，不论是在用纸上还是在印刷面积上都是如此。① 在日本大阪的泉布观中收藏的至元钞印版大体也是如此。黑城地区发现的后期印造的至元钞，在用纸和印刷面积上也呈现出同样的特征。在青海的格尔木农场发现的一贯文省和 500 文的中统钞，在长宽上也是如此。如果抛开那些非官方的、可疑的和不确定的样本，例如河北磁县的至元钞印版，还有湖北郧县的双面至元钞印版，我们只能找到一个不太重要的反常例子，那就是湖南华容发现元代纸币，其 500 文至元钞长 27.0 厘米，宽 18.5 厘米，而 300 文至元钞则长 25.2 厘米，宽 18.9 厘米。但是，这只是指印造纸币的纸张大小。印刷面积的长宽比例很可能不一样，也就是说 500 文钞的印刷面积大，而 300 文的小。无论如何，50 文钞显然要小于 500 文和 300 文钞。

一般而言，似乎有理由认为，中统钞和至元钞的不同大小是官方规定的。此外，我们还可以推测，从时间和空间分布上，同一种钞，例如，同是中统钞或者至元钞，也可能出现不同的大小。换言之，至元钞的印造有可能逐年或者在不同时期出现一些差异，这一点很可能可以作为区分不同时期的样本的标志。此外，某地的交钞提举司发行的交钞，在形制（大小）上可能与大都或其他地方发行的交钞略有差异。

某一个地区发现的元代交钞在使用纸张上的不同时期的差异，可以通过一些样本分析出来：

——江苏无锡发现的 15 张 500 文的至元钞，纸张的长宽分别在 27.5—27.8 厘米，以及 18.5—19.0 厘米的区间内变化。至于印刷面积的不同，则在长 24.8—25.5 厘米，宽 16.3—16.8 厘米的区间内变化。

——无锡发现的 18 张 200 文的至元钞。纸张的长宽分别在 24.0—24.4 厘米，以及 15.6—16.1 厘米的区间内变化。至于印刷面积的不同，则在长 22.1—22.4 厘米，宽 14.0—14.3 厘米的区间内变化。②

——在黑城地区发现的 1 贯文省中统钞，纸张的长宽则在 29.0—30.0 厘米以及 20.0—21.1 厘米的区间内变化。

——在黑城地区发现的 2 贯至元钞，纸张的长宽则在 29.7—30.5 厘米以及 22.0—22.5 厘米的区间内变化。③

至于在不同地区发现——可能也是生产——的某一种交钞在大小方面的变

---

① 详细的表格见冯丽蓉（1989），页 45，以及本书附录 8 的表 3。
② 见冯丽蓉（1989），页 45。
③ 关于黑城，见附录 8 表 3。

化，我们最好来看看2贯文的至元钞。① 根据表3（附录8）搜集的数据，这种纸币的印刷面积可能达到长28.5厘米，宽20.7厘米，见在上海保存的钞版。最小形制可能达到长25.0厘米，宽19.8厘米，见青海塔尔寺发现的至元钞。

这里需要讨论的另外一个比较次要的问题是，是否随着面额的下降，至元钞和中统钞的长度，与宽度相比，会成比例地增加呢？前田直典在研究现存元代纸币的形状和特征的早期著作中认为，这种趋势是存在的。正如表3（附录8）清楚显示的——特别是湖南的华容和沅陵县、江苏无锡、青海格尔木、日本泉布观钞版和黑城地区发现的交钞——不论是用纸还是印刷面积，都可以观察到这样一种趋势，但是还必须指出，即便是在上述例子中，低面额的纸币长和宽的比例，比起更高面额的纸币来，有时也会呈现出较小的情形。

4.1.5 雕版的正面图案和文字

在本节以及下一节中，我们要对纸币雕版的正面图案和设计，以及上面的印记和文字进行彻底的考察，主要依据的是现存的元代纸币样本。近几十年来在中国各地发现的大量至元钞和中统钞，不仅完善了我们对元代货币史的认知，同样也为讨论行纪的相关描述提供了新的启发。众所周知，元代纸币与金代纸币相似，也是明前期纸币的样板。为便于读者理解，我们在图8中用不同的拉丁字母代表元代纸币上不同区域的图样。

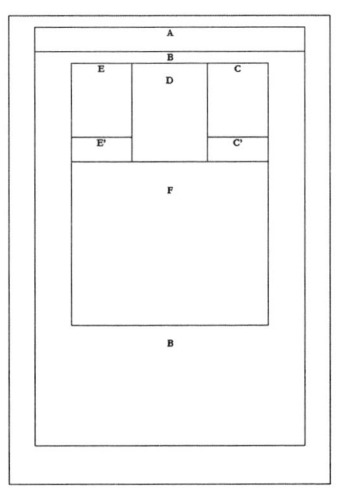

图8 元代纸币正面的各图案区域

来源：前田直典：“元の紙幣の様式に就て”，页8。

---

① 见前田直典：“元の紙幣の様式に就て”，页6—7。

A）中统钞在这一区域有"中统元宝交钞"字样，至元钞则为"至元通行宝钞"。在这一字样的左右两侧，中统钞印有云气纹，而至元钞则印有火焰纹。一些钱币学家将后者称为"珠光宝气"或者"宝珠光芒"。请注意，这些纹样的名称都是现代人加的，而不是元代人的称呼。正如前面说过的那样，中统钞是在1260—1287年发行的，在1311—1356年再次印行。至元钞则是1287—1308年间发行的，从1311年到下限不早于1353年间再次印行。①

B）印有纹路的方框位于A区域下方，环绕整个纸币其余部分。这个方框也被不同作家以不同方式提到过。前田直典在二贯文省和一贯文省的中统钞，以及二贯文的至元钞上辨别出了左右两侧竖栏上的龙纹，其他部分则是忍冬纹样。在至元钞100文上，整个方框都装饰满了忍冬纹样。②其他的作家则提到向阳花或者葵花③、荷花、菊花④的图案，当然也有提到龙、凤和云纹。⑤

对于元代纸币上各类图案的一个开创性，当然也是初步的研究，是庞文秀近年发表的著作。根据他的分类，早期中统钞500文有一个斜角雷图案，在后期的中统钞上则是"宝相花""草木流水"云气和蕙草图案。早期的中统钞一贯有"单雷"图案，而在后期改为了"草木""蕙草""缠龙"图案。不过，图案的变化在至元钞上要频繁得多。以至元钞二贯文为例，庞文秀提到了包括"缠龙""流水""草木""花卉""火焰""万字"等图案。⑥

C）在1269年之前发行的中统钞上，这一区域尚未发现八思巴文字样。⑦因此，我们只能看到以九叠篆形式书写的汉字"中统元宝"。在1269年后发行的中统钞上，这一区域被分为左右两个部分。右边部分印有汉字"中统元宝"，左边部分则印有八思巴字"诸路通行"（见图9）字样。这一差异有助于我们区别这两种不同时期发行的中统钞。

---

① 见 Franke (1949), pp. 101–103。
② 前田直典，"元の紙幣の樣式に就て"，页8—9。
③ 300文至元钞钞版，见张子英，"磁县发现'至元通行宝钞'铜版及铜印"，《中国钱币》，1（1993）：36，华容的500文至元钞，见李正鑫，"湖南华容出土元钞"，《中国钱币》，4（1994）：34。
④ 华容的一张500文至元钞，见李正鑫（1994），页35。
⑤ 湖北郧县发现的至元钞版，见王正华，"湖北郧县发现元代'至元通行宝钞'双面铜钞版"，《内蒙古金融研究》，S1（2003）：74—76。
⑥ 见庞文秀，"元钞版别杂考（下）"，页10。请注意，庞文秀不仅在文中研究了B区域的图案，也探讨了A区域的图案。
⑦ 八思巴字是由著名的喇嘛八思巴（1235—1280）创制，用来拼写蒙古语的文字，1269年，元朝官方批准和颁布了八思巴字。这种文字以藏文字母为基础，能够准确地拼写出蒙古口语，在经过改造之后也能够拼写汉语和其他语言。然而，八思巴字并没有获得广泛接受，只是在政府内部使用（因为法律规定如此）。见 Igor de Rachewiltz, "Some Remarks on the Language Problem in Yuan China," *Journal of the Oriental Society of Australia*, 5.1 and 5.2 (1967): 71–72。

至元钞在这一区域未显示任何汉字,只有八思巴字"诸路通行"。

E)与 C 区域类似,在 1269 年之前发行的中统钞上未发现八思巴字,只有汉字"诸路通行"。在 1269 年后,这一区域被分为了两个部分,右边部分印有八思巴字"中统元宝",左边部分则是汉字"诸路通行"。至元钞则只有八思巴字的"至元宝钞"字样。(见图 9)

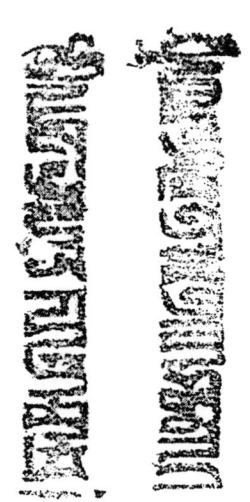

图 9　1269 年以后元代纸币上的八思巴文字样

来源:前田直典,"元の紙幣の樣式に就て",页 9。

注释:在纸币右侧印刷的八思巴文读作"诸路通行"(ju lu dung fing),在中统钞左侧的八思巴文为"中统元宝"(jung t'ung awen baw),至元钞左侧的八思巴文为"至元宝钞"(ji awen baw ch'aw)。

C'和 E')金、元以及明前期的纸币都有两个区域用来填写编号,即右侧的字料和左侧的字号。不论是字料还是字号的字样,都是钞版固有的部分,而它们上方的空白处则通常以手写文字填写。这两个编号区域的次序是用"千字文"表示的。在此用笔依次填写千字文的料号,在千号用尽之后,编号重新开始。用这种方式足以发行 100 万张纸币。① 这种编号随后也被登录在簿册上。②

似乎有时候也采用活字来填写编号,例如 1965 年在陕西咸阳发现的一贯文省后期至元钞。③ 甚至在有些情形下,对于小额纸币不填写任何编号。至少

---

① 见姚朔民,"析磁县至元通行宝钞铜版",《中国钱币》,1(1993):7;庞文秀,"元钞版别杂考(下)",《内蒙古金融研究》,S4(2003):11。
② 前田直典,"元の紙幣の樣式に就て",页 10。
③ 见《中国古钞图辑》,页 41—43,以及本书图 3。

科兹洛夫在 1907 年或 1908 年在黑城地区发现的至元钞 30 文，就是如此。[①] 呼和浩特发现的早期中统钞 10 文，就清楚地显示了填写的字号。[②]

D）在该区域的上半部分，用汉字从右至左写明了纸币的面额。一般占有一行的位置，中统钞一贯文省是例外，[③] 占据了两列。在面额字样下方则绘有贯和文的图样，便于不识字的百姓辨识。贯是用数个一串百钱的单位表示。在中统钞上，这类图样是水平的，而在至元钞上则是垂直的。面额 50 文以下只绘有几组单个铜钱。[④]

F）这一区域印有整张交钞中最长的文字。迄今可辨识出三种具有细微区别的类型：两种属于中统钞（图 10、11），一种属于至元钞（图 12）。尽管中统钞上文字的排列多少有些不同，但唯一一个主要的区别在于，对于 1269 年之前发行的纸币而言，提到的主要发行机构并非中书省而是行中书省。这一区别，加上 C 和 E 区域未见八思巴文字（这在 1269 年后是必需的），是鉴别早期和晚期中统钞的重要标准。内蒙古呼和浩特发现的中统钞（10 文）、宁夏贺兰地区发现的中统钞（二贯文省）、湖南华容发现的 500 文中统钞，都是早期的。[⑤] 后期中统钞在 C 和 E 区域印有八思巴文和汉字，并且提到的主要发行机构为中书省。此外，至正年间（1341—1370）在 1350 年后发行的后期中统钞，可以通过背面的长方形印记分辨出来，该印记印文为"至正印造元宝交钞"。

至元钞上的字样在 F 区域都是相同的。由于至元钞的名称（至元通行宝钞）不同于中统钞（中统元宝交钞），这也导致印造纸币的部门名称发生了变化。此前我们在中统钞上看到的元宝交钞库，在至元钞上改成了宝钞库。此外，至元钞的主要发行机构总是尚书省。事实上，至元钞是 1287 年首次进入流通的。当时正是尚书省负责推行币制改革。尽管尚书省再次被裁撤，在此之后印行的纸币继续将尚书省印作至元钞的主要发行机构。[⑥]

中统钞和至元钞一个次要的区别是，在规定对伪造者的惩罚和首告者的奖赏的文字方面，其用字行文有所差别。在至元钞上清楚地显示，主要的首告者

---

① 前田直典，"元の紙幣の様式に就て"，页 9；又参看《中国古钞图辑》，页 74。
② 《中国古钞图辑》，页 54。
③ 正如万志英所言，当铜钱紧缺之际，一贯常常少于 1000 文，但是仍然作为价值一贯来行用。在 977 年，宋朝颁布了官定的"省陌"，一贯 700 文。尽管在后来，也采用了其他种类的比率，从 800—900 文每贯不等，但是官定的 700 文省陌在多数场合是最主要的计量单位，见 von Glahn (1996), p. 22。
④ 因此，万志英认为元和明的纸币都是以陌为单位来绘制铜钱图样的，如每串 100 文，而不使用单个铜钱图案。这个看法是错误的，因为元明两代的纸币上自 50 文以下便绘有单个铜钱，见 von Glahn(2006), p. 98。
⑤ 详见附录 8 的表 2，又见贾敬颜对一贯文省钞的拓印。
⑥ 见《中国古钞图辑》，页 55。

才能获得奖励。除此以外，关于印在 F 区域的文字，在目前保存下来的元代纸币上，我们尚未发现其他的差异。由于早期和后期的中统钞仅仅是在主要发行机构的表示上有所区别，我们在此仅仅给出早期中统钞的字样，再加上至元钞上的统一字样。

```
行中書省提舉司 | 印造庫使副判 | 元寶交鈔庫使副判 | 中統　年　月　日 | 偽造者斬賞銀伍定 仍給犯人家產 | 印造庫子攢司 | 元寶交鈔庫子攢司 | 限年月諸路通行 | 交鈔宣課差發內並行收受不 | 行中書省　奏准印造中統元寶
```

图 10　1269 年以前中统钞 F 区域的图例

来源：根据李正鑫，"湖南华容出土元钞"，页 34，以及《中国古钞图辑》，页 54 复原。

注释：与金朝（1115—1234）纸币不同，官员头衔下方的区域并未有相关官员的签名和钤印，而是空白的。日期处也大都留白。在金朝纸币上，这些地方常常是填写好的，至少部分如此，而元代纸币不是这样。见《中国古钞图辑》，页 13—33。

```
中書省提舉司 | 印造庫使副判 | 元寶交鈔庫使副判 | 中統　年　月　日 | 偽造者斬賞銀伍定 仍給犯人家產 | 印造庫子攢司 | 元寶交鈔庫子攢司 | 限年月諸路通行 | 交鈔宣課差發內並行收受不 | 中書省　奏准印造中統元寶
```

图 11　1269 年以后中统钞上区域的图例

来源：前田直典，"元の紙幣の様式に就て"，页 11，还可见此文中金朝和明朝纸币的图样，以资比较。

```
尚書省

奏准印造至元寶鈔宣課差發內

並行收受不限年月諸路通行

印造庫子攢司

寶鈔庫子攢司

偽造者處死 仍首告者賞銀伍定給犯人家產

至元　年　月　日

寶鈔庫使副

印造庫使副

尚書省提舉司
```

图 12　1287 年以后至元钞上 F 区域的图例

来源：前田直典，"元の紙幣の様式に就て"，页 11。

早期中统钞上的字样如下：

行中书省① 奏准印造中统元宝交钞，宣课差发内并行收受，② 不限年月诸路通行。

元宝交钞库子攒司，印造库子攒司。

伪造者斩，（告者）赏银伍定，仍给犯人家产。

中统　年　月　日

元宝交钞库使副判，

印造库使副判，

行中书省提举司。

至元钞上的字样如下：

尚书省奏准印造至元宝钞，宣课差发内并行收受，不限年月诸路通行。

宝钞库子攒司，印造库子攒司。

伪造者处死，首告者赏银伍定，仍给犯人家产。

至元　年　月　日

---

① 图 10 后期中统钞在此处应有"中书省"字样。

② 图 10 宣课和差发，详见下文。

>宝钞库使副，
>
>印造库使副，
>
>尚书省提举司。

由上可知，元代纸币的 F 区域提到了多个国家机构和官员名称，下面将加以简单说明：

4.1.5.1 中书省

中书省长官为中书令，其下是右丞相、左丞相，各正一品。中书省是中央最高政务机构。通常负责拟定诏敕，也具有广泛的建议权。这是中央政府的核心行政部门，统辖六部。①

4.1.5.2 尚书省

1270 年，在中书省之外分立了尚书省。1272 年，尚书省被裁撤，在 1287 年又重新建立。1291 年，在建议设立尚书省的右相桑哥被处死后，尚书省再次被裁撤。尚书省和中书省并立的架构，在 1309—1311 年间曾有过再次的尝试，此后就只设中书省了。尚书省的长官名义上是尚书令。②

4.1.5.3 行中书省

行中书省是省级地区的最高行政机关。行中书省由从一品的丞相领头，机构设置效仿在首都的中书省，也隶属于中书省。③

4.1.5.4 提举司

主要负责发行纸币的机构是诸路交钞提举司，该司始建于 1260 年，旨在发行中统钞作为统一货币。④ 它是在燕京的行中书省设立的，长官是提举，同时也是左三部（吏部、户部和礼部）的官员。

1264 年，首都从察哈尔地区的开平（上都）迁到了燕京，定名为中都。因此，燕京行中书省被撤销，中书省迁入了新建立的首都，六部（有时为四部）也在此建立。同时，元朝规定，交钞提举司的提举应从户部调入，并同时负责整个帝国境内的纸币事务。

1266 年，元朝在六部之外又设立了专管财政的制国用使司。同时，诸路交钞（都）提举司被确立为负责钞法的特别中央行政部门，不受户部干预。其长

---

① 见 Charles O. Hucker, *A Dictionary of Official Titles in Imperial China*, Stanford, California: Stanford University Press, 1985, pp. 60–61, 194; Farquhar (1990), p. 170.

② 见 Hucker (1985), pp. 60–61, 412; Farquhar (1990), p. 170; 前田直典，"元代における鈔の發行制度とその流通狀態"，页 46—47。

③ Hucker (1985), p. 244.

④ 如未加特殊说明，我对元代货币机构的描述依据的是前田直典的详尽研究，见前田直典，"元代における鈔の發行制度とその流通狀態"，页 45 及以下。

官为（都）提举。

1271 年，也就是在制国用使司改为尚书省的一年后，诸路交钞（都）提举司也被废除了。提举司再次归中书省六部之一的户部管辖。很可能在 1277 年，诸路交钞（都）提举司又被分立出来。

1287 年的钞法改革引入了至元钞，也开启了元代中央货币机构组织的一个新阶段。由于中统元宝交钞改名为至元通行宝钞，诸路交钞（都）提举司也改名为诸路宝钞（都）提举司，并归重设的尚书省（曾于 1272 年废罢）管辖。① 同时，该机构的正官品级也从正五品升到了正四品，僚属也增加了。

一般说来，提举司是由达鲁花赤②和（都）提举统领的，只是通过职权被削弱的户部向中书省负责（在一段时期内也向尚书省负责）。它负责监管在大都的其他货币机构，例如在诸路宝钞都提举司时期，它下属有宝钞（总）库、印造宝钞库和烧钞库。③

4.1.5.5 元宝交钞库和宝钞总库

元宝交钞库是与 1260 年中统钞的发行同时建立的。它是宝钞总库的前身，宝钞总库则是与 1287 年至元钞的发行同时建立的，因此，很可能在职能和隶属关系方面与前者类似。这两个机构的职能包括印造和储藏纸币，而另外一个设在大都的机构，交钞库，则负责兑换昏钞和接受以白银来兑换纸币，但是不负责印造纸币。④

宝钞（总）库也是由达鲁花赤、大使、副使等人掌管，品级从从五品到正七品不等。宝钞（总）库隶属于诸路宝钞都提举司和户部。⑤ 其中的库子和攒司属于无品级吏员。⑥

4.1.5.6 印造宝钞库

印造宝钞库的名称是 1287 年之后采用的，⑦ 隶属于诸路宝钞都提举司。也是由一名达鲁花赤、一名或数名大使、副使掌管，品级从正七品到正八品不等。1287 年之后，这些官员的品级有所提升。⑧ 该机构的职能是印造纸币。与印造

---

① Farquhar (1990), p. 170.
② 达鲁花赤（蒙古文：darughachi）是中央和地方的一般行政长官身边司监督之职的各色品秩的蒙古人。与普通管民官相比，达鲁花赤拥有携带军器等特权。见 Hucker (1985), p. 468; Endicott-West (1994), pp. 595–596.
③ Hucker (1985), p. 366.
④ 见前田直典，"元代における鈔の發行制度とその流通狀態"，页 48。
⑤ Hucker (1985), p. 366.
⑥ Hucker (1985), pp. 528 (7059), 283 (3258).
⑦ 在 1287 年之前，该机构被称为印造局、印造库、印钞局、印钞库或造钞库，等等。
⑧ Hucker (1985), p. 582; 姚朔民（1993），页 7。

纸币相关的机构还包括抄纸房，这显然是负责生产和准备纸张的部门。①

在描述了元代纸币的外观并翻译其上的字样之后，我们感兴趣的是再次考察刺木学译本（V11）中关于有多名官员在纸币上签署名字，并且——正如下面所述——加盖印信的记载（g）。刺木学译本的这一描述基本是正确的，但是，正如我们上面考证的，在纸币的F区域上印上的并非官员的名字，而是官员的头衔。

4.1.6　印信和刻文

这里考察的《马可波罗行纪》的所有重要文本（V1, V2, V4, V11）都指出，纸币上加盖有大汗的印信（h）。刺木学译本（V11）还指出，大汗的印信是朱红色的，并且是由大汗授权的首要官员加盖到纸币上。匹匹诺本（V4）还提到过其他印信，但是刺木学译本则更加明确地提到，官员们在纸币上署名并且盖印（h），之后才由首要官员加盖上大汗的朱印。纸币上加盖的大汗（朱）印，也被其他一些中世纪作家（S1, F1, P1, I1）提到过，但是这些记载无疑要晚近一些。

为了评价马可·波罗给出的信息的质量，我在此处打算详细说明目前在元代纸币上所能找到的各种印记。正如上文提到的，元代纸币在正面是用单独一个雕版印造的，此前的金代和此后的明代都是如此。此外，纸币的正面上盖有两方朱印，一方位于D（a）区域上方，一方位于F（b）区域下方，通常还加盖有当时所谓的"墨条印"（今天称为骑缝印），②位于左上边。因此，正如前面已经说明的，在纸币的正面填写有两种序列号，即字料和字号（很可能用笔手写，有时也用活字。元代纸币样本也显示，在纸币背面至少存在两种印记，即长方形、刻有纸币名称或面额的印记，并在花边内侧（d）绘有贯文图样表示面值，在左侧边缘（e）还有一方"墨条印"。③背面（f）有时候还加盖朱色或者墨色的印记。

如上所述，现存的元代纸币可以分为早期中统钞（1260—1268），中期、后期中统钞（1269—1287，1311年后）以及至元钞（1287—1308，1311年后）。根据这一分期，以某些清晰的样本为依据，我们能够在现存样本中辨识出元代纸币正面和背面印记的如下特征：

1982年在呼和浩特的万部华严经塔发现的早期中统钞（见图13）：

a）在D区域加盖的方形朱印的复原，呈现九叠篆的汉字如下：提举诸路通行宝钞印。印文尺寸为 6.4×6.4 厘米²。

---

①　前田直典，"元代における鈔の發行制度とその流通狀態"，页49。
②　见姚朔民（1993），页8，所据为《大元圣政国朝典章》，1322年，台北：文海出版社，第1册，卷20。
③　Glahn (2006), pp. 83, 89; 姚朔民（1993），页8。

b）在 F 区域加盖的方形（朱？）印，文字如下：宝钞总库之印。印文尺寸为 7.8 × 7.8 厘米。①

c）和 e）有一方长达 3 厘米的墨条印，位于纸币正反面的左上方。印文难以释读。在湖南华容发现的早期中统钞 500 文上带有宝钞字样的墨条印，可见图 14。

d）显然，这种类型的印并不是印在这张纸币上的。②

f）第三方朱印被加盖在纸币背面的上半部，经过复原后文字释读如下：印造元宝交钞。印文尺寸为 5.8 × 5.8 厘米。③

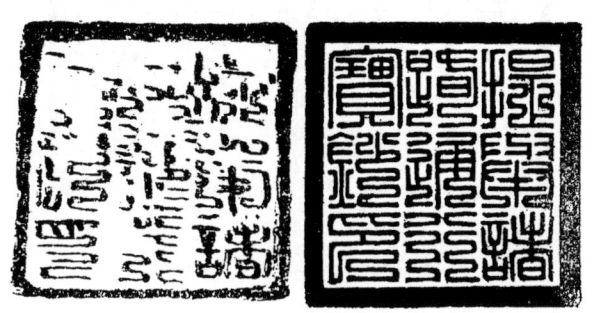

13a

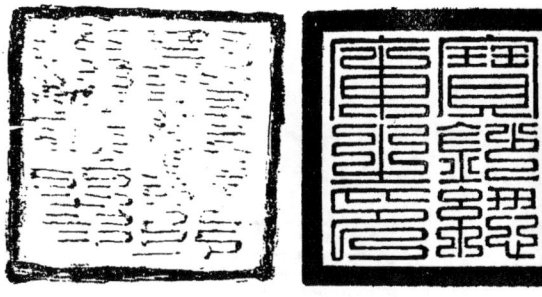

13b

图 13　1982 年在呼和浩特白塔中发现的早期中统钞十文纸币上的印文

---

① 据说湖南华容发现的 500 文中统钞只有正面印有一方墨印，而没有下面的第二方印。见李正鑫（1994），页 23。

② 不过，在另外一种早期中统钞，即宁夏贺兰县发现的 500 文中统钞上也有这种印记，这个纸币样本带有一个有花边的黑色长方形印。在其上方是"伍佰文"字样，下方不太清楚，见《中国古钞图辑》，页 47—48。

③ 见卫月望，"白塔中统元宝交钞考说"，《内蒙古金融研究》，S1（2002）；邹志谅，"白塔中统元宝交钞印释"，《内蒙古金融研究》，S1（2002）：77。

13c 和 13e

13f

图 13（续） 1982 年在呼和浩特白塔中发现的早期中统钞十文纸币上的印文

来源：关于印章的"原始"状况，见卫月望（2002），页 29。关于复原见邹志谅（2002），页 77。

注释：

a. 提举诸路通行宝钞印，高 6.4 厘米。

b. 宝钞总库之印，高 7.8 厘米。

c. 和 e. 纸币正面和背面的骑缝印，高 3 厘米。

f. 印造元宝交钞，高 5.8 厘米。

图 14 1988 年湖南华容元墓发现的早期中统钞 500 文纸币上的骑缝印

来源：李正鑫（1994），页 35。

注释：复原见李正鑫（1994），大抵依据原始大小，也就是 4 厘米宽。印文很可能读作"宝钞"。

1983 年和 1984 年在内蒙古黑城发现的后期中统钞一贯：

a）在 D 区域加盖的方形朱印为八思巴字，意为宝钞总库之印。

b）下方，在 F 区域加盖的方形朱印为八思巴字，意为提举诸路通行宝钞印。有趣的是，这种印的次序与上面的早期中统钞及至元钞不同，在后两种纸币上，提举司印在上，而宝钞总库印在下。

c）正面左上方的墨条印，镌有两行八思巴字，意为中统元宝。

d）长方形的墨印，尺寸为 14.1×9.3 厘米，带有一圈花边。在上方是"至正印造元宝交钞"字样，下方则绘有两串钱的图样，每串分为五小串。①

e）背面左上方的墨条印难以释读，但看上去与正面的墨条印相似。

f）在纸币背面下方的方形朱印也是八思巴文，意为印造元宝交钞。②

1983 年和 1984 年在内蒙古黑城发现的后期至元钞二贯（图 15）：

在该处一共发现了 128 张二贯至元钞，其中 13 张是完好的，15 张有部分损毁，下述印记在其中两张上可以辨别出来：

a) 在 D 区域加盖的方形朱印为八思巴字，意为提举诸路通行宝钞印。

b) 在 F 区域加盖的方形朱印亦为八思巴字，意为宝钞总库之印。

c) 正面左上方的墨条印意为宝钞。③

d) 背面上部的长方形墨印上面的部分为文字"贰贯"，而下方在花边内则绘有两道垂直角度的贯文，又各分为 10 串。④

e) 背面左上方的墨条印是八思巴文，意为"至元"。⑤

f) 第三方朱印被加盖在纸币背面的下半部，也是八思巴文，意为印造宝钞库印。但是，据说在少数黑城的至元钞背面没有加盖朱印，而是加盖了一到二方"贰贯"墨印（如 d 所示）。

总之，从对元代纸币的一些样本的分析来看，可以确定在不同时期加盖在纸币上的印记略微有些变化。同时也可以肯定，在纸币上加盖印记遵循了一定的程序。从我们关于这些印记所能知道的信息来看，令人惊讶的是，剌木学译

---

① 也见襄阳发现的后期一贯中统钞，见《中国古钞图辑》，页 42—43，以及襄阳发现的 500 贯中统钞，见《中国古钞图辑》，页 50。

② 见李逸友（2003），页 7。

③ 1988 年在湖南华容的一座元代墓葬中发现的 500 文中统钞上也有"宝钞"字样的墨条印，见李正鑫（1994），页 35。

④ 这种墨印，与 1914 年罗振玉《四朝钞币杂录》中据至正年间的 2 贯纸币黄铜钞版所录之拓印相同，这个钞版当时收藏于诸城吴先生家。见《中国古钞图辑》，页 138，又见黑城出土的至元 1 贯、100 文和 50 文钞上的相似印记，《中国古钞图辑》，页 62、69、75。

⑤ 似乎某些纸币的背面还有汉字字样为"宝钞"的墨条印。见李逸友（2003），页 8。

本（V11，见附录 2）的信息竟然如此准确，它不仅提到了众官员在每一张纸币上署名（其实是头衔）并且盖印（g），并且还提到由大汗授权的主要官员在每张纸币上加盖大汗朱印（h）：

> 盖每张纸币之上，有不少专任此事之官吏署名盖章。此种程式完毕以后，诸官之长复盖用朱色帝玺，至是纸币始取得一种真正价值。

事实上，大使、副使、库子和攒司等一众官员的名称能够在纸币上清晰地辨识出来，尤其是元宝交钞库、宝钞（总）库、印造宝钞库等机构的官员的名称。这些官员和机构不仅在纸币的印刷部分被提到，并且也通过各自在纸币正面和背面加盖的印信反映出来。

15a

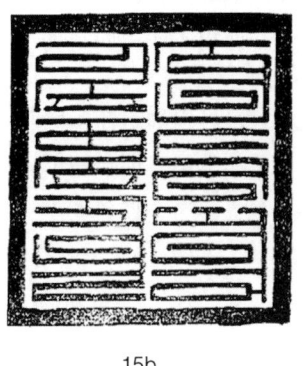 

15b 15c

图 15　1983 年和 1984 年在内蒙古黑城发现的至元钞二贯纸币上的印文

第二章 元代的纸币　113

15d

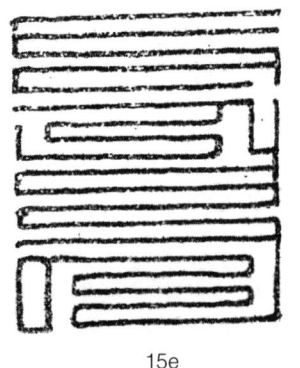

15e

15f

图15（续）　1983年和1984年在内蒙古黑城发现的至元钞2贯纸币上的印文

来源：见李逸友（2003），页8，特别是安莉、陈乃雄，"'至元通行宝钞'之印"，《内蒙古金融研究》，S1（2002）：66-67。

注释：在安莉、陈乃雄的文章中，印文大抵依据原始大小复原，然而尚不清楚是否依据了对原件的测量，不过这是很有可能的。我认为，两位作者弄反了a印和b印，故调换了它们的位置。

a. 八思巴文，提举诸路通行宝钞印。

b. 八思巴文，宝钞总库之印。

c. 汉文，宝钞。

d. 二贯，下方绘有两串钱。

e. 八思巴文，至元。

f. 八思巴文，印造宝钞库印。

剌木学译本提到的另一个令人惊讶的事实是：诸官之长在纸币上盖上朱色帝玺，此后纸币才取得一种真正价值，且被证明为真钞。大汗委任之长官不是别人，正是诸路交钞（都）提举司或诸路宝钞都提举司的官员。这两个机构都隶属于中书省或尚书省。在纸币上加盖官印的官员就是（都）提举，印文本身则是"提举诸路通行宝钞印"，这与剌木学译本提到在纸币上加盖印以赋予纸币法定价值，并证明纸币为真钞的做法何其吻合！在早期中统钞上，这种印记还是汉字的，可能在 1269 年后使用了八思巴字。但是，由于印文即便对于当时的汉人或蒙古人而言都很难释读，它们并不负责传递中国以外获得纸币的人能够轻易理解的信息。因此，剌木学译本提供的信息，其精确性令人吃惊，特别是考虑到剌木学完成《行纪》的编辑之时，元代（以及更加简单化的明代）纸币早已成为了历史。若非从真正的马可·波罗叙述中，他还能从哪儿获得这些信息呢？

4.1.7　面额

《马可波罗行纪》提供了关于元代纸币面额的不同叙述（f）。法意混合语本（V1）给出了至少 10 种面值，早期法文本（V2）甚至提到了多达 13 种。两份抄本可能显示出存在更多的面额，因为抄本的文字是这样的："et l'autre d'un becant; et l'autre de III; et ensi vaut jusque en X becant."（又有价值一枚贝占特，又有价值三枚，如此以至十枚。）看起来好像意思是说，在 3 枚同 10 枚之间还有更多种面额。

我在表 1（边码第 98 页）试图弄清楚，当马可·波罗提到三种不同种类的货币，即"秃儿城之钱"（denier tournois）、"威尼斯城之格鲁索"（grosso）以及拜占庭"贝占特"（bezant）时，他脑海中出现的究竟是什么样的汉字面额。进行货币换算的一个相对可靠的方法是以威尼斯的格鲁索为基础，因为我们知道这种银币平均重量为 2.13 克白银。这就可以与元代的白银 1 两即大约 40 克进行换算。在 13 世纪末，一个"秃儿城之钱"大约重 3.0—3.75 克，而贝占特则重 4.5 克左右。为了将金量换算成银量，我们大抵采用 1:8.7 的比率，这样，各个数值就完全在相关的元代数据范围以内。① 在最高值和最低值方面，我们的方法和裕尔（Yule）在一百年前所得出的属性有差异，此外在方法和结果上则大抵相同。

要指出的最关键一点是，马可·波罗提到纸币的面值从 3 贯 / 两往上直至 10 贯 / 两，而在现存的元代纸币中，我们没发现如此高面额的纸币。但是，在

---

① 见边码第 99 页附在表 1 后的单位换算表。

1260年前后中统银货短暂发行期间，曾经出现过关于这些面额的历史记载。尽管它们不大可能广泛流通，但无法排除其存在的可能性。

另外值得加以探讨的问题是，事实上，表1中的属性如若具有价值，其前提是我们假定，马可·波罗通过三种不同货币（秃儿城之钱、格鲁索以及贝占特，这三种货币最终都可以通过不同途径换算为银价）表现出来的价值，与元代纸币表现出的价值是一一对应的。其实，白银价值和元代纸币的名义价值之间不存在这样一种一一对应的关系。早在1260年元朝大量印发纸币的时候，白银和纸币的兑换率就被确定为2贯（=2两）钞兑换1两白银。这也是1282年和1287年的官定比率。[①] 因此，严格地说，1格鲁索（重约2.13克白银）不会大约等价于纸币50文，而是等于100文，以此类推。但是，如果我们将表1最后一栏中的所有换算后的数值乘以二，这就意味着最高值是20贯，也就远远超出了元代纸币名义面额的范围。因此，更加合理的做法是，假定马可·波罗计算出的银价和元代纸币的名义价值之间存在一一对应关系。总之，我认为，马可·波罗在这里不是要给出元代纸币的真实银价的准确换算，而是向他的读者提供一个关于元代纸币面额等级和数目的大致印象，并且是以欧洲读者熟悉的钱币和价值为基础的。因此我们不妨假设，马可·波罗在头脑中只有一个大约的估计，更不用说他的修辞和数据在各个抄本转抄时可能被改写过了。

尽管马可·波罗提到的面额有欠精确和详尽，他的记载毕竟比其他西方、波斯和阿拉伯作家加在一起还要详细和全面得多。孙丹尼牙的主教在1330年左右（S1）在一段文字中提到了几种面额，但是无疑是从纪抄来的。在一份14世纪的阿拉伯语手稿（F1）中提到了至少7种面额，即1、2、5、30、40、50甚至100迪尔汗。裴哥罗梯在1340年写作时，提到了三种纸币，根据君主对它们价值的规定，一种比一种价值高。我们不太清楚裴哥罗梯所说的"三种"纸币是什么意思。如果他是指三种面额，那么，很可能正如黑田明伸（Kuroda Akinobu）在一次私人交谈中向我指出的，在元代末期，纸币遭受了严重贬值，只有高面值的纸币才得以流通，而那些小额纸币则退出了流通。但是，与其他那些粗疏和含混不清的记载相比，马可·波罗所列举的数字无疑提供了一幅他在华期间元代纸币面额体系的画面，并且是十分清晰的。

4.2 流通

事实上，他们的贸易是如此发达，以至于由于缺少金属，不得不使用一种叫作飞钱的货币，通过它可以不用金银进行交易，在蛮子君主统治各地均可行

---

① Franke (1949), pp. 39, 58, 78.

用。在每一块此种钱币（5 块就值 1 个银索姆）之上，君主授权之官吏在纸上署名、盖印，而大汗本人所用印信则是朱玺。①

在讨论了汉文史料在元代纸币的印造方面能提供何种信息，并将之与马可·波罗的叙述进行比较之后，本节我们将讨论元代纸币的流通。首先，我将探讨这个制度中强制性最多的部分，那就是国家对金银珠宝的垄断，还有禁止伪造纸币的法律条文和判例。其次，在提供公共收入、开支以及各种市场交易中使用纸币的一切必要信息之后，我将阐述著名的倒换昏钞的诸多规定和机构，最后一小节则讨论关于元代纸币流通的空间和时间维度的有趣问题，特别是与其他货币的竞争关系。

4.2.1 国家对金银珠宝的垄断

1294 年波斯仿效元朝发行纸币的一个最重要的诱因，无疑是这种做法可能为伊利汗的国库或者公共财政提供垄断一切贵金属的机会。因此，统治者下令禁止一切需要金银的贵重物品的制造和贸易。《马可波罗行纪》的早期法文本同样也强调大汗对各种贵重货物包括金银珠宝的垄断和积累（v），这些物品是由外国（p）以及国内的商人（q），通常也包括百姓（u）被迫出售给他以换取纸币的。

这种国家对贵金属的绝对垄断，在汉文史料中也有记载，至少这些记载指出，在私人交易中使用金银，早在 1262 年 7、8 月间就遭到禁止。② 傅海博注意到，最初并没有规定由平准库买卖金银，③ 因此，被委托管理金银的"内亚"商人就趁机大肆投机发财。④ 禁止私人交易使用金银的规定在 1282 年又被重申，

---

① Jacob d'Ancona; David Selbourne (transl. and ed.), *The City of Light: The Hidden Journal of the Man who Entered China Four Years before Marco Polo*, New York: Citadel Press, Kensington Publishing Corp., 2000, p. 151–152. 批判性的评论，可见 Chang Yahlin, "A Kublai Con Job? The Dubious Diary of a Proto-Marco Polo," *Newsweek*, October 6, 1997, http://www.newsweek.com/1997/10/05/a-kublai-con-job.html（访问时间：2011 年 2 月 4 日）; Jonathan Spence, "Leaky Boat China," *New York Times*, October 19, 1997; Bernard and David Wasserstein, "Jacopo Spurioso?," *Times Literary Supplement*, November 14, 1997; Timothy H. Barrett, "The Modern Historiography of Asia and the Faking of 'The City of Light'," *Modern Asian Studies*, 32.4 (1998): 1017–1023; Igor de Rachewiltz and Donald Leslie, "Review Article," *Journal of Asian History*, 32 (1998), pp. 180–185; 黄时鉴，《〈光明之城〉伪书考》，《历史研究》，3（2001）：65–80; Huang Shijian, "A Study of the Bogus Book: *The City of Light*," transl. by Huang Shijian, rev. by David Kelly, *Social Sciences in China*, 23.4 (Winter 2002): 45–57; 吴幼雄，"评《光明之城》——咸淳间的刺桐港是'自由贸易区'吗？"《泉州师院学报》，5（2000）：68–87; 同作者"再评《光明之城》"，《泉州师范学院学报（社会科学）》，20.1（2002）：80–88。

② Franke (1949), p. 41.

③ 下文还将详细讨论这些机构。

④ Franke (1949), p. 43.

当时也规定了买卖金银的官定价格。同时，对违反法律者的惩处和对首告者的奖赏也被确定下来。在 1282 年的货币改革中，元朝颁布了如下规定：

> 一、买卖金银，付官库依价回易倒换。如私下买卖，诸人告捉到官，金银价钞全行断没，于内一半付告捉人充赏，应捕人减半。一十两以下决杖五十七下，一十两以上决杖七十七下，一定以上决杖一百七下。于犯人名下更追钞两，给付捉事人充赏。
>
> 一、卖金银人自首告者，免本罪，将金银官收给价。买主不首者，价钞断没，更于犯人名下追钞一定，与告捉人充赏。买主自首者，依上施行。①

1282 年钞法的第 4 条规定，金银匠人都必须加以登记，他们不得使用自己拥有的金银打造物品或者贩卖，而是必须由百姓将这些金属带来进行加工。已经制造好的金银器皿必须出卖给平准库，否则将比照"私倒金银例断罪"。

第 5 段则对官员及其手下隐瞒非法金银交易，特别是私自受贿放跑罪犯的情形做出了规定。这些官员和下属将比照罪犯本人断罪。

第 9 段对平准库倒换金银做出了规定：

> 一、如诸人将金银到库，依殊色随即收倒，不得添减殊色，非理刁蹬。如违，决杖五十七下，罢职。②

1284 年，卢世荣（死于 1285 年）在全面改革元代货币和财政制度的一揽子方案中，似乎成功废除了关于私人金银交易禁令。但是这一措施没有持续多长时间，1285 年终，卢世荣就被逮捕和处决了。③ 此外，私人金银交易的禁令在 1287 年的货币改革中又再次被明确提出，在当时颁布的钞法第 2 条，我们找到如下规定：

> 今后若有私下买卖金银者，许诸人首告，金银价直没官，于内一半付告人充赏，仍于犯人名下征钞二定，一就给付。银一十两、金一两以下，决杖五十七下。银一十两、金一两以上，决杖七十七下。银五十两、金

---

① 《大元圣政国朝典章》，卷 20，页 3a（第 1 册，页 300）。我依据的是傅海博的翻译，见 Franke (1949)，p. 58。

② 《大元圣政国朝典章》，卷 20，页 3a–4a（第 1 册，页 300）。德译文见 Franke (1949), p. 59, 对于第 4 条的翻译特别见 Peng Xinwei/Kaplan (1994), vol. 2, p. 478。

③ Franke (1949), p. 74.

一十两以上，决杖九十七下（译者按，原文为 107 下）。①

这里规定的惩罚措施，基本与 1282 年相同，只是对于告人的额外奖励从 1 锭增加到 2 锭。

有元一代只是在 1304 年到 1309 年之间，才短暂取消了私人金银交易的禁令，到 1311 年则永远取消了该禁。② 即便如此，白银在此后的商业贸易中也没有发挥太大的作用，因为它太稀缺和珍贵了，无法作为日常市场交易的支付手段。③ 尽管元代纸币有着贬值和兑换不便种种问题，纸币在元帝国的许多地区仍然是首要的交易媒介。这一局面在 14 世纪 40 年代末发生了彻底改变，当时纸币贬值实际达到了灾难性的水平，于是铜钱又开始出现并取代纸币作为首要的交易手段。④

总之，我们可以同意万志英（Richard von Glahn）的看法，即尽管在 14 世纪初之前，元朝禁止在私人交易中使用贵金属，民间仍然可以用纸币从平准库赎回白银，至少最初是如此。从 13 世纪 70 年代末开始，政府开始取消自由兑换政策，其原因主要是政府发行了越来越多的纸币，并且打算把金银条块从地区平准库中提取出来。1287 年的货币改革中，政府引进了新的至元钞，这一举动意味着进一步废除铸币的可兑换政策，因为新的至元钞从一开始就不能与白银兑换，这与中统钞至少理论上可以兑换白银完全相反。在万志英看来，民间对中统钞更多的信赖与至元钞迅速贬值，事实上都可以从这个差异加以解释。因此，在 1311 年，政府不得不承认，在私人交易中，中统钞，而不是至元钞，才是定价的标准。万志英认为，这似乎显示出，尽管至元钞的可兑换性成问题，不难想见实际上的兑换一定持续了一段时间，时间长短则取决于各地平准库的贵金属存量是否充足可用。⑤

根据万志英对元代纸币可兑换性急速下降程度的估计，我们应该如何来理解马可·波罗所说的，如果一位"男爵"或其他人需用金银珠宝制造器皿、腰带之类，可径赴造币局以纸币购买此等物品（w）？尽管元代史料中的相关段落不多，却仍然有助于我们弄清楚这一问题。我们首先从关于 1287 年钞法改革的一条规定入手：

---

① Franke (1949), p. 78;《大元圣政国朝典章》, 卷 20, 页 4a—4b（第一册，页 300）。
② 见前田直典，"元代における鈔の發行制度とその流通狀態"，页 68—69; Franke (1949), p. 92; von Glahn(1996), p. 67.
③ 见 von Glahn (1996), p. 67.
④ 见 von Glahn (1996), pp. 68–69. 但是，彭信威认为，白银在元代也充当借贷、雇工、日常交易和价值表现手段的职能，见 Peng Xinwei/Kaplan (1994), vol. 2, p. 472。
⑤ Von Glahn (1996), pp. 57–58, 61–65.

一、随路提调官吏，并不得赴平准库收买金银，及多将昏钞倒换料钞。违者治罪。①

1292 年的一条史料同样提到"山东东西道廉访司劾：'宣慰使乐实盗库钞百二十锭，买库银九百五十两……'"②

关于平准行用库的管理，1282 年 10/11 月颁布的钞法有如下规定：

及知窥利之人，倚赖权势，将买下金银倒换出库，中间作弊。……仍照勘自至元十三年已后倒讫金银人等姓名，除百姓客旅依理倒换之数不须追理外，官豪之家恃势倒讫金银，追征本物纳官，元买价折依数给主。若有阿合马亲戚、奴婢人等买讫数目，其价钱不给。③

这条史料尤其揭示了，不仅是贵族、官员、吏员还有豪族都涌向平准库，大肆（常常是非法）需索金银，迟滞钞法。普通人和旅行者（后者可能包括行商）也能够请求一定数量的贵金属。因此，这一点与马可·波罗的叙述并不矛盾，因为他不止提到了"男爵"，也提到了"其他人"。此外，用于制造器皿、腰带或者类似物品所需的金银珠宝有限，很可能被视为在"依理倒换"的容许限度之内。

即便是在晚期，平准库也保存有相当数量的白银作为准备金，这样才能够保证，在制造装饰品和珠宝所需有限贵金属之外，纸币还具有某种程度的可兑换性。从 1294 年 9 月 2 日（至元三十一年八月己未）的这条史料看，我们知道在这些平准库存放的白银数量大约是 936950 两，其中 192450 两留存当地，而其余大部分都被运往了大都。④ 根据前田直典的估计，在 1294 年 9 月之前，每座平准库所存储的白银平均约为 15000 两，此后就被降低到了大约 3200 两。⑤

不过，马可·波罗反复提到，除了金银之外，商人和百姓也必须把珠宝交

---

① 见《大元圣政国朝典章》，卷 20，页 6a（第一册，页 301）；前田直典，"元代における鈔の發行制度とその流通狀態"，页 68；又见 Franke (1949), p. 80。

② 《元史》，第 2 册，卷 17，页 366（至元二十九年九月辛酉）；前田直典，"元代における鈔の發行制度とその流通狀態"，页 68。

③ 见《大元圣政国朝典章》，卷 20，页 6b—7a（第一册，页 301—302）。前田直典，"元代における鈔の發行制度とその流通狀態"，页 68。

④ 《元史》，第 2 册，卷 18，页 387；前田直典，"元代における鈔の發行制度とその流通狀態"，页 69。

⑤ 前田直典，"元代における鈔の發行制度とその流通狀態"，页 69。

给汗八里的造币局（p.q.u）又是什么意思呢？我们可以找到一则逸事，它主要是用来证明在阿合马 1282 年被刺后，忽必烈对穆斯林商人的疏远。1293 年，一位穆斯林商人试图将一颗珍珠兜售给忽必烈汗，后者拒绝了，指出他的钱最好用来周济穷人：

> 丁酉，回回孛可马合谋沙等献大珠，邀价钞数万锭，帝曰："珠何为！当留是钱以赒贫者。"①

就在两年前，当一度得势的藏传佛教喇嘛杨琏真迦及其随从被没收非法所得的时候，负责官员开列了一张清单，包括了 1700 两黄金，6800 两白银，9 条玉带，111 个玉碟，152 座珊瑚和 50 两大珠。②

傅海博将张珪（死于 1327 年）在 1324 年提交的一份奏议翻译成了德文。在该奏议中，这位元朝高官批评元朝滥发金银珠宝作为赏赐，尤其是赏赐给那些无德无能的人。③ 此外，《元史》的《食货志》也提供了一些片段，证明元廷试图垄断珠宝和玉石的生产。在"岁课"一节中提到了玉石和珍珠，位列金银之后，这说明了这些物品的珍贵性等级，这四种物品之后则是 13 种其他不那么贵重的物品。在大都地区，元廷允许民间在杨村和直沽口采集珍珠，但是却任命官员采购（"命官头之"）。对于南京地区的宋阿江、阿爷苦江和忽吕苦江，④ 可能是女真人的灭怯安山和其他人则在 1274 年受命在此采集珍珠。元廷对采珠的垄断还包括 1276 年朵鲁不䚟（Dorbudei 或 Dorbedei）等人在胜州、延州和乃延地区的开采。不过，元朝贵族阶级获得并挥霍的大部分珍珠，无疑来自印度。在行纪中，马可·波罗不仅详细地描绘了锡兰沿岸的采珠业（该地出产的珍珠贝出口到世界各地），⑤ 并且还提到了从印度进口的宝石和珍珠通过福州和泉州的港口流入中国。⑥《元史》还提到在匪力沙地区的采玉业，并且补充说该地洗出的玉石通过水路驿站被运往大都。同样被运往大都的还包括

---

① 《元史》，第 1 册，卷 17，页 371; Endicott-West (1989a), p. 144. 又见 Joseph-Anne-Marie de Moyriac de Mailla, *Histoire générale de la Chine ou annales de cet empire; traduites du Tong-kien-kang-mou*, Paris: Ph.-D. Pierres et Clousier, 1779, vol. 10, p. 456; Morris Rossabi, "The Muslims in the Early Yuan Dynasty," in John D. Langlois, Jr. (ed.), *China under Mongol Rule*, Princeton: Princeton University Press, 1981, p. 294; Rossabi (1988), p. 201。

② Herbert Franke, "Tibetans in Yuan China," in his *China under Mongol Rule*, VII, pp. 323.

③ Franke (1949), p. 142;《元史》，第 13 册，卷 175，页 4082。

④ 宋阿江即松花江，阿爷苦江即图们江上游，南京是指沈阳附近的地区，而非今天的南京市，见 Schurmann(1956), p. 164n21 and 164n1。

⑤ Yule (1903), vol. 2, pp. 331–332.

⑥ 见 Yule (1903), vol. 2, pp. 231, 235. 关于珍珠，见 Brunello (1986), pp. 103–105。

丹砂、水银和绿松石等等。①因此，不论是在收入还是在开支方面，我们都能找到确凿证据证明马可·波罗经常提到的4种宝货，即金银珠宝（玉），都是很有意义的。

但是，关于行纪提到有专家12人专门负责评估外商进献之物，并以纸币给以丰厚报酬一事（r），②我无法找到相关的佐证。进献物品的总价值为400,000贝占特（Bezant）的记载（s），③也是如此。除了金银珠玉以外，外商进献的宝货还包括了织金锦（q）。汉文史料中的确提到过，除了贵金属外，别的货物也送往国家的兑换机构。《中堂事记》中保存了一份1261年2—3月间（中统二年正月至二月）的公告，其中提到：

> 如有诸人赍元宝交钞，从便却行赴库倒换白银物货，即便依数支发，并不得停滞。每两止纳工墨钞三分外，别无克减添搭钱数。④

这一公告让我们想起了《马可波罗行纪》中记载的，商人将金银珠宝送往大汗的12名专家处，供其评估价值并当场获得纸币作为回报："君主使之用此纸币偿其货价，商人皆乐受之，盖偿价甚优，可立时得价（V2，黑体系本书作者所加）。"

关于国家兑换机构不仅仅收受贵金属的相关证据，我们还可以举出1309年钞法改革的史料，其中规定了须在各路设立平准行用库，这些机构不止是买卖金银，倒换昏钞，并且百姓还可通过缴纳丝绵获得料钞。⑤

我们不妨再探讨一下，所有这些流向中央政府和国库的金银珠宝，最后都去向了何处。元代史料显示，其中的一部分被用来赏赐给文武百官、士兵和宗教机构。⑥特别有意思的是，白银——早在蒙古统治时期之前——在货币等级中所扮演的高等通货角色。黑田明伸在一篇研究欧亚大陆的白银时代的论文中，有力地证明了：正是1260年在全帝国境内发行纸币——中统钞——以及1276

---

① Schurmann (1956), pp. 156–157, 159.
② 我能找到的最接近的史料是阿合马选派了11人负责专卖事务,其中4人(或许是5人)是穆斯林。见 Rossabi (1988), p. 181, 其依据为《元史》，第15册，页 4560—4561。在《元史》这条记载中还提到了阿合马的私党12人，但这些人显然都任职于各路而非腹里的转运司。
③ 同样见图16。
④ 《秋涧集》（上）［王恽：《秋涧先生大全集》，电子版见 Siku quanshu of the Cross Asia project of the Berlin State Library (Staatsbibliothek Berlin), chap. 80］，前田直典，"元代における鈔の發行制度とその流通狀態"，页57—58。
⑤ Franke (1949), p. 86.
⑥ Franke (1949), pp. 139, 142.

年元朝征服南宋（1127—1279）时获得的大量未被铸造成货币的白银，促使元朝彻底放弃白银货币。① 这一举动导致的结果之一，就是随着元朝强制引入纸币，越来越多的白银可供出口到中国境外的地区。由此，白银就在欧亚大陆的商路上自由流通起来，突厥地区的契约此前大多以布匹或者铜币来表示价格，而在蒙古统治时期，则用白银来表示，就可以证明这一点。从黑海一直到中国北方的广大区域内，白银流动成为稀松平常的现象，在这些地方，在多元货币体系的较高层级上，5个（欧洲）金弗罗林大约可以兑换1索姆白银（钦察汗国），或者10两白银（元朝）。

安德鲁-沃森（Andrew M. Watson）在1967年指出，基督教的欧洲和伊斯兰世界在同一时期都发生了一场货币革命，他推测，这与"中国和印度的奇特力量"吸引（或者可以补充说，释放）贵金属有关。在伊斯兰世界，自11世纪到13世纪的银荒之后，白银作为铸币在12世纪得到了复兴，而一百年之后，银本位制彻底战胜了金本位制。大约就在同一时期，欧洲出现了复本位制（热那亚率先采用了这种制度），并在12世纪前后开始铸造金币。真正的转折发生在1252年，这一年，随着名为热那维诺（genovino）和弗罗林（florin）的金币开始铸造，弗洛伦萨和热那亚先后进入了欧洲货币史上的新时代，这一转折以金本位在14世纪中期的欧洲各地取得统治地位而告终。② 其他研究者近年也指出，正是由于当时在全球范围内白银变得廉价，欧洲各国的货币才得以重新以进口的黄金为基础。③

四日市康博（Yokkaichi Yasuhiro）在近年的一篇文章中提出，在蒙古统治时期，伊斯兰国家和印度之间的马匹贸易，在将白银从中国吸引出来并通过印度输往波斯湾和红海地区这一过程中扮演了关键角色。伊斯兰世界主要向印度出口马匹（向中国的出口规模要小得多），而印度则用从中国进口的银、丝绸，以及珍珠、象牙、蓝宝石、月长石、红宝石、钻石、缟玛瑙、祖母绿、珊瑚、豆蔻、丁香、肉桂、樟脑油、麝香、檀香以及大象等货物支付阿拉伯马的价钱。在从伊斯兰各国向印度出口马匹的贸易中，波斯湾地区的商人有着很大的势力，

---

① 如未加特殊说明，本节的叙述依据的是黑田明伸的论文，见 Kuroda Akinobu, "The Eurasian Silver Century, 1276–1359: Commensurability and Multiplicity," *Journal of Global History*, 4 (2009): 245–269. 在大趋势上，黑田认为第一个白银世纪为第二个，也是更广泛的白银世纪（16世纪）奠定了基础。不过，第一个白银世纪是蒙古帝国时代，由于横向的联合便利了白银通过商路流动，而第二个白银世纪则是以获得优势的区域国家之间彼此竞争的体系为标志的，其中一些国家以信贷为纽带，纵向地将各自的国内市场联系起来，由此为统一货币创造了条件。

② Andrew M. Watson, "Back to Gold—and Silver," *Economic History Review*, 20(1967): 7, 34.

③ Niv Horesh, "The Great Money Divergence: European and Chinese Coinage before the Age of Steam,"*Journal of Chinese Studies*, January 2013 (in press).

而锡兰商人则主要从事将白银和其他商品出口到阿拉伯国家。这两个商人集团都在西印度洋的奎隆（Quilon）有共同的集散地，因此通过印度洋、波斯湾商路和红海商路，构成了一个互相交织的三角贸易网络，其中马匹和白银是最主要的商品。从中国出口白银和丝绸的业务，极大可能操纵在伊利汗国和元朝的畏兀儿和斡脱商人之手。这些遍及北半球的贸易网在《马可波罗行纪》中也有相关线索，他提到了印度进口马匹并以白银支付。① 此外，他还说明，印度进口的外国货物包括铜、织锦、丁香、甘松油、金和银，② 并且他指出"蛮子"大省（中国南部）来的船只是上述这些商品的主要输入者。③ 元朝对于出口金银的禁令也说明，④ 不仅是金银，也包括铜钱，确实从中央之国出口到了外洋。⑤

不过，白银的东西流动还具有明显的军事和政治意义。早在1127年，金朝军队攻占北宋都城开封的时候，就缴获了上千吨的白银。很可能在1276年，元朝洗劫南宋首都的时候也获得了同样规模的财富。蒙古军队规模空前，因此为了维持军队的后勤补给，很可能要随军携带巨额白银。在《高丽史》中首次明确提到以重量计算的白银货币，恰好发生在1286—1287年间蒙古军队在东部战线作战的同一时间。关于白银流动的军事意义，我们还可举出孟加拉，自1339年后，也就是随着军事征服打通缅甸商路，孟加拉地区的白银铸币数量迅速增长，而1359年之后则急速下降。

黑田明伸认为，大量白银从中国外流，其影响远达埃及和伦敦。在伦敦，13世纪80年代，随后是14世纪，白银铸币迅速增加，而在1320年前后则趋于下降。伦敦遭遇的最后一轮白银铸币输入发生在1340年，也就是1360年元代中国纸币的迅速贬值和元朝崩溃的前夕。1359年在埃及，白银突然从流通中消失，同一时期，孟加拉的白银铸币也急速减少。所有这些现象都表明，它们与在中国发生的带有政治性质的事件密不可分。

元朝引进纸币作为多多少少唯一具有法定地位的货币，而蒙古帝国的军事征服大多是在元帝国的疆域之外进行的，这两个因素导致了白银自东向西流动，

---

① Yule (1903), vol. 1, p. 83, 108, vol. 2, p. 340.

② Yule (1903), vol. 2, p. 395, 438.

③ Yule (1903), vol. 2, p. 390.

④ 见 Ratchnevsky (1985), *Un code des Yuan*, vol. 4, p. 390。

⑤ Yokkaichi Yasuhiro, "Horses in the East-West Trade between China and Iran under Mongol Rule," in Bert G. Fragner, Ralph Kauz, Roderich Ptak, and Angela Schottenhammer(eds.), *Pferde in Asien: Geschichte, Handel und Kultur; Horses in Asia: History, Trade and Culture*, Wien: Verlag der Osterreichischen Akademie der Wissenschaften (Philosophisch-Historische Klasse, Denkschriften; 378, und Veröffentlichungen zur Iranistik; 46), 2009,pp. 91–94. 黑田明伸在一次私人交流中告诉我，四日市康博的研究极大得益于另一位杰出的东洋史研究者家岛彦一的发现。

此外,部分白银也从西方流回中国。从裴哥罗梯在1340年前后的叙述(P1)中,我们得知商人向钦察汗国首都萨莱(Sarai)输入亚麻布。在该地,他们可换得1索姆大小的银锭,并带到中国,兑换为纸币,然后再购买丝绸和其他商品。[①] 这一描述也佐证了马可·波罗叙述的准确性,因为马可·波罗记载,外国商人携来金银珠宝,必须要兑换成纸币(p),才能够在元帝国购买到他们打算出口的商品(t)。

图16 商人为大汗携来贵重货物,以交换纸币,约完成于1412年的法国中世纪插图

来源:*Le livre des merveilles du monde*, MS. fr. 2810, folio 45r. Courtesy of Bibliothèque nationale de France,Paris.

注释:这份抄本的插图绘制者展现出,在他的想象中,贵重货物——此处很可能是白银——由商人上交,而这些商人则获得纸币作为回报。交出白银的人是剃光了头发的,似乎在接受后面两人的命令,其中一人蓄有中国式胡须。大汗的一名官员似乎在用一块试金石给贵重货物估价。他可能就是为大汗评估贵重货物的12位专家之一。所有这一切都发生在忽必烈汗认可的监督之下。

欧洲和中国之间经由中亚的长途贸易,确实在13世纪发生了一轮复兴。这究竟是由于所谓蒙古和平(Pax Mongolica,这种和平由于蒙古人的内战,其实是十分脆弱的),又或者是由于欧洲商人和商业公司的组织能力和商业技巧有所提高,或者二种原因皆有,实在难以确定。但清楚的是,尽管蒙古人自己

---

① 见 Kuroda (2009), p. 257, 其依据的是 Robert S. Lopez and Irving W. Raymond, *Medieval Trade in the Mediterranean World: Illustrative Documents, Translated with Introductions and Notes*, New York: Columbia University Press, 1955, pp. 356–358。

不从事长途贸易,他们推行的贸易政策却十分宽容。蒙古统治者欢迎外国商人来访,并且给予他们某种程度的庇护。这可能是由于早在窝阔台大汗(1186前后—1241)统治时期,贸易就已经被纳入一个组织良好的关税征收体系之中,因此也成为了蒙古帝国财政收入的重要支柱。①

4.2.2 针对伪造纸币的规定

匹匹诺译本(V4)、剌木学译本(V11)都指出,元朝对于伪造纸币的犯人处以死刑(i),并且在中统钞的正面就印有"伪造者斩,(告人)赏银五锭,仍给犯人家产"的字样。至元钞上也多少重复了同样的警告,此外,在1287年的钞法条例中,也规定了对于使用伪钞者加以同样处罚。一条1278年的断例明确规定,伪造者不仅为首的要处死,并且参与印造者,包括雕版和造纸的人,都要处死。②1311年,元朝规定伪造者遇赦不得免罪。如果犯人自愿出首,才能够获得减轻处罚,这是1268年颁布、后又再次重申的规定。1311年,元朝规定,负责捕捉制造伪钞者的官员可以获得5锭赏钱以及犯人一半的家产,另一半家产则充公。不过,国家不仅有权没收伪钞的成品,并且有权没收作案工具。印造伪钞的人不仅使用青铜,也使用木头和黏土仿照钞版(见图17)。印造伪钞有时候还发展为大规模的生意,吸引了数百人参与,间或还能得到官吏的包庇。

除了印造伪钞外,相关罪行还包括挑钞,③还有挖补钞,例如犯人将贬值的中统钞伪造成至元钞,因为后者的名义价值是前者的5倍。对这类罪犯的处罚与伪造有别。1312年,元朝规定,挑钞和挖补钞的首、从犯人均杖一百七下,徒一年,再犯流远,而敢于买使挑钞之人,"减等杖断九十七下"。一条1316年的断例则补充,初犯杖断一百七下,而再犯杖断一百七下,徒一年。对于两邻知而不首者(杖五十七下)、坊里正、主首、社长并巡捕官兵失于觉察(笞二十七下)等行为,也都做了规定。另外一种罪行——常常与官吏通同作弊——则是将伪钞或者挑钞送往行用库倒换。行用库官员的贪污腐化显然从来未被彻底根绝过。④

无疑,伪钞和挑钞在元代成为了一个严重的问题,尤其是因为伪造纸币需要的技术相对简单。马可·波罗——匹匹诺译本(V4)和剌木学译本(V11)——

---

① Münkler (2000), p. 59.
② Franke (1949), p. 110.
③ Yang Lien-sheng, *Money and Credit in China: A Short History*, Cambridge (Mass.):Harvard University Press, 1952, p. 65.
④ 关于伪造纸币,详见Franke (1949), pp. 106–117, 或Peng Xinwei/Kaplan (1994), vol. 2, pp. 511–512。

是提到对于伪造纸币者处以死刑的唯一一位西方作家。此后，在14世纪30年代，孙丹尼牙的主教也提到了对于敢于伪造君王纸币的人处以死刑（S1）。他关于纸币的叙述与马可·波罗十分相似，因此我们可以认为他是从马可·波罗那里转抄的。1294年，当波斯地区效仿元朝发行纸币时，也对伪造者处以死刑。这也显示，在蒙古帝国的其他部分，这种强制措施也是为人所知的。

4.2.3 倒换昏钞

马可·波罗提到，如果纸币在使用中破损，百姓可以将之送往造币局，换回新钞，但需要支付3%的工墨钱（o）。我们已经强调过马可·波罗对这一倒换手续的描述是十分准确的，这里只需要提到其中最重要的数字就可以了。关于倒换破损纸币（昏钞）的程序可以追溯到1260/1261年的规定：交钞库要加收每贯30文（1贯=1000文），也就是3%的工墨钱。1263年，这一费用被减少到了20文，即2%，到了1282年和1285年又恢复了原来的30文。① 这一比率在1287② 和1291年③ 也被明确强调过。因此，马可·波罗提到的这个比率一定是指1282年以后的情形。伊本·白图泰的说法，即倒换昏钞无须任何费用，因为由大汗支付制造纸币的工匠工钱（I1），则是错误的，傅海博早在1949年就指出过这一点。④

在中书省和各个行省都设有负责烧毁昏钞的烧钞库。此外，在1288年之前，宣慰司也负责烧毁昏钞。有大约两年半之久，烧钞仅在大都举行，故而自1288年11—12月（至元二十五年十一月），所有帝国行政机构都应把昏钞按季度送往大都的烧钞库烧毁。1287年开始，大都设有东西两处烧钞库，均隶属于（诸路）交钞提举司，并且由达鲁花赤一员，大使一员掌管。⑤ 1291年5—6月（至元二十八年五月），集中在大都烧钞的做法取消了，昏钞分在各路由中书省监烧。⑥ 我们也发现了一系列与烧钞库的活动有关的印记，这里给出了两种（见图18、19）。

---

① 此处我主要依据前田直典，"元代における鈔の發行制度とその流通狀態"，页57—58，但也可见 Franke (1949), pp. 58, 44, 以及 Schurmann (1956), p. 140。
② Franke (1949), p. 78.
③ Franke (1949), p. 49.
④ Franke (1949), p. 45.
⑤ Hucker (1985), p. 441, entry 5087.
⑥ 前田直典，"元代における鈔の發行制度とその流通狀態"，页70—71, p. 100n85; Franke (1949), pp. 45, 51。

图 17　陶土制造的伪造至元钞一贯的钞版，1910 年代发现于山东

来源：《中国古钞图辑》，页 139—140。

注释：从元代的法律文献可知，伪钞制造者使用陶印来伪造纸币。见 Franke (1949), p. 110。这块钞版是山东省的农民在刨地时发现的，后藏于曲阜的颜心斋处。原书未提供比例尺，但看上去显然比原件略小。

图 18　江西行省烧钞库的铜印，1293 年

来源：《中国古钞图辑》，页 149；户亭凤、王少华，"九江出土元代烧钞库印"，《中国钱币》，3（1985）：61、5；叶世昌、王裕巽、屠燕治、张文芳分册主编，《元明货币》，马飞海总主编，《中国历代货币大系》5，上海：上海人民出版社，2009 年，页 178（0673）、536、564。

注释：这方铜印是大致依据原件复原的，原件 1983 年发现于江西九江市山川岭，长 5.7 厘米，高 1.3 厘米。中央位置有一圆形印钮，使得铜印净高 6.5 厘米。铜印刻有八思巴文，读作："江西等处行中书省烧钞库印"，铜印背面的右侧是同一铭文对应的汉文，左侧则作"中书礼部造至元卅年七月日 [1293 年 8/9 月]"，元代江州路总管府就在今天的九江，同一地方还有一座平准库（见前田直典，"元代における钞の發行制度とその流通狀態"，页 61）。

图 19　1288 年浙江江东道所使用的昏烂钞印

来源：叶世昌等，《元明货币》，页 179。《中国古钞图辑》，页 151。

注释：共有四方昏烂钞印，其中三方现藏于浙江省博物馆，一方藏于中国历史博物馆。这些印是 1949 年以后疏浚杭州西湖时发现的。其中有两方大印，另外两方略小。印文即"昏烂钞印"。在背面右侧是"江东道宣慰司"，左侧是"至元二十五年三月　日［1288 年 4/5 月］"。杭州是南宋王朝的都城，重要的经济和贸易中心，设有一座平准库和一座行用库。（见前田直典，"元代における钞の發行制度とその流通狀態"，页 60、62。）背面的印文也证明此处还设有宣慰司，这是这一历史遗物发现之前我们不知道的。这类印章被用来标记上缴行用库的昏烂纸币，具体流程见 Franke (1949), pp. 44–51。相关内容还可见有趣的"开元路退毁昏钞印"（《中国古钞图辑》，页 151）。

拓片和印文的复原比原件略小，即 2.8×6.2 厘米，见叶世昌等，《元明货币》，页 179、564（0676），该书也绘制了一方大印（0674）和另一方略小的印章（0674）。

叶世昌等，《元明货币》，页 536，还给出这些印章的不同尺寸（很可能包括整个印架的）：两方大印为 15.5 厘米长，5 厘米宽，1 厘米厚，印组高 7 厘米，宽 3.5—4.0 厘米。较小的印章，正如上图所示，长 9 厘米，宽 4.2 厘米，厚 1 厘米，印组高 7 厘米，宽 2.8 厘米。

1298 年，户部对于依法倒换的昏钞设置了 25 条详细的规定。随后，对于这些规定又有所增补。基本上，这些规定都是在强调纸币上的哪部分文字需要清晰可辨，哪部分纸张不能有损。只要这些文字或者这些部分无损，其他的文字和部分丢失了，昏钞依然可以倒换料钞。只有贯佰分明的昏钞才能够如法倒换。

有趣的是，元代的传世文献表明，省级平准库在充分满足对料钞的需求方面遇到了困难。傅海博指出，这一事实与以下说法有矛盾，即元代是肆无忌惮地滥发钞币的。① 在关于元代货币的最后一章，顺便讨论元代纸币的通货膨胀趋势时，我们还要回到这一主题上来。此外，我们也不必奇怪，平准库被各种腐败行为所困扰，例如平准库官吏索取高额工墨钱，盗窃昏钞，贪污和欺诈，等等，元朝政府从来也无法彻底根除这类弊病。②

4.2.4 公共收入和支出

尽管以实物形式征收赋税和支付公共开支仍然是元代财政的重要环节，③ 纸币则毋庸置疑是公共领域货币交易的支配性手段。因此，随着 1260 年元朝全面推行纸币，朝廷也规定一切赋税都应以纸币支付。④1263 年，这一规定扩展到包银一项，不再征收白银，而是可以用纸币支付。⑤

在讨论元代纸币 F 区域的一段较长文字时，我将"宣课差发并行收受"一句译为："它们（即纸币）在支付岁课和科差包银时都要被接受"，如果我们考虑到元代财政制度规定可以用纸币支付的项目，就能够明白这句话的准确意思。根据《元史·食货志》的记载，有下列项目可以纳钞：

——对生产金、银、珠、玉、铜、铁、水银、朱砂、碧甸子、铅、锡、矾、硝、碱、竹、木诸物征收的岁课中规定纳钞的部分；

——盐课、茶课、酒课、醋课；

——对于日历、契约、河泊和山林等 32 个项目征收的额外课；

——商税；

——包银，⑥ 即科差中可纳钞的一部分。⑦

在说明上述情况后，我们就不难明白，元代纸币上的两个专门术语——"宣课"和"差发"究竟是什么意思。舒尔曼（Herbert Franz Schurmann）指出，差发有三种意思：一、概指蒙古统治前期的"岁课"；二、一般意义上的科差，包括丝料、包银，尤其是在 1314—1315 年间；三、用丝和其他织物支付的丝料，1328—1329 年间，差发就被用来指称这个意思。⑧尽管事实上只有包银可以纳钞，

---

① 见 Franke (1949), pp. 47–48。又见前田直典，"元代における钞の發行制度とその流通狀態"，页 71，其中提到，如在大都的私人机构以料钞倒换昏钞，则要添搭价钱。

② 详见 Franke (1949), pp. 49–51, 59。

③ Franke (1949), p. 133。

④ Franke (1949), p. 39。

⑤ Franke (1949), p. 41。

⑥ 科差，蒙语又作"qubchir"，是蒙古统治者规定每户必须缴纳的贡赋。最初每户每年须缴纳 100 两丝绵，但实际上则是用 5 两白银来缴纳。在蒙哥汗统治（1251—1259）初年，qubchir 被增至 6 两，后在 1255 年减至 4 两，其中半数纳银，半数纳本色。见 von Glahn (2009), pp. 8–9。

⑦ 详见 Schurmann (1956), pp. 98–107, 152–162, 175–186, 197–202, 209–211, 217–221, 238–242。

⑧ Schurmann (1956), p. 103。

纸币上提到的差发只可能指差发中的这一部分。

从《元史·食货志》中提到的可以纳钞的"课"来看，只能把"宣课"理解为对"课"的概称。元代有名为宣课司或宣课提举司的机构，贺凯（Charles O. Hucker）将之译为"商税所"（Commercial Tax Office），其长官为提举或者提领。① 纸币上的"宣课"的意思却比单纯的"商税"要广泛一些。事实上，《元史》卷85就提到了大都的"宣课提举司"负责规定"诸色课程"的税率，并管理首都的各个市集。② 此外，更加清楚的是，在同书卷101提到了所谓"六色宣课"，③ 只可能是岁课、盐课、茶课、酒课、醋课以及额外课。因此，我们清楚宣课和差发两个术语指的是一切能纳钞的课和税，包括了商税，由此我们也可以知道，纸币并不仅仅是作为交易媒介和价值尺度，同时也是国家支付手段。

将纸币确立为支付货币税的主要手段，其必然结果则是公共开支也同样通过纸币支付。纸币显然被用于支付公共建筑营建、军饷、蒙古诸王贵族封地的收入和给官员、宦官、武将和士兵的岁赐，被用于赈济灾伤、做佛事和施舍，自然也被用于支付各地的行政开支。④ 总之，这些史实都符合《马可波罗行纪》中的记载，马可·波罗提到了大汗的一切开支（V1，V2），特别是军事开支和官员俸禄（V4，V11）都是用纸币支付的（j）。

4.2.5 市场交易

最早也是最重要的《马可波罗行纪》文本均记载，在大汗统治区域内，凡州郡国土及君主所辖之地莫不通行纸币（k）。买卖货物必须使用纸币（l），拒绝接受纸币者将处以死刑（n）。傅海博在1949年就已经指出，元朝百姓被严令接受纸币。⑤ 然而，在1260年发行标准而且普遍的中统钞后，这些纸币就真的成为帝国境内唯一的合法货币了么？正如我们接下来要看到的，在元代纸币制度中存在着例外地区，特别是在中统钞发行的前几十年内。马可·波罗也意识到了这一点，并且对这种地区差异作了第一手的描述。不过，毫无疑问，在元帝国大部分主要政治和经济区内，纸币成为公私交易的主要支付手段和价值尺度。在元代史料中，对于商品和服务的价格，均是用纸币来表示的，就清楚地证明了这一点。尤其是如下物品的价格：粮食，盐，茶，酒，土地；马匹，

---

① Hucker (1985), p. 251.
② 《元史》，第7册，卷85，页2129。
③ 《元史》，第9册，卷101，页2599。
④ 傅海博提到了几种主要开支，见 Franke (1949), pp. 131–144。
⑤ Franke (1949), pp. 55, 59.

农具，陆路、水路和海运运输及旅行，奴婢，借贷，工钱。

不过，纸币的用处还更广泛一些，不仅仅是用来支付日常生活的各种开支，并且也用来购买某些特殊的物品，包括：食物，油；蔬菜，牲畜和畜产品，牺牲、宫廷豢养的猛禽、猎犬和野生动物的食料，书籍，书画，珠宝首饰。

此外，纸币据说也是商业投资和财富贮藏的重要资本。① 如上所述，大部分征收货币的课和税都必须用纸币支付，因此，威尼斯旅行家的一切商品买卖都要用纸币支付的说法（1）基本是正确的。

4.2.6 流通区域

我们需要探讨的另一个有趣话题，是马可·波罗在华期间元代纸币的空间分布情况。为了研究这一问题，我们最好不要局限于那些与纸币使用相关的记载，而是更仔细地考察为了发行纸币而建立的那些大大小小的地区机构。然后，作为第二步，我们可以将结果与《马可波罗行纪》中描述的行使纸币的那些地区加以对比。事实上，此前历史学家们总是指责马可·波罗的这部分叙述"重复"且"冗长"。例如，约翰·拉纳（John Larner）在近年的一篇文章中指出，马可·波罗对于二十来个城镇的兴趣，无非就是这些地方的居民是偶像崇拜者，服从大汗，并且使用纸币，诸如此类，其文字冗长枯燥，难以引起人们的兴趣。② 但是，如果对《马可波罗行纪》的各个段落加以更细致的考察，并将威尼斯人提到的细节和我们从汉文史料中获得的数据比较，就不难发现，在这些看似重复的列举背后，有着更丰富的意蕴。这一研究方法向我们揭示了，在不同货币的地理分布方面，二者具有令人惊奇的对应性。在我看来，这恰好证明了马可·波罗确实是目睹了这些事物的。

我们首先来考察那些为了倒换昏钞并且进行银—钞兑换而设立的机构。1260年，在几乎全帝国领域内发行纸币的同时，元朝在大都设立的货币机构，除了诸路交钞提举司和元宝交钞库以外，还包括了交钞库。如前所述，元宝交钞库是负责生产和储存纸币的，交钞库则是负责倒换昏钞和进行银—钞兑换。

---

① 关于元代用纸币表示的物价，见 Franke (1949), pp. 144–155; 前田直典，"元代における鈔の發行制度とその流通狀態"，页83—85; 同作者，"元代における紙幣の物価変動"。Peng Xinwei/Kaplan (1994), pp. 512–518. 彭信威还给出了1368年，即明太祖洪武元年的一份失窃物品价格清单，其中"金、银、铜和锡""珍珠宝玉""纱布、缎面、平布、厚质丝绸、丝棉和棉布""粮食""牲畜""蔬果""衣袍帽子"和"器皿（杂件）"等许多物件都标明了价格，而且显然是用纸币计算，见 Peng Xinwei/Kaplan (1994), vol. 2, pp.521–522。

② 见 Larner (2008), pp. 144–145, 以及 Jackson (1998), p. 86. Critchley (1992), p. 50,其中同样强调，这些划一的列举"读起来让人感觉，每个地方都是对照某个清单勾掉一样"。

这两个机构都隶属于提举司。①

继1260年11—12月（中统元年十月）在燕京设立交钞库后，1263年6/7月（中统四年五月）又在该地设立了平准库，几个月后，在1264年1/2月（至元元年正月），元廷又在各路设立了平准库。②设立这一新货币机构的原因，似乎是为了分割货币管理的职权。平准库负责进行纸币和金银及其他货物的交换，③并且"主平物价，使相依准，不至低昂"④，交钞库则负责倒换昏钞。很可能很早就在各行省实施了类似的特殊职能划分，但只是在1282年的钞法改革中，我们发现了所谓"行用库"的存在，它专门负责倒换昏钞。⑤各路分的交钞库何时改名为行用库，目前尚不清楚。但是，由于平准库也被称为平准行用库，⑥可以推断在许多情况下，这两个机构是合署办公的，或者是同一个机构执行两种职能，即发行纸币兑换金银及其他货物，同时又倒换昏钞。⑦

元朝在各路分及下级行政区划设立平准库和行用库，这也使得我们能够对于纸币流通的空间分布做一个总览。表4总结了前田直典关于平准库和行用库的分布的研究。该表显示，在1303年前后，至少存在150个这类机构，其中大部分都是路一级的，但是也有一些是在散府、散州和其他州县一级。然而，这些机构的分布并不是均衡的。根据此表以及其他更加精确的表格，前田直典总结出平准库和行用库的如下空间分布特征：

a) 河南和江浙两行省的平准库和行用库分布高度集中，在这两个行省，几乎每个路都有一座平准库或行用库。与这一密度相似，但是程度有所不及的是在中书省辖区，还有四川、陕西、江西以及湖广行省下属的"行省直隶地"和湖南地区。

---

① 见前田直典，"元代における鈔の發行制度とその流通狀態"，页48。
② 这一机构又名平准交钞库或平准钞库。
③ 这一交易称为"倒换"。
④ 《元史》，第8册，卷93，页2370; Schurmann (1956), p. 139。
⑤ 这些机构又名行用交钞库、行用钞库或倒钞库。
⑥ 平准行用库又名平准行用交钞库或平准行用钞库。
⑦ 见前田直典，"元代における鈔の發行制度とその流通狀態"，页57—60，页96注45。平准行用库由提领负责，可能是一员蒙古人、色目人、汉人或南人。其僚属则有大使、副使、库使、库副，多数是汉人或者南人。此外还有攒典、库子及合干人等。见同上，页72。

表4 1303年前后元朝平准库与行用库的地区分布

地方行政单位		下辖行政单位数量[a]		平准库	行用库	分计	合计
		《元史》	《翰墨大全》				
中书省	路	29	22	11	11	22	
	散府、散州	8					
	散府				4	4	
	散州				1	1	
	府、州、县				19	19	
							46
辽阳行省	路	7	6	2	1	3	
							3
河南行省	路	12	12	4	7	11	
	散府、散州	8					
	散府				6	6	
	散州				2	2	
	府、州、县				2	2	
							21
陕西行省	路	3[b]	6	1	2	3	
	散府	5			3	3	
	府、州、县				1	1	
							7
四川行省	路	9	9	2	5	7	
							7
甘肃行省	路	7	6	2		2	
	散府、散州	2					
							2
江浙行省[c]	路	22	22	17	5	22	
	散府、散州	3					
	散府				3	3	
							25
福建行省	路	8	8	3		3	
							3

（续表）

地方行政单位		下辖行政单位数量[a]		平准库	行用库	分计	合计
		《元史》	《翰墨大全》				
江西行省	路	18	18	11	3	14	
	散府、散州	9					
	散府				3	3	
							17
湖广行省	路	32	31	4	14	18	
							18
行省直隶地	路	8	7	*1*	6	7	
	散府、散州	2					
							7
湖南道	路	9	9	*1*	8	9	
	散府、散州	3					
							9
广西两江道	路	10	10	*1*	*1*	2	
	散府、散州	?					
	散州				1	1	
							3
海北海南道	路	5	5	*1*		*1*	
	散府、散州	?					
							1
合计							150[d]

来源：前田直典，"元代における鈔の發行制度とその流通狀態"，页66。

注释：本表概括表现了前田直典搜集的极为广泛的数据，不仅包括《元典章》还包括了元代其他资料中的可靠数据。

a 第一栏的数据基于《元史》，第二栏的数据基于刘应李的《翰墨大全》或称《翰墨全书》。后者以及与本文相关的内容见前田直典，"元代における鈔の發行制度とその流通狀態"，页97注52。

b 数据并未包括土蕃以及其他地方的宣慰司和都元帅府下辖的路分。

c 剔除了福建道，该地的数据见后一栏。

d 这一数字并未包括斜体字中的数字，因为它们属于湖广行省下辖的地区，已经包括在了湖广行省的总数中，只有广西两江道下属一散州的行用库不在此列。此外，如果加上和林行省和畏吾地区的机构，总数将达到155。

这个简表采用了一种不同的统计方法：

路平准库	路行用库	路平准库与行用库总数	散府的行用库	散州的行用库	府、州、县的行用库	路下级行政单位的总数	合计
		105				45	150
57	48		19	4	22		150

b) 行用库不止是在路一级设立，而且在路以下的行政区划内也设立，特别是散府和散州。这一点在中书省、河南行省辖区内尤其突出，大抵相当于被称为"腹里"的内部和周边。

c) 平准库只在路一级设立，在中书省辖区和在江浙、江西两行省特别多。此外，在边疆地区，平准库也设在道一级，一道设一库。

d) 在重要地区，例如大都、杭州和平江（苏州）等路，或者设立两座平准库，或者设立一座平准库和一座行用库。①

根据平准库和行用库的地理分布，加上史料提供的其他信息，前田直典得出了关于元代纸币流通的分布和密度的如下结论：

纸币在中书省辖区的阴山和滦河以南地区，以及河南和江浙行省的使用极其频繁。类似的情况也发生在江西行省的"直隶地"和湖广行省的"直隶地"以及湖南道。

b) 其次是四川行省和陕西行省的"直隶地"、巩昌总帅府及其他地区。

c) 元代纸币在湖广行省的广西两江道、②海北海南道，以及江西行省的广东道，还有福建行省使用不那么频繁。上述地区包括了今天的福建、广东和广西。类似的描述也适用于辽阳行省，中书省辖区内阴山、滦河以北的地区，以及甘肃行省和陕西行省的西部。

d) 纸币在下述地区没有流通：云南行省，还有八番顺元宣慰司管理的蛮夷之地、四川行省南部的马湖和永宁两路，以及湖广行省的靖州路和西部两江溪洞沿线的地区。换言之，也就是被认为是蛮夷居住的地区，包括了今天的云南、贵州、广西西部、四川南部和湖南西南部地区。③

这一分析显示，尽管纸币似乎是最主要的交易媒介，却绝非在元帝国各地以同样的程度通行，在某些地区甚至完全不通行纸币。例如，尽管元廷禁止铜

---

① 见前田直典，"元代における鈔の發行制度とその流通狀態"，页67。更详细的分析可见该文，页74—76。
② 除了两江溪洞沿线地区，那里几乎不流通纸币。
③ 见前田直典，"元代における鈔の發行制度とその流通狀態"，页75—76。

钱和宋会流行，在此后的数十年内，它们仍然具有某种货币职能。至少在福建、广东、江西和湖南，铜钱仍然有一定势力，而在江南，宋会仍然保持一定影响。甚至即使纸币随着时间推移，日益取得支配地位之后，历代铜钱迟至1310年仍然起着货币的作用。因为就在这一年，蒙古统治者也开始铸造铜钱，并短期发行，规定5文历代钱与3文至大新钱等价。白银也在某种程度上被作为货币使用，特别是进行大宗交易时。在进行小额交易时，百姓有时还使用所谓茶帖、竹牌和酒牌，甚至使用"盐包纸标"。在相当于今天中国西南部的地区，贝壳、盐币和黄金也作为货币使用。① 因此，尽管元帝国理论上力求统一货币，不论是在时间还是在空间上都存在大量的变化和例外。

市丸智子（Ichimaru Tomoko）在近年发表的一篇文章中，从空间和时间两方面，对元代货币状况的复杂性做了更清晰的梳理。以地方志内收录的碑刻为根据（从中国北方的40种方志搜集了125条数据；从江南地区的45种方志搜集了103条数据），市丸智子试图找到在中国北方和江南地区使用三种货币（银、钞和铜钱），以及使用锭和两、贯和文等单位的相关记载。从面额来看，元代纸币制度的一个特征就是，尽管中统钞和至元钞都清楚地写明了贯和文的单位，例如1贯（等于1000文）或者1文，历史文献和文物却总是将之称为"锭"和"两"，即白银的锭（等于50两）和两。② 在时间分布上，这位日本学者区分了早期Ⅰ（蒙古帝国—1294，包括了马可·波罗时期）、早期Ⅱ（1295—1307）、中期（1308—1332）和后期（1333—1368）。在银、钞和铜钱这三种货币的流通和使用方面，市丸智子区分了皇室、诸王贵族（a）、国家行政部门（b）、普通民众（c）和军队（d）。

关于**中国北方**，市丸智子的结论如下：

A）采用贯/文单位和锭/两单位的纸币支付

纸币是元代的主要货币，元代继承了金朝的贯/文单位制。关于这两大单位制的关系，在碑刻史料中发现了如下记录，反映了在总体上白银单位体系以及白银在元代的地位日益重要。

早期Ⅰ：9例贯/文，2例锭/两
早期Ⅱ：8例贯/文，2例锭/两
中期：11例贯/文，10例锭/两
后期：8例贯/文，4例锭/两

不同社会行为主体间这两大单位制的分布如下：

---

① Franke (1949), pp. 52–56, 87, 91, 158; von Glahn (1996), pp. 65–67.
② 官定比率如下：1000文（文是一个单位的铜钱）=1贯（一串铜钱）=1两（银的一"盎司"）。50两=1锭（白银条块）。

——给蒙古贵族（a）的赏赐在所有四个时期都主要是以贯／文为单位。

——国家行政部门（b）中，贯／文单位制在早期占支配地位，反映了金代的影响。在中期，锭／两单位则获得了支配地位，只是在后期又让位给了贯／文单位制，因为当时发生了政治动荡和货币大规模贬值。《元史》的记载也反映了在政府事务中使用锭／两单位制的趋势。在《本纪》《志》各部分都提到过锭／两，但是在《传》和墓志铭中则多提到贯／文单位。

——在普通民众（c）中主要使用贯／文单位制：

早期Ⅰ：4 例贯／文，1 例锭／两

早期Ⅱ：2 例贯／文，0 例锭／两

中期：7 例贯／文，4 例锭／两

后期：4 例贯／文，2 例锭／两

百姓中间主要使用贯／文单位，以及财政事务中主要使用锭／两这两点特征，不仅适用于中国北方，也适用于江南地区。

B）白银支付

22 例关于白银支付的记载中，清楚显示它们集中在早期Ⅰ：

早期Ⅰ：20 例

早期Ⅱ：0 例

中期：1 例

后期：1 例

白银在中国北方充当真实而具体的货币职能，主要限于 1234 年金末到 1260 年忽必烈汗建立纸币制度这段时期。

22 例白银交易记录大部分来自早期Ⅰ，其中涉及如下社会行为主体：

——9 例涉及对蒙古贵族（a）的赏赐，大部分是在早期Ⅰ颁发的，中期和后期各只有 1 例，在这两个时期主要使用纸币来颁发赏赐。

——在 1260 年的 1 例与中央政府（b）有关，当时纸币制度尚未完全建立。

——5 例涉及早期Ⅰ中百姓的日常交易（c），这证明了白银从金末到蒙古国时期是主要货币。

——7 例是为军事征服颁发的奖赏（d）；在金（1234）和南宋（1276）灭亡后，为此目的而使用白银的记载减少了。在江南地区找不到一例。

C）铜钱支付

令人惊讶的是，市丸智子认为自己找到了在北方中国（而不是目前众所周知的江南地区）继续行用铜钱的证据。表 5 的数据，尤其是那些括号中的数据，显示了那些明显不是使用纸币的贯／文单位，而是使用真正的铜钱和钱串的例子：

早期：9 例（包括存疑 1 例）

中期：5 例（包括存疑 1 例）

后期：6 例（包括存疑 1 例）

由上可知，有 3 例记载难以确定究竟是否实际使用了铜钱或钱串。此外，当记载提到数额巨大的铜钱时，还涉及运输成本的问题。尽管元朝几乎不发行铜钱，我们却不能排除有继续使用铜钱的可能性。在市丸智子对《文物》和《考古》杂志中的 211 份考古发掘报告的分析中，也能找到类似的佐证：其中有 85 例提到了发现了铜钱。

市丸智子没有发现与军队（d）有关的铜钱支付，也只有 2 例与蒙古皇室和王公贵族有关（a）。和政府交易（b）相关的有 8 例（不算存疑的 3 例），而大部分例子（10 例）则来自百姓的日常交易。

表 5　元代碑刻史料中中国北方白银、钱和纸币的使用情况和纸币单位，按照不同时期和社会阶层分类

时期	银	纸币			钱	未知种类	
		锭/两	贯/文	单位不明		锭/两	贯/文
早期 I	20	2	9	1	6(5)	—	7
早期 II	—	2	8	1	3	1	1
中期	1	10	11	2	5(4)	1	7
后期	1	4	8	1	6(5)	1	6

早期 I

社会阶层	银	纸币			钱	未知种类	
		锭/两	贯/文	单位不明		锭/两	贯/文
皇室、诸王贵族	7	1	3	1	1	—	—
国家行政部门	1	—	2	—	3(2)	—	1
普通民众	5	1	4	—	2	—	4
军队	7	—	—	—	—	—	2

早期 II

社会阶层	银	纸币			钱	未知种类	
		锭/两	贯/文	单位不明		锭/两	贯/文
皇室、诸王贵族	—	1	4	—	—	1	—
国家行政部门	—	1	2	—	2	—	—
普通民众	—	—	2	1	1	1	—
军队							

中期

社会阶层	银	纸币			钱	未知种类	
		锭/两	贯/文	单位不明		锭/两	贯/文
皇室、诸王贵族	1	2	4	—	—	—	—
国家行政部门	—	4	—	1	1(0)	1	4
普通民众	—	4	7	1	4	—	3
军队							

后期

社会阶层	银	纸币			钱	未知种类	
		锭/两	贯/文	单位不明		锭/两	贯/文
皇室、诸王贵族	1	—	3	1	1	—	—
国家行政部门	—	2	2	—	2(1)	1	3
普通民众	—	2	4	—	3	—	3
军队							

来源：市丸智子（2008），页 118。

注释：括号中数字表示剔除存疑情况后的例数。

早期 I：蒙古帝国—1294

早期 II：1295—1307

中期：1308—1332

后期：1333—1368

在江南地区的 103 例数据中（有 90 例来自江浙行省，7 例来自江西行省，6 例来自湖广行省），市丸智子得出了如下结论：

A）采用贯/文单位和锭/两单位的纸币支付

在元朝 1276 年征服南宋后，元朝纸币的使用在早期十分频繁。所使用的单位制演变如下：

早期：9 例贯/文，1 例锭/两

中期：7 例贯/文，19 例锭/两

后期：8 例贯/文，9 例锭/两

换言之，贯/文单位制在早期具有支配地位（这可以视为继承了南宋末以来的格局，当时几乎不使用白银），使用铜钱进行交易的例子减少了，而多通行南宋会子。南宋会子是以贯/文为单位的。在中期，锭/两单位制逐渐取得优势，尤其是在百姓（c）日用领域，这可以视为元朝财政的锭/两单位制的逐步渗透的结果。而在后期，贯/文单位制又再次复兴，主要是因为当时的政治动荡和货币大规模贬值。

B）白银支付

白银支付的数量从早期到后期呈现增长趋势：

早期：1 例

中期：3 例

后期：5 例

这一趋势显示，随着江南经济的发展，白银日益占据重要地位。

白银支付的例子主要来自百姓（c）的日常交易，而在所有这 6 例中，1 例来自早期，3 例来自中期，2 例来自后期。再加上与国家行政部门相关的 3 例，后期一共达到了 5 例。

C）铜钱支付

使用铜钱的例子随着时间推移稳步增加：

早期：1 例

中期：9 例（包括存疑 2 例）

后期：13 例

其中只有 1 例来自早期，而在随后的中、后期，使用铜钱的例子大量增加，尤其是在元末发生货币动荡的前夕。这似乎说明之前还保留下了一些宋代铜钱，并被有心人窖藏了起来。

从社会角色看，在与百姓（c）以及国家行政部门（b）相关的交易中，铜钱明显占据支配地位，前者有 10 例，后者有 12 例［其中包括 2 例存疑，1 例涉及军队（d）］。只有 1 例支付与皇室和王公贵族相关。①

表6　元代碑刻史料中江南地区白银、铜钱、纸币的使用情况和纸币单位，按照不同时期和社会阶层分类

时期	银	纸币			钱	未知种类	
		锭/两	贯/文	单位不明		锭/两	贯/文
早期	1	1	9	1	1	—	1
中期	3	19	7	1	9(7)	—	5
后期	5	9	8	1	13	3	9

---

① 见市丸智子，"元代の銀・鈔・銅錢の相互關係について—使用単位の分析お中心に—"，《東洋史論集》36 (2008):88–122。市丸氏最初给出的表格存在细微的矛盾之处，特别是涉及江南的例子，不应是早期共有 7 例采用贯/文为单位，而中期有 18 例采用锭/两位为单位，如果我们根据单个表格中的数据计算，二者应该分别是 9 和 19 例。因此，我分别作了纠正。

早期

社会阶层	银	纸币			钱	未知种类	
		锭/两	贯/文	单位不明		锭/两	贯/文
皇室、诸王贵族	—	—	1	—	—	—	—
国家行政部门	—	1	3	—	—	—	1
普通民众	1	—	5	—	1	—	—
军队	—	—	—	—	—	—	—

中期

社会阶层	银	纸币			钱	未知种类	
		锭/两	贯/文	单位不明		锭/两	贯/文
皇室、诸王贵族	—	1	—	1	1	—	—
国家行政部门	—	6	5	—	6(4)	—	1
普通民众	3	12	2	—	2	—	4
军队	—	—	—	—	—	—	—

后期

社会阶层	银	纸币			钱	未知种类	
		锭/两	贯/文	单位不明		锭/两	贯/文
皇室、诸王贵族	—	—	—	—	—	—	—
国家行政部门	3	4	4	—	6	—	3
普通民众	2	5	4	1	7	3	7
军队	—	—	—	—	—	—	—

来源：市丸智子（2008），页118。

注释：括号中数字表示剔除存疑情况后的例数。

早期：1276-1307

中期：1308-1332

后期：1333-1368

接下来，我们将这些从汉文史料获得的数据和结论，同《马可波罗行纪》中的相关信息比较。表7列举了行纪中各章节提到的所有中国地名，并附加说明马可·波罗在华期间（1275—1291）是否曾提示该处通行纸币。如果是，马可·波罗会说当地的货币是纸质的，或者说他们使用纸币，或者说当地除了大汗发行的纸币别无其他通货。随后，我们把这些数据与汉文史料中提到的与货币机构相关的信息（主要反映1303年及其后的情形）并列在一起（见地图1）。首先，我在这张表中列出了《马可波罗行纪》的各种最重要版本中提到的所有中国地名，接下来，我将这一名单与前田直典的研究结论进行比较。从表4中可以清楚看到，前田氏还提示了设有货币机构的其他地方，但是我仅限于考察马可·波罗提到过的那些地方。因此，在这张表以及地图中，我并没有展现汉文史料中记载的1303年前后元代货币机构的完整画面，而仅仅涉及马可·波罗提到过的那些地名。

表7 马可·波罗在华期间（1275—1291）记载行用纸币的中国地方，与汉文史料（1303年前后）有关纸币机构的记载相比较

行省或路	马可·波罗提到的地名 [a]	汉文史料中的地名 [b]	马可·波罗关于行用纸币的记载，1275—1291年	元代史料中的纸币机构，1303年前后	来源 [c]
甘肃行省	Saciou/Sacion (SACHIU, Saciu, Sachion)	沙州			371 2: 16 (88)
	Succiu / Surtant (SUKCHU, Sukchur, Succuir)	肃州			377 2: 21 (89)
	Canpiciou / Campision (CAMPICHU, Campçio, Kampion)	甘州		pzxyk	378 2: 22 (90)
	Erginul / Erguiul (ERGUIUL, Ergiuul,)	西凉州			394 2: 38 (90)
	Silingiu / Singay (SINJU, Silinggiu, Singui, Signi, Sigui)	熙洲			394 2: 38 (90)
	Calacian/ Calachan (CALACHAN, Calacia)	宁夏（中兴）		pzxyk	396 2: 40 (91)
中书省	Sindatui / Sindatary (SINDACHU, Sincaciu, Sindichin)	宣德		xyk	399 2: 42 (91)
	Ciandu [Cleimenfu] / Ciandu (CHANDU, Shandu,)	上都（开平）		pzxyk, pzk	400 2: 44 (92)
	Canbalu [Caidu]/ Cambaluc (CAMBALUC, Taidu)	大都		pzxyk	439 3: 96 (92)
	Giongiu / Ginguy (JUJU, Giogiu, Gouza, Giogu, Gioguy, Geogui)	涿州			451 4: 56 (95)
	Taianfu / Taiaufu (TAIANFU, Tainfu)	太原（冀宁）		pzxyk	452 4: 57 (95)
	Pianfu / Pyanfu (PIANFU)	平阳		pzxyk	453 4: 58 (96)

第二章 元代的纸币 143

（续表）

行省或路	马可·波罗提到的地名[a]	汉文史料中的地名[b]	马可·波罗关于行用纸币的记载，1275—1291年	元代史料中的纸币机构，1303年前后	来源[c]
	Caiciu / Caycay (CAICHU, Thaigin, Caycui, Chaicui)	解州（？）[d]		xyk	453 4: 58 (96)
	Cacianfu / Caciauf (CACHANFU, Cacionfu, Kachanfu)	河中		xyk	456 4: 61 (97)
陕西行省	Quengianfu/ Guengyafu (KENJANFU, Kenzanfu)	长安（安西、丰元、咸宁）		pzxyk, pzk, xyk	456 4: 62 (97)
	Acbalac Mangi /Acbalet Manzi (ACBALEC Manzi, Acbalec Mangi, Achbaluch Manji, Akbalik Manzi)	真定[e]		pzxyk, xyk	459 4: 63 (98)
四川行省	Sindanfu / Sindufu (SINDAFU, Sindinfu, Syndyfu)	成都		pzxyk	460 4: 65 (98)
云南行省	Gaindu / Gaindu (CAINDU, Kaindu)	建都（建昌、建安）			466 4: 73 (99)
	Iaci / Jacyn (YACHI)	昆明（中庆）			469 4: 76 (102)
	Caraian / Caraiam (CARAJAN, Caragian)	大理			469 4: 77 (103)
	Vocian /Vocian (VOCHAN, Uncian, Vochang, Vociam)	永昌			473 4: 85 (103)
四川行省	Sinugul / Suingul (FUNGUL, Funilgul, Sinulgu, Similgu, Chintigui)[f]	叙州		xyk	488 4: 98
	Sindinfu / Sindinfu (SINDAFU, Sindufu, Syndyfu)[f]	成都		pzxyk	490 4: 99 (98)
中书省	Giugiu / Cuguy (JUJU, Giogiu, Gouza, Giogu, Gioguy, Geogui, Gingui)[g]	涿州		(pm)[h]	490 4: 99 (108)
	Cacianfu / Cacanfu (CACANFU, Pazanfu, Caucasu)[g]	河间		xyk	490 4: 100 (108)

201

（续表）

行省或路	马可·波罗提到的地名 [a]	汉文史料中的地名 [b]	马可·波罗关于行用纸币的记载，1275—1291年	元代史料中的纸币机构，1303年前后	来源 [c]
	Cianglu / Cyanglu (CHANGLU)	长芦（沧州、清池）		pzxyk, pzk	491 4: 100 (108)
	Ciangli / Cyangly (CHINANGLI) [i]	济南（历城）[j]		pzxyk,	491 4: 101 (109)
	Candinfu / Condifu (TADINFU, Tundinfu, Tandinfu) [i]	东平（须城）		pzxyk	492 4: 102 (109)
	Singuimatu / Singuy Matu (SINJUMATU, Singiu Matu, Sinju Matu) [k]	新州码头（？），即济州（任城）[l]		xyk	494 4: 103 (110)
河南行省	Ligin / Linguy (LINJU, Lingiu, Lingui) [k m]	留城		(pm) [n]	494 4: 105 (111)
	Pi[n]giu / Pynguy (PIJU, Pingui) [m]	邳州（下邳）		(pm) [n]	495 4: 106 (114)
	Cingiu / Cinguy (SIJU, Cingui) [o]	宿迁⑯		(pm) [n]	496 4: 106 (114)
	Caramoran /Caramoran (CARAMORAN, Karamoran) [o]	黄河			497 4: 107 (114)
	Coygangiu /Coygangy (COIGANJU, Conganguy, Koiganzu)	淮安（山阳）		pzxyk	500 5: 99 (114)
	Caigiu / Tuyguy (CAIJU, Caguy, Kuanzu, Quanzu, Caigui, Caicui, Kaiju)	淮阴？（河口？）[q]		(pm) [r]	497 4: 107 (114)
	Pauchin / Panchin (PAUKIN, Paughin)	宝应		(pm) [s]	501 5: 100 (115)
	Cayu 或 Caiu /Cayn (CAYU, Cauyu, Kain)	高邮		xyk	502 5: 100 (115)
	Tigiu / Tyguy (TIJU, Tingui)	泰州（海陵）		pzxyk	502 5: 101 (115)
	Cingiu / Tyguy (TINJU, Chingui, Chinju)	通州（静海）[t]		(pm) [u]	503 5: 101 (115)

第二章 元代的纸币　145

（续表）

行省或路	马可·波罗提到的地名[a]	汉文史料中的地名[b]	马可·波罗关于行用纸币的记载，1275—1291年	元代史料中的纸币机构，1303年前后	来源[c]	
	Yangiu / [I]anguy (YANJU, Yangui)	扬州（江都）		pzxyk, xyk	503 5: 102 (115)	
	Nanchin or Nanghin / Manghin (NANGHIN, Namghin, Naingui)	安庆（怀宁）[v]		xyk	504 5: 103 (116)	203
	Sanyanfu / Saianfu (SAIANFU, Sayanfu)	襄阳		xyk	504 5: 104 (116)	
	Singiu / Singuy (SINJU, Singui)	真州		pzxyk	507 5: 107 (117)	
	Caygiu / Catuy (CAIJU, Caigiu, Kayngui)	瓜州		(pm)[w]	508 5: 109 (117)	
江浙行省	Cinghianfu /Cynghyanfu (CHINGHIANFU, Chinghianfu, Changhianfu)[x]	镇江		pzxyk, pzk	509 5: 110 (117)	
	Tinghingui / Cinghynguy (CHINGINJU, Ciangiu, Tinguigui)[x]	常州		pzxyk, pzk	510 5: 111 (117)	
	Suigiu / Singuy, Cynguy (SUJU, Sugiu, Singui)	苏州（平江、吴县）		pzxyk, pzk, xyk	511 5: 112 (117)	
	Vugiu / Vuguy (VUJU, Vagiu)	吴江		(pm)[y]	512 5: 113 (118)	
	Vughin / Vughyu (VUGHIN)	湖州（吴兴、乌程、归安）		pzxyk	512 5: 113 (118)	
	Ciangan / Cyangan (CHANGAN, Ciangan)	长兴		(pm)[z]	512 5: 113 (119)	
	Quinsai / Quinsay (KINSAY, Quinsai, Kinsai)	行在（杭州、钱塘、仁和）		pzxyk, xyk. pzk	513 5: 116 (119)	
	Ganfu / Ganfu (GANFU, Gampu, Ganpu)	澉浦		(pm)[a*]	516 5: 117 (119)	204
	Tanpingiu / Tapiguy (TANPIJU, Tanpigiu, Tapinzu, Carpiguy)[b*]	桐庐		(pm)[c*]	521 5: 124 (119)	
	Vu[i]giu / Vuyguy (VUJU, Vugiu, Uguiu)[b*]	婺州（金华）		pzxyk, pzk	521 5: 124 (120)	

（续表）

行省或路	马可·波罗提到的地名[a]	汉文史料中的地名[b]	马可·波罗关于行用纸币的记载，1275—1291年	元代史料中的纸币机构，1303年前后	来源[c]
	Ghiugiu 或 Ghengiu or Chengiu / Ginguy (GHIUJU, Guiguy, Ghingui, Gengui)[d*]	衢州（西安）		pzxyk	522 5: 124 (120)
	Cianscian 或 Ciansan / Ciencian (CHANSHAN, Ciancian, Zengian)[d* e*]	遂昌		(pm)[f*]	523 5: 125 (120)
	Cugiu / Cinguy (CUJU, Cugui, Gieza)[e*]	处州（丽水）		pzxyk	523 5: 125 (120)
福建路（福建行省）	Quenlifu / Quenlifu (KELINFU, Quenlinfu, Kuelinfu)	建宁（建安、瓯宁）[g*]		pzk	524 5: 127 (121)
	Unguen / Vuguen (UNKEN, Unguen)	侯官[g*]		(pm)[h*]	525 5: 128 (121)
	Fugiu / Fuguy (FUJU, Kangiu)	福州（闽县）		pzxyk	526 5: 128 (121)
	Çart[u]n 或 Çait[un] or <C>ai[t]on / Sarcan 或 Çaiton (ZAYTON, Zaitun)	泉州（刺桐）		pzxyk	527 5: 129 (121)
	Tiungiu / Taingui (TYUNJU, Tingiu, Tingui)	丰州[i*]		(pm)[j*]	528 5: 130 (121)

来源：法意混合语本，见 Ronchi (1988), *Marco Polo, Milione. Le divisament dou monde*；早期法文译本见 Philippe Ménard (ed.), *Marco Polo: Le devisement du monde*, Genève: Librairie Droz, 5 vols., 2001-2006; Z 抄本见 Arthur Christopher Moule and Paul Pelliot, *Marco Polo: The Description of the World*, London: Routledge, 1938, vol. 2, pp. xxi-lvi; 刺木学译本见 Giovanni Battista Ramusio, *Navigazioni e Viaggi*, ed. by Marica Milanesi, Turin: Giulio Einaudi, 1980, vol. 3; 匹匹诺本见 Justin V. Prášek, *Marka Pavlova z Benátek; Milion: Dle jediného rukopisu spolu s příslušným základem latinským*, Prag: Nákladem České Akademie Císaře Františka Josefa pro Vědy, Slovesnost a Umění, 1902; 元代货币机构见前田直典，"元代における鈔の發行制度とその流通狀態"，页 60—65。

第二章　元代的纸币　147

图例：

这些关于纸币行用的记载，可在法意混合语本（F）和早期法文本（B1）中找到，Z抄本和剌木学译本中也有。匹匹诺本明确提到使用纸币的，只有中书省的汗八里（大都）和江浙行省的行在（杭州）这两处。不过，值得注意的是，在河南行省的Caÿn（高邮）条中，匹匹诺本插入了一个总结说明，即在此地以及在整个地区都通行大汗的货币："[...] Ibi et in tota regione illa expenditure moneta curie magni Khan. [...]"［见Prášek (1902), p. 135］梅纳尔认为法意混合语本是最接近原本的版本，其次是早期法文本［见Ménard (2003), pp. 16, 17］。

关于纸币行用的记载在法意混合语本（F）和早期法文本（B1）中均可找到，在Z抄本中也有，但剌木学译本中缺。

关于纸币行用的记载在法意混合语本（F）和早期法文本（B1）中均可找到，但在Z抄本和剌木学译本中均缺。

关于纸币行用的记载仅见于早期法文本（B1），但在法意混合语本（F）和Z抄本中均缺。

pzk　　　平准库
xyk　　　行用库
pzxyk　　平准行用库
(pm)　　 有间接证据可证明纸币流通

注释：
　　我首先在本表中列出马可·波罗书最重要的版本提到的所有中国地名。接着我将这个名单与前田直典的发现相比较。表4十分清楚地显示，前田还提到了其他设有货币机构的地方，但是此处我仅仅处理马可·波罗提到的地名。因此，在本表和地图1中并没有显示1303年前后汉文史料反映出的元代货币机构设置的全貌，而仅是显示了马可·波罗提到的地名。
　　a. 地名转写参照了Ronchi (1988), *Marco Polo, Milione. Le divisament dou monde*, 斜线后则是来自Ménard (2001-2006)的转写形式。在括号中我附上了如下著作的转写：Yule (1903)和另一种变体：Haw（2006），pp. 89-123。对照Pelliot, *Notes on Marco Polo*一望可知，这些附加的转写显然并不力求完整。地名顺序遵循了威尼斯旅行家的叙述（因此也反映了他的旅行路线）。我大致仅给出地名，而非地区名。

此外值得一提的是，剌木学译本——正如匹匹诺本中转译的部分所显示的——没有列出包含在法意混合语本和早期法文本中的所有地名。因此，四川行省的Sindinfu（成都）和中书省的Giugiu（涿州）、Cacianfu（河间）被略去了，这些地名的具体位置并不清楚。匹匹诺本没有提到Sindinfu（成都）或Giugiu。此外，剌木学译本同匹匹诺本一样，并未提到河南行省的Ligin（柳城），Pi[n]giu（邳州）、Cingiu（宿迁），也没有关于江浙行省的Vugiu（吴江）、Vughin（湖州）、Ciangan（长兴）的记载。

b. 中文的地名和位置，如未另加说明，分别见Haw（2006），同上，以及谭其骧（1982），第7册。中国的某个城市常常是若干省、地区和地方管辖机构的所在地。虽然这些管辖机构的衙署设在同一地区，它们本身则有着不同名称（置于括号中），在必要情形下，我在括号中还附上了旧地名。即使某地经过改名，人们仍然沿用旧地名。

c. 卷数和页数首先见Ronchi (1988), *Marco Polo, Milione. Le divisament dou monde*，其次见Ménard (2001–2006)。括号中的数字则来自Haw (2006)。

d. Haw (2006), p. 96, 他认为这是指解州，但也存在一些其他特征，类似今天的吉州［Yule (1903), vol. 2, p. 26n2］、侯马［(Joel Blanchard and Michel Quereuil (eds.), "Voyages a travers la China," in Philippe Ménard (ed.), *Marco Polo: Le devisement du monde*, Geneve: Librairie Droz S.A. (Textes litteraires français, 575), 2005, p. 100］或者绛州（Pelliot, *Notes on Marco Polo*, vol. 1, pp. 122–124）。

e. Haw (2006), p. 96, 将此地考订为汉中（兴元、南郑）。而蔡美彪认为，Acbalac 或 Acbaliq (Acbalikh) 在波斯语中是"白城子"的意思。在河北省开化寺的元氏蒙汉双语碑中，真定路对应八思巴蒙文中的 Caqan Balaqasun (Cakhan Balakhsun)，即"白城子"，见蔡美彪（1993），页171—172, 蔡美彪，"元氏开化寺碑译释"，《考古》，9（1988）：843，以及 Pelliot, *Notes on Marco Polo*, vol. 1, pp. 8–9。Acbalac Mangi 可能意为"蛮子（边境）的白城子"。

f. 此处我遵循了前田直典的解释，见前田直典，"元代における鈔の發行制度とその流通狀態"，页73。前田将相关段落解释为："从叙州直到成都府的各城均行用纸币。"这里，他将 Sinugul 对应叙州，比起 Haw (2006), p. 106, 对应为夔州或涪州的做法要更加合理。

g. 不过，马可·波罗提到，从Giugiu到Cacianfu沿路所有城市都行用纸币。

h. 涿州是隶属于大都路，即都城所属的路份，因此是纸币的最大印造者。

i. 在这里，马可·波罗还报告说，从Ciangli到Candinfu沿路所有城市都流通纸币。

j. 与裕尔的看法相反［Yule (1903), vol. 2, p. 137］，伯希和认为 Ciangli（Cynangly等）对应于将陵县，也就是陵州，而非济南路。我在第七章中已经说明，Ciangli就是济南路，但是对于该地的描述与Tondinfu（东平路）混淆了。

k. 根据马可·波罗的记载，自Singuimatu到Ligin沿路均行用纸币。

l. 将新州对应为济州，见Arthur Christopher Moule, "Marco Polo's Sinjumatu," *T'oung Pao*, second series, 13.3 (1912): 431–433。

m. 马可·波罗提到，自Ligin到Pi[n]giu沿路各地均流通纸币。

n. 归德府也有一处行用库,归德府下辖留城、邳州和宿迁。
o. 马可·波罗记载,自Cingiu到Caramoran各处均行用纸币。
p. 不过,彭海(2010),页250认为这是泗州,即今天的盱眙附近。
q. 很可能相当于今天的清江市。不同的解释见Haw (2006), p. 114,以及Blanchard and Quereuil (2005), pp. 130, 228。
r. 淮阴应该隶属于淮安,淮安有一座平准行用库。
s. 宝应应隶属于高邮,高邮有一座行用库。
t. Jean-Claude Delclos and Claude Roussel, *A travers la Chine du Sud*, in Philippe Ménard (ed.), *Marco Polo: Le devisement du monde*, Geneve: Librairie Droz S.A., 2006, vol. 5, pp. 139, 260,上述研究认为,此即海州或海安。不过,Haw将此地对应为通州,见Haw (2006), p. 115。
v. 前田直典,"元代における鈔の發行制度とその流通狀態",页73,认为此即开封或"南京",而非安庆,不过,这一点并不妨碍我们将二者并列,因为开封也有一座行用库。
w. 瓜州隶属于扬州且与后者毗邻,扬州有一座平准行用库和行用库。
x. 马可·波罗记载,从Cinghianfu至Tinghingui各地均行用纸币。
y. 吴江隶属苏州,苏州有平准行用库和行用库。
z. 长兴在行政区划上属于湖州,湖州有平准行用库。
a*. 澉浦隶属于嘉兴路,嘉兴路有平准行用库和行用库。
b*. 根据马可·波罗的记载,自Tanpingiu至Vu[i]giu各地均流通纸币。
c*. 建德路有一座行用库,桐庐即隶属于该路。
d*. 威尼斯旅行家记载,自Ghiugiu至Cians各地均行用纸币。
e*. 马可·波罗记载,自Cianscian至Cugiu各地均流通纸币。
f*. 遂昌隶属处州,处州有平准行用库。
g*. Quenlifu和Unguen属于行用纸币的地方,仅仅在早期法文本中有记载,而在更早的法意混合语本中则没有。文本差异见Delclos and Roussel (2006), p. 244,行35—36, p. 246,行58—59。
h*. 侯官隶属福州,福州有平准行用库和行用库,因此,至少从1303年及以后,纸币肯定也在该处流通。
i*. Haw (2006), p. 121,他将这一地名对应为汀州(长汀),而郑式则令人信服地将之考订为丰州,距今天的泉州市约20公里,见郑式,"Tiunguy即'丰州'——对《马可·波罗行记》中一条地名的考证",《南阳师范学院学报(社会科学版)》,3.4(2004):32—36、64。元代在泉州以及附近的晋江、南安、安溪等地生产供出口的瓷器,可见So Kee Long (1994); Pearson et al.(2001); and Ho Chuimei (2001)。丰州作为"窑址"特别见于Pearson et al., map on p. 220。
j*. 丰州隶属泉州,泉州有平准行用库,因此,至少在1303年及以后,当地也一定流通纸币。

150 马可·波罗到过中国

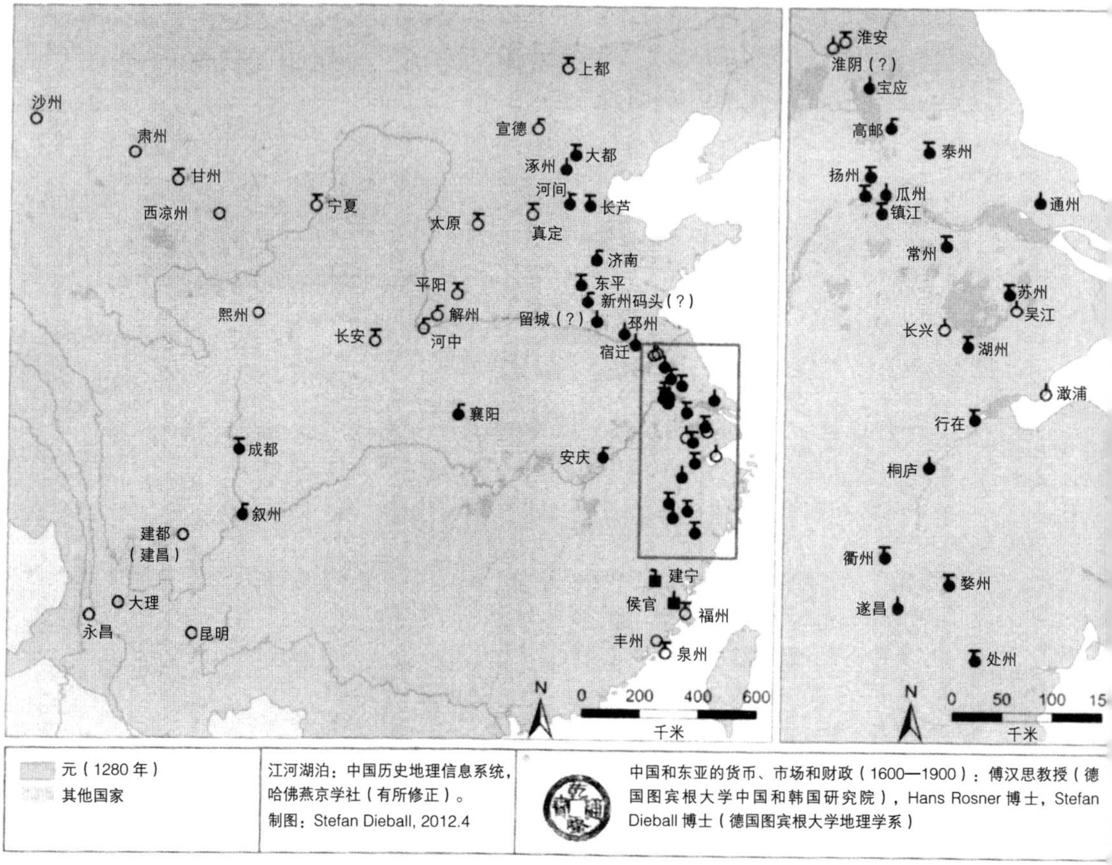

地图1 马可·波罗在华期间（1275—1291）记载行用纸币的中国地方，
与汉文史料（1303年前后）有关纸币机构的记载相比较

来源：表7

图例：

马可·波罗各文本

○ 法意混合语本（F）、早期法文本（B1）、剌木学译本未提到纸币的地方

● 法意混合语本（F）、早期法文本（B1）提到纸币的地方，其中一些地方Z抄本和剌木学译本也有提到。

■ 仅早期法文本（B1）提到纸币的地方

汉文史料：

┃ 未提到纸币和纸币机构，但由于邻近或者隶属于设有纸币机构的地区，所以极有可能存在纸币。

┌ 汉文史料提到设有行用库的地方。

┐ 汉文史料提到设有平准库的地方。

┬ 汉文史料提到设有平准库和行用库的地方。

第一，我们可以肯定，马可·波罗经常提到使用纸币那些情形，主要出现在1280年后，因为直到这一年，元朝才最终在江南地区（江浙行省）发行了纸币，并且蒙古统治者力图废除南宋铜钱和南宋会子。①

第二，另一个引人注目的事实是，马可·波罗提到纸币的处所，主要集中在中书省辖区、河南行省、江浙行省和四川行省。从前田直典收集的信息看，这些地方也都是钞库集中的处所。此外，表7还清楚地显示，马可·波罗记录下的那些使用大汗纸币的地方，大部分都是汉文史料中提到过设立平准库或行用库，又或者两者皆备的地方。由于马可·波罗并没有一字提到江西和湖广行省的各地，因此我们无法将这些地方纳入比较范围。至于甘肃和陕西行省，马可·波罗在叙述各地风情时，也没有提到过纸币。从汉文史料（见表4）看，元朝货币机构在当地分布极为分散，很可能只是在马可·波罗入华时经过上述地方之后，才设立的。② 这里，我们要首先提醒自己注意，表4和7中得自汉文史料的数据，主要是涉及1303年及其后的情形。当马可·波罗在1273—1275年到达中国并穿过甘肃地区时，当地很可能还不存在什么纸币，或者只有有限数量的纸币流通。1303年前后，只有甘州和宁夏二路（7个路中的2个）的平准库见诸史料。因此，《马可波罗行纪》和汉文史料提供的数据彼此并没有强烈的抵牾之处。

第三，当马可·波罗叙述土番（Tebet）时，他明确提到当地并不使用大汗的纸币，而是使用盐钱。此外，在提到建都地区（Gaindu，Caindu）时，他提到作为货币的是黄金和盐钱，而提到关于今天的云南地区时，他数次提到了使用贝子。当进入四川地区后，马可·波罗清楚地指出，从此地开始就是纸币的流通区域：

---

① Franke (1949), p. 55.
② 见陈炳应（1998a），页61；同作者，"《马可·波罗游记》中的元钞"，《中国钱币》，2（1999）：75—76。陈炳应指出，尽管后期纸币肯定在西北地区通行，但最早提到西北地区流通纸币的记载可以追溯到1284年。他依据的是《元史》日期为至元二十一年四月二十一日壬午（1284年4月20日）的一条记载（《元史》，第2册，卷13，页265）："从迷里火者、蜜剌里等言，以钞万锭为市于别十八里及河西、上都。"但是，对此我们必须谨慎。呼和浩特的确发现过早期10文中统钞，在宁夏贺兰县也发现过早期500文和300文中统钞。这些纸币显然都是1260—1269年印行的，与迄今发现的1350年之后再次印行的其他中统钞有明显区别。呼和浩特和贺兰县发现的中统钞发掘地均系佛塔（见附录8表3）。这就使我们难以确定，这些纸币究竟是如何进入这些地区，或者它们是何时由佛教寺院贮藏的。这很可能大大晚于它们首次发行的时间。况且，即使它们很早就进入了这些地区，也并不意味着这些纸币当时在该处是广泛流通的。

第一二九章　叙州

沿河行此十二日毕，抵一城，名叙州 Suingul，城甚大而名贵……彼等善战，而用纸币，自是以后，吾人遂在用大汗纸币之地矣。①

这一点不仅与我们从汉文史料获得的信息，而且与前田直典得出的平准库和行用库数据极为吻合。② 表 4 也清楚地显示了，关于土番和云南地区，并不存在用来兑换白银或者昏钞的交钞库的记载。

第四点需要注意的有趣现象是，《马可波罗行纪》的法意混合语本（F）提到福建行省时，并没有提到当地使用纸币或存在纸币。Z 抄本更是如此，它甚至都没有提到在浙东的遂昌和处州使用纸币。如果考虑到法 - 意文本（F）是行纪最古老的文本，也是最接近今天已经亡佚了的原始手稿的文本，而早期法文本的抄写者将使用纸币的文字误植在了建宁和侯官等处，那么马可·波罗的描述与郑介夫在 1303 年的奏议几乎完美吻合，奏议提出：

> 即今民间所在私用旧钱，准作废铜行使，几于半江南矣。福建八路纯使废钱交易，如江东之饶、信，浙东之衢、处，江西之抚、建，湖南之潭、衡，街市通行，颇是利便。③

换言之，郑介夫宣称，在福建行省的全境，铜钱几乎是唯一的货币，而在邻近地区（包括 Z 抄本未曾提到行用纸币的处州），至少在日常交易方面也是如此。即便郑介夫的奏议有所夸大，④ 或他的描述仅局限于小额交易，而某种其他货币（如白银）可能被用来进行大宗交易，也无法改变如下事实：一、长期以来，与占支配地位的铜钱相比，元代纸币在福建地区的货币流通中，并不占多数份额。二、在郑介夫提到的其他邻近地区内，铜钱仍然作为小额交易的支付手段继续发挥重要作用，很可能与纸币并行。

---

① 见 Blanchard and Quereuil (2005), p. 98. 裕尔 [Yule (1903), vol. 2, p. 124] 的译文作："[...] After you have travelled those twelve days along the river you come to a great and noble city which is called Fungul. [...] They are good soldiers, and have paper-money. For you must understand that henceforward we are in the countries where the Great Kaan's paper-money is current."

② 关于这些地区通行的盐钞和贻子，详见本书的下一章。

③ 见《历代名臣奏议》，黄淮、杨士奇等纂，1416 年，1635 年，收入吴相湘主编，《中国史学丛书》，台北：台湾学生书局，1964，卷 67，页 14a（页 38）；前田直典，"元代における鈔の發行制度とその流通狀態"，页 85。

④ 高桥弘臣（2010），页 306。

但是，应该如何解释表4和表7中提到的福建行省设置的3个货币机构呢？在泉州路和福州路各设有一座平准行用库，而在建宁路则设有一座平准库，加在一起也不过是占该行省8个路中的3个。① 首先，必须指出，前田直典搜集到的数据，主要反映的是1303年前后的情形，也就是马可·波罗在华时期之后。元朝在福建也设立了一系列（数量有限的）平准库，显然证明元代纸币的流通范围随着时间推移不断扩大，故而纸币使用也在福建地区不断深入。不过，即便是在1303年，我们也可以认为纸币流通在该地区仍然极为有限，并且主要集中在大型商贸中心，原因就是毕竟在14世纪初，整个福建行省辖区内只发现了3座货币机构。因此，马可·波罗之书——法意混合语本——中不曾提到在福建行省行用纸币这一事实，并非偶然，而是完全符合从汉文史料得出的分析。② 元代货币体系出现这类地区间不均衡的原因如下：与北方相反，在中国南部和西南部仍然有大量的铜钱流通——即便是南宋时期这些铜钱有外流趋势，并且元朝一直在努力废除宋代铜钱。另外一个原因是蒙古在中国南方的统治并不稳固，因此，纸币制度可能无法得到彻底贯彻。我们还能举出的第三个原因：旨在替代铜钱的小额纸币发行不足。这可能是因为官员由于沉重的行政负担而限制了其发行量，或这些小钞由于市场需求强劲，被官员勾结权豪势要之家所垄断，待价而沽。此外，小额纸币的短缺还因为如下情形进一步加剧了：元代纸币的纸张质量，还不足以保证它作为支付手段在小额交易中长期频繁使用。这也解释了为什么百姓常常不得不进行以物易物，或者寻求纸币的替代品进行交易，如茶帖、面帖、竹牌和酒牌之类。③

第五节　元代纸币：马可·波罗的叙述与汉文史料之比较

蒙古王朝过度印造纸币——这种制度是他们效法自前代中国君主——有着可怕阴暗面，可惜马可·波罗先生却没有注意到或者不愿意承认这一点。他对大汗的良好印象，即大汗能够通过发行这类廉价的纸币而弥补开支，获得巨大收益，可能模糊了他的观察。但是，他对此事的片面描述也许仅仅是从商业角

---

① 前两个来自《元典章》的记载（然相关段落恰好不见于我手头的台北影印本），第三个来自《元史》的记载。见《大元圣政国朝典章》，卷9，"吏部三"；《元史》，第15册，卷197，页4442；见前田直典，"元代における鈔の發行制度とその流通狀態"，页60、65。

② 见前田直典，"元代における鈔の發行制度とその流通狀態"，页76—77、85—86。

③ 见高桥弘臣（2010），页307—314。

度出发的。①

在前面几节，我们首先对《马可波罗行纪》中关于纸币的章节做了彻底的话语分析。由此，我们不仅能够将他的叙述同其他西方、波斯和阿拉伯作家比较，也能够与汉文史料的记载，或者同现存的元代货币（特别是那些蒙古统治时期保存至今的纸币）进行比较。与我们所知的其他西方、波斯和阿拉伯作家比较的结果，清楚地显示，其中任何一位作家都不像我们的威尼斯旅行家那样准确和全面。哪怕是把他们提供的所有信息综合起来，在仔细、准确、严谨和全面等方面，《马可波罗行纪》仍然是无可比拟的。

与汉文史料的比较则显示，马可·波罗对于元代纸币的生产、分布和职能的描述，在多数情况下与汉文历史记载或历史遗存极为吻合。正如我们前面所分析的，这种契合体现在许多方面，包括纸币生产的制度安排、物理特征以及纸张种类、大小、形状和颜色，当然还有各级官府在其上加盖的印记。同样，马可·波罗对于纸币的名义单位制度、倒换昏钞的程序、对伪造者的惩处条例等方面的描述，也是相当准确的。此外，他还正确地描述了在公私交易中使用纸币的情形，特别准确地提到了那些纸币流通的地区。至于马可·波罗提到元朝大汗对于金银珠宝的垄断，大汗积累了大量的财富等，在汉文史料中也能找到相应的佐证。威尼斯旅行家还指出，生产和使用纸币的方式，类似一种神秘的技术或者炼金术（b）。在这一点上，马可·波罗的叙述和汉文史料也是一致的，因为，这种说法在宋代学者中十分流行，他们赞叹朝廷将纸张转化为金钱的神奇点金之术。② 马可·波罗强调，纸币轻便，可以携带远行，故十分便利（m），在将铜钱与纸币作这类比较的元代诗歌中也能找到对应。③ 此外，1272年，胡祗遹（1227—1295）在他的奏议中反对朝廷铸钱与纸币并行时，也提到了相似的论据。④ 考虑到大部分的汉文史料只是在马可·波罗时代过去很久之后才出现的，不论是他还是其他外国人都无法从中摘取信息，马可·波罗的描述与汉

---

① Wilhelm Heyd, *Geschichte des Levantehandels im Mittelalter*, Stuttgart: Cotta, 1879, vol. 2, pp. 252–253, 德文原文如下："Dass der reichliche Gebrauch, welchen die mongolische Dynastie von der übrigens den früheren Beherrschern China's abgelernten Creirung von Papiergeld machten, seine furchtbaren Schattenseiten hatte, ahnte M. Polo nicht, oder wollte er es nicht gestehen. Das günstige Vorurtheil für den Grosschan, welcher allerdings gut zukam, wenn er seine Ausgaben mit einem so wohlfeil zu beschaffenden Werthzeichen bestritt, mochte ihm den Blick trüben, vielleicht auch eine einseitige Auffassung des Gegenstands vom mercantilen Standpunkt aus."

② 见 von Glahn (2006), p. 106. 拉施都丁将元朝纸币的效用喻为某种"哲人石"，见附录2（Ra1）。

③ 见彭信威（1958），页414，注释9; Peng Xinwei/Kaplan (1994), vol. 2, p. 512n17, 此处引用了元人李祈的《伪钞谣》，中有如下诗句："国朝钞法古所无，绝胜钱贯如青蚨，试令童子置怀袖，千里万里忘羁孤……"

④ 高桥弘臣（2009），页155。

文史料的一致性就更加引人注目了。

在极少数的情形下，我们无法在汉文史料中为马可·波罗找到一一对应的证据。例如，多少带有强迫性地让国内（q）和外国商人（p），每年将价值 400,000 贝占特的金银珠宝（s）交给大汗，并由专家 12 人组成委员会专门为大汗评估此类货物，并立时以纸币给以丰厚报酬（r）。即便我们了解元代纸币制度的总体制度设计和特征，但《行纪》中这些片段零散的信息也很有价值，并且应该视为迄今只能在《马可波罗行纪》中才能找到，后来显然被其他作家所沿袭的信息。例如，孙丹尼牙的主教就提到了商人将金银珠宝呈献给大汗的事情（S1）。

目前还存在这样一种意见，即批评马可·波罗对于元代纸币的描述过于积极了，他描述说纸币就"如同纯金铸币一样"被百姓使用和接受，却似乎忽视了元代滥发纸币造成的贬值和通货膨胀。不过，这种正面评价不仅是马可·波罗独有的，其他中世纪作家也是如此，其中大部分写作的时间还要晚于马可·波罗，是在通货膨胀远比马可·波罗在华时期更为剧烈的时期写作的。我们上面已经提到过，中书省在发行纸币时遇到了难以克服的困难，即无法供应充足的料钞，因此，民间对于纸币的需求还是很旺盛的。从这一点可知，纸币发行在有元一代并非总是肆无忌惮的。

从已经亡佚的元人著作——武祺的《宝钞通考》中获得的数据也值得一提。该书不仅提供了 1260 年至 1324 年纸币的印造总量，还给出了同一时期政府回收和烧毁的昏钞的总数。武祺指出，在这 65 年内，元朝一共印造了 5905.6 万锭交钞，其中 5620 万锭进入了流通，而 3600 万锭被收回烧毁。① 因此，在 1323 年，流通中纸币的总额理论上应该已经达到了 1324 年的 2020 万锭。② 这也意味着，在为期 65 年的时段内发行的纸币总锭数中，有 64% 是在 64 年内被收回烧毁的。

武祺提供的数据是否可信？杰出的中国货币史学家彭信威认为，武祺的数据与《元史》的记载不合，此外，《元史》并没有记录被收回烧毁纸币的总数。③ 与彭信威的观点相反，我同意傅海博的观点，即武祺关于已发行纸币的数据大

---

① 见《钦定四库全书总目》，纪昀、永瑢、陆锡熊等编，1782 年，《四库全书》电子版见 CrossAsia project of the Berlin State Library (Staatsbibliothek Berlin)，卷 84。

② Franke (1949), p. 104.

③ 此外，彭信威认为，武祺关于元代钞法的发展的叙述也是混乱的。彭信威著作的译者 Edward H. Kaplan 并不太赞同他这一严厉的评价。在附注中他强调，决定货币供给条件的是市场参与者的预期和行为，尤其是这些参与者在通货膨胀和通货紧缩的不同预期下贮藏和消费货币的行为。见 Peng Xinwei/Kaplan (1994), vol. 2, p. 515。

体是十分可信的,其原因如下:如果我们将《元史》的《食货志》中关于已发行纸币的全部数据加在一起,**且不区别这些数据涉及的是中统钞、至元钞或者至大钞**,那么就会得出 51,948,118 锭的数字。① 尽管这个数比起武祺的数字要少 400 万到 700 万,但这一差距并不是大得无法解释,因为《元史》提供的年度数据可能是不完整的,或者存在转抄的错误。

很可能元朝政府总共收回了在 1260 年至 1324 年间发行的 64% 的昏钞,正如我们在表 9 中看到的,这是否也意味着,年平均回收率为 93%?这就产生了如下问题,即元代纸币的流通寿命是多久?对此目前我们掌握的史料只提供了极少的线索。我们知道,宋代发行的纸币一届为 3 年,不过,这并不代表三整年,而是指经过三个元日,因此官方规定的流通期限实际上是 2 年。② 当期限已至,政府会回收所有纸币换成新币。其中一种纸币名为银会子,是吴玠在陕西河池发行的,一届定为一年。③ 元代史料显示,正如我们在第二章 4.2.3 中看到的,旧钞换新钞是很频繁的,由此才造成了新钞供应不足的困难。此外,武祺提供的关于印造和发行纸币的总数,与《元史》中的年度数据累加之后的结果之间,并没有巨大的偏差。由此我们或可断定,与彭信威的看法相反,武祺的关于回收昏钞的数据并非完全缺乏根据。

如果我们把注意力转向现代,现代纸币的质量要远好于宋元时期,我们也许可以提到,在 2003 年瑞士国家银行发行了 1200 万张新钞,名义价值为 86 亿瑞士法郎,同时也回收了 1 亿 1520 万张旧钞,其名义价值为 90 亿瑞士法郎,这一数额正好也达到了年 96% 的回收率。在 2007 年,大约 2 亿 9100 万张、名义价值大约 390 亿的纸币正在流通。④ 现代纸币的寿命取决于其面额。大面额的纸币一般比较小面额的纸币流通更长时间:

20 瑞士法郎约 1 年;

50 瑞士法郎约 1.5 年;

10 瑞士法郎约 2 年;

100 瑞士法郎 2 年多一些;

200 瑞士法郎约 3 年;

---

① 见表 8 和表 9 的注 f。

② 见 Peng Xinwei/Kaplan (1994), vol. 1, p. 371。不过,2012 年 5 月 6 日,伊懋可(Mark Elvin)在一次私人交流中告诉我,**如果纸币全年都按照一定比率陆续发行**,**那么其使用期限可能会是从大约三个整年到当年年末不等**,因为截止期限是经过三个元日,平均流通期限接近两年半,而非两年。

③ Peng Xinwei/Kaplan (1994), vol. 1, pp. 371, 374–375, 411.

④ 见 http://www.ofs.ch/de/haben-sie-gewusst/schweizer-banknoten/(访问时间:2012 年 2 月 12 日)。

1000 瑞士法郎 6 年多。[1]

从这些数据出发，也可以认为，武祺提供的 64 % 的昏钞总回收率（年平均率约 93%）可能是正确的。在公私交易中频繁使用纸币，肯定会对纸币造成损害，由此导致了昏钞与料钞的频繁倒换。

彭信威在《中国货币史》中指出，元代实际的纸币损毁率大约在每年 5%，而宋代的同一比率则是 20%，比起元代"要略高"。此外，他也（相当武断地）认为，《元史》提到的数据并不包括那些用来倒换昏钞的料钞。[2] 在表 8 中，我根据彭信威的数据制出了一个 1260 年至 1324 年间流通中纸币总量和人均纸币量的大概估计。正如彭信威已经完成的研究，所有这些数据都被根据官定比率换算为中统钞，作为计算单位。因此，在 1324 年，流通中的纸币总额就达到了价值约 8660 万锭中统钞，从 1260 年至 1324 年，流通中的人均纸币量从 1260 年的 489 贯上升到了 1324 年的 70,988 贯，也就是增加了超过 145 倍。[3]

表 8　蒙元时期（1260—1324）发行的纸币数量以及流通中的纸币总量和人均纸币量估算，根据彭信威的研究

年份	中统钞（锭）	至元钞（锭）	至大银钞（锭）	兑换为中统钞单位（锭）[a]	流通中的总量，年损毁率 5%[b]	量/人均[c]（锭）[d]	指数（1260=1）
1260	73,352			73,352	73,352	489	1.00
1261	39,139			39,139	108,823	725	1.48
1262	80,000			80,000	183,382	1,223	2.50
1263	74,000			74,000	248,213	1,655	3.38
1264	89,208			89,208	325,010	2,167	4.43
1265	116,208			116,208	424,968	2,833	5.79
1266	77,252			77,252	480,972	3,206	6.56
1267	109,488			109,488	566,411	3,776	7.72
1268	29,880			29,880	567,970	2,840	5.81

---

[1]　见 http://www.ofs.ch/de/haben-sie-gewusst/schweizer-banknoten/。欧元方面类似的数据见 http://www.bundesbank.de/eurobargeld/eurobargeld_faq_eurobanknoten.php#b7（访问时间：2012 年 2 月 12 日）。美元的流通寿命较长，见 http://www.usatoday.com/snapshot/money/2001-08-03-lifespan-of-dollars.htm（访问时间：2012 年 2 月 12 日）：1 美元纸币流通寿命是 18 个月；2 美元：2 年；5 美元：3 年；50 美元和 100 美元：9 年。

[2]　Peng Xinwei/Kaplan (1994), vol. 2, p. 505ff.

[3]　事实上，彭信威的著作给出的数据在 1324 年有所不同，即流通中总计 8470 万锭，人均 72,086 贯。这一差异似乎是因为他的表格中出现了一些小的计算错误，见 Peng Xinwei/Kaplan (1994), vol. 2, p. 510。

（续表）

年份	中统钞（锭）	至元钞（锭）	至大银钞（锭）	兑换为中统钞单位（锭）[a]	流通中的总量，年损毁率5%[b]	量/人均[c]（锭）[d]	指数（1260=1）
1269	22,896			22,896	562,468	2,812	5.75
1270	96,768			96,768	631,113	3,156	6.45
1271	47,000			47,000	646,557	3,233	6.61
1272	86,256			86,256	700,485	3,502	7.16
1273	110,192			110,192	775,653	3,878	7.93
1274	247,440			247,440	984,310	4,922	10.06
1275	398,194			398,194	1,333,289	2,799	5.72
1276	1,419,665			1,419,665	2,686,289	2,283	4.67
1277	1,021,645			1,021,645	3,573,620	3,037	6.21
1278	1,023,400			1,023,400	4,418,339	3,755	7.68
1279	788,320			788,320	4,985,742	4,237	8.66
1280	1,135,800			1,135,800	5,872,255	4,990	10.21
1281	1,094,800			1,094,800	6,673,442	5,671	11.60
1282	969,444			969,444	7,309,214	6,212	12.70
1283	610,620			610,620	7,554,373	6,420	13.13
1284	629,904			629,904	7,806,559	6,634	13.57
1285	2,043,080			2,043,080	9,459,311	8,039	16.44
1286	2,181,600			2,181,600	11,167,945	9,491	19.41
1287	83,200	1,001,017		5,088,285	15,697,833	13,341	27.28
1288		921,612		4,608,060	19,521,001	16,590	33.93
1289		1,780,093		8,900,465	27,445,416	23,324	47.70
1290		500,250		2,501,250	28,574,395	24,284	49.66
1291		500,000		2,500,000	29,645,676	25,194	51.52
1292		500,000		2,500,000	30,663,392	26,059	53.29
1293		260,000		1,300,000	30,430,222	25,861	52.89
1294		193,706		968,530	29,877,241	25,391	51.92
1295		310,000		1,550,000	29,933,379	24,944	51.01
1296		400,000		2,000,000	30,436,710	25,364	51.87
1297		400,000		2,000,000	30,914,875	25,762	52.68
1298		299,910		1,499,550	30,868,681	25,724	52.61
1299		970,075		4,850,375	34,175,622	28,480	58.24

（续表）

年份	中统钞（锭）	至元钞（锭）	至大银钞（锭）	兑换为中统钞单位（锭）[a]	流通中的总量，年损毁率5%[b]	量/人均[c]（锭）[d]	指数（1260=1）
1300		600,000		3,000,000	35,466,841	29,556	60.44
1301		500,000		2,500,000	36,193,499	30,161	61.68
1302		2,000,000		10,000,000	44,383,824	36,987	75.64
1303		1,500,000		7,500,000	49,664,633	41,387	84.64
1304		500,000		2,500,000	49,681,401	41,401	84.66
1305		500,000		2,500,000	49,697,331	41,414	84.69
1306		1,000,000		5,000,000	52,212,464	43,510	88.98
1307		1,000,000		5,000,000	54,601,841	45,502	93.05
1308		1,000,000		5,000,000	56,871,749	47,393	96.92
1309		1,000,000		5,000,000	59,028,162	49,190	100.59
1310[e]			1,450,368	36,259,200	92,335,954	76,947	157.36
1311[e]	150,000	2,150,000		10,900,000	66,976,754	55,814	114.14
1312	100,000	2,222,336		11,211,680	74,839,596	62,366	127.54
1313	200,000	2,000,000		10,200,000	81,297,616	67,748	138.54
1314	100,000	2,000,000		10,100,000	87,332,735	71,584	146.39
1315	100,000	1,000,000		5,100,000	88,066,098	72,185	147.62
1316	100,000	400,000		2,100,000	85,762,794	70,297	143.76
1317	100,000	480,000		2,500,000	83,974,654	68,832	140.76
1318	100,000	400,000		2,100,000	81,875,921	67,111	137.24
1319	100,000	1,480,000		7,500,000	85,282,125	69,903	142.95
1320	100,000	1,480,000		7,500,000	88,518,019	72,556	148.38
1321	50,000	1,000,000		5,050,000	89,142,118	73,067	149.42
1322	50,000	800,000		4,050,000	88,735,012	72,734	148.74
1323	50,000	700,000		3,550,000	87,848,261	72,007	147.25
1324	150,000	600,000		3,150,000	86,605,848	70,988	145.17
合计 1260—1324[f]	16,148,751	34,348,999	1,450,368				

来源：发行纸币的年度数据来自《元史》卷93。这些数据在研究元代货币史的众多著作中一再被引用。

注释：

a. 至元钞和中统钞的官定兑换比率为1:5，至大银钞和中统钞的兑换率为1:25。

b. 计算依据的是 Peng Xinwei/Kaplan (1994), vol. 2, pp. 506。B 年现金流通总量是 B 年发行的纸币额度加上 A 年的现金流通总量，再减去 A 年流通量的 5%。

c. 我们用下述家庭和人口（1 户 =5 人）数据来计算纸币的人均流通量：

1260–1267	150 万户，即 750 万人
1268–1274	200 万户，即 1000 万人
1275	4,764,077 户，即 23,820,385 人
1276–1294	58,834,711 人
1295–1313	60,000,000 人
1314–1324	61,000,000 人

元代人口数字计算方面的困难，见 Mote (1994), pp. 618–622。

d. 1 锭 = 50 贯

e. 1310 年的至大银钞发行总量在 1311 年再度被削减，因为这些银钞在发行后不久就被收回并焚毁。见 Peng Xinwei/Kaplan (1994), vol. 2, pp. 510n11。

f. 自 1260 年至 1324 年所有种类的纸币的发行总量是 51,948,118 锭。

尽管彭信威的计算方法可以说是估计流通中纸币总额以及其回收率的首次尝试，但我认为根据武祺提供的数据进行计算要更加真实一些，原因已见前述，也因为如像彭信威那样假设元代的损耗率仅有 5%，而宋代则是 20%，那未免低得不合情理。在表 9 中，我给出了以武祺提供的数据为基准得出的计算结果。从 1260 年至 1324 年元朝发行纸币的总回收率 64% 的假设出发。这就意味着，以《元史》的数据为基础，我们可以得出年回收率为 93%。换言之，并不是名义价值为 8660 万锭中统钞在 1324 年处于流通状态，而是只有 1860 万锭，这一数据要比彭信威的计算少 6800 万锭。相似地，1324 年的人均纸币量并非像彭信威的研究结果那样是大约 71,000 贯，使用武祺提供的数据进行计算的结果是大约 15,200 贯，也就是 1260 年的约 31 倍。

表 8 和表 9 都清楚地显示，蒙古人发行了比南宋政府多得多的纸币。在 1167 年前后，有大约 800 万到 960 万贯（16 万到 19.2 万锭）的会子在两浙进入流通，1169 年，东南省份的会子的供给达到了大约 2000 万贯（40 万锭），随后达到了 1 亿 3900 万贯（278 万锭），并在 1233 年达到了 3 亿 2900 万（658 万锭）。① 即便是考虑到纸币并非南宋唯一的货币，并且这些数据仅仅涉及东南省份，元代在纸币发行和流通方面的巨大差额还是极为明显的。

---

① Von Glahn (1996), p. 53; Peng Xinwei/Kaplan (1994), vol. 1, pp. 410–413.

表9 蒙元时期（1260—1324）发行的纸币数量以及流通中的纸币总量和人均纸币量估算，根据彭信威的研究，根据武祺的参数

年份	中统钞（锭）	至元钞（锭）	至大银钞（锭）	兑换为中统钞单位（锭）[a]	流通中的总量，平均年回收率为93%[b]	量/人均[c]（贯）[d]	指数（1260=1）
1260	73,352			73,352	73,352	489	1.00
1261	39,139			39,139	44,274	295	0.60
1262	80,000			80,000	87,874	586	1.20
1263	74,000			74,000	87,474	583	1.19
1264	89,208			89,208	107,862	719	1.47
1265	116,208			116,208	141,107	941	1.92
1266	77,252			77,252	110,285	735	1.50
1267	109,488			109,488	147,929	986	2.02
1268	29,880			29,880	75,985	380	0.78
1269	22,896			22,896	71,093	355	0.73
1270	96,768			96,768	146,568	733	1.50
1271	47,000			47,000	103,573	518	1.06
1272	86,256			86,256	146,119	731	1.49
1273	110,192			110,192	176,093	880	1.80
1274	247,440			247,440	321,055	1,605	3.28
1275	398,194			398,194	489,130	1,027	2.10
1276	1,419,665			1,419,665	1,538,474	1,307	2.67
1277	1,021,645			1,021,645	1,239,831	1,054	2.15
1278	1,023,400			1,023,400	1,313,101	1,116	2.28
1279	788,320			788,320	1,149,659	977	2.00
1280	1,135,800			1,135,800	1,552,321	1,319	2.70
1281	1,094,800			1,094,800	1,590,827	1,352	2.76
1282	969,444			969,444	1,542,107	1,311	2.68
1283	610,620			610,620	1,251,144	1,063	2.17
1284	629,904			629,904	1,313,172	1,116	2.28
1285	2,043,080			2,043,080	2,770,441	2,354	4.81
1286	2,181,600			2,181,600	3,051,977	2,594	5.30
1287	83,200	1,001,017		5,088,285	6,111,374	5,194	10.62
1288		921,612		4,608,060	5,987,329	5,088	10.41
1289		1,780,093		8,900,465	10,602,298	9,010	18.43
1290		500,250		2,501,250	4,826,115	4,101	8.39

（续表）

年份	中统钞（锭）	至元钞（锭）	至大银钞（锭）	兑换为中统钞单位（锭）[a]	流通中的总量，平均年回收率为93%[b]	量/人均[c]（贯）[d]	指数（1260=1）
1291		500,000		2,500,000	4,999,953	4,249	8.69
1292		500,000		2,500,000	5,174,953	4,398	8.99
1293		260,000		1,300,000	4,149,953	3,527	7.21
1294		193,706		968,530	3,909,483	3,322	6.79
1295		310,000		1,550,000	4,558,750	3,799	7.77
1296		400,000		2,000,000	5,117,250	4,264	8.72
1297		400,000		2,000,000	5,257,250	4,381	8.96
1298		299,910		1,499,550	4,896,800	4,081	8.34
1299		970,075		4,850,375	8,352,593	6,960	14.23
1300		600,000		3,000,000	6,841,745	5,701	11.66
1301		500,000		2,500,000	6,551,745	5,460	11.17
1302		2,000,000		10,000,000	14,226,745	11,856	24.24
1303		1,500,000		7,500,000	12,426,745	10,356	21.18
1304		500,000		2,500,000	7,951,745	6,626	13.55
1305		500,000		2,500,000	8,126,745	6,772	13.85
1306		1,000,000		5,000,000	10,801,745	9,001	18.41
1307		1,000,000		5,000,000	11,151,745	9,293	19.00
1308		1,000,000		5,000,000	11,501,745	9,585	19.60
1309		1,000,000		5,000,000	11,851,745	9,876	20.20
1310[e]			1,450,368	36,259,200	43,460,945	36,217	74.06
1311[e]	150,000	2,150,000		10,900,000	20,639,889	17,200	35.17
1312	100,000	2,222,336		11,211,680	21,714,569	18,095	37.01
1313	200,000	2,000,000		10,200,000	21,487,706	17,906	36.62
1314	100,000	2,000,000		10,100,000	22,101,706	18,116	37.05
1315	100,000	1,000,000		5,100,000	17,808,706	14,597	29.85
1316	100,000	400,000		2,100,000	15,165,706	12,431	25.42
1317	100,000	480,000		2,500,000	15,712,706	12,879	26.34
1318	100,000	400,000		2,100,000	15,487,706	12,695	25.96
1319	100,000	1,480,000		7,500,000	21,034,706	17,242	35.26
1320	100,000	1,480,000		7,500,000	21,559,706	17,672	36.14
1321	50,000	1,000,000		5,050,000	19,634,706	16,094	32.91

（续表）

年份	中统钞（锭）	至元钞（锭）	至大银钞（锭）	兑换为中统钞单位（锭）[a]	流通中的总量，平均年回收率为93%[b]	量/人均[c]（贯）[d]	指数（1260=1）
1322	50,000	800,000		4,050,000	18,988,206	15,564	31.83
1323	50,000	700,000		3,550,000	18,771,706	15,387	31.47
1324	150,000	600,000		3,150,000	18,620,206	15,262	31.21
合计 1260-1324[f]	16,148,751	34,348,999	1,450,368				

来源：发行纸币的年度数据来自《元史》卷93。这些数据在研究元代货币史的众多著作中一再被引用。

注释：

a. 至元钞和中统钞的官定兑换比率为1:5，至大银钞和中统钞的兑换率为1:25。

b. 计算依据的是武祺给出的从1260年到1324年的64%回收率。该时期发行的5620万锭中，3600万锭纸币在同一时期退出流通，理论上剩下2020万继续在1324年流通。如果我们把这些数据与51,948,118锭，也就是根据《元史》给出的年度数据计算出的1260年至1324年的流通总量（见备注f）加以比较，计算出那一时期退出流通的纸币总额为33,276,375锭（56,200,000 : 36,000,000 = 51,948,118 : x）。而仍然继续流通的纸币为18,671,743锭（51,948,118 − 33,276,375）。为了使1324年流通中的纸币总额达到18,671,743锭的这个数字，就必须将《元史》给出的年度总额的平均回收率设为93%左右，本表就是这样设定的。这个假设并不是不现实的，因为瑞士国家银行在2003年发行了1亿2000万新的纸币，回收了1亿1520万废钞，年回收率为96%。因此，要计算B年流通的纸币总额，就要将B年发行的纸币总额，加上A年流通的纸币总额，再减去A年流通纸币总额的93%。

c. 我们用下述家庭和人口（1户=5人）数据来计算纸币的人均流通量：

1260-1267　　150万户，即750万人
1268-1274　　200万户，即1000万人
1275　　　　　4,764,077户，即23,820,385人
1276-1294　　58,834,711人
1295-1313　　60,000,000人
1314-1324　　61,000,000人

元代人口数字计算方面的困难，见Mote (1994), pp. 618-622。

d. 1锭 = 50贯

e. 1310年的至大银钞发行总量在1311年再度被削减，因为这些银钞在发行后不久就被收回并焚毁。见Peng Xinwei/Kaplan (1994), vol. 2, pp. 510n11。

f. 自1260年至1324年所有种类的纸币的发行总量是51,948,118锭。

现在来探讨通货膨胀的问题。尽管通货膨胀在马可·波罗在华时期实际是不断增强的，却还是在一定的限度内。前田直典认为，只是在蒙古1275年征服南宋之后，才出现第一次严重的通货膨胀趋势。① 从那个时候直到1287年元朝进行货币改革并贬值货币为止，与1260年及其以后不久的时期相比，价格水平大约上升了4到20倍，或平均10倍。表10证明1260年至1287年间的平均通货膨胀率大约在每年5.28%到8.93%再到11.75%之间变化，这取决于价格水平上涨的幅度究竟是4倍、10倍或者是20倍。姑且假设通货膨胀只是在1275年才开始的，那么该日期之后的年平均通货膨胀率就会达到11.5%、20.0%和26.0%。在我看来，这种极端情况却是不大可能的，因为轻微的通货膨胀肯定早在1275年之前就开始了。这至少从表9中的人均流通货币额可以看出来，这个数据明显与表10中的1260年至1287年间持续上升的通货膨胀率存在一定程度的关联。②

表10 1260—1287年元代纸币表现的年均通货膨胀率的假设性估算

年份	1260年开始通胀			1275年开始通胀		
	20倍价格上涨	10倍价格上涨	4倍价格上涨	20倍价格上涨	10倍价格上涨	4倍价格上涨
	11.75%	8.93%	5.28%	26.00%	20.00%	11.50%
1260	1.00	1.00	1.00	1.00	1.00	1.00
1261	1.12	1.09	1.05	1.00	1.00	1.00
1262	1.25	1.19	1.11	1.00	1.00	1.00
1263	1.40	1.29	1.17	1.00	1.00	1.00
1264	1.56	1.41	1.23	1.00	1.00	1.00
1265	1.74	1.53	1.29	1.00	1.00	1.00
1266	1.95	1.67	1.36	1.00	1.00	1.00
1267	2.18	1.82	1.43	1.00	1.00	1.00
1268	2.43	1.98	1.51	1.00	1.00	1.00
1269	2.72	2.16	1.59	1.00	1.00	1.00
1270	3.04	2.35	1.67	1.00	1.00	1.00
1271	3.39	2.56	1.76	1.00	1.00	1.00

---

① 前田直典，"元代纸币的价值变动"，收入刘俊文主编（索介然译），《日本学者研究中国史论著选译》第5卷，"五代宋元"部分，北京：中华书局，1993，页605—606。日文原见前田直典，"元代における纸币の物价变动"，见氏著，《元朝史の研究》，页107—143。

② 巴塞尔大学的彼得·伯恩霍兹（Peter Bernholz）教授与我就元代的通货膨胀问题进行了热情讨论，并于2011年来信赐示他对相关货币形势的估计，谨致谢忱！

（续表）

年份	1260 年开始通胀			1275 年开始通胀		
	20 倍价格上涨	10 倍价格上涨	4 倍价格上涨	20 倍价格上涨	10 倍价格上涨	4 倍价格上涨
	11.75 %	8.93 %	5.28 %	26.00 %	20.00 %	11.50 %
1272	3.79	2.79	1.85	1.00	1.00	1.00
1273	4.24	3.04	1.95	1.00	1.00	1.00
1274	4.74	3.31	2.06	1.00	1.00	1.00
1275	5.29	3.61	2.16	1.26	1.20	1.12
1276	5.92	3.93	2.28	1.59	1.44	1.24
1277	6.61	4.28	2.40	2.00	1.73	1.39
1278	7.39	4.66	2.52	2.52	2.07	1.55
1279	8.25	5.08	2.66	3.18	2.49	1.72
1280	9.22	5.53	2.80	4.00	2.99	1.92
1281	10.31	6.03	2.95	5.04	3.58	2.14
1282	11.52	6.57	3.10	6.35	4.30	2.39
1283	12.87	7.15	3.27	8.00	5.16	2.66
1284	14.39	7.79	3.44	10.09	6.19	2.97
1285	16.08	8.49	3.62	12.71	7.43	3.31
1286	17.97	9.24	3.81	16.01	8.92	3.69
1287	20.08	10.07	4.01	20.18	10.70	4.12

前田直典认为，在1287年的钞法改革之后，价格在一段时期内保持了稳定，到1302年又开始上涨，直到在1309年的货币改革中政府不得不贬值货币，这时，马可·波罗早已离开了中国。与1302年之前的时期相比，价格已经上升了两倍。

1310—1311年，价格水平的上升是温和的，但是随后直到1320年，价格又上升了1.4—1.5倍。在泰定年间（1324—1328），价格甚至还有所回落，但是自此之后一直到1345年，元朝又迎来了新一轮的价格上涨，幅度大约1.5%。与1260年的价格水平相比，价格上升了15—30倍，也就是平均20倍。在1280—1350年间，杨联陞认为发生了温和然而是持续的通货膨胀。[①] 只是在这个时期之后，才出现了恶性通货膨胀，并一直持续到元朝崩溃。

前田直典和傅海博都认为，纸币发行规模增大，是元朝征服并吞并南宋广大地域和大量人口所必须采取的重要措施。不过，傅海博也认为，元朝建立伊

---

① 见 Yang Lien-sheng (1952), p. 64, 类似观点见高桥弘臣（2010），页319—320。"温和的通货膨胀"也许有些估计过低了，因为价格上涨有时是十分剧烈的。

始就发生的价格的普遍上涨,可能是由其他因素引起的,而不一定是货币超发,例如经济危机和政治危机、投机和横征暴敛。① 瑞士巴塞尔大学经济学教授伯恩霍尔兹肯定不会同意这一看法,他在关于古今货币制度和通货膨胀的比较研究中,得出了如下结论:无一例外地,通货膨胀和恶性通货膨胀都是因为政权发行越来越多的纸币引起的。② 不过,即便是到了 1330 年,元朝印发的纸币额度并没有大到足以引发严重的大规模通货膨胀的程度。上述这种现象只是在元朝统治的最后时期才出现的。因此,从对元代特别是对于马可·波罗在华期间的通货膨胀趋势的一般考察来看,马可·波罗似乎没有什么理由非得提到纸币的剧烈贬值。毕竟,中国纸币制度带来的利益,直到 1294 年似乎还足以吸引波斯的伊利汗仿效元朝,在自己的帝国领域内发行纸币,甚至在 1330—1331 年,德里的穆罕默德-图格拉克(Mahomed Túghlák)又进行了一次失败的尝试。③ 这一切都发生在元朝纸币贬值比马可·波罗在华时期更加剧烈的时期。即便如此,这一现实也未能阻止这两位君主尝试纸币制度带来的"魔力"和美好前景。

然而,纸币只是马可·波罗向读者描述的众多货币中的一种。我们已经看到,马可·波罗提到元代通行纸币的那些地区,也是那些最频繁使用和流通纸币的地区,这一点已经从汉文史料提供的关于元代货币机构的空间分布的信息中得到佐证。抛开这一聚焦于纸币的特殊视角,我们还必须强调,马可·波罗对于元帝国的货币制度的总体描述,也令人惊讶地符合我们从汉文史料中获得的信息。这不仅包括马可·波罗完全不曾提到过行用纸币的那些地方,例如福建,也包括了他明确提到行用其他种类货币的地方,尤其是中国西南部。在下一章中,我们会看到,这一地区只是在有限范围内流通元代纸币,或者完全不流通,相反,该地使用的货币包括金、银、贝和盐钱。因此,马可·波罗的叙述不仅在考察一个地区时是准确的,而且在对元帝国境内他最熟悉的一切地区的货币情况的总体描述上,也是如此。

---

① 见 Franke (1949), pp. 104–105, 131, 154–155, 157–158。

② 见 Peter Bernholz, *Monetary Regimes and Inflation: History, Economic and Political Relationships*, Cheltenham, UK, and Northhampton, MA, USA: Edward Elgar, 2003, pp. 61, 110。

③ 见 Henry Yule (1914), *Cathay and the Way Thither, Being a Collection of Medieval Notices on China*, New Edition, Revised throughout in the Light of Recent Discoveries by Henri Cordier, *Vol. III: Missionary Friars—Rashiduddin—Pegolotti—Marignolli*, p. 150n2。

第三章 云南和东南亚流通的贝币

第 75 章《蛮子大区》
他们购买珊瑚，花费甚巨，妇女皆用珊瑚为颈饰，并以之装饰偶像。[①]

正如前文我已证明的，马可·波罗不仅详细记载了纸币的制造、功能和流通，而且记述了元帝国的其他形式的货币。其中之一就是在云南及其周边地区广为使用的贝币（图 20）。本章我将以我和其他学者以往的研究为基础，详细论述元代云南的贝币。[②] 重新讨论这一课题有两重目的，一是强调马可·波罗记载的唯一性，尤其是在货币方面，二是提供评估云南货币状况特征的背景信息。

[①] 见塞维利亚（Sevilla）所存马可·波罗书威尼斯语本，整理本见：Angélica Valentinetti Mendi, *Una familia veneta del Libro de Marco Polo*, Madrid:Editorial de la Universidad Complutense, Facultad de Filologia, Departamento de Filologia Italiana, 1992, p. 339. 注意，其中所记蛮子（Mangi）使用贝币是错误的，应该是土着。参看 Juan Gil, *El libro de Marco Polo: Ejemplar anotado por Cristobal Colón y que se conserva en la Biblioteca Capitular y Colombina de Sevilla*, Madrid: Testimonio, 1986, pp. 301–302 相关段落，可以清楚地看到这一讹误的根源。

[②] 关于云南贝币的历史，见 Franke (1949), pp. 117–119；尤其是 Hans Ulrich Vogel, with the research assistance of Sabine Hieronymus, "Cowry Trade and its Role in the Economy of Yunnan, the Ninth to the Middle of the Seventeenth Century," in Roderich Ptak and Dietmar Rothermund (eds.), *Emporia, Commodities and Entrepreneurs in Asian Maritime Trade, c. 1400-1750*, Stuttgart: Franz Steiner Verlag (Beiträge zur Südasienforschung, Südasien-Institut, Universität Heidelberg), 1991a, pp. 231–262; id., "Cowry Trade and its Role in the Economy of Yunnan: From the Ninth to the Mid-Seventeenth Century," *Journal of the Economic and Social History of the Orient*, 36.3 (1993):211–252; 36.4 (1993): 309–353, 以及最近的研究：Yang Bin, "Horses, Silver, and Cowries: Yunnan in Global Perspective," *Journal of World History*, 15.3 (2004): 281–322; id., *Between Wind and Clouds: The Making of Yunnan (Second Century BCE to Twentieth Century CE)*, New York: Columbia University Press, 2009, pp. 192–208, 作者特别讨论了 16 世纪以降，贝贸易的全球维度及其在云南货币体系中的反响。关于贝币史的汉文论文集是杨寿川编著《贝币研究》，昆明：云南大学出版社，1997，其中收录了 1997 年前中国发表的重要文章。这一领域的领军学者是方国瑜、杨寿川、江应樑、李家瑞、方慧、张彬村。云南考古相关图录见汤国彦主编《云南历史货币》，昆明：云南人民出版社，1989，页 59–63。特别考察马可·波罗记载的是 Paul Pelliot, "Cowries," in his *Notes on Marco Polo*, vol. I, pp. 532–563 以及杉本直治郎，"中世における雲南の貝貨",《史學研究》41 (1950): 1–46。我要感谢黑田明伸教授提供给我杉本的文章。

228

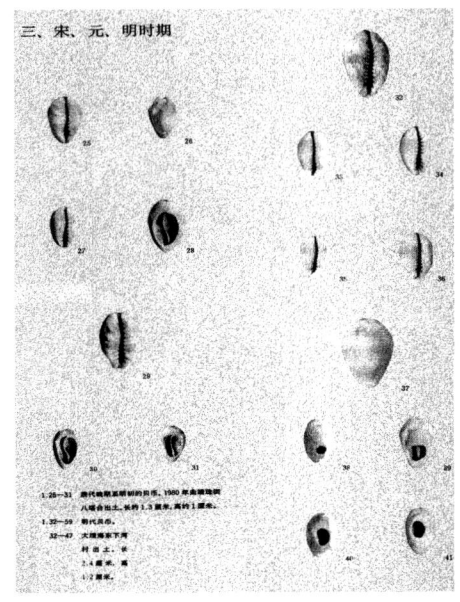

图 20 云南地区发现的唐到明代的贝币

来源：汤国彦主编《云南历史货币》，昆明：云南人民出版社，1989，页 62。

注释：25-31，1980 年曲靖珠街八塔台出土的唐晚期到明早期的贝币。长约 1.3 厘米，宽约 1 厘米。32-41，大理海东下河村出土的明代贝币。长约 2.4 厘米，宽约 1.2 厘米。

229 展示马可·波罗书中的相关段落之后，我将进而分析汉文一手材料中关于元代贝币的记载。本章所讨论的课题将是贝币和其他形式货币的兑换率、贝币面额、云南经济中私人部门的贝币使用，以及公共税收和财政中贝币的地位。我将以马可·波罗的记载和汉文史料的比较作为总结。

在货币史上广为人知的是，贝币的使用范围不限于中国。在西非，从 13 世纪甚至可能更早，11 世纪以后，贝就作为货币流通了。不仅如此，中国南部和西南部毗邻地区，即印度支那、泰国、缅甸（阿拉干、勃固），都是大规模使用贝币的地区。最重要和最古老的贝币区，无疑是印度，尤其是孟加拉。一些学者推测，贝币的使用就是从那里传到了古代中国。最早目击印度贝币并留下记载的人是法显（约 337—约 422），时约公元 400 年。然后就有了数量可观的其他中国和阿拉伯记载。与前述地区相比，其他地区使用贝币较晚，例如东非是在早于 18 世纪的某个时间，太平洋的一些岛屿是在 19 世纪开始使用贝币。[1]

---

[1] 见 Jan Hogendorn and Marion Johnson, *The Shell Money of the Slave Trade*, Cambridge: Cambridge University Press (African Studies Series; 49), 1986, pp. 12–19。

研究——尤其是霍根多恩（Jan Hogendorn）和约翰逊（Marion Johnson）的研究表明，贝币的特性决定了这是一种理想的实物货币。虽然贝不是一种完美的手段，但是在低收入地区贝作为货币的优势是明显的。总结而言，以下是贝作为货币的优势：持久，极其耐用，容易携带，轻便，难伪造，单位价值符合市场需求（尤其是小额支付时）；供应量有适当的限制，几乎不会流入其他用途。① 还应提到贝币通常是复合货币体系的一部分，与贵金属、金属或其他实物货币等大额度货币并存。② 这些关于贝币的使用与流通的一般特征，无疑适用于云南地区。

第一节 马可·波罗所记贝币（1275—1291）

第 51 章《妻室通奸之风与闻所未闻的货币》

一个大州称为哈剌章……居民拜偶像，臣属于大汗。所用货币以印度海中所得之药草为之。此药草白、热，有很大的根，置于精美大碗中，将肉与蒜汁和香料捣合。由此种草药（kruteburgil）制成的币，八十值一银萨觉。而八金萨觉值一金弗罗林。③

马可·波罗显然注意到了中国西南地区的特殊货币状况，因为他不少于五次述及云南及其周边地区使用的贝币。因此，在关于云南贝币历史的研究中，他的记载是一种可以补足汉文史料所载信息的重要史料。以下我将介绍《寰宇记》中的相关段落。我们将从他所记的暹国的罗迦克（Locac）国开始（见表 11），在该地所谓"贝壳"被收集起来用于各处的小额交易，正如他"前文已述"：

---

① Hogendorn and Johnson (1986), pp. 5–7.
② Hogendorn and Johnson (1986), p. 2.
③ 见 Nicole Steidl, *Marco Polos "Heydnische Chronik": Die mitteldeutsche Bearbeitung des "Divisament dou monde" nach der Admonter Handschrift Cod. 504*, Aachen: Shaker Verlag, 2010, Anhang C, p. 33. 尤其值得说的是，这部日耳曼语抄本中哈剌章 [Caraam (Carajan)] 的贝币（portulaca）讹为一种来自印度的草药 portulac (burgil = Burzelkraut)。这在阿德蒙特抄本的章节 LII (Caraam, continued)、LIII (Ardadam [Zardandan])、LIX (Tholomaya [Colomon]) 中重复出现。阿德蒙特抄本所据的拉丁本 LA（基于托斯卡纳语本 TB）系统的 V 本（MS Barb. lat 2687, Vatican Library, Rom，15 世纪初）作："[...] ubi de eius mandato currit moneta facta de portulacis, que portantur de scutelle." LA 系统的 L 本（Ms. lat. 121, Luxemburg, 1448, Tilmannus Pluntsch 抄写）与 S 本（Ms. lat. 37, Stiftsbibliothek Schlierbach）作 pticularis。据 Johann Georg Krünitz's *Oekonomische Encyklopädie oder allgemeines System der Staats- Stadt- Haus- und Landwirthschaft*, Berlin: Pauli, 1773–1858 (University Library of Trier 电子版)，portulac (*Burzelkraut, Bürzelkraut, Bürgelkraut*) 在意大利文中作 porcellana 及 portulaca。

桑都儿岛及昆都儿岛；以及罗迦克国

前述诸国用作货币之海贝，皆取之于此国也。①

在前面的关于秃落蛮（Coloman）的一节中，这位威尼斯旅行家提到，不仅当地和安宁（Anin）地区，而且中国以外的班加剌（Bangala）和交趾（Caugigu）都流通贝币：

秃落蛮州

此地有金甚饶，然使用海贝，如前所述。上述诸州若班加剌、交趾、安宁等州，亦习用海贝、黄金。其地商人甚富，而为大宗贸易。②

表11 马可·波罗提及的使用贝币的中国和东亚地区

地名（裕尔本）	异写	备注	地区
Lolac	Locac Lochac Soncat		暹罗
Coloman	Colomam Tholoman Toloman	土僚蛮、土老蛮、秃老蛮、秃剌蛮之地	云南东部，与贵州西界相接，北至四川南部
Bangala	Bangalan Banganlan		孟加拉
Caugigu	Cangigu Caigu Cauçugu		交趾国，后称安南，今越南北部
Anin	Amu Ania Flum	可能是哈尼人之地	云南西南部，安南北部

---

① 见 Yule (1903), vol. 2, p. 276。法语抄本 B1 作："[...] et de ce regne issent toutes les pourcelainnes que l'en despent par toutes provinces, si comme j'ai vous ai dit." 见 Dominique Boutet, Thierry Delcourt, and Danièle James-Raoul, *Livre d'Ynde; Retour vers l'Occident*, in Philippe Ménard (ed.), *Marco Polo: Le devisement du monde*, Genève: Librairie Droz, vol. 6, 2009, p. 14。

② 见 Yule (1903), vol. 2, p. 123，法语本 B1 作："[...] La monnoie qu'i despendent au menu si est de pourcelainne en telle maniere comme je vous ay dit. Et aussi en toutes ces prouvinces de Bangala et de Cangygu et Amu despendent pourcelainne et or. Il y a marcheanz qui sont moult riches et portent moult d'avoir en marchandises. [...]" Blanchard and Quereuil (2005), p. 97。

（续表）

地名（裕尔本）	异写	备注	地区
Carajan	Caragian Caraian Carazan	乌蛮之地	大理国（元代云南行省）
Zardandan	Çardandan Arddandan Cardandan	波斯语金齿之意；金齿，今傣族	今云南西部保山附近

来源：Yule (1903)；地名勘同见 Pelliot, *Notes on Marco Polo*, vol. I, pp. 39 – 40 (Anin), 73 – 74 (Bangala), 169 – 181 (Caragian), 233 – 234 (Caugigu), 603 – 606 (Cardandan), vol. II, pp. 766 – 770 (Lochac), 857 – 858 (Toloman); Haw (2006), pp. 100, 104, 105。

我在另一篇文章中已经说明，贝币的使用见于阿拉伯文和汉文史料，以及后来的西方文献，覆盖地区是南亚和东南亚的一些地区，其中最重要的是孟加拉、奥里萨（Orissa）、阿拉干（Arakan）、马达班（Martaban）、勃固（Pegu）、泰国以及老挝。①

马可·波罗述及贝币在云南哈剌章和金齿用于小额交易行用，更加具体了。他不仅说贝是相对于大额货币金、银而言的一种小额货币，而且报道了贝币和银之间的兑换率，且说这些贝壳来自印度，以及它们也被用作装饰品。不仅如此，看起来他也提及了哈剌章的某种币值单位。相关段落如下：

哈剌章州

所用货币则以海中所出之白贝而用作狗颈圈者为之。八十贝值一银，等于热那亚钱（gros）二枚，或二十四里弗（livres）。八银值一金。②

重言哈剌章州

此地亦产金块甚饶，川湖及山中有之，块大逾常，产金之多，致于交易时每一金值六银。彼等亦用前述之海贝，然非本地所出，而来自印度。③

---

① Vogel (1993), pp. 221–246.

② 见 Yule (1903), vol. 2, p. 66, and Blanchard and Quereuil (2005), p. 76: "Il ont monnoie si faite: car il despendent pourcelainne blanche, seles qui se trueuvent en la mer et que se meitent au col des chiens. Et valent les .IIIIXX. pourcelainnes un pois d'argent qui sont .II. veniciens gros de Venice, [qui] est .XXIIII. livres; et les .VIII. pois d'argent si valent un pois d'or." 方括号中的词系据古法语抄本校正。

③ 见 Yule (1903), vol. 2, p. 76, and Blanchard and Quereuil (2005), p. 78: "En ceste contree treuve on aussi or en paillole a grant foison; l'en le trueve es fluns. Et es las et es montaingnes [est] or plus gros de celui de paillole. Il ont tant d'or que je vous di que il donnent un pois d'or pour .VI. pois d'argent. Et encore despendent les pourcelainnes que je vous ay dit. Et encore vous di que en ces prouvinces ne treuve l'en pas les [pourcelainnes], mes leur viennent [d'Yinde]."

金齿州

其货币用金，然亦用海贝。其境周围五月程之地无银矿，故一金值五银。商人携多银至此易金而获大利。①

为何在中世纪马可·波罗文本中贝被称为 porcelaine, porcelane, porcellane, porciellane, porzelane，无须太多探讨。伯希和很早以前就已揭示 porcelains 的含义包括：（1）贝壳，（2）瓷器，（3）珍珠贝瓶，（4）马齿苋。伯希和采纳亨利·裕尔的观点，认为将贝定义为 porcelains 几乎肯定是源于其与猪的身体和后背的外形相似，因此基本上可以溯源至拉丁文 porcus（猪）。②波塞拉尼（porcellani，"贝壳""小猪"）这一名词在贝贸易中存在了数个世纪，1540年一位葡萄牙水手记载，在意大利这些贝壳被称为 porcellette。③

下一节我将考察汉文史料所记元代贝币的特征和功能，并与这位威尼斯旅行家的记载作比较。

第二节　汉文史料所记元代云南贝币（1271—1368）

江南田地里市舶司里见在有的𧵅子多有。譬如空放着，将去云南，或换金子，或换马呵，得济的勾当有。④

本节关注汉文史料所记元代贝币。将讨论的主题包括贝币与其他货币的兑换、贝币的币值、贝的进口、贝币在自由市场中的使用，以及贝币在公共税收和支出中的地位。同时，如果可行，还要比较汉文史料与马可·波罗的记载。最后，将评估比较的结果。

在此我们只讨论元代，我在其他文章中已经深入考察了其他时代的云南

---

① 见 Yule (1903), vol. 2, p. 85, 以及 Blanchard and Quereuil (2005), p. 82: "[...] Leur monnoie est d'or, et despendent aussi la pourcelainne, et si vous di que il donnent un pois d'or pour .V. pois d'argent, et ce avient pour ce que il n'ont nulle argentiere a plus de .V. mois de chemin. Et pour ce y viennent les marchans, qui leur aportent moult d'argent, et le changent a ceste gent et leur donnent .V. pois d'argent fin pour un pois d'or fin; et de ce font li marchant grant gaaing et en traient grant pourfit de ceste province par ce change." Cf. also the Franco-Italian manuscript in Ronchi (1988), *Marco Polo, Milione. Le divisament dou monde*, p. 474.

② 见 Pelliot, *Notes on Marco Polo*, vol. II, pp. 805–807.

③ Hogendorn and Johnson (1986), p. 15.

④ 方龄贵《通制条格校注》，北京：中华书局，2001，页552。

贝币史。① 无论如何，概要介绍云南贝币史是有必要的。云南出土贝币的地点有元谋（商代中晚期，公元前1600—前1100）、德钦（春秋早期，公元前700—前650）、剑川（春秋中期至战国时期，公元前650—前224）、晋宁和江川（古滇文化时期，公元前278—115）。这些考古发现也显示，贝币尤其是在战国和西汉时期的滇文化中的存在，在滇池附近的晋宁和江川出土了超过一万件。② 不过，在那么早的时期贝是否被用作货币，仍然有争议。③ 无论如何，到东汉时期（25—220），滇文化不再使用贝。并且滇文化早期使用贝，与唐代以后贝的再度出现似乎没有什么关系。④

根据零散的文献记载，贝在云南地方层面用作钱币不早于9世纪初。从9世纪末开始，这一货币得到了发展，只是因为史料阙如我们很难判断其发展幅度。到元代，我们就有确切的记载了，因为有充足的文献证明它广为使用。这并不能说明贝币本身的质和量的发展，而是相对于较早时期有较为丰富的数据描绘这一变化的图景。这本身无疑与1253年蒙古军队征服云南以及从此当地与汉地连为一体有关。贝币在云南的使用至少持续到17世纪，其后衰落。⑤

在蒙元时期之前，史料记载较为宽泛。而蒙元时期较为丰富和详赡的资料，让我们可以深入认识兑换率和面额体系的发展，以及贝币在官私交易中的使用。这里我们要关注的是元代的史料，以揭示马可·波罗频繁提及贝币并非偶然，而是反映了蒙古统治下云南的货币、经济、财政和文化状况。

2.1 兑换率

除了下文要讨论的其他一些问题，马可·波罗说，80个贝兑换1个重量单

---

① 见 Vogel (1993), "Cowry Trade"。

② 见 Peng Ke and Zhu Yanshi, "New Research on the Origins of Cowries Used in Ancient China," *Sino-Platonic Papers*, 68 (1995): 1–18。

③ 关于正反两种意见，见 Vogel (1993), "Cowry Trade," pp. 216–218。贝看起来曾在商代晚期（前14—前11世纪）和西周（前11世纪—前18世纪）时期被用作交换媒介。见 von Glahn (1996), pp. 24–25。

④ Peng Ke and Zhu Yanshi (1995), pp. 1, 12.

⑤ 见 Vogel (1993), "Cowry Trade," pp. 220–221, 331–337。吴芳思（Wood 1995, p. 54）认为贝币在云南的行用持续到13世纪，这是错误的。因为我们能见到17世纪云南使用贝币的记载。见 Vogel (1993), "Cowry Trade," pp.309ff.。

位的银（萨觉），相当于 2 个威尼斯格罗索。① 无疑一个重量单位指的是萨觉，这是马可·波罗在其他语境中也常用到的重量单位。② 裕尔认为，马可·波罗在描述中国时，使用的萨觉相当于波斯的米斯卡尔（miskal）。③ 如果我们按附录 6，认为 2 威尼斯格罗索、1 萨觉、1 米斯卡尔皆等于约 4.3 克，而元代 1 两银的平均重量是 39.04 克，那么得到了一个换算关系是 9.0791 萨觉 =1 两，因此马可·波罗所记贝币和银的兑换率相当于 726 贝币 =1 两银。④

到目前为止，我们只知道关于元代贝币与其他货币兑换率的两条记载。立石于昆明的李源道《创修圆通寺记》碑阴载，"云南王舍施钞壹百伍拾锭，每锭计𦆑三百索"。⑤ 易言之，1 贯中统钞价值 6 索（1 索 =80 𦆑），即 480 贝币（𦆑）。如果我们采取 1260—1286 年纸钞与银的官方兑换率，那么 1 两银就能兑换 120 索，即 960 贝币。这与我计算出的马可·波罗所记价值相当接近。

另一条记载提到 1282 年缴纳税赋时，20 索抵 1 钱金。如果我们考虑，据马可·波罗记载，押赤（云南府，今昆明）的金、银兑换率是 1:8，哈剌章（大理）是 1:6，金齿（永昌府）是 1:5，那么就能得到 1 两银兑换 2,000 贝币、2,667 贝币和 3,200 贝币。⑥

---

① Cf. Yule (1903), vol. 2, p. 66: "……80 个贝相当于一两银，等于两个威尼斯格罗特，即 24 个皮科利（piccoli）。"裕尔注 4 注 piccoli 一词："piccoli 这个词可能用来代替一个未知的标准。如果这种推测是正确的，那么，我们可以把它读作'每 24 个 piccoli'，它等于约一个格鲁索（grosso）。"法意混合语本可能是目前存世的最古抄本，其中没有提到 piccoli 一词，文曰："[...] Il ont monoie en tel mainere com je voc dirai: car il espendent porcelaine blance—celle que se trovent en la mer et que se metent au cuel des chienc—et vaillent les LXXX porcelaines un saje d'arjent, que sunt deus venesians gros, et sachies que les VIII sajes d'arjent fin vailent un sajes d'or fin." Cf. Ronchi (1988), *Marco Polo, Milione. Le divisament dou monde*, p. 469。Piccoli 也不见于剌木学本。注意，1 兑 24 的兑换率不再适用于马可·波罗离开中国之后的货币状况，彼时已经贬值到了 1 兑 32。附录 3。与法意混合语本相反，古法语本 B1 虽然没有提到 piccoli，但述及了 24 里弗（livres）。Cf. Blanchard and Quereuil (2005), p. 76。

② 法意混合语本作 "saje d'arjent"，古法语本作 "pois d'argent"。分别见 Ronchi (1988), *Marco Polo, Milione. Le divisament dou monde*, p. 469 以及 Blanchard and Quereuil (eds.) (2005), p. 76。匹匹诺本作 "sagia argenti"。见 Gil (1986), p. 304。拉丁语 Z 本作 "sacio uno argenti"。见 Alvaro Barbieri, *Marco Polo, Milione: Redazione latina del manoscritto Z, versione italiana a fronte*, Parma: Fondazione Pietro Bembo / Ugo Guanda, 1998, p. 142。

③ 裕尔认为，8 萨觉或波斯米斯卡尔（miskal）等于 592 格令（grain troy），即 38.36 克，即 1 两；1 格令为 0.0648 克；1 萨觉约为 4.8 克。见 Yule (1903), vol. 2, p. 217。不过，根据我在附录 6 中对于 2 格罗索、1 萨觉或米斯卡尔的重量平均值或预定值的计算，4.3 重量相当于 1 萨觉。

④ 关于贝币和其他货币的兑换率的讨论，见 Vogel (1993), "Cowry Trade," pp. 338–341。不过，注意表 2 注 b 的表述是错误的。1 两不等于 10 萨觉，而是等于约 9.0791 萨觉，而 10 钱等于 1 两。因此表中的兑换率应该修正为 600 兑约 726 贝币。

⑤ 方慧，"从金石文契看元明及清初云南使用贝币的情况"，杨寿川编著《贝币研究》，页 137、141。

⑥ 见 Vogel (1993), "Cowry Trade," pp. 338–341。

当重新考察关于元代以降贝币与银兑换率的史料时，我们发现元代贝币对银的价格显然比明代高。在明代，兑换率是8000［约1368年，（市场）兑换率］、7200（1524年杨林驿）、4405（1540年腾冲用贝币征税时）、7200（1548年通海市场兑换率）或者10400（1610年）。① 因此，贝币对银的价值在蒙元时期比其后的时期高2.5倍到4倍。虽然根据马可·波罗所得的数据（726）与根据汉文史料所得的结果（高于960∶2000）有很大差异，但可以用多重原因解释，例如暂时性的通货膨胀，或者贝、银、金的地区性供需状况的变动。兑换率不同存在的另一个原因，可能是它们分别用于市场、官方支付。官方与市场兑换率之间的巨大分歧，在杨林驿（1524年，7200）、腾冲（1540年，4405）和通海（1548年，7200）的例子显然可以见到，而且在中国货币史上还有很多其他可对照的例子。

2.2 币值

马可·波罗的记载中令人吃惊的一点是，他提到1单位重量的银换80贝。不能排除的是，80这个数字可能没有更深的含义，因为银是记账单位，用来表示其他货币。但是应该指出80是云南贝币币值体系的重要因素。能追溯到约14世纪初的汉文史料，记载云南贝币的币值如下：

1 庄 = 1 贝八

4 庄 = 1 手 = 4 贝八

4 手 = 1 苗 = 16 贝八

5 苗 = 1 索 = 80 贝八②

直到17世纪初，"4×4×5=80"模式与"4×20=80"模式一起，成为云南贝币的主要币值体系。80这个数字也是孟加拉贝币币值体系的支柱。我们发现，孟加拉像云南一样使用"4×20=80"模式。然而其基础是"4×5×4=80"模式，与云南的"4×4×5=80"模式不同。有趣的是，"4×5×4=80"与"4×4×5=80"这两种模式在暹罗都存在。因此，4和5的组合并非偶然，而是指向孟加拉、暹罗、云南币值与计算体系的密切关系。另一个证据是数字64在孟加拉和云南的贝币币值单位中都出现了，不过实证性低于上文讨论的组织方式。③

---

① 更多数字，以及1610年以后的数字，见 Vogel (1993), "Cowry Trade," pp. 338–341。

② 见李京《云南志略》"诸夷风俗"，《云南史料丛刊》第3卷，昆明：云南大学出版社，1998年，页128。

③ 更多的细节和数据，以及史料来源，见 Vogel (1993), "Cowry Trade," pp. 246–252。

2.3 贝的进口

本章我们将讨论，马可·波罗所述哈剌章（当然还有云南其他地区）贝币是出于当地，还是经印度从海上引进。贝币不仅存在于云南，也存在于印度、孟加拉、缅甸、泰国和老挝。这显示出，云南贝币的行用，是其与南亚和东南亚的一种商业纽带。作为与这些地区贸易关系的结果，贝币被引进中国西南并成为当地流通的货币。地图 2 展示了 13 世纪后期至 19 世纪联结起云南与南亚、东南亚的所谓西南丝绸之路的状况。很有理由相信，贝币到达云南主要经由缅甸和暹罗，还有少数一些经由交州。正如最近一位云南史家所建议的，相比"丝绸之路"，说"贝币之路"可能不太过分。①

关于云南出口的（用于交换贝币和其他货物）的商品，史料很稀少，主要是元代以后的文献。拉尔夫·费驰（Ralph Fitch，1611 年卒）是第一位留下东南亚行记（1583—1591）的英国人。他报道，清迈（Jamahey）城中来了"很多中国以外的商人，带来了大量麝香、金、银以及很多其他中国产品"。② 据佛贝斯（Andrew D. W. Forbes）研究，从 15 世纪到 16 世纪，云南出口到泰国北部最重要的商品可能是云南产的生丝和盐，以及老挝－云南边境出产并进口到云南的茶。云南进口的主要商品是泰国北部和景栋出产的棉花，以及老挝－云南边境和景栋出产的茶。运输者是骡子或骡马商队。从 13 世纪以降，商队的主要成员大概是云南回民。③

从马可·波罗研究的角度，还必须提及出口东南亚的其他产品。其中一个是云南马，出口到孟加拉，并从那里再次经由海路出口。④ 马可·波罗提到，哈剌章产良马，躯大而美，贩卖印度；⑤ 并且安宁马不少，多售之印度人而为一种极盛之贸易。⑥ 在中古时期，云南的马就已经名闻全国了。580 年平定四

---

① 林文勋，"是'丝绸之路'还是'贝币之路'？"，《思想战线》，27.5（2001）：134-135。

② 见 Ralph Fitch, "The Voyage of Master Ralph Fitch, Merchant of London...," in *Hakluytus Posthumus, or Purchas His Pilgrims* (Glasgow, 1905), vol. 10, p. 195, quoted by Andrew D. W. Forbes, "The 'Cin-Ho' (Yunnanese Chinese) Caravan Trade with North Thailand during the Late Nineteenth and Early Twentieth Centuries," *Journal of Asian History*, 21 (1987): 3。

③ 见 Andrew D. W. Forbes, "The Role of Hui Muslims in the Traditional Caravan Trade between Yunnan and Thailand," in Denys Lombard and Jean Aubin (eds.), *Marchands et hommes d'affaires asiatiques dans l'Ocean Indien et la Mer de Chine, 13e-20e siecles*, Paris: Ed. de l'Ecole des Hautes Etudes en Sciences Sociales, 1988, pp. 289–294; Forbes (1987), pp. 4,19—25。关于 19—20 世纪进出口商品的更加详细的列表见 Forbes (1987), p. 22。

④ 见 Yang Bin (2004) 引 Ranabir Chakravarti, "Early Medieval Bengal and the Trade in Horses: A Note," *Journal of the Economic and Social History of theOrient*, 42.2 (1999): 194–211。

⑤ 见 Yule (1903), vol. 2, p. 78. Cf. Yule (1903), vol. 2, pp. 81–82 注 4 马的体型。

⑥ 见 Yule (1903), vol. 2, p. 119。

第三章　云南和东南亚流通的贝币　177

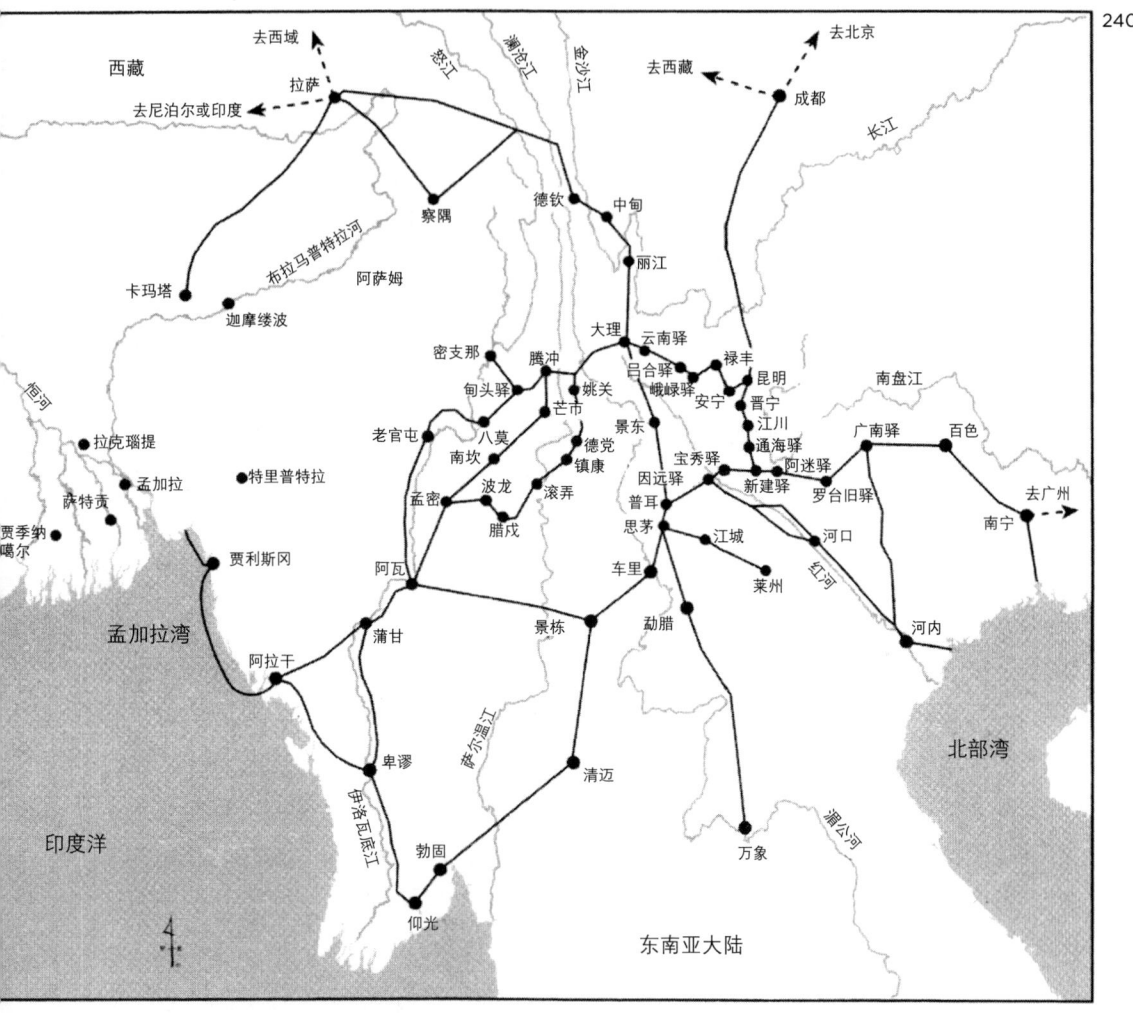

地图 2　13 世纪后期至 19 世纪的西南丝绸之路

来源：Yang Bin, "Horses, Silver, and Cowries: Yunnan in Global Perspective," *Journal of World History*, 15.3 (2004), p. 293. Courtesy of the Journals Department of the University of Hawai'i Press.

川的梁瑞上书隋文帝，强调云南地区的财富，尤其是盐井和良马。① 南诏向唐朝贡马。僰僰人在大理以西二百公里的地方养马，其马称为越赕或越赕统伦，

---

① Charles Backus, *The Nan-chao Kingdom and T'ang China's Southwestern Frontier*, Cambridge: Cambridge University Press, 1981, p. 9.

唐朝军队败于南诏王国之手,后者可能就配备了这种良马。① 南宋官府在广西开榷场,购买大理高地饲养的云南马,每年 1500 到 3000 匹。② 这一贸易大概也推动了其他商品的边境贸易,主要是云南产的麝香、药材、皮毛和刀剑,换取中原的盐、丝和银。③

银可能是云南出口的一种重要商品,尤其是出口到孟加拉。约翰·戴伊尔(John Deyell)确证了 1291 年至 1533 年白银向孟加拉的常规流动,尽管强度有差异。白银流的源头非常可能是云南和北掸的矿山。④ 我们已经提到,黑田明伸认为,孟加拉银币发行的盛衰,与元朝纸钞的兴衰以及西南中国等地军事政治的发展有紧密的联系。他认为,随着元朝在掸国建立邦牙宣慰司,从 1339 年开始,从中国到孟加拉的白银流急速增长,但是其后随着 1360 年代元朝的崩溃以及掸人在缅甸统治的衰落,白银流急剧枯竭。孟加拉东部内陆城市锡莱特(Sylhet)发现的一个窖藏中,有大量 14 世纪中叶发行的卢比。当时锡莱特位于穆斯林王朝的东部边境,是经由缅甸通往云南的贸易门户。与云南类似的是,锡莱特也严重依赖贝币,作为交换媒介以及税收手段,直到 19 世纪初仍然如此。因此这能够充分证明,孟加拉和云南之间存在着经济的和货币的联系。⑤

从马可·波罗书中,我们知道,云南东部押赤(云南府,今昆明)的金银兑换率是 1:8,云南西部哈剌章(大理)的是 1:6,金齿(永昌)的是 1:5,东西部差异显著。中国学者李家瑞认为兑换率差异的原因是云南西部有金矿,而东部有银矿,因此距离云南西部越近金价越低。⑥ 这在某种程度上被马可·波罗所证实。他记载,哈剌章产金块甚饶,川湖及山中有之,块大逾常;而他记载,金齿(永昌)的银价高的原因,是其境周围五月程之地无银矿。⑦

---

① 李霖灿《南诏大理国新资料的综合研究》,台北:"中研院"民族学研究所专刊 9,1967,页 53、72。

② Jacov Paul Smith, *Taxing Heaven's Storehouse: Horses, Bureaucrats, and the Destruction of the Sichuan Tea Industry, 1074–1224*, Cambridge, MA, and London: HarvardUniversity Press, Council on East Asian Studies (Harvard-Yenching Institute monographseries; 32), 1991, p. 26;张锡禄《南诏与白族文化》,北京:华夏出版社,1992,页 234。

③ Backus (1981), p. 163.

④ 见 John Deyell, "The China Connection: Problems of Silver Supply in Medieval Bengal," in John F. Richards (ed.), *Precious Metals in the Later Medieval and Early Modern World*, Durham, NC: Carolina Academic Press, 1983, pp. 213–224. 关于云南银对于中国货币转型为银的贡献,以及其经济发展的讨论,见 Yang Bin (2004), pp. 301–304。

⑤ Kuroda Akinobu (2009), pp. 253–255.

⑥ 见李家瑞"古代云南用贝币的大概情形",《历史研究》,9 (1956):93。

⑦ Yule (1903), vol. 2, pp. 76 and 85.

我们如何看待哈剌章金矿甚饶，而金齿周围五月程之地无银矿？这在云南矿冶史文献和考古证据中可被证实还是需要修正？① 云南省以富产贵重金属和有色金属而闻名于世。海门口、剑川的考古遗存中有公元前12世纪的铜器，滇文化（公元前278—115）遗存显示出那里在公元前7世纪至公元前1世纪存在着高度发达的铜工业。南诏（738—902）和大理（937—1253）也显示出高水平的冶金业，为奢侈品和宗教物品消耗了大量的铜、金和银。② 因为从13世纪中期开始，云南就被视为富含贵重金属和有色金属的地区，实际上也出产了大量金属，尤其是18世纪和19世纪，所以可以推测早期的原材料也是当地出产的。

与丰富的考古冶金遗存相反，关于云南两千年矿冶工业的文献材料非常稀少。14世纪中期之前，汉文文献中的相关材料只有汉代、9世纪中期的唐代，以及元代的。就目前而言，这并非偶然，这些史料与这一地区的政治发展密不可分：公元前109年汉征服了滇，设益州郡，将其地纳入统治之下。8世纪中期，唐朝试图征服南诏，无果而终。直到1253年，云南才成为中原王朝固定的一部分，当然这不是一个中原王朝完成的，而是蒙古人完成的，他们1253年征服云南之后于1274年设立行省。③

关于云南矿业的最早史料来自汉代。《汉书》记载："贲古，北采山出锡，西羊山出银、铅，南乌山出锡。"④ 采山大概在个旧地区，后来在18世纪以锡矿而著名。

马可·波罗记哈剌章（大理）川湖及山中有金块，块大逾常。早期汉文史料可以证实。据说金产于博南和哀牢（见地图3），王充（27—29）《论衡》有关于永昌金矿的有趣记载如下：

> 永昌郡中亦有金焉，纤靡大如黍粟，在水涯沙中。民采得，日重五铢之金，

---

① 伊懋可2010年与我私下交流时，强调了马可·波罗经行永昌五个月却未提及银矿的问题。这激起了下文关于云南矿冶史的考察。其基础是我之前的研究：Hans Ulrich Vogel, "Bergbau auf Gold, Silber, Kupfer und Zinn in Yunnan bis zum Ende der Mongolenzeit," in Albert Lutz (ed.), *Der Goldschatz der Drei Pagoden: Buddhistische Kunst des Nanzhao- und Dali-Königreichs in Yunnan, China*, Zürich: Museum Rietberg Zürich, 1991, pp. 75–78。

② 关于青铜、鎏金青铜、银、黄铜宗教器物，见 Albert Lutz (ed.), *Der Goldschatz der Drei Pagoden: Buddhistische Kunst des Nanzhao- und Dali-Königreichs in Yunnan, China*, Zürich: Museum Rietberg Zürich, 1991。

③ 见 Farquhar (1990), p. 398。

④ 班固《汉书》，北京：中华书局，1962，卷28下，页1601。

一色正黄。①

另一件史料不仅提到了淘麸金,还提到了与马可·波罗所记类似的金块,此即樊绰《蛮书》(又名《云南志》)所述 9 世纪中期前后的情况。在伊洛瓦底江和怒江之间的地区,男女犯罪,多被送到丽水淘"麸金",而当地居民炼取"生金",十分之七八交给了南诏官府。《蛮书》原文如下:

> 生金,出金山及长傍诸山、藤充北金宝山。土人取法,春冬间先于山上掘坑,深丈余,阔数十步。夏月水潦降时,添其泥土入坑,即于添土之所砂石中披拣。有得片块,大者重一觔,或至二觔,小者三两五两,价贵于麸金数倍。然以蛮法严峻,纳官十分之七八,其余许归私。如不输官,许递相告。
>
> 麸金出丽水,盛沙淘汰取之。河赕法,男女犯罪,多送丽水淘金。
>
> 长傍川界三面山并出金,部落百姓悉纳金,无别税役、征徭。②

1253 年,云南被纳入元帝国,设置了地方行政机构,官府对矿冶的控制大大加强。1267 年,设洞冶总管府于诸路,后增设淘金总管府。采矿和冶炼工作主要由漏籍户、冶户承担。此外,军人和犯人同样也担任矿工。大概最初国家垄断生产,但从 1285 年开始,私采金银矿就已经越来越被容忍,国家收取产量的 10% 到 30% 不等的税以及杂课(special exactions)。云南矿产丰富,尤其是贵金属矿产丰富,很有可能那里设立了矿冶管理机构。③

马可·波罗所记云南西部金资源丰富,在《元史》中也有呼应。《元史》像汉、唐时期的史书一样,也记载了云南西部丽江、大理、金齿产金。云南金课数额 1277 年达到了 5,250 两,1328 年是 9,200 两,后者在全国金课总额 26,600 两当

---

① 见 Alfred Forke, *Lun-Heng: Miscellaneous Essays of Wang Ch'ung*, 2nd ed. New York: Paragon Book Gallery, 1962, p. 215.《论衡校释(附刘盼遂集解)》,《新编诸子集成》,中华书局,1990,第 3 册,页 839。《后汉书·郡国志》载,永昌郡博南县南界出金。常璩《华阳国志》(约 332—350)载,"西山高三十里,越得兰沧水,有金沙,洗取融为金"。刘琳《华阳国志校注》,成都:巴蜀书社,1984,页 440。

② 赵吕甫《云南志校释》,北京:中国社会科学出版社,1985,卷 7,页 274; Gordon H. Luce (transl.) and Giok Po Oey (eds.), *The Man Shu (Book of the Southern Barbarians)*, Ithaca, New York: Department of Far Eastern Studies, Cornell University, 1961, pp. 70—71.

③ 宁超"元明时期云南矿业发展概况",《学术研究》, 1 (1962),页 13—14、16、19。关于元代矿冶管理,亦见夏湘蓉、李仲均、王根元《中国古代矿业开发史》,北京:地质出版社,1980,页 119—135。

中是份额最大的。^①不过，与马可·波罗所记金齿周围五月程之地无银矿不同，《元史》记载大理和金齿也有银矿。^②这当然少于五月路程。云南确实不仅是元帝国产金最多的行省，而且拥有产量最丰富的银矿。1328年云南银矿岁课达到了36,784.3两银，而江西是23,103.5两，湖广是11,809.0两。^③云南西部哀牢产银，自汉代就见于记载（见地图3）。而且，自14世纪初以降，云南银矿开采激增，从15世纪到17世纪中期见于记载的采银地包括大理、楚雄、永昌、姚安、南安、镇沅、宾川、邓川、腾川、鹤庆、澜沧，这是云南西部大理和洱海周边的所有地区。^④

因此，如何解释马可·波罗所说金齿（永昌）附近很大范围内没有银矿呢？一种解释是在马可·波罗的时代银矿可能确实衰落了。虽然永昌和大理地区可能仍然还有一些边缘性的银矿，但是比大理王国时期产量低得多。毕竟1328年云南银矿岁课比马可·波罗的时代晚。实际上，相比1328年岁课总数36,784.3两，1290年元朝遣人行视云南银矿，所得银课数额只有4,048两。^⑤而且，这些数字没有具体到地区，我们无从得知云南东西部各产多少。

大理洱海沉积物的古湖泊学研究也证明，云南西部银矿已不复往昔之盛。银冶炼在洱海以西的点苍山进行，铅是其副产品。约350年至1700年，沉积物中铅含量很高，巅峰值是550年至750年，其后逐渐衰减，直至现代。相关科学报告中所列的数据也表明，矿冶的经营和效益相当地方化，因为铅含量曲线与退化曲线不同步。^⑥换句话说，当马可·波罗到访云南西部的时候，具有地方重要性的银矿可能还存在，但是总体上银矿陷入衰落，与之前的时期相比不再具有重要性了。因此，他的信息源觉得没有必要向他指出这些残存的小型矿冶，或者他们可能不知道它们。

云南西部比东部银矿产量低，此外，滇西银出口需求的增长，可能是导致

---

① 宁超"元明时期云南矿业发展概况"，页14。
② 见 Schurmann (1956), pp. 153, 154。
③ Cf. Schurmann (1956), p. 16.
④ 宁超"元明时期云南矿业发展概况"，页23；夏湘蓉、李仲均、王根元《中国古代矿业开发史》，页144；Bernd Eberstein, *Bergbau und Bergarbeiter zur Ming-Zeit (1368–1644)*, Hamburg: Gesellschaft für Natur- und Volkerkunde Ostasiens e. V., Hamburg, and Deutsche Gesellschaft für Natur- und Völkerkunde Ostasiens e. V., Tokyo (Mitteilungen der Gesellschaft für Natur- und Völkerkunde Ostasiens; 62), 1974, pp. 71, 77, 79。
⑤ 张廷玉、嵇璜、刘墉等《续文献通考》，《十通》，杭州：浙江古籍出版社，2000，卷23《征榷·坑冶》，页2997；宁超（1962），页13；夏湘蓉（1980），页130。
⑥ 见 J. A. Dearing, R. T. Jones, J. Shen, X. Yang, J. F. Boyle, G. C. Foster, D. S. Crook, and M. J. D. Elvin, "Using Multiple Archives to Understand Past and Present Climate–Human–Environment Interactions: The Lake Erhai Catchment, Yunnan Province, China," *Journal of Paleolimnology*, 40.1 (2008), especially the text relating to figures 6f and 9e. 我要感谢伊懋可为我揭出这篇文章。

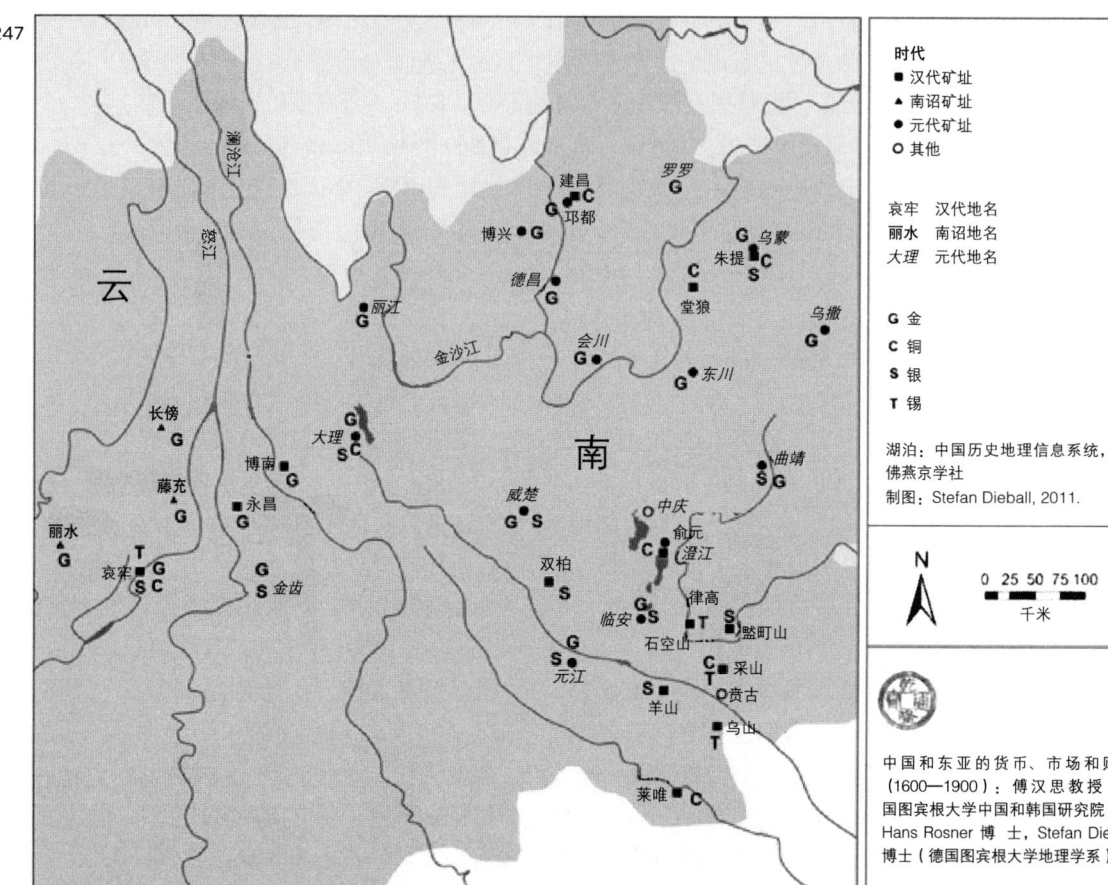

地图3　公元前1世纪至公元14世纪云南金银铜锡的出产地

来源：Vogel (1991)

注：地图展示的是元代1330年左右的疆域。汉代的哀牢、律高、俞元、莱唯、双柏，以及元代的罗罗、金齿不能更加精确。汉代的朱提、元代的乌蒙大致上就是今天的昭通。汉代的邛都、元代的建昌即今四川西昌。相关的图表和地名并列，以突显时间和矿产类型的差异。元代澄江有十二座金矿。贡古，采山在北，羊山在西，乌山在南。律高，监町山在东南，石空山在西。

哈剌章（大理）和金齿（永昌）银价高的另一个也是更重要的原因。这可能也是马可·波罗所记"（金齿）金一量值银五量，商人携多银至此易金而获大利"[①]的原因之一。

---

① 见 Yule (1903), vol. 2, p. 85。

云南银出口至中国以外地区，大概从其冶金学特征中可以找到迹象。13世纪和14世纪特雷布松和塞浦路斯新铸的银币，比此前流通的银币更加光洁。这些"白"银币可能有更高含量的锑。中国商船运载至也门的银锭较软，同样说明锑含量高，导致银更白更脆。这种相对较高的锑含量虽然不是唯一的，但是尤见于云南的银－铜矿，从而导致滇银较其他银更白更软。①

我们离题讨论了云南的矿冶史之后，现在回到西南中国进口贝币的途径。元代史料表明，贝进口到云南，不仅通过西南丝绸之路，也有的来自中国海滨，溯流而上经陆路运至云南。元代文献中记载了这些贝的运输。《（大元）通制条格》中有一条记载，是1276年的奏议：

> 至元十三年四月十三日，②中书省奏：云南省里行的怯来小名的回回人，去年提奏来，江南田地里做买卖的人每，将着𧴩子去云南，是甚么换要有。做买卖的人每，私下将的去的，教禁断了。江南田地里市舶司里见在有的𧴩子多有。譬如空放着，将去云南，或换金子，或换马呵，得济的勾当有。奏呵，那般者。圣旨有呵，去年的𧴩子教将的云南去来。那其间，那里的官人每说将来，云南行使𧴩子的田地窄有，与钞法一般有。𧴩子广呵，是甚么贵（子）〔了〕，百姓生受有。腹里将𧴩子这里来的，合教禁（子）〔了〕有，说将来呵，两个的语言不同有，那里众人每与怯来一处说了话呵，说将来者么道，与将文书去来。如今众人商量了说将来：将入来呵，不中。是甚么贵（子）〔了〕，百姓每也生受有。百姓每将入来的，官司将入来的，禁断了，都不合教入来，么道，说将来有。俺商量得，不教将入去呵，怎生？奏呵，休教将入去者，圣旨了也。钦此。③

奏议采用了元代的硬译公牍文体，不易理解。方慧将之译为现代汉语，我据以译为英文。怯来就是怯烈（卒于1300/1301年），出自中亚，居山西太原。初为云南行省平章赛典赤赡思丁僚属，后仕至云南行省参知政事、左丞。④

下文我们将看到，1276年2月，贝币就被官方设为云南的交换媒介，官私贸易皆用之。一个证据是下文我们将看到的，六年之后，1282年10月，缴纳

---

① 见 Kuroda Akinobu (2009), pp. 254–255，亦见 Robert P. Blake, "The Circulation of Silver in the Moslem East down to the Mongol Epoch," *Harvard Journal of Asiatic Studies*, 2.3/4 (1937): 328。
② 伯希和误将之系于1276年2月7日。Pelliot, *Notes on Marco Polo*, vol. 1, p. 456.
③ 《通制条格校注》卷18，页552。见方慧（1997），页149—150。法译文，见 Ratchnevsky (1972), *Un code des Yuan*, vol. 2, pp. 181–182.
④ 《通制条格校注》卷18，页552—553，方龄贵注2。

地税时贝币与金之间有官方兑换率。

从《通制条格》所存1276年5月奏议来看，商人从江南携带贝至云南交易金、马。这一贸易一定获利极高，因为金在云南相对便宜，而中国腹地对马的需求很大。① 不必惊讶地方官想要接手这一利润丰厚的贸易。虽然官私贸易最终都被禁止了，但是1276年5月的奏议显示，从东经由扬子江和陆路的进口确实存在。云南从陆路进口贝币的一个证据，是1301年9、10月朝廷发给云南行省的禁令，重申私人进口贝币之禁，指出平民、地方官、军官勾结，违反禁令。顺元、大理、临安、曲靖、乌撒、罗罗斯地方官被命令严格管理通往云南的水陆关津、渡口。

> 大德五年八月，中书省咨：云南省咨：
> 照得见钦奉圣旨整治云南事内一款："云南行使赇货，例同中原钞法，务依元数流转，平准物价，官民两便。近年为权势作弊，诸处偷贩私赇，已常禁治。其军民官府关防不严，或受贿脱放入界，以致私赇数广，官民受弊。仰顺元、大理、临安、曲（清）［靖］、乌撒、罗罗斯诸处官司，并各各关津、渡口把隘军民人员常切盘缉，禁治私赇。如有捉获，将犯人随即申解拘该上司，依条断罪，私赇没官，告捉人依例给赏。如所在官吏依前不为关防，通同作弊者，并行究治。"钦此。②

1305年11月21日，再度重申禁止偷贩和使用私赇，"其贝非本土者同伪钞论"。③所以，第一次发布禁令之后三十年左右，这些规定仍须重申。这显示出，尽管出台了禁令和措施防止走私，但是非法运输仍然没有减少。其原因就是利润太高了，不仅对于转运的商人而言如此，对于受贿的关防地方官、军官同样如此。

1301年公文中提到的行政单位表明，至少在蒙古统治时期，贝币不仅来自西南丝绸之路，即经由缅甸（大理）、暹罗（大理）、东京（临安），还来自广西（临安）、贵州（曲靖、乌撒、顺元）和四川（乌撒、罗罗斯）（见地图4）。1276年5月奏议明确提到江南市舶司。它可能是上海、杭州、庆元、澉浦、温州、泉州、广东以外的市舶司，同样是贝进口中国以及最终到达云南的目的地。

---

① 关于滇马对于中国的重要性，参 Yang Bin (2004), pp. 294ff.。
② 《大元圣政国朝典章》卷20，页31a，第1册，页314。德译文，见 Franke (1949), p. 118。
③ 《续文献通考》卷9，页2853c。德译文，见 Franke (1949), p. 118。

第三章 云南和东南亚流通的贝币 185

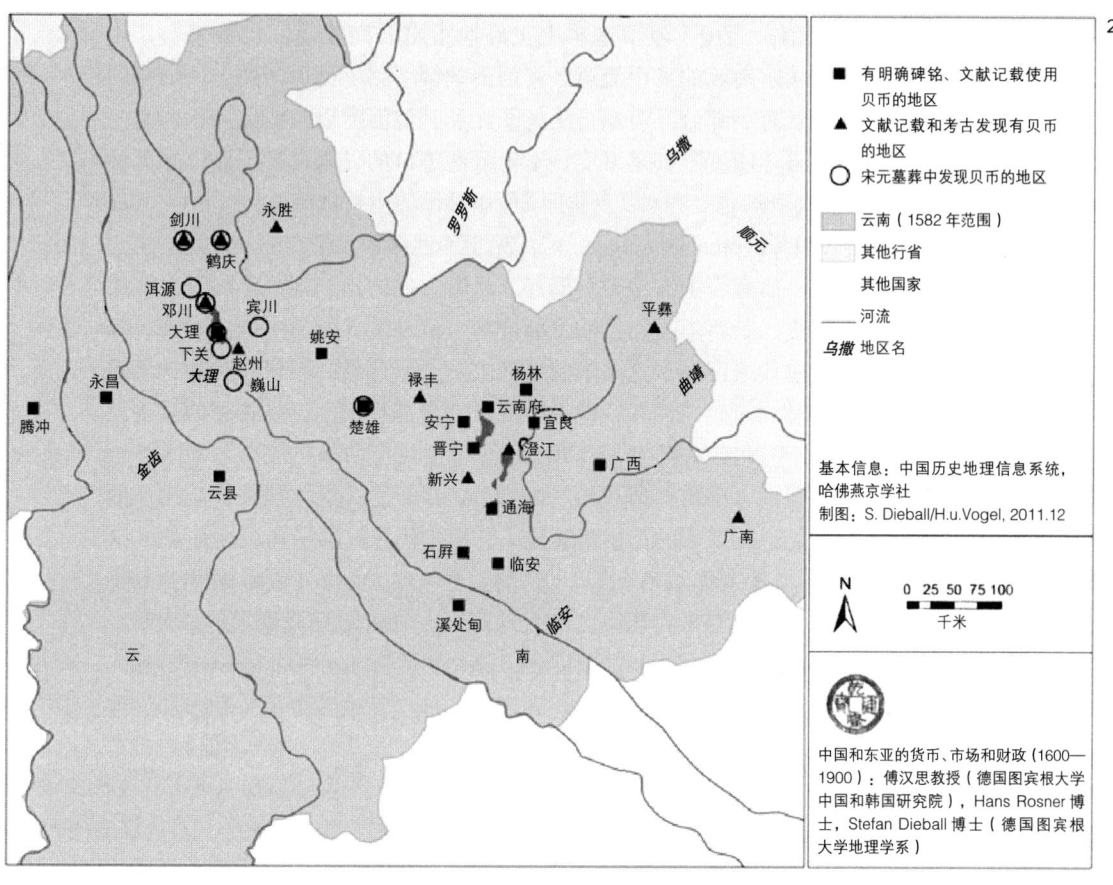

地图4 13世纪至14世纪中叶云南贝币流通区

来源：
疆界和地望，见谭其骧主编（1982），第7册，页76—77。
贝币使用地区，见Vogel (1993)，"Cowry Trade"。
图例：
有明确碑铭、文献记载使用贝币的地区：安宁、楚雄、大理、广西、晋宁、临安、石屏、腾冲、通海、溪处甸、杨林、姚安、宜良、永昌、云南府、云县。
文献记载和考古发现有贝和贝币的地区，记载常常不太具体，只是在叙述云南的大致情况时提及，多数材料来自地方志。关于邓川、广南、鹤庆、剑川、禄丰、新兴、永胜和赵州的大致记载，出自李家瑞（1956），98页。将它们放入地图中的原因，很多时候该地的地方志大略提及了贝币。澄江、平彝同样如此，但李家瑞没有提到，而见于Vogel (1993)，"Cowry Trade"。这样的地区包括：澄江、邓川、广南、鹤庆、剑川、禄丰、平彝、新兴、永胜、赵州。
20世纪40、50年代发现的宋元墓葬中有贝币的地方，见杨寿川"贝币研究——中原与云南用海贝作货币的历史考察"，杨寿川编著《贝币研究》（1997），15页：宾川、楚雄、大理、邓川、洱源、鹤庆、剑川、巍山、下关。

256　　很有理由相信，马可·波罗基本上正确地指出云南流通的贝币来自"印度"。贝币不仅从东南亚的贝币流通区经西南丝绸之路（贝币之路）由陆路到达中国西南，而且有一部分经市舶司由扬子江和其他河流以及陆路到达云南，对于二者而言来自"印度"都是事实。不论云南进口的贝来自哪条路，毫无疑问的是，马尔代夫群岛是亚洲（以及非洲）所用贝币的主要供应站。钱贝（cyprea moneta）和金环贝（cyprea annulus），广泛见于印度洋和太平洋的环礁湖之中。两种贝稍有差异，后者壳上有橙黄色圈环。尽管它们的出产地西至红海、莫桑比克，东到夏威夷、新西兰、加拉帕戈斯群岛，但是世界贸易中的多数钱贝都来自印度洋的马尔代夫群岛。这一带状群岛之一部盛产贝，不仅数量超过世界上其他地方，而且相对较"纯"，即很少混杂有金环贝。"近缘物种的竞争性互斥"特别适用于马尔代夫环礁，此外，那里也适用"伯格曼法则"（1847年提出），即最温暖的水中出产体积最小的物种。换言之，马尔代夫环礁出产的钱贝比世界上其他地方出产的都要显著地小。马尔代夫贝的平均长度在12.5毫米到15毫米不等，其他地区所产钱贝的平均长度一般大得多（夏威夷贝21.0毫米；西澳大利亚贝18.8毫米；菲律宾贝16.4毫米；琉球贝15.0毫米；东太平洋贝25.1毫米；关岛贝16.8毫米；泰国贝23.0毫米）。所有这些因素——产量多、纯、体积小，都有利于马尔代夫贝币，高产量、低损耗也减少了劳动力和运输费用，增加了商人的利润，因为基本上一个贝壳，无论大小如何，都代表一个货币单位。因此，贝越小，可被运输的数量越多，生产和贸易中获得的利润就越高。①

257　　为了完善我们的论断，可以看一看图20所示贝的长度。1980年曲靖珠街八塔台出土的晚唐到明初贝的大概平均长度约13毫米，大理海东下河村出土明代贝（平均？）长度为约24毫米。虽然我们不知道这些贝是否用作钱币，但是前者显然比后者长度小。曲靖出土的贝与马尔代夫贝长度类似，大理出土的至少有一些贝是有另外的来源。根据霍根多恩和约翰逊所给的记载，马尔代夫以外产钱贝的地方还有菲律宾主岛东南的苏禄群岛、今印度尼西亚（尤其是望加锡附近的比马、婆罗洲和苏门答腊海岸）、琉球群岛，以及中国海岸的两个孤立的地方。②不仅如此，金环贝在菲律宾的多个岛上都有集中出产。因此，元代和其他时代，除了经西南丝绸之路或中国和安南港口进口到云南的马尔代夫贝，确实很有可能还有其他产贝区的贝进入其中，我们不可以也不应该将其

---

① Cf. Hogendorn and Johnson (1986), pp. 7–12.

② 但 Peng Ke and Zhu Yanshi, 1995, p. 2 认为，因为温度和盐度状况，钱贝和金环贝出现在中国南海，但不出现在中国近海。

排除在外。①

2.4 私人贸易中的贝币

我们缺乏元代以前贝币在云南经济中的功能的记载。只在《新唐书》中有一条记载，说南诏王国（738—902）的贸易用缯币和贝。②这显示出贝币不是唯一的交换媒介，但是贝币和缯币之间的价值兑换关系未见于记载。随着蒙古征服云南，将其纳入中国统治，关于云南经济中使用贝币的更多信息见于记载。如果我们将明代的信息计算在内，那么就能总结认为，贝币用于施舍给宗教机构，尤其用于购地，铸钟，印经，卖房，买书、布、鞋，短期借贷，以及收藏。③这些当然只是冰山一角，肯定还有很多其他应用领域，但我们还没有文献和考古证据。

让我们仅限于元代，印证关于贝币用于私人贸易的事例。一个是向宗教机构施舍，尤其是购地。1323年之后的某个时间，昆明西山大圆觉寺得到了施舍，用于购置晋宁州大迦桥村的稻谷。根据碑文记载，④2,000到15,000（索）能购买1到2双稻谷，每双稻谷的价格是2,000到7,500索。类似的数据见于晋宁盘龙寺1360年到1369年的一通碑文《盘龙庵诸人舍施常住记》中。其中施舍的数量从225到3,500索真贝不等，购买稻、种、旱田、谷、麦田的价格从约1,067到9,600索每双不等。另一条记载来自永昌栖贤山报恩梵刹，其中提到施舍超过3,000索真贝。⑤

使用贝币作为价值储备，是元代云南贝币的另一个功能。《云南志略》（1303年或1304年）载，"斡泥蛮，⑥在临安西南五百里。……家有积贝以

---

① 见 Hogendorn and Johnson (1986), pp. 7 and 13。有趣的是滇文化出土的多数贝是金环贝。包括石寨山、李家山和天子庙遗址。只有在天子庙的一个墓中（M41）发现了钱贝。见米·皮拉左里"滇文化中的贝和铜钱"，蒋志龙译，载杨寿川编著《贝币研究》，1997，页231。通过分析考古发现的贝币分布，彭和朱认为上古中国实用的贝币不是从东南传到西北，而是相反，即从西北到东南。因此，贝币不是来自中国南海也不是从东南海岸进口的。他们推测上古中国使用的贝币来自印度洋海岸地区，通过红海、近东、土库曼、中亚草原、贝加尔湖、蒙古草原到了青海东部。Peng Ke and Zhu Yanshi, 1995, pp.1–18。
② 欧阳修《新唐书》，北京：中华书局，1975，卷222上，页6270。
③ 更多细节，尤其是明清时期的情况，见 Vogel (1993), "Cowry Trade," pp. 313–320。
④ 碑文名为《初建华亭山大圆觉寺常住功德碑》。
⑤ 更详细的记载，见 Vogel (1993), "Cowry Trade," pp. 313, 344–347。见方国瑜《云南史料丛刊》第3卷，页302。大圆觉寺、报恩寺碑著录见《新纂云南通志》卷93和卷94。《续云南通志稿》，《中国边疆丛书》，台北：文海出版社，卷102，页19b—12a（第13册，页10200—10202）。方慧提到了另一通碑《大盘龙庵大觉禅师宝云塔铭》。见"关于元代云南的'真贝''私贝'问题"，《云南社会科学》3 (1982)，页77—79，收入杨寿川编著《贝币研究》，1997，页209。
⑥ 斡泥，也称哈尼，所居之地被马可·波罗称为安宁（Anin）。前面我们已经见到，这也是马可·波罗所提到的使用贝币的地区之一。关于哈尼族使用贝作为货币、装饰和祭祀的考察，见杨寿川"哈尼族与贝币"，载杨寿川编著《贝币研究》，1997年，页216—229。

一百二十索为一窖,藏之地中。将死,则嘱其子曰:我平日藏若干,汝可取几处,余者勿动,我来生用之"。① 云南史家李家瑞将此习俗与元明时期普遍流行的另一风俗联系起来,即埋葬的骨灰罐中贮贝,或将贮贝的陶罐、铜瓮与骨灰罐一同埋葬。②

当我们考虑明代的贝币使用的记载时,可以总结,贝币完全涵盖了货币的四大功能:1)交换媒介;2)价格尺度;3)支付手段;4)价值储备。③ 下一节将会展示,贝币也用作国家支付手段——这是万志英所论的货币的更重要的一个功能。④ 历史文献也表明,贝币在私人交易中的使用,不仅限于零售贸易。在云南,贝币在很长时间内地位很高,不仅是因为它的数量充足,也是因为它有物理稳定性,以及能代表相对较高的标准。所有这些特性都使它成为最受青睐的支付手段,即使在买马、购地、借贷这样的大额贸易中,它也跟纸钞或银一起使用。⑤ 李珣在 9 世纪后期就已经记载贝币"云南极多,用为钱货交易"。⑥ 因此,与 17 世纪初爪哇使用的易碎的铅灰色贝币(*picis*),17 世纪葡萄牙人带到东京的贝币(*caixas*),以及 17—18 世纪印度很多地区使用的低额贝币相反,云南贝币享有盛誉,直到 16 世纪末仍然有较高的价值。⑦

在关于盐币的章节中,我们也会看到,在指称贝币的时候,我们说的是复数而不是单数。这意味着,大批量的贝币可能有某种统一的标准,此外,在不同的地区可能还存在着不同类型的贝币,或者同一地区流通着不同类型的贝币,它们的尺寸、数量和质量有别,因此对应于不同的市场、关税、消费者的供需关系。我们能看到证据表明,贝币区至少有一定程度的多样性,尤其是元代,官府 1276 年禁止"私贝八"从江南的市舶司输入云南,⑧ 1301 年禁止"他贝八",⑨

---

① 李京《云南志略》"诸夷风俗",《云南史料丛刊》第 3 卷,页 130。亦见李家瑞(1956),页 99;Vogel (1993), "Cowry Trade," p. 319。

② 李家瑞(1956),页 99。

③ 关于货币的四大功能,见 Horst Claus Recktenwald, *Wörterbuch der Wirtschaft*, Stuttgart: Alfred Kröner Verlag, 1987, p. 200。

④ Von Glahn (1996), p. 18。

⑤ 一些证据,见 Vogel (1993), "Cowry Trade," pp. 319–320。

⑥ 李珣《海药本草》,转引自李时珍《本草纲目》(1596),合肥:黄山书社,1992,卷 246,页 648a。

⑦ 见 Vogel (1993), "Cowry Trade," pp. 320–321。一个有趣的平行视角,参见孟加拉、西非所用贝币的差异。孟加拉的小贝只用于购买食物、衣服和其他上百种日用品,而西非的贝币也用于奴隶贸易。见 Hogendorn and Johnson (1986), p. 19。

⑧ 见《通制条格校注》卷 18,页 552;Pelliot, *Notes on Marco Polo*, vol. 1, p. 546。

⑨ 《元史》卷 104,页 2650;Franke (1949), p. 118。

1305 年禁止贝币"非本土者"。① 虽然 1301 年禁令的主要目的应该是保持贝流通量不变以稳定物价,但是我们还是可以推测,经由中国各省输入的贝币与经由暹罗和缅甸输入的贝币在外观、质量上有差异。在此背景下,值得注意的是,可能与不同来源的贝币相反,碑刻中称合法的贝币为"真贝"②或"钱贝"。③不论官府是否成功地禁止了"私贝",只有"私贝"与"真贝"在形状、颜色或尺寸上有差异,二者才能有所区别。如果我们假设它们是同一种类型,那么一旦它们进入云南货币市场,就没人能够区分开它们。在我以前的研究中,我猜想后者是产自马尔代夫的钱贝,而与马尔代夫贝不同的那些是金环贝。④ 另一个推测是来自不同产地的钱贝,正如我们上文讨论的,长度不同。毫无疑问,弄清这一问题需要进一步的研究,尤其是在考古学领域。

2.5 公共税收和财政中的贝币

至少在蒙古人统治云南初期,他们试图将贝币替换为纸钞,但是一段时间之后,官员们不得不承认,这一地域性传统货币不易废止。1275 年,云南行省平章政事赛典赤赡思丁(1211—1297)⑤上奏,请求允许贝币作为官私交换媒介:

> [至元]十三年正月,云南行交会、贝子。云南民以贝代钱,时初行钞法,民不便之,行省赛典赤言:"云南不谙钞法,莫若以交会、贝子公私通行为便。"从之。⑥

另一文献收录了稍有不同的记载:

---

① 《元史》卷 21,页 466;Franke (1949), p. 118.
② 《元史》卷 96,页 2468;以及《盘龙庵诸人舍施常住记》《栖贤山报恩梵刹记》。碑刻详见 Vogel (1993), "Cowry Trade," pp. 344–349;方国瑜"云南用贝作货币的时代及贝的来源",杨寿川编著《贝币研究》,页 54。此文亦收入方国瑜《滇史论丛》,上海:上海人民出版社,1982 年,以及《方国瑜文集》,昆明:云南教育出版社,2003 年,第 3 册,页 350—389.
③ 见《兴宝寺常住记》(1376)。Cf. Vogel (1993), "Cowry Trade," pp. 344–349.
④ Vogel (1993), "Cowry Trade," p. 330.
⑤ 这位来自不花剌的重要官员,是蒙古多族群多文化统治环境下的典型产物。关于他以及他在云南的事迹,见 Paul D. Buell, "Saiyid Ajall (1211–1279)," in Igor de Rachewiltz, Chan Hok-lam, Hsiao Ch'i-ch'ing and Peter W. Geier (eds.), pp. 466–479. 亦见 Morris Rossabi, "The Muslims in the Early Yuan Dynasty," in John D. Langlois, Jr. (ed.), *China under Mongol Rule*, Princeton: Princeton University Press, 1981, pp. 287–291. 罗茂锐强调赛典赤试图推动经济和军事进步,将云南与中国其他地方合为一体,促进了那里非汉人的汉化,而非伊斯兰化。
⑥ 《续文献通考》,页 2853c。德译文见 Franke (1949), p. 118. 原文"赛典赤"之名被妄改,今回改。

至元十三年正月……云南行省赛典赤……又言:"云南贸易与中州不同,钞法实所未谙,莫若以交会、𧵅子公私通行,庶为民便。"并从之。①

官府容忍贝币的结果是,规定贝币在云南行省公共财政中可以使用。在税赋方面,贝币被允许用于支付土地、房宅和酒、醋、商税以及杂课。1282年10月16日,定云南税赋用金为则,以贝子折纳,每金一钱直贝子二十索。②

一些史料表明贝币是元代早期和中期缴纳税赋的主要手段。1297年,刘正(?—1319)任云南行中书省左丞,"始至官,储𧵅二百七十万索、白银百锭,比四年,得𧵅一千七十万索、金百锭、银三千锭"。③

方国瑜推测,蒙古人允许贝币用于云南税收的一个原因,是预见到了兑换交易的大量利润。因此,如果我们采用官方兑换率20索贝币兑1钱金,那么云南行省1301年储备的1070万索理论上等于53,500两金,加上100锭金和3000锭银,价值73,500两金。在中国其他地方,1260年到1286年的官方金银兑换率为1:7.5,1287年以降为1:10(见下文第四章5.3节),与之相比,云南的金价较低,但各地兑换率有差异,如马可·波罗所记,押赤(云南府)为1:8,哈剌章(大理)为1:6,金齿(永昌)为1:5。换言之,云南金相对便宜,按方国瑜的观点,这给了官府机会,将税收所得的低价的贝币兑换为贵重的黄金。④尽管不难设想元朝不会容忍一种对其财政收入有害的税收手段存在,这种兑换交易所得的利润也不会太大。因为税收所得的一些贝币没有被兑换,而是立刻用于公共事业和军事支出上了。然而,方国瑜总体而言是正确的,他强调了贝币兑换金和云南出口货物所得的利润。从1276年奏议和1301年、1305年禁令的重申,我们知道从江南市舶司运输贝到云南是利润很高的生意。贝币确实兑换金,鉴于云南是黄金产区,这不值得惊奇。⑤但是贝币也用于马匹贸易,这是云南的另一个重要出口产品。这些贸易不仅对于商人是一个很大诱惑,对于与商人串通的地方官、军官及其下属同样如此。

---

① 《元史》卷9,页117;卷125,页3065。伯希和英译文 Pelliot, *Notes on Marco Polo*, vol. 1, p. 546 有误导性。《续通典》,《十通》,杭州:浙江古籍出版社,2000,卷13,页1181b。德译文见 Franke (1949), p. 117.

② 《元史》卷12,页246;《续文献通考》,2853c 页。译文见 Pelliot, *Notes on Marco Polo*, vol. 1, p. 547 以及 Franke (1949), p. 118.

③ 《元史》卷176,页4108;方国瑜主编《云南史料丛刊》第2卷,页598;方国瑜"云南用贝作货币的时代及贝的来源",杨寿川编著《贝币研究》,页48.

④ 见方国瑜"云南用贝作货币的时代及贝的来源",杨寿川编著《贝币研究》,页47—48.

⑤ 1328年云南岁课为9,201.9两金,其次是江西的9,015.1两金,然后是湖广的4,020.1两金。见 Franke (1949), p. 120.

另一个案例也展示出元代云南税收使用贝币。材料来自王昇墓志，他在至正（1341—1370）初年担任儒学提举。墓志告诉我们，在大理，王昇征收了 620,000（索）贝和 19,000 石粮。① 1328 年，云南包银 1,133,119 索，酒课 201,117 索，而帝国其他所有地区的此类税收都是用纸钞作为常用的支付方式。② 贝币也用于军事臣服之后的贡纳，一个例子是 1318 年永昌附近的金齿人枯柯甸投降，每年上交 1,000 索贝。③

因为贝币作为税收的主要形式，云南官府支出也不得不使用贝币。元代的一些记载描绘了贝币流出官府帑藏。1299 年，诸路设立医学。但只有云南设立这些机构时使用了贝币，即 11,500 索"真贝"。④ 两年后，1310 年 9 月 2 日，元朝皇帝诏云南行省自愿征八百媳妇者二千人，人给贝子 60 索。⑤ 同年 12 月，云南行省令土官普利买马助军。普利称，军马价不用贝，非金不可。观望不肯进。⑥

虽然没有元代的直接证据，但是我们可以推测蒙古统治下的云南地方官的俸禄一部分用贝币支付。我们知道明代官员的俸禄基于粮价，一部分用贝币支付。云南的明朝藩王所得的赋税同样也是一部分以贝币支付，另外还有纸钞、金和银。⑦ 元代的情况当然差不多。

大概至晚 1305 年，纸钞最终被引入云南。纸钞与贝币并行使用的证据，来自 1305 年 11 月 21 日的一则记载：

> 大德九年十一月，乃以钞万锭给云南行省，命与贝参用，其贝非出本土者同伪钞论。⑧

蒙古统治的稍晚时期，贝币以外其他类型的货币也在云南行用，见于碑刻记载的给寺院的施舍，年代是 1323 年至 1368 年。例如，昆明西山大圆觉寺 1323 年碑刻证明纸钞和贝币并行使用。⑨ 晋宁盘龙寺 1356 年买地使用的是纸钞，而

---

① 《元宣慰副使止庵王公墓志铭》，见《云南图经志书》（1455），转引自李家瑞（1956），页 97；全文见方国瑜主编《云南史料丛刊》第 3 卷，页 331—332。
② 《元史》卷 93，页 2363；卷 94，页 2396；Franke (1949), p. 136; Schurmann (1956), pp. 98-104. 亦见附录 8 表 27。
③ 柯劭忞《新元史》卷 248，台北：艺文印书馆，页 7b；亦见李家瑞（1956），页 97。
④ 《元史》卷 96，页 2468；李家瑞（1956），页 97。
⑤ 《元史》卷 20，页 435。
⑥ 《新元史》卷 248，页 18；亦见李家瑞（1956），页 97。
⑦ Vogel, "Cowry Trade," pp. 327–329.
⑧ 《续文献通考》卷 9，页 2853c. 德译文，见 Franke (1949), p. 118。
⑨ 见李家瑞（1956），页 94。

这个寺院所有其他买地活动使用的都是贝币。① 而昆明附近太华寺碑刻 1363—1368 年买地只使用了银。②

总之，历史记载表明云南贝币的作用不止于小额支付手段这一功能。在官私贸易中，如买田宅、缴纳地税包银等大额支付，使用相对大的单位索。因此，云南与孟加拉、奥利萨的情况更有可比性，税收的很大一部分用贝币缴纳，而在西德干，贝币主要用作零钱。③

第三节　云南贝币：比较马可·波罗所记与汉文史料

尽管很多人认为亚美尼亚人海屯（Haiton，?—约 1320）和威尼斯人尼柯罗、马菲奥、马可·波罗有数处不可采信，但我们不能否认他们给了我们关于这个广阔而富裕的地区的很多启发和信息。只是人们会惊奇地发现如此短小的回忆录中充斥着如此多的奇迹和财富。这就是为什么他们在世时便被同乡人起了"百万"（骗子）的绰号。④

吴芳思在她质疑马可·波罗到过中国的书中，认为马可·波罗混淆了贝壳和被称作 porcelaine 的中国陶瓷。她宣称，他对于二物用了同一名词，即 *porcelaine, porcelane, porcellana, porzelane, porcelliane*。她还写道，贝看起来是在《寰宇记》成书之前就进口到西欧，因为它们出现在约 1250 年巴塞罗那出版的《海之慰藉》（*Consolat del mar*）一书中。⑤ 无论这部 13 世纪中叶文献中所指的是什么，⑥ 吴芳思的观点都是不能令人信服的。第一，马可·波罗当然没有混淆贝壳和陶瓷，因为作为一个威尼斯人，他很知道贝壳作为商品的重要性。霍根多恩和约翰逊已经提出，在马可·波罗的时代，威尼斯很可能已经

---

① 方国瑜"云南用贝作货币的时代及贝的来源"，杨寿川编著《贝币研究》，页 47。
② 方国瑜主编《云南史料丛刊》第 3 卷，页 117。
③ 见 Vogel (1993), "Cowry Trade," p. 329。
④ George Bryan Souza and Jeffrey S. Turley, *The Commentaries of D. García de Silva y Figueroa on his Embassy to Shah Abbas of Persia on behalf of Philip III, King of Spain*, manuscript of 2011, to be published by the Hakluyt Society. 我要感谢乔治·布莱恩·索扎为我指出这一段并提供他和杰弗瑞·透利合著关于 D. García de Silva y Figueroa（1555—1624）出使波斯（1614—1624）的未刊书稿。
⑤ 见 Wood (1995), p. 54. 这源于 Pelliot, *Notes on Marco Polo*, vol. 2, p. 807。
⑥ 在 *Consolat del mar* 一书英译本中检索"cowry""cowries""shell""porcelaine""porcelana"等词，并没有任何结果。*Libre apellat Co[n]solat de mar* 电子版，见 Biblioteca Virtual Miguel de Cervantes and La Biblioteca Virtual Joan Lluís Vives, http://www.cervantesvirtual.com/servlet/SirveObras/56850541999959389277791/thm0000.htm（访问时间：2012 年 5 月 24 日）；英译本见 Stanley S. Jados, *The Consulate of the Sea and Related Documents*, University of Alabama Press, 1975, in the Library of Iberian Resources Online, http://libro.uca.edu/consulate/consulate.htm（访问时间：2012 年 5 月 24 日）。

是经红海、埃及而来的马尔代夫贝的一个重要中转口岸。它们从威尼斯被出口到马格里布，然后被运到撒哈拉和西非。Porcellani 是 porco（义为猪）一词的指小型。此词汇存留下来，在意大利作 porcellette（1540 年前后），在马赛作 porcelains（18 世纪），在德国作 Porzellanschnecken（19 世纪）。① 第二，马可·波罗记载的独一性，并不在于他概括提及了贝币，也不在于他是第一个提及贝币的欧洲人，而在于他专门记载了云南的贝币，尤其是这一地区货币混杂的因素。实际上，贝币的生产和贸易及其在东南亚和非洲用作货币，早已见于阿拉伯作家如苏莱曼（Sulaiman at-Tagir，约 850—900）、马苏第（al-Mas'udi，916 年在锡兰）、比鲁尼（al-Biruni，约 1030）、伊德里西（Idrisi，1099—1186）、尤兹扎尼（Minhaj As-Siraj，约 1240 或 1242—1244）、伊本·白图泰（Ibn Battuta，1304—1368 或 1369），以及 16—18 世纪葡萄牙、荷兰、法国、英国等欧洲作家和很多中国旅行者的记载。② 根据这些记载，贝币流通的地方有孟加拉、奥里萨、阿拉干、马达班、勃固、泰国、老挝、安南以及东南亚其他一些地区。在云南，我们已经看到，尤其是元代以降，当这一地区进入蒙元、明、清中央政权管辖之后，汉文史料大量记载贝币的行用。然而，很重要的是，在非汉文史料中，只有马可·波罗提到了这一地区贝币的通行。同样具有独一性的是马可·波罗所记盐币，这也是唯一的非汉文史料，正如下一章将要阐明的，这在元代之前和之后的汉文史料中确实有很多印证。

除了这位威尼斯旅行家记载中的这种独一性，马可·波罗也正确地记载这个地区本身并不产贝，而是从印度进口。另一个无疑很准确的观察是贝币作为小额货币，而金、银作大额货币，同时他记载贝以八十为单位。我们与汉文史料做了比较之后，可知马可·波罗的记载与我们所知的元代云南货币状况几乎完全吻合，尤其是云南地区纸币不能或只能部分推行的特殊状况，金、银在私家交易和公共财政、官方贸易中仍然行用。在帝国的几乎所有其他地区中，纸钞是强制发行的，金、银不允许用作支付手段，在这一方面云南是唯一的例外。这一地区在货币和公共财政上的例外，明确反映在了马可·波罗的书中。

另一个令人吃惊的一致性，是马可·波罗与汉文史料所提及的贝币流通区域。马可·波罗所记的柯罗蛮大致契合昆明大觉寺、圆通寺和晋宁盘龙庵碑铭；马可·波罗所记的安宁契合惯于遗赠贮贝器的哈尼人所居地区；马可·波罗所

---

① Hogendorn and Johnson (1986), pp. 15, 17.

② 详见 Vogel (1993), "Cowry Trade," pp. 225–235, 以及 Hogendorn and Johnson (1986), pp. 14–19, 23–25, 28–36.（译者按，原文在 Minhaj As-Siraj 之前还列有 "Tabakat-i-Nasiri, 约 1240 年"。实际上，这是书名，常汉译为《纳昔儿史话》，其作者为 Minhaj As-Siraj。据上下文，此处只列举著者的名字，我们将书名 Tabakat-i-Nasiri 删去。）

记的哈剌章契合王昇墓志铭所述大理以贝币课税；而马可·波罗的金齿契合永昌报恩寺碑所记附近金齿人以贝缴税的情形。而且，1301年禁进口"私贝"之令，也进一步证实马可·波罗所记贝币行用区柯罗蛮、安宁、哈剌章、金齿与历史事实完全相符，因为1301年罗罗斯、乌撒、顺元、曲靖、临安、金齿、大理奉命禁止此种走私。1301年法令中提及的地方行政区，与马可·波罗的柯罗蛮、安宁、哈剌章、金齿或者相邻或者重叠。如果我们在地图上标出13世纪后期到17世纪中期所有见于文献记载和有考古证据表明使用贝币的地方（见地图4），会得到同样的图景。换言之，马可·波罗的记载是举世无双的，不仅涉及了贝的来源，贝币的单位，多种货币的混用，而且在地理上也很准确。因此，我要再一次强调，甚至不用提他的记载多么准确，除了马可·波罗，我们不知道其他任何非汉文作者报道过云南的贝币。

第四章　云南、土番的盐生产和盐币

第 38 章《建都州》：

小额盐币如下：将盐水倒入热锅中，然后将其倒入模具中，待其变硬，就成了可以花的钱。①

在《马可波罗行纪》中，盐的生产、税收和贸易以及盐用作货币，都是很重要的内容。因此在马可·波罗研究中，它们都已经被不同程度地讨论过了。例如，吴芳思提到，因为马可·波罗是商人的子侄，所以他讲述物产，包括四川的盐币，就不那么令人吃惊了。② 她也注意到马可·波罗"对东方的记载中有很多的盐和里程"，因为这本书的性质更像是反映了商人的，而不是一位有创造力的作家的世界观。③ 然后她写道：

> 书中提到从井、盐碱土、海中生产盐，远到云南、山东和江浙海滨，但是马可·波罗所说的云南可能是其毗邻省区的自贡，自贡用水牛拉轮从井中生产盐已经有很多个世纪了。这可能是一种解释，提到中国的盐及其重要性并不令人惊奇，因为盐是官方控制的产品，与新发行的纸钞关系密切。……（马可·波罗提到土番地区将它用作货币的一种。）④

吴芳思很正确地强调了元朝官方垄断盐的突出性，因此在某种意义上也与纸钞有关。下文我们将看到，盐税在蒙元财政收入中占了最大的比例。因此描

---

① 见 *De consuetudinibus et condicionibus orientalium regionum, e uulgari in Latinum traductus per fratrem Franciscum de Pepuris de Bononia*，转写见 Juan Gil, *El libro de Marco Polo: Ejemplar anotado por Cristobal Colon y que se conserva en la Biblioteca Capitular y Colombina de Sevilla*, Madrid: Testimonio, 1986, p. 302。
② Wood (1995), p. 10.
③ Wood (1995), pp. 37–38.
④ Wood (1995), p. 125.

写盐就是描述这一时期的财政支柱之一。鉴于盐对于威尼斯的重要性,就不难想见马可·波罗注意到了沿海和内陆的盐生产、征税和贸易,以及云南和土番将盐用作货币。① 下文我们将看到一个例子,没有必要去怀疑马可·波罗在写云南时候讲的是四川自贡,因为云南本身在盐生产方面的历史就很著名。

第一节 马可·波罗所记云南盐生产(1275—1291)

[第44章]
此(哈剌章)州很大。……引人注目的是许多盐锅,而他们在大锅中烧水,直到得到盐;此盐优于所有可见者,大汗从中收税甚多。②

第39章《哈剌章州》
此城从井中汲水制盐,大汗从中获利巨大。③

马可·波罗在关于哈剌章(云南)④的章节中谈到了盐井,人们从中生产盐。他也说这些地方的所有人都以此盐为生,同时它也为国王产出了大量的财富。⑤ 吴芳思认为马可·波罗提到的盐井大概指的是四川盐井,尤其是自贡地区,"用水牛拉轮从井中生产盐已经有很多个世纪了"。这种观点当然是错的。

---

① 如下所述,一些中国学者已经对云南和土番的盐币做了坚实的研究,其中包括马可·波罗的记载,而这位威尼斯人关于盐生产技术的记载和盐税、贸易的记载很少受到关注。非中国学者有几位较为全面地研究了盐的段落。其中一位是颇节,见 Guillaume Pauthier, *Le livre de Marco Polo, citoyen de Venise, conseiller privé et commissaire impérial de Khoubilaï Khaân, rédigé en Français sous sa dictée en 1298 par Rusticien de Pise*, Paris: Librairie de Firmin Didot Frères, Fils et C., Imprimeurs de l'Institut de France, 1865。另一位是裕尔,Yule (1903)。较全面提及的还有 U. A. Casal (1958)、William W. Boddie (1972) 以及 Franco Brunello (1986)。虽然波迪(Boddie)提到了元代 1334 年成书的《熬波图》,但这两位学者都没有深入考察马可·波罗所记。波迪还夸大了四川取卤技术的历史,因而夸大了中国的盐生产技术。见 U. A. Casal, "Salt," *Monumenta Nipponica*, 14.1/2 (1958): 61–90, especially 63–64; Brunello (1986), pp. 94–96; Mark Batterson and William W. Boddie, *Salt, the Mysterious Necessity*, New York: Dow Chemical Company, 1972。汉译本:波迪"无可置疑的文明",王海潜译,彭久松校《井盐史通讯》,1(1978):36–40, 50–58, 收入余士雄主编(1983)《马可波罗介绍与研究》,页 259—274。

② Annamaria Gallina, *Viatges de Marco Polo: Versió catalana del segle XIV*, Barcelona: Editorial Barcino (Els nostres clàssics; A 85), 1958, pp. 106–107.

③ *Historia de las grandezas y cosas marauillosas de las Prouincias Orientales. Sacada de Marco Paulo Veneto, y traduzida de Latin en Romance,...*, Con Licencia, en Caragoça: Por Angelo Tauano, Año. M. DCI, pp. 95–96.

④ 地名勘同,见表 11。

⑤ Yule (1903), vol. 2, p. 66. 古法语本 B1 作:"[...] Ils ont puis salmace, des quel il font sal; et de cest sal vivent tuit cele de la contree; et voç di que le roi en a grant profit de cest sal." 见 Blanchard and Quereuil (2005), p. 470。

首先，云南本身就有一些相当著名而且古老的盐井，无须到四川寻找。汉代（前202—220）就已经有连然（安宁）、① 南广（可能即盐津）、② 青蛉（大姚）③ 盐官的记载。9世纪《蛮书》（《云南志》）告诉我们，南诏王国（738—902）的安宁城到处有石盐井，深80尺。城外还有四座。平民自行煎卤。升麻（寻甸）和通海的爨、蛮人都消费安宁的盐。④《蛮书》还提到了其他的盐井，表明后世云南闻名于世的井很多最迟在唐代便已经在使用中了（见表12、地图5）。

表12　唐和南诏时期的云南盐产地，8—9世纪

南诏时期地名	唐代地名	井数	井名、泉名	今地名 a	后世盐场 b
安宁城	昆州安宁	5？	石盐井	安宁	安宁井
览赕城		1	郎井	禄丰	琅井
泸南	姚州泸南	1？	美井	大姚	白井
龙怯		2		盐源？ c	盐源？
剑寻		4	傍弥潜井	剑川	弥沙井
			沙追井	剑川	弥沙井
			若耶井	兰坪	丽江老母井
			讳溺井	兰坪	丽江老母井
剑川	罗鲁城	1？	细诺邓井	剑川	诺邓井
丽水城		1	罗苴井		丽江井？
长傍诸山		数个？			
柳追和城		十余 d		镇沅	安板井
威远城		十余 d		景谷	抱母井
					香盐井
奉逸城		十余 d		普洱	磨黑
				易武	石膏箐
利润城		十余 d		倚邦	磨歇等
				孟腊	
盐泉县		十余 d	盐泉	禄丰	黑井

来源：《云南志校释》，页262—263、245。《旧唐书》卷41，北京：中华书局，1975；黄培林、钟长永主编《滇盐史论》，四川人民出版社出版，自贡盐业出版编辑室编辑，1997，页24。

---

① 见《汉书》卷28上《地理志》，页1601。
② 见《华阳国志校注》，页422—423。南广盐官可能设立于东汉（25—220）。
③ 见《华阳国志校注》，页447。《后汉书》志第二十三引《华阳国志》，北京：中华书局，1965，页3511—3512。
④ Luce (transl.) and Oey (ed.) (1961), p. 67；《云南志校释》卷7，页262—263。

注释：

a 据黄培林、钟长永主编《滇盐史论》，页29，以及郭正忠主编《中国盐业史：古代编》，北京：人民出版社，1997，页106。

b 据黄培林、钟长永主编《滇盐史论》，页29。

c 龙怯河穿过今盐边，位于盐源以南。大概指的是盐源，因为在这一地区只有那里产盐。

d 柳追和城、威远城、奉逸城、利润城共有约100处盐井。

e 此名意味着盐泉的存在。此县属尹州。

表 13　元代云南盐产地

元代地名	盐井、盐泉记载	今地名	后世盐场
大理路白盐城 b		大姚	白井
中庆路 b	盐井	安宁	安宁井
威楚郡	有醎井	禄丰	黑井
琅井	琅井	禄丰	琅井
波罗涧 c	有卤水	楚雄	
高登山 c	有盐井	广通	
丽江路	有盐七井之货 d	云龙	云龙井
		兰坪	丽江井
威远州	白盐井	景谷	抱母井
			香盐井
建都	"他们煎盐"	盐源	盐源

来源：黄培林、钟长永主编《滇盐史论》，页26—29。建都（Caindu）我们引用的是马可·波罗。

注释：

a 据黄培林、钟长永主编《滇盐史论》，页29。

b 此地设有榷税官。

c 早年便已关闭。

d 此七井大概位于云龙和兰坪。

e 此名意味着盐泉的存在。此县属尹州。

表 14　云南盐场的生产和税收，17世纪下半叶

盐场	1640年代以来税收（两银）	每年盐产量（斤）
黑井	120,000	5,640,000
白井	28,500	2,373,216
琅井	9,600	1,599,906
云龙井	4,760	1,510,014

（续表）

盐场	1640 年代以来税收（两银）	每年盐产量（斤）
安宁井	1,752	428,496
阿陋猴井	2,923	531,000
景东井	320	169,200
弥沙井	400	47,201
只旧井 草溪井	262	49,922
安板土井	—	—
包母土井	—	—

来源：黑井、白井、琅井的税收数据，见李苾《滇南盐法图》，1707，图1—3；朱霞"从滇南盐法图看古代云南少数民族的井盐生产"，《自然科学史研究》，23.2（2004）：144；何珍如"康熙时期的云南盐政"，《中国历史博物馆馆刊》，5（1983）：75。

关于元代，黄培林、钟长永《滇盐史论》[①]已经列出了各种史料中记载的一些盐产地（见表13、地图5）。表14让我们能够看到清初云南最重要的盐井的生产和税收。此时最有生产力的盐井（黑井、白井、琅井）位于云南中部，其次是云龙井，位于西部。只有在18—19世纪，南部的多数盐井才被开发（见地图6）。

从帝国的维度来看，与解州（河东）尤其是海滨相比，云南井盐生产的经济和财政重要性很小。[②]在明朝，我们第一次得到了云南盐生产和税收在帝国整体盐产量中所占的百分比，介于0.37%到1.9%之间。[③]云南盐产量相当少，征税却很重。1578年云南盐产量占全国的0.37%，每年缴纳到太仓库的盐税却占了2.76%。[④]换句话说，虽然云南盐生产在帝国视野中不太重要，但是它提供了稳定的收入来源，对于地方政府大概比对中央政府更重要。这无疑与马可·波罗的记述相合。他说到云南的盐税，当地盐很珍稀，征税很重。

---

① 黄培林、钟长永主编《滇盐史论》，四川人民出版社出版，自贡盐业出版编辑室编辑，1997。

② 见地图7，显示的是14世纪后期帝国范围内盐场的分布。

③ 见郭正忠主编《中国盐业史：古代编》，北京：人民出版社，1997，页648—649。百分比指的是洪武年间（1368—1398，0.39%），弘治年间（1488—1505，1.9%），万历六年（1578，0.37%）。

④ 参郭正忠主编《中国盐业史：古代编》，页649。

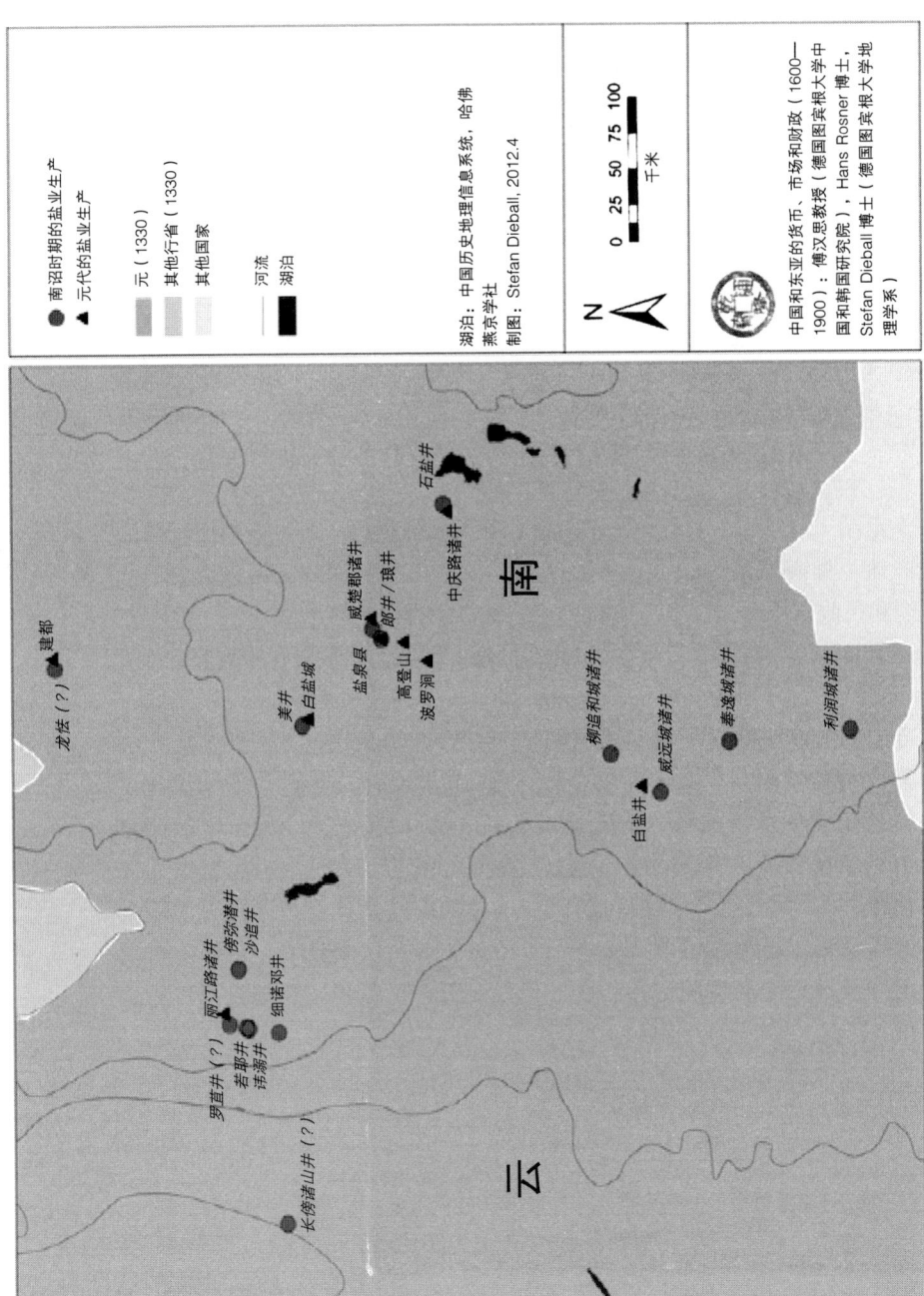

地图5 8—14世纪云南盐产地

表源：表12、13。
注释：只给出大致地点。

第四章　云南、土番的盐生产和盐币　201

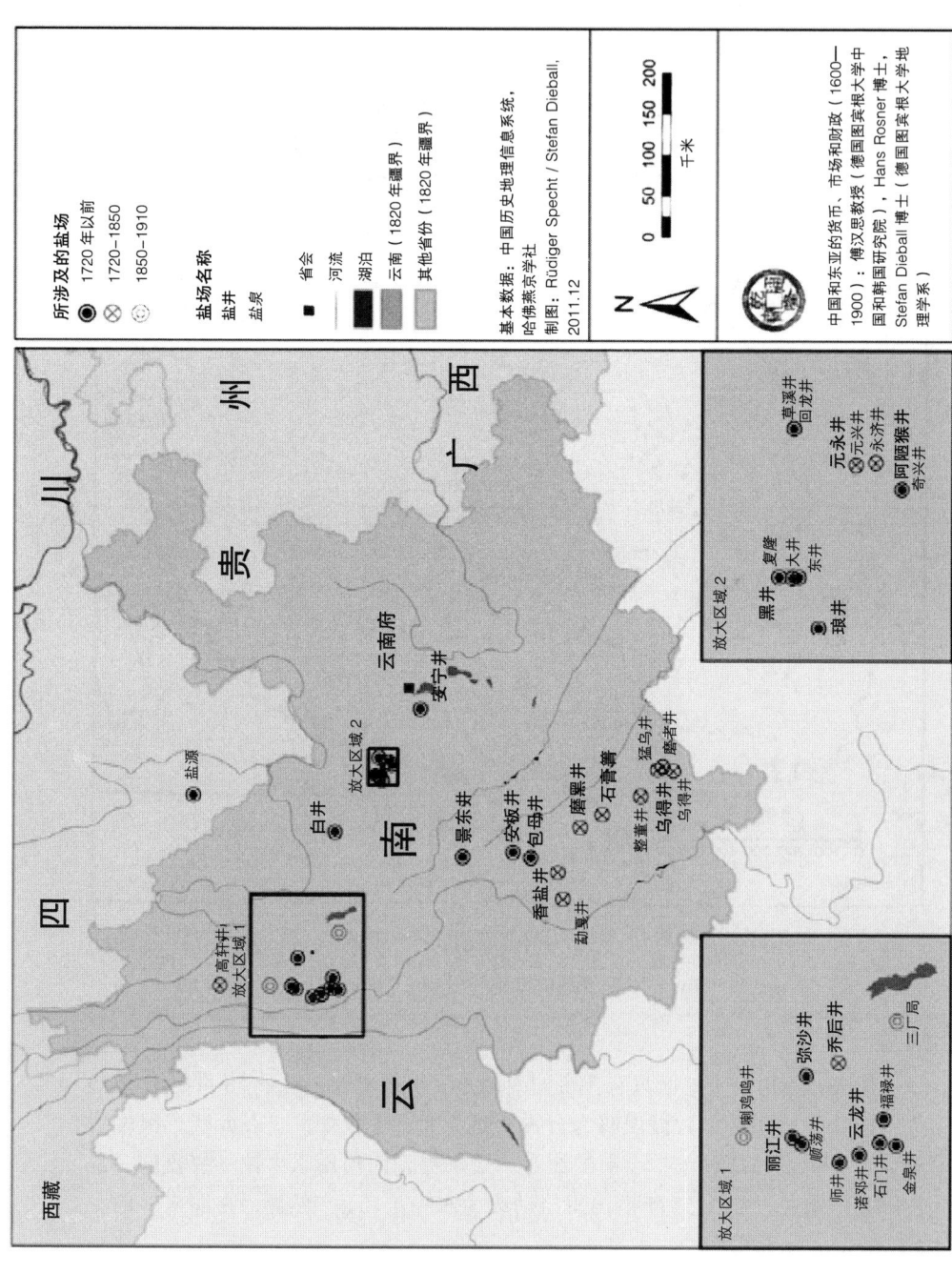

地图 6　17—20 世纪初云南盐场

来源：傅汉思收集的数据。

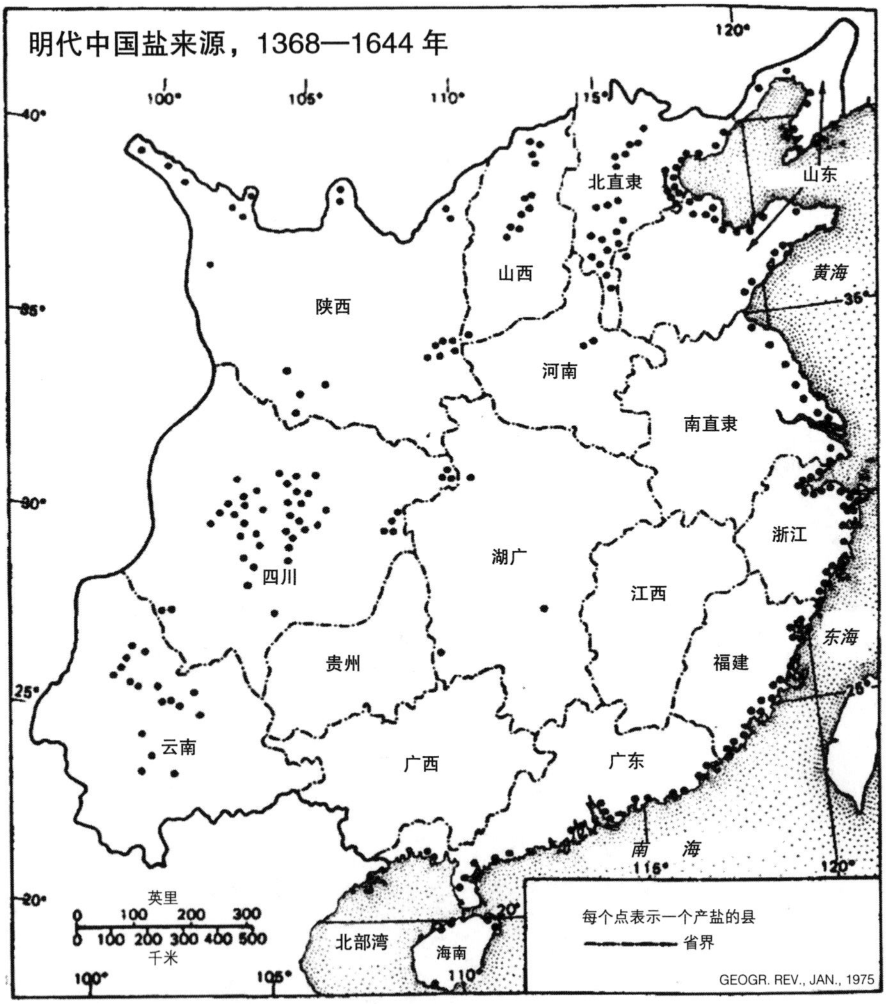

地图 7　明代中国盐来源，1368—1644 年

来源：Chiang Tao-chang, "The Salt Industry of Ming China," *Geographical Review*, 65.1 (1975): 94。

其次，四川自贡地区只有在帝国晚期才变得很重要。这个 18 世纪末到 19 世纪的盐生产中心常常被误解为自古便是如此。不仅如此，在元代，很难找到吴芳思所说的那种水牛牵引的绞盘。最早提到四川用水牛拉动绞盘的，是长宁县的淯井，在 1253 年由因犯拉动改为水牛拉动。① 然而，在明末之前，

---

① 见林元雄、宋良曦、钟长永等《中国井盐科技史》，成都：四川科学技术出版社，1987，页 287。

水牛的使用并不太普遍。① 在明末，只有一头水牛套在一个绞盘上，而在 18 世纪晚期和 19 世纪的自贡以及其他类似的盐场，拉动一个绞盘需要多达四头水牛（图 21）。②

图 21　四川自贡（自流井、贡井）深井卤水提取，约 1880 年

来源：四川总督丁宝桢主持纂修《四川盐法志》（1882）卷 2，页 20b—21a。

---

① 见 Hans Ulrich Vogel, "Ma Jis 'Yanjing tushuo' (Illustrierte Abhandlung über die Salzbrunnen [Sichuans]) aus der späten Ming-Zeit und seine technikgeschichtliche Bedeutung," *Zeitschrift der Deutschen Morgenländischen Gesellschaft*, 155.1 (2005): 281; Sun E-Tu Zen and Sun Shiou-Chuan, *T'ien-kung K'ai-wu: Chinese Technology in the Seventeenth Century, by Sung Ying-Hsing*, University Park, Penn., and London: Pennsylvania State University Press, 1966, p. 119。

② Hans Ulrich Vogel, "Die Darstellung der Salzproduktion in Sichuan: Eine chinesische Bildrolle aus der Mitte des 18. Jahrhunderts," *Thesis: Wissenschaftliche Zeitschrift der Bauhaus-Universität Weimar (Internationale Tagung am Lehrstuhl für Bauaufnahme und Baudenkmalpflege: Investitionen im Salinenwesen und Salzbergbau: Globale Rahmenbedingungen, regionale Auswirkungen, verbliebene Monumente—Gewidmet Rudolf Palme (1942–2002))*, 4/5 (2002): 338, 345. 图以及文本的德语译本，见 id., "Die Darstellung der Salzproduktion in Sichuan—Eine chinesische Bildrolle aus der Mitte des 18. Jahrhunderts," http://www.uni-tuebingen.de/?id=24313（访问时间：2012 年 9 月 8 日）。

我在我即将出版的《中国的科学与文明》系列的一卷中将会展示，①云南盐生产与四川不同，云南的技术没有那么先进，其他方面也有区别。与四川相比，云南在20世纪之前没有天然气也没有大量的煤可供煎盐，代之以木柴，常常供应不足。典型的情况是，云南井盐要借助垂直井或斜井来提取地下卤水，这些井多数情况不深于22米（图22—24）。1909年到过云南很多盐井的布朗（J. Coggin Brown）记录道，它们形象地证明了"中国人积少成多的毅力，以及克服自然困难的聪明才智"。②还有一些盐井或盐泉位于河中央的小岛上。云南盐生产的另一个突出特点是，这里是18世纪以后中国少数几个还在开采井盐的地方。③云南盐产业和管理的另一个特色是，即使在帝国晚期，其操作者也不是汉人，而主要来自当地族群。④稍后，与盐币相关，我们也要谈到云南盐场生产的各种各样的盐，很显然，它们特殊的样式可用作商标。

总结上文关于元代云南盐生产的历史，显然可以看到马可·波罗谈到哈剌章盐井的时候，他确实说的是云南的盐业，而不是四川的。他不仅正确地指出了盐是从井中提取的卤水中煎煮而成的，还涉及了这种不可或缺的调味料在区域财政上的重要性。下文我将展示的是，这些盐场不仅生产用于消费的盐，还制造各种盐币，在云南和土番流通。

---

① 见 Hans Ulrich Vogel, *The Salt Industry*, Part 37 of Joseph Needham's *Science and Civilisation in China*, Cambridge: Cambridge University Press, 待刊。关于云南盐史的细节，也可参阅我的 "A Short History of Salt Production in Yunnan Province in South-west China: Technical and Economic Aspects," in Nuria Morere Molinero (ed.), *Las salinas y la sal de interior: Economía, medio ambiente y sociedad—Inland Salt Works and Salt History: Economy, Environment and Society*, Madrid: Universidad Rey Juan Carlos, Servicio de Publicaciones, 2007, vol. 2, pp. 809–834, 以及我的 "Types of Fuel Used in the Salt Works of Sichuan and Yunnan in South-western China: A Historical Overview," in Olivier Weller, Alexa Dufraisse et Pierre Pétrequin (eds.), *Sels, eau et forêt d'hier à aujourd'hui*, Paris: Presses Universitaires de Franche-Comté, 2008, pp. 451–477. 下文主要依据这两篇文章。

② 见 J. Coggin Brown, "The Mines and Mineral Resources of Yunnan, with Short Accounts of its Agricultural Products and Trade," *Memoirs of the Geological Survey of India*, XLVII, 1923, pp. 165, 175, 179。

③ 关于比马可·波罗晚得多的时期云南采盐的历史，见 Vogel (2007), pp. 827–830。

④ 朱霞 "从滇南盐法图看古代云南少数民族的井盐生产"，《自然科学史研究》，23.2（2004）：135–137; Brown (1923), pp. 165, 175. 英译本见 Zhu Xia (author); Cao Jin, Ailika Schinkothe, Hans Ulrich Vogel et al. (transl.), "The Production of Well Salt by Ethnic Minorities in Pre-modern Yunnan: The 'Illustrations on the Salt Production Methods of Yunnan," *East Asian Science, Technology and Medicine*, 33 (2011): 33–82。

第四章　云南、土番的盐生产和盐币　205

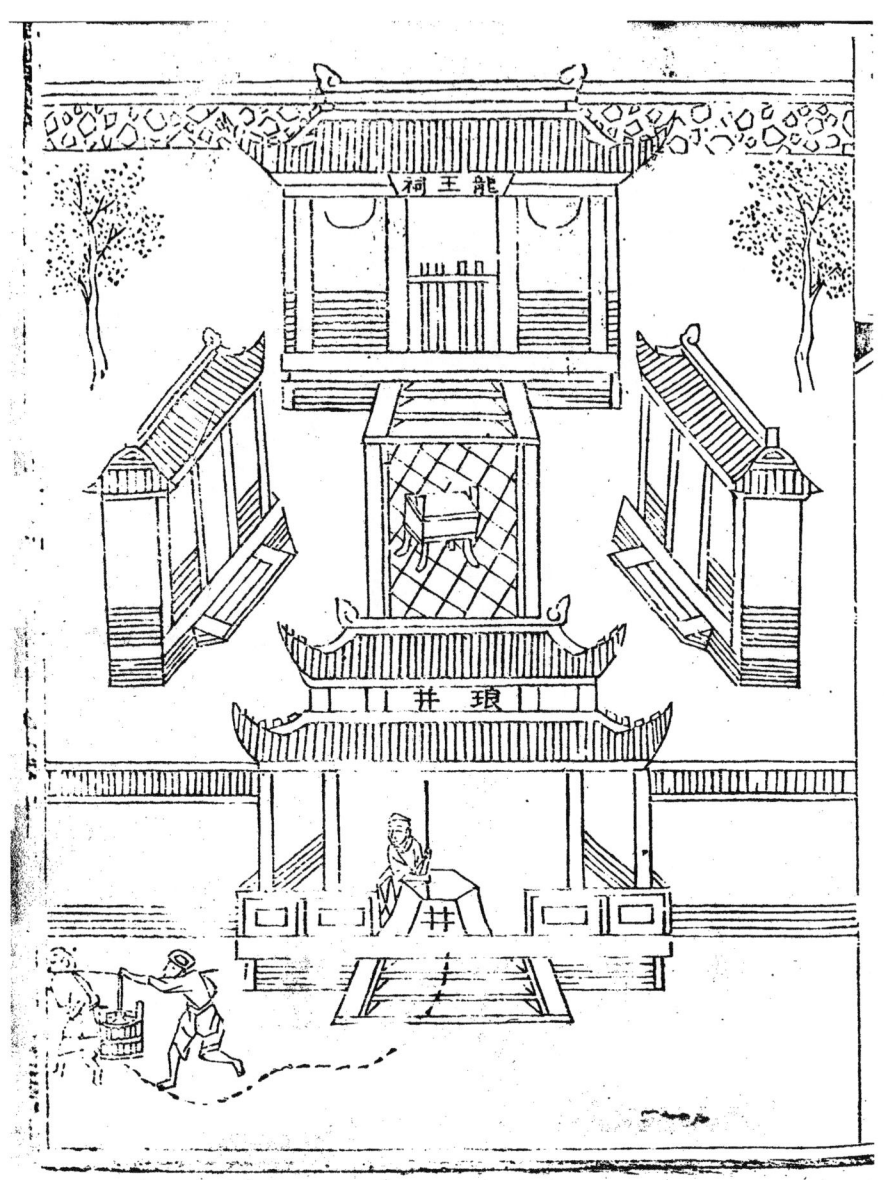

图 22　云南省楚雄府琅井盐场，1712 年左右

来源：孙元相、赵淳《琅盐井志》（1756）卷 1，页 15a。

注释：前为篝井楼，用以保护六角形的井口。后为龙王祠，在建篝井楼之后不久建造。二人以扁担承大桶运卤水至灶房。一人提取卤水。图中描绘的井的样子、提取卤水的方式都有点奇怪，因为书中提到井上装有石级，卤水从此运上去。因此井口应该较大。

284

图 23 云南云龙州云龙井大井的盐生产，1707 年左右

来源：《滇南盐法图》图 4，中国国家博物馆编《中国国家博物馆藏文物研究丛书·绘画卷·风俗画》，上海：上海古籍出版社，2007 年，页 140。

注释：此图描绘了云龙井盐坊大井的盐生产。中间为如何借助辘轳从井中提取卤水。辘轳设在井口之上，两边各有支撑。辘轳左右各有一人操作手柄。另外的卤井，例如子井石门井，需要四个人提取卤水。辘轳轴端突出，形成踏轮，两个人踩踏。这两个人在外面，另有两个人在里面，转动辘轳的手柄。

装载卤水的是一个大皮囊。我们能看到一个工人要将皮囊中的卤水倾倒进一个圆形木质容器中。另有两个工人用桶将卤水运到灶上。

右边的灶房中有 T 形的灶，装有一些大大小小的圆形的锅，用来预热和结晶。燃料是木柴。除了灶，还设有圆形的卤水容器。

井的左边是"捏盐处"。两个工人将白色的盐制成圭形，一般称为"灯台盐"。

第四章　云南、土番的盐生产和盐币　207

图 24　云南普洱附近 Ho-boung 村盐坊的斜井口，1860 年代晚期

来源：Francis Garnier, *Voyage d'exploration en Indo-Chine, effectué pendant les années 1866, 1867 et 1868*, Paris: Hachette et Cie., 1873, vol. 1, p. 433. Courtesy of Universitätsbibliothek Heidelberg.

注释：此图表现了抽水管的上端。这种抽水设施大约在 18 世纪才开始在盐坊中使用。右边的两个人将井口地下的卤水提取到一个大池子中。用可能装有双活塞装置的圆腹风匣，将空气吹进井口，给地下工作的人。井口之上能看到一个祭坛，其上燃香烛，大概有一座井神雕像或画像。

第二节　马可·波罗所记土番和建都的盐币（1275—1291）

第 116 章《建都州》

他们以这种方式用钱：他们有金条，按量（pois）计算，数量很多，很有价值。但无铸币。小额货币是这样的：他们把盐煮硬，切成四块，每块都一样大，大约重半磅，这种盐块八十块价值一萨觉金，即一量（pois）。这就是他们所用的小额货币。①

在中国货币史上，云南及其周边地区值得特别关注，因为这里长期使用贝

---

①　古法语 B1 本，见 Blanchard and Quereuil (eds.) (2005), p. 74。

币和盐币。董咸庆认为，西南中国使用盐币可能比贝币还要早。① 但是，使用盐块作货币不仅限于中国。衍生出英语 salary、法语 salaire 和德语 Salär 的罗曼语词 salarium，就把雇用（empoyment）、盐（salt）和士兵（soldier）联系起来，不过确切的联系还不清楚。② 使用盐块作货币的更确切的例子，可见于如 6 世纪和 15 世纪的非洲、19 世纪的缅甸。③ 直到 19 世纪末，乍得和菲桑之间还使用截头锥形盐块作为支付手段。它们被称为 kantous，重 10 千克和 20 千克。埃塞俄比亚人使用小一点的盐块，他们称之为 amolé（护身符）（图 25）。这是来自拉夫塔山脉（Lafta）的圭形盐块，如有需要就分成小条。后来，埃塞俄比亚人使用重约 700 克、长 20—25 厘米的盐条。这种盐来自米齐瓦（Mitsiwa）以南的阿萨勒（Asale）湖。这种类型的 amolé 的价值因消费地和盐场的距离而异。1890 年代在亚的斯亚贝巴（Addis Abeba），1 个银 talari 能够购买 4 个到 5 个 amolé，而在哈勒尔（Harar）能买到 7 个到 8 个。④ 在 20 世纪初埃塞俄比亚流通着五种货币，满足不同的目的。它们是玛丽亚·特雷莎塔勒币 (Maria Theresa Dollar/talari)、印度银卢比、意大利纸币里拉、盐币 amolé 以及棉布。税收和国库支出以金、talari、amolé、象牙以及棉布办理，1903 年盐币占税收的 27% 左右。⑤

在哥伦布之前，美洲、墨西哥和安第斯山区也流通着盐币。曼西察巴尔（Mansizabal）报道，印第安人（Indios）用盐支付小物品。⑥ 婆罗洲（Borneo）东加里曼丹西北部的弄巴湾人（Lun Bawang）或称伦达雅人（Lun Dayeh）也使用盐币。汤姆·哈里森（Tom Harrison，1911—1976）报道，1945/1946 年

---

① 董咸庆"盐币：云南市场流通过的货币"，彭泽益、王仁远主编《中国盐业史国际学术讨论会论文集》，成都：四川人民出版社，1991，页 547—548。

② "最罕见的观点是 soldier 一词来自拉丁语 *sal dare*（给盐）。另一种观点是老普林尼在《自然史》中讨论海水时说：'在罗马……士兵的酬劳最初是盐，salary 一词源于此。' *Plinius Naturalis Historia* XXXI. 其他人说，soldier 更可能源于付给士兵的金 *solidus*，而 *salarium* 是一种购买盐的许可，或是让士兵征服盐供给并守卫通往罗马的盐路（Via Salarium）的酬劳。"见 http://en.wikipedia.org/wiki/Salary （访问时间：2012 年 5 月 24 日）。亦见 M. R. Bloch, "Salz in der Geschichte des Geldes," *Mitteilungen der List-Gesellschaft*, 12/13.8 (1975/1976), p. 253.

③ Yule (1903), vol. 2, p. 57: "［如马可·波罗所说，］这种用盐饼换金子的方式与非洲中部的交换方式令人惊异地相似。后者曾被 6 世纪的科斯马斯（Cosmas）、15 世纪的卡达莫斯托（Aloisio Cadamosto）记述过。"陈然"我国西南市场上曾流通的一种特殊货币——盐币"，《中国钱币》，4(1997)：65 提到埃塞俄比亚王国的盐币，以及阿比西尼亚的盐币 10 英寸长，2 英寸厚。

④ René Sedillot, *Muscheln, Münzen und Papier: Die Geschichte des Geldes*, Frankfurt, New York: Campus Verlag, 1992, p. 39.

⑤ 董咸庆"盐币：云南市场流通过的货币"，彭泽益、王仁远主编《中国盐业史国际学术讨论会论文集》，页 547—548。

⑥ Mansizabal, *Relaciones des Meztitlan*, as referred to in Bloch (1975/1976), p. 252.

第四章　云南、土番的盐生产和盐币　209

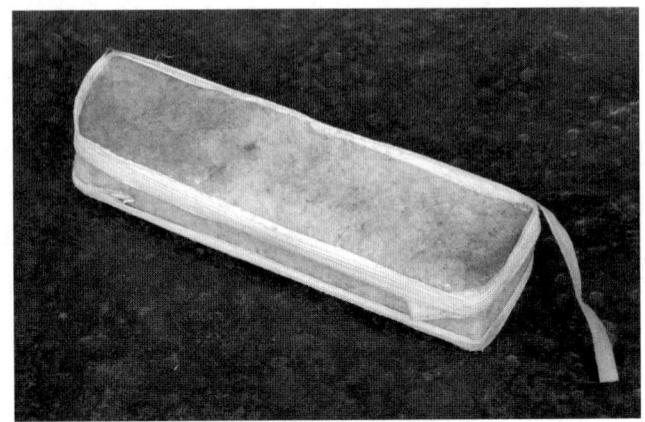

图 25　埃塞俄比亚使用的盐条货币

来源：http://de.wikipedia.org/wiki/Amole; author Bertramz（访问时间：2012 年 5 月 24 日）。

加拉必－卡拉雅（Kelabit-Kerayan）的盐被用于支付。最小面值的支付方式是波拉克酒（borak），其次是盐，最高的是牛。① 另一个例子是新几内亚（New Guinea）的巴鲁雅人（Baruya），20 世纪晚期仍然从草木灰中生产盐，制造出三种形式的盐条，长 60—72 厘米，宽 10—13 厘米，平均重约 1.8 千克。这些盐条显然被巴鲁雅人用作所需商品和服务的交换中介。② 因此，在历史时期，盐币作为一种货币代替品，类似于可可豆在中美洲文明中，是一种主要的货币系统。③ 盐和可可豆共同的特点是它们都被用作支付和消费的手段。

上文我们已经看到马可·波罗是 19 世纪、20 世纪之前唯一记录西南中国行用贝币的非汉语作者。相同的观点也适用于这一地区的盐币流通。因此，我

---

①　见 Martin Baier, "Salzgewinnung und Töpferei der Dayak im nordwestlichen Ost-Kalimantan (Indonesisch-Borneo)," *Tribus (Jahrbuch des Linden-Museums)*, 54 (2005): 62 引用 Tom Harrison, *World Within*, London: The Cresset Press, 1959, p. 83。

②　Maurice Godelier, "La 'monnaie de sel' des Baruya de Nouvelle-Guinée," *L'homme: Revue française d'anthropologie*, 9.2 (1969): 11, 18–19, 27.

③　例如 Beatriz Puente-Ballesteros 为我揭出 José de Acosta, *Historia Moral y Natural de las Indias Orientales*, Sevilla: Juan de Léon, 1590 第三章中的如下段落："Había algunas cosas de más estima que corrían por precio en lugar de dinero; y hasta el día de hoy dura entre los indios esta costumbre. Como en las provincias de Méjico usan de cacao, que es una frutilla, en lugar de dinero, y con ella rescatan lo que quieren. En el Perú sirve de lo mismo la coca, que es una hoja que los indios precian mucho. Como en el Paraguay usan cuños de hierro por moneda, y en Santa Cruz de la Sierra algodón tejido." 关于可可豆作为小额货币，见 Arturo Giraldez, "Cacao Beans in Colonial Mexico: Small Change in a Global Economy," 稿本，2010。我感谢 Giraldez 教授寄给我一份他的文稿。

要首先讨论马可·波罗关于盐币的报告，然后展示云南盐币的完整历史，从其起源一直到 20 世纪中叶。① 通过如此论述，不仅让马可·波罗记载的独到之处再次得到突出，而且对云南货币状况能够作出适当考察，其特点是贝币和盐币并行使用，也流通金、银以及后来的纸币。我们已经提到，云南的状况与元帝国的其他地区迥异，元帝国多数地区是只有纸币流通的。马可·波罗的记载和汉文文献是相互独立的史料，却一致地描述了蒙古统治下中国的货币状况及其发展。

中西学者关于马可·波罗出使云南时间的观点有很大差异，至少有九种不同的说法。② 例如，何史谛认为，马可·波罗第一次前往云南是在 1276—1280 年之间的某个时间，后来在 1287 年大汗的军队攻陷缅甸大部之后大概又前往缅甸。③ 而方国瑜、林超民提出了马可·波罗唯一一次到达云南的具体时间，即 1287 年 5 月到 1288 年 4 月。④ 彭海提出的是 1278—1280 年，⑤ 而石坚军认为是 1281—1282 年。⑥

无论这位威尼斯旅行家具体何时到了中国西南，这里我给出马可·波罗所记土番和建都（Caindu）⑦ 地区的盐币行用及其与金的兑换的裕尔本译文。⑧ 以此作为与汉文文献进行比较的基础。马可·波罗描述土番人民如下：

---

① 第一位关注马可·波罗所记土番和云南盐币的中国学者，应该是著名云南史志专家方国瑜。"云南用贝作货币的时代及贝的来源（附：云南用盐块代钱的记载）"，《云南社会科学》，1 (1981): 24—41，尤其是页 41。亦见方国瑜、林超民《〈马可波罗行纪〉云南史地丛考》，北京：民族出版社，1994，页 127—128。方国瑜去世十年后，这本开创性的著作才艰难地得以出版，见谭晓琳、弓建中"新一轮的质疑及回答——《马可·波罗到过中国吗？》所引发的论战及思考"，《蒙古学信息》，3 (1999):25。然后又有柴继光、董咸庆、陈然、黄培林、钟长永、吴承越、赵小平等人的研究，其中最具有原创性和重要性的是董咸庆的研究。见柴继光"奇特的云南盐币"，氏著《中国盐文化》，北京：新华出版社，1991，页 148—154；董咸庆"盐币：云南市场流通过的货币"，彭泽益、王仁远主编《中国盐业史国际学术讨论会论文集》，成都：四川人民出版社，1991 年，页 539—556；陈然"我国西南市场上曾流通的一种特殊货币——盐币"，《中国钱币》，4 (1997)；黄培林、钟长永主编《滇盐史论》，页 239—254（内容基本与董咸庆文章相同）；吴承越"盐与滇盐币"，《盐业史研究》，2 (1997): 43；赵小平"历史时期云南盐币流通探析"，《盐业史研究》，2 (2007): 13—19。

② 见石坚军"马可波罗出使云南时间考"，《云南师范大学学报（哲学社会科学版）》，39.1 (2007b): 68。

③ Haw (2006), pp. 94, 107.

④ 方国瑜、林超民"《马可波罗行纪》云南史地丛考"，页 15。

⑤ 彭海 (2010)，页 90—92、132、143—144。

⑥ 石坚军 (2007b)。

⑦ 写形 Gaindu、Kaindu 等；建都、建昌，今四川西昌。地名勘同，见 Pelliot, *Notes on Marco Polo*, vol. 2, pp. 728–730; Haw (2006), pp. 98–100。

⑧ 马可·波罗诸抄本、刊本所记盐币，见附录 7，为读者方便，编号为 V1，V2，等等。

[马可·波罗文本 A，简称 MP A]

此种恶人畜犬甚多，犬大而丽，倚之以捕麝鹿，由是饶有麝香。境内无大汗之纸币，而以盐为货币。衣服简陋，所衣者为兽皮，及用大麻或粗毛所织之布①。其人自有其语言，而自称曰土番人。②

不仅如此，关于建都地区，即今四川南部的西昌，马可·波罗记载了如下的货币状况：

[马可·波罗文本 B，MP B]

至其所用之货币，则有金条，案量计值，而无铸造之货币。其小货币则用盐。取盐煮之，然后用模型范为块，每块约重半磅，每八十块值精金一萨觉（saggio），则萨觉是盐之一定分量。其通行之小货币如此。③

马可·波罗书有很多更详细、篇幅更长的抄本，关于土番和建都的盐币行用、（作坊中的）盐的价格，有一些小的不同。但只有16世纪中期的剌木学本提供了以下信息：

[马可·波罗文本 C，简称 MP C]

（此国中有咸水，居民取盐于其中，置于小釜煮之，水沸一小时则成盐泥，范以为块……）此种盐块上凸下平，置于距火不远之热砖上烤之，俾干硬，每块上盖有君主印记，其印仅官吏掌之，每八十盐块价值黄金一萨觉。第若商人运此货币至山中僻野之处，则每金一萨觉可值盐块六十、五十、甚至四十，视土人所居之远近而异。诸地距城较远而不能常售卖其黄金及麝香等物者，盐块价值愈重，纵得此价，采金人亦能获利，盖其在川湖可获多金也。……此种商人且赴山中及上言土番州之其他诸地，其地盐块亦通行，商人亦获大利。盖其地居民用此盐为食，视其为必需之物；城居之民则用碎块，而将整块作货币使用也④。

开始分析这些文本之前，我们必须先讨论剌木学本这一段的可靠性。剌

---

① 伯希和认为 buckram 是一种高质量的棉布。见 *Notes on Marco Polo*, vol. 1, pp. 110–112。关于此布勘同之疑难，见 Cardona (1975), pp. 568–570。
② 见 Yule (1903), vol. 2, p. 45。
③ 见 Yule (1903), vol. 2, p. 54。
④ 见 Yule (1903), vol. 2, p. 57。

木学（Giovanni Battista Ramusio，1485—1557）是"航海与旅行"（1550—1559）丛书的作者，丛书中包括剌木学本《马可·波罗行纪》。约 1520 年，在人文学者 Girolamo Fracastero（1478—1553）的建议之下，剌木学开始了对于地理文献的长期搜寻，相助者有 Fracastero、大主教 Pietro Bembo（1470—1547）、制图学家 Giacomo Gastaldi（1500—1566）。

剌木学本的可信度曾经遭受过质疑。吴芳思写道，《寰宇记》的早期版本即 16 世纪之前的版本有一个显著特点是简洁。对于她而言，"马可·波罗早期文本当然很简短，不加太多修饰性描述，不重述传说故事，那些都是后来添加的"，尤其是 15 世纪中期的托莱多 Z 抄本① 和一个世纪之后的剌木学本所加。② 在另一篇文章中，她批评很多学者想要把马可·波罗书"合并"为一个文本，杂糅了不同来源的段落、语句和词汇。她认为多数读者手中只有马可·波罗惊异之书的简短刊本，没有托莱多抄本中的二百个新段落、剌木学本中扩展的注释性描述的累赘。在她看来，马可·波罗的文本几个世纪以来不断增大，抄写者们遇到了关于中国的新材料就会添加进去，因此 15 世纪诸抄本中的内容很可能是源自 14 世纪、15 世纪，但可能与 13 世纪的马可·波罗毫无关系。③

然而，其他的研究者对于剌木学本的价值不那么苛刻。在 2004 年出版的古法语抄本 B1 整理本导言中，梅纳尔认为，剌木学本无疑保存了马可·波罗生前自己增补的内容④。根据剌木学自己的记述，他编纂时不仅使用了泽拉达本（托莱多 Z 抄本），还使用了一部与 Z 抄本类似的拉丁文本，他说这个本子得自吉西（Ghisi）家族。⑤ 詹姆斯·荷马·赫里奥（James Homer Herriot）1937 年写道，剌木学本中的很多难解的段落也见于一个 18 世纪的托莱多抄本中。这个抄本 1795 年由帕多瓦天文学家、地理学家、马可·波罗抄本收藏家尤塞比·托埃尔多（Giuseppe Toaldo，1719—1798）命人抄写，现藏米兰安布罗修图书馆（Biblioteca Ambrosiana）。托莱多抄本被西班牙大主教弗朗西斯科·夏维尔·德·泽拉达（Francisco Xavier de Zelada，1717—1801）借

---

① Moule and Pelliot, *Marco Polo: The Description of the World*, vol. 1, p. 47 宣称大卫爵士（Sir Percival David）1932 年发现了托莱多抄本。西班牙裔北美人赫里奥（James Homer Herriott）在评论慕阿德、伯希和书时，证明他自己才是重新发现这个抄本的第一人。James Homer Herriott, "The Zelada Manuscript of Marco Polo," *The Geographical Review*, 29.1 (1939): 172. Cf. also Reichert (1992), p. 155.

② Wood (1996), pp. 302–303.

③ Wood (2000), pp. 68, 71, 72, 73n11.

④ Jean-Claude Faucon, Danielle Quéruel, and Monique Santucci, *L'empereur Khoubilai Khan*, in Philippe Ménard (ed.), *Marco Polo: Le devisement du monde*, Genève: Librairie Droz S. A., 2004, vol. 3, p. 14.

⑤ Reichert (1992), p. 156.

给托埃尔多，让教皇使节携至意大利。贝内代托（Luigi Foscolo Benedetto，1886—1966）仔细地分析了剌木学的编辑方法，认为托莱多抄本源于吉西家族所拥有的那个"古代奇观（da marauigliosa antichità）"抄本，因为他发现这个新的抄本中不仅有对应着几乎所有剌木学本的段落，而且还有很多他处不见的内容。①

不容否认的是《寰宇记》一书在抄写者和出版商手中被编辑，他们对面前的文本没有表现出任何语文学修养，这种文字的重写不仅收入了抄本中没有的更多新材料（正如吴芳思所说），当然也删除了很多在后来的编者眼中看来毫无趣味或意义的材料。关于我们这里讨论的盐币、盐生产和盐税的文本，②除了剌木学本中独家的 MP C 之外，其他所有段落（MP A、B、D、E、F）都不仅见于古法语－意大利语混合语本、古法语本、拉丁语本，还见于威尼斯语、托斯卡纳语诸本。然而，无疑有一些抄本显然倾向于遗漏关于盐的段落。尤其是一些威尼斯语抄本和西班牙语抄本，但是 1503 年桑泰拉（Santaella）刊本却不是这样，它源出匹匹诺本。如果这些段落不是源自马可·波罗自己，就很难说清楚另外有什么信息来源。我不知道任何其他西方、波斯、阿拉伯作家曾如此详细地记录过中国的盐生产，尤其是关于 16 世纪之前或晚一些的盐币。不仅如此，也很难想象较之蒙古帝国时期国际都会式的状况而言，在明代的早期"汉民族主义"思想之下相对封闭的中国，这么准确详细的信息如何能传播出来。因此我没有任何理由认为剌木学本中详细的 MP C 文本不来自马可·波罗本人而来自其他人，因为它与 MP A 和 B 文本中描述的状况是完全吻合的。

吴芳思关于马可·波罗抄本传播的观点有其先行者。早在 1947 年，莱昂·迪乌（Léon Dieu）就不同意贝内代托关于原始文本逐渐被简化的观点，而认为恰恰相反，短的版本是最原初的，后来的编者将外来的材料添加进去。换句话说，他认为，法语－意大利语混合语本（V1）代表马可·波罗的原初思想，而剌木学本和 Z 抄本必须被视为后世的编者根据新的报告尤其是传教士的报告添加的内容。③但是我们应该问，是哪个传教士的报告？随着蒙古帝国的衰亡，外来基督教徒在中国几乎销声匿迹，直到 16 世纪后期才重新出现，那已经是剌

---

① James Homer Herriott, "The 'Lost' Toledo Manuscript of Marco Polo," *Speculum*, 12.4 (1937): 459–460.

② 见附录 7。

③ Cf. Henze (2000), vol. 4, p. 170 引用 Léon Dieu, "Marco Polo: Quel est le text authentique de sa relation?" *Revue d'histoire ecclésiastique*, 42 (1947): 112ff.。

木学本出版以后很久了。①

迪乌认为法意混合语本是最可靠的本子，这一观点也被法国中世纪文献专家、马可·波罗古法语本 B1 的主编梅纳尔所采用。对他而言，法意混合语文本与 Z 抄本反映出了最完整的马可·波罗文本，前者最接近这位威尼斯旅行家今佚的原稿。然而他也再次强调，尽管 Z 抄本（以及剌木学本）中有二百条独家记载，但是 Z 本相较法意混合语本而言是一个已经简化过的版本。对他而言，法语诸抄本反映了马可·波罗行纪传播的早期阶段之一。与此相反，匹匹诺抄本是深受教会背景影响的一种新文本，但仍然产生得很早，即 1317 年之前。与德国学者芭芭拉·维尔（Barbara Wehr）相反，梅纳尔不将威尼斯语本视为可靠的版本，也不认为它构成了匹匹诺本的基础。他认为尤其是威尼斯语本，还有托斯卡纳语本，是法意混合语抄本和法语抄本的缩略本。对他来说，不可能相信它们是比内容丰富的法意、法语本更早的可靠文本。② 梅纳尔的观点基本上与其他语文学家的发现相符。例如阿尔瓦罗·巴比耶里（Alvaro Barbieri）认为原始文本随着时间推移而逐步有所缩减。③ 本书中关于马可·波罗所记中国货币、盐和赋税的考察，证实了梅纳尔和巴比耶里对于马可·波罗诸抄本的定性和评估。例如关于盐，不仅在威尼斯语本和托斯卡纳语本中是非常简略、匮乏的，而且在 1496 年塞萨（Sessa）刊本中这一观点也很适用且更加明显。④

简短地回顾了马可·波罗书抄本流传的复杂性之后，现在我首先提及关于前文所揭土番和建都盐币的特点。这将作为下一章与汉文史料做比较展开讨论的基础。MP A 文本中很明显地指出，第一，在土番没有中国其他地方法定的纸币，而代之以盐币。第二，MP B 文本告诉我们，盐币在建都地区用作小额交易，第三，它与金有兑换关系，后者显然是一种大额支付手段。第四，是

---

① 见 Van Mechelen, "Yuan," and Claudia von Collani, "Missionaries," in Nicolas Standaert (ed.), *Handbook of Christianity in China, Volume One: 635–1800*, Brill: Leiden (*Handbook of Oriental Studies*, Section Four, China; 15/1), 2001, pp. 96–97 and 295, 309; Richard C. Foltz, *Religions of the Silk Road: Overland Trade and Cultural Exchange from Antiquity to the Fifteenth Century*, New York: St. Martin's Press, 1999, p. 133。亦见 Jandesek (1992), pp. 127–141, 343–348，认为随着元朝灭亡，相对定期的从中国而来的信息流停止了，唯一的例外是尼克罗·德·康第（Nicolò de Conti）的报告以及约 1450 年编纂的布拉乔利尼（Poggio Bracciolini，1380—1459）的《时运变迁史》（*Historia de varietate fortunae*）中的来自远东的外国人的传闻。然而这两个记载提及的中国都是很边缘的，也没有提供新的信息。尼克罗·德·康第很可能从未到过中国。

② Ménard (2003), pp. 7–19.

③ 见 Barbieri, "Quale 'Milione'?...," in his *Dal viaggo al libro: Studi sul Milione*, p. 61。

④ 正如第一章第三节中已经提到的，吴芳思看重塞萨本，她说它没有 Z 抄本的二百条"新"材料的负担，因此让人误以为这一刊本有很高的可靠性。

提到了建都所用盐块的重量。其中提到半磅。① 如果我们认为磅指的是威尼斯 libbra grossa（477.49 克），② 那么半磅就会达到约 239 克，用元代的两（38 克）③ 来计算，就是约 6.3 两。剌木学本，即 MP C 额外告诉我们一些关于建都盐币的有趣的细节。它明确了第五点，官府一定有某种控制，至少通过加盖君主印记来保证盐块的标准。第六，盐块的价值是 80 块抵 1 萨觉金，商人能够在遥远、缺盐的山区谋取很多利益，因此人们用 1 萨觉金换 60 块、50 块或 40 块盐，或者交换贵重货物，尤其是麝香。第七，也是最后一点，盐的模糊性，它仍是盐块时用作货币，而碎了之后就成为调味品。

建都地区所用的盐块，如马可·波罗所述，可能是四川南部生产的，盐源的盐场（见地图 8），西汉时期第一次见于记载。西汉时期和蜀汉时期（221—263），定笮之地产盐，或者拥有盐沼。唐代（618—907），此地被称为昆明（勿与云南昆明混淆），据记载拥有盐井。④ 这成为吐蕃、南诏、唐之间激烈交战的起因，三者都想要控制重要的盐产地。7 世纪后半叶，吐蕃人占据了昆明和盐城，729 年唐朝征服其地，此后又落入吐蕃手中。794 年，这个盐场暂时被南诏控制。查尔斯·巴库斯（Charles Backus）在他关于南诏王国历史的权威著作中写道，盐是吐蕃人想要获取的最核心的资源。因此，他们勇猛作战以维持对它的控制，即使在失去了这一地区的主宰权之后仍然如此。⑤ 这契合剌木学本中的记载，在马可·波罗时代，土番人想要交换贵重货物，以获取这种不可或缺的矿物。

19 世纪后期亚历山大·荷西（Alexander Hosie，1853—1925）见到了盐源盐场，并如此描述道：

> 卤水井坐落于白盐井，位于（盐源）城西南十四英里……数量有两座，相对较浅，只有五十码深。这里没有竹管、绳子、水牛，边缘装有竹制提手的小木桶被视为足够利用。在一个井上建立了台阶，下到一半的位置，从那里卤水桶被递给上面的工人。⑥

---

① 法意混合语本（V1）作 "dimi livre"，古法语本作 "demie livre"，托斯卡纳语本（V8）作 "mezza libbra"，威尼斯语抄本（VA3）、帕多瓦本（V7）作 "tornexelo pizolo"。见附录 7。

② 见附录 4。

③ 见附录 6。

④ Hans Ulrich Vogel, *Untersuchungen über die Salzgeschichte von Sichuan (311 v.Chr.-1911): Strukturen des Monopols und der Produktion*, Stuttgart: Franz Steiner Verlag (Münchener Ostasiatische Studien; 51), 1990, pp. 68, 71, 74.

⑤ Backus (1981), pp. 30, 40, 99.

⑥ Alexander Hosie, *Three Years in Western China: A Narrative of Three Journeys in Ssŭch'uan, Kuei-chow, and Yun-nan*, first ed. London and Liverpool: Philip, 1890; second ed. 1897, p. 121.

在马可·波罗时代，盐源盐场的样子可能也没太大区别。它是一个相当原始的盐场，在云南省、四川省南部很典型。

第三节 汉文史料所记盐币（8世纪末至20世纪中叶）

丽水城有罗苴井，长傍诸山皆有盐井，当土诸蛮自食，无榷税。蛮法煮盐，咸有法令。颗盐每颗约一两二两，有交易即以颗计之。①

本章我将举出充足的例子，证明云南及其周边地区至少从8世纪后期至20世纪中期就将盐用作货币。所有这些都显示出马可·波罗的记载与中国西南的货币史完全契合。不仅如此，还必须强调，除了最早的汉文史料樊绰《云南志》（9世纪中期）以外，马可·波罗是第二位记载盐币的，而元代史料本身几乎没有提到盐币这种交换媒介。鉴于中国西南有很悠久的使用盐币的历史，汉文记载相对稀少是有点奇怪的。不过，如果考虑到盐币是特定地区特定族群背景下的供需状况的产物，这就不那么令人诧异了。换言之，这不是官府创造出来的，相较其他货币，也没有引起统治者或高层管理者在货币、财政角度的高度关注。因此，在基本上是精英和国家角度的汉文文献中它很少被提及，也就不那么令人诧异了。

3.1 南诏王国（8世纪后期）

7世纪早期，盐、米、布而非铜钱，在岭南常常被用作交换媒介物，②但它只在云南的货币体系中扮演了长久性角色。9世纪中期成书的樊绰《云南志》在一段描述8世纪末状况的文字中，提到了云南西部在商业贸易中使用盐块。这是我们迄今所知最早关于这一地区盐币的记载：

[文献 C1]

  丽水城③有罗苴井，长傍诸山④皆有盐井，当土诸蛮自食，无榷税。蛮法煮盐，咸有法令。颗盐每颗约一两二两。有交易即以颗计之。⑤

---

① 樊绰著，赵吕甫校释《云南志校释》卷7，北京：中国社会科学出版社，1985。
② 《隋书》卷24，北京：中华书局，1973，页690。
③ 可能是今丽江或兰平，或者二地附近的一个地方。
④ 长傍城在怒江西岸，今属缅甸。见谭其骧主编（1982），册5，页80—81，4/3。亦参《云南志校释》，页265注8。
⑤ 《云南志校释》卷7，263页。Luce (transl.) and Oey (ed.) (1961), p. 69. 方国瑜（1981），页41认为此段文字指794年。

这一段所说的特定的法令，很可能是南诏官府发布的，看起来不仅规定了盐块的形状，也规定了其重量。显然有两种额度的盐币流通，即一两、二两。①樊绰也告诉我们，这些盐块用于商业贸易，成为交换媒介和价格尺度。

3.2 元代（14 世纪初）

关于蒙元时期（1260—1368）云南行用盐币，迄今所知汉文文献中的唯一稀薄证据，来自《大元大一统志》（1303）和《云南志略》（1303 或 1304）。《大元大一统志》记载，在建昌路，②也就是马可·波罗的建都，"牛羊盐马毡布，通商货殖"。③类似的记载见于《云南志略》所记永昌（即马可·波罗所记金齿，今保山）周边地区：

> 交易五日一集，旦则妇人为市，日中男子为市，以毡布盐茶互相贸易。④

这两段记载很含糊，没有明言盐是作为物物交换的一种货物，还是作为交换媒介意义上的货币。很可能第一种解释更加合适。然而无论如何，这两种文本显示，盐是这些地区的关键性商品。

3.3 明代（15 世纪中期）

明代（1368—1644）《云南图经志书》（1455）记载了姚州、兰州、武定府、镇沅府、楚雄府——云南中西部大部分地区以及南部地区（地图 8）——使用盐块作货币。相关记载如下：

[文献 C2]
　武定军民府
　交易用盐。土人贸迁有无，惟以盐块行使，不用海𧴩。⑤

[文献 C3]
　镇沅府

---

① 另一种解读是从约一两到二两。
② 谭其骧主编（1982），册 7，页 25—26，2/7。
③ Alexander Hosie, *Three Years in Western China: A Narrative of Three Journeys in Ssŭch'uan, Kuei-chow, and Yun-nan*, first ed. London and Liverpool: Philip, 1890; second ed. 1897, p. 121.
④ 《云南志略》"诸夷风俗"，《云南史料丛刊》第 3 卷，页 129。
⑤ 李春龙、刘景毛校注《景泰云南图经志书校注》卷 2 "风俗"，昆明：云南民族出版社，2002，页 144。亦参柴继光（1991），页 151。

其色黑白相杂，而味颇苦。俗呼之曰鸡粪盐。交易亦用之。①

[文献 C4]

楚雄府

黑盐。煮黑、琅等井之卤泉为之。每块重二两。军民交易皆用之。②

[文献 C5]

姚州（姚安军民府）

白盐。产于白盐井。军民交易皆用之。③

[文献 C6]

兰州

盐块。土人煮卤为之。大者重一斤十两，小者重一斤。交易皆用之。④

可以观察到，明代云南盐币的行用有区域性中心，尤其是中部和西北部。唯一的例外是云南南部的镇沅府，那里的盐并非产于卤井，而是淋草木灰而得。盐币行用的前提是存在盐场，能够生产足够数量、达到形制标准和质量的盐。第二个前提是这些地区处于缺盐地区附近，盐的需求量很大，因此可以与当地的土产品进行交换。无疑这促进了云南中心地区与边缘地区之间的贸易，商贾往来运输盐和土产。

3.4　清代（18—19 世纪）

盐块用作货币的记载在清代（1644—1911）广为人知。1712 年版《元江府志》告诉我们：

[文献 C7]

昔多用贝，今易用土盐，彝民甚便。⑤

盐用作交换媒介和支付手段，据报告也见于广西、临安二府。1731 年版《临

---

① 《景泰云南图经志书校注》卷 3 "井泉"，页 200。柴继光（1991），页 151。类似文字也见于顾祖禹《读史方舆纪要》卷 116，北京：中华书局，2005，页 5150；以及《大清一统志》卷 386。《读史方舆纪要》称此种盐为"白鸡粪盐"。

② 《景泰云南图经志书校注》卷 4 "土产"，页 206。柴继光（1991），页 151。

③ 《景泰云南图经志书校注》卷 4 "土产"，页 229。柴继光（1991），页 151。周季凤《云南通志》（1510；1553 年重刊）中有类似的段落。见董咸庆（1991），页 542。谢肇淛《滇略》（约 1600 年）卷 9 载，散摩都之罗罗好战，交易用盐米。

④ 《景泰云南图经志书校注》卷 5 "土产"，页 319。柴继光（1991），页 151。

⑤ 章履成编纂《元江府志》卷 1 "风俗"，转引自柴继光（1991），页 151。

第四章　云南、土番的盐生产和盐币　219

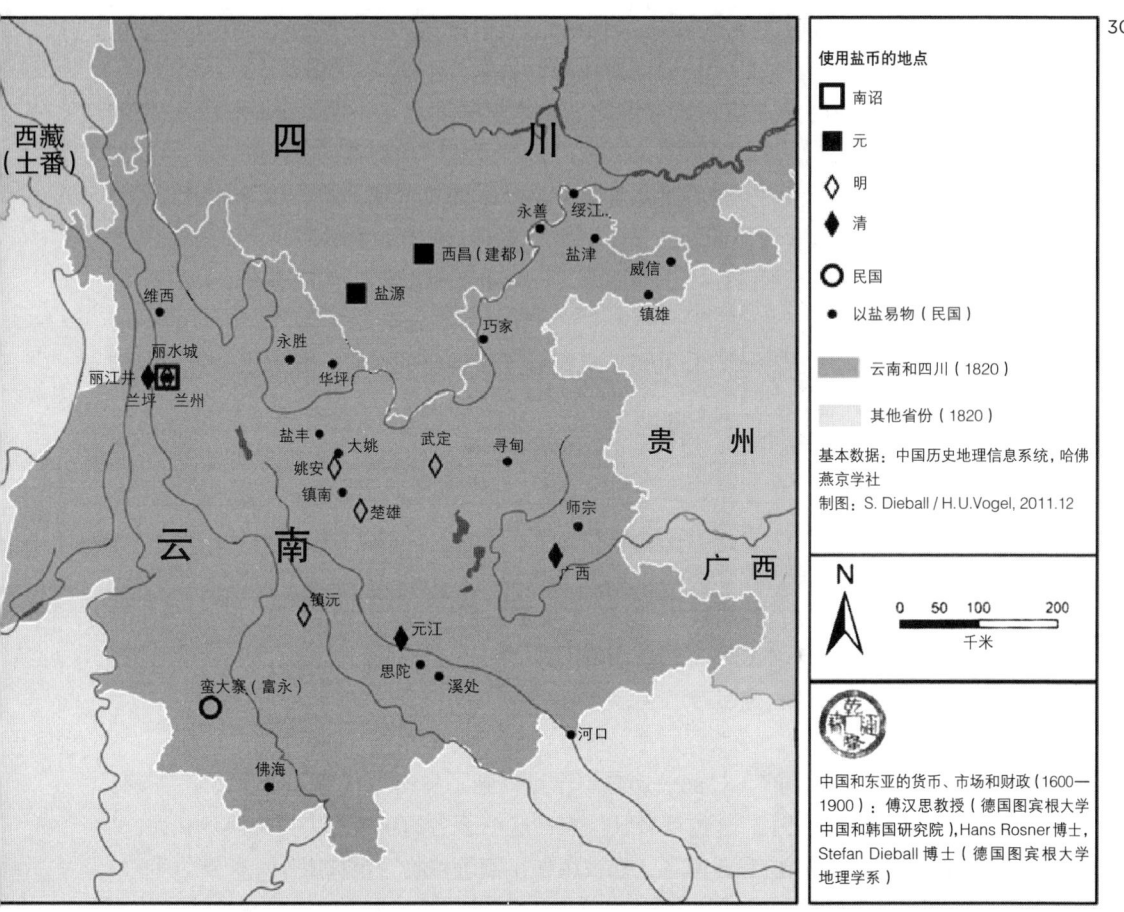

地图 8　中国西南使用盐为货币或交换物的地点，18 世纪后期至 20 世纪中期

安府志》告诉我们，在溪处和思陀（靠近今红河县），盐被用作货币（"交易用盐为货"）。①1714 年版《广西府志》记载：

[文献 C8]
　　今概用银钱，小交易用盐算。②

广西府的特点是不仅有三种货币流通，而且周边没有盐场。这表明靠近盐

---

① 《临安府志》卷 7 "风俗"，转引于方国瑜（1981），页 41。
② 赵弘任编纂《广西府志》卷 3 "市肆"，1714 年版，转引于柴继光（1991），页 151—152。赵小平（2007），页 17 作广南府，显然是错的。

场并不是使用盐币的唯一标准。当地缺乏类似铜钱那样的其他形式的小额货币可能是一个原因。实际上，云南铜钱的产量直至 1730 年代中期才开始增长，①但甚至在这一时期之前，钱与银的兑换率就很高，每一两银兑换 1100—1500 枚铜钱。②因此，与中国其他地区相比，云南显示出铜钱的过度供给，导致那里的铜钱相对于银比其他地区更加便宜。然而无论如何，不能排除特定地区铜钱稀少，可能云南西部偏爱盐——下文将看到，贵州同样如此——是盐被高度重视而被用为银子和铜钱之外的货币的一个重要原因。

关于雍正（1723—1735）初年贵州省开采铜矿的讨论，显示出云南以东的这个省也行用盐币：

[文献 C9]
  雍正元年（1723），停止黔省开采铜矿。贵州巡抚金世扬疏称：黔省地处荒陬，铜觔原无出聚，间有一二矿厂，久经封闭。若令开采鼓铸，无论工费浩大，一时难以获效。且贵州汉苗杂处，每逢场市，贸易少则易盐，多则卖银。今使钱文，汉苗商贾俱非情愿。若以配充兵饷，领运既难，流通无时。黔省用银沿习已久，请照旧例停开，下部知之。③

还要注意徐霞客（1586—1641）已经提到了贵州一些地区使用盐作为交易媒介。在他的游记中，这位著名旅行家在这个著名的缺盐省用盐交换米和面。④因此，类似于广西府和云南省，盐被用作小额等价物，银被用作大额支付手段。不过广西府的不同之处是，铜钱也流通。贵州巡抚向中央政府呈奏，认为使用银和盐币是长久之策，铜钱很难取代盐，因为商人、庶民和军兵不会接受。

金世扬停止采矿、限制铸币的建议，确实推行了很短的一段时间，然后就被证明只是反对开矿者的初步胜利。显然金世扬想要避免铸币活动中相关的麻烦，例如，矿工迁移不可控，矿储一旦衰竭会导致动荡。但是最终，铸造更多铜钱作为小额货币，在那个时期势不可当。从 1720 年代以降，贵州成为一个重要的矿区。那里生产的铜主要用于本省的铸币，在 1740 年代产量达到巅峰

---

① 见 Hans Ulrich Vogel, "Chinese Central Monetary Policy and the Yunnan Copper Mining Industry in the Early Qing (1644—1800)," PhD diss., University of Zurich, 1983, rev. version of 1989, chap. I.5.b and I.5.d；亦见 Vogel, "Chinese Central Monetary Policy, 1644–1800," *Late Imperial China*, 8.2 (1987): 48。
② Vogel (1983), chap. I.2 (Yunnan); Vogel (1987): 48.
③ 张廷玉等《清朝文献通考》卷 30，《十通》，杭州：浙江古籍出版社，2000，页 5130a。
④ 丁文江编《徐霞客游记》卷 8，上海：商务印书馆，1928，页 2、7。

的每年 100 万斤，贵州成为锌、铅的主要产地，尤其是供应北京的大型铸币厂，也供应其他省的铸币厂。1749 年锌的输出量达到了令人吃惊的 1400 万斤，而在 1740 年代初铅的输出量可能增长到了 50 万到 70 万斤。① 1736 年贵州毕节开设了铸币厂，每年生产铜钱约 428,400 贯。1739 年，铜钱产出量翻了一番，达到了 856,800 贯，1744 年增长到了 1,094,800 贯。1744 年增产的目的是在苗、罗罗所居地区推行铜钱。② 结果是在很多地区的很多交易中铜钱逐渐取代了盐币。

清代云南盐币的地位逐渐衰落，被银子和铜钱所代替，但一些地区仍然使用盐币。值得注意的是云南南部和东南部地区没有或只有很少盐井，盐就比其他地区更受偏爱。这些地区相对于云南较为核心的地区可能较为封闭，商业活动较少。这种情况也出现在云南其他边缘地区，土著仍然使用盐作为交换媒介和支付手段，在一些地方一直持续到 20 世纪。《丽江府志》（1743）如此描述盐井附近地区的特殊状况，盐在保障盐生产者的食物和燃料供给方面发挥了重要作用：

[文献 C10]
> 丽江井相邻猡猡、巴苴（普米族）、俅人（独龙族）、怒人等类，无附近街市，买卖不惯用钱，米粮柴薪惟盐可换。是以向来煎盐不给薪本，惟以煎获盐斤半给各灶作薪，与各夷人换易柴枝杂粮，以资煎办用度，余为官盐，入府境行销。③

盐生产者不必将所有的盐交给官府换取"薪本"，官府只是收取盐产量的一半，剩下的一半留给盐生产者，以之从邻近的当地土著那里换取薪柴。因此，与云南其他盐产地相反，丽江盐生产者没有专用的薪柴资费，很可能是因为官府认为让他们独立交易一半的盐是较为合适的。

19 世纪后期，据一些西方探险者报告，盐币仍然继续存在。1870 年代李希霍芬（Ferdinand von Richthofen, 1833—1905）写道，盐是罗罗人热切寻求的一种东西，他们劫掠汉人村落的主要目的就是盗盐。④ 1860 年代安邺（M.

---

① Vogel (1983), chap. IV.1 and IV.2.b.
② Vogel (1983), Appendix D, 贵州，毕节矿。
③ 管学宣、万咸燕编纂《丽江府志略》卷上，《中国西南文献丛书》第一辑《西南稀见方志文献》第 25 册，兰州：兰州大学出版社，2003，页 159。董咸庆（1991），页 553。柴继光（1991），页 152 误将此条引作《临安府志》（1731）。丽江盐井位于丽江府南境附近。
④ Ferdinand von Richthofen, "Das Land und die Stadt Caindu von Marco Polo," *Verhandlungen der Gesellschaft für Erdkunde zu Berlin*, 1 (1874): 36, quoted in Yule (1903), vol. 2, p. 57.

Francis Garnier，1839—1873）记载了山民的盐币数量。他说盐币分布于缅甸山区的孟阳（Muang Yong）到云南石屏（Sheu-pin，北纬23°43'）之间。在山上的市场，尤其是在上述范围内，所有的交易都使用盐。但思茅、普洱用散碎银子为货币，去除了旧的习俗，在安邺看来过去这些地区一定是普遍使用盐的。① 19世纪后期或20世纪初期，瑞典探险家斯文赫定（Sven Hedin，1865—1952）注意到在加塔藏布（Tschaktak-tsangpo）的Pasa-guk村有一个存有大量盐袋的客栈。那里举办集市，盐被用作小额货币。②

3.5 民国时期（1930年代中期）

晚至20世纪中期，云南南部还使用盐作为货币。云南史专家方国瑜（1904—1984）在1936年访问过倮黑山（裸黑山）的拉祜族，他记载道：

[文献 C11]

> 一九三六年，瑜旅行裸黑山，四月十一日，自富永至蛮大寨。适值集市日期，凡交易先买盐块，再以盐块议价购零物。每块横广寸半，厚四分。凡三十块重一斤。现银一元(值大洋五角)易十六枚。闻此俗在裸黑山各地通行。盐块是普洱商人在磨黑盐井定做，托运至此，按各地集市日期流动赶集，设摊于路旁，如通货发行局，而这种货币是日用生活必需品，得者随时食用，虽不断发行，不至于通货膨胀。③

方国瑜的报告告诉我们，倮黑山各市场的商人们关心盐币的供给，这些标准化的盐块每个重约0.5两，来自附近的一个特定的盐场。不仅如此，方国瑜还提到了盐币与银子、铜钱的兑换率。小物件以盐币购买。盐块在倮黑山流通，也用作佐料，显示出它作为货币和调味品的模糊性质。

3.6 中华人民共和国时期（1950年代）

在云南，盐币比贝币多使用了几百年，不过它大概从未像贝币那样在很多地区广泛行用。1950年代的调查证明了这一点。这一调查显示，在昭通地区的镇雄、威信、绥江、永善、盐津、巧家，丽江地区的永胜、华坪、微细、兰坪，物物交换是常见的现象。昭通地区的主要交换媒介是盐和谷物，然后是布、糖、

---

① 转引自 Yule (1903), vol. 2, pp. 57–58。
② 见 Henze (2000), vol. 4, p. 240 引用 Transh. 8th ed. II. 1923, p. 49。
③ 方国瑜（1981），页41。

桐油、砂锅和牲畜。丽江则是谷物和盐，然后是茶、铜、本地布、日用品。楚雄地区的大姚、盐丰、镇南，曲靖地区的河口、蒙自、寻甸，宁洱地区的佛海（勐海），宜良地区的师宗也存在类似的情况，交换媒介是米、盐、纱布，然后是棉花、麻布、羊毛、烟叶。在有些地方，这种交易构成了全部贸易活动的90%，在其他的地方也超过10%，平均值是40%—50%（地图8）。①

报告中不太清楚的是盐在这种贸易中是否真的发挥了货币功能——例如作为交换媒介或者价格尺度——抑或它只是物物交换中的一种重要物品。不仅如此，我们不知道是否盐用作货币抑或物物交换的货物是1949年极度通货膨胀的结果。正如伯恩霍尔兹（Peter Bernholz）强调的，货币代替物、物物交换是在极度通货膨胀时常见的现象，正如奥地利1921—1922年全国出现的怪诞贸易，城市人口将自己不用的东西——例如中国花瓶、毯子、军刀、火枪、照相设备、书籍、灯和装饰品——拿到农村去交换。② 在中国，法币被废除，金元、银元等货币开始出现。③ 中国的调查显示，尤其在政治、经济、社会危机时期，中国西南前述地区就再次将盐当作高价值产品，在经济商业不发达的闭塞地区更是如此。因此，盐币在20世纪还存在就可以理解了。这不仅关系到云南西北和南部的盐场附近地区，也关系到距离盐井遥远的东北部和东部地区。

第四节　云南盐坊生产的盐的形制（18世纪早期）

*煎熬一昼夜而成盐沙，捏为个，其形如钟，重二两，色似灰。*④

直到19世纪、20世纪云南仍然制造各种大小和形制的盐块。虽然没有记载说那时这些盐块用作货币，但是考察不同盐场生产的各种形状的盐块，让我们能够深入认识，为何统一外观和一定重量的盐能够作为标准化的货币在一定的地区流通。

---

① 中国人民银行云南省分行金融研究所编印《云南近代货币史资料汇编》，无出版时间，页387—389。感谢图宾根大学的陈海连（Chen Hailian）提供给我这份关于云南货币现代史的有趣材料。

② 见 Bernholz (2003), pp. 76, 110。货币替代（梯也尔定律；译者按，即在有选择余地时，"良币"会驱逐"劣币"，这一定律尤其适用于货币贬值至商人们不愿接受它时的情况）加速了货币的失效，促使物物交换重新出现，贬值货币的常备储量迅速减少，甚至完全停止流通。奥地利的例子来自 Stefan Zweig, *Die Welt von Gestern*, Stockholm: Bermann-Fischer, 1944, p. 333.

③ 见 Chang Kia-ngau, *The Inflationary Spiral: The Experience in China, 1939–50*, New York and London: MIT Press, John Wiley & Sons, and Chapman & Hall, 1958, p. 274.

④ 《滇南盐法图》图八；朱霞（2004），页145—146。

1707年，李苾担任驿传盐法道副使时，①命人详细描绘了盐场中淋卤、运卤、煎盐的过程，涉及的盐场包括黑井、白井、琅井、云龙井、安宁井、阿陋猴井、东井、弥沙井、只旧井、草溪井，即当时云南所有的重要盐场（表14、图26）。图中证实了马可·波罗所记，在云南盐井是供应卤水的最重要方式（Il on puis sumaistres de quoy il font sel [...]），②以及通过煎卤而得盐（Il prennent le sel et le font cuire [...]）。③李苾《滇南盐法图》（1707）显示出不同的盐场中煎盐的灶差异很大。它们都使用薪柴，图中所有的锅都是圆的。差别只是大小和功能，有的是预热锅，有的是结晶锅。李苾也说明，煎的时间取决于卤水的浓度。卤水越浓，煎的过程越短。例如黑井的卤水较浓，煎半天左右就完成了，同在楚雄府的琅井就需要煎三天，因为卤水较淡。这导致薪柴费用加倍，损害了盐生产者的利益。④

不仅如此，李苾的图相当系统地记载了各盐场所产盐的形状、重量、味道和颜色。通常我们能够区分干煎和手工或利用模子制作的盐，分类如下。

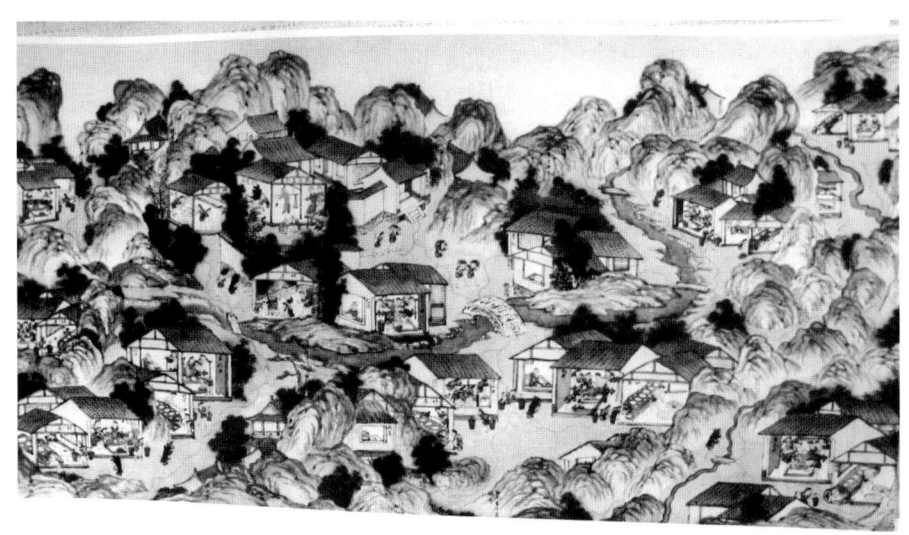

图26　云南阿陋猴井，18世纪初

来源：李苾《滇南盐法图》（1707）图六；朱霞（2004）。

---

① 李苾，顺天府大兴人，曾为荫生。1704年始担任副使。鄂尔泰、靖道谟编纂《云南通志》卷18a，柏林国家图书馆CrossAsia项目四库全书电子版。

② Blanchard and Quereuil (2005), p. 77.

③ Blanchard and Quereuil (2005), p. 77.

④《滇南盐法图》图三；朱霞（2004），页144。

4.1 干煎盐

楚雄府黑井之盐"一锅锯分为四,色微黑"。①

琅井之盐"色较黑盐微白,状如覆锅,分以锯,与黑井同"(图27)。②

图 27 楚雄府琅井的灶房,约 1707 年

来源:《滇南盐法图》图三;吕长生"清代云南井盐生产的历史画卷——滇南盐法图",《中国历史博物馆馆刊》,5(1983):112。

注释:此图 T 形灶,有大小各异的圆形锅,用于预热和结晶。薪柴作燃料。除了锅以外,还能看到一个圆形卤水容器,后面还有一些不用的锅。

安宁州安宁井之盐"其色青白,味稍苦,形如釜,不用锯解"。③ 我们可以假设釜比黑井的锅小,或者安宁井的生产者和消费者喜欢比黑井、琅井大的盐块。

楚雄府阿陋猴井之盐"色青白,味不甚咸"。④

4.2 手工制作或用模子制作的盐

楚雄府白井之盐"煎一夜成盐沙,唯妇女手始能捏成团状如蹴鞠,重五六斤、

---

① 《滇南盐法图》图一;朱霞(2004),页 144。
② 《滇南盐法图》图三;朱霞(2004),页 144。
③ 《滇南盐法图》图五;朱霞(2004),页 145。
④ 《滇南盐法图》图六;朱霞(2004),页 145。

图 28　云南省普洱附近 Ho-boung 村盐坊煎盐室内景，1860 年代晚期

来源：Garnier (1873), vol. 1, p. 432. Courtesy of Universitätsbibliothek Heidelberg.

注释：卤水煎煮之前，倾注于图右的水池中，使其自然蒸发。用桶盛卤水，运至灶上，倒入直径一米或稍小一点的盘中。这个盐坊中的卤水大概不是很浓，煎煮耗时两天。盐盘被描绘成白色，坚硬且沉重，每一个重 60 公斤。从盘中取出盐块，在煎盐室中晾干。

二三斤不等"。① 白井的球形盐也被叫作"人头盐"或"团盐"。②《白盐井志》（1907）提到地上撒灰，团盐放在其上吸收水分，让团盐干燥。③

大理府云龙州云龙井"盐色似雪，捏柝成块，状如圭，俗谓之灯台盐"（图29）。④

丽江府剑川州弥沙井"煎熬一昼夜而成盐沙，捏为个，其形如钟，重二两，色似灰"。⑤ 这里还要提到的是，四川南部宁远府——马可·波罗的建都（MP B，MP C）的盐源也生产圭形盐，但是以结晶锅的形状来制作的。⑥

景东府景东井之盐"俗呼为叶巴盐"。⑦ 因为这种盐是方形的，所以这个

---

① 《滇南盐法图》图二；朱霞（2004），页 144。
② 《滇南盐法图》图二；朱霞（2004），页 144。
③ 李训锭编纂《续修白盐井志》（1901 年修，1907 年刊）卷三，页 25a。
④ 《滇南盐法图》图四；朱霞（2004），页 144。
⑤ 《滇南盐法图》图八；朱霞（2004），页 145—146。
⑥ 《四川盐法志》卷三，页 44b。
⑦ 叶巴很可能是彝语词，义为"方"。研究及翻译见 Zhu Xia/Cao Jin et al. (2011), p. 59n57。

名字有点奇怪。《滇南盐法图》说"用篓盒托成,其形方。煎时杂以灰,面白背黑,亦名黑盐。每方约重二三两、四五两不等"。①面白背黑的记载有点误导,因为这是撒灰到模子中造成的,而不是煎的时候混入了灰。历史学者何珍如提供了新的信息,这种形状是在一个划分成方形区块的方形锅中形成的。装入盐之后,锅就放在火上煎成盐块。②

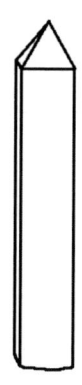

图 29 大理府云龙州云龙井的圭形盐

李苾所记的形式各异的盐,让我们能够看到 18 世纪初期云南各盐井的产品样貌。几乎没有什么疑问的是每个盐井都有自己独特的盐,重量、形状、颜色、味道各异,这是区分其产品的独到标签。我们也能注意到,有时候同一盐场以不同的重量出产特定形式的盐,例如景东井的方盐、白井的团盐。可能这些不同的产品规格,是为不同的消费者群体定制的。18 世纪初云南盐井的生产模式较为原始,它们都有地域性局限,让我们觉得形制的差异一定是在很早的时期就已经存在了,这些形制不仅便于它们的运输,也让它们成为标准化的货币有了可能性。

第五节 盐币:马可·波罗与汉文史料的比较

交易用盐,土人贸迁有无,惟以盐块行使,不用海𧴪。③

本章将对马可·波罗与汉文史料中的记载进行一些比较。我将考察云南及

---

① 《滇南盐法图》图七;朱霞(2004),页 145。
② 何珍如"康熙时期的云南盐政",《中国历史博物馆馆刊》,5(1983):72。
③ 《景泰云南图经志书校注》卷 2 "风俗",页 144,描述了 15 世纪中期武定府的货币情况。

其他地区盐币的重量、盐币的价值、盐的价格，以及盐币的流通和货币功能。关于最后一个问题，我也要强调，盐币的广泛流行主要是在云南土著人口当中。最后还要讨论官府和市场在盐币生产和控制中的作用。相关案例研究涵盖了云南历史的不同时期（主要是 8 世纪后期到 20 世纪中期），我将以之证明马可·波罗关于盐币的记载完全符合汉文史料中所描绘的景象。虽然我们从所有史料中所获得的信息很零散，在长时段和广阔空间之中只是偶尔出现，但是它们已经涵盖了盐币的重要特征，例如它们的生产、外观和重量，以及在交换和支付过程中的价值和功能。然而我们没有见到盐币用于缴纳赋税的记载，也不知道是否出现过假币。

5.1　盐币的重量

比较马可·波罗与汉文史料的记载，立刻就能观察到，重量、质量，可能还包括形状的标准因地而异。15 世纪中期前后，楚雄盐块重 2 两（文献 C4），而丽江的则是 1 斤（=16 两）或 1 斤 10 两（=26 两）（文献 C6）。同一时期镇沅鸡粪盐的质量、形状、重量标准定然完全不同（文献 C3）。它们可能像方国瑜 1936 年所记云南南部的盐币那么小，不到 0.5 两（文献 C11）。樊绰提到 8 世纪末丽水城（大概就是后来的丽江井）盐块重一二两，马可·波罗说的 1270 年代或 1280 年代云南北部地区的盐块重半磅（大约 6.3 两）（MP B）。

我们可以说，云南盐币重量各异，轻的 0.5 两，重的 1 斤 10 两（=26 两）。18 世纪初的非货币盐块，常常也符合这一范围，例如剑川弥沙井的钟形盐重 2 两，[①] 景东井的盒形盐重 2 两到 5 两。[②] 不过，非货币盐块当然也有更重的，例如楚雄府白井的蹴鞠形盐重达 6 斤（=96 两）。[③]

所有这些意味着，即使在一个地区（丽江府丽水城），标准也随着时间而变，个别的盐币存在明显的流通范围。通常，特定重量和形状的盐币可能不会越过其流通边界。如果一旦越境，我们可以想见它们就不再是货币而只是一种产品了。盐币的两可本质使这种转换很容易，因为一块盐币如果不再作货币就可以当调味品。

通过比较不同时期的盐币和盐块重量，得出的另一个重要结论是，马可·波罗所记重量在汉文史料所记范围之内。马可·波罗所云半磅，确实比 8 世纪末樊绰所记一二两重，但是后世其他盐井所产的盐币重量是《寰宇记》所记的 4

---

① 《滇南盐法图》图八；朱霞（2004），页 145—146。
② 《滇南盐法图》图七；朱霞（2004），页 145。
③ 《滇南盐法图》图二；朱霞（2004），页 144。

倍多。这不仅表明马可·波罗所记是可靠的，而且说明他的记载很可能是依据他自己的观察。

5.2 盐币的价值

马可·波罗书剌木学本给出了一些独家记载，内容是关于盐币与黄金的兑换。商人从生产商那里购买盐的价格，是 1 萨觉金购 80 盐块（1 克金购 4.447 千克盐块），[①] 兑换价格取决于地理远近，因此 1 萨觉金购 40—60 块盐不等，即 1 克金购 2.223 千克到 3.335 千克盐块。土番对盐的需求很高，盐块作为货币，换取贵重货物，例如黄金、麝香，只有很小的盐块被用作调味品（MP C）。如果能知道盐币的固有价值与其货币价值的关系，就有意思了。二者相同，还是不同？后者可能性更高。然而没有材料能够解答这一问题。

消费地区距离盐井越远，盐币价值越高，这种关系在埃塞俄比亚能够更显著地观察到。亨利·裕尔做了这样的注释：

> 李德尔（Ritter）也提醒注意阿尔瓦莱兹（Alvarez）所记埃塞俄比亚的类似记载。阿尔瓦莱兹云："盐，作为货币流通，不仅在长老约翰的王国中，在摩尔人和异教徒的领地也是如此。这里的人们说，它一直传到西海岸边刚果的玛尼（Manicongo）。据说，这种盐挖自山上，形如方块。……在挖盐的地方，100 块或 120 块盐换取 1 枚金币（drachm）……等于 3/4 杜卡特黄金。当它们到达某一个市场时……距离盐矿远一天路程，1 枚金币就少换 5、6 块盐。如此从一个市场到另一个市场，所换的盐越来越少，以致到首都时 1 枚金币只能换 6、7 块盐。"[②]

除了方国瑜提供的晚期材料（文献 C11），我们在汉文史料中见不到盐币和金银的价值关系。来自世界其他地方的报告描述了与剌木学本中所记类似的情况。然而无论如何要强调的是，这位威尼斯旅行家，至少在剌木学本中，告诉了我们在那么早的时期盐作为小额货币与黄金作为大额货币之间的兑换关系，这在东西方文献中是独一无二的。

---

① 我认为马可·波罗的半磅指的是半个威尼斯 libbra grossa（附录 4）。根据金、银的萨觉、两的平均兑换关系（约 9.0791 saggi = 39.04 克 = 1 两；1 saggio =4.3 克；见附录 6），239 克 × 80 = 19,120 克；19,120 克 /4.3 克 = 4,447 克。

② Yule (1903), vol. 2, p. 57.

5.3 建都和中国其他地区的盐价

这一节我将使用马可·波罗和汉文史料所记数据考察建都和中国其他地区盐场中的盐价。换言之，我要分析，在土番1克黄金能够换多少盐，在云南可能一样，而在中国其他地区是否有所不同呢？关于建都的盐价，我将根据马可·波罗所记（见 MP B 和 C），而中国其他地区则依据汉文史料（见表15）。关于后者，只是一般价格而不是专门记载特定的盐产区。同时，它们显然与建都没有关联，因为《元史·食货志》以及其他官方史料没有记载中国西南例如建都或云南的盐生产，因为这些地区显然只是非常松散地从属于中央政府盐专控体制。① 因此将马可·波罗所记云南数据与汉文史料所记数据进行比较基本上是可行的。

表 15　1261—1343年两浙年度盐产额、每引官方均价、两浙盐税以及官方盐场每1克金可得盐数（千克，kg）

年	两浙盐产额（引）	官方盐场[b]每引官方价格（两、贯中统钞）[a]	总税额（两、贯中统钞）	总税额（锭中统钞）	总税额（两金）	官方盐场1克金所得盐数[b]	官方盐场1克银所得盐数[b]
1261		14[c]				6.635 kg	0.885 kg
1273		9					
1275		9					
1276	44,000	9				10.321 kg	1.376 kg
1277	92,148						
1278	159,000						
1281	218,562	9					
1282		9					
1283		14					
1284		15 {80}[d] {120}[d]				6.193 kg	0.825 kg
1285	[350,000][e]	20 [30][e]	[7,000,000][e] [10,500,000][e]	[140,000] [210,000]	469,799 704,698	4.645 kg 3.097 kg	0.619 kg 0.412 kg
1286	450,000	[30][e]	[10,500,000][e]	[270,000]	906,040	3.097 kg	0.412 kg
1288		30 50					

---

① 参 Schurmann (1956), pp. 166–192。

（续表）

年	两浙盐产额（引）	官方盐场[b] 每引官方价格（两、贯中统钞）[a]	总税额（两、贯中统钞）	总税额（锭中统钞）	总税额（两金）	官方盐场[b] 1克金所得盐数[b]	官方盐场[b] 1克银所得盐数[b]
1289	350,000	50	[17,500,000][e]	[350,000]	172,840	12.625 kg	1.263 kg
1290		50					
1292		50					
1295		50					
1296	[450,000][e]	65 {100}[f]	[29,250,000][e]	[585,000]	288,888	9.712 kg	0.971 kg
1297		65					
1301	400,000	65	[26,000,000][e]	[520,000]	256,790		
1308	520,000[g]						
1309		100					
1310		100					
1311		100					
1314		150					
1315		150					
1316		150					
1317		150					
1319	500,000						
1325		125					
1329	[500,000][h]	150					
1330	480,000	150					
1333		150					
1334		150 {400}[i]					
1337		150					
1339		150					
1342		150					
1343	350,000	{400}[i]					

来源：每引官方盐价，前田直典（1993），页582，收集了最全面的数据。

非官方价格，见 Franke (1949), p. 149。

两浙盐产量，见 Yoshida/Vogel (1993), p. 258。1308和1329年的数据来自 Schurmann (1956), p. 190。

注释：a 基于以下换算关系：

　　　1引 = 400斤盐

1 斤 = 608.5 克（见附录 6）

50 贯两 = 1 锭

1 两金银 = 39.04 克（见附录 6）

1260—1286 年纸钞、金、银的平均兑换率：14.9 两中统钞 = 约 1 两金 = 约 7.5 两银

1287 年以降纸钞、金、银的平均兑换率：101.25 两中统钞 = 约 1 两金 = 约 10 两银

b 一般数字，非指特定盐产区。见 Schurmann (1956), pp. 172, 175, 191。《元史·食货志》未记载云南盐产。

c 或 7 两银。

d 非官方价格，被认为过高。120 贯是大都的价格。

e 傅汉思估算。

f 可能是非官方价格或者市场价格。1 两中统钞约能购买 4 斤盐。

g 林树建给出的数据只有 450,000 引。见林树建"元代的浙盐"，《浙江学刊》，3（1991）：36.

h 舒尔曼估算。

i 过高的非官方价格。

这样做，必须考虑到几点：第一，表 15 的数据指的是帝国中央地区以及沿海地区盐场的情况。一方面，几乎可以肯定，沿海地区盐场的生产成本比中国西南的低。另一方面，国家对于建都和云南盐场的控制和垄断较弱，久而久之大概施行了管理和控制，程度不详。① 但是即使盐税在建都和云南比中国其他地区低，建都的盐很可能也仍然相对较贵。那里的商人用 1 克黄金能换相对少量的盐，具体而言是 4.447 千克，而至少 1280 年代早期在帝国其他地区 1 克黄金就能换 6.2—10.3 千克盐（表 15）。随着纸钞的逐渐贬值。这个数字降到了 3.0—4.6 千克，但是 1287 年以降纸钞与贵金属的官方兑换率调整之后，这一数字再次上升到了 9.6—12.5 千克。虽然这些换算可能有点推测性，因为其基础是关于重量和价值的推算，但是无论如何它们显示出从马可·波罗与汉文史料所记所获得的结果并不相差太远。如果我们考虑货币的发展状况即元代纸钞相对贵金属的贬值，并且认为多山而且闭塞的建都和云南的井盐比中国其他地区的海盐、池盐价格高，它们是能说得通的。

第二，作为计算和比较的副产品，有价值的是考察建都和帝国其他地区盐场以银表示的盐价。我们知道在元帝国，金、银的官方兑换率在 1260—1286 年间是 1:7.5，在 1287 年以降是 1:10。然而，马可·波罗记载，在云南的一些

---

① 关于元代云南盐生产和管理，见黄培林、钟长永（1997），页 2、28、65。

地区，兑换率各不相同。马可·波罗记载哈剌章的兑换率是 1:8① 到 1:6；后者是因为那里有大量的金。② 金齿的兑换率是 1:5，因为正如这位威尼斯旅行家所说，当地缺银。③ 因此，商人在建都或云南的盐场用 1 克银能换取 0.56—0.89 千克盐，取决于不同的兑换率。在中国其他地方，这个数字截至 1280 年代初能达到 0.89—1.38 千克，到 1286 年是 0.41—0.61 千克，也就是在这一时期纸钞逐渐贬值。从 1287 年起，纸钞与金、银的官方兑换率调整，中国其他地区的商人在盐场能够用 1 克银换取 0.97—1.26 千克盐。虽然建都、云南的金银兑换率与帝国其他地区的官方兑换率不同，但是用银表示的盐价与用金表示的盐价有差不多相同的趋势。除了最晚 1280 年代中期开始的纸钞贬值时期以外，建都和云南比中国其他绝大部分地方的盐都贵。

第三，表 15 给出每 1 克金、1 克银所得盐数，指的是适用于在盐场的情况。为了了解消费者购买盐所需金额，必须考虑运输费用、合法的和不合法的交易费用，以及官方和非官方的货币兑换率。现有数据显示，盐场中卖出盐的官方价格，与消费者购买盐的非官方价格差别巨大。例如，1284 年一个商人买 1 引盐要支付 13 贯两纸钞（即 1 克金购买 6.19 千克盐），而在大都购买盐的非官方价格则达到了 80 贯甚至 120 贯，④ 换言之，消费者每 1 克金能购买 1.46 或 0.77 千克盐。马可·波罗所记数据大概意味着，建都的盐在盐场的出售价格与出售给消费者的价格相差不那么悬殊，因为商人用 1 克金购买 4.447 千克盐，然后出售 2.223—3.335 千克盐获得 1 克金。然而马可·波罗所记的建都，与汉文史料所记状况并不完全具有可比性。马可·波罗的描述很简单，以金作为货币标准。而汉文史料所记购买和出售价格，反映了官方贸易中常用的货币兑换率与纸币贬值情况下的市场兑换率很不一致。我们必须考虑，几十年间，以纸钞衡量的官方和市场上的米价、盐价都有可观的增长。从 1261 年到 1343 年，市场盐价增长了五十五到六十倍，官方盐价增长了二十五倍。1276 年以后的几十年增长得最剧烈。⑤ 因此，建都、土番、云南以外以纸钞衡量的盐售价，反映出纸钞发行区域的局限。随着 1287 年官方兑换率的调整，官方兑换率与市场兑换率的差距虽然没有消弭，但无疑被缩小了。

---

① Yule (1903), vol. 2, p. 66.
② Yule (1903), vol. 2, p. 76.
③ Yule (1903), vol. 2, p. 85: "……他们的钱是金，小额交换他们使用贝壳。我告诉你，他们的金银比值是一比五，因为那里在五个月路程的范围内没有银矿。"
④ 见 Franke (1949), p. 149 引《元史》卷 205，页 4565。
⑤ Franke (1949), p. 149.

因为有许多未知变量，以上的估算是初步的、推测性的，但是无论如何，我们可以肯定地说，马可·波罗用金来衡量的建都盐价，与根据汉文史料中所记蒙古帝国其他地区盐价计算的结果相符。如果考虑关于盐生产、货币状况和价格增长的数据，那么这个结论更加可靠。马可·波罗所记建都盐价没有超出我们从汉文史料中得出的范围，因此不是荒谬的，也不是不可理喻的。

5.4 盐币的流通和货币功能

根据马可·波罗的记载，盐不仅是云南的重要商品，而且是一种交换媒介和价值尺度。他的记载似乎是说在土番盐币是主要货币，类似于元帝国几乎普遍使用的纸钞（MP A），而它在建都地区是一种小额货币（MP B、C），用于零售贸易。我们从马可·波罗和汉文史料中知道，元代云南还有其他形式的货币——用于大额贸易的金、银，以及用于小额贸易的贝币，但是贝币似乎也用于大额贸易。我讨论贝币时已经提到，随着时间的变化，纸钞也在某种程度上行用。

虽然马可·波罗之前和之后的记载中反映盐币通行的情况和地区随着时间和空间而有变化，但是盐长期持续用作货币是云南、贵州和四川南部历史的一个独有特点。一些记载，如马可·波罗所记土番（MP A）那样，似乎说盐币普遍用于货币交易，其中包括樊绰所记 8 世纪末丽水城（文献 C1），以及 15 世纪中期的武定府（文献 C2）、楚雄府（文献 C4）、兰州（文献 C6）以及姚安（文献 C5）。这当然是有可能的。因为在 20 世纪中期，新几内亚的巴鲁雅人（Baruya）仍然制造三种不同尺寸的盐块作为货币使用，与周边部落交易土产、武器、奢侈品、消费品、服务。①

还有其他的记载，证明盐币常常用作小额货币，与贝币和铜钱类似。② 显然，盐币与其他形式的货币尤其是贝币存在着某种竞争。这一点在关于武定府的方志记载中很明确，在 15 世纪中期，这里不使用贝币，代之以盐块（文献 C2）；方志记载，在 18 世纪初的沅江府，土盐取代了贝币（文献 C7）。但是这种情况可能局限于某个府的一些地区，显然也随着时间而变化。因此，不能

---

① 见 Godelier (1969), pp. 18–19, 24–26。然而自 1960 年代以来，巴鲁雅人需求越来越多的金属货币以购买现代商品。

② 因此，盐币或者其他形式的货币被视为货币，但不必满足所有的货币功能，也不必作为所有大小贸易的普遍等价物。

排除的是，贝币和盐币作为小额贸易的支付手段，在同一地区同时存在。①

可能盐币与金银货币之间的竞争较小，因为后者主要用于盐币不适用的较大贸易。证据来自18世纪早期云南东部广西府，那里一般使用银、铜钱，但是小额贸易使用盐（文献C8）。18世纪早期贵州省的货币状况也是使用银作为大额货币，使用盐作为小额货币（文献C9）。银和盐的共存，在方国瑜1936年在云南南部的调查中也得到证实（文献C11）。即使在1950年代，正如前文提及的（第四章3.5节），在云南西部、南部、东北部和东部，除了米和其他货物以外，盐也被用作一种货币。

就在上文的意义上，盐币在当地市场中扮演了主要角色，作为一种重要的交换媒介和支付手段。此外，它一定在某种程度上刺激了区域贸易，因为商人必须在盐场中获取充足数量的盐块并运到有需求的地方。这些盐块在那里交换第一等的货物以及商人返程所需的燃料或谷物。陈然甚至认为，盐币是西南丝绸之路沿线各地贸易发展和货币化的重要先决条件。②

盐币在云南及其周边地区无疑是一种交换媒介、支付手段和价值尺度，但是我们不知道它是否也是一种价值储存手段。因为盐易损耗的性质及作为调味品的功能，它不太可能在价值储存手段上也扮演了重要角色。③布洛赫提到，在非洲的利姆（Limmu），国王收到作为贡品的盐块并储存起来。国王赐给旅行者们盐块，旅行者想要到市场上卖掉它们，发现国王所赐的100块盐只能换取市场上的40块新盐块。④因此可以看到其价值随着时间而损耗。方国瑜记载，倮黑山通行的盐块也可以作为烹饪之用，显示其既有货币功能也是调味品（文献C11）。不仅如此，盐遇水受潮就会损耗，这让它不像一种理想的价值存储手段。它是一种不断生产、消费、更新的货币。马可·波罗观察到了这一现象。据剌木学本，城镇居民使用整块盐作为货币，而将碎块作为调味品（MPC）。

虽然这些文本告诉我们中国西南盐币的历史在数量和长度上是相当有限的，但是无论如何它们证明了，盐币的使用在经济贸易欠发达的闭塞地区和缺

---

① 见地图4。董咸庆（1991），页555认为贝币和盐币不能共存，一种驱逐另一种。然而这种观点不能肯定，因为可能存在货币循环的竞争。大额和小额货币之间有竞争，大额或小额内不同的币种之间也有竞争。关于货币循环及其多层市场、流动性之间的关系，见Kuroda Akinobu (2002), "Concurrent Currencies in History: Comparison of Traditional Monetary Systems between China and India," *Proceedings of the Thirteenth International Economic History Congress, Session 15, Global Monies and Price Histories, 16th–18th Centuries, Buenos Aires 22–26 July, 2002*。

② 陈然（1997），页65引富冈仪八"近代中国丝绸之路地区盐的生产与流通形态"，《大阪商业大学论集》1988, no. 82、83。

③ 见陈然（1997），页64。

④ Bloch (1975/1976), p. 252.

盐的地区尤为普遍①。这些地区的居民常常不是汉人。②因此马可·波罗提到了土番的"恶人"（MP A）和住在荒野偏僻群山中的"部落"（MP C）。樊绰的记载提到了 8 世纪末丽水城和长傍诸山的蛮人（文献 C1）。15 世纪中期文献中除了姚安军民府（文献 C5），还提到了武定府（文献 C2）、兰州（文献 C6）的"土人"。18 世纪早期文献中提到了沅江府的夷人（文献 C7），1723 年文献中提到了贵州的苗人（文献 C9），而 1743 年丽江府丽江盐井文献中有傈傈、巴苴、倮人、怒人（文献 C10）。方国瑜 1936 年报道，傈黑山使用盐币的当地居民叫作拉祜人（文献 C11）。不过，盐币与族属的关联，没有排除汉人也使用这种支付手段和价值尺度，因为他们与土著人口进行贸易，同时可能在政治、经济和社会危机时期也这样做。

热内·塞迪洛（René Sédillot）在他关于贝币、硬币和纸币的书中，没有重视盐币。他把盐币算作自然形式的货币，归之于非洲货币体系，认为其主要使用人群不拥有贵重货物，与更发达国家之间不进行贸易。他也声称，盐很少用作货币，只用作金属货币的辅助货币。因为盐易于损耗，所以只有非常大的盐块才有一定的价值，能够成为货币。③

无疑，因为盐有作为调味品和交换媒介的双重性质，而且盐块较易破碎，所以盐币从长期来看不能与金属货币相比，尤其是在后者有充足数量的情况下。无论如何，云南货币的历史显示，盐币在那里存在了几个世纪，在地方和区域贸易中扮演了重要角色。从货币循环的概念来看，盐在小额交易领域构成了一种重要的支付手段和交换媒介。作为小额货币，它与其他形式的小额货币尤其是贝币和铜钱竞争。在前现代，小额货币的需求和供给模式的转变，导致了这些小额货币在空间和时间上的涨落。

阐明西南中国盐币的历史，不仅促进了我们从一个更加普遍层面去理解小额货币的功能，而且完善了我们对于至今被低估、被忽视的货币类型的认识。从这个层面上说，我们得感谢马可·波罗对盐币的记载，它对于本书下一部分也是一种证据。

5.5 盐币、政府和市场

在马可·波罗关于建都的章节中，剌木学本记载，地方掌权者对于盐块

---

① 赵小平 (2007) 一再强调这一点。

② 台北"中研院"史语所何汉威教授在"Visit Monetary History of a Quarter of Human Beings and Revisit what Monies Actually Are"（Tōyō bunka kenkyūjo, University of Tokyo, Sanjo Hall, May 21–22, 2007）工作坊评论我的文章时特别指出这一点。

③ Sédillot (1992), p. 39.

的制造、发行、标准化进行某种控制。盐块上钤盖"王"的印章，除了"王"的官员无人被准许这样做（MP C：[...] e sopra queste tal monete si pone la bolla del signore. Ne le monete di questa sorte si possono far per altri che per quelli del signore, [...]）。① 类似的记载见于樊绰《云南志》，其中提及 8 世纪末的丽水城和长傍诸山，"咸有法令。颗盐每颗约一两二两"（文献 C1）。19 世纪保尔（Lieutenant Bower）关于斯莱登上校（Major Sladen）出使的记载中，报道在腾越（Momein）有政府盐专卖机构，将盐制成"一颗重一、二非斯（viss）"[1 缅甸仰光非斯等于 3 磅 5 盎司 5-1/2 打兰（dr）] 并"钤印"。②

马可·波罗在建都章节的开头说，建都是位于西方的一个州，"境内只有一个王"。人民是偶像教徒，从属于大汗。③ 从剌木学的一个注中我们知道，蒙古人征服了这个州之后，派遣官员管理它。④ 方国瑜、林超民分析了马可·波罗剌木学本中的记载之后得出结论，认为虽然蒙古人在 1272 年平定建都之后设立了宣慰司并派遣官员，但是 1287 年马可·波罗到那里时当地的土著统治者仍然在位。⑤ 这意味着让人在盐块上盖印的"王"（signore）指的是蒙古人任命、认可的一位土著统治者，而不是蒙古诸王，这位本地权力把持者仍然掌控着盐币。众所周知，元朝在云南的统治阶层显示出三足鼎立的模式，一是蒙古皇室，即驻于大理的云南王和驻于昆明的梁王，二是赛典赤·赡思丁（Saiyid Ajall Shams al-Din 'Umar [al-Bukhari]）建立的行省，三是当地酋长。⑥

这里也要提到，在元代云南行省，两种重要小额货币贝币与盐币功能有显著的不同。除了作为货币功能的交换媒介、价值尺度和价值存储功能之外，万志英还指出，在世界货币史和中国货币史上，货币的第四种功能是国家支付手段，必须考虑这一点，才能更全面地理解不同货币的不同特点。⑦ 在元代中国绝大部分地区，私家贸易和税收中只用纸钞。而云南除了纸钞以外，还被允许继续使用贝币。贝币的官方背景无疑是它被接受为交税手段。⑧ 迄今为止，我们还没有见到盐币用于缴纳赋税的记载。

---

① Ramusio (1980), vol. 3, p. 205.
② 见 Yule (1903), vol. 2, p. 57。
③ 见 Yule (1903), vol. 2, p. 53。
④ 方国瑜、林超民（1994），页 19。
⑤ 方国瑜、林超民（1994），页 20。
⑥ 关于元朝征服和管理云南，见 Yang Bin (2009), pp. 93–94, 111–116, 121–122，以及 Armijo-Hussein (1996) 的博士论文。
⑦ Von Glahn (1996), p. 18.
⑧ 见本书第三章 2.5。亦参陈喜忠《中国元代经济史》，史仲文、胡晓林主编《百卷本中国全史》13，北京：人民出版社，1994，页 132。

330　　　南诏王国、元朝盐币与明朝盐币的明显区别是，前一时期盐币的发行有某种官方控制或专营。樊绰和马可·波罗都记载，国家控制盐币的生产，至少规范其大小和形状，可能也规范其质量，并且在上面盖印。这在明代完全变了。市场成了主流，塑造了盐币的流通状况。从明代开始，史料中不再提到官府有任何规定。① 虽然没有任何证据表明元代以后官府不再控制盐币，但至少 1936 年方国瑜观察到的情况是盐币完全由市场力量决定。方国瑜描述盐块是商人在盐井订做的，然后运到各市场去，设摊出售，交易银子（文献 C11）。所有这些不管怎么看都是没有政府介入的。

---

① 亦见董咸庆（1991），页 546。

第五章　长芦和两淮的盐生产、盐税和盐贸易

淮浙煎盐，布灰于地，引海水灌之。遇东南风，一宿盐上聚灰。暴干，凿地，以水淋灰，谓之盐卤。投干莲实以试之，随投即泛，则卤有力，盐佳。值雨多，即卤稀，不可用。取卤水入盆，煎成盐。①

马可·波罗不仅报告了土番和云南井盐的生产和盐币的使用，还详细描述了著名的河北长芦盐场的生产技术，以及中国最重要的盐产区两淮的盐生产、征税和运输。下文我们将看到，还可以补充的是马可·波罗关于两浙盐区的盐税和盐业管理机构的著名报告。两淮（约33.7%）、两浙（17.8%）、河间（14.2%），后者包括长芦，②不仅是蒙元时期中国海盐的最重要产区，也是整体而言最繁荣的盐区。表16表明，其他的海盐产区包括山东（11.0%）、福建（4.6%）、广东（1.9%）、广海（1.8%）。

表 16　年度盐引产量，尤其是两淮、两浙，1277-1330

	1277—1279	1281	1286	1289	1294	1301	1308	1329	1329
河间								400,000	14.2%
山东								310,000	11.0%
河东								395,395	14.0%
四川								28,910	1.0%
两淮	587,623ª	800,000		650,000	658,200			950,075	33.7%
两浙	92,184ᵇ	218,562	450,000	350,000		400,000	520,000	(500,000)	17.8%
福建								(130,000)	4.6%
广东								(51,000)	1.9%
广海								(50,000)	1.8%

来源：Schurmann (1956), p. 190.

注释：a 指的是 1279 年。b 指的是 1277 年。

---

① 赵彦卫《云麓漫抄》（1206年成书）（记约1170年以后事），《涉闻梓旧》卷2，《丛书集成》本，页52。

② 参 Schurmann (1956), p. 177。

另一种盐——池盐产于河东，在整个帝国中占了 14.0% 的份额。① 数量上几乎可以忽略的是井盐，产于四川（1.0%）、云南（?）。鉴于海盐的重要性以及两淮、两浙、河间海盐的突出性，马可·波罗特意提到它们就不足为奇了。他对于这些地区的关注与它们在元帝国盐生产和盐税中的整体重要性是完全相符的。

第一节　马可·波罗所记长芦盐生产技术

《河间府（Cacanfu）、长芦（Cyanglu）、将陵（Cyangli）等城：第 1 节》
从此城（河间府）向南行三日，见大城长芦，也在契丹境内。此城制盐甚多，其法如下：取一种极咸之土，聚之为丘，泼水于上，俾浸至底，然后取此水置于大锅中煮之，俟其冷，结而成盐，粒细而色白。②

下文我们将看到，马可·波罗所记的位于今河北省东南部的长芦盐区的盐生产流程，与汉文史料完全一致。不仅如此，我还想强调，没有其他西方语言、阿拉伯语、波斯语文献像马可·波罗这样提供了如此准确的关于盐生产技术的信息。关于中国的淋、卤生产流程，这位威尼斯旅行家如此说：

[马可·波罗文本 D，简称 MP D]
离河间府（Cacianfu, Cacanfu），③南行三日至一城，名为长芦（Cianglu, Canglu）。④ 这是契丹的一个很大的城，隶属大汗，使用纸币，居民崇拜偶像，人死焚其尸。应知此城制盐甚多，其法如下。取一种极咸之土，聚之为丘。泼水于上，俾浸至底，因土之成分而水为咸。然后以管取水，置于不足四指深的大铁锅中煮之。如此结成之盐极纯，色白粒细。运贩于附近诸州，居民财富、大汗税收皆获大利。⑤

---

① 有学者推测马可·波罗描述过或者到访过盐池旁的城市解州。例如 Haw (2006), p. 96。但是很难确定马可·波罗所说的"Caycay 城堡"是指这个地方。见 Blanchard and Quereuil (2005), p. 110。

② Francisco Maria Esteves Pereira, *Marco Paulo o livro de Marco Paulo—o livro de Nicolao Veneto—carta de Jerónimo de Santo Estevam, conforme a impressão de Valentim Fernandes, feita em Lisboa em 1502; com tres fac-similes, introdução e índices*, Lisboa: Oficinas Gráficas da Biblioteca Nacional (Publicações da Biblioteca Nacional, Reimpressões II), 1922, Ho Livro Segundo, p. 50r.

③ 河间府，今河间，位于北京以南约 200 公里。见 Pelliot, *Notes on Marco Polo*, vol. 1, pp. 115-116；谭其骧主编（1982），册 7，页 9—10, 7/2。

④ 长芦镇、沧州，今沧州，位于河间东南 75 公里。参 Pelliot, *Notes on Marco Polo*, vol. 1, pp. 259-261；谭其骧主编（1982），册 7，页 9—10, 7/2。《宋史》提到河北东路有沧州、滨州盐场。见 Cecilia Lee-fang Chien (2004), pp. 148, 150, and map 7, p. xxvi.

⑤ 见 Ronald Latham, *The Travels of Marco Polo*, New York: Abaris Books, 1982, p. 167。我们稍微改动了地名的拼写。

长芦是著名的海盐生产区,看起来马可·波罗描述的是海盐的生产,不过可能也是土盐、碱盐的生产流程。① 无论它具体指的是什么,显然马可·波罗对这一地区盐生产的观察是准确的。假设这是他在其他沿海地区见到的海盐生产,那么他的报告与宋元时期多数沿海盐场使用的方法是对应的。1334年成书的陈椿《熬波图》中有极为详细的记载,几年前我曾译之为英文。《熬波图》记录的是浙西华亭县下沙场,共47幅图,每图皆有一诗、一文。不仅在下沙盐场,中国其他沿海盐场也一样,不使用晒盐法,而是使用熬煮卤水法。海盐生产的基本过程是,首先在岸边建立平坦光滑的场地,以渠围之。海水灌入渠中,然后从渠中洒入场地中。场地的上面为一层细沙或灰,如《熬波图》所记。不断向场地洒海水,经过太阳和风的作用,水分挥发,盐质就在场地表层结晶。一段时间后,将充满盐分的沙或灰层收集起来,堆入一个洞中,底部有一个过滤器(图30)。海水洒到堆上,滤去沙或灰,产出浓卤水,向下流入一个洞,再继续流入一个特制的卤水收集器具中。然后卤水被运到盐场中,用铁锅熬煮成盐(图31)。《熬波图》中收集盐质的灰得自熬煮过程,而一些盐场显然使用细沙作为淋介质,目的相同。②

但是,更可能的是马可·波罗观察到的不是生产海盐,而是卤碱(碱盐、卤盐)。卤碱与海盐的制造方法类似——收集天然非人工制造的盐碱土,如同上文描述的海盐生产一样。与海盐生产相同的是淋土得浓卤水,熬煮卤水成盐。《政和本草》明言,碱盐不仅产于山西,而且产于沿海地区。《政和本草》引11世纪成书的苏颂等人所编《本草图经》曰:

> 又,通、泰、海州并有停户刮咸煎盐输官。如并州末盐之以供给江、湖。极为饶衍,其味乃优于并州末盐也。滨州亦有人户煎炼草土盐,③ 其色最黧黑,不堪入药,但可噉马耳。④

---

① 中国历史上盐的主要种类,见 Hans Ulrich Vogel, "Common Salts (Basically Sodium Chloride) in Traditional Chinese Pharmaceutics, Pharmacology, and Medicine," in Antonio Malpica Cuello and José Antonio Gonzáles Alcantud (eds.), *La sal: Del gusto alimentario al arrendamiento de salinas; Congreso Internacional de la CIHS, Granada, 7–11 septiembre, 1995*, Granada: La Gráfica, [1997], pp. 377–396。

② 见 Yoshida Tora (author); Hans Ulrich Vogel (transl.), *Salt Production Techniques in Ancient China: The Aobo tu*, Leiden: Brill (Sinica Leidensia; 27), 1993, e.g., pp. 17–23。

③ 见《本草纲目》卷11,页685a引苏颂:"滨州有土盐煎炼草土而成。"可能是淋草木灰和盐碱土混合物以制卤。

④ 唐慎微等《重修政和经史证类备用本草》,北京:人民卫生出版社,1957,卷4,页106。

图 30　担灰入淋，浙西华亭县下沙场，约 1334 年

来源：Yoshida/Vogel (1993), pp. 132, 208。

注释：这幅浙西盐场图中有与马可·波罗所述长芦盐场相似的淋灰器具。可见集灰用的淋盆。盐工将海水洒在淋堆上，以溶解灰中的盐质。产生浓卤水，集于淋盆底部，以管排出，与这位威尼斯旅行家描述的一样，进入淋堆边上的卤水存储器。

图 31　捞洒撩盐

来源：Yoshida/Vogel (1993), pp. 146, 246。

注释：图中所示浙西盐场的大平铁锅，令人想起马可·波罗描述的长芦地区熬煮用的锅。

通州、泰州、海州是江苏扬子江北岸的三州,而滨州是河北东南部的州。① 正如下一章我们会看到的,马可·波罗特别提到了两淮地区通州和泰州的盐生产。滨州或其附近的盐可能也被宋应星所知,他1637年成书的《天工开物》中述长芦之盐"杂黑色,味不佳"。② 如同其他类型的盐一样,碱盐的质量也颇有差异。因此马可·波罗在沿海盐场见到的是碱盐的生产也不是不可思议的,不过他见到的是高质量的碱盐。

不论马可·波罗描述的是海盐还是碱盐,它们的生产方法都主要是以沙、土、灰为媒介进行淋,主要用铁锅熬煮卤水。一种古法语抄本(C3)中的中世纪插图相当成功地展现了长芦盐生产的方法(图32)。而何史谛在他的书中所附的图(图33)是错误的,一是这幅图来自《政和本草》,表现的不是沿海地区而是山西解州盐池的盐生产;二是在马可·波罗时代晒盐的方法使用不广,主要采用的还是淋和熬的工艺。

图32　长芦盐生产流程,16世纪初法语抄本插图

来源:Paris, Bibliothèque de l'Arsenal, ms. 5219 (C3), fol. 101; Philippe Ménard, *Marco Polo: Die Geschichte einer legendären Reise*, transl. from the French by Birgit Lamerz-Beckschafer, Darmstadt: Wissenschaftliche Buchgesellschaft, 2009, pp. 140-141. Courtesy of Bibliothèque Nationale de France, Paris。

注释:中世纪插画家将马可·波罗描述的长芦盐生产图像化。图中有一个巨大的淋堆,其上有两个工人用桶泼水。左边的女人看起来是拿着盛水的罐子。右边的男人可能也在运水,或者是在运盐。淋堆底部的卤水,在三个大锅中熬煮,燃料是木头。

---

① 谭其骧主编(1982),册6,页16—17,3/9;册6,页22—23。
② 见潘吉星《天工开物校注及研究》,成都:巴蜀书社,1989,页275;英译本:Sun E-Tu Zen and Sun Shiou-Chuan (1966), p. 122。

图 33　12—13 世纪山西解州盐池晒盐生产流程

来源：唐慎微等《重修政和经史证类备用本草》，北京：人民卫生出版社，1957，卷 4，页 105。

注释：图中展示的是著名的山西解州盐池以日晒产盐的流程。

最后，从一个威尼斯人的眼光来看，长芦使用的生产技术是不同寻常的，因为地中海地区不存在这样的盐场。那里有两种类型的海盐场。第一种是人工制造的盐园（marais-salants），在一系列的蓄水、变浓、结晶盆中日晒而产盐。第二种不太重要，即碱滩（sebkhas），差不多是自然盐场，即浅水滩，盐水蒸发，在地面结晶形成一层盐。①

第二节　马可·波罗所记两淮盐生产和分配

城守仅从盐一项上就获得五百土绵巴里失的岁入；而一巴里失值一个半弗罗林，这样，一土绵可换五万弗罗林。但作为对此城百姓的恩典，上述城守蠲免他们两百土绵，以免发生饥荒……②

---

①　见 Jean-Claude Hocquet, *Le sel et la fortune de Venise*, vol. 1, *Production et monopole*, Villeneuve d'Ascq: Publications de l'Université de Lille, 1979, pp. 113ff.。

②　见 Gilbert Strasmann, *Konrad Steckels deutsche Übertragung der Reise nach China des Odorico de Pordenone*, Giessen: Erich Schmidt Verlag (Texte des späten Mittelalters und der frühen Neuzeit; 20), 1968, p. 94. 其拉丁文底本据温加尔特（Anastasius van den Wyngaert）的《中国圣方济各会志》（*Sinica Franciscana*）中的校勘本。

除了云南、长芦以及下文要讨论的杭州,马可·波罗还报告了传统中国的其他著名盐产区的盐生产和盐税。他提到的产盐的地方是淮安、泰州、通州,他还注意到从真州有大量的盐以船运至各地。乍一看这些地名似乎是相当随意的列举,但盐税和盐贸易的情况表明这是对重要的淮盐产区的准确描述,精确地反映了南宋和元代盐运司的分区。与马可·波罗相比,没有其他西方语言、阿拉伯语、波斯语文献提供过类似的详细记载。

下一段我要介绍马可·波罗书中的相关段落,以及裕尔本中的注释。我要从南宋和元朝盐业史的角度强调这些段落的重要性。裕尔英译的《寰宇记》相关段落如下:

第66章,关于淮安城

淮安州(Coiganju)正如我已告诉你的,是一甚大城市,在蛮子地界入境之处。居民是偶像教徒,焚死者之尸,臣属大汗。其城有船舶甚众,前文述黄河时已言之也。此城为府治所在,故有货物甚众,辐辏于此。缘此城位置此河之上,有不少城市运其所产货物来此,由此运往四面八方。<u>应知此城制盐甚多,供给其他四十城市之用,由是大汗收入之额甚巨</u>。(下画线为笔者所加,下同)①

裕尔注以 Coiganju 为淮安州,在大运河边,黄河以南若干英里。② 颇节认为,淮安产盐之地名为盐城,在淮安以南一定距离。③ 淮安是淮盐生产的中心。宋元时期为淮南东路④。明代和清初,淮安是淮北盐区的总部,在18世纪中叶,有一部分编入淮南盐区⑤。

马可·波罗在另一章中描述 Tiju、Tinju 和 Yanju,三者都在淮盐区之内。Tiju 可勘同于泰州,位于大运河以东约二十五英里,但显然与之有河渠交

---

① 见 Yule (1903), vol. 2, pp. 151–152。法意混合语本即可能最古抄本中的此段,见 Benedetto, *Marco Polo, Il Milione*, p. 136。
② 见 Yule (1903), vol. 2, p. 152n1。关于地名的勘同亦见 Haw (2006), pp. 114–117,以及本书表 7。
③ 见 Yule (1903), vol. 2, p. 152n1 引颇节。
④ 见 Hucker (1985), pp. 45–46, 55, 64–65, 322。
⑤ 关于清代两淮盐区,见 Thomas A. Metzger, "The Organizational Capabilities of the Ch'ing State in the Field of Commerce: The Liang-huai Salt Monopoly, 1740–1840," in William E. Willmott (ed.), *Economic Organization in Chinese Society*, Stanford, California: Stanford University Press, 1972, pp. 9-45; 徐泓《清代两淮盐场的研究》,台北:嘉新水泥文化基金会,1972,页 10 有一个表,显示 18 世纪中叶淮安的十八个盐场中有四个迁移到了淮南,剩下的构成了淮北盐区,归海州管辖。也就是说,淮安失去了淮北盐区中心的地位。

通①。Tinju 很可能是通州，靠近扬子江北岸。Yanju 无疑就是扬州，中国最古老最著名的大城之一，也是淮盐区的首府。宋元时期，泰州、通州、扬州与淮安皆属于淮南东路。马可·波罗如此讲述这些地方：

第 68 章，关于泰州、通州、扬州城

从高邮城发足，向东南骑行一日，沿途在在皆见有村庄农舍，与夫垦治之田亩，然后抵泰州（TIJU），城不甚大，然百物皆丰。居民是偶像教徒，使用纸币，臣属大汗，恃商工为活，盖其地贸易繁盛，来自上述大河之船舶甚众，皆辐辏于此。应知其地左延向东方日出处，距海洋有三日程。<u>自海至于此城，在在制盐甚夥</u>。尚有一城，名称通州（TINJU）。城甚大，<u>出盐可供全州之食，大汗收入之巨，其数不可思议，非亲见者未能信也</u>。居民是偶像教徒，使用纸币。兹从此地发足，重返前述之泰州，请言别一名称扬州（YANJU）之城。从泰州发足，向东南骑行一日，终抵扬州。城甚广大，所辖二十七城，皆富足。此扬州城颇强盛，大汗十二男爵之一人驻此城中，盖此城曾被选为十二行省（Sing）治所之一也。②应为君等言者，<u>本书所言之马可·波罗阁下，曾奉大汗命，在此城治理亘三整年</u>。居民是偶像教徒，使用纸币，恃工商为活。制造骑尉战士之武装甚多，盖在此城及其附近属地之中，驻有君主之戍兵甚众也。③

我们也要引入马可·波罗所说的大江（扬子江）上以及真州的船运和盐税：

第 71 章，关于真州城和大江

离扬州，向东南骑行十五哩，抵一城，名曰真州（Sinju）。城不甚大，然商业繁盛，舟船往来不绝。居民是偶像教徒，臣属大汗，使用纸币。并应知者，其城位在世界最大川流之上，其名曰江，宽有十哩，他处较狭，然其两端之长，逾百日行程。所以此城商业甚盛，盖世界各州之商货皆由此江往来，故甚富庶，而大汗赖之获有收入甚丰。……马可·波罗阁下曾闻为大汗征收航税者言，每年溯江而上之船舶，至少有二十万艘，其循江而下者尚未计焉。（……<u>其数最巨者为盐，由此江及其支流运至岸边各城市，</u>

---

① 关于 Tiju, Tigiu, Cinguy, Tigin, Tugui 等，参 Pelliot, *Notes on Marco Polo*, vol. 2, p. 852。
② Sing, 当为行省，明代称为省。见 Yule (1903), vol. 1, p. 432n1。
③ 见 Yule (1903), vol. 2, p. 153。在法意混合语本即可能最古的抄本中，相应的段落见 Benedetto, *Marco Polo, Il Milione*, p. 137。

继而运至内陆城市）①

裕尔将 Sinju 勘同为真州，即今仪征，在扬子江边，距离扬州约十五英里。其他方面，清代仪征是淮南盐输出的大港口，经扬子江及其支流运到华中内陆诸省。不仅如此，它还以两条支渠与大运河通航。1842 年海军上将柯林逊（Admiral Collinson）记载仪征的河流中停泊着大量的船，并且那里的运盐船"令人印象深刻，形如新月，船尾高近三十英尺，船头高二十英尺，桅杆高九十英尺"②。另一个关于仪征运盐船的记载来自约翰·戴维斯（John F. Davis），他 1830 年代末来到其地：

> 我们停泊在仪征县附近的一个地方，有一座塔。最令我们吃惊的东西是一些巨大的运盐船，形制类似，如同新月，桅杆高三十英尺多，船头是这个高度的三分之二。它们是光面的，也就是将原木磨光，没有油漆，这在中国是很常见的做法③。

马可·波罗提到的所有这些地方都属于著名的淮盐产区，在今江苏省。如果我们按照表 16，就很容易发现这是元代乃至明清时期最重要的海盐产区。在元代，淮南东路作为盐产区，出产了元朝合法盐产量的 30% 以上。这也意味着马可·波罗记载淮盐所得税收之巨并没有夸大。他记载盐从真州用船运到扬子江（以及淮河）沿岸的淮盐消费地，从那些地方再转运到华中内陆很多地方，数量巨大，也没有夸张。这些都与我们熟知的两淮海盐生产和供给在中国历史上的重要性是完全吻合的。

而相比淮盐在中国史上的重要性这种一般意义上的吻合，更加令人惊奇的是汉文史料和马可·波罗书在盐管理、税收和分配的细节方面几乎完全一致。表 17 根据《中兴会要》列出了 1127—1162 年淮东路管理机构和盐场的定额。而且《乾道会要》中的数据表明这些生产定额在 1165—1173 年也没有改变④。表 17 显示，毫无疑问，通州、泰州和楚州是淮南东路最重要的三个管理中心。

---

① 见 Yule (1903), vol. 2, p. 170。在法意混合语本即可能最古的抄本中，相应的段落见 Benedetto, *Marco Polo, Il Milione*, pp. 139-140。在 A 组古法语本中，相应的段落见 Delclos and Roussel (2006), p. 198。裕尔本中括号中的句子系据托莱本 Z 抄本，见 Benedetto, *Marco Polo, Il Milione*, pp. 139-140。

② 参 Yule (1903), vol. 2, p. 173n4。

③ John F. Davis, *Sketches of China, artly uring an Inland Journey of Four Months, between Peking, Nanking, and Canton; with Notices and Observations Relative to the Present War*, London: Charles Knight, 1841, vol. 2, p. 13, quoted by Yule (1903), vol. 2, p. 173n1。

④ 见 Yoshida/Vogel (1993), p. 265。

宋代的楚州就是马可·波罗时代的淮安州（Coiganju）。这是我们发现汉文史料与马可·波罗所述完全吻合的一点。根据表17，通州的定额是789,137石，泰州是1,616,880石，楚州（淮安）是277,700石。马可·波罗书中唯一稍微不符之处，是他说通州盐税甚多，足以供应整个地区。看起来他将此地的重要性加于泰州之上。后者他只提到盐产量甚大。至少根据宋代的数字，泰州要比通州重要。

通州、泰州、淮安的重要性，也表现在表18所示的截至1294年元初两淮盐运司的组织上。根据张国旺最近出版的研究元代榷盐史的书，1277年初江淮等路都转盐运使司设立于江都县（即扬州），大概是负责淮、浙地区的盐管理。① 其建立几乎紧随着蒙古征服江南之后，但是我们不知道它存在了多久。除了都转运使司之外，还有两淮盐运使司，② 但不清楚它具体何时设立于扬州。看起来它首见于记载是在1285年年初。③ 表18也提到了扬州，但只是说扬州东门是两个检校秤盐处之一。马可·波罗记载扬州时虽然没有提到盐，但是两淮的第二个检校秤盐处就是位于新城，即马可·波罗的真州。不仅如此，表18中显示通州、泰州和淮安路为三个盐仓。因此，除了扬州——江淮等路盐运使司和后来的两淮盐运使司的治所，马可·波罗提到了淮东路所有重要的盐生产、课税和转运中心，即通州、泰州、淮安和真州，完整度和准确度是此前乃至此后任何其他旅行记中都不具备的。这位威尼斯人没有提到扬州在盐方面的重要性，可能是因为在元朝统治江南初期之前这座著名的城市中尚未设置盐管理官署。④ 因此，这些新的管理机构在设置之初的年头中还没有显示出重要性，或者是这些机构太新，还没有引起这位威尼斯人的注意。总之，马可·波罗的记载尽管有微小的不一致和缺漏，但强有力地证明这位威尼斯人很熟悉元朝中国盐生产、课税和转运的情况，这些极可能是基于他自己的亲身观察。

---

① 见张国旺《元代榷盐与社会》，天津：天津古籍出版社，2009，页18。这无疑就是《元史》中提到的都转运使司。参 Schurmann (1956), pp. 170, 183。
② 《元史》卷91，页2312；郭正忠主编（1997），页443。
③ 张国旺（2009），页18。
④ 帝制晚期的扬州史，见 Antonia Finnane, *Speaking of Yangzhou: A Chinese City, 1550–1850*, Cambridge (Mass.): Harvard University Press (Harvard East Asian Monographs; 236), 2004; id., "Yangzhou: A Central Place in the Qing Empire," in Linda Cooke Johnson (ed.), *Cities of Jiangnan in Late Imperial China*, Albany: State University of New York Press (SUNY Series in Chinese Local Studies), 1993, pp. 117-149。

表 17 《中兴会要》所载 1127—1162 年淮东路的盐产量定额

路	州	买纳场	催煎场	盐产量定额（1 石 =50 斤）		
淮东路						2,683,711
	通州				789,137	
		在城[a]		729,000		
			西亭、丰利	196,000		
			石港、兴利、永兴	190,000		
			金沙	180,020		
			余庆	161,000		
		海门				
			吕四港	60,130		
	泰州				1,616,880	
		海安		639,634		
			角斜[b]	281,600		
			拼桑	222,071		
			虎墩、古窑	135,963		
		如皋		349,119		
			掘港	180,000		
			丰利	107,000		
			马塘	62,119		
		西溪		628,126		
			丁溪、刘庄	326,346		
			梁家垛、何家垛、小淘	301,780		
	楚州				(277,700)[c]	
		盐城		277,700		
			五祐	175,000		
			新兴	102,700		

来源：《宋会要辑稿》，北京：中华书局，1957，《食货》23:13‐17 (VI, 5181‐5183)；亦见 Edmund E. Worthy, "Regional Control in the Southern Sung Salt Administration," in John Winthrop Haeger (ed.), *Crisis and Prosperity in Sung China*, Tucson: University of Arizona Press, 1975, p. 116。

注释：
a 这里可能指的是通州。
b 原文将此地误作"角针"。
c 这是盐城买纳场的数据。

表 18　截至 1294 年的元初盐运司组织

各盐司三十一处：
马塘、掘港、西亭、余东、余中、余西、金沙、石港、江口西、丰利、白驹、东台、梁垛、小海、草堰、刘庄、小陶、角斜、富安、河垛、拼茶、丁溪、板浦、天赐、临洪、五祐、新兴、莞渎、徐渎浦、白研、庙湾
盐仓三处：
通州、泰州、淮安路
检校秤盐二处：
扬州东门、真州新城
广盈库
江海巡盐官

来源：《沈刻元典章校补》，台北：文海出版社，1967，卷 9，叶 52b‑5b，页 536—538；Yoshida/Vogel (1993), p. 30。

第三节　马可·波罗在扬州任过官吗？

第 148 章《镇江府（Cynghyanfu）城》

是年耶稣诞生节，大汗任命其男爵一人名马薛里吉思（Mar-Sarghis）者，治理此城三年。其人是一聂思脱里派之基督教徒，当其在职三年中，建此两礼拜堂，存在至于今日，然在以前，此地无一礼拜堂也。①

扬州的段落对于马可·波罗研究是很重要的，关于马可·波罗是否在扬州担任过官职甚至盐务官职的争议持续至今。我对此问题的回答，正如我将要展示的，是无论如何不能排除他在扬州担任过某种官职。不过，他很不可能在此地担任盐务官。在给出这一观点的论证之前，我要简要地回顾关于马可·波罗"统治"扬州问题的研究状况。

与其他历史学家一样，吴芳思也用一定的篇幅讨论了马可·波罗是否担任过扬州总督或者盐务官员，②部分是因为《寰宇记》中盐生产和课税的记载很多：尽管频繁提及盐，这是行旅商人或管理者都有兴趣的，但是在汉文史料中很难找到马可·波罗与盐务管理的任何关联。吴芳思继续论证，关于马可·波罗参与盐务管理的猜想，源于 1865 年颇节在《元史》中发现的一位孛罗。这位孛

---

① 马可·波罗书古法语本 B1，见 Delclos and Roussel (2006), pp. 110-111。

② 常常有人说，伯希和认为马可·波罗担任过盐务官员。罗依果指出，伯希和从未将这位威尼斯人与任何盐务官职勘同。不过我们必须承认，伯希和至少认为这很有可能。De Rachewiltz (1997), pp. 78n136, 85. 参 Pelliot, *Notes on Marco Polo*, vol. 2, pp. 834 and 876。

罗据说曾担任枢密副使、行省云南，1284 年担任以扬州为治所的盐运使。然而，正如伯希和所示，这位孛罗是一位蒙古人，拉施都丁以波斯语称之为 Pulad，以蒙古语称之为 Bolad Akha，并非马可·波罗。①

裕尔在他 1903 年的《马可波罗行纪》重要版本中考察了马可·波罗统治扬州这一争议问题。他认为马可·波罗从未担任过江浙地区长官一级的重要职位。他认为从 1277 年开始扬州成为路治，也成为行省治所，但是后者只是在蒙古征服江南的最初几年。裕尔进而认为，忽必烈汗让马可·波罗担任一个地区或者行省之下一级主要官署的最重要职位是不合理，因为马可·波罗那时还不到二十三岁，在中国只待了两年。

然后裕尔进一步考察马可·波罗书早期诸抄本中使用的不同表达方式。上文所引法意混合语本中②，显然意指马可·波罗被委任了某种官职："本书所述之马可·波罗阁下，受大汗之命，治理此城三年（[...] Et meser Marc Pol meisme, celui de cui trateceste livre, seigneurie ceste cité por trois anz. [...]）。"古法语本 B1 中也显示他被大汗委任某种官职："本书所述之马可·波罗阁下，受大汗之命，在扬州城居留三年（Et si vous dy que ledit Messire Marc Pol, cellui meisme de qui nostre livre parle, sejourna, en ceste cité de Janguy. iii. ans accompliz, par le commandement du Grant Kaan）。"③然而裕尔认为其他早期抄本说的不是"统治"扬州，而是居留其地：

> 颇节本（MS. C.）中常常保存有非常重要的写形，令人印象深刻的是此本（以及 Bern 抄本）中这一段落作："本书所述之马可·波罗阁下，受大汗之命，在扬州城居留三年（*Messire Marc Pol, cellui meisme de qui nostre livre parle, sejourna, en ceste cité de Janguy. iii. ans accompliz, par le commandement du Grant Kaan*）"，根本没有提到他的任职（但 séjourna "居留"可能是 seigneura "治理"之误）。④他担任总督（Governor-General）的说法主要来自剌木学本，其中明言"马可·波罗阁下受大汗之命，连续三年统治前述男爵们所治之一地（*M. Marco Polo di commissione del Gran Can n'ebbe il governo tre anni continui in luogo di un dei detti Baroni*）"，非常可能这是译者归纳出来的。⑤

---

① 见 Wood (1995), pp. 124–125, 135。孛罗的传记，见 Allsen (2001), pp. 59–80。
② 见 Yule (1903), vol. 2, p. 153。在法意混合语本即可能最古的抄本中，相应的段落见 Benedetto, *Marco Polo, Il Milione*, p. 137。
③ 见 Delclos and Roussel (2006), p. 102。
④ 按 Delclos and Roussel (2006), pp. 141–142 的观点，此 sejourna 可能是 seignoria 或 seignora 的误读。
⑤ 见 Yule (1903), vol. 2, p. 157n3。

汉斯-威尔姆·舒特（Hans-Wilm Schütte）也认为这是马可·波罗文本抄写者之误，混淆了 seigneura 和 séjourna。舒特最近发表文章指剌木学为这一混淆之源。舒特认为，早期抄本中述扬州"为大汗十二男爵之一的治所，因为它被选为十二省之一"，并且"本书所述的马可阁下本人确实受命于大汗统治此城整三年"，这两句之间被另一段落分隔开。只有剌木学在尝试重建文本原貌之时，将这二句调整位置，前后连属为："马可·波罗阁下受大汗之命，连续三年统治前述男爵们所治之一地（M. Marco Polo di commissione del Gran Can n'ebbe il governo tre anni continui in luogo di un dei detti Baroni）。"还可以加上的是，正如舒特所论，最古的诸抄本中的三个，其中包括托莱多的 Z 本，都没有提到马可·波罗扬州任官三年。①

最卓越的元代中国研究者之一罗依果的观点有些不同。他认为马可·波罗确实宣称自己统治过扬州。对罗依果而言，退一步说，马可宣称自己统治扬州三年是夸口。然而，并没有理由不相信马可在此城中居留了很长时间，也因为扬州是一个极为重要的商业中心，富足的意大利商人们（热那亚的伊利奥尼家族）13—14 世纪在那里安家。虽然马可·波罗显然没有做过此城的长官，但他可能在那里担任过监察员或者使臣这样的临时性官职，后来他自己或者鲁思梯谦夸大了这个职位。②

何史谛在他的近著中提出了一个进一步的假设，也不是不可能的。他认为马可·波罗确实在扬州度过了两到三年，可能与其地的军工管理有关，这位威尼斯人明确提到了其地的军备工业。这能够解释为什么他的名字在此城的地方官员名单中找不到。何史谛写道，从他的书来看，他对于军事有很大的兴趣，他在元帝国的最初活动都与军事有关。③

这里应适时提起扬州城中确实存在着一个繁荣的意大利社区，很可能参与丝路贸易。罗依果已经提到来自热那亚的伊利奥尼家族，这个家族因为 1951 年人民解放军在扬州城墙中发现的卡特琳娜·伊利奥尼（Katarina Yilioni）墓碑而知名于世。卡特琳娜是 14 世纪扬州的伊利奥尼商人家族的成员。墓碑以哥特字母刻写，说她是多米尼戈·伊利奥尼（Domenico Yilioni）的女儿，死于 1342 年。

---

① 见 Schütte (2008), pp. 48–50；亦见 Jonathan D. Spence, *The Chan's Great Continent: China in Western Minds*, New York and London: W. W. Norton & Company, 1998, p. 14.

② De Rachewiltz, "Wood's *Did Marco Polo Go To China?* A Critical Appraisal," http://rspas.anu.edu.au/eah/Marcopolo.html.

③ Haw (2006), p. 165.

图34 克雷莫纳《马可·波罗在鞑靼大汗前》
(*Marco Polo davanti al Gran Khan dei Tartari*, 1863)

来源：Elena di Majo and Matteo Lafranconi, *Galleria Nazionale d'Arte Moderna: Le collezioni, II, XIX secolo*, Milano: Mondadori Electa, 2009, p. 83。

图片提供：Photoservice Electa/anelli by courtesy of Ministro per i Beni e le Attività Culturali and Galleria Nazionale d'Arte Moderna, Rome。

注释：特兰奎罗·克雷莫纳（Tranquillo Cremona，1837—1878）是波西米亚画风（Scapigliatura）的发起者。这幅画1863年在米兰的Brera展出，是克雷莫纳早期作品之一，他因此画而为大众所知。它作为"波斯回廊的美妙幻想"——假设克雷莫纳参与出使波斯宫廷而绘制，而其实并未发生。这幅画得到的评论是负面的。只有作家、出版人，也是这位画家的朋友Giuseppe Rovani（1812—1874）赞美了其绚丽而写实的构图、局部的色彩和服装的真实："调色坚定大胆……画笔夸张，蔑视任何规范（la tavolozza è sicura fino all'audacia ed all'azzardo [...] ma il pennello nell'ostentare abilità, vi faanche mostra di uno sprezzo che eccede ogni misura）。"1883年，诗人、记者、文艺评论家Ugo Fleres（1858—1939）称克雷莫纳为"不容于任何传统"的画家、"意大利绘画的伟大的波西米亚人"。

墓碑上也刻有圣凯瑟琳殉道图。①

中世纪研究者罗伯特·萨巴提诺·洛佩兹（Robert Sabatino Lopez，1910—1986）将这个家族名校正为"Ilioni"，找到了一个多米尼戈·伊利奥尼（Dominico Ilioni），见于1348年热那亚城市的法律记录，在一个未指定的时间曾是雅可

---

① 碑铭作："以主之名，长眠者卡特琳娜，多米尼戈·伊利奥尼的女儿，死于1342年7月。"见 http://en.wikipedia.org/wiki/Katarina_Vilioni（访问时间：2012年5月24日）。

布·德·奥利佛里奥（Jacopo de Oliverio）的遗嘱执行人。这位雅可布是一位商人，曾住在中国（in partibus Catagii），在那里将自己的资产增殖到五倍。后来扬州又发现了一个小一点的碑，有一个基督教雕刻和一条短的铭文，提到这位多米尼戈的儿子安东尼奥（Antonio）死于 1344 年。这个意大利社区的背后有一定形式的宗教组织的支持，1322 年造访扬州的方济各会士鄂多立克（Odorico da Pordenone，1286—1331）的旅行记中有记载。鄂多立克写道，他居住在那里的方济各会士之中，城中还有三座聂思脱里派教堂。[①]

与多数西方学者一样，中国的马可·波罗研究专家同意如果马可·波罗曾在扬州任官，那只能是在比行省低一级的层级上。让我们按照朱江，以及尤其是彭海的研究，讨论马可·波罗是否可能在以下四个层级担任官职：

1. 马可·波罗是江淮行省长官吗？
2. 这位威尼斯人在宣慰司的道即淮东道宣慰司担任过官职吗？
3. 他是正三品或从三品的扬州路总管吗？
4. 他在扬州路担任达鲁花赤吗？
5. 马可·波罗担任过上述官职以外的官职吗？

与其他很多研究者类似，朱江、彭海排除了第一种可能性：马可·波罗写道，因为扬州被选为十二行省之一，它成为大汗的十二男爵之一的治所。实际上，扬州早在 1276 年就成为了江淮行省治所，直到 1291 年，除了 1278—1282 年和 1284—1286 年，行省治所临时迁往杭州。[②] 在关于行省官员的史料中，丞相、平章政事、右丞、左丞、参知政事都跟马可·波罗没有关系。[③] 显然江淮行省太大，其战略和经济地位太重要，像马可·波罗那时那么年轻的人不可能曾统治它。

---

① 见 Franke (1966), pp. 56–57; Richard C. Rudolph (1975), "A Second Fourteenth-Century Tombstone in Yangchou," *Journal of Oriental Studies*, 13.2 (1975): 133–136; Spence(1998), p. 10; http://en.wikipedia.org/wiki/Katarina_Vilioni. 关于在元代中国的意大利商人，尤其是热那亚和威尼斯商人，以及他们的活动的珍稀文献，见 Luciano Petech, "Les marchands italiens dans l'empire Mongol," in his *Selected Papers on Asian History*, Roma: Istituto Italiano per il Medio ed Estremo Oriente(Serie Orientale Roma; 60), 1988, pp. 161–186.

② 见朱江"从《马可·波罗游记》联想到的几点"，陆国俊等主编（1995），页 53；余士雄"《马可·波罗游记》中几个主要问题评述"，陆国俊等主编（1995），页 353；彭海"关于马可波罗在扬州的时间"，《马可波罗来华史实》，2010，页 294，原载《历史研究》1980 年第 2 期。关于行省治所迁到杭州的时间，朱江误为 1283 年，余士雄误为 1283—1284 年。正确的年份是 1284—1286 年，见《元史》卷 59，页 1414。

③ 见朱江（1995），页 53—54；彭海（2010），页 260—264。朱江提到的材料是《扬州图经》。除了《元史》，彭海还使用了《全元文》中的碑铭材料。

史料证明担任行省级别官职的是蒙古将军、投降元朝的宋朝将军，或者中央官府的高官。①

第二个选择是另一个重要的比省低一级的行政层级道。1278 年，江淮行省从扬州迁往杭州，淮东道宣慰司设立于扬州。后者 1282 年罢，1284 年复立，都与江淮行省的迁移有关：1282 年行省从杭州迁回扬州，1284 年再度迁往杭州。这一过程不久以后再次重演，1286 年宣慰司罢，不久复立。② 从 1276 到 1288 年淮东道宣慰司（从二品）的八个官职都与这位威尼斯人无关，显然他未在其中任职。③ 令人印象深刻的是，《元史》列出了淮东道宣慰司下辖的二十七个城市（见表 19），这一数字与马可·波罗说扬州"所辖二十七城，皆富足（[...] *a sout sa seignorie XXVII cités grant et boines et de grant mercandies*）"④ 完全契合！虽然马可·波罗肯定没有担任宣慰使，但是这种契合显示出他的记载是高度准确的。

排除了马可·波罗担任行省高级官员（类似于明清时期的总督）、路级宣慰司官员的可能性之后，一些历史学家推测他担任了一个比行省低一级的官职。因此，需要讨论三四种选项——扬州路总管、达鲁花赤，或者这一级别的其他职位。

彭海系统地搜寻了扬州各级官署的官职，但没有找到马可·波罗担任路总管或达鲁花赤的迹象。尽管他持怀疑态度，但是没有完全排除这位威尼斯人担任达鲁花赤的可能性。⑤ 确实有外国人在路一级任官，《马可波罗行纪》和汉文史料都证实这一点。其中一位就是马薛里吉思，任职于镇江府，并且兴建多座聂思脱里派教堂或修道院，其事迹见于马可·波罗书和镇江地方志。这两种文献是在不同的地方各自独立写成的：马可·波罗书成书于 1296 年的热那亚，《镇江志》成书于 1330 年代。二者不可能互相抄袭。

---

① 见彭海（2010），页 261、263—264。
② 见《元史》卷 59，页 1414；彭海（2010），页 294。
③ 见彭海（2010），页 264—265。
④ 见 Ronchi (1988), *Marco Polo, Milione. Le divisament dou monde*, p. 502; Yule (1903), vol. 2, p. 154; 余士雄 (1995)，页 353。
⑤ 见彭海（2010），页 264—265。

表 19　1280 年代、1290 年代淮东道宣慰司的组织结构

城市编号	宣慰使	路	府	州	县
0	淮东道	扬州			江都 [a]
1					泰兴
2				真	扬子 [a]
3					六合
4				滁	清流
5					来安
6					全椒
7				泰	海陵 [a]
8					如皋
9				通	静海 [a]
10					海门
11				崇明	
12		淮安			山阳
13					盐城
14					桃园
15					清河
16				海宁	朐山
17					沭阳
18					赣榆
19				泗	临淮
20					虹县
21					五河
22					盱眙
23					天长
24				安东	
25			高邮		高邮
26					兴化
27					宝应

来源：《元史》卷 59，页 1413—1417；谭其骧主编（1982），册 7，页 15—16。

注释：中国的城常常设有不止一个衙门。例如，扬州不仅是淮东宣慰司治所，也是其下的扬州路治所，而且还是扬州路之下的江都县治所。另一个在扬州的官署是江北淮东道肃政廉访司。见《元史》卷 59，页 1413—1414。因此，这个表的每一行意味着一座城，不论其中有一个或多个衙门。除了首府扬州，还有二十七座城。

淮东道宣慰司 1275 年到 1290 年的沿革有记载，我们可以将此组织结构系于 1280 年代和 1290 年代。

[a]《元史》明确提到这几个县是倚郭县。显然《元史》在这方面不完整，因为这一标签并不适用于扬州路，而适用于淮安路。缺漏的信息见于《元史》的相关记载以及谭其骧《中国历史地图集》。

这位威尼斯旅行家在关于镇江府路的章节中，记载了马薛里吉思（Marsarchis, Marsaquis）建立的两座聂思脱里教堂。他告诉我们马薛里吉思是一位聂思脱里派基督徒，被大汗任命"统治此城三年"。①亨利·裕尔已经注意到，马薛里吉思代表多米努斯·瑟吉乌斯（Dominus Sergius），显然是亚美尼亚和其他东方基督徒的常用名。②

关于也里可温（基督徒，ärkä'ün）聚落的最完整记载，保存在至顺（1330—1333）末期俞希鲁编纂成书的《至顺镇江志》中。根据方志中的记载，我们知道1331年镇江路有也里可温215人，占外来人口的8.8%，占总人口的0.033%。③方志中还保存了镇江大兴国寺的一件碑记，提及马薛里吉思1281年建立了这座教堂。马薛里吉思在1277年或1278年初以及稍晚时候先后担任了镇江路达鲁花赤和副达鲁花赤。④不仅如此，据说1279年马薛里吉思在金山地区建造了两座教堂。一座叫作云山寺，另一座叫作聚明山寺。⑤同年还在西津冈巅建造了两座教堂或修道院。⑥他一共在镇江及其附近建了七座教堂，还在杭州建了一座教堂。⑦马薛里吉思1295年仍然活跃，据报告他拒绝缴纳赋税，因为他已将钱用于香烛，为皇家祈福。无论如何，按照皇帝的回应，必须执行法律，缴纳赋税。⑧

据记载，1278年到1329年之间，共有六位也里可温担任了镇江路官员，还有三位也里可温在其他地方任官。除了马薛里吉思担任副达鲁花赤以外，方志还提到阔里吉思和太平吉思担任过达鲁花赤。⑨

虽然我们可以排除马可·波罗担任省级、路级官员的观点，但镇江地方志中保存的记载表明像马薛里吉思这样的外国人确实被委任为路达鲁花赤或副达鲁花赤。尽管1265年就有规定，以蒙古人充各路达鲁花赤，汉人充总管，回回人充同知，永为定制，⑩但是镇江的案例表明那以后仍然有汉人和其他族群

---

① 参 Moule (1930), pp. 145ff.; Yule (1903), vol. 2, p. 177。法意混合语本作："[...] <que> hi fu seignor por le grant kaan trois anz Marsarchis qui estoit cristienz nestorin." 见 Ronchi (1988), *Marco Polo, Milione. Le divisament dou monde*, p. 590。古法语本，见本节开头所引。
② 见 Yule (1903), vol. 2, pp. 177–178。
③ Van Mechelen (2001), pp. 67–68.
④ Pelliot, *Notes on Marco Polo*, vol. 2, p. 774.
⑤ 见朱江（1995），页 62。据1311年5月31日圣旨，这两座寺院归还给了丹徒县般若院，因为它们非法建在了佛教徒的土地上。见 Van Mechelen (2001), p. 95.
⑥ 见朱江 (1995)，页 62。
⑦ Pelliot, *Notes on Marco Polo*, vol. 2, p. 775.
⑧ Van Mechelen (2001), pp. 67–68. 碑记译文见 Pelliot, *Notes on Marco Polo*, vol. 2, p. 775.
⑨ Moule (1930), p. 158; Van Mechelen (2001), p. 67; 朱江（1995），p. 57。
⑩ 见杨志玖（1999），页 83，引《元史》卷6，页 106。亦见彭海（2010），页 266。

的人担任达鲁花赤。实际上，因为对于达鲁花赤这一职位，有经验有能力的蒙古人稀缺，所以见于记载的有很多其他族人如回回、畏兀儿、也里可温、汉、女真、钦察、康里、唐兀等都曾被委任此职。① 中国研究马可·波罗的权威杨志玖认为马可·波罗担任路总管之说是毫无根据的，而他更可能是像马薛里吉思那样担任达鲁花赤或副达鲁花赤。② 朱江1995年的观点更进了一步，认为马可·波罗提及马薛里吉思是镇江长官，能够证明马可·波罗自己就是一位达鲁花赤，任职于同一时间，因为他所管的扬州路与镇江路毗邻。因此他们二人相互认识是很自然的。③

现在让我们来看第五个选项：这位威尼斯人是否担任过上述以外的其他官职。首先，我们必须考虑在元代，行省、道、路之下还有府、州、县。例如扬州，必须提到江都县衙就在扬州城内。此外，例如路的职官，在较高的层级上，有达鲁花赤和总管，在第二和第三层级上是一些佐贰官和掾属。④ 假设马可·波罗被委任为扬州的这些职官之一，他没被提到也不值得惊讶，事实上像《至顺镇江志》这样传世的元代地方文献不多，一般汉文文献记载低级官员远不如高级官员充分。

最近彭海提出了另一种观点，认为《元史》中存在着一条关于马可·波罗在扬州任官活动的间接记载。相关记载如下：

> （至元）二十一年（1284）春正月……甲子，罢扬州等处理算官，以其事付行省。⑤

这一记载很可能与至元二十一年二月二十一日江淮行省治所扬州废罢⑥迁杭州⑦有关。进一步考虑的是，按《元史》，理算官是三品官。⑧ 彭海列出了他认为这与马可·波罗有关的几个理由。第一，这与他重建的马可·波罗在中国的活动相合，即从至元十二年（1275）二月到1278年他被派往宁夏，从1278年到

---

① Endicott-West (1994), pp. 595–596.
② 杨志玖（1999），页83。
③ 见朱江（1995），页62。
④ 见朱江（1995），页54; Hucker (1985), pp. 64–65.
⑤ 见《元史》卷13, 263页。这可能与另一条记载有关：至元十九年五月己巳（1282年7月17日），"遣浙西道宣慰司同知刘宣等理算各盐运司及财赋府茶场都转运司出纳之数"。见《元史》卷12，页243。
⑥ 江淮行省又称扬州等处行省。因此，扬州等处理算官指的是在扬州的江淮行省理算官。参彭海（2010），页269。
⑦ 见《元史》卷12，页265。
⑧ 见彭海（2010），页272。

1280 年到云南和占婆。然后从 1281 年到 1282 年居于北京，1282 年（5 月到 11 月之间）到 1284 年 2 月被任命为扬州理算官，1284 年 2 月到 1285 年在杭州。1287 年他参与了忽必烈征伐乃颜之战，1287 年到 1290 年他被派遣出使东南亚，然后肯定经过了福建，1290/［1291］年他从那里经泉州最终离开了元帝国。① 第二，马可·波罗对扬州的行政结构非常了解，他提到了其治下的二十七城。如前文已揭，淮东路宣慰司的行政结构只有在扬州不是行省治所的时候才能成立，也就是 1282 年以前和 1284 年 3 月以后。第三，扬州等处理算官废罢之后，马可·波罗被派遣到杭州担任理算官，因此他所记的杭州及其辖区盐税才那么准确。第四，马可·波罗 1282 年被派到扬州很可能是三品官，显著的证据是他描述的邳州、泗州、② 淮安、宝应、高邮、泰州、通州、扬州、真州、瓜州及两地之间的日程。显然他乘用官方驿站，骑马沿着驿路而行。因为在这一路程中骑马而非乘船，是忽必烈汗给予一至三品官员的特权，可以推测这位威尼斯人此行时位居高官，即三品理算官，配有特权金牌。第五，马可·波罗提到了官员的三年任期，与元代行政的理论和实践相符。第六，扬州确实不仅是战略要地，有大量驻军，而且是军器制造的中心，正如马可·波罗所述。第七，也是最重要的，彭海猜测忽必烈汗想要避免马可·波罗与相威的冲突。相威是成吉思汗宠信的大将木华黎（1170—1223）的第四代孙。他的弟弟撒蛮，1274 年年末或 1275 年年初拘捕了近臣孛罗，因为他没有遵守男女在宫中分走两边的规定。虽然撒蛮不久就死了，但是木华黎家族与马可·波罗的矛盾并未消失。至元二十年末（1283/1284）忽必烈将相威降为江淮行省左丞，他想要避免双方矛盾的再度爆发，这就是他罢黜理算官，将马可·波罗派往杭州的原因。不久之后，江淮行省迁杭州，1284 年 3、4 月相威在前往杭州任职的途中病卒于蠡州。③

　　虽然彭海的第七条论点有点自相矛盾，④ 也无法完全证实《元史》的这条记载与马可·波罗有关，但马薛里吉思等也里可温担任过镇江达鲁花赤和副达鲁花赤，以及彭海对于驿站驿路的观察使法意混合语本中的记载有了很高的可信度——也就是说马可·波罗在此城中担任过高级官员。虽然"治理此城三年（[...] *seigneurie* cest cité pour trois ans）"⑤ 一语可能有所夸张，即使因为江淮

---

① 见彭海（2010），页 132—133、154、252。
② 彭海（2010），页 250 将 Cingiu (Siju) 勘同为泗州，而非宿迁。
③ 见彭海（2010），页 154—159、249—251、253、259。
④ 如果忽必烈真的想要避免相威与马可·波罗冲突，为什么他还让二人都在杭州任职呢？他们的交集应该会跟在扬州时一样多。依我看来，理算官的废罢更像是江淮行省从扬州迁到杭州的举措之一，而不是彭海所猜测的一系列事件之一。
⑤ 见 Ronchi (1988), *Marco Polo, Milione. Le divisament dou monde*, p. 503. 我对一些单词加了斜体，以便读者更好地理解我的观点。

行省的迁移以及因此例如理算官从扬州迁往杭州①，马可·波罗最终没有担任此官职三年，但是他对于财政事务尤其是盐税（见下文）的专精，反复得到证实。

不仅如此，如果我们遵从法意混合语本，我完全看不到《寰宇记》在哪宣称过马可·波罗是十二男爵之一。马可·波罗只是说："大汗的十二男爵之一驻此城中；因为此为十二行省治所之一。居民是偶像教徒，行用纸钞，臣属于大汗（[e]n ceste cite siet un des XII *baronz* dou grant kaan; car elle est esleue por un des XII *sajes*. Il sunt ydres; lor monoie ont de carte et sunt au grant can）。"②比较他所说马薛里吉思担任镇江副达鲁花赤和达鲁花赤："……大汗任命马薛里吉思为此地长官，此人是聂思脱里派基督徒（[…] hi fu *seignor* por le grant kaan trois anz Marsarchis qui estoit crisrienz nestorin）。"③换句话说，马可·波罗明确区分了负责一省的男爵（*baronz*）与统治（*seigneurie*）一城及其辖地的长官（*seignor*）。《寰宇记》对马可·波罗和马薛里吉思使用了同一个词汇，那么他们二人可能级别相同或相仿，例如副达鲁花赤、达鲁花赤或者地方上的三品高官。这一章中需要明确的是，扬州有很多军民高官，因为这座城是几个行政单位的治所，从最高级的行省，到道、路、县，常设职位很多，还有中央官府派出的使臣。

随之产生的另一个重要的结论是，刺木学确实制造了一些混淆，他将本来判然有别的十二男爵和马可·波罗的官职混为一谈，将马可·波罗变成了十二男爵之一。有着强烈宗教基础的Z本遗漏了关于马可统治扬州的段落，依我看来这不具有决定性，因为这一抄本虽然毫无疑问地贡献了其他抄本中没有的独一无二信息，但也遗漏了很多重要的段落，例如关于纸币的整整一个章节。

不论这位时年二十八岁的威尼斯人具体担任了什么官职，中国历史学家已经提供了令人信服的证据，表明他在扬州的居留很可能是从1282年到1284年。他们的证据可以归纳如下：

1. 他提到扬州是十二行省之一的治所，他提到其下属的二十七城，皆指向1282—1284年。

2. 1282年有法令，职官每三年一迁转。这证实了马可所述马薛里吉思、马可·波罗的三年任期。

3. 元朝纸钞在江淮行省发行是在至元二十年六月（1280年6月/7月）之后。

---

① 参彭海 (2010)，页154—155。

② Ronchi (1988), *Marco Polo, Milione. Le divisament dou monde*, p. 503.

③ Ronchi (1988), *Marco Polo, Milione. Le divisament dou monde*, p. 509.

4. 从瓜洲到大都船运粮食，发生于 1285 年海运之前。①

既然《寰宇记》所记淮东盐产区的盐生产、征税和转运更加详细和准确（见本书第五章第二节），那么马可·波罗在扬州担任盐务官员是可能的吗？在我看来，这很不可能，因为那样他就肯定不会忘记强调扬州作为两淮盐转运司治所的重要性，两淮盐转运司设立于 1277 年或 1278 年。他提到了通州、泰州、淮安，即淮东盐产区所有重要的管理中心，同时他也提到了仪征是淮盐转运的枢纽，但他就是没提扬州的转运司！这让他在此城中担任盐务管理官员变得很不可能。鉴于他对盐作坊、盐税和盐管理有详细描述，显然他对于这一重要生产部门有直接的认识——这一认识可能是他在担任副达鲁花赤、达鲁花赤或理算官时得来的。鉴于他的记载比其他西方、阿拉伯、波斯文献都详细和专精，依我看来他很不可能在中国之外获得这些数据。唯一一位谈论过中国盐的中世纪作家是鄂多立克，时在 1330 年。他在关于扬州（Iamzai）的章节中提到蒙古统治者在这里仅仅从盐中便能获得五百万八里失（balis）的税收。② 这个信息得来较晚，肯定独立于马可·波罗书，后者描述扬州时没有提到盐。毕竟，也有可能是这位威尼斯人离开扬州之后此城才成为盐税和盐务上更加重要的地方，所以在他约 1282 年到 1284 年居留其地时才没有注意到。

---

① 见彭海（2010）；亦见杨志玖"百年来我国对《马可波罗游记》的介绍与研究（上）"，《天津社会科学》；1 (1996): 79。

② 见附录 2 中的文本 O1 到 O6。

第六章　杭州及其辖区的赋税收入

关于马可·波罗在第153节所述的行在赋税，我尚未讨论。这是专家的课题。我缺乏必要的专业技能，无法从汉文史籍中繁杂且时而含混的数据中得出清晰的结论（Cf. Pauthier, 510–518; Y[ule], II, 217–218）。①

本章讨论马可·波罗描述杭州时给出的赋税数字。这项考察的基础是重量和货币的研究（见附录），以及汉文史料中的相关数据和记载。1903年亨利·裕尔批评道，马可·波罗所记载的杭州赋税数目无疑是夸张了，但大概并非有意为之。或者换言之：“一个令人吃惊的记载，足与马可的绰号'百万'相称。”② 与裕尔相反，颇节对马可所记数字颇为信任：

> 无论如何，我们的旅行家所作的报告与蒙元官方史书的契合，令人称奇；证明马可·波罗所说的"他屡屡被大汗派去视察杭州地区年度税收之数"没有欺骗读者。事实是没有疑问的。没有比这更能证明马可·波罗可信性的证据了，我们愿意相信他。③

我的考察将会证明，颇节对马可·波罗此处记载的信任是经得起检验的，这些数字与汉文史料中的数字是相合的。首先，我将分析盐税数字，其次是这一地区的其他财政收入。

---

① A. C. Moule, *Quinsai with other Notes on Marco Polo*, Cambridge: At the University Press, 1957, p. 51.

② Yule (1903), vol. 2, p. 218n2.

③ Pauthier (1865), p. 511.

图 35　行在税收，法国中世纪绘画，约 1412 年

来源：*Le livre des merveilles du monde*, MS. fr. 2810, folio 69r. Courtesy of Bibliothèque Nationale de France, Paris.

注释：图中描绘了三位税务官员在一座有着华丽地砖的官署里收税。右边的官员正在书写收据，中间的官员正在将袋中的金币倒出。左边的官员一手伸向金币，另一手指向一堆银币。在盖着绿色桌布的桌子的另一边，绘有三位商人。其中一人手持收据，另一人扛着装有金银币的袋子。

第一节　马可·波罗的百万：盐税

第 101 章《大汗在行在省所得之税收》

我既已告诉你行在城与其省，现在将告诉你大汗每年所得之税收，仅在此省，每年盐税 4500 金币，合计 18,000 萨觉，每 1 萨觉金价值 7 杜卡特（Ducket）……①

盐税对于元朝的重要性是一无可辩驳的事实。在中国历史上，没有任何一

---

① John Frampton, *The most noble and famous travels of Marcus Paulus, one of the nobilitie of the state of Venice, into the East partes of the world, as Armenia, Persia, Arabia, Tartary, with many other kingdoms and Prouinces. No lesse pleasant, than profitable, as appeareth by the Table, or Contents of this Booke. Most necessary for all sorts of Persons, and especially for Trauellers. Translated into English*, At London: Printed by [H. Bynneman for] Ralph Nevvbery, Anno. 1579, p. 99.

个王朝像元朝这样严重地依赖于盐的垄断和课税。《元典章》云:"经国之费,盐课为重。"① 盐课在财政中的重要性也被1328年的数据所证实。此年的数据显示,在以纸币形式征收的赋税中,盐税占有绝对主导性,达到了80%。② 同样的说法见《元史·郝彬传》:"国家经费,盐利居十之八。"③ 相似的说法见于《曹伯启神道碑》:"天下赋入,盐利逾半。"④ 虽然其他形式的税收,尤其是粮,在赋税的整体图景中也很重要,不应被低估,但是无疑盐垄断所产生的收益是元朝财政的支柱之一。⑤

迄今,颇节是西方马可·波罗研究者中唯一认真尝试研究马可·波罗所述数字的。但是与近150年前颇节的状况相比,我们如今有了更好的条件,可以在这一方向做出全新的尝试。信心来自多个方面。第一,关于蒙古帝国、元朝财政管理的研究在最近60年来已经有了新进展,不仅产生了很多新的认识,也让我们能够掌握更大量的数据。这些新数据不仅来自涉及货币、度量衡和财政信息的书面史料,也有度量衡和货币文物,例如权、铜钱、银币。相关数据的收集和分析,见附录3至附录6。第二个原因是,有的先行研究的基本假设是错误的,例如,亨利·裕尔认为一锭钞等于十两银。⑥ 实际上,元朝纸钞与金银的兑换率并非如此,而且随着时间的变化而变动,下文将会讨论。第三,颇节尝试将马可·波罗和汉文史料中的几乎所有货币和度量衡数据都转换为今值,而我则会将它们转换为元朝的单位。为此目的,我尝试获取基本货币和度量衡单位 grosso、saggio、libbra、miskal、两的平均值。必须说明的是,除了平均值,我也会给出最大值和最小值,以显示可能的范围。

现在我们讨论马可·波罗所述大汗每年从行在所得的赋税数字。马可首先讲述了杭州及其辖区盐专卖所得的收益:

[马可·波罗文本E,简称MP E]

行在城及其辖境构成蛮子地方九部之一,兹请言大汗每年在此部中所征

---

① 《大元圣政国朝典章》卷22,40a叶(卷1,页351)。(译者按,该书通行的简称为《元典章》。)
② 见附录8表27。亦参见 Yoshida/Vogel (1993), p. 26。
③ 《元史》卷170,页4001。
④ 《全元文》卷25,页461。彭海(2010),页209。(译者按,作者误引为《曹监神道碑》,误为页456。)
⑤ Schurmann(1956), pp. 166-192;陈高华"元代盐政及其社会影响",《历史论丛》,1(1964),页195—217,收入《元史论集》,北京:人民出版社,1984,页307—339;陈高华、史卫民《中国经济通史·元代经济卷》,北京:经济日报出版社,2000,页615—633;郭正忠主编(1997),页427—493;张国旺(2009)。
⑥ Yule (1903), vol. 2, p. 217n2.

之巨额课税。第一为盐课，收入甚巨。每年收入总数，合 80 秃满（*toman*）① 金，每秃满值 70,000 萨觉（*saggi*）金，则 80 秃满共合 <u>5,600,000 萨觉金</u>，每金萨觉值 1 弗罗林（florin）或杜卡特（ducat）有奇，其合银之巨可知也！

［此地位在海洋沿岸，由是饶有盐碱池泽，夏季海水蒸发，所取之盐数量足供此地之外蛮子其他五国。］②

在讨论马可·波罗这个版本和其他版本的盐税收入数字之前，我要说的是，蛮子九国即被征服的南宋如何划分是很难考订的。裕尔本与古法语诸本同，作"行在及其辖区，构成了蛮子地方的九分之一"。而拉丁语 Z 本和剌木学本更加准确地写道："que sunt pars nona, sive regnum nonum, provincie Ma\<n\>çi"，"ch'è la nona parte overo il nono regno Mangi"（见附录 7）。慕阿德考察行在时指出，元帝国有十二个大行政区（中书省、十一个行中书省），而蛮子地方只有六个行中书省（河南、四川、云南、江浙、江西、湖广）。如果换成小一点的行政单位道，那就太多了。不过慕阿德也指出任何一个王朝早期的行政区划和疆界都常常变动。③

与其考虑元朝的行政区划，更说得通的是认为九国是南宋的行政区，四川除外。马可·波罗不把四川当作蛮子地区，他明言："……然后你会抵达一个平原，属于一州，名为成都府（Sindafu），仍在蛮子边境……"④ 因此我们可以举出南宋的十一个行政区划：淮南东路、淮南西路（两淮路）、两浙西路、两浙东路（两浙路）、江南东路、江南西路、荆湖北路、荆湖南路、福建路、广南东路、广南西路。⑤ 如果把两淮路算作一个，或者把两浙路算作一个，这样就得到了九之数。

蛮子九区的概念，在《元史》中能够得到某种印证。1276 年，南宋投降元朝，奉上"两浙（两浙西路、两浙东路）、福建、江东西（江南东路、江南西路）、湖南北（荆湖北路、荆湖南路）、二广（广南东路、广南西路）、四川见在州郡"⑥。除去四川，就得到了"九国"。然而 1276 年的记载中没有提及两淮路（淮

---

① 关于 toman，即突厥语、蒙古语 tümen（万），见 Pelliot, *Notes on Marco Polo*, vol. 2, pp. 858-859。

② 见 Yule (1903), vol. 2, p. 215。

③ 见 Moule (1957), p. 42-43。

④ 见 Yule (1903), vol. 2, p. 36。亦参 Ronchi (1988), *Marco Polo, Milione, Le divisament dou monde*, p. 460: "[...] que est encore de le confin dou Mangi [...]" 以及 Prášek (1902), p. 109: "[...] que est similter affinis Mangi [...]"。

⑤ 见郭正忠主编 (1997), p. 271 中的地图，以及 Cecilia Leefang Chien(2004), p. xvii 地图 2。

⑥ 《元史》卷 9，页 176。彭海 (2010)，页 178。

南东路、淮南西路)——当然是因为该区域已经落入向杭州进军的蒙古军手中。①两淮路无疑属于南宋帝国即蛮子国,因此必须纳入讨论之中。

九国指南宋九路,在F本中能找到印证,其文曰:"我们已经讲述了九国之三,即扬州、行在和福州……"② 在南宋时期,扬州是淮南东路的首府,杭州是两浙西路的首府,福州是福建路的首府。③ 马可·波罗所说的蛮子国是包括两淮路的,一个证据是他在与 Coiganju 相关的章节中三次提到这个城市处于蛮子国的入口。④Coiganju 无疑就是淮安州,确实就是宋金交界在宋朝一侧的第一座城。⑤

我们必须做出的另一个推测是,"行在及其辖区"的盐税是指出自两浙盐区的盐税。⑥ 实际上,元朝早在1277年或1278年便在杭州设立盐运司。⑦ 不仅如此,元朝统治初期便在杭州地区设立了九个盐运司,并且在杭州本地就有盐业监控与计量站,杭州的地位可见一斑。⑧ 然而,我们必须处理一段只在Z本(V6)和R本(V11)中出现的文字:"此地区(行在及其辖区)……他们从中抽出一定数量的盐,足以供给除此之外的蛮子五国。"中国学者李则芬 1977年的书中指出马可·波罗混淆了两淮与两浙的盐配给,⑨这种观点很可能是对的。实际上,宋朝的浙盐专卖覆盖了两浙西路、两浙东路和江南东路。淮盐只配给到淮南东路、淮南西路、江南东路、江南西路、荆湖南路、荆湖北路。⑩ 元代

---

① Rossabi (1998), pp. 88-89.(译者按,实际上杭州的南宋帝后投降之后两淮仍然在抵抗。)

② 见 Yule (1903), vol. 2, pp. 236. 亦 参 Ronchi (1988), *Marco Polo, Milione, Le divisament dou monde*, p. 528: "Nos ne voç avon contés, des IX roiames dou Mangi, mes que des III; ce sunt Yangiu et Quisai et Fugiu, et de ce avés voç bien entendu; […]."

③ 谭其骧主编(1982),册6,页59—56, 62, 67—68; Yule (1903), vol. 2, pp. 236。

④ 参 Ronchi (1988), *Marco Polo, Milione, Le divisament dou monde*, pp. 497, 500-501; Yule (1903), vol. 2, pp. 143, 151-152。

⑤ 谭其骧主编(1982),册6,页62, 1/7。在地名楚州或山阳一带。

⑥ 元代两浙盐专卖的一些基本数据,见 Schurmann (1956), p. 184 所翻译的《元史》相关章节。元代浙盐有专文,林树建(1991),页307—322。元朝浙江盐作坊,也是 Yoshida/Vogel (1993) 的一个重要题目。南宋两浙盐场的介绍性研究,见 Worthy (1975),pp. 101-141。

⑦ 《元史》,第8册,卷91,页2313; Schurmann (1956), pp. 170, 184; 郭正忠主编(1997),页443。

⑧ 见 Yoshida/Vogel (1993), p. 31。九个盐运司分别位于茶槽、仁和、北栅、许村、南路、西兴、钱清、钱塘、西路。

⑨ 见李则芬论文的意大利文译本 Italo M. Molinari, Un articolo d'autore Cinese su Marco Polo e la Cina, Napoli: Istituto Orientale Ji Napoli (Supplemento n. 30 agli Annali, vol. 42, fasc. 1), 1982。

⑩ 见郭正忠,"宋代东南海盐课利岁收考察",收入他的《宋盐管窥》,太原:山西经济出版社,1990,页300、321—322。另外,一些淮盐被分到京东东路和两浙路,见 Cecilia Lee-fang Chien (2004), pp. xx and xxxii, maps 4 and 10。

的淮盐和浙盐基本上沿袭了宋代的配给模式，①因此，显然"他们从中抽出一定数量的盐，足以供给除此之外的蛮子五国"这种表述不适用于浙盐，因为浙盐配给了三路，而淮盐配给五路，完全与之吻合。

尽管马可·波罗对淮盐和浙盐的配给区数量有所混淆，我仍然认为马可·波罗所说的行在盐税指的是两浙的盐，而非其他。首先我们必须注意关于盐配给的这句话只出现在 Z 本和 R 本中。我们不知道 Z 本的抄写者到底是从哪里得来这句话。把这句话放在行在一章当中大概是抄写者的错误，而不是马可·波罗的错误。但是即使马可·波罗自己是这一错误的源头，这也可能是时隔多年他的认知有所混淆所致。而且即使他混淆浙盐和淮盐，我们也不应忘记这位威尼斯旅行家是一位非汉语作者，他如此准确地为我们描述了中国最重要的海盐——淮盐的生产和配给区。

据裕尔本，行在及其辖区每年盐税达到 5,600,000 萨觉金。这一数字与法意混合语本（V1）、古法语本（V2 和 V3）以及 Z 本（V6）基本吻合，其中提到，1 秃满价值 70,000 金。与这些文本相比，匹匹诺本（V4）和后来的抄本、印本显然或多或少都是以之为据的。帕多瓦的威尼斯语本（V7）、托斯卡纳语本（V8）以及剌木学本（V11）中 1 秃满价值 80,000 萨觉，因此可推算出总价值为 6,400,000 萨觉金。无须讨论的是极简短的塞萨抄本（V10）、日耳曼语阿德芒特本（V12）、1518 年桑泰拉西班牙语印本（V16）甚至 1579 年约翰·弗拉姆普敦英语译本（V19）中的不切实际甚至幻想一般的记载，它们都是后世压缩而成的文本，只能是误译造成的。不过有两个数字必须讨论——5,600,000 和 6,400,000 萨觉金，这两个数字出现在马可·波罗书早期的抄本中。

基于我对金、银重量单位萨觉与两的考察（附录 6），并考虑到金与中统钞的官方兑换率，马可·波罗书早期抄本中的这两个数字便可以从萨觉换算成两（金），再从两（金）换算成两（中统钞）。

萨觉、两兑换率平均值

≈ 9.0791 萨觉 =39.04 克 =1 两金

因此：

5,600,000 萨觉 =24,080 千克金 =616,801 两金

6,400,000 萨觉 =27,520 千克金 =704,916 两金

---

① 郭正忠主编（1997），页 450—451；林树建（1991），页 312。

萨觉、两兑换率最高可能值

≈ 10.1045 萨觉 =40.62 克 =1 两金

因此：

5,600,000 萨觉 =22,512 千克金 =554,210 两金

6,400,000 萨觉 =25,728 千克金 =633,383 两金

萨觉、两兑换率最低可能值

≈ 7.8205 萨觉 =36.6 克 =1 两金

因此：

5,600,000 萨觉 =26,208 千克金 =716,067 两金

6,400,000 萨觉 =29,952 千克金 =818,362 两金

1282—1286 年以中统钞官方买卖金

1 两金购买 14.8 两中统钞

1 两金售卖 15 两中统钞

1 贯至元钞 =5 贯中统钞 [①]

因此 1 两金的兑换率：

（14.8+15.0）/2=14.9 两中统钞

1287 年以降以至元钞、中统钞官方买卖金

1 两金购买 20 贯至元钞

1 两金售卖 20.5 贯至元钞

1 贯至元钞 =5 贯中统钞 [②]

因此 1 两金的兑换率：

（20.0+20.5）/2 × 5=101.25 贯中统钞

元代贯、两与锭的兑换关系

50 贯、两中统钞 =1 锭中统钞

[①] 彭信威/Kapan（1994），vol. 2, p. 478n42; Franke (1949), p. 58, 售卖率误将 15 两作 18 两。参《元典章》卷 22，叶 2b（vol. 1，页 299）。

[②] 彭信威/Kapan（1994），vol. 2, p. 479n43; Franke (1949), p. 78。

表20 据1282—1286年、1287年以降兑换率换算行在盐税金、钞数平均约值

年	萨觉金	两金	贯中统钞	锭至元钞
1282—1286	5,600,000	616,801	9,190,335	183,807
	6,400,000	704,916	10,503,248	210,065
1287以降	5,600,000	616,801	62,452,101	1,249,022
	6,400,000	704,916	71,372,745	1,427,455

注释：萨觉/米斯卡尔和两银（或金）的平均兑换率：≈ 9.0791萨觉=1两（见附录6）。50两中统钞=1锭中统钞。

表21 据1282—1286年、1287年以降兑换率换算行在盐税金、钞数最低值

年	萨觉金	两金	贯中统钞	锭至元钞
1282—1286	5,600,000	544,210	8,257,729	165,155
	6,400,000	633,383	9,437,406	188,748
1287以降	5,600,000	554,210	56,113,763	1,122,275
	6,400,000	633,383	64,130,028	1,282,601

注释：萨觉/米斯卡尔和两银（或金）的最高兑换率：≈ 10.1045萨觉=1两。

表22 据1282—1286年、1287年以降兑换率换算行在盐税金、钞数最高值

年	萨觉金	两金	贯中统钞	锭至元钞
1282—1286	5,600,000	716,067	10,669,398	213,388
	6,400,000	818,362	12,193,594	243,872
1287以降	5,600,000	716,067	72,501,784	1,450,036
	6,400,000	818,362	82,859,153	1,657,183

注释：萨觉/米斯卡尔和两银（或金）的最低兑换率：≈ 7.8205萨觉=1两。

以马可·波罗和汉文史料提供的数字为基础进行深入考察的前提，是元代的物价通常用中统钞来表达。甚至在发行了其他形式的纸钞或者中统钞停止流通的时候，仍然保持这种习惯。[1] 以中统钞的流行为基础，我们还必须做出一个假设，即马可·波罗的税赋数字并不是指真实的黄金，而是使用了他的读者所熟悉的一种货币。欧洲人对于纸币一无所知，因此金币成为马可·波罗评估蒙元王朝公共税收的中统钞数的一种手段。[2] 合理的推测是，马可·波罗使用

---

[1] 彭信威/Kapan（1994），vol. 2, pp. 488n44, 481, 482。

[2] 亦见Yule（1903）vol.2, p.218n2：“我认为马可给出的数字无疑是巨大的夸张，不过我觉得他不是故意的。尽管他善于换算金的数字，但我认为他的秃满指的是纸钞……”Jean-Claude Faucon有类似的倾向，他说，在颇节和裕尔看来，如果马可·波罗用两或钞来表达，那么他的数字就会很准确。见Faucon（2008），p.106。

官方兑换率将中统钞换算成两金,以便为其读者凸显大汗公共税收之多。众所周知的是,1275 年元朝征服了江南之后,纸钞出现了显著的通货膨胀。前文已经提及,从 1275 年直至 1287 年货币改革,与 1260 年以后不久相比,以中统钞记录的市场价格上升了四到二十倍——平均十倍。① 例如反映在盐价上,1284 年民间盐价上涨为 80 贯到 120 贯每引,官方价格则是 20 贯到 30 贯每引(见表 15)。无论如何,因为马可·波罗很可能参与了官方的盐专卖,所以他的数字很可能是基于官方兑换率而来的,而不是基于非官方的市场价,后者受当时通货膨胀的影响很严重。

基于元代盐引价格和两浙盐区赋税(表 15),我们可以估计 1285—1286 年两浙卖出盐引 35,000 到 45,000 引,每引价格为 20 到 30 贯中统钞,每年税额就是最低 7,000,000 贯中统钞,最高 13,500,000 贯中统钞。我们用官方兑换率将这些数字换算为两金,那么每年的数字就是最低 469,799 两金,最高 906,040 两金。

下一步,我们要将这些税收数字和马可·波罗的萨觉换算成相同的货币单位——纸钞和金,考虑平均值、最低值、最高值,并做比较。表 20—22 显示的是马可·波罗的行在盐税额最低为 544,210 两金,最高为 818,362 两金。因此,不难将它们纳入我们从汉文史料中所得的数字范围之内:最低 469,799 两金,最高 906,040 两金。考虑到这些结果,而且两浙盐司只生产了元朝盐税的 17%(表 16),那么我无法认为马可·波罗所记行在地区盐专卖所得公共收入有夸张。

我的计算所得的另一个结果是,马可·波罗所记行在盐税数字极不可能指 1287 年以后的情况。那一年官方对中统钞大幅贬值,同数量的钞仅能兑换到 1287 年以前 15% 的金。换言之,如果我们将马可·波罗的萨觉数按照 1287 年之后兑换率换算为纸钞,每年的税额就会"低"至 56,000,000 贯,"高"至 82,000,000 贯中统钞(表 20—22)。这个数字远远高过根据汉文史料所算出的 17,000,000 到 29,000,000 贯(表 15)。考虑到这些,合理的推测是马可·波罗的数字指的是 1287 年之前的情况,很可能是 1285 年和 1286 年。②

到目前为止,我从中世纪其他非汉文文献中只找到两条提及元朝盐税的。一是波斯史家瓦萨夫(活跃于 1299—1323 年)在描述约 1300 年的行在时记载盐税额为每日 700 八里失纸钞(1 八里失 =1 锭 =50 贯)(见附录 2 中的 W1)。这样便可计算出每年的盐税额为 365 日 × 700 锭 =12,775,000 贯中统钞。

---

① 见第二章第五节。
② 本书出版前不久,我注意到中国史学家陈得芝已经得到了相同的结论。不过,他的计算比本书简单得多。无论如何,我们分别独立得出的结论,显示出方法的可靠性。见陈得芝"马可波罗在中国的旅程及其年代",《元史及北方民族史研究集刊》,10(1986),页 7。

与表 15 的数据相比，这个数字对于 1300 年左右太低了，那时两浙盐税额可能已经涨到了 26,000,000 贯至 29,000,000 贯中统钞之间。很可能瓦萨夫的数字指的是 1287 年货币改革之前的情况，这样就与我们从马可·波罗所记金数换算而成的钞数相符了。我抑制住猜测马可·波罗通过某种途径从瓦萨夫那里得到了这个数据，因为反过来，即认为瓦萨夫从马可·波罗得到这个数据，也同样是猜测。很可能二者各有其信息来源。无论如何，瓦萨夫的数字对于 1280 年代前期是正确的，放在 1300 年左右则是误植。

另一位记录了元朝盐税的作者是鄂多立克，其书约撰成于 1330 年，比威尼斯旅行家马可·波罗晚得多。他的记载不是关于杭州盐税，而是关于扬州盐税。而且这个数字在不同的抄本中差别极大（见 O1 到 O6）。裕尔在相关段落的注释中说，盐税数字在一些抄本中作 50 秃满，其他抄本中作 50,000 秃满。因为在裕尔看来，第一个数字太低了，第二个则太高了，所以他提出 500 是一个更加准确的数字。① 依我看，唯一应该考虑的数字是 50 秃满，即 50 × 10,000=500,000 八里失 / 锭 =25,000,000 贯中统钞。我们已经看到两浙盐税 1285 年达到 10,500,000 贯，1286 年达到 13,500,000 贯，1289 年达到 17,500,000 贯，1296—1300 年期间在 26,000,000—29,3000,000 范围内（参看表 15）。假设在全国盐税收入中两浙盐税占 14.0%，两淮盐税占约 33.7%（即两浙的两倍多；参看表 16），那么鄂多立克提到的 25,000,000 贯只适于 1280 年代。裕尔提出的 500 秃满，达到了 250,000,000 贯中统钞，这就太多了，遑论 50,000 秃满。

鄂多立克书中另一个不易解释的论点是他说 1 八里失（锭）价值一个半弗罗林（florin），因此 1 秃满价值 15,000 弗罗林。如果我们认为八里失指 50 贯中统钞，那么按 1287 年以前的官方兑换率就是 131 克金，② 按 1287 年以后的兑换率就是 19.3 克金。③ 然而，鄂多立克给出的是 1.5 弗罗林，即约 5.3 克（1 弗罗林 = 约 3.5 克）。唯一的解释是他的兑换率指的是纸钞的市场价值，其兑换率比官方兑换率低得多。我们肯定能够排除的是，鄂多立克此处指的不是纸钞，而是八里失（锭），因为他的 15,000 弗罗林会等于 26.9 克每两，④ 相对于元代的 39.04 克每两过低。

总之，比较瓦萨夫所记杭州盐税以及鄂多立克所记扬州盐税，马可·波罗

---

① Henry Yule, *Cathay and the Way thither, Being a Collection of Medieval Notices of China*, New Edition, Revised throughout in the light of Recent Discoveries by Henri Coedier, *Vol. II: Odoric of Prodenone*, London: The Hakluyt Society, 1913, p. 211n1.
② 1 两金 = 约 39.04 克金 =14.9 贯中统钞。
③ 1 两金 = 约 39.04 克金 =101.25 贯中统钞。
④ 15,000 弗罗林 × 3.5 克 /39.04 克 /50=26.9 克。

所记数据更能与元朝汉文史料相合。

第二节　马可·波罗所记年度税额

第 65 章《大汗在蛮子省行在城所得之税收》

我马可听闻，大汗每年从行在王国——蛮子省的第九个部分所得税收极重。其中最高的是盐税，达 1.5 万—2 万金币，即 60 万。①

大汗努力专心下棋：然而如今他想不通的却是下棋的目的。棋局的结果或胜或负：可是胜的赢得什么、负的又输掉什么呢？真正的赌注是什么呢？局终擒王的时候，胜方拿掉皇帝，余下的是一个黑色或白色的方块。忽必烈把自己的胜利逐一肢解，直至它们还原成为最基本的状态，然后他进行了一次大手术：以帝国诸色奇珍异宝为虚幻外表的最后的征服，归结下来，只是一方刨平的木头：一无所有。②

现在让我们考察马可·波罗所述行在及其辖区的赋税。同样我首先要分清不同版本中的数字差异，然后把它们换算为两金和贯中统钞。随后，我将它们置于元朝财政体系的数量因素的背景中考察，并考虑杭州在元朝公共税收中的比例。这些计算和换算将显示，马可·波罗所记行在及其辖区——蛮子国的九分之一——的税收数字，不超出元代汉文史书中所记公共税收的数据范围。

马可·波罗讲述了盐税的重要性之后，继续讲述行在及其辖区：

[马可·波罗文本 F，简称 MP F]

述此事之马可·波罗阁下，曾数次奉大汗命审察此蛮子第九部地之收入，除上述之盐课总额不计外，共达 210 秃满金，值 14,700,000 萨觉金，收入之巨，向所未闻。大汗在此第九部地所征课额，既如是之巨，其他八部收入之多，从可知也。然此部实为最大而获利最多之一部，大汗取之既多，故爱此地甚切，防守甚密，而以维持居民安宁。

关于盐税之外行在的其他税收，不同的抄本是不一致的。包括秃满数，已

---

① Marci Pavli Veneti de regionibus orientalibus, in Simon Grynaus (1489-1541), *Novvus orbi regionvm veteribvs incognitarvm, ..., Basileae: apvd Io. Hervagivm*, 1532 (Database "Western Books on China" in the CrossAsia project of the Berlin State Library), p. 395.

② Italo Calvino, *Le città invisibili*, 3rd ed. Torino: Giulio Einaudi editore, 1972, pp. 128-129.

经在盐税的部分提及的每秃满萨觉数为 70,000 或 80,000，由每秃满萨觉数计算而出的总数，全都有差异。①

表 23 马可·波罗诸本所记行在除盐税以外的税额

抄本	秃满	萨觉／秃满	萨觉
法意混合语 F（V1）	210		14,700,000
古法语 B1（V2）	210	[70,000]	[14,700,000]
法语 A1	200		15,700,008
法语 B	200		15,700,008
法语 C	210		15,700,000
法国地理学会本（sub V3）	210		15,700,000
拉丁语匹匹诺本（V4）			15,700,000
拉丁语格瑞纳乌斯本（V5）			15,700,000
拉丁语 Z 本（V6）	210		
威尼斯语 Ms. VA3（V7）	200		
托斯卡纳语 TA2（V8）	210		15,700,000
威尼斯语 VA2（V8）	2,000		
意大利语塞莎本（V9）	20,000		
意大利语剌木学本（V10）	210	80,000	16,800,000
日耳曼语阿德蒙特抄本（V12）	210,000		15,600,000
日耳曼语刊本（V13）	210		15,800,000
加泰罗尼亚抄本（14）			
阿拉贡抄本（14a）			
葡萄牙语费尔南德斯（V15）			15,600,000
西班牙语桑泰拉 1518 年本（V16）	10,000		
英语弗兰普顿 1579 年本（V19）	10,000		
荷兰语格拉斯梅克 1664 年本（V20）			15,600,000

来源：附录 7。

无论哪个数字是原初的，表 23 显示出行在除了盐税以外的税额是最高 16,800,000，最低 14,7000,000 萨觉，取决于 1 秃满等于 80,000 还是 70,000 萨觉。如果我们采用换算盐税的方法进行换算，马可·波罗所记的数字将会按照 1287 年以前和 1287 年以后换算如下表：

---

① 裕尔注云，一些抄本 1 秃满 =70,000 萨觉，而 210 秃满 =15,700,000 萨觉（颇节本和地理学会本）；其他抄本作 80,000 和 15,700,000 萨觉（秕糠学会本和拉丁语本）；只有剌木学本作 80,000 和 16,800,000 萨觉。见 Yule (1903), vol.2, p. 217n2。

表 24　据 1282—1286 年及 1287 年以降兑换率换算的行在税额（盐税除外）平均约值

年	萨觉金	两金	贯中统钞	锭至元钞
1282—1286	14,700,000	1,619,103	24,124,638	482,493
	16,800,000	1,850,404	27,571,015	551,420
1287 以降	14,700,000	1,619,103	163,934,179	3,278,684
	16,800,000	1,850,404	187,353,405	3,747,068

注释：元代萨觉/米斯卡尔与两银（金）的兑换关系：≈ 9.0791 萨觉 =1 两（见附录 6）。50 两中统钞 =1 锭中统钞。

表 25　据 1282—1286 年及 1287 年以降兑换率换算的行在税额（盐税除外）最高值

年	萨觉金	两金	贯中统钞	锭至元钞
1282—1286	14,700,000	1,879,675	28,007,161	560,143
	16,800,000	2,148,200	32,008,184	640,164
1287 以降	14,700,000	1,879,675	190,317,094	3,806,342
	16,800,000	2,148,200	217,505,250	4,350,105

注释：萨觉/米斯卡尔和两银（或金）的最高兑换率：≈ 7.8205 萨觉 =1 两（见附录 6）。

表 26　据 1282—1286 年及 1287 年以降兑换率换算的行在税额（盐税除外）最低值

年	萨觉金	两金	贯中统钞	锭至元钞
1282—1286	14,700,000	1,454,797	21,676,797	433,530
	16,800,000	1,662,626	1,662,626	495,462
1287 以降	14,700,000	1,454,797	147,298,196	2,945,964
	16,800,000	1,662,626	168,340,883	3,366,818

注释：萨觉/米斯卡尔和两银（或金）的最低兑换率：≈ 10.1045 萨觉 =1 两（见附录 6）。

我们将马可·波罗所记行在及其辖区税额（盐税除外）的萨觉换算成锭纸钞的结果是在最低 433,530，最高 640,164 锭中统钞的范围内。讨论了这个范围之后，下面我要揭出元朝财政体系中关于全部税收和杭州地区重要性的相关数据。

元朝财政体系主要由三部分组成，即税粮、科差、诸色课程。①科差（qubchir）的征收形式包括木绵、丝绵、绢、布、包银以及贝币。诸色课程征收的是盐、茶、酒、醋、商税、岁课、诸色额外课。岁课征收的是铜、铁、铅、锡、矾、硝、碱、竹、木、金、银。额外课由至少三十二项组成。②舒尔曼、陈高华和史卫民以及傅海博都已分析了 1263 年至 1329 年各项课税的数字，以钞为单位进行了列

---

① 英文译名从 Schurmann (1956)。
② 见 Schurmann (1956), pp. 238-239。

举。他们提供的数字的概括版见附录8表27。如同元代多数时候一样，马可·波罗在中国期间的数据很有限。尽管如此，而且还有其他的缺点，但是一些粗略的估算仍能构成衡量元朝公共税收整体数量的基础。

我们在表27中能够发现的第一个特点是元朝税收不止包括纸钞，还有一些其他实物。例如，1265年，除了56,874锭纸钞，还有986,912斤丝和85,412匹布作为科差。元代最完整的各项税收情况，见于1328年的数据。除了税粮之外，还有以货币形式征收的粮税。其他税收项目，包括绵、丝、绢、布、铜、铁、铅、锡、竹、木。货币形式的税收，部分来自粮食税，部分来自科差（即包银）、盐、茶、酒、醋、商税、岁课、诸色额外课。岁课征收的是铜、铁、铅、锡、矾、硝、碱、竹、木。在云南，一定数额的贝币被允许用于交税。此外，还征收一些金、银。

第二，表27显示出，除了税粮，纸钞是最重要的征收形式。1298年全年税收为3,600,000锭钞，100,000两银，19,000两金。按照官方兑换率，[①]3,600,000锭钞价值1,777,777两金，而100,000两银等于10,000两金。因此贵重金属的价值只占了官方税收的0.16%。在1329年，贵重金属的份额与纸钞相比也是很边缘化的。

第三，可以肯定的是，以纸钞形式征收的税额绝对值在提高。1284年以纸钞形式征收的全部税额几乎达到了1,000,000锭，1292年增加到了约3,000,000锭。1307年增加到了约4,000,000锭，1328年超过了9,000,000锭。相似的增长也见于茶课，从1276年的1,200锭增长到了1320年代的近300,000锭。这种增长部分应归因于越来越多的产区成为征收对象，而另一方面，较为明显的是它与1280年代以降纸钞持续贬值有密切的关系。

"行在及其辖区"作为亡宋朝廷所在，无疑产出了相当数量的税收。马可·波罗称其为最伟大和最有生产力的地区，远远超出了在蛮子国的九分之一。他宣称，因为行在在财政上的重要性，它受到大汗的特别关注和守护。行在的盐税一定是指两浙盐区的税，与盐的情况相似，"行在及其辖区"的税额应该没有什么疑问是指江浙行省的税额。汉文史料为我们提供了关于江浙行省财政的一些具体线索。一些大小课税的定额和实际数字不仅有帝国维度的数据，还有地区性的，其中包括江浙。我在表28中收集了这样的数据，显示出江浙在帝国范围内的份额确实是极为重要的，马可·波罗没有夸大江浙在元朝财政体系和维持蒙古统治当中的重要性。

现存元代税课数字，让我们能够在一定程度上评估江浙地区在整个帝国

---

① 101.25贯中统钞=1两金。

的税收中的份额。表 28 显示，在非纸钞形式的课税中，江浙贡献了税粮的 37.1%。而金和银来自江浙的分别是 36.1% 和 8.1%。像铁课这样的小项目，江浙的占比也达到了 27.8%。

在以纸钞形式征收的税课中，可以估算出 1328 年两浙盐区所占份额是约 17.8%（参表 16）。然而 1285 年的占比是不同的。这一时期元帝国总体盐产量是 1,820,000 引（表 29）。相当现实的估计是该年两浙盐产量达到 350,000 引（参表 16），两浙大概产出了全国盐的 19.2%。

表 28　1328 年江浙各项税课的份额

税课项目	全国数字	江浙数字	江浙份额（%）
非纸钞形式			
税粮（石）	12,114,708	4,494,783	37.1
铁课（斤）	884,543	245,867	27.80
金（两）	24,450	9,000	36.81
银（两）	77,460	6,300	8.10
纸钞形式（锭）			
盐税（两浙盐区）	7,661,000	1,363,658	17.80
粮税	149,274	57,830	38.74
包银	989	?	?
茶课	289,211	?	?
酒课	469,159	196,654	41.92
醋课	22,596	11,870	52.53
商税	939,682	269,027	28.63
额外课	212,835	?	?
铁课	1,880	1,703	90.59
铅锡课	937	921	98.29
矾课	2,249	1	0.04
硝碱课	26	?	?
竹木课	13,550	9,355	69.04
钞锭总数	9,763,388	?	?
江浙总额	9,260,327	1,911,019	20.64
盐税之外江浙总额	1,599,327	547,361	34.22

来源：表 27（附录 8）、表 16（两浙盐税在全国占 17.8%）。

注释：金银换算为纸钞据官方兑换率：101.25 中统钞 = 约 1 两金 = 约 10 两银。

1328 年江浙在其他税课项目中也很重要。以纸钞缴纳的粮税两浙的份额达到了约 38.7%，酒课达到 41.2%，商税达到约 28.6%，更不用说其他小额税课了，例如醋课（约52.5%）、铁课（约90.6%）、竹木课（约69.0%）、铅锡课（约98.3%）。

观察1328年纸钞形式的税课，可以看出那些既有全国数据也有江浙数据的项目，江浙占比达到20.7%。这一比例中包含了盐税。如果我们除去盐税，江浙的占比就是约34.2%。从中似可推断江浙占帝国以纸钞形式征收的全部税额的三分之一左右。

表29　约1285—1330年元朝年度盐产量和盐税

数据年度和性质	产量（引）	以纸钞形式征收的税（锭）
1285年定额	1,820,000	
1306年定额	1,915,000	
1328—1330年产量	2,564,000（2,815,380）[a]	7,661,000

来源：Schurmann(1956), pp.170, 186。
注释：a. 舒尔曼所估计的数字。

搞清了江浙在非纸钞形式和纸钞形式征收的税额中的重要性之后，现在我们进一步将我据汉文史料计算的结果应用于马可·波罗的记载。前文我所算出的34.2%和19.2%的比例，让我们可以估算帝国其他地区的税额，如表30和表31。用元代萨觉/米斯卡尔与两金银的换算关系平均值来计算时，我们就能得到元朝全国税收数字最低为2,362,380锭中统钞，最高为2,706,427锭中统钞。将这两个数字与我们已知的全国税收（附录8表27）1284年（932,600锭）、1292年（2,987,305锭）做比较，我们可以看到这两个估算值在我们所知的这个时期的范围之内——这一时期的以纸钞征收的税额正在迅速增长。因此，从马可·波罗的记载来估算，行在及其辖区以纸钞征收的税额应为480,000到550,000锭之间的一个数字，虽不中亦不远。考虑到480,000到550,000锭之间指的只是行在以货币形式缴纳的税额，结果便愈加如此。

表30　根据马可·波罗所记较低萨觉数估算的江浙和帝国范围税收数额

杭州盐税等税与帝国其他地区的关系	纸钞（锭）
行在及其辖区盐税之外的税收（这些税收的34.2%）	约482,493
帝国其他地方盐税之外的税收（这些税收的65.8%）	约928,305
行在及其辖区盐税（盐税的19.2%）	约183,806
帝国其他地方盐税（盐税的80.8%）	约767,776
合计	约2,362,380

来源：见表28与正文；附录6。

注：计算的基础是元代两银、金与萨觉的平均换算关系（9.0791 萨觉 = 1 两金），金与中统钞的官方兑换率（1 两金 = 14.9 两中统钞），两与锭的关系（1 锭 = 50 两）。行在及其辖区盐税为 5,600,000 萨觉，其他税为 14,700,000 萨觉。例如，14,700,000 萨觉 / 9.0791 = 1,619,103 两金； 1,619,103 两金 × 14.9 =24,124,638 两中统钞；24,124,638 两中统钞 / 50 =482,493 锭中统钞。

表 31　根据马可·波罗所记较高萨觉数估算的江浙和帝国范围税收数额

杭州盐税等税与帝国其他地区的关系	纸钞（锭）
行在及其辖区盐税之外的税收（这些税收的 34.2%）	约 551,420
帝国其他地方盐税之外的税收（这些税收的 65.8%）	约 1,060,920
行在及其辖区盐税（盐税的 19.2%）	约 210,064
帝国其他地方盐税（盐税的 80.8%）	约 884,023
合计	约 2,706,427

来源：见表 28 与正文；附录 6。

注释：计算的基础与表 30 同。行在及其辖区盐税为 6,400,000 萨觉，其他税为 16,800,000 萨觉。

有人可能提出，根据 1282—1286 年的官方兑换率，2,300,000—2,700,000 锭钞的价值为约 7,900,000—9,100,000 两金①，而根据 1287 年以降的官方兑换率，2,300,000—2,700,000 锭钞的价值只是约 1,200,000—1,300,000 两金。② 然而这在此处并不重要，因为税收和市场兑换率相差很大。1287 年，市场价格已经通货膨胀到了 12 倍以上，但官方中统钞对金的兑换率只贬值到了 6.8:1。同年，盐引的官方价格也从 20 两中统钞增长到了 50 两中统钞（表 15）——因此只是增长了 1.67 倍。这意味着，尤其是在税收中，中统钞官方贬值的初期，我们主要考虑的必须是中统钞的绝对价值，而较少考虑以金计算的中统钞价值，因为官方领域相对私人领域贬值慢得多。

总之，尽管所有这些计算包含了一定的猜测、推算、估计成分，但无论如何，马可·波罗所记行在税收数字与目前估计的指标相差不远。相反，如果合理地考虑通货状况、国家税收体系、物价变化以及市场状况的复杂性，它们是说得通的，对于 1285—1289 年期间而言尤其如此。因此，可以确定在一个相对短的时期内马可·波罗所记数字与元朝货币状况、财政体制相合。

但是有人会问，马可·波罗如何以及从何处获得了这一财政信息和盐政知识呢？在法意混合语本以及其他多数抄本中，他自己宣称："我马可·波罗多

---

① 1 锭钞 =50 贯钞 /14.9= 约 3.3557 两金。
② 1 锭钞 =50 贯钞 /101.25= 约 0.4938 两金。

次听到过所有这些税课的结算。"① 甚至在一个早期的法语本中（V3）有云："马可·波罗阁下讲述了这些，他多次被大汗派出监察蛮子第九国的赋税数额。"② 本书前文已经探讨过马可·波罗是否在扬州路或其下属州县担任过达鲁花赤、副达鲁花赤或低级官员的问题。在此背景之下，应注意的有趣的一点是，元朝地方官署制度的一个特点是会座圆议（或称圆坐合议），如同政治军事高层的忽里台大会（kuriltai）。在地方层级，行政规定要求各级官员每天参与会议。不参加会议者会被处罚，先是罚金，其次是笞刑，第三是免职。1277 年规定如下：

> 京府州县官员，每日早聚圆坐，参议词讼，理会公事。除合给假日外，毋得废务。仍每日一次署押公座文簿，若有公出者，于上标附。③

另一条关于地方官署每日会议的参与状况的有趣材料来自 1330 年代成书的镇江的地方志。镇江就是马可·波罗所记聂思脱里教徒马薛里吉思担任副达鲁花赤的地方：

> 虽曰参佐，然皆圜坐府上，事无大小，必由判官而上一一署押，然后施行。④

每日的会议低级官员也必须参加，因为在会议上所有的官府事务必须共同讨论决定，⑤ 无疑会包括盐政和税收的重要问题。因此，与其假设马可·波罗的信息得自目前不为人知因而是假想出来的波斯文献，不如考虑他很可能确实担任过达鲁花赤、副达鲁花赤或者低级地方官员，因此他作为元朝各级政治体系中很有特色的每日会议的参与者，对于这些以及其他行政和军事事务具有洞见。

---

① 见附录 7 中的 V1。
② 见附录 7 中的 V3。
③ 见 Endicott-West (1989), p. 50，《元典章》卷 13，叶 2a。亦参 Endicott-West, "Imperial Governance in Yuan Times," *Harvard Journal of Asiatic Studies*, 46.2 (1986): 535; Ratchnevsky (1972), *Un code des Yuan*, vol. 2, p. 36。
④ Endicott-West (1989), p. 52，引俞希鲁《至顺镇江志》，台北：华文书局，1968，卷 15，叶 12a-b。
⑤ 详见 Endicott-West (1989), pp. 49-53。

第三节 《寰宇记》所记商税

第153章《大汗从行在征收的赋税》

既然我已经告诉了你盐的事,现在我要告诉你其他的东西和商品。我跟你讲,糖得到了广泛的种植和制造,此州中之数量胜过世界其余所有地方,所得税收很多。我并不会告诉你所有东西,但会告诉你香料总体的情况。你应知道,所有香料缴纳百分之三又三分之一的赋税;所有货物缴纳的赋税也是百分之三又三分之一。从米酒中,他们也收巨额的税,还有木炭也是。前面我告知你的他们所拥有的12艘船只,每船12000个仓位,他们收取很多赋税,因为他们对所有东西都收税。他们对丝绸的课税分外巨大。但我为何跟你喋喋不休呢?你应知道,丝绸交百分之十的赋税,累积起来是难以言表的金钱。还有很多东西也是缴纳百分之十的赋税……①

马可·波罗不仅提供了行在及其辖区的税收数据,还给出了一些商品的税收的准确信息,如上文所引。商品税或者是向经过主干路的某些城镇、驿站的商人征收,或者是向发货给商人的生产者征收,也向在某些地区出售商品的商人征收。商税可能在1230/1231年就开始征收了,提议推行者是耶律楚材(1190—1244)。1234年始立征收课税所,不过那时的税收没有定额。② 我们的威尼斯旅行家提到,首先,所有的香料和商品都缴纳其价值的三十分之一的税。③ 汉文史料能够完全证实这一说法:

至元七年(1270),遂定三十分取一之制,以银四万五千锭为额④。

似乎即使是在中统钞发行十年之后,商税仍然征收银。无疑随着江南的征服,商税定然急剧上涨,与45,000锭的定额相比,约1328年的商税收入已经增长了"百倍"。⑤

---

① 此段为法意混合语,见 Ronchi (1988), *Marco Polo, Milione. Le devisement dou monde*, p. 520。
② Schurmann (1956), pp. 213-214.
③ Yule (1903), vol. 2, p. 216.
④ 《元史》卷94,页2397;Schurmann (1956), pp. 215, 217; Erich Haenisch. "Steuergerechtsame der chinesischen Klöster unter Mongolenherrschaft: Ein kulturgeschichtliche Untersuchung mit Beigabe dreier noch unveröffentlicher Phagspa-Inschriften," *Beriche über die Verhandlungen der Sächsischen Akademie der Wissenschaften zu Leipzig, Philologisch-historische Klasse*, Leipzig: Verlag von S. Hirzel, 1940, p. 12. 亦见《元史》卷104,页2650;《元典章》卷22,叶9b;Ratchnevsky (1972), *Un code des Yuan*, vol. 2, p. 170。
⑤ 见《元史》卷94,页2398。对现存数字的简要讨论,见 Schurmann (1956), p. 215。

然后，马可·波罗说，米酒的回报颇丰，木炭（charbonz）税数额很大，①这一说法也在汉文文献中得到了印证。酒醋务早在1231年就由窝阔台设立了，官管生产和分配。私人酿酒是严格禁止的，处罚很重。直到1285年官府酒业专营才废止，下放给私家，私家生产者须根据酿酒所耗费的粮食量交税。1304年官营酒生产再次设立，至少在大都地区是这样的，不过很难判定官府控制了酒的生产。②《元史》提到了1292年杭州行省每年酒醋课达270,000锭以上，负担过大，因此削减了该行省酒醋课额的20%。③1328年，江浙行省酒课达到196,654锭左右，占该年酒课总收入462,323锭的近43%。江浙是酒课收入的最大提供者，其次是河南行省的约75,077锭。④不仅如此，汉文文献也证实了对煤和炭要收税。1262年设立养种园，于大都西山采煤，于大都西北的羊山烧炭，1285年设立煤木所。⑤《元史·食货志》列出了对于作为商品的煤炭征收的额外课，1328年为约2,625锭，其中129锭来自大同路，2,496锭来自煤木所。⑥虽然煤炭课似乎不太重要，但马可·波罗的观察是正确的。

最后，我们在《寰宇记》中能够读到，丝的产量如此之大，回报极高。不过，丝课并不是三十分之一，而是像其他一些物品一样的10%。⑦目前为止，我没能找到与丝课相关的元代史料。不过，10%的商税在1258—1267年应用于葡萄酒。⑧而且从印度等地进口的商品也须缴纳10%的税。⑨因此这一税率在一定时期应用于其他商品并非不可能。

第四节　马可·波罗所记泉州海外贸易税

第162章《刺桐城》

大汗在此港此城征收税赋极多，你应知道凡船舶从印度输入的商货与宝石珍珠，十分取一，这只是所有东西的十分之一。船舶佣金，细货取百分之三十，胡椒取百分之四十四，沉香、檀香及其他粗货取百分之四十。因此商人将其所运商货的一半交付船舶和大汗的税课。因此人们必须相信大汗在此城中

---

① Yule (1903), vol. 2, p. 216.
② Schurmann (1956), p. 203-208.
③ 《元史》卷94，页2395；Schurmann (1956), p. 210。
④ 《元史》卷94，页2395—2396；Schurmann (1956), p. 210。
⑤ Farquhar (1990), p. 104, 181.
⑥ 《元史》卷94，页2406；Schurmann (1956), p. 238, 240。（译者按，《元史》为2,615锭，误。）
⑦ Yule (1903), vol. 2, p. 216.
⑧ 《元典章》卷22，叶65a-b；Ratchnevsky (1972), *Un code des Yuan*, vol. 2, p. 170n1。
⑨ 见 Yule (1903), vol. 2, p. 216（仅见于剌木学本），及下一章节。

拥有大量财富。①

马可·波罗讲述刺桐（泉州）城和港时，称大汗对所有来自印度的船舶上的所有商品征收 10% 的税，其中包括宝石和珍珠。② 然后他继续解释说，商人们或曰投资者们必须［向船主］支付货运费，小商品为［其价值的］30%，胡椒为 44%，沉香木、檀香木及其他大宗商品为 40%，这样商人们最终获利大约 50%。③

马可·波罗的记载不仅很可能是关于中国商人从事海外贸易所获平均利润的最早证言，而且关于来自印度等地所有商品、宝石、珍珠的进口税 10% 的说法是相当准确的。无论如何，这与蒙古人设立的海上贸易组织和管理历史非常吻合。1276 年征服南宋之后不久，元朝任命市舶官管理邻海诸郡与蕃国往还互易舶货，"其货以十分取一，粗者十五分取一"。④ 虽然马可·波罗没有提及粗货十五分之一的税率，但是（细货）十分之一的税率与他的记载相符。不仅如此，这位威尼斯旅行家还明确将货物区分为细（soptil）、粗（grose）两种，与汉文史料相符。

1277 年，市舶司设立于泉州，忙古䚟领之。随后，另外三个市舶司在庆元、上海、澉浦设立。这些官署归福建安抚使统辖。此后某个时间，官府设立了双抽单抽之制，差别取决于是国产货物还是海外商品。从那以后，前者适用单倍税率，后者适用双倍税率。⑤ 合理的推测是这意味着国内商品的税率与三十分之一的商税较接近，这是帝国的普遍税率，上一章已经提及；而 10% 的税率仍然适用于外国商品。

1284 年，卢世荣推动元朝海上贸易政策急剧改变，在泉州、杭州设立市舶都转运司。政府专营海上贸易，提供船舶和资本，选拣人员出海从事各种贸易。这些人得到 30% 的利润，而政府获得 70%。富人和有权势者被禁止投资和参与海外贸易，违者罚没一半家财。乘坐官营船舶的外国商人按照以往的规定征税。大约同时，1285 年，福建市舶司并入盐运司。后者更名为都转运［盐］司，

---

① 此段为法意混合语，见 Ronchi (1988), *Marco Polo, Milione. Le devisement dou monde*, p. 528。

② 关于来自印度等地的海外商品征收 10% 的税，行在章节中也有提到，但只见于剌木学本。Yule (1903), vol. 2, p. 235。

③ 参 Yule (1903), vol. 2, p. 235。不过在我看来，他的英译文是不清晰的。更明晰的是托斯卡纳语本，见 Ronchi (1988), *Marco Polo, Milione, Le divisament dou monde*, p. 211。特别是匹匹诺的拉丁语本，见 Prášek (1902), p. 150。

④ 《元史》卷 94，页 2401；Schurmann (1956), p. 230。

⑤ 《元史》卷 94，页 2401；Schurmann (1956), p. 231。

负责福建的盐贸易和海上贸易。① 舒尔曼已经明确提出，国营海上贸易遭到了政府中其他派系官员的反对，前后只持续了九个月，1285 年 4、5 月便废止了，一个月后卢世荣下台，不久被处死。② 市舶司 1286/1287 年复立。③ 随之，先前的制度定然是恢复了，包括税率细货十分之一、粗货十五分之一以及单抽双抽之制。相似的是，市舶司归泉府司管辖，这一步暗示斡脱商人从此在海上贸易中的主导地位日益增强。1287 年，泉府司的分支机构行泉府司设立，以加强中央的控制。④

马可·波罗离开中国之后，海上贸易的组织、管理和征税出现了几个重要变化：⑤

1292 年，商人们的货物已经被泉州和福建征税之后，如果在有市舶司的行省出售，还要被继续征收二十五分之一的细货税或三十分之一的粗货税。作为补偿，他们被免征一般商税。但是，如果他们从市舶司购买商品卖于他处，那么就必须缴纳一般商税。⑥

1293 年，除泉州、庆元、上海、澉浦外，温州、广东、杭州也建立市舶司。在发布的海上贸易二十二项规定中，我们能看到旧的税率的确认和延续，即细货十分之一，粗货十五分之一。⑦

1297 年，行泉府司罢。

1298 年，澉浦、上海并入庆元市舶提举司。同年，制用院设立。

1303 年，私商禁出海，因此制用院罢。

1308 年，行泉府司复立。

1309 年，行泉府司复罢，市舶提举司归隶行省。

1311 年，市舶提举司罢，官府再度专营海上贸易，罢私商。⑧

---

① 《元史》卷 94，页 2401；Schurmann (1956), p. 231。史料提及 1296 年广东安抚司之下也有一个名称相同的机构。见 Ratchnevsky (1972), *Un code des Yuan*, vol. 2, p. 175n3。

② 《元史》卷 94，页 2401；Schurmann (1956), p. 231。

③ 参 Ratchnevsky (1972), *Un code des Yuan*, vol. 2, p. 175n3。

④ 见 Schurmann (1956), p. 224。关于斡脱商人参与泉州海上贸易，亦见 Endicott-West (1989a), pp. 139-140。

⑤ 如无特别说明，以下观点基于 Schurmann (1956), pp. 222-234；以及 Ratchnevsky (1972), *Un code des Yuan*, vol. 2, pp. 173-176。

⑥ 见《元史》卷 94，页 2402。看起来三十分之一的额外税首先应用于泉州，而其他所有市舶司都用十五分之一的税率。1293 年，这一额外税统一应用于所有市舶司。见《元典章》卷 22，叶 73a；Ratchnevsky (1972), *Un code des Yuan*, vol. 2, pp. 176-175。

⑦ 《元典章》卷 22，叶 73a。

⑧ 《元史·食货志》混淆了 1311 年和 1314 年的禁令。参 Ratchnevsky (1972), *Un code des Yuan*, vol. 2, p. 175n2。

1314 年，因海禁导致物价暴涨，私家海上贸易禁令解除。复立市舶提举司于广东，市舶司于杭州，直属于行省。① 这一次官府对细货十分取二，粗货十五分取二。②

　　1320 年，因人们出海贸易丝、银、奢侈品，诸［市舶］提举司皆复罢。

　　1322 年，泉州、庆元、广东［市舶］提举司复立。复禁［私家］海上贸易。

　　1323 年，再次允许私商从事海外贸易。

　　这一海上贸易管理规定简史显示出，马可·波罗所说的十分之一税率和他所说货运费、利润份额与汉文史料完全相合。十分之一的税率行用于他在中国期间，而他离开中国之后，元朝的海上贸易组织和管理从大到小各方面都发生了变化。

---

① 见 Ratchnevsky (1972), *Un code des Yuan*, vol. 2, p. 175。
② 《元史》卷 94，页 2403。尤其是《通制条格校注》，页 533—547。

第七章　元朝的行政地理区划

对于马可的一些最强烈的质疑，是因为注释者认为勘同他所记的很多地名、复原他在中国旅行的路线比较困难……但实际上最主要的那些地名的勘同并不太难，很轻松就能跟上他的行程。①

《寰宇记》中除了记载中国盐生产的细节，纸钞、贝币、盐币等货币的流通，元帝国某些地区的税收数字之外，还有一个令人惊奇的特点是这位威尼斯人准确使用了行政地理术语。在关于纸钞的那一章中，我着重论述了马可·波罗所记行用纸钞的地域与汉文史料所记元朝货币体系的契合。在那一章以及其他章节中我也证明了在这位威尼斯人居留中国期间纸钞并没有在元帝国所有地区密集和普遍地流通。一个例子是福建，纸钞大概行用较晚。另一个更显著的例子是云南和土番，贝币、盐币、金银主导着公私交易，在马可·波罗的时代，那里不用或者只用很少的纸钞。关于元帝国不同地区有多种货币流通的特点，马可·波罗记载的质量非常高，远非其他西方语言、阿拉伯语、波斯语中世纪文献可比。

这种契合也见于本书考察的其他主题。关于贝币，我考察出马可·波罗所记贝币流通区域显然与汉文史料所记相合。虽然元代史料几乎没有记载盐币，但是元代以前和以后都有很多汉文材料能够证明中国西南部流通着这种货币。不仅如此，我还证明马可·波罗所记两淮、两浙、河间恰恰是元代中国最重要的三个盐产区。除此之外，《寰宇记》提及淮南东路盐生产的重要性时，强调了通州、泰州、淮安（楚州）三地，而根据汉文史料，这三地正是宋元时期最重要盐产区的三个分支管理单位。此外，在盐税一章，我证明蛮子九国指的是南宋的行政区划。最后，可以证实这位威尼斯人所说的扬州二十七城与汉文史料完全吻合。

---

① Stephen G. Haw, *Marco Polo's China: A Venetian in the Realm of Khubilai Khan*, London and New York: Routledge, 2006, p. 82.

这里让我们继续探讨马可·波罗对行政地理信息的相当准确和较为准确的记载：

首先，在关于扬州的章节中，这位威尼斯人正确地指出有十二位男爵（baronz）统治十二省（Sajes，Sings），①对应的是十一个行省和中书省。②

其次，马可·波罗描述中书省的十二男爵（切勿与统治行省的十二男爵混淆）时，③提到他们负责挑选三十四大区（provences）的长官。④解释三十四之数，有四种可能性。A）第一是马可·波罗指的是府（散府），在尊崇性或战略性地点设立，最多三十二个。⑤这是亨利·裕尔已经提出的一种观点，⑥但是不太令人信服，因为这不符合马可·波罗书中暗含的整个元帝国的空间结构概念。B）另一个更令人信服些的观点是，在元帝国行政空间架构的深层，宋金制度仍然残存。叶子奇《草木子》（1378）提及宋朝有三十三路，⑦这个数字与马可·波罗的三十四极为接近。⑧约1208年，金朝划分为二十路，而南宋划分为十七路，合为三十七路，其中有8对是互补的（金、南宋分别是3对和5对），例如淮南东路、淮南西路。⑨植松正认为，通常认为元朝的行省制取代了宋朝的路制。但实际上，宋朝的行政单位仍然存在，只是结构和范围稍有变化，成为了肃政廉访司。⑩然而，根据贺凯（Charles O. Hucker）的研究，后者数量最多时为二十四，⑪与马可·波罗的三十四不符。C）另一个紧密相关的同样看似可行的观点是《元史·地理志》所记的二十一肃政廉访司和十四宣慰司，⑫

---

① Ronchi (1988), *Marco Polo, Milione. Le divisament dou monde*, p. 503; Yule (1903), vol. 2, p. 154.

② 参 Hucker (1985), p. 63; 彭海 (2010), p. 176。在马可·波罗之后，拉施都丁（1247—1318）是我们所知第一位提到中国分为十二省的阿拉伯、波斯作者。见 Donald Daniel Leslie, "The Identification of Chinese Cities in Arabic and Persian Sources," *Papers on Far Eastern History*, 26 (1982): 13.

③ 关于中央官署十二男爵的讨论，见彭海（2010），页 174—175。他的结论要点如下：马可·波罗过度地概括了中央官署的结构，将它们与地方官署即行省等同了。中央官署基本由中书省、枢密院和御史台组成，其长官大致各有八人、五人、四人。官员组成当然不是定额的，而是根据情况和需要而有所不同。亦见 Farquhar (1990), p. 170，认为中书省长官数随着时间变化差别很大。

④ Ronchi (1988), *Marco Polo, Milione. Le divisament dou monde*, p. 442; Yule (1903), vol. 1, p. 431.

⑤ 参 Hucker (1985), p. 65。

⑥ 更多细节见 Yule (1903), vol. 1, p. 433。

⑦ 《草木子》"杂制篇"，页 64。宋代行政区划"路"不可与元代同名但较小的"路"相混淆。参 Hucker (1985), p. 64。谭其骧主编的历史地图册 6 列举 1111 年前后北宋二十五路，其中七对的名称有互补（xy 东路和 xy 西路，yz 北路和 yz 南路）。北宋末有二十六路。见 Hucker (1985), p. 46。

⑧ 马可·波罗关于真州的章节也提到扬子江沿岸有超过十六个区和超过二百个大城。见 Ronchi (1988), *Marco Polo, Milione. Le divisament dou monde*, p. 507; Yule (1903), vol. 2, p. 170.

⑨ 参谭其骧主编（1982），册 6。

⑩ Uematsu Tadashi, "The Control of Chiang-nan in the Early Yuan," *Acta Asiatica*, 45 (1983): 52.

⑪ 参 Hucker (1985), p. 64。

⑫ 《元史》卷 58—63，页 1345—1562。

它们显然构成了比行省低一级的地域结构。依我看来，《元史·地理志》所记这些数字大概能反映1280年代和1290年代的情况，如果我们将这些数字加起来，我们就得到了三十五之数（21+14），与马可·波罗的数字极为接近。① 然而这种观点必须考虑肃政廉访司和宣慰司治所在同一地的情况有五个，一司在另一司之上。因此《元史》明确只称"一司"。② 考虑到这个，我们就会得到三十之数（35-5）。③ 而将中原以外的地域考虑进来，这些不足之数就能补充上来了。在《元史·地理志》中，岭北行省之下并无宣慰司，但是相关史料证明，1260年和林存在宣慰司，直到1307年才罢去。④ 相似的情况是征东行省，即高丽，虽然1299年才建立，但是此前可能就有宣慰司，因为史料中提及"一司"，但没有告诉我们其具体形态。⑤ 不仅如此，陕西行省内有巩昌等处总帅府，《元史·地理志》在巩昌路条下称其为"一司"。⑥ 因此，如果我们将这三个行政单位加在前述的三十之数上，那么结果就是三十三，与马可·波罗的数字非常接近。⑦ D）第四种解释相当直接，见于《草木子》云，元朝立十一行省和二十三道，⑧ 总数三十四，与马可·波罗所记数字完全相同。这里肯定不是指全部六十余个道，⑨ 但是与C）的观点类似，显然指的是设立了肃政廉访司的道。我们前文已经提到，道最多时二十四个。总之，虽然我们不能肯定在一个具体时间点比行省低一级的行政区划单位的具体数目，因为那些年地方行政组织变动频繁，史料可能也有缺漏，但是前述估算足以证明马可·波罗的三十四大区契合宋金元时期的一般地方行政结构。

在马可·波罗描述真州城和扬子江作为贸易干线的章节中，他说沿着这条大江有十六个区（provences）和超过二百个大城（cités grant）。⑩ 公认的是，解释这十六之数较为困难。首先，我们必须认为马可·波罗脑中这条河流只有

---

① 《大元混一方舆胜览》反映了1303年前后的地理区划，列出了二十个宣慰司和十八个肃政廉访司，总数为三十八。见《大元混一方舆胜览》，郭声波整理，成都：四川大学出版社，2003，目录，页1—28。
② 《元史》，页1413—1414、1417、1503—1504、1528—1529、1532。
③ 《大元混一方舆胜览》中的结果是38-7=31。
④ 《元史》卷58，页1382—1383。
⑤ 《元史》卷63，页1562。
⑥ 《元史》卷60，页1429。
⑦ 35-5=30，而30+3=33。在《大元混一方舆胜览》中结果就是34，即38-7=31，而31+3=34。
⑧ 《草木子》卷3下，"杂制篇"，页63。彭海（2010），页174、176。
⑨ Hucker (1985), p. 64.
⑩ 见Ronchi (1988), *Marco Polo, Milione. Le divisament dou monde*, p. 507; Yule (1903), vol. 2, p. 170.

四川泸州以下的部分才叫作"大江"。① 南宋时期，沿江有九路：淮南东路、淮南西路、两浙西路、江南东路、江南西路、荆湖南路、荆湖北路、夔州路、潼川府路。② 元代，大江流过五个行省，即江浙、江西、河南江北、湖广、四川。③ 然而相当可能的是马可·波罗的区（provences）不仅指行省，也指肃政廉访司、宣慰司的道。另一个解释是马可·波罗指的是元朝的路、州、府。通常贸易只在扬子江河谷才有可能，因此马可·波罗脑中的大江可能只是江浙的江阴到湖广的归州这一段。大江的这一段穿过了十八个路、州、府。以下是1330年的情况：江浙行省的江阴州、常州路、镇江路、集庆路、太平路、池州路，河南江北行省的扬州路、庐州路、安庆路、蕲州路、黄州路、沔阳府、中兴路，江西行省的江州路，湖广行省的兴国路、武昌路、巴陵路、澧州路、归州路。④ 有人可能会认为江阴地处过于下游，而湖广的归州过于上游，这样就会得到十七个路、州、府。虽然这一问题需要进一步考察，尤其是关于马可·波罗所说的二百大城，但是前文所举的各种方法证明这位威尼斯人所提及的十六区是讲得通的。

另一个有趣的问题是马可·波罗所述南宋统治下的城市总数以及元朝在其中的驻军数，他说共有一千二百座城，每座城驻军至少一千人，但有些驻守一万、二万甚至三万兵。⑤ 虽然城市数量看起来太多了，但是实际上在1100年宋朝版图最大的时候有大约三百个府和一千五百个县，在元朝统治下有四百个府级行政单位和大约一千一百二十七个县，南方比北方人口稠密得多。⑥ 不仅如此，叶子奇《草木子》确实宣称每个县有一千驻军，每个路有一万驻军，⑦ 元代潮州地方志《三阳图志》也能证实这一点。⑧ 正如马可·波罗所言，实际上大量军队集中于战略要地，如沂州，有四万户（后移驻濮州，1329年为六万户），洛阳有四万户蒙古军，扬州1284年可能有三十千户，杭州1290年有四万户汉军和新附军。⑨ 这些数据意味着，马可·波罗所记的蛮子一千二百座城中驻军大概共有一百五十万甚至更多。然而实际情况较为复杂，因为一个万户所统军队并不是一万人，而可能不多于五千人。元朝一百八十五路，可能需要驻军

---

① 谭其骧主编（1982），册7，页19—20。
② 谭其骧主编（1982），册6。
③ 谭其骧主编（1982），册7。
④ 谭其骧主编（1982），册7，页19—20、29、27—28、30—31、32-33。
⑤ Ronchi (1988), *Marco Polo, Milione. Le divisament dou monde*, pp. 516–517; Yule (1903), vol. 1, p. 190.
⑥ 见 Hucker (1985), pp. 45, 64–65 所估算的行政单位数量。人口密度，见 Mote (1994), pp. 618–622。
⑦ 《草木子》卷3下，"杂制篇"，页64。
⑧ Hsiao Ch'i-ch'ing (1978), p. 54.
⑨ Hsiao Ch'i-ch'ing (1978), pp. 55–56.

九十二万五千。但在萧启庆看来，即使这个数字也过高了，元朝负担不起，因为除了各行省中的驻军之外，蒙古草原、西域、吐蕃都需要相当数量的军队驻扎。而且制度也在变动，根据地域重要性，每两个地方的数量都不相同。① 虽然不可能给出更详细的数字，但无疑军队总数是令人印象深刻的。一般而言，蒙古军和探马赤军集中于淮河以北，汉军和一小部分蒙古军驻扎在南方。② 侍卫亲军驻在都城内及其附近，名义上的数量有二十二万五千以上，③ 另有十五万到三十万人分驻西域和蒙古草原。④ 总之，即使现代史学家掌握了关于元朝的全部史料，也很难估计出元帝国各支军队的准确数字，马可·波罗的描述无疑给了我们一个关于蛮子国驻军的很现实也很惊人的图景。

马可·波罗提到行在为蛮子九国（roiame）首府之一，拥有一百四十个大且富的城（grant et riches）。⑤ 如果我们相信《元史·地理志》所记的 1280 年代到 1290 年代江浙行省的数字，那么这个行省有三十路、一府、二州、二十六属州、一百四十三属县。⑥ 更加严格的分析是计入有多个行政建置的地方，这样我们就得到了一百六十二个城市，⑦ 因此与马可·波罗所记"一百四十个大且富的城"数量相当接近。然而，因为马可·波罗说到行在是蛮子九国首府之一，在本书第六章第一节我已经指出马可的九国可能指的基本上仍是南宋的行政区划单位路，因此此处指的应该是两浙西路、两浙东路，可能更加恰当的做法是用南宋行政区划进行计算。这就意味着我们只算元代肃政廉访司的江南浙西道和浙东海右道，二者基本上分别对应了宋代的两浙西路和两浙东路。⑧ 如果我们严格地使用这种行政区划，就能解释马可·波罗所估计的行在"国"所统城市数，有一个或多个治所的城市在 1280 年代和 1290 年代前后只有七十七个。而很可能的是这位威尼斯人所说的大且富的城不仅指行政型的城市，也指没有行政治所的工商业型城镇，这种情况我们在下文讨论苏州（Suju, Suigiu）下属的"很多商贸大城"时还会见到。

马可·波罗说扬州"管内另有二十七个富裕的城"（见第五章第三

---

① Hsiao Ch'i-ch'ing (1978), p. 54.
② Hsiao Ch'i-ch'ing (1978), p. 54.
③ Mangold (1971), p. 27.
④ 见 Hsiao Ch'i-ch'ing (1978), p. 59. 忽必烈的谋士郝经（1223—1275）在 1260 年致南宋朝廷的外交信函中。提到准备出征的有一百八十万人，另外还有蒙古诸王的军队约二十五万人。见 Dietlinde Schlegel, "Hao Ching (1222–1275), ein chinesischer Berater des Kaisers Kublai Khan," PhD diss., Ludwig-Maximilians-Universität München; Bamberg: Offsetdruckerei Kurt Urlaub, 1968。
⑤ Ronchi (1988), *Marco Polo, Milione. Le divisament dou monde*, pp. 516–517; Yule (1903), vol. 2, p. 190.
⑥ 《元史》卷 62，页 1491。
⑦ 《元史》卷 62，页 1497—1507。
⑧ 参谭其骧主编（1982），册 6，页 24—25；册 7，页 27—28。

节），与扬州的情况类似，同样准确的是马可说 Tadinfu（Condifu, Codifu, Tondinfu, Tudinfu, Tandifu）"统治之下有十一个极重要的城，皆从贸易中获得大量利润，因为产丝量极多"。① 虽然 Tadinfu 通常被勘同为东平路，而马可·波罗所记的 Chinangli（Ciangli, Cyangly）被勘同为将陵，② 但是亨利·裕尔在很久以前指出，将陵只能指济南路，因为只有这座城是"一个很大的城，过去曾是一大国之首府，但是大可汗以武力［击败李璮］征服了它"③——而不是《寰宇记》所说的 Tadinfu，因为只有济南路"仍然是所有那些区中最尊贵的城"。④ 因此，裕尔总结认为"看起来无法解决这两座城的难题，除非二者被混淆了，或者是由于这位旅行家的记忆模糊了，或者是鲁思梯谦理解错了"。⑤ Tadinfu 与 Chinangli 混淆，后者是济南路，这种观点可以得到《元史·地理志》的支持，现代研究历史地理的学者展示济南路管内确实有十一座行政城。⑥ 而东平路只有六个县，其中一个是附郭县，也就是与东平路治所在同一城内。⑦

另一个关于马可·波罗记载准确的例子，是他所记襄阳府（Saianfu）的

---

① 见 Yule (1903), vol. 2, p. 136. In Ronchi (1988), *Marco Polo, Milione. Le divisament dou monde*, p. 402, 其文曰："[...] Et saquiés tout voirement que ceste cité de Tondinfu a sout sa segnorie XI cité imperiaus, ce est a dire que sunt noble et <de> grant vailance, car il sunt cité de grant mercandie et de grant profit: car elle ont soie outre mesure."

② 见 Pelliot, *Notes on Marco Polo*, vol. 1, pp. 258–259。

③ 见 Rossabi (1988), pp. 62–67 述李璮叛乱及其在据点济南为忽必烈所灭。

④ 见 Yule (1903), vol. 2, p. 136. Cf. Ronchi (1988), *Marco Polo, Milione. Le divisament dou monde*, p. 492: "[...] est une grandisme cité et jadis avant est<oit> grant roiames; mes les grant kaan le conquiste por force d'armes. Mes toutes fois voç di qu'ele est la plus noble cité que soit <en> toutes celles contree; [...]."

⑤ Yule (1903), vol. 2, p. 137n1.

⑥ 见《元史》卷 58，页 1372—1373：

治所数	路	州	县
1	济南		历城
2			章丘
3			邹平
4			济阳
5		棣	厌次
6			商河
7			阳信
8			无棣
9		滨	渤海
10			利津
11			沾化

注释：济南路、历城县（倚郭）治所在同一城内。棣州与厌次同样如此。滨州、渤海县，我遵从谭其骧主编（1982），册 7，页 9—10，3/8 的观点认为二者治所在一处。不过《元史》没有处理为倚郭，而是处理为二城。这一问题有待进一步研究。

⑦ 《元史》卷 58，页 1365—1366。

大且富的城数。当今多数历史学家认为马可·波罗参与攻打襄阳一事是虚构的，他很可能没有到过那里。① 虽然这一虚构故事是这位威尼斯人或鲁思梯谦没有讲真话的一个显眼的例子，但是无论如何《寰宇记》准确地描述襄阳"是一个很大且尊贵的城，它统治另外十二个大且富的城"。② 这种说法被《元史·地理志》所证实。后者列出 1283 年左右襄阳路之下有十二个行政治所。③

《寰宇记》的另一个章节中说，大且尊贵的苏州（Suju，Suigiu）之下另有十六座"商贸大城"。④《元史·地理志》载苏州即平江路下辖两县、四州。⑤ 而马可·波罗此处对十六城的描述（XVI cités mou grant et de gran meicandise e de grant ars），在他心目中不同于 Tadinfu 的十一大城（XI cités impeiaus）或扬州的二十七大城（XXVII cités grant et bonies et de grant meicandies）那种行政城，而是市场和工业城镇，也就是没有行政治所。如果我们观察万志英（Richard von Glahn）制作的标示出约 1100—1400 年扬子江三角洲市镇的平江路地图，⑥

---

① 相反的观点见彭海（2010），页 228—241。
② 见 Yule (1903), vol. 2, p. 158; and Ronchi (1988), *Marco Polo, Milione. Le divisament dou monde*, p. 505: "Saianfu est une cité <grant> et noble que bien a sout sa seignorie XII cité et grant et riches, [...]."
③ 《元史》卷 59，页 1409—1410。

治所数	路	州	县
1	襄阳		襄阳
2			南漳
3			宜城
4			谷城
5			光化
6			枣阳
7		均	
8			武当
9			郧县
10		房	
11			房陵
12			竹山

注释：襄阳县为襄阳路倚郭县。不过，谭其骧主编（1982），册 7，页 15—16, 4/3 认为武当是均州倚郭县，房陵是房州倚郭县。因此，虽然仍是十二个治所，但是只有十个城市。《元史》并不把它们视为倚郭县。这一问题有待进一步研究。

④ 见 Yule (1903), vol. 2, pp. 181–182, 以及 Ronchi (1988), *Marco Polo, Milione. Le divisament dou monde*, p. 512: "[...] Et sachiés que elle a sot sa seignorie XVI cité mou grant et de gran mercandies e de grant ars [...]."
⑤ 《元史》卷 62，页 1493—1494。
⑥ 谭其骧（1982），册 7，页 27—28。

那么在苏州辖境内能找到大约二十个这样的市镇。① 因此,马可·波罗的十六个大的商贸和工业城镇能够讲得通,与近期学者勘定的 1100—1400 年的三百年间的市镇总数相差不远。

马可·波罗在关于哈剌章的章节中说,这个地区如此之大,包含七个国。② 据方国瑜和林超民研究,③ 这七国对应的是罗斯、押赤、哈剌章、察罕章、金齿、赤秃哥儿、广南西路。这证实了我们前文已经讨论的这位威尼斯人对于中国西南地区的盐生产,行用金、银、贝币、盐币,以及其他政治、社会、经济、货币、文化和宗教现象的观察。马可·波罗的记载较之所有其他西方、阿拉伯、波斯文献,质量和数量都是独一无二的。在行政地理区划方面,阿拉伯、波斯作家对于云南所知的只有哈剌章(大理)和大城押赤(昆明)而已。④ 除了简单提到哈剌章和押赤,他们没有告诉我们任何关于其他地方的信息,例如金齿、安宁(Coloman),他们也没有提供任何关于政治、社会、经济和文化状况的信息。

以上例子都有相当高的准确性——不仅在行政地理区划上,而且在宗教地理方面也是如此,其他的研究者也已经指出。一个例子是奥斯基(Leonardo Olschki)在他的著作的英文版中(1960)认为,在波罗一家抵达唐兀之前,他们必须穿过从巴达哈伤的塔里寒(Talik)、帕米尔高原到今天新疆的无边大漠和戈壁。威尼斯旅行家没有见到佛教的痕迹,但这里曾是数百年来佛教信仰和文化的中心。奥斯基写道,这证明这些地区在 13 世纪蒙古人征服之初便迅速而持久地完成了伊斯兰化。然而,马可·波罗一抵达今甘肃省边界的沙州,就注意到除了一些聂思脱里派基督徒和萨拉森人之外,多数人是偶像教徒(即佛教徒),他们有自己的世俗语言,有很多修道院和寺院,其中充满样式繁多的偶像,他们对偶像极其尊崇。不仅如此,他还描述了最有特色的汉文化因素,例如祭祀、敬神、葬礼和问卜。⑤

克里斯蒂安·代吕(Christiane Deluz)在 1992 年发表的关于马可·波罗所记中国城市和空间组织的文章中总结认为,马可看待中国的视角更像是一位蒙古官员,而不是旅行者。她尤其强调,他所展示的空间组织在西方中世纪地

---

① Richard von Glahn, "Towns and Temples: Urban Growth and Decline in the Yangzi Delta, 1100–1400," in Jacov Paul Smith and Richard von Glahn (eds.), *The Song-Yuan-Ming Transition in Chinese History*, Cambridge (Mass.): Harvard University (Harvard East Asian Monographs; 221), 2003, pp. 184–185. 这涉及万志英地图中的市镇 1–11, 15–17, 19–20, 22–23, 30。

② Ronchi (1988), Marco Polo, *Milione. Le divisament dou monde*, p. 469; Yule (1903),vol. 2, p. 64.

③ 见彭海(2010),页 144—145,引方国瑜、林超民(1994)。

④ Leslie (1982), pp. 14, 27, 29,引用拉施都丁(1247—1318),因此是 14 世纪初。见 296 页注①。

⑤ Olschki (1960), pp. 235, 269–276; Yule (1903), vol. 1, p. 204.

理学文献中是完全原创的，既不同于鲁布鲁克（Willem van Rubroek，1215—1257 以后），也不同于柏朗嘉宾（Giovanni dal Piano del Carpini，1182—1252）。代吕的发现可以概括如下：马可·波罗在描述行政地理区划时的组织编排与描述前往中国之路时相反，不是沿着行政地域单位，而是按照城市编排。虽然这位威尼斯人没有漏记有十二"男爵"统治的十二个区域性"国"，但是他的空间组织是按照等级化的城市网络编排的。只有三个城市因其政治、行政和历史的重要性，被马可·波罗描述得更为详细，即哈剌和林、汗八里和行在。其他六十七个中国城市地区虽然编排得很好，但有点"千篇一律"。第一，一个表示状态的词汇分配给这个城市，例如尊贵、最尊贵、伟大、巨大、重要、主要、最重要、很重要，如此便建立起一种等级体系，与当时西方正在出现的区分各种市民的做法相似。第二，城市周围都有其他聚落，例如较小或较大的城市和城堡。有时提及它们的数目，但是没有整个区域的名称。他也提到了自然环境、地域的富饶、资源以及供应品。第三，提及其居民的宗教——偶像教徒、萨拉森人或者是基督教徒。第四，对于我们的研究最为关键的是，我们能看到货币的使用情况——主要是纸钞——提到了汗八里对于制造货币的特殊地位，这显然被视为紧密服从于大汗权力的象征。在本书中我们已经见到，一旦我们抵达中国西南部和缅甸、安南边境，其他的货币尤其是金、贝、盐和银就有流通，因此表明蒙古的统治力较为薄弱。第五，马可·波罗提到商人离开一座城市时所走的路途，有时还有标志性的纪念碑或建筑，例如桥、宫殿和教堂。①

不仅如此，代吕还指出，这位威尼斯人的书中提到的七十个中国城市之中，有五十个准确描述了其行政建置，可以总结出如下模式：

a）如果一个城市没有行政建置，它便会被用简单的词汇评价，例如"一个叫作罗卜的城"或"罗卜是一个大城"。

b）行政级别低的首府，同样几乎不评价，例如"名为熙州（Singuy，Sinju）的城""一城名为侯官（Vuguen, Unken）""河中（Cacianfu, Cachanfu）大城""一城名为涿州（Giugiu, Juju），巨大而美丽"。

c）路级首府、行省首府更加突出，有更多的评价。例如："这座主城，名为肃州（Siccui, Sukchu）""主城名为额里折兀（Eriginul, Erginuiul, 西凉州）""甘州（Campicion, Campichu）城非常巨大而尊贵……整个地区的首府""……是整个地区的首府……名为太原府（Taianfu）……是一座很巨大

---

① Christiane Deluz, "Villes et organisation de l'espace: La Chine de Marco Polo," in Monique Bourin (ed.), *Villes, bonnes villes, cités et capitals: Études d'histoire urbaine (XIIe–XVIIIe siècle) offertes à Bernard Chevalier*, Tours: Université de Tours, 1993, pp. 161–168.

的城,很美丽"。有时还会提到这座城的属地,例如"河间(Cacanfu)是一座尊贵的城……有很多城市和城堡,它们受其统治"。

不过,必须修正两点。一是除了行政制度之外的地方结构。一座城即使是路治,如果没有突出的手工业或商业,也不会得到特别的评价。一个罕见的例子是亦集乃(Erzinjan, Ecina, Eijin)只是被简单地称为"一座城名为亦集乃(Arzinga)"。另一个修正是关于一座城市在过去的历史地位。已经失去了行政建置但是过去有治所的城市,被称为"重要城市(mistress city)"。这样的城市有哈密(Kamul, Camul)——成吉思汗家族诸王的古居地、永昌——云南姚州节度使旧首府、缅(Mien, Pagan)——缅国五都之一。有时涉及更远的过去发生的历史事件,例如成都府(Syndufu),一度是后蜀(934—965)[译者按,原文误作后周(951—960)]都城,为宋朝(960—1279)所灭:"此城过去富裕且尊贵,统治那里的王非常伟大且富有。"①

不仅如此,这一历史维度在描述哈剌和林、汗八里和行在时也很强,不过原因不同。哈剌和林唤起了蒙古帝国初起时光荣的历史,而"天堂之城"行在大概悠悠地记忆着宋朝已经逝去的辉煌文化和生活艺术。相对而言,汗八里对于马可·波罗而言是最恰当的地方,来颂扬大汗的权力、他的宫殿、庆典、行猎,以及体现其权力的政治、经济运转系统。从元帝国首都向各地辐射出去的道路网,反映出忽必烈对于中国各地的主宰。基于所有这些证据,代吕总结认为马可·波罗对于中国城市的不同状况有着准确的认识,因此展现出了一幅政治体系图景。他对于空间的描述不仅有结构、有等级、有条理,而且其特点是网络相互交叉,商品和人在其中流动。马可·波罗编排的顺序与其说是按行程,不如说按中国的行政区划。②

对于约翰·拉纳(John Larner)而言,这种材料看起来很可能是依据了蒙古行政机构的文件。然而必须考虑到,他的观点的前提是他颇为赞成海格尔(John W. Haeger)的猜想——三位波罗除了经泉州返回欧洲以外,旅程未曾超过中国北方。③在我看来,代吕的分析对于理解马可·波罗描述城市时的所谓千篇一律是卓有洞见的。她展示出,这个千篇一律的背后实际上有非常显著的组织体系,千篇一律不可与模式化相混淆。不可也不应排除马可·波罗在中国曾得到过蒙古行政文书,因为他曾被委任以官职,他对于地方网络的描述又一次令人印象深刻地证明了他记载的行政地理词汇的

---

① Yule (1903), vol. 2, p. 36.

② 见 Deluz (1993)。

③ Larner (1999), pp. 89, 65–57.

准确性。①

吴芳思猜测马可·波罗未曾踏足过中国的土地,而他的所有信息来自波斯文导游书,这可以被察觉到吗?目前我们可以说的是,迄今为止还没有出现过这样的导游书。波斯商人有可能编纂了这样的导游书并在非官方渠道流传,但是关于中国地理的系统的官方信息看起来在伊利汗统治下的波斯不为人知,直到 14 世纪初拉施都丁的著作《史集》和《大地图像》(Suwar al-aqalim,今佚)成书——那已经是马可·波罗的书出版以后了。爱尔森(Thomas T. Allsen)猜想拉施都丁的中国信息得自书面文献以及亲历者的口述,尤其是孛罗阿哈(Bolad Aqa)。孛罗与元朝收藏图籍的机构秘书监关系密切。1291 年秘书监编纂完成了《大元一统志》七百五十五卷,藏于秘书监。十二年后,1303 年,其修订本一百卷献上朝廷。这两个版本现今都已经佚失了,只有后者留存了一些片段。国家官员应该能够接触到这部书以及其他行政地理和战略情报,②而商人和百姓则不然。因此,如果马可·波罗在元代中国被委任了官职,他就可能在地方行政层级接触过这样的材料,或者通过官方的交流、问询而获得了这些数据。他在中国不太可能只当过商人,更不可能的是他没到过那里。正如爱尔森总结的,欧洲人渴望了解阿拉伯哲学、医学和科学,但他们直到 17 世纪才熟悉穆斯林地理文献。③地理信息为商业目的在非官方渠道的传播固然存在,但是从历史背景而言,马可·波罗书中准确的行政地理区划信息更可能是他在中国任官时所得,而不是在君士坦丁堡或克里米亚得到了某种不为人知的波斯语或阿拉伯语导游书。如果这种导游书真的能被意大利商人所得并且其语言和内容还能被他们读懂,那么马可·波罗书就不会像历史上那样令人感到惊异新奇了,也很难激起大众的注意。

最后,还应提到,马可·波罗所记的城市与 9—16 世纪初阿拉伯、波斯文献中的城市之间、显示出二者并无任何显著的相互影响的迹象。在阿拉伯、波斯文献中记载了大约四十六个中国地名,其中只有大约二十个能够与马可·波罗所记勘同,而马可·波罗书法意混合语抄本中记录了近七十个中国

---

① 马可·波罗之后,只有拉施都丁《史集》中展示了一个更为系统的城市和其他地方的图景,排序等级如下: 1. ging (京);2. du (都或路);3. fu (府);4. ǧo (州);5.[空白];6. gün (军);7. hin (县);8. ǧen (镇);9. sun (村)。见 Leslie (1982), pp. 14–15。

② Allsen (2001), pp. 103–111.

③ Allsen (2001), pp. 114.

417 地名。① 可勘同的地名主要包括首都、大都会、港口城市、丝路沿线城市、对商业和运输重要的城市,以及——在阿拉伯和波斯人看来——有重要穆斯林社区的地方。这与纸钞的情况有点类似,正如李渡南分析的,即使将9—16世纪初的阿拉伯语和波斯语史料加在一起,它们提及的中国地名总数也没有马可·波罗提及的地名多。不仅如此,正如李渡南已明言,阿拉伯语和波斯语史料中所反映出的地理知识的激增,发生在马可·波罗之后——具体而言是拉施都丁和伊本·白图泰贡献的结果。②

---

① 关于阿拉伯文、波斯文译名见 Leslie (1982): 26—38。法意混合语抄本中的中国地名见表7。对应关系如下:

中国地名	阿拉伯文、波斯文译名	法意混合语抄本中的转写
沙州	Sāġū (Šāġū), Šānġū (Sānġū)	Saciou
肃州	Saukġū (Saḥčū, Sukčū, Sukčao, Sučao)	
甘州	Ḥāmčū (Ḥānġū)	Canpiciou
上都 开平	Keminfu (Kai-ming-fu)	Clemeinfu
大都	Daidu	Caidu
	Ḥan-balïq (Ḥan-baliġ)	Canbalu
太原	Tayanfu (Tai-wan-fu, Taĭ(n)āngfū?)	Taianfu
平阳	Pinkan (Bikan)	Pianfu
长安	Kinġanfu (Kĭnġūfu, Qenġanfū?)	Quengianfu
真定	Aq-Balïq Manzi	Acbalac Mangi
大理	region of Qara-Ġang	Caraian
昆明 押赤	Yači?	Iaci
扬州	Yangġu	Yangiu
安庆	Namging (Namgin)	Nanchin
襄阳	Sang Yang fu (Sayan-fu)	Sanyanfu
镇江	Quenġanfu?	Cinghianfu
苏州	Susah?	Suigiu
行在 杭州	Ḥingsai	Quinsai
	Ḥānsā (Ḥānqū)	
澉浦	Ġanfū (Ġanqū)?	Ganfu
福州	Fuġu (Ġoġu)	Fugiu
泉州 刺桐	Zaītūn	Çart[u]n, Çait[un], <Ç>ai[t]on

② Leslie (1982), pp. 12—16.

第八章　结论

他的书有着无可置疑的重要性,如上所示,经过数个世纪,仍能见到尽管迟到但多层面的反响。不过,他的整个漫长而虚构的旅行——指出这一点是这里首要的任务——是彻头彻尾的谎言,或者,说得更明白些,是世界发现史上最大的骗局。①

何史谛(Stephen G. Haw)在他关于马可·波罗之中国的近著中说,如果这位威尼斯人虚构了他与其亲属往返中国的事迹和行程,"那么他是做了一件令人惊叹的出色工作"。一般说来,尽管他的记述有一些无足轻重的细节不是很准确,但在总体上与已知的历史事实极为吻合。在何史谛看来,任何人不可能撒谎编造这样的记录而不犯严重而明显的错误,因此,对他来说,这是马可·波罗可靠性与真实性的良好证据。另外,他还认为,与大体同时期的其他旅行者留下的记述相比,尽管马可·波罗的记载有一些明显的遗漏和错误,在关于中国的事物方面,它显然是最全面、最详细和最准确的。②

在本书中,我已经说明,何史谛的判断可以轻而易举地适用于马可·波罗所提供的关于元朝货币、食盐和税收的信息。他关于货币、经济和财政领域各种状况的记述与通过分析文献和文物所揭示的元史研究成果高度一致。需要在这里特别强调的一个重要方面是,当马可·波罗在中国的时候,中国的绝大部分此类资料还不为公众所知,如《元史》,要到元朝灭亡之后才编纂、出版。既然如此,它们不可能成为马可·波罗本人或任何其他西方、阿拉伯、波斯著作家的蓝本,更不用说,恰当理解和准确阐释这些通常非常技术化的特殊文献存在着巨大的困难。

在关于纸币的一章,我主要通过文本内容分析,兼顾中国的书面资料和历史实物来说明:没有其他中世纪欧洲、波斯或阿拉伯的著作家所留下的关于元

---

① 见 Dietmar Henze, *Enzyklopädie der Entdecker und Erforscher der Erde*, Graz: Akademische Druck- und Verlagsanstalt, 2000, vol. 4, p. 377。

② 见 Haw (2006), pp. 51, 63。

朝货币的记载比这位威尼斯人更为详细和全面。即使我们把其他所有这些作者的记述加到一起,在数量和质量方面,它们都难以企及马可·波罗关于纸币的记载。这位威尼斯人涉及纸币制造的各个方面,如纸张、印刷、形制与大小、钞版的版面设计与图标、印章、题字以及面额等,不仅如此,他还涉及与流通相关的很多其他方面,如国家垄断金银珠宝兑换纸币、防止伪造货币的措施、昏钞的倒换、纸币在公共收支领域和各种市场交易中的支配地位。

应该提到的另一个重要事实是,在中世纪西方、阿拉伯或波斯文献中,唯独《寰宇记》提到了云南和藏区使用并流通贝币和盐币,在云南省有盐井。在所有上述方面,这个威尼斯人的记载与我们从中国的史料中了解到的情况几乎高度一致,如钱币的制造或进口、形制、价值、兑换率、重量、面额、在公共和私人领域如何使用这些货币。这些发现支持了何史谛和其他学者的观点:马可·波罗关于从大都到云南、缅甸、安南旅程的记述是如此之精彩(比前人评价的还要好),以至于几乎可以肯定他曾亲历此行。①

马可·波罗关于长芦食盐生产过程的记载,其真实性也是如此。关于制造海盐或所谓"土盐"的详细记载与我们从独立的中国史料中了解的情况完全一致,也就是说,盐不是靠日晒蒸发获取,而是通过煮沸卤水取得的。卤水经沙或灰过滤,盐分自然或人工聚集其中。做法是,不断把海水浇洒在沙堆或灰堆上,然后靠日晒、风吹使其干燥。这种做法在世界的很多地方为人所知,尽管如此,威尼斯人仅仅通过观察地中海地区的盐场是无法了解到这些的,因为那里生产海盐是靠太阳蒸发联排的盐池,而不是靠浸滤作用。同样,我不知道在中国之外有任何其他中世纪的记载曾提到中国古代大多数盐场所采用的这种典型的过滤、煮沸的生产流程。

对于马可·波罗关于中国食盐生产的记载,有人也许会批评他所记不全,漏掉了广为人知的山西省解州盐湖,忽略了中国关于食盐生产的一项著名发明——始于11世纪中叶的四川省盐井深钻技术。关于解州,我简单地说,马可·波罗并没有到过这个地方,因为把 Caichu(Caiciu, Caycay, Thaigin, Caycui, Chaicui)勘同为解州(如何史谛所推测的那样),具有很大的推测性,并不能令我信服。②如果马可·波罗真的到过解州,著名的盐湖肯定不会被他所忽略。然而,在这位威尼斯人关于 Caichu 的记述中却没有提到它,在我看来,由于马可·波罗对中国其他食盐生产地区重要性的认识,这是很奇怪的,因此,这为马可·波罗的 Caichu 不是解州的假设提供了另一种支持。关于第二个问题,即

---

① Haw (2006), p. 47.
② 见表 7 的注释。

他没有提到四川的深钻盐井,我们应当注意,即使是在 12 世纪末到 16 世纪末的中文资料中也没有关于四川地区通过深钻获取盐水技术的记载。不过,仅仅由于宋代晚期、元代、明代前期和中期的资料中没有相关的记载,就认为深钻盐井在那个时期并不存在,是完全错误的。根据《元史·食货志》,成都、夔府、重庆、叙南、①嘉定、顺庆、潼川、绍庆等路的 12 个盐场和 95 个盐井生产食盐。②"场"可能是一个管理术语,或许指盐泉。"井"也像是一个管理术语,在大多数情况下,它很可能是指包含许多井而非只有一口井的地区。至少到元朝末年,四川的盐井数量多于 95 处。明朝在占领四川之后不久于 1372 年进行的官方调查显示,共有 1456 处盐井被登记,不过,只有 380 处未受战争破坏。③无论如何,上述各路不仅是著名的竖井和盐泉的所在地,也包括了宋代数以百计的深钻井出现和发展的所有地区。

本书表明,马可·波罗关于元朝行政地理现象和国家结构的记载,其准确性令人惊讶。这不仅体现在不同种类的货币(纸币、贝币、盐币、金银)流通地点或区域的准确性,也体现在他对最重要的海盐产地与海盐垄断机构治所的确认。在这方面的其他亮点包括他正确指出了元朝区域和地方行政机构具有普遍性的等级结构、镇戍军队的配置、从属于一些特定中心城市(如杭州、扬州、济南、襄阳、苏州)的次级行政和(或)贸易城市的数量。他关于各种货币、行政、军事、历史结构的敏锐感知,与他在宗教领域类似的机敏观察完全一致。

本研究的另一个令人吃惊的结论是,马可·波罗关于食盐垄断收益的数字、关于杭州地区其他税收项目的数字,具有合理性。正如我通过一些特定方法和无可否认的复杂换算所揭示的那样,这位威尼斯人关于盐课和其他税收所给出的数字,依据中国资料所提供的数据,完全说得通。无论如何,和其他中世纪作者如瓦萨夫(Wassaf,活跃于 1299—1323)、鄂多立克(Odorico da Pordenone,1286—1331)等人关于元朝盐课收入的稀少记载相比,马可·波罗的记载更具有一致性和可信性。另外,马可·波罗在强调行在地区其他税收来源的重要性时,他并没有夸大其词,在这方面,中国的资料可以提供确凿的证据。马可·波罗在《寰宇记》中对食盐的生产和食盐专卖收益有这样的强调

---

① 可能是指叙州,因为在四川的历史上,并未提到在元朝的叙南行政区有盐资源或盐井。参见 Vogel(1990)的地图,pp. 67-87。

② 《元史》卷 94,页 2389—2390;Schurmann(1956),pp. 181-182。关于此处涉及的行政区域的地理范围,参阅谭其骧主编(1982),册 7,页 19—20。

③ 《明实录》,编纂于 17 世纪早期,北平国立图书馆编,台北"中研院"历史语言研究所重印,无出版年代,太祖,卷 72,页 4a(册 1,页 1331)。

毕竟不是偶然的。简而言之，这不仅因为他是商人家族的后代，在商业领域有自己的经验，还因为他敏锐地意识到盐课对于公共税收和维持蒙古权力的极端重要性。

马可·波罗关于行在地区税收的记述并没有夸大，这可以从福肯（Jean-Claude Faucon）的研究中找到一些佐证，他强调，这位威尼斯人对数字神秘主义没有兴趣，他的绝大部分数字资料（如时间的起始点和持续状况、年龄、距离、城市的建筑、地理数据、行政单位、人、军队、动物、船只、服装、度量、价格等等）根据当前的历史研究被证明是非常可靠、可以接受的。事实上，在福肯看来，在马可·波罗的书中使用这么多的数字是为了表达真实情况，也是为了令人惊奇，这是该书成功地成为民族志证据并能激发想象力的原因之一。① 考虑到他税收数字的可靠性，我们能够得出这样的结论：马可·波罗肯定具有关于行在地区税收的内部知识。这要么直接源自他曾经介入那里的一些行政事务，要么是从别人那里间接了解到的，而那些人对这个地区的税收情况非常熟悉。由此可知，认为"百万"（il Milion）的绰号意味着对大汗百万收入的吹嘘，这种看法显然是缺乏根据的。

最后，本书所进行的研究显然不能成为马可·波罗到过中国的铁证。最为确凿可靠的证据自然是他被某种元代的资料提及。我们在本书的导言部分已经提到，至少一位当代中国的马可·波罗研究者彭海认为，《元史》对这位威尼斯人并未缄默，事实上至少两次明确提到了他。② 即使有人并不最终同意彭海的观点，也不得不承认，他的观点在很多方面和质疑马可·波罗到过中国的那些学者一样有道理。彭海正确与否姑且置之不论，发现关于马可·波罗的记载总比没有更令人感到好奇，因为众所周知的事实是，在绝大多数情况下，只有社会地位高的人士才被认为值得在官修史书中立传，数以千计的中下级官员、吏员、皇家侍卫以及其他的历史人物只是在高度精英化的中国历史著作中偶尔出现。毕竟本书已指出，到目前为止，与我们从其他中世纪西方、阿拉伯和波斯作者那里所获得的关于货币、食盐、税收的所有信息相比，《寰宇记》是最为详细、最为全面的记载。关于这些以及其他专题，迄今未能找到其他文献能够在质量和数量方面超越它。那么为什么认为在所有中世纪的作者中，只有马可·波罗没有到过中国？一些史学家认为伊本·白图泰没有到过中国，这看来更为合理，因为实际上他对中国的记载含糊不清，并不

---

① 见 Faucon (2008), pp. 102, 109, 111。
② 见彭海（2010），页 71—96。

准确。① 通过对比，马可·波罗的记述显得出类拔萃。马可·波罗说，倒换昏钞需要交纳百分之三的费用，我们将其与乌马里（Ibn Fadlallah al-'Umari，卒于1338年）和伊本·白图泰的相关记述进行比较。前者说，在办理兑换时会受到"少量的损失"（F1），后者强调不会收取任何费用，因为人们制造这些货币是由帝王付费的（I1）。埃尔格（Ralf Elger）认为，很难说乌马里和伊本·白图泰孰对孰错，② 其实他错了，从元代的史料我们知道的确要收取一定的费用——正是马可·波罗所说的百分之三。

马可·波罗关于货币、食盐和税收的记载与通过辨析中国文献史料和历史遗物所获得的现代元史研究成果几乎完全一致。据此，质疑马可·波罗曾在中国长期居留尤其显得没有道理。以中国的文献史料和历史遗物为一方，以《寰宇记》为另一方，两者是彼此独立的，而在本书所涉及的问题以及很多其他主题上，它们相互一致。这一事实令人确信：马可·波罗的记述是以个人观察或他在中国当地获取的信息为基础的。关于后者，我们已经指出，很有可能这位威尼斯人曾被任命为主管专门事务的官员（commissioner），且（或）在某一时期担任过中级地方官。元朝政府机构几乎在所有层级上都具有共同协商和集体参与的特征，很有可能马可·波罗通过政府日常的集体议事会（圆议）获得了准确而机密的信息，而不是通过某种至今尚不为人所知的波斯或阿拉伯的导游书。总之，无论这项研究所揭示的事实，还是对有关争论所做的全面评估，都让我充满信心地认为：马可·波罗到过中国。

---

① 参阅 Morris Rossabi, *The Mongols and Global History: A Norton Documents Reader,* New York and London: W. W. Norton & Company, 2011, p. 84; Ralf Elger, *Ibn Battuta: Die Wunder des Morgenlandes—Reisen durch Afrika und Asien*, München: Verlag C. H. Beck, 2010, pp. 220ff.。不过 de Rachewiltz (1997), p. 53 认为伊本·白图泰无疑到过中国，理由是一通1350年的汉文碑刻提到了一位泉州穆斯林社区领袖的名字，与伊本·白图泰所记相同。

② Elger (2010), pp. 224-225.

附录 1

马可·波罗书抄本和印本中关于元朝制造和使用纸币章节的选编

文献的排列以时代为序，被认为最早的文献放在最前面。关于马可·波罗书不同版本的年代，见附录 7。

V 1) 法意混合语抄本，Paris B.N.F. fr. 1116 (F) *Le devisament dou monde*, **14 世纪**

XCVII. Comant le grant kaan fait despendre chartre por monoie

Il est voir que en ceste ville de Canbalu[c] est la secque dou grant sire; et est establ[i]e en tel ‖ mainere que l'en poet bien dir que le grant [kaan] ait l'a[r]quimie perfetement; et le vos mostrerai orendroit.

Or sachiés qu'il fait faire une tel monoie cum je vos [dirai]. Il fait prendre escorses d'arbres – ce est des morieres que les vermes que font la soie menuient lor frondes – et les bouces soutil qui est entre l'escorses et les fust de l'albre; et de celes sotil buces fait fer chartre come celle de papir; et sunt toutes noires. Et quant cestes chartre sunt faites, il le fait tri[n]chier en tel mainer. Car il en fait une petite que vaut une moitié de tornesel petit; et l'autre est de un tornesel encor petit; et l'autre est d'un mi gros d'arjent; et l'autre d'un gros d'arjent, que vaut un gros d'arjent de Venese; et l'autre est de II gros; et l'autre de V gros; et l'autre de X gros; et l'autre d'un beçant; et l'autre de III; et ensi vaut jusque en X beçant. Et toutes cestes cha[r]tre sunt seellés dou seel dou grant sire. Et en fait faire si grant quantité que tuit le tresor dou monde en paieroit. Et quant cestes chartre sunt fait en la mainiere que je vos ai contés, il en fait faire tous les paiemant et les fait despendre por toutes les provences et regnes et teres la ou il seignorie. Et nulz ne le ose refuser a poine de pardre sa vie. ‖ Et si vos di que toutes les jens et jenerasion d'omes que sunt sout sa seignorie prennent voluntier cestes chartre en paiement, por ce que laonques il vont en font tous lor paiement et de mercandies et de perles et de pieres presiouses et d'or et d'arjent. Toutes chouses en puent achater; et font le paiement de le cartre que je vos ai dit. Et si vos di que la cartre que se met por X biçant ne poise pas un. Et si vos di que, plusors foies l'an, vienent les mercaant, a plusors ensenbles, con perles et con pieres presieuses et con or et con arjent et con autres couses—ce sunt dras d'ors et de soie—et cesti mercant toutes de cestes chouses [font] present au grant sire. Et le grant sire fait apeller doçe sajes homes que sor celes chouses sunt exleu et que mout sunt sajes en ce fare; il lor comande qu'il regardent celes chouses que les mercaant ont aportés et qu'il les faicent paier de ce que lor senble que vaillent. Et celz doçe sajes homes regardent celes chouses et ce que lor semble qu'ele vaillent les font paier de celes charte que je vos ai contés. Et les mercaant le prennent mout voluntieres, por ce que il le metent puis en toutes les chouses qu'il achatent, por toutes les teres do grant sire. Et si vos di sanz nulle faille que, plosors foies l'an, les mercaant aportent tantes chouses que bien vaillent quatre cent miles biçant: et le || grant sire les fait toutes paier de celes charte.

Et encore vos di que, plusors foies l'an, vait comandemant por le vile que tuit celz que ont pieres et perles et or et argent le doient porter a la secque dou grant sire. Et il le font; et hi n'aportent en si grant abundance que ce est sanz nonbre. Et tuit sunt paiés de charte. Et en ceste mainere a le grant sire tout l'or et l'arjent et les perles et les pieres presieuses de toutes sez teres.

Et encore vos di une autre couse que bien fait a dire. Car quant l'en a tenue ceste carte tant qu'ele s'en ronpent et que se gastent, et il le porte a la secque et il sunt cangié a noves et fresches, si voiremant qu'il en lase trois por C. Et encore vos dirai une bielle raison que bie[n] fait a conter en notre livre. Car se une home vuelt acater or ou arjent por fare son vaicelamant ou sez centures et sez autres evres, il s'en vait a la secque dou grant sire, et porte de celles charte, et les done por paiemant de l'or et de l'arjent qu'il achate dou seignor de la secque.

Or vos ai contés la mainere et la raison por coi le grant sire doit avoir et ha plus tresor que nuls homes de ceste monde. Et si vos dirai une greignor chouse: que tuit les seignor de[u] seicle ne ont si grant richese come le grant sire a solemant.

Or vos ai contés et devisé toit le fait comant le grant sire || [fait] faire monoie de charte. Or vos deviserai de les grant seignorie que de ceste cité de Canbalu[c] oissent por le grant sire.①

* * *

V 2) 伦敦大英图书馆藏法文抄本，Royal 19 D 1 (B1), 约 1330—1340 年

95. Ci dit li .IIII.XX et .XV. chapitre comment le Grant Caan fait prendre pour monnoie escorches d'arbres qui sont communement par tout son païs.

Il est voir que en ceste cité de Cambaluc est la seique② du Grant Sire et est establie en telle maniere que l'en puet bien dire que le Grant Sire ait l'a[r]quenne③ parfaitement [et est par bonne] raison comment il fait faire unne telle monnoie, comme je vous diray.

Car il fait prendre escorches d'arbres, c'est assavoir de morier dont les vers qui font la soie mangueent les fueilles, car il en y a tant que les contrees en sont toutes chargiees et plainnes des arbres dessus dit. Et prennent une escorche soutille, qui est entre le fust de l'arbre et la grosse escorche qui est dehors et est blanche, et de ces escorches soutilz comme paupier les font toutes noires.

Et quant ces chartres sont faites, cil les font trenchier en tel maniere: la mendre vault demi tonsel et l'autre greigneur un poy vault tonesel; l'autre un poy greigneur vault demi gros venicien d'argent et l'autre un venicien gros d'argent; et l'autre vault .II. gros, et l'autre .V. gros, et l'autre .X. gros, et l'autre un besant d'or, et l'autre .II. besans d'or, et l'autre .III. besans d'or, et l'autre .IIII. besans d'or et l'autre

---

① 见 Luigi Foscolo Benedetto, *Marco Polo, Il Milione*, Firenze: L. S. Olschki (Comitato geografico nazionale italiano; 3), 1928, pp. 91–93. 在法意混合语抄本近期的版本中，一个与底本基本相同的整理本是 Gabriella Ronchi, *Marco Polo, Milione. Le divisament dou monde: Il Milione nelle redazioni toscana e francoitaliana*, with a preface of Cesare Segre, 2nd ed. Milano: Mondadori (I meridiani), 1988, pp. 439–441, 现在则见 Mario Eusebi, *Il manoscritto della Bibliothèque Nationale de France Fr. 1116; I, Il testo*, Roma and Padova: Editrice Antenore (Biblioteca Veneta; Poliana: Documenti per l'edizione integrale del libro di Marco Polo; 1), 2010, pp. 99–101。

② *Seique* 是意大利式词，源自威尼斯，即 *zecca*，意思是"造币厂"（mint）或"钱币"，该词可以溯源至阿拉伯语词 *sikkah* "钱币"。参阅 Jean-Claude Faucon, Danielle Quéruel and Monique Santucci, *L'empereur Khoubilai Khan*, in Philippe Ménard (ed.), *Marco Polo: Le devisement du monde*, Genève: Librairie Droz S. A. (Textes littéraires français), 2004, vol. 3, p. 137n94, 60。

③ 在 B1 和 B2 中，它写为 *aquenne*，在 B3、B4 和 B5 中为 *arquenne*。由于这个词对于编写者是陌生的，其他的法文抄本将它写为 *a la quellune* (A1, A4) 或 *a l'aquest* (A2)。这个词可能仅出现一次，它表示 *arcane*，源自 *arcanum*，含义是"秘密"。它并不像托斯卡纳 (TA) 抄本中的 *archimia* 或剌木学本中的 *alchimia* 那样，用来表示 *alchimie* 一词。见 Faucon et al. (2004), vol. 3, p. 137n95, 4。

.V. besans d'or. Et ainsi vont jusques a .X. besans d'or, et toutes ces chartres sont seellees du seel leur seigneur. Et si en fait faire cascun an grant quantité qui rienz ne li coustent, qui paieroient tout le trezor du monde.

Et quant ces chartres que je vous ay dit sont faites, si en fait faire tous ses paiemens et fait deffendre par toutes ses prouvinces et par toutes ses citez et par tout ou il a seignourie que nul si chier comme il a sa vie ne les refuse, car il seroit maintenant mis a mort.

Si vous di que chascun les prent volentiers por ce que par tout ou il vont est la terre du Grant Caan. Et ainsi les prennent et en font leurs paiemens des marcheandises qu'il achatent et vendent aussi bien comme se il fussent de fin or. Et encore qu'il sont si legieres que ce qui vault .X. besans d'or ne [poise] pas un.

Et encore sachiez que tous les marchanz qui viennent d'Inde ou d'autre paÿs, qui aportent or et argent, ne pelles ne pierres ne lessent vendre a autrui que au Seingneur. Et il a esleu .XII. sages hommes congnoissans a ce faire si que ceulz les prisent. Et le Seignor les fait paier bien et largement de ses chartres, et ils les prennent moult volentiers pour ce qu'il sceivent moult bien que il n'en avroient pas tant de nullui, et l'autre por ce que il sont paié maintenant, et pour ce aussi que il en treuvent a acheter tout ce que mestier leur est, et la et par tout.

Et s'est plus legiere a porter que nul autre par chemin, si que le Seigneur en a achaté tant chascun an que ce est sans fin et les paie de chose qui riens ne li couste, si comme vous avez entendu. Et encore plus que plusieurs fois en l'an va son ban par la cité que chascun qui avra or, argent ne pierres ne perles, que il les porte a la seique et il les fera bien paier et largement si que il les portent moult volentiers pour ce que il n'en trouveroient tant de nullui, et en portent tant que c'est merveille. Et qui ne les veult porter si demeure, si que par ceste maniere il a tout le tresor de sa terre. Et quant aucunes de ses chartres sont gastees, qu'elles sont moult durables, si les couvient porter a la seique et prendre nueves.① Encore, se aucun baron ou autre personne, quelle qu'elle fust, eust besoing d'or ou d'argent ne de pierres ne de pelles pour faire vaisselemente ou autre chose, si va a la seique et en achate tant comme il veult et le paie de ces chartres.

Or vous ai ge conté la maniere et la raison pour quoy le Grant Caan a plus

---

① 此处 A 抄本和 D 抄本更精确，写到那些携带破损纸币到制币所的人 *en lessent .III. du .C. pour le change*。法意混合语本 (F) 为 *il en lase trois por .C.*，剌木学本为 *perdendo solamente tre per cento*，所记相同。见 Faucon et al. (2004), vol. 3, p. 139n95, 65。

de grant tresor et doit avoir que tous ceulz du monde n'ont, et vous avez bien oÿ comment et en quelle maniere. Si vous deviseray ci aprez les grans seignours qui, de toutes les choses qui apartiennent au Grant Caan et qui li sont besoingnable, se mellent et comment tout est ordené par eulz et par leur commandement ne nulz, quelz qu'il soient, ne les osent desdire ne faire contre leur volonté, si comme vous orrez ça avant.①

***

V 4) 匹匹诺（Francesco Pippino da Bologna）拉丁文本 *De consuetudinibus et condicionibus orientalium regionum*, 1317 年之前

De moneta magni Kaam et de inextimabili copia diuiciarium eius, Capitulum xxi.

Moneta regalis magni Kaam hoc modo fit: de tribus corticibus arboris mori accipiunt cortices medianos, qui conficiuntur et consolidantur ut folia de papiro. deinde per particulas magnas et paruas ad denariorum similitudinem inciduntur atque regali signo cuduntur et imprimuntur eis signa uaria iuxta que huiusmodi pecunia ualitura est Valet autem paruus denarius ad ualorem uel precium paruuli turonensis. Alius maior ad ualorem dimidii grossi, Tercius ascendit [51^{b1}] ad Venetos duos, Alius ad quinque, Alius uero ad decem.② De hac igitur pecunia facit fieri rex in copia maxima in Ciuitate Cambalu nullique sub pena mortis in omnibus fere regnis sue iurisdiccioni subditis monetam aliam facere aut expendere licitum est aut hanc recusare. Nullus eciam de aliis regnis intra terras magni Kaam monetam aliam potest expendere. Soli autem officiales regis monetam hanc faciunt de regis mandato. Sepissime vero negociatores de diuersis regionibus venientes Cambalu deferunt aurum et argentum, margaritas et lapides preciosos, que omnia rex per suos officiales emi facit et de moneta suo solucio fit.③ Si negociatores [51^{a}] sunt

---

① 见 Jean-Claude Faucon, Danielle Quéruel and Monique Santucci, *L'empereur Khoubilai Khan*, pp. 96-98。在内容上，早期法文本 (B1) 或多或少与另一个早期法文本 A1 一致，后者曾由 Pauthier 编辑，见 Guillaume Pauthier, *Le livre de Marco Polo, citoyen de Venise, conseiller privé et commissaire impérial de Khoubilaï Khaân, rédigé en Français sous sa dictée en 1298 par Rusticien de Pise*, Paris: Librairie de Firmin Didot Frères, Fils et C., Imprimeurs de l'Institut de France, 1865, pp. 319-327。

② **P¹** 和 **P²**: + alius autem ascendit at valorem bissancii aurei aluin vero at valorem duorum aut trium aut quinque aut decem bissanciorum.

③ **L**: solui fit.

de extraneis nacionibus, ubi hec moneta non currit, quandoque comutantur in alias mercaciones et ad vnas deferunt nationes et regiones, propter quod ipsa moneta a nullis negociatoribus recusatur. Insuper eciam sepe mandat rex in Ciuitate Cambalu, ut quicunque aurum argentum habent aut lapides preciosos, suis officialibus quam cicius exhibere studeant, et eis de moneta illa secundum extimacionem debitam prouidetur, quod absque dilacione et sine eorum detrimento fit. Sicque eorum indempnitati caueretur et rex potest per hunc modum thesauros infinitos et admirabiles congregare. De hac pecunia suis exercitibus et officialibus stipendia tribuit et, quicquid pro curia necessarium est, emitur [51^{a1}]. Immensem igitur pecuniam pro nichilo habet et in hunc modum manifeste apparet, quod magnus Kaam in expensis diuiciis et thesauris uniuersos mundi principes superare potest. Nam oportet omnes a curia eius monetam emere, que ita continue custoditur, ut indeficienter ad omnes, qui eam emere uolunt, habundantissime diffundat.[①]

* * *

V 6) 托莱多大教堂图书馆（Library of the Cathedral of Toledo）藏拉丁文 Z 抄本 *Marcus Paulus Venetus de diuersis hominum generibus, et diuersitatibus Regionum Mundanarum; ubi inuenies omnia magna, Mirabilia, et diuersitates Armenie Maioris, Persarum, Tartarorum, et Jndie, ac aliarum Prouinciarum circa Asiam, Mediam, et partem Europe; compilat. in Carceribus Janue Anno M.CC.XCVIII*

具有强烈宗教倾向的 Z 抄本没有关于纸币的章节，关于大汗、他的宫殿、节庆等也鲜有涉及。有关法－意混合语抄本、Z 本、托斯卡纳译本、桑泰拉（Santaella）西班牙文译本所包含章节的方便的词汇索引，见安杰丽卡·瓦伦蒂内蒂·门迪（Angélica Valentinetti Mendi）最近的著作。[②] 关于 Z 本所弃用章节的概览，见阿尔瓦罗·巴比耶里（Alvaro Barbieri）刊本。[③]

---

① Justin V. Prášek, *Marka Pavlova z Benátek; Milion: Dle jediného rukopisu spolu s příslušným základem latinským*, Prag: Nákladem České Akademie Císaře Františka Josefa pro Vědy, Slovesnost a Umění, 1902, pp. 97-99.

② Angélica Valentinetti Mendi, *Marco Polo – Libro del Famoso Marco Polo; Libro de le Cose Mirabile*, Logroño: Instituto de Estudios Riojanos, 2008, pp. XCIII-XCIX.

③ Alvaro Barbieri, *Marco Polo, Milione: Redazione latina del manoscritto Z, versione italiana a fronte*, Parma: Fondazione Pietro Bembo / Ugo Guanda, 1998, pp. 611-686.

V 11) 剌木学（Giovanni Battista Ramusio）意大利文印刷本 *I viaggi di Marco Polo, gentiluomo veneziano*，1553 年

Della sorte della moneta di carta che fa fare il gran Can, qual corre per tutto il suo dominio. Cap. 18.

In questa città di Cambalú è la zecca del gran Can, il quale veramente ha l'alchimia, però che fa fare la moneta in questo modo: egli fa pigliar i scorzi degli arbori mori, le foglie de' quali mangiano i vermicelli che producono la seta, e tolgono quelle scorze sottili che sono tra la scorza grossa e il fusto dell'arbore, e le tritano e pestano, e poi con colla le riducono in forma di carta bambagina, e tutte sono nere; e quando son fatte le fa tagliare in parti grandi e picciole, e sono forme di moneta quadra, e piú longhe che larghe. Ne fa adunque fare una picciola che vale un denaro d'un picciolo tornese, e l'altra d'un grosso d'argento veneziano; un'altra è di valuta di due grossi, un'altra di cinque, di dieci, e altra d'un bisante, altra di due, altra di tre, e cosí si procede sin al numero di dieci bisanti. E tutte queste carte overo monete sono fatte con tant'auttorità e solennità come s'elle fossero d'oro o d'argento puro, perché in ciascuna moneta molti officiali che a questo sono deputati vi scrivono il loro nome, ponendovi ciascuno il suo segno; e quando del tutto è fatta com'ella dee essere, il capo di quelli per il signor deputato imbratta di cinaprio la bolla concessagli e l'impronta sopra la moneta, sí che la forma della bolla tinta nel cinaprio vi rimane impressa: e allora quella moneta è auttentica, e s'alcuno la falsificasse sarebbe punito dell'ultimo supplicio. E di queste carte overo monete ne fa far gran quantità, e le fa spendere per tutte le provincie e regni suoi, né alcuno le può rifiutare, sotto pena della vita; e tutti quelli che sono sottoposti al suo imperio le tolgono molto volentieri in pagamento, perché dovunque vanno con quelle fanno i loro pagamenti di qualunque mercanzia di perle, pietre preciose, oro e argento, e tutte queste cose possono trovare col pagamento di quelle. E piú volte l'anno vengono insieme molti mercanti con perle e pietre preciose, con oro e argento e con panni d'oro e di seta, e il tutto presentano al gran signore, qual fa chiamare dodici savii, eletti sopra di queste cose e molto discreti ad esercitar quest'officio, e li comanda che debbano tansar molto diligentemente le cose che hanno portato li mercanti, e per la valuta le debbano far pagare. Essi, stimate che l'hanno secondo la lor conscienzia, immediate con vantaggio le fanno pagare con quelle carte, e li mercanti le tolgono volentieri, perché con quelle (come s'è detto) fanno ciascun pagamento; e se sono di qualche regione ove queste carte non si spendono, l'investono in altre mercanzie buone per le lor terre. E ogni volta ch'alcuno averà di queste carte che si guastino per la troppa vechiezza, le portano alla zecca, e gliene son date altretante nuove, perdendo solamete tre per cento. Item, s'alcuno vuol avere oro o argento per far vasi o cinture o altri lavori, va alla zecca del signore, e in pagamento dell'oro e dell'argento li porta queste carte; e tutti li suoi eserciti vengono pagati con questa sorte di moneta, della qual loro si vagliono come s'ella fosse d'oro o d'argento: e per questa causa si può certamente affermare che il gran Can ha piú tesoro ch'alcun altro signor del mondo.[①]

***

V 21) 裕尔（Henry Yule）英译本，1903

CHAP. XXIV: HOW THE GREAT KAAN CAUSETH THE BARK OF TREES, MADE INTO SOMETHING LIKE PAPER, TO PASS FOR MONEY OVER ALL HIS COUNTRY.

Now that I have told you in detail of the splendour of this City of the Emperor's, I shall proceed to tell you of the Mint which he hath in the same city, in the which he hath his money coined and struck, as I shall relate to you. And in doing so I shall make manifest to you how it is that the Great Lord may well be able to accomplish even much more than I have told you, or am going to tell you, in this Book. For, tell it how I might, you never would be satisfied that I was keeping within truth and reason! The Emperor's Mint then is in this same City of Cambaluc, and the way it is wrought is such that you might say he hath the Secret of Alchemy in perfection, and you would be right! For he makes his money after this fashion.

He makes them take of the bark of a certain tree, in fact of the Mulberry Tree, the leaves of which are the food of the silkworms, these trees being so numerous that whole districts are full of them. What they take is a certain fine white bast or skin which lies between the wood of the tree and the thick outer bark, and this they

---

① Giovanni Battista Ramusio, *Navigazioni e Viaggi*, ed. by Marica Milanesi, Turin: Giulio Einaudi, 1980, vol. 3, pp. 182-182.

make into something resembling sheets of paper, but black.

When these sheets have been prepared they are cut up into pieces of different sizes. The smallest of these sizes is worth a half tornesel; the next, a little larger, one tornesel; one, a little larger still, is worth half a silver groat of Venice; another a whole groat; others yet two groats, five groats, and ten groats. There is also a kind worth one Bezant of gold, and others of three Bezants, and so up to ten. All these pieces of paper are [issued with as much solemnity and authority as if they were of pure gold or silver; and on every piece a variety of officials, whose duty it is, have to write their names, and to put their seals. And when all is prepared duly, the chief officer deputed by the Kaan smears the Seal entrusted to him with vermilion, and impresses it on the paper, so that the form of the Seal remains printed upon it in red; the Money is then authentic. Any one forging it would be punished with death.] And the Kaan causes every year to be made such a vast quantity of this money, which costs him nothing, that it must equal in amount all the treasure in the world.

With these pieces of paper, made as I have described, he causes all payments on his own account to be made; and he makes them to pass current universally over all his kingdoms and provinces and territories, and whithersoever his power and sovereignty extends. And nobody, however important he may think himself, dares to refuse them on pain of death.

And indeed everybody takes them readily, for wheresoever a person may go throughout the Great Kaan's dominions he shall find these pieces of paper current, and shall be able to transact all sales and purchases of goods by means of them just as well as if they were coins of pure gold. And all the while they are so light that ten bezants' worth does not weigh one golden bezant.

Furthermore all merchants arriving from India or other countries, and bringing with them gold or silver or gems and pearls, are prohibited from selling to any one but the Emperor. He has twelve experts chosen for this business, men of shrewdness and experience in such affairs; these appraise the articles, and the Emperor then pays a liberal price for them in those pieces of paper. The merchants accept his price readily, for in the first place they would not get so good an one from anybody else, and secondly they are paid without any delay. And with this paper-money they can buy what they like anywhere over the Empire, whilst it is also vastly lighter to carry about on their journeys. And it is a truth that the merchants will several times in the year bring wares to the amount of 400,000 bezants, and the Grand Sire pays for all in that paper. So he buys such a quantity of those precious things every year that his treasure is endless, whilst all the time the money he pays away costs him nothing at all. Moreover, several times in the year proclamation is made through the city that any one who may have gold or silver or gems or pearls, by taking them to the Mint shall get a handsome price for them. And the owners are glad to do this, because they would find no other purchaser give so large a price. Thus the quantity they bring in is marvellous, though these who do not choose to do so may let it alone. Still, in this way, nearly all the valuables in the country come into the Kaan's possession.

When any of those pieces of paper are spoilt—not that they are so very flimsy neither—the owner carries them to the Mint, and by paying three per cent. on the value he gets new pieces in exchange. And if any Baron, or any one else soever, hath need of gold or silver or gems or pearls, in order to make plate, or girdles, or the like, he goes to the Mint and buys as much as he list, paying in this paper-money.

Now you have heard the ways and means whereby the Great Kaan may have, and in fact *has*, more treasure than all the Kings in the World; and you know all about it and the reason why. And now I will tell you of the great Dignitaries which act in this city on behalf of the Emperor.[①]

---

① Henry Yule, *The Travels of Marco Polo: The Complete Yule-Cordier Edition*, 1903, repr. New York: Dover Publications, 1993, vol. 1, pp. 423-426.

附录 2

其他西方、波斯和阿拉伯著作家所记中国纸币生产、使用以及盐课的段落汇编

本附录的排列按照年代为序,尽可能以已知最早的文本为基准。时代晚的版本或译本从属于最早流传的文本。

R 1) 1253—1255 年鲁布鲁克(Willem van Rubroek),《世界东方行记》(*Journey to the Eastern Parts of the World*)英译本中关于蒙古纸币的记载。

见 Peter Jackson, with David Morgan, *The Mission of Friar William of Rubruck: His Journey to the Court of the Great Khan Möngke, 1253–1255*, London: The Hakluyt Society, 1990.

[The Journey to the Eastern Parts of the World of Friar William of Rubruck of the Order of Minor Friars in the Year of Grace MCCLIII]

[…] The everyday currency of Cataia is of paper [*carta de wambasio*], the breadth and length of a palm, on which lines are stamped as on Mangu's seal. […][①]

[p. 203]

* * *

W 1) 约 1300 年,瓦萨夫(Wassaf, fl. 1299–1323)的《瓦萨夫史》(*Tarikh-i Wassaf*)中关于行在盐课的段落,取自英译本。

见 Abdulhamid Ayati, *Tahrir-i Tarikh-i Wassaf*, Tehran: 'Ilmi, 1959 [=1346 h.s.], 引用和翻译见 Laurence Bergreen, *Marco Polo: From Venice to Xanadu*, New York:

---

① 在 Odoric 的行记中,*Carta de wambasio* 与 *cartas bombicis* 相同,即一种按规则订制的纸张,有别于纸草(papyrus)。见 Jackson (1990), p. 203n5. Rockhill 错误地把它翻译为"棉花"。见 William Woodville Rockhill, *The Journey of William of Rubruck to the Eastern Parts of the World 1253–55, as Narrated by Himself, with Two Accounts of the Earlier Journey of John of Pian de Carpine*, London: The Hakluyt Society, 1900, p. 201。

Alfred A. Knopf, 2008, p. 210。

440 […] The revenue from the salt tax amounts daily to 700 *balichs* of *tchao* [paper money]. […]

W 2) 瓦萨夫书中关于 1294 年波斯开始使用纸币的记载，节选自哈默－珀格施塔勒（Hammer-Purgstall）的德文译本。

Joseph Freiherr von Hammer-Purgstall, *Geschichte der Ilchane, das ist der Mongolen in Persien*, Darmstadt: Carl Wilhelm Leske, 1842, pp. 423-434.[①]

Erläuterung der Ursachen, welche die Einführung und Vernichtung des Papiergeldes (Dschaw) herbeigeführt.

[…] Da befand sich Aseddin Mosaffir Ben Mohammed Amid, dessen hässliche Gestalt, dessen geschminktes Gesicht, dessen gebrechliche Constitution und schändliches Naturel ein Muster seiner Sitten und Eigenschaften war, im Lager an der Seite der Majestät und des Grosswesirs, als dessen Berather und leitender Vater. Er war's, der die Mühle des Betruges in den Gang gebracht, der mit Hoffnung und Furcht denselben kirr gemacht. Aus Eingebung schlechter Seele, welche, allen Geschäften des Menschen feind, als das Gegentheil des ursprünglichen Guten erscheint, wollte er seinen schlechten Namen bei den Weltbewohnern einfassen in einen ewigen Rahmen, damit er auf der Erde bis zu dem Tage der Auferstehung das Ziel der Pfeile des Fluches und des Spottes aller Menschen werde. Er stellte vor: „Es fehlen zur hinlänglichen Aufbringung der Gelder die Quellen; sei es im Schlimmen, sei es im Guten, bedarf der Schatz Gold für seinen Bedarf. Die Ueberschüsse der Einkünfte sind Heu und Spreu, und Anlehen zu machen, gehört künftighin zu den schwierigsten Sachen. Wenn es sich darum handelte, schnell das Heer zu rüsten und beritten zu machen, würde es schwer halten in allen Sachen, und das tändelnde und schändende Gerede der grollenden Feinde, die schnell und hart daherfahrende Fehde daimonischer Männer, von denen jetzt keine Rede, würde sich breit machen; die Bemühungen und Bestrebungen, welche dermalen gäng und gäbe, um die Spalten des Reiches

---

① 我要感谢 Alexander Jost 让我注意到 Hammer-Purgstall 的翻译。需要指出的是，这篇译文相当自由和文学化。不过，这样的做法做得过分，以至于所有这些段落明显是由翻译者自己添加的。因此，只有那些可以和波斯文原本真正对应的段落才会被引用。

zu verdämmen und um durch rechtliche und wohlthätige Gesinnung alles Unrecht zu hemmen, würde ein Ende nehmen, und wollte man (was jedoch nicht unmöglich anzunehmen) öffentlich die reinen Wasser mit Steuern belegen, oder neue Vergantungen und schwere Strafgelder den Unterthanen zumuthen und auflegen, so würde dieses die Gemüther erbittern und das Land würde verwittern. Eine Maassregel, welche, vor allem Angriff vor Verschwärzern geschützt, schnell zur Herstellung alles Verfalles nützt und mannigfaltigen Nutzen umfasst und besitzt, ist mir so in den Sinn gekommen, dass man, wie in den Ländern des Kaan, auch in denen des Ilchan das Scheingeld, statt Silbers und Goldes, in Umlauf setze, damit dadurch die Thore des Verkehres geöffnet würden, damit das Geld ganz in den Schatz einlaufe und Schaden und Verlust keinen Menschen treffe auf Erden."

Nach diesen vorausgeschickten eingebildeten Gründen trugen der Herr des Diwans und *Bulad Dschinksanek* [Boluo *chengxiang* 孛 罗 丞 相 = Bolad Akha], der Gesandte des Kaans, das Wort vor. Da diese Maassregel dem Aeussern nach den Reichthum vermehrte, die Magazine der Kaufleute leerte, den Armen und Elenden Beruhigung gewährte, so schien dieselbe Anfangs denen, die darüber nachdachten, erspriesslich und gut. Der Ilchan erliess ein Diplom, befehlend, absolut und entscheidend, kurz und gut, dass man auch in den übrigen Ländern nicht mehr mit baarem Gelde Handel und Wandel treibe, sondern dass man überall die Webung goldener Kleider abschaffe und nur soviel davon gestatte, als für das Kleid des Padischah und seiner nächsten Umgebungen erforderlich sei, dass man sich nicht mit Verfertigung goldener und silberner Geschirre und mit keiner Kunst, welche Vergeudung des Goldes und Silbers mit sich führe, befasse, dass man die Goldschmiedekunst und die Silberarbeiterei der Gesichtsfarbe und dem thränenden Auge der Verliebten überlasse; kurz, durch die Einflüsterung und Verführung, Verlockung und Versuchung dieses Unholdes und gespenstischen Koboldes, der seinen Herrn auf diese Weise schändete, geschah es, dass er in alle Länder, in's arabische und persische Irak, nach Diarbekr, Rebiaa, Mossul und Miafarakein, nach Chorasan und Kerman und Schiras einen grossen mit diesem Geschäfte beauftragten Emir sandte, und dass überall eine Fabrik solchen Scheingeldes errichtet, dass Verwalter, Schreiber, Schatzmeister und andere Beamte dabei verwendet und überall grosse Summen zur Verfertigung des Scheingeldes gespendet wurden.

Die Gestalt und Form des Scheingeldes *Dschaw* war diese: Ein länglichtes, viereckiges Blatt Papier mit einigen chinesischen Worten beschrieben, in denen immer Fehler geblieben;① ober diesen chinesischen Worten stand auf beiden Seiten: *"Es ist kein Gott als Gott, und Mohammed ist sein Prophet!"* Dieses war das Gepräge dieses Silberblattes, der Juwelenknoten dieses Perlenstates, das Tughra dieser Befehle und das Amulet dieser Kehle; unter demselben war geschrieben: *Iritschi Turitschi*, auf Chinesisch (uighurisch), d. i. Sobald es angekommen, sei es für bleibend angenommen! In der Mitte war ein Kreis beschrieben, der aber ausser dem Mittelpunkt ruhiger Ansicht liegen geblieben; dabei war der Werth des Papieres von einem *halben Dirhem* bis *zehn Goldstücke*, und dann in Schrift das, was folgt, geschrieben: *"Der Padischah der Welt hat im Jahre 693 [...]eingesetzt dieses gebenedeite Papiergeld; es soll cursiren in Ländern allen; wer es verfälscht oder verändert, sei mit Weib und Kind der Todesstrafe und sein Gut dem Fiscus verfallen."* Nach Schiras war ein Patent dieses Papiergeldes, das, sehr ausführlich und lang, eingebildete Fragen aufwarf und die Antworten darauf aufdrang, gekommen. Ein Exemplar desselben ist noch in den Händen und es wäre unnütz, darüber noch mehrere Worte zu verschwenden. Das Wesentlichste seines Inhaltes ist: *"dass, sobald das gebenedeite Papiergeld Goldes statt, wie die Thränen der Verbannten Lauf gefunden hat; so wird Armuth und Dürftigkeit und Schaden und Elendigkeit verschwunden sein unter den Söhnen der Zeit, Korn und Getreide wird zu haben sein in Wohlfeilheit, und Arme oder Reiche sind dann einander gleich."*

Die Dichter und Trefflichen der Zeit haben zum Lobe des Papiergeldes nach der Eingebung ihres Genius dem Padischah und dem Herrn des Diwans lobend die Resultate ihrer Gedanken geweiht; als eine Probe von diesem Lobe ist das folgende Distichon aus einem Bruchstücke eines der Trefflichen hier eingereiht:

"Geht Papiergeld in der Welt, Sein Entgelt[b] sie frisch erhält."

Es erging der Befehl, dass alle Künstler und Handwerker, welche Gold und Silber in ihren Arbeiten verarbeiten, dasselbe aus dem Hause, wo das gebenedeite Papiergeld ausgetheilt ward, erhalten, dass Alle, welche als Befehlshaber Länder verwalten, nach ihren Verdiensten ihre Besoldungen und Bezahlungen dort beziehen sollen, dass das alte abgenützte Papier dorthin gelangen, und der Bringer für den Gehalt von zehn Dinaren alten Papiergeldes neun Dinare neues empfangen soll, dass die Kaufleute des persischen Meeres, welche in fremde Länder handeln und wandeln aus dem Schatze Gold erheben und dafür ihr Papiergeld abgeben sollen, vorausgesetzt, dass dabei der

---

① Hammer-Purgstall 德译本的注释: Wortspiel zwischen *Chata*, das nordliche China, und *Chata*, Fehler。

② Hammer-Purgstall 德译本的注释: Das Wortspiel ist im Persischen zwischen *Tschaw*, dem Namen des Papiergeldes, und *Dschawidan*, ewig。

Weg der Behutsamkeit beobachtet und ihre Erlaubniss und Befugniss von Nowaben und Aufsehern des Diwans gehörig betrachtet und erachtet worden sei. Verfügungen dergestalten waren in diesem Patente enthalten. […]

Im Silkide d. J. 693 […] kam das Papiergeld zu Tebris in Lauf und vermöge der Herzensknoten und den Maassregeln von der Vernunft geboten, begann man sogleich, um seine Seele zu schützen und um etwas zu besitzen, mit Speisen und Waaren niedrigen Handel und Wandel. Binnen drei Tagen war Tebris, welches das kleine Kairo hiess, wie der Beutel der Geduld der Sehnsüchtigen leer; im Lande war kein Glanz und keine Freude mehr, und die Brust der Sicherheit und Rechtlichkeit hatte nicht Fett noch Schmeer. Die Laden und Gassen waren wie öde Häuser verlassen und geleert, die Thore des Handels und Wandels waren versperrt. Verkaufte man den Man Brotes um einen Dukaten, so glaubten die Käufer, dass sie gewonnen, und die Verkäufer, dass sie verloren hatten. […]

Der Lärmen und das Getöse, der Saus und Braus der Nationen stieg bis an den Gürtel der Constellationen; die Befehlshaber und das Heer hatten keine Geduld mehr, das gemeine Volk flehte am Freitag in der Moschee mit klagendem Gebete; es verlauteten die Klagen über die Ungerechtigkeit, womit sie geschlagen. Sie verfluchten den Aseddin Mosaffir mit allen denen, welche zu dieser Neuerung und Theuerung das Gleiche beigetragen: Sie wollten ihn mit seinen Einverstandenen erschlagen. Sie flohen aus dem Kreise und nahmen mit ihrer Seele bösen Namen mit auf die Reise. […]

Da ergingen wirksame Befehle, dass man das Papiergeld abstelle. Gesandte gingen nach allen Seiten, um die Abschneidung des Bösen und Einkleidung dieser Maassregel einzuleiten. So ward durch Gottes, des Allmächt'gen, Gnade dieses ungeheure Unglück […] abgekehrt und den Gemüthern aller Völker Freude gewährt. […]

波斯文原文见 Abdulhamid Ayati, *Tahrir-i Tarikh-i Wassaf* (History of Wassaf), Tehran: 'Ilmi, 1959 [=1346 h.s.], pp. 196 ff.:

شرح اسبابی که صادر شد در وضع چاو و ابطال آن

[. . .] پس عزالدین مظفر بن محمد بن عمید که مردی زشت صورت و بدسیرت و مدتی در اردو ملازمت صحبدیوان را داشت و اکنون وزیر و مشیر او شده بود تقریر کرد که: اکنون خزانه خالی است و نیاز به مال جهت پرداخت حواله ها و شایر مخارج بسیار است و وام کردن هم بعد از این دشوار شود و اگر بناگاه الزم شود که سپاهی آماده کنیم از عهده برنیاییم از سوی دیگر پیش از این نمیتوان از رعایا خراج گرفت چه سبب

444

تنفر خاطر آنان و تخریب بلاد میشود بهتر آن است که مانند ممالک قاآن بجای زر و سیم، «چاو» را معمول سازیم تا ابواب معاملات مفتوح شود و مال به خزانه بازگردد. صاحبدیوان صدرجهان بدین مقام فریفته شد و به اتفاق پولاد جنگسانگ سفیر چین این پیشنهاد را به عرض ایلخان رسانید. ایلخان نیز حکم داد که در تمام ممالک به زر و سیم معامله نکنند و پارچه های زر بفت جز آنچه مخصوص پادشاه و خواص امر است نبافند و از ساختن ظروف زر و سیم اجتناب کند و بطور کلی هر حرفه ای که موجب از بین رفتن زر و سیم است تعطیل گردد. خلاصه به ترغیب و اغواء آن نسناس صفت ناسپاس به اطراف ممالک عراق عرب و عجم و دیاربکر و ربیعه و موصل میّافارقین و آذربایجان و خراسان و کرمان و شیراز امیری بزرگ فرستاده شد تا در هرملکی «چاوخانه» بنیاد کردند و برای آن متصرفان و دبیران و خازنان و سایر کار گزاران تعیین کردند و در هر جا مبالغی مال صرف ساختن چاو شد.

چاو کاغذی بود مربع مستطیل که پیر امون آن را چندکلمه به خط ختائی و بر بالای آن از دو طرف لا اله الا الله، محمد رسول الله و ف و ت ر آن ایرنجین تورجی لقب مغولی کیخاتو خان نوشته شده بود و در وسط، دایره ای بود که در آن از نیم درهم تا ده دینار رقم زده و بر روی آن این عبارت مستور بود: «پادشاه جهان در تاریخ سنهٔ ۳۹۶ این چاو مبارک را در ممالک روانه گردانید تغییر و تبدیل کننده را با زن و فرزند به یاسا رسانیده مال او جهت دیوان بردارند».

چاونامه به شیراز آوردند بسیار مفصل بود خلاصه آنکه چون چاو مبارک در عرض زر رواج یاند فقر و بینوائی از میان مردم برود و غلات و حبوب ارزان گردد و غنی و فقیر با هم برابر شوند شعرا و افاضل هم برای ارضاء خاطر پادشاه و صاحبدیوان در فواید چاو چیزها گفتند از جمله یکی از افاضل گوید:

چاو اگر در جهان روان کردد   رونق ملک جاودان گرد

و چون حکم شده بود کسانی که در کارهای خود زر و نقره بکار می برند شغل خود را ترک گویند، فرمان شد که آنان را از چاوخانهٔ مبارک که جبران کند و حکام ملک بر حسب استحقاق برای آنان وظیفه و مستمری ترتیب گردانند. و نیز هرگاه که چاو کهنه و پاره بز آن را به چاوخانه برند و هر ده دینار را با نه دینار چاو نو معاوضه کند و تجار دریای فارس را که از بلاد بیگانه می آیند از خزانه زر بدهند و چاو ایشان بستانند. اگر این شروط فاسد نمی گشت و تزیّر اراده ها و تبدیل دولت ها موجب دگرگون شدن این احکام نمی شد و مردم بدون شک و تردید آن را بکار می داشتند ممکن بود نتیجه ای عاید مملکت گردد اما مردم به زر دلبستگی بیشتری داشتند و برای آن اعتبار دیگری قائل بودند.

در ذیقعدهٔ سال ۳۹۶ چاو در تبریز روان شد. بعد از سه روز تبریز تهی شد و دکان ها خالی گشت و معاملات مسدود گردید؛ بطوریکه اگر یک من نان به یک دینار میفروختند آنکه می یافت و می خرید بسی شادمان می شد.

دوستی برای من حکایت کرد که در آن روزگار در بازار فروشان تبریز بودم اسبی را که پانزده دینار نمی ارزید صد و پنجاه دینار چاو می دادند و صحب آن نمی فروخت. فریاد و شکایت مردم برخاست و حکام و لشکریان را دردسر عجیبی پیداشد. روز جمعه در مزجد تضرع و زاری کردند و آشکار اشکایت آغز نهادند و عزالدین مظفر با جمعی که این بدعت نهاده بود لعنت کردند پس قصد کردند تا او را با موافقان بقتل آورند آنان گریختند و جان بسلامت بردند. […]

بدین سبب ایلخان فرمان نوشت تا چاو را ابطال کند و رسولان این فرمان را به اطرف بردند و مردم خوشدل شدند.

***

Ra 1) 约 1295–1304 年，拉施都丁（**Rashid al-Din**）《关于中国学问诸分支的伊利汗珍宝之书》（*Tanksuqnama-i ilkhan dar funun-i 'ulum-i khita'i*）中关于元朝纸币的记载，选自英译本。

见 Karl Jahn, "Rashīd al-Dīn and Chinese Culture," *Central Asiatic Journal*, 14: 146 (1970a)。最后的文字提到在乞合都汗（Gaykhatu-Khan，1291—1295 年在位）的 1294 年后期引入纸币的灾难性的尝试。

[…] Its usefulness is beyond words to describe; the *ch'ao* in circulation in that Empire [i.e. China] is a kind of 'philosopher's stone'; if one were to find it [the philosopher's stone], then it would not be worth one-hundreth of it [i.e. the *ch'ao*]. It is deemed impossible to bring *ch'ao* into circulation in our country [Persia]. […]

原始文本见 Husain Nasr [ed.], *Tanksuq-nama ya tibb-i ahl-I Khata* (Treasure Book on the Medicine of the People of China), Tehran: Capkhana-i Sazman-i Intisharat wa Chap-i Danishgah-i Tihran, 1972 [1350 h.s.], p. 48, 描述见下。

446

雅恩（Karl Jahn）鉴识的拉施都丁（Rashid al-Din）《伊利汗珍宝之书》（*Tanksuqnama-i ilkhan dar funun-i 'ulum-i Khita'i*）抄本，收藏地和编号为：Istanbul, Ayasofya Kütüphanesi, MS No. 3596。此处是 19 叶背面（fol. 19 *verso*）的影印件。

* * *

447 **Ha 1) 1307 年亚美尼亚人海屯（Hayton）历史著作中关于元朝纸币的段落。选自 1915 年裕尔（Henry Yule）的英译本。**

见 Henry Yule, *Cathay and the Way thither, Being a Collection of Medieval Notices of China*, New Edition, Revised throughout in the Light of Recent Discoveries by Henri Cordier, *Vol. I: Preliminary Essay on the Intercourse between China and the Western Nations Previous to the Discovery of the Cape Route*, London: The Hakluyt Society, 1913, p. 259。

The money which is current in those parts is made of paper in a square form, and sealed with the king's seal; and according to the marks which it bears this paper has a greater or less value. And if perchance it begins to wear from long usage the owner thereof shall carry it to a royal office, and they give him new paper in exchange. They do not use gold and other metals except for plate and other purposes of show.

* * *

O 1 and 2) 1330 年鄂多立克（Odorico da Pordenone）关于元朝纸币和扬州盐课的记载。拉丁文和德文抄本。

见 Gilbert Strasmann, *Konrad Steckels deutsche Übertragung der Reise nach China des Odorico de Pordenone*, Gießen: Erich Schmidt Verlag (Texte des späten Mittelalters und der frühen Neuzeit; 20), 1968。

拉丁文本以温加尔（Anastasius van den Wyngaert）的《中国方济各会》（*Sinica Franciscana*）中的校勘本为底本。1330 年 5 月，鄂多立克（Odorico da Pordenone）在帕多瓦（Padua）向纪尧姆［Gulielmo de Solagna (Guillaume de Solagne)］口述了他的旅行报告。原始文本已经亡佚，但留下了几个早期抄本。

De civitate Casaie cuius muri circuunt C milliaribus, ubi sunt XII milia pontium; ubi etiam quidam pascebat quedam animalia pusilla, dicans ea esse animas. CAP. XXIII.	Consaye
1. Hinc ergo recedens, veni ad unam civitatem nomine Camsay, quod idem est quod civitas celi. [...] [p. 88]	Darnach chom ich zu einer statt, haist Cansaye, daß ist dasselb gesprochn: dew statt dez himelß oder dez himelß statt. [...] [p. 89]
[...] Per dominum etiam unum mandatum habetur: nam quilibet ignis solvit unum balis, id est quinque cartas bombicis, que unum cum dimidio florenum valent. [...] [p. 88]	
	[...] Der selbn statt fúrst hat von der statt grossn gelt vnd ist ein gar grosser vnd reicher her vnd ein grosser fúrist. [...] [p. 91]

De civitate Çançay, ubi sunt hospitia deputata ad faciendum covivia. CAP. XXV. [...] [p. 94]	Jamlay [...] [p. 95]
[...] Unde dominus istius civitatis [Jamçai] solum de sale bene habet de reditu L tuman balissi. Balissus autem valet unum florenum cum dimidio, et ita bene unum tuman constituit XV millia florenorum. Verumtamen unam gratiam huic populo fecit iste dominus, nam sibi dimittebat CC① tuman ut caritudinem non haberent. [...] [p. 94]	[...]. Der herr von der statt mag einen grossn Schacz allew jar gehabn neẃr von dem salcz, daz da ist. [...] [pp. 95-96]
De cifo qui per aerem vadit ad ora sedentium in convivo, qui plenus est vino. CAP. XXX. [...] [p. 114]	Chambalech [...] [p. 99]
2. Dicere autem et referre magnitudinem istius domini et illa qui in curia sua sunt, esset incredibile quoddam nisi ista oculis viderentur. De hoc tamen quod multas expensas facit, nemo mirari debet cum nichil aliud pro moneta expendatur in toto suo regno quam quedam carte quas pro moneta habent ibi, et infinitus thesaurus ad manus suas recurrit. [p. 114]	[...] Jch chan nicht wol gesagn vnd volsagn seinen reichtúm vnd grosse vnd wunderlichew freẃd chúrczweil, <di> da ist. Ez ist vngelawplich den, die sémlichß nicht habnt gesehn. Er hatt auch vnmazzn grósß schécz vnd hórt, wann allez daß gold vnd silber, daz in sein lant ch[v́]mpt, daz gevelt zehant in sein chamer, wann ez gett chain múnzz in seinen landn dann von charrten vnd von heẃttn alß pírmeít. Da slecht man sein zaichn auff. Also beleibt jm der hórt. [...] [p. 115]

O 3) 鄂多立克书拉丁文抄本 *Descriptio Fratris Oderici de Ordine Minorum de Partibus Infidelium* 关于元朝纸币和扬州盐课的记载。

Lucio Monaco and Giulio Cesare Testa, *Odorico da Pordenone: Relazione del viaggio in Oriente e in Cina (1314?-1330)*, Pordenone: Camera di Commercio, Industria, Artigianato e Agricoltura, 1982.

---

① 500? 见 Strasmann (1968), p. 201n2。

这是一个以诸多抄本为基础的校勘本，利用的抄本分别收藏在阿西西图书馆（library of Assisi）、马尔恰纳（the Marciana）图书馆、弗留利（Friuli）圣丹尼尔（San Daniele）康齐纳特藏（the collection of the Count Giacomo di Concina）、乌迪内图书馆（the Utinese）、博兰迪斯特图书馆（the Bollandisti）和大英博物馆（the British Museum），还利用了裕尔（Yule）和文尼（Venni）的整理本。

CAPUT XLVIII. AHAMSANAE

Hinc recedens, veni ad quamdam civitatem nomine Ahamsane[①], quae dicitur civitas coeli. […] Statutum pro lege ab Imperatore est, quod quilibet ignis solvit unum ballis, idest quinque cartas bombicis, qui florenum cum dimidio valet. […]

[p. 101]

CAPUT LI. IANCY

[…] Ibi dominus istius civitatis solum de sale habet in centum quinquaginta thuman balis. Balis autem valit unum florenum cum dimidio. Unum vero thuman computatur pro quindecim millibus florenorum.[②] […]

[p. 104]

CAPUT LXIII. DE FESTIS EIUS

[…] Narrare autem laudem magnificentiae huius curiae, cunctis incredibile videretur esse, nisi qui hoc propriis oculis inspexisset. De expensis tamen multis nemo miretur, cum nihil aliud in toto pro moneta expendantur, quam cartae confectae ex corticibus moraticorum, quae ibi pro pecunia computantur. (Et duae cartae constituunt unum ballis, qui pro uno floreno cum dimidio reputantur.)[③] Et sic infiniti thesauri per istum dominum reconduntur. (Cum autem moritur iste Chan, ipsum pro Deo omnes Tartari venerantur.)[④] […]

[p. 112]

---

① Cansaie, YULE; Casai, CONC.; Chansanae, FARS.; Kasania, MUS.; Chamsana, BOLL.; Campsay, VENNI; Cansay, ASSIS.

② Unam tamen gratiam fecit huic populo dominus iste; dimittebat enim eis duocentum thuman, ut non haberent caristiam. VENNI.

③ 很多抄本中没有这句话。

④ 在 VENNI 和 ASSIS 本中没有这句话。

O 4) 14 世纪中期鄂多立克书意大利文抄本 *Libro delle nuove e strane e meravigliose cose* 关于元朝纸币和扬州盐课的记载。

Alvise Andreose, *Libro delle nuove e strane e meravigliose cose; volgarizzamento italiano del secolo XIV dell'Itinerarium di Odorico da Pordenone*, Padova: Centro Studi Antoniani, 2000.

下面的段落来自佛罗伦萨国立中央图书馆（Bibliotheca Nazionale Centrale of Florence）收藏的一个抄本，编号 Conventi Soppressi C.7.1170, ex S. Maria Nueva。在他全面的文本校勘和语言学研究中，安德烈奥赛（Alvise Andreose）把鄂多立克行记这个通俗的意大利文本（Italian vulgarisation）的年代定为 14 世纪的后半期。在他看来，这是 14 世纪写于托斯卡纳（可能是东托斯卡纳）的最古老的通俗本之一，而且，它所代表的文本，保存了由纪尧姆（Gulielmo de Solagna）记录的原始拉丁文原本"行记"（*Itinerarium*）的真实面貌。①

CAPITOLO XXXII.
DELLA GRANDE E MERAVIGLIOSA CITTÀ CHIAMATA CUNSAI, CIOÈ 'CITTÀ DI CIELO,' OVE SONO XII^M PONTI E MOLTE NOVITADI.

Di questa contrada mi parti' e venni a una grande e meravigliosa città chiamata Cunsai,② che vuole dire in nostra lingua 'Città di cielo'. […] ¹²Ed è usanza per lo signore③ che chateuna casa paga uno *bastise*,④ cioè V carte bambagine che vagliono fiorino uno e mezo. […]

[pp. 163-164]

CAPITOLO XXXIV.
DELLA CITTÀ JANNI,⑤ NELLA QUALE ÀE CCCCLXXX^M DI FUOCHI E D'ALTRE CITADI OVE SONO MOLTE NOVITADI.

[…] ⁴Lo signore di questa città àe solamente di rendita di sale cinquanta tuman balissi.¹⁵⁵Il balisso vale fiorini uno e mezo e così costituisce uno tuman XV^M fiorini d'oro. ⁶Onde comandò il signore di questa città⑥ che lassava al popolo di quella

---

① Andreose (2000), p. 103 为 *stemma codicum*，以及他的评论，见 pp. 45, 102。
② RELATIO XXIII.1 *Camsay*, in app. B *Cansay*, C *Casaie*, Y *Cansaie*.
③ RELATIO XXIII.2 *Per dominum etiam unum mandatum habetur.*
④ RELATIO XXIII.2 '*balisso.*'
⑤ RELATIO XXV.1 *Jamçai*, in app. B *Ianzai*, C *Iançay*, Y *Iamsai*.
⑥ RELATIO XXV.1 *Verumtamen unam gratiam huic populo fecit iste dominus.*

terra CC tuman aciò che no avessero caro.①

[p. 165]

CAPITOLO XLII.
DELLE QUATRO GRAN FESTE CHE IL GRANDE CANE FA OGN'ANNO E DELLE NUOVE E STRANE COSE CHE SI FANNO IN QUELLE FESTE NELLE SUA CORTE.

[…] ³⁵A dire la grandezza e lla signoria di questo signore e le gra‹n›di cose che sono nella sua corte serebbe a molti cosa incredibile se no·lle vedessero. ³⁶Neuno si meravigli s'elli fae grandi spese, però che nel suo regno no ssi spende altra moneta se no di carte② che no·lli gosta neiente. ³⁷E nelle suoi mani viene tutto il tesoro.③

[p. 172]

O 5) 约 15 世纪中期鄂多立克行记意大利文抄本 *Viaggio del beato Odorico del Friuli* 关于元朝纸币和扬州盐课的记载。

Lucio Monaco and Giulio Cesare Testa, *Odorico da Pordenone: Relazione del viaggio in Oriente e in Cina (1314?-1330)*, Pordenone: Camera di Commercio, Industria, Artigianato e Agricoltura, 1982.

这是一个校勘本，底本为马尔恰纳抄本（Codex of Marciana, clas. VI, n. 102），兼顾其他抄本 [Magliabechiana, Marciana (clas. XI ,n. 32)、Palatina de Firenze] 和剌木学（Ramusio）编辑的译本。这个意大利文通俗本的时间约为 15 世纪中期。④

CAPO XLVIII. CANSAVE

Partendomi quindi, venni a una città che si chiama (Cansave),⑤ cioè città del cielo. […] Per lo Signore etiando hanno comandamento, che ciascuno fuoco paga uno (ballis),⑥ cioè cinque carte da bambaxio, le quali vagliono uno fiorino e mezzo. […]

[pp. 46-47]

---

① RELATIO XXV.1 *caritudinem*, in app. B *caristiam*.
② RELATIO XXX.2 [*nihil aliud*] *quam quedam carte quas pro moneta habent ibi*.
③ RELATIO XXX.2 *et infinitus thesaurus ad manus suas recurrit*.
④ 关于这一文本的时间，见 Andreose (2000), pp. 79 and 103。
⑤ Cansare, MAGL.; Guinzai, Vers. min. del RAM.; Canzay, Vers. mag. del RAM.; Chonsai, MARC.
⑥ Bastagne, Vers. min. del RAM.; Balassi, Vers. mag. del RAM.; Balisse, MARC.

CAPO LI. IAMZAI

[...] Onde el Signore di questa città, (solamente di sale)[①] ae di rendita cinquanta mani di thuman balis: el balisso vale uno fiorino et mezzo, et così uno thuman costa quindicimila fiorini. Ma questo Signore fece una gratia a questo popolo, ch'egli gli lasciava duecento thuman, acciò che non avessono carestia. [...]

[pp. 49-50]

CAPO LXIII. DELLE FESTE

[...] A voler dire la grandezza di questo Signore, et quello che si fae nella sua corte, è una cosa incredibile, s'elle non fossero vedute con gli occhi. Non si maravigli neuno s'egli fae così grande spese, che per tutto lo suo regno non spende per moneta altro che cotale carte, che sono reputate ivi per moneta. Et l'infinito tesoro viene a le sue mani. Un' altra grande maraviglia si può dire, non che io la vedesse, ma udillo dire a persone degne di fe.

[p. 62]

O 6) 1513 年鄂多立克行记的第一个意大利文印刷本 *Odorichus de rebus incognitos*

Lucio Monaco and Giulio Cesare Testa, *Odorichus de rebus incognitis: Odorico da Pordenone nella Prima Edizione a Stampa del 1513*, Pordenone: Camera di Commercio, Industria, Artigianato e Agricoltura, 1986.

这看起来是一个大幅缩短的版本，它不包含关于扬州盐课、大汗财富的段落，也没有提到用纸币交纳的人头税。

<12>

Facto alcuni giorni, partemmosi de questa terra. Noi arivammo ad una città maravigliosa che è chiamata Gussanza, che in nostra lengua vene a dire città de C<e>lo. [...] et fomme dicto che ciascuna casa paga l'anno al signore un bastage, che vale un ducato et mezzo; [...]

[pp. 65-68]

O 7) 约 1331–1333 年鄂多立克行记法文译本之抄本 *Les Merveilles de la Terre d'Outremer* 关于元朝纸币和扬州盐课的记载。

David A. Trotter, *Jean de Vignay: Les Merveilles de la Terre d'Outremer* –

---

① Manca nelle Vers. del RAM.

Traduction du XIVe siècle du récit de voyage d'Odoric de Pordenone. Exeter: Exeter University Publications, 1990.

Les Merveilles de la Terre d'Outremer 以 1330 年代早期维奈（Jean de Vignay，1282/1285–?）的法文翻译本为底本，原稿已不存。稍晚的抄本保存在大英图书馆和法国国家图书馆。维奈的法文译本以纪尧姆（Guillaume de Solagne）的本子为底本，而鄂多立克正是向纪尧姆口述了他的旅行经历。

[CHAPITRE XXIII]
Comment il vint en Cansaye

Je me departi de la, et ving a une cité qui a non Cansaye, qui vaut autant a dire comme "cité de ciel." [...] Et il ont .i. commandement de par le seigneur, quar chascun feu paie chascun an .i. balis, c'est .i. denier de la terre, a ce Grant Chien, et qui valent autant comme florin et demi, et sont fais en la maniere d'un ver qui fait la saie, et d'escorche de morier.① Et certes il ont ceste maniere. [...]

[pp. 55-56]

[CHAPITRE XXV]

Et si comme je m'en aloie par cestui flueve de Thalay, je trespassai par mout de citez, et en ving a une qui est apelee Camcyn. [...] Et le seigneur de ceste cité a bien seulement de sel .v^c. mille cuvains de basili. Donc .i. basile vaut .i. florin et demi. Et ainssi .i. cuvain si vaut bien .xv. mille florins. Et toutefois cestui seigneur a fait a cest pueple des pymeiens une grant grace, car il leur delesse .cc. cuvains, si que il n'aient cause de chierté. [...]

[pp. 59-60]

[CHAPITRE XXX]

[...] Et certes dire et raconter la hautesce et la grant noblesce de cestui seigneur et les choses qui en sa court son[t] faites, si est aus crestiens aussi comme chose qui n'est pas a croire, se l'en ne les veoit aus iex. Et de ce toutefois que il fait moult grans despens, nul ne se doit merveiller, quar nule autre chose ne se despent pour monnoie en tout son regne, fors que une maniere de meriaus qui sont fais d'esorche de mourier

---

① Trotter (1990), pp. 117–118 有注释，这一段与拉丁文各抄本有相当大的差异："quilibet ignis solvit unum balis, id est quinque cartas bombicis, que unum cum dimido florenum valent."

qui est ilec reputee pour monnoie.[①] Et tres grant tresor sanz fin vient en ses mains.

[p. 74]

O 8) 鄂多立克行记 1351 年勒隆（Jean le Long）法文译本 *Iteneraire de la Peregrinacion et du voyaige* 中关于元朝纸币和扬州盐课的记载。

见 Alvise Andreose and Philippe Ménard, *Le voyage en Asie d'Odoric de Pordenone, traduit par Jean Le Long, OSB, Itinerarie de la peregrinacion et du voyaige (1351)*, Genève: Librairie Droz (Textes littéraires français), 2010。

[XXIII] De la cité de Casaye, autrement dicte Cancusay, qui est la plus grant du monde.

Je m'en vins a une cité qui a nom Cancusaie. Ce sonne en nostre françoiz "cite de chiel." […]

Et si est toute subjecte a un seigneur, le Grant Caan, qui en lieve si grant avoir que merveille, car chascun feu lui paie tous les ans .V. carques de coton, qui bien valent la un florin et demi, mais tant y a que .X. ou .XII. mainaigez ne font que un feu a paier. […]

[p. 41]

[XXVI]De la cité de Iamathay, alias Iansu, et de l'ordenance des gens.

[…]Li sires de la cité en reçoyt bien chascun an .L. tumans de balisses, dont .I. balisse vault [un][②] florin et demi, sicques .I. tuman vault .XV^M. flourins. Et nompourquant leur sires leur fait grace chascun an de .II^C. tumans, affin que en la ville ne soit trop grant cherté.

[p. 45]

[XXVII] De la cité de Lancerni, de Caito et aucunes autres.

[…] Pluiseurs autres choses font it devant leur Seigneur que nulz n'oseroit croire qui ne l'eust veu. Mais je le vy tout a mes yeulx, et pour ce le puis bien dire.

---

① Trotter (1990), p. 123n209 指出，不是所有的拉丁文文本都像这个法文一样详细。威尼斯拉丁文抄本 Marciana XIV, 43 提到："cartae confectae corticibus morariorum, quae pro moneta reputantur ibi" (YC, p. 326n1), 然而，其他的本子只写道："quedam carte quas pro moneta habent (BCY: que pro moneta reputantur)." (SF, p. 482)

② 这个词在抄本 A (Besançon, B. M., 667) 和抄本 B (Paris, BNF, fr. 12202) 中被漏掉了。据抄本 C (Paris, BNF, fr. 1380)、E (Paris, BNF, fr.2810) 和 F (Bern, Universitätsbibliothek, ms. 125) 修正。

De si grans despens que celui Sires fait nulz ne se doit esmerveiller, car pour monnoie ne despant on rien en tout son royaume fors une mennere de briefvés, qui la vont par le paÿs en lieu de monoie.

[p. 55]

O 9) 鄂多立克行记 1913 年裕尔（Henry Yule）英译本 *The Travels of Friar Odoric* **关于元朝纸币和扬州盐课的记载。**

见 Henry Yule, *Cathay and the Way thither, Being a Collection of Medieval Notices of China*, New Edition, Revised throughout in the Light of Recent Discoveries by Henri Cordier, *Vol. II: Odoric of Pordenone*, London: The Hakluyt Society, 1913。

32. Concerning the city of Cansay, which is the greatest city on earth.

Departing thence, I came unto the city of Cansay, a name which signifieth *"the City of Heaven."* […]

And they have an edict from their Lord that every fire shall pay to the great Khan annually a tax of one *balis*, i.e. of five pieces of a paper like silk, a sum equal to one florin and a half. […]

[pp. 192-196]

35. Concerning the cities of Iamzai and of Menzu.

[…] And the lord of this city hath from salt alone a revenue of five hundred tumans of *balis*; and a *balis* being worth a florin and a half, thus a tuman maketh fifteen thousand florins. But as a grace to this people the said lord made a remission to them of two hundred tumans, lest distress should be created.

[pp. 209-211]

41. Concerning the Khan's great hunting matches.

[…] And any account that one can give of the magnificence of that lord, and of the things that are done in his court must seem incredible to those who have not witnessed it.

But no one need wonder at his being able to maintain such an expenditure; for there is nothing spent as money in his whole kingdom but certain pieces of paper which are there current as money, whilst an infinite amount of treasures comes into his hands.

[p. 240]

* * *

S 1) 约 1330 年孙丹尼牙（**Soltania**）大主教《大可汗疆域之书》（*The Book of the Estate of the Great Caan*）关于元朝纸币的段落。选自 **1914** 年裕尔（**Yule**）英译本。

见 Henry Yule, *Cathay and the Way thither, Being a Collection of Medieval Notices on China*, New Edition, Revised throughout in the Light of Recent Discoveries by Henri Cordier, *Vol. III: Missionary Friars—Rashíduddín—Pegolotti—Marignolli*, London: The Hakluyt Society, 1914。

这位孙丹尼牙主教被认为是多明我会（Dominican Order）的约翰·科拉（John de Cora）。他关于纸币的记载与马可·波罗书的段落相似，我推测它基本上是威尼斯人马可·波罗行纪的引述本。

[...]

Then the emperor refuseth justice to no man, but thanks be to God Almighty, he delivereth the prisoners, and bestoweth his mercies and acts of compassion on all manner of people, who have need thereof, and require a favour at his hand. Only there be three manner of folk to whom he rendereth never mercy: to wit, such an one as hath laid violent and reprobate hands upon his father or his mother; such as hath forged the king's money, which is of paper; and such as hath done any one to death by giving him poison to drink. To these three rendereth he never mercy.

[...]

[p. 90.]①

5. Concerning the money which is current in the said realm.

The Grand Caan there maketh money of paper. And this hath a red token right in the middle, and round about there be letters in black. And this money is of greater or of less value according to the token that is thereon; one is worth a groat② and

---

① 我感谢 Alexander Jost 向我指出了这一段落。
② "Maille."

another is worth a denier; and so some are worth more and some less. And they fix the value of their money of gold and silver with reference to their paper money.①

You find in this country a greater variety of merchandise than in the territories of Rome or of Paris. They have great store of gold and silver and of precious stones. For when any merchants from foreign parts come thither to trade, they leave there their gold and silver and precious stones, and they carry away the products of the country; spices, silk, cloths of silk and cloths of gold, of which they find great quantities for sale here.

The emperor above mentioned hath very great treasuries; indeed it is a marvel to see them; and these are for this paper money. And when the said paper money is too old and worn, so that it cannot be well handled, it is carried to the king's chamber, where there be moneyers appointed to this duty. And if the token or the king's name is at all to be discerned thereon, then the moneyer giveth new paper for the old, deducting three in every hundred for this renewal. All their royal grants are also made on paper.

[pp. 97-98]

* * *

J 1) 约 1330 年乔丹·卡塔兰·塞韦拉克（Jordan Catala de Sévérac）《奇异记》（*Mirabilia Descripta*）关于元朝纸币的记载。

见 Christine Gadrat, *Une image de l'Orient au XIVe siecle: Les Mirabilia Descripta de Jordan Catala de Sévérac; Édition, traduction et commentaire*, Paris: École des Chartes (Mémoires et documents de l'École des Chartes; 78), 2005, p. 261。

Sequitor de magno Tartaro

126. In dominio istius, 'currit pro moneta papirus signata cum incausto nigro,' cum qua habetur aurum, argentum, sericum, lapides preciosi, et simpliciter omnia que vult homo'.

J 2) 约 1330 年乔丹·塞韦拉克《奇异记》1863 年裕尔英译本中关于元朝纸币的记载。

---

① 裕尔（Yule）解释说："这个短语是 *avaluent leur monnoie dor et dargent à leur monnoie de pappier*, 在文中 Jacquet 对此做了解释。这个解释似乎不是很令人满意，该记述肯定是不真实的。"

见 Henry Yule, *Mirabilia Descripta – The Wonders of the East by Friar Jordanus, of the Order of Preachers and Bishop of Columbum in India the Greater, (circa 1330); Translated from the Latin Original, as Published at Paris in 1839, in the Recueil de Voyages et de Mémoires, of the Society of Geography, with the Addition of a Commentary,* London: The Hakluyt Society, 1863。

VIII.
Here Followeth Concerning the Great Tartar

[…] 2. In his dominion is current, in place of money, paper stamped with black ink, with which can be procured gold, silver, silk, gems, and in short all that man can desire.

[p. 46]

***

F 1) 乌马里 (Ibn Fadlallah al-'Umari,卒于 1338 年)《眼历诸国记》*Masalik al-absar fi mamalik alamsar* 关于中国纸币的记载。选自莱西（**Klaus Lech**）德译本。

见 Klaus Lech, *Das mongolische Weltreich: Al-'Umarī's Darstellung der mongolischen Reiche in seinem Werk Masālik al-abṣār fī mamālik al-amṣār; mit Paraphrase und Kommentar,* Wiesbaden: Harrasowitz (Asiatische Forschungen; 22), 1968, pp. 109ff。

Der Geschäftsverkehr erfolgt mit einem Papiergeld, das aus dem Bast des Maulbeerbaumes besteht und den Namen des Großkhans im Aufdruck trägt. Sind die im Umlauf befindlichen Noten abgenutzt, tauscht man sie bei Beamten des Khans gegen geringen Verlust um – ähnlich wie an der [ägyptischen] Münze, wo [ein gewisser Prozentsatz] von Gold und Silber einbehalten wird, das man zum Prägen bringt. […]

Der Handel wird mit einem aus der Rinde des weichen Maulbeerbaumes hergestellten [Papier]geld abgewickelt, das in größeren und kleineren [Noten] im Umlauf ist und im Geschäftsverkehr einen Wert von einem, zwei, fünf und so weiter bis dreißig, vierzig und hundert Dirham hat. Mit diesem Geld aus dem Bast des weichen Maulbeerbaumes gefertigt und mit dem Namen des Großkhans gestempelt, spielt sich der Handel ab. Alte und abgenutzte Scheine bringt man zu einer öffentlichen Kasse und erhält sie gegen geringen Verlust ersetzt.[①]

原文见上引书，pp. ۶۲ ff.。

ومعاملتهم بقروش من الحاء شجر التوت مطبوعا باسمه، فإذا عتق ذلك المتعاطى به حمله
إلى نوّاب هذا القان، وأخذ عوضه مع خسارة لطيفة يؤخذ فى دار الضرب على ما يؤخذ
إليها من الذهب والفضّة ليضرب بها. [...]
ومعاملتهم بورق التوت ومنها كبار ومنها صغار، فمنها ما يقوم فى المعاملة مقام الدرهم
الواحد، ومنها ما يقوم مقام درهمين، فمنها ما يقوم مقام خمسة درهم، وأكثر إلى ثلاثين
وأربعين وخمسين ومأة، وهو يؤخذ من الحاء شجر التوت اللّين، ويختم باسم القان، وجرى
به المعملات، فإذا عتق واضمحلّ حمل إلى الخزانة وأعطى عوضه غرم قليل.

* * *

P 1) 约 1340 年裴哥罗梯（Francesco Balducci Pegolotti）《通商指南》（*La Pratica della Mercatura*）关于元朝纸币的记载。

见 Allan Evans, *Francesco Balducci Pegolotti: La Pratica della Mercatura*, Cambridge (Mass.): The Mediaeval Academy of America, 1936。

AVISAMENTO DEL VIAGGIO DEL GATTAIO   460

per lo cammino della Tana ad andare e tornare con mercatantia

Primieramente, dalla Tana in Gintarcan si à 25 giornate di carro di buoi, e con carro di cavallo pure da 10 in 12 giornate. [...]

---

① 对这一段，Etienne M. Quatremère 利用皇家图书馆的阿拉伯文 583 号抄本，做过一个较老的法文翻译，见 Institut Royal de France (ed.), *Notices et extraits des manuscrits de la Bibliothèque du Roi et autres bibliothèques*, vol 13, Paris: Imprimerie Royale, 1838, p. 223 : "Il parle de la monnaie de papier [Fol. 43v], qu'il décrit en ces termes: 'On emploie en guise de monnaie des bandes روشق formées de filaments de mûrier, sur lesquelles est imprimé le nom de l'empereur. Lorsqu'une de ces pièces est usée, on la porte aux officiers du prince, et l'on reçoit une autre pièce en échange, moyennant une perte légère, ainsi que la chose a lieu dans nos hôtels des monnaies, relativement aux matières d'or et d'argent que l'on y porte, et qui doivent être converties en pièces monnayées.' Plus loin [Fol. 46r], l'auteur, s'appuyant sur l'autorité du schérif Hasan-Samarkandi, s'exprime en ces termes: 'La monnaie des Chinois est formée de feuilles de mûrier. Il y en a de grandes et de petites. Quelques-unes ont la valeur d'un dirhem, d'autres de deux, d'autres de cinq; d'autres valent trente, quarante, cinquante, et même cent dirhems.'" 对相同段落的引用，见 Berthold Laufer, *Sino-Iranica: Chinese Contributions to the History of Civilization in Ancient Iran, with Special Reference to the History of Cultivated Plants and Products*, Chicago: Field Museum of Natural History (Field Museum of Natural History Publications 201; Anthropological Series Vol. XV. No. 3), 1919, pp. 561-562, 书中提到另一种译文，见 Ch. Schefer, "Notice sur les relations des peuples Musulmans avec les Chinois: L'extension de l'islamisme jusqu'à la fin du XVe siecle," Paris: Centenaire de l'École de Langues Orientales Vivantes, 1895, p. 17. 不过，Schefer 的翻译更为准确："La monnaie des Chinois est faite de billets fabriqué avec l'écorce du mûrier. Il y en a de grands et de petits. [...] On les fabrique avec des filaments tendres du mûrier et, après y avoir apposé un sceau au nom de l'empereur, on les met en circulation."

E di Oltrarre in Armalecco si à 45 giornate di some d'asino, e ogni dìe truovi moccoli. E d'Armalecco insino in Camesu si à 70 giornate d'asino, e di Camesu insino che vieni a una fiumana che si chiama [...] si à 45 giornate di cavallo. E dalla fiumana te ne puoi andare in Cassai e là vendere i sommi dell'argento che avessi, però che làe è spacciativa terra di mercantia. E di Cassai si va colla muneta che si trae de' sommi dell'argento venduti in Cassai, ch'è moneta di carta che s'apella la detta moneta balisci, che gli quattro di * quella moneta vagliono uno sommo d'ariento per le contrade del Gattaio. E di Cassai a Gamalecco, che è la mastra città del paese del Gattaio, si va 30 giornate.

[p. 21]

Cose bisognevoli a mercatanti che vogliono fare il sopradetto viaggio del Gattaio

[...] Tutto l'argento che' mercatanti portano e che va al Gattaio, il signore del Gattaio lo fa pigliare per sé e mettelo in suo tesoro, e' mercatanti che 'l vi portano ne dà loro moneta di pappiero, cioè di carta gialla coniata della bolla

del detto signore, la quale moneta s'appella balisci; della qual moneta * puoi e truovi da comperare seta e ogn'altra mercatantia e cose che comperare volessi. E tutti quelli del paese sono tenuti di prenderla, e già però non si sopracompera la mercatantia perché sia moneta di papiero; e della detta moneta di pappiero ne sono di tre ragione, che l'una si mette per più che l'altra secondo che sono ordinate a valuta per lo signore. [...]

[p. 23]

P 2) 约 1340 年裴哥罗梯《通商指南》关于元朝纸币的记载。选自 1914 年裕尔（Yule）英译本。

见 Henry Yule, *Cathay and the Way thither, Being a Collection of Medieval Notices on China*, New Edition, Revised throughout in the Light of Recent Discoveries by Henri Cordier, *Vol. III: Missionary Friars–Rashiduddin–Pegolotti–Marignolli*, London: The Hakluyt Society, 1914。

CHAPTER I.

Information regarding the journey to Cathay, for such as will go by Tana and come back with goods.

In the first place from Tana to Gintarchan [Astrakhan] may be twenty-five days with an ox-waggon, and from ten to twelve days with a horse-waggon. [...] From Oltrarre [Otrár] to Armalec is forty-five days' journey with pack-asses, and every day you find Moccols. And from Armalec to Camexu [Ganzhou in Gansu] is seventy days with asses, and from Camexu until you come to a river called [...] is forty-five days on horseback; and then you can go down the river to Cassai [Xingzai, Kinsay, Cansai = Hangzhou], and there you can dispose of the *sommi*[①] of silver that you have with you, for that is a most active place of business. After getting to Cassai you carry on with the money which you get for the *sommi* of silver which you sell there; and this money is made of paper, and is called *balishi*.[②] And four pieces of this money are worth one *sommo* of silver in the province of Cathay. And from Cassai to Gamalec [Cambalec], which is the capital city of the country of Cathay, is thirty days' journey.

[p. 146-149]

CHAPTER II.

Things needful for merchants who desire to make the journey to Cathay above described.

[...] Whatever silver the merchants may carry with them as far as Cathay the lord of Cathay will take from them and put into his treasury. And to merchants who thus bring silver they give that paper money of theirs in exchange. This is of yellow paper, stamped with the seal of the lord aforesaid. And this money is called *balishi*; and with this money you can readily buy silk and all other merchandise that you have a desire to buy. And all the people of the country are bound to receive it. And yet you shall not pay a higher price for your goods because your money is of paper. And of the said paper money there are three kinds, one being worth more than another, according to the value which has been established for each by that lord.

[...]
[pp. 154-155]

---

① Yule (1914), p. 148n4, 指出 *sommo* 是一种重量为 8.5 热那亚盎司（Genoese ounces）的银锭。伊本·白图泰提到，这些作为通货在驮粗人中使用，名为 *saum*，单数名称为 *saumah*。

② Heyd (1879), vol. 2, p. 251, 已经指出，这种说法是错误的，因为 *balish* 不是纸币的名称，而是货币的计算单位（即汉语的"锭"）。

I 1) 约 1347 年伊本·白图泰"孟加拉、中国行记"中关于元代纸币的记载，选自 1916 年裕尔英译本。

见 Henry Yule, *Cathay and the Way thither, Being a Collection of Medieval Notices on China*, New Edition, Revised throughout in the Light of Recent Discoveries by Henri Cordier, *Vol. IV: Ibn Batuta – Benedict Goës – Index*, London: The Hakluyt Society, 1916。

[...] The Chinese taste is entirely for the accumulation of gold and silver plate. [...] They have a custom among them for every merchant to cast into ingots all the gold and silver that he possesses, each of these ingots weighing a hundredweight, more or less, and these he places over the gate of his house. The man who has accumulated five such ingots puts a ring on his finger; he who has ten puts two rings; he who has fifteen is called *Satí*,① which amounts to the same thing as *Káramí* in Egypt. An ingot is in China called *Barkálah*② ③.

The people of China do not use either gold or silver coin in their commercial dealings. The whole amount of those metals that reaches the country is cast into ingots as I have just said. Their buying and selling is carried on by means of pieces of paper about as big as the palm of the hand, carrying the mark or seal of the Emperor. Twenty-five of these bills are called *bálisht*,④ which is as much as to say with us "*a dínár*." When anyone finds that notes of this kind in his possession are worn or torn he takes them to a certain public office analogous to the Mint of our country, and there he gets new notes for his old ones. He incurs no expense whatever in doing this, for the people who have the making of these notes are paid

---

① Yule:["He who possesses fifteen such, is named El Sashi; and the piece itself they call a Rakala"(Lee, p. 209).]

② Yule: 波斯语的 Pargálah，意为截（*frustrum*）、段（*segmentum*）（据 Meninski）。Satí, 可能是一些老旅行者所说的印度语词汇 *Set* 或 *Cheti*。卡列米商人（*Káramí* merchants）是埃及的一种行会或社团组织，在香料贸易中似乎占据首要地位……在印度，有一件众所周知的事情，富裕的印度银行主（Hindu bankers）以及类似人物，会把金砖砌到他们家的墙里……据 Ibn Fozlan 说，在俄罗斯，如果一个人拥有 10,000 迪尔汗（dirhem），他的妻子就戴一条金链，有 20,000 迪尔汗，就戴两条金链，依此类推。

③ Yule:["Are termed a shat." Lee, p. 209.]

④ Yule:["In historical works, such as the *Jahán Kushái*, the *Jami-ut Tawárikh*, and others, a *bálish* is thus described: 'A *bálish* is 500 *mitkhál* [of silver] made into long brick with a depression in the middle.'" *Tarikh-i-Rashidí*, p. 256 ...]

by the emperor. The direction of the said public office is entrusted to one of the first *amirs* in China. If a person goes to the market to buy anything with a piece of silver, or even a piece of gold, they won't take it; nor will they pay any attention to him whatever until he has changed his money for *bálisht*;① and then he can buy whatever he likes.

[…]

[pp. 111-113]

原文见 Charles François Defremery, *Voyages d'Ibn Battûta: Texte arabe accompagné d'une traduction par C. Defremery et le Dr. B. R. Sanguinetti*, vol. 4, 2nd ed. Paris: Imprimerie Impériale, 1874-1879, repr. Paris: Éditions Anthropos, 1979, pp. 111-113:

وجميع اهل الصين انما يحتفلون فى اوانى الذهب والفضة [...] وعادتهم أن يسبك التاجر ما يكون عنده من [...] الذهب والفضة قطعًا تكون القطعة منها من قنطار فما فوقه وما دونه ويجعل ذلك على باب داره. ومن كان له خمس قطع منها جعل فى إصبعه خاتمًا ومن كانت له عشر جعل خاتمين ومن كان له خمس عشرة سموه الستي بفتح السين المهمل وكسر التاء المعلوة وهو بمعنى الكارمي بمصر. ويسمون القطعة الواحدة منها بركالة بفتح الباء الموحدة وسكون الراء وفتح الكاف واللام. [...] وأهل الصين لا يتبايعون بدينار ولا درهم. وجميع ما يتحصل ببلادهم من ذلك يسبكونه قطعًا كما ذكرناه وانما بيعهم وشراؤهم بقطع كاغد كل قطعة منها بقدر الكف مطبوعة بطابع السلطان وتسمى الخمس والعشرون قطعة منها بالشت بياء موحدة والف ولام مكسور وسين معجم مسكن وتاء معلوة وهو بمعنى الدينار عندنا واذا تمزقت تلك الكواغد فى يد إنسان حملها إلى دار دار السكة عندنا فأخذ عوضها جددًا ودفع تلك ولا يعطى على ذلك أجرة ولا سواها لأن الذين يتولون عملها لهم الأرزاق الجارية من قبل السلطان وقد وكل بتلك الدار أمير من كبار الأمراء واذا مضى الإنسان إلى السوق بدرهم فضة أو دينار يريد شراء شيء لم يؤخذ منه ولا يلتفت عليه حتى يصرفه بالبالشت ويشتري به ما أراد. [...]

* * *

M 1) 1365 年编写、1371 年完稿的《曼德维尔行记》巴黎本 (BN, Nouv. Acq. Franç. 4515) *Le liure de Mandeuille, chaualier, le quel parle de lestat de la terre sainte et des merueilles que il a veues* **中关于元代纸币的记载。**

---

① Yule 认为 *bálish* 或 *bálisht* 是拉丁文词汇 *follis* 的误写，该词意为：风箱、皮革钱包。他的长篇脚注见 Yule (1916), p. 112n2。

见 Malcolm Letts, *Mandeville's Travels: Texts and Translations*, London: The Hakluyt Society, 1953, vol. 2. Cf. also the similar "version insulaire" of about 1356, critically edited by Christiane Deluze, *Jean de Mandeville; Le livre des merveilles du monde*, Paris: CNRS Editions (Sources d'histoire médiévale, publiées par l'Institut de Recherche et d'Histoire des Textes; 31), 2000, pp. 396-397。

这是已知最早的《曼德维尔行记》抄本，表明该书最早用法文写成。

[Chapter 25]
Du gouuernement du Grant Cham

[…] Cilz empereur puet despendre tant comme il veult senz nulle estimacion, car il ne despent ne or ne argent, ne ne fait monnaie fors de cuirs emprinteis ou de rondelles de papier signez.① Et si a monnoie de plus grant② pris lune que lautre selon la deuise du signet qui [f. 72 ʳ] est enz. Et quant celle monnoie a tant couru que lemprainte est gastee, on la reporte adont au tresorier de lempereur, et il leur baille de la nouuelle monnoie pour la vieille. Et ceste monnoie va par tout son pays et par toutes les prouinces dont il est chief, et en fait on toutes les pourueances pour la despense de son hostel.③ Et par de la il ne faut monnoie ne dor ne dargent, et pour ce puet il assez despendre. Et de lor et de largent que on porte en son pays il en fait tousdit ouurer en son palais et faire diuerses choses et faire changier et muer, selon ce que il lui plaist. Et a en sa chambre, en vn des pillers dor qui y sont, i. rubis④ en maniere dun escharboucle dun pie de lonc, qui par nuit enlumine toute la chambre; […]

[p. 364]

M 2) 约 **1410** 年到 **1420** 年间，《约翰·曼德维尔之书》（*The Book of John Mandeville*）埃杰顿（**Egerton**）本关于元代纸币的记载。

见 Malcolm Letts, *Mandeville's Travels: Texts and Translations*, London: The Hakluyt Society, 1953, vol. 1。

Chapter XXV
[Of the Governance of the Great Chan's Court, and when He Maketh Solemn

---

① Warner 的法文本有以下内容："...ne ne fait point de moneye, fors de cuyr emprentes ou de paper."
② Warner 的文本："...et de plus petit solonc la diuersete de seinal qi y est."
③ Warner 的文本省略了："dont ...hostel."
④ Warner 的文本："...pilers dor vn rubiez charboncle [...]."

Feasts; of His Philosophers; and of His Array when He Rideth by the Country]

[…]

This emperor may dispend als mickle as him list spend, for he makes no money but out of leather, or of paper, or of barks of trees.① And when this money is waxed old, and the print thereof defaced because of using, it is brought to the king's treasury, and his treasurer gives new for old. This money is printed on both sides, as money is of other countries, and it goes through all the Great Caan's lands. For they make no money there of gold ne silver, when it is brought thither from other lands by divers nations, but the emperor gers enorn his palace therewith, and gers make thereof other necessaries at his own list. In his chamber on a pillar of gold is a ruby and a carbuncle, either of a foot long; and this carbuncle lightens all the chamber on the night. […]

[pp. 165-166]

M 3) 1462 年格拉文哈格（Gravenhage）中世纪荷兰文本《曼德维尔行记》（*De Reis van Jan van Mandeville*）关于元代纸币的记载。

见 N. A. Cramer, *De Reis van Jan de Mandeville, naar de middelnederlandsche Handschriften en Incunabelen, vanwege de Maatschappij der Nederlandsche Letterkunde te Leiden*, Leiden: Brill, 1908, p. 203。

Hoe die keyser sijn munt van leder is ende verteren mach also veel al hy wil.

[122d] Die keyser mach also vele verteren al hi wel zonder ghetal, want hi en verdoet noch gout noch suluer, noch hi en maect en ghene munte anders dan van gheprenten leder ofte van papiere. Ende dan dier munte is die een waerder dan die ander, na dien dat teken is dat daer op staet. Ende alse dese munte also langhe ghelopen heeft ende ghegaen, dat die printe al beghint de vergaen, dan draghet mense tot des keysers tresorerie ende hi gheeft hem nuwe munte om die oude. Ende dese munte gaet door al sijn lant ende in al sijn prouincien, want daer en maken si gheen munte van goude of van siluer. Ende daer om mach hij [123a] ghenoech verteren. Ende vanden goude ende van den suluere, datmen in sijn lant brinct, doet hi altoos zijn pallaes maken ende al ander dinghen, die hem ghenoeghen. Ende in een vanden pylaernen van sijnre cameren, die van goude is, staet een robijn carbonkel, die een

---

① "Barks of trees" 在 Cotton 本或法文本中不存在。

voet lanc is, die des nachts alle die camere verlicht [...]

M 4) 《曼德维尔行记》德文译本关于元代纸币的记载。

见 Eric John Morrall, *Sir John Mandevilles Reisebeschreibung in deutscher Übersetzung von Michael Velser: Nach der Stuttgarter Papierhandschrift Cod. HB V 86*, Berlin: Akademie-Verlag, 1974, p. 141。

Hie seit er von dem grossen hoff und adel den der Cham under im hät.

[...] Der kayser mag verzeren wie vil er wil das es im *[42ra]* nit schatt. *Wann er bedarf weder gold noch silver verzeren*, wann da gät kain múnß wann von leder oder von pappir da ist des kaysers zaichen uff, und gilt ains me den das ander darnäch gezaichnet ist. Und wenn die alt werdent und woᵉllend verderben, so tragend sie das in das kaysers thesary, so git man in wider di da guᵒt sind umb die alten. Und das gät als wit sin land ist. Und da von alles gold und silber wirt dem kayser. Und da von waᵉr es nit ain wunder ob sie von luterm gold búrg machtend, wann sin doᵉrt me ist wann hie. Item in siner kamer stät ain guldin sul, die ist gar wunderlich gemacht; in der sul ist ain rubin, der ist wol ains fuᵒß lang, der erlúchtet die *gantzen* kamer, [...]

* * *

PM) 1389 年梅齐埃（**Philippe de Mézières**，约 **1327–1405**）《朝圣老者之歌》（*Le song du vieil pèlerin*）中关于元朝纸币的记载。

George William Coopland, *Le songe du vieil pèlerin*, Cambridge: Cambridge University Press, 1969, vol. 1, pp. 229, quoted in Folker Reichert, "Chinas Beitrag zum Weltbild der Europäer: Zur Rezeption der Fernostkenntnisse im 13. und 14. Jahrhundert,"*Zeitschrift für historische Forschung*, 6 (1989a), p. 45n65.

在他寻找良好钱币和公正政府的过程中，梅齐埃（Philippe de Mézières）的 *Reine Verité*（意为"真理女王"）和她的随从也到达契丹（Cathay）。他们在那里找到了正义、和平与同情，但那里的纸币不是好的钱币，而只是用模仿皮革的纸张制作的。①

---

① 见 Reichert (1989a), pp. 44-45。

"[…] il fu trouve que la monnoye du Grant Caan, laquelle estoit de cuir et de fort papier n'estoit pas de bon aloy."①

* * *

H 1) 1420 年代,哈菲兹·阿布鲁(Hafiz-i Abru)《历史精华》(*Zubdatu't Tawarikh*)对明朝纸币的记载。采用 1970 年梅特尔(K. M. Maitra)的英译文。②

见 K. M. Maitra, *A Persian Embassy to China, Being an Extract from Zubdatu't Tawarikh of Hafiz Abru*, with a new introduction by L. Carrington Goodrich, New York: Paragon Book Reprint Corp., 1970, pp 111-112。

此文献记载了著名的帖木儿之子沙哈鲁·巴阿杜尔·算端(Sultan Shahrukh Bahadur)从赫拉特(Herat)向中国明朝永乐皇帝(1403—1424 年在位)朝廷派遣使团的情况。这次出使的时间是在 1419—1421 年。记录保存于 1420 年代后期哈菲兹·阿布鲁(Hafiz-i Abru)撰写的通史著作中。

An Account of the Return of the Envoys who Had Gone to Cathay and Chinese Stories and Customs

[…]

The contents of Shadi Khwaja's tray [of presents] were, —ten bags of silver coins,③ thirty pieces of satin as well as seventy other stuffs consisting of undervests, red silks, Lousha,④ Kapki,⑤ together with five thousands bank-notes⑥ while his wife received no bank-note or bags of silver, but only one third of the apparels.

Sultan Ahmad, and Kukja and Arghdaq severally received eight bags of silver, sixteen pieces of satin and remainder of stuffs being made up of undervests, red silk, and Lousha in all ninety-four pieces, including their wives as well, with one thou-

---

① 另外,提到"非铸造之钱(Uncoined money)"(moneta...senza conio)的,还有薄伽丘(Giovanni Boccaccios,1313—1375)的《十日谈》(*Decamerone*,创作于 1349—1353 年),其中一则故事中,Frate Cipolla 讲述了他的一次越过达达尼尔海峡(Hellespont),在"取笑国"(Buffia)和"欺哄乡"(Truffia)以及"诓骗州"(the Land of Lies/terra di Menzogna)的旅行。"非铸造之钱"似乎暗示中国的情况。见 Reichert (1989a), p. 51。

② 我感谢图宾根大学中韩学系(Abteilung für Sinologie und Koreanistik)的 Alexander Jost,他向我指出了这一报告。

③ 无疑指的是"银锭"(巴里失/Balish)。

④ Maitra: Lousha 似乎是一种织锦,欧洲人称之为 Lucca。

⑤ Maitra: Kapki 是一种天鹅绒。

⑥ "银行票据"(Banknote)肯定具有误导性,无疑,这指的是汉语的"钞"(*chao*)。

sand bank-notes each.

Ghiyasu'd Din, Ardwan and Taju'd Din Badakhshi severally received seven bags of silver, sixteen pieces of satin, red silk, Lousha and Kapki, seventy seven pieces in all, as well as two thousand bank-notes each. [...]

* * *

A 1) 撒马尔罕迪（**'Abd ar-Razzaq as-Samarqandi**）的《双福星之升起与两海之汇聚》（*Matla' as-sa'dain wa majma al-bahrain*）一书中对明朝纸币的记载。波斯文抄本编号为 **Manuscrit persan de la Bibliothèque de roi, n° 106; manuscrit persan de la Bibliothèque de l'Arsenal, n° 24**）。此处采用 1843 年卡特麦尔（**Etienne M. Quatremère**）的法文翻译。

见 Institut Royal de France (ed.), *Notices et extraits des manuscrits de la Bibliothèque du Roi et autres bibliothèques,* vol 14, Paris: Imprimerie Royale, 1843. pp. 416-417。

这是关于沙哈鲁·巴阿杜尔·算端使团的很晚的记载，相关的详细记载我们可以在哈菲兹·阿布鲁（Hafiz-i Abru）的通史中读到（见 H 1）。实际上，撒马尔罕迪的记述是以哈菲兹·阿布鲁的著作为基础的。

Matla-assaadeïn ou-madjma-albahreïn

[...] Le huitième jour de rebi-awal, le monarque, ayant mandé Ahmed-schah et Bakhschi-melik, leur fit ce que l'on appelle *senkisch,* c'est-à-dire un présent. Il donna à Sultan-schah huit *balisch* d'argent, trente vêtements d'une magnificence royale, avec une mule, vingt-quatre pièces de *kaleï,* deux chevaux, dont un était sellé, cent flèches formées de roseau, cinq *kaïbar* à trois côtés, à la mode du Khata, et cinq mille *tchao.* Bakhschi-melik fut gratifié d'un pareil présent; seulement, il eut une *balisch* de moins. Les femmes des ambassadeurs ne reçurent pas d'argent, mais on leur donna des étoffes. [...]①

---

① 注释见 Quatremère, p. 503: "On lit dans le *Tarikhi-Wassâf* (fol. 17 v.): [...] 'sept cents *balisch* de *tchao*,'et (fol. 18 r.): [...] 'le *tchao* qui dans l'empire de la Chine, servait pour les transactions commerciales;' et enfin (fol. 395 r.): [...] 'mille *balisch-tchao*.' Dans l'Histoire de l'Inde de Firischtah, on lit (t. I, p. 239): [...] 'ainsi que dans l'empire de la Chine, l'or *tchao* a cours,' et (ibid.): [...] 'Le mot *tchao* désignait un morceau de papier sur lequel on gravait les noms et les surnoms des empereurs de la Chine, et qui, chez les habitants de ce royaume, avait cours, au lieu de la monnaie d'or et d'argent.' "

***

B 1) 约 1450 年巴尔巴罗（Josaphat Barbaro）《波斯行记》（Viaggio alla Persia），第 44 页对中国纸币的记载。1865 年颇节（Pauthier）曾引用。

见 Guillaume Pauthier, *Le livre de Marco Polo, citoyen de Venise, conseiller privé et commissaire impérial de Khoubilaï Khaân, rédigé en Français sous sa dictée en 1298 par Rusticien de Pise*, Paris: Librairie de Firmin Didot Frères, Fils et C., Imprimeurs de l'Institut de France, 1865, p. 327n7。

约 1450 年巴尔巴罗在亚速（Asof），据说他从一位曾经出使中国的鞑靼人那里听到了以下讲述：

[…] in quel luogo [i.e. China] si spende *moneta di carte*; la quale ogni anno è mutata con nueva stampa, e la moneta vecchia in capo dell'anno si porta alla zecca, ove à chi la porta è data altrettanta della nueva e bella; pagando tutta via *due per cento* di moneta d'argento buona, e la moneta vecchia si butta nel fuoco. […]

***

KI) 1516 年阿里·阿克巴·乞台（'Ali Akbar Khita'i）在《中国之书》（*Khitaynama*）中对明代早期货币状况和纸币使用的记载。

原始文本见 Iraj Afshar, *Khitaynama: sharh-i mushahidat-i Saiyid 'Ali Akbar Khita'i*, Tehran: Markaz-i Aznad-i Farhangi Asya, 1978 [=1378 h.s.]。①

در بیان زر نقره وپول به جای پول خرج کردن

چنان است که در شهری که پول را نیک نگیرند حکم از پادشاهی برآید که به این چنین مهر کنید و به جای پول بگیرید. که را زهره بود که بگیرد وآن کاغذ مهر کرده را میگیرد و خرج میکند. چون پاره شود نگیرند. چون خلق عجز آیند راضی شوند با آنکه پول را نگیرند و پول روان شود. وزار ونقره خالص را سکه نزنند وآنچه نبرند. مثل قلعی به گاز ببرند وبه درم خرج میکنند. ادنی زردار ایشان صد هزار سیر و دویست هزار سیر میگویند، وهر سیری ده درم نقره است. صد هزار سیر آنجا مثل صد هزار آنچه اینجا وزن دارد. ومرد ایشان همه صرف ومبصر، و ده نوع نقره میگیرد. همه را بداند وبشناسد و مراتب قیمت او بداند.

---

① 我要再次感谢 Alexander Jost，他不仅向我指出了这部著作，还对相关章节做了如下翻译。此外，他的翻译得到 Abolghasem Zamankhan 的修改和校订。

Explaining gold, silver, coins and the spending of paper instead of coins

It is such that in a city where people did not accept coins, a decree had been issued by the emperor (*padishah*) [before] that they should stamp [the paper] in this and that way and accept it in place of money. Who would thereafter have the courage not to accept it? Thus they spend and take those stamped papers. [Only] if one is torn or destroyed, however, do they not accept it. Because people have no alternative to having to come to terms with this type of money, they accept it and it comes into circulation.

Pure gold and pure silver they do not strike into coins, nor do they produce coins (*aqcha*).① [Only inferior metals] like tin are made into coins and spent like *dirham*. The wealthy ones among them have at least 100,000 or 200,000 *sir*② of silver, one *sir* being ten *dirham* of silver. 100,000 *sir* there have a similar weight to 100,000 *aqcha* here.

Every one of them is also a money-changer and an expert who accepts ten③ types of silver. He knows them all and is informed about their grades of value.④

---

① 这个词源自蒙古语，用来指伊利汗国和奥斯曼王朝的金币或银币。
② 波斯重量单位：1 *sir* = 约 74.24 克。
③ 这个词也可以理解为 "一打（十二个，dozen）"。
④ 对于这一章节的简短介绍，也可参考 Fuat Sezgin and Eckhard Neubauer (eds.), *The Book on China, Khitāynāma, by 'Alī Akbar Khitā'ī (d. after 1516 A.D.)*, Frankfurt am Main: Institute for the History of Arabic-Islamic Science at the Johann Wolfgang Goethe University (Publications of the Institute for the History of Arabic-Islamic Science, Series C, Facsimile Editions; 56), 1994, p. XI: "Chapter 18: On their gold, silver and money, and their spending paper instead of money; that men and women can become money-changers, and that every citizen [is used to that]. On the treasury, on the fact that they do not mint [noble metals into] token coins (*aqcha*), and that fireworks are in common use." 廉亚明（Ralph Kauz）对 *Khitaynama* 全书的完整翻译正在进行当中。

附录 3

威尼斯钱币

在意大利，威尼斯是最早制造具有稳定数量和纯度的银币的城市。那是在第四次十字军之前，在总督（Doge）恩里克·丹多洛（Enrico Dandolo，1105?–1205；在 1192–1205 年任威尼斯共和国总督）统治时期，威尼斯开始行用打制的 denari grossi，它的成色为 0.985 的银，标准重量为 2.18 克。和其他同时代的银币不同，它们是纯银而非金银合金钱币，钱币模子的边缘有一圈连珠纹装饰。这样就防止了对钱币进行裁切，因而只要计算数量，而不用称重，就可以进行交易。旧的钱币此后不久就被赋予了"小"钱的名称，或称为 piccolo，相对于大钱 grosso，二者最可信的比值是 1:24。大钱 grosso 在大额贸易和信贷中使用，而小钱 piccolo 则用来满足城镇、乡村的地方贸易之需以及支付工资。大钱 grosso 几乎在 200 年间没有变化，不过小钱 piccolo 与大钱 grosso 的比率在降低。在 1231 年、1259 年和 1265 年，每个大钱 grosso 分别可以兑换 25、$26\frac{2}{3}$ 和 27 个小钱 piccoli。在 1267 年 2 月，官方的兑换率设定为每个 grosso 兑换 26.11 个 piccoli，同一年的 12 月，比值变为 1:28，到 1282 年的 5 月，比值变为 1:32。[①]

最早取得真正成功的金币是 1252 年佛罗伦萨人打制的著名的弗罗林（florin）。它是纯金的钱币，理想重量为 3.545 克。[②] 很多参考文献把乔凡尼·丹多洛（Giovanni Dandolo，1280—1289 年在位）列为威尼斯达克特（ducat）的创造者，时间为 1284 年，但是，一位学者认为，这种金币真正的起源时间早

[①] 见 Alan M. Stahl, *Zecca: The Mint of Venice in the Middle Ages*, Baltimore, London and New York: The Johns Hopkins University Press and the American Numismatic Society, 2000, pp. 16–27。也可参看 Gino Luzzatto, *An Economic History of Italy: From the Fall of the Roman Empire to the Beginning of the 16th Century*, transl. by Philip Jones, London: Routledge, 2005, p. 127。关于 grosso 和 piccolo 之间更多、某种程度上存在差异的比值，也参见 Louise Buenger Robbert, "Il sistema monetario," in Giorgio Cracco and Gherardo Ortalli (eds.), *Storia di Venezia dale origini alla caduta della Serenissima*; II: *L'età del Comune*, Roma: Istituto della Enciclopedia Italiana fondata da Giovanni Treccani, Istituto Poligrafico e Zecca dello Stato, 1995, p. 427。

[②] Stahl (2000), pp. 28–33; Luzzatto (2005), p. 128.

至 1274 年，当时的总督蒂博罗（Lorenzo Tiepolo，1268—1275 年在位）开始制造一种重量为 3.5 克、含金纯度为 0.986 的金币。① 事实上，这种金达克特在此后的 73 任共和国总督统治时候都一直保持不变。②

表 32　1205—1311 年一枚威尼斯 groat (*grosso*) 的平均重量

共和国总督（Doge，r. 表示任期）	重量（g/ 克）
Enrico Dandolo (r. 1192–1205)	2.18g**
Pietro Ziani (r. 1205–1229)	2.22g
	2.09g*
Jacopo Tiepolo (r. 1229–1249)	2.16g
Marino Morosini (r. 1249–1253)	2.13g
Ranieri Zeno (r. 1253–1268)	2.14g
	2.11g*
Lorenzo Tiepolo (r. 1268–1275)	2.16g
	2.01g*
Jacopo Contarini (r. 1275–1280)	2.14g
	2.14g*
Giovanni Dandolo (r. 1280–1289)	2.04g
	2.18g*
Pietro Gradenigo (r. 1289–1311)	2.14g
平均重量	2.13g

来源：如果没有另外注明，钱币的重量取自 A. H. Baldwin & Sons LTD ., "Coins of Venice," August 2005, pp. 1 - 4, http://www.baldwin.sh/coinlists/venice.pdf（访问时间：2009 年 8 月 4 日）。

注释：

* "French and English Royal and Medieval Coins" → "Coins of Italy" → "Venice," http://home.eckerd.edu/~oberhot/venice.htm（访问时间：2009 年 8 月 4 日）

** Frederic C. Lane and Reinhold C. Mueller, *Money and Banking in Medieval and Renaissance Venice*; vol. 1: *Coins and Moneys of Account*, Baltimore and London: Johns Hopkins University Press, 1985, p. 117.

---

① 见 http://www.omnicoin.com/news/Default.aspx?tabid=52（访问时间：2009 年 8 月 4 日）。

② 见 "French and English Royal and Medieval Coins" → "Coins of Italy" → "Venice," http://home.eckerd.edu/~oberhot/venice.htm（访问时间：2009 年 8 月 4 日）。

根据威尼斯造币厂（zecca）13 世纪的铸造规章，制造大钱 grosso 时，在理论上允许 0.3% 的误差，这导致每枚钱币的重量是在 2.178 克到 2.185 克之间。[①] 不过，表 32 列出了现存威尼斯 grossi 的实物，我们可以看到，在马可·波罗的时代，这种钱币的重量在 2.01 克到 2.22 克之间，平均值为 2.13 克。在米兰妮西（Marica Milanesi）整理的马可·波罗著作的剌木学本中，她提出，威尼斯 grosso 的重量为 1.962 克，[②] 根据遗存的钱币和历史信息，对于马可·波罗时代而言，这个重量似乎太轻了。

对于威尼斯达克特而言，情况也是如此。米兰妮西认为这种钱币的重量是 2.174 克。[③] 根据遗存的钱币实物和历史信息，这在马可·波罗时代显然太轻了，在当时，平均重量为 3.52 克似乎更为适当。

表33　1343—1400 年每枚威尼斯 ducat（ducato）的重量

共和国总督（Doge，r. 表示任期）	重量（g/克）
Giovanni Dandolo (r. 1280–1289)	3.54 g
Andrea Dandolo (r. 1343–1354)	3.51 g
Giovanni Dolfin (r. 1356–1361)	3.52 g
Marco Corner (r. 1365–1368)	3.50 g
Andrea Contarini (r. 1368–1382)	3.52 g
Antonio Venier (r. 1382–1400)	3.52 g
平均重量	3.52 g

来源：钱币重量值取自 A. H. Baldwin & Sons LTD., "Coins of Venice," August 2005, pp. 4－7, http://www.baldwin.sh/coinlists/venice.pdf（访问时间：2009 年 8 月 4 日）。Giovanni Dandolo 时期钱币的数值例外，取自 Laneand Mueller (1988), p. 282。

---

① 参见 Stahl (2000), pp. 362–363。

② 见 Giovanni Battista Ramusio, *Navigazioni e Viaggi*, ed. by Marica Milanesi, Turin: Giulio Einaudi, 1980, p. 915。

③ 同上。

图 36　13 世纪的威尼斯 *grosso, piccolo* 和 *ducato*

来源：Stahl (2000), pp. 25, 29。

注释：a) Lorenzo Tiepolo (r. 1268–1275) 统治时期的 *Grosso*。

b) Lorenzo Tiepolo (r. 1268–1275) 统治时期品质低劣的 *piccolo*。

c) Giovanni Dandolo (r. 1280–1289) 统治时期的 *Ducato*。

附录 4

威尼斯的称重单位 *libbra* 和 *saggio*

与很多中世纪、近代早期的其他意大利主要城市类似，威尼斯称重单位 *libbra* 也有两种。*libbra sottile* 用来给金、银、宝石、丝绸、药物、染料、黄油、米、糖、咖啡、茶叶称重。其他各种东西都用 *libbra grossa* 称重。这两种 *libbra* 有不同的区分：

libbra grossa = 2 marcs = 12 *oncia* = 72 *saggi* = 2304 *carati* = 9216 *grani*

libbra sottile = 12 *oncia* = 72 *saggi* = 1728 *carati* = 6912 *grani*

据此可知，*oncia* 和 *saggi* 都有轻、重两种标准，但 *carati* 和 *grani* 则没有。[①] *saggio* 一词在威尼斯语中为 *sazio*，它源自晚期拉丁语 *exagium, sazium*。见 Delclos et Roussel (2006), p. 161n152, 7。

正如下表所示，威尼斯 *libbra* 和 *saggi* 被赋予的重量是不同的。在我们的计算中，我们将按照资料 2 所提示的数值，其具体情况将在附录 5 中加以说明。

表 34 不同资料所示威尼斯重量单位所表示的重量（g/克）

	Source 1	Source 2	Milanesi	Blanchard/Quereui	Lane/Mueller
libbra grossa	499.00 g	477.49 g	477.00 g		
saggio grosso	6.93 g	6.63 g	6.23 g		
libbra sottile	333.00 g	302.03 g	301.00 g		
saggio sottile	4.63 g	4.19 g	4.18 g	4.72 g	4.97 g

来源：

Source 1: http://xoomer.virgilio.it/vannigor/Lombardo_Veneto.htm（访问时间：2009年8月6日）.

Source 2: http://www.culturabarocca.com/GOVERNO2.htm（访问时间：2009年8月6日）.

Milanesi: Giovanni Battista Ramusio, *Navigazioni e Viaggi*, ed. by Marica Milanesi, p. 915.

Blanchard/Quereuil: Blanchard and Quereuil (2005), p. 118n116, 55.

Lane/Mueller: Lane and Mueller (1988), p. 526.

[①] 见 http://www.sizes.com/units/libbra.htm（访问时间：2009年8月6日）。

附录 5

miskal 的重量

史密斯（John Masson Smith）在研究蒙古时代波斯的银制货币时，对伊利汗国合赞汗（1271—1304；在位时间 1295—1304）制造的银币给出了如下记载：合赞汗是第一位进行改革的伊利汗，他的宰相拉施都丁（1247—1318）所做的权威记述清楚地说明，合赞和他的顾问们决定，白银货币在样式、纯度和重量方面应当统一，以防止货币伪造者、钱币剪削者的作弊，减少和杜绝利用钱币不同成色、重量进行投机买卖所带来的利益。另外，货币的流通量也应当增加，来简化、加速、鼓励有序的经济活动。一个银 *dinar* 等于 3 个银 *miskal* 或 6 个 *dirham*（银币，相当于半个 *miskal*）。一张列出各种银 *dinar* 的表格显示，在合赞汗和完者都汗时期的回历 712 年（公元 1312—1313 年）即"合赞—完者都第一阶段"，当时的标准钱币 *dirham* 的重量不少于 2.13—2.17 克。这意味着一 *miskal* 的重量在 4.26 克到 4.35 克之间。[①]

在另一篇讨论伊利汗国时期波斯金币的论文中，史密斯和普伦基特（Frances Plunkett）就 *miskal* 的重量得出了以下结论：*miskal* 的重量因时间和使用状况而不同。在伊斯兰古典时期，一枚 *miskal-dinar* 重 4.25 克，在蒙古统治时期重量增加。钱币频率表（Coin frequency tables）显示，合赞汗所造 *dirham*（相当于半个银 *miskal*）重量在 2.15 克到 2.2 克之间，双 *dirham*（相当于一个银 *miskal*）重量在 4.3 克到 4.35 克之间，这意味着，一枚 *miskal* 的预期标准重量为 4.32 克。两位作者认为，至少从塞尔柱时期到整个伊利汗国时期，白银是中东伊斯兰世界唯一的完全货币（full money），而黄金在本质上是一种通过称重来进行买卖的商品。[②]

不过，关于金帐汗国钱币的标准重量，费德洛夫-达维多夫（German A. Fedorov-Davydov）提出了 *miskal* 更大的重量数值。一个 *dannik* 重 0.78 克。一

[①] John Masson Smith, Jr., "The Silver Currency of Mongol Iran," *Journal of the Economic and Social History of the Orient*, 12.1 (1969): 17–19.

[②] John Masson Smith, Jr., and Frances Plunkett, "Gold Money in Mongol Iran," *Journal of the Economic and Social History of the Orient*, 11.3 (1968): 285–288.

份佚名作者的 14 世纪关于花拉子模钱币制度的报告涉及花拉子模钱币的真实重量，据它可知，6 个 *dannik* 等于 1 个 *miskal*，重量为 4.68 克。数以十、百计的 *miskal* 可以在一些金帐汗国的城镇找到。[①]

从上述历史学家们的考察，我们可以得出结论：一枚 *miskal* 的重量是在 4.26 克到 4.68 克之间。[②] 不过，从附录 6 我们将看到，根据马可·波罗所述 *miskal* 和威尼斯格罗特（*groat*）的关系，波斯 *miskal* 的重量值似乎比金帐汗国的更为适当。

[①] German A. Fedorov-Davydov, "The Monetary System of the Golden Horde," translated by L. I. Smirnova, http://www.paleog.com/im/fd/summary.pdf, p. 347（访问时间：2009 年 8 月 4 日）.

[②] 这和 Judith G. Kolbas 的发现非常一致。我在本书书稿的修订阶段，浏览了她的博士论文，在文中她给出了以下不同 *miskal* 的重量：拜占庭 4.478 克；萨珊王朝 4.302 克；蒙古 4.238 克；蒙古之前 4.125 克。见 Judith G. Kolbas, "Mongol Money: The Role of Tabriz from Chingiz Khan to Uljaytu 616 to 709 AH/1220 to 1309 AD," PhD diss., New York University, 1992, p. 9。

附录 6

波斯制度中的 *balish*、*sum*、*miskal* 和中国制度中的锭、两、钱以及马可·波罗的 *saggi*、*grossi* 之关系

爱尔森（Thomas T. Allsen）在他关于 1250 年代蒙古帝国制度的著作中强调，蒙古人在帝国财政管理的各处都实行统一国家货币单位的制度，以处理流通领域的地区性和局部性差异。其制度在波斯、中亚、蒙古、俄罗斯、汉地实行，不管采用的是银币还是纸钞，都使用以下单位：

表 35　蒙古帝国关于国家货币计量单位的制度

单位	波斯	畏兀儿	蒙古	俄罗斯	汉地
1 ingot	*balish*	*yastuq*	*süke*	*slitok*	锭
1/10 ingot	*sum*				
1/50 ingot			*baqir*		两
1/500 ingot	*miskal*	*satir*			钱

来源：Allsen (1987), pp. 180 - 181。

这一制度允许任何特殊货币为了转换而在这些单位之间进行换算。在汉地和畏兀儿，锭和 *yastuq* 两个词汇还用来计算纸钞，例如可以有这样的术语来表达："价值五百锭钞"。[①]

舒尔曼（H. F. Schurmann）在他的关于蒙古贡纳制度的论文中写到，汉地 1 锭银等于 50 两的制度可能并非本地起源，而是来自中亚，例如在那里银锭 *yastuq* 和 *balish* 被算作 500 *miskal*（花拉子模）。不过，他在一条脚注中还提到，汉地银锭和草原地区的银锭可能重量不同："汉文资料显示，'两'的重量从隋代以后基本保持不变，重量约为 37.6 克。然而，维里迪（Zeki Velidi）

---

① Thomas T. Allsen, *Mongol Imperialism: The Policies of the Grand Qan Möngke in China, Russia, and the Islamic Lands, 1251–1259*, Berkeley, Los Angeles, London: University of California Press, 1987, pp. 180–181.

说，*yastuq* 是以花拉子模的 *misqal* 为基础的，后者重 4.548 克。1*yastuq* 等于 500 *misqal*, 重 2.274 千克。而汉地银锭只重约 1.88 千克。因此，两者的比率约为 1.2:1……"① 裕尔（Yule1903）推测出 "两" 与 *saggio* 或 *miskal* 相似的比率。书中认为依照金衡制，8*saggi* 或 *miskal* 应是 592 格令（grain），即 38.36 克；1 两的重量约为金衡制 580 格令，即 37.58 克，两者相当接近。②

近来中国度量衡史的研究显示，在重量和测量领域情况要更为复杂。根据这些值得考虑的情况，兼顾考古学的研究、对元代度量衡遗物的研究，我想提出以下注意事项和想法：

1. 尽管蒙古帝国内的计量单位以相互关系相当一致的制度为基础，例如，在汉地，1 锭 = 50 两 = 500 钱，但是，不能先验地认为，和波斯的 *miskal* 或中亚的 *satir* 相比，汉地的 1 钱银子具有的重量相同。显然，我们不得不考虑存在于市场中的各地与区域的差异性，但也可能存在这样的情况：在波斯、中亚、俄罗斯、蒙古和汉地，不同中央政府财政管理的各种系统所采用的计量单位略有差异。

2. 考古学的研究、对元代度量衡和货币遗物的研究显示，在中国，在地方和区域条件下、在贸易和手工业中，在政府代理机构和私人领域中，度量衡的使用有很大的差异。在前近代条件下，文明的运作也只能达到这种地步。对 1950 年代以来发现并保存在中国博物馆中的元代铜权和银锭的重量进行调查，可以清楚地显示这一点。这使我们获得了关于重量单位斤、两、钱（1 斤 = 16 两 = 160 钱）重量的更为精确的认识。它们被用来称量货物和贵重金属。表 36 列出了属于元代的各种衡器的重量，我们以此开始。这里必须指出的是，这些衡器不是天平秤使用的，而只用于提杆秤。到目前为止，用于天平秤、刻有重量指示标识的元代衡器还没有被发现。

---

① Herbert Franz Schurmann, "Mongolian Tributary Practices of the Thirteenth Century," *Harvard Journal of Asiatic Studies*, 19.3/4 (1956): 373.

② Yule (1903), vol. 2, p. 217.

表36 1295—1306年间元代衡器的重量

编号/年代/年号	斤	两	钱	备注
W 1/1295/元贞元年	622.0 克	38.88 克	3.89 克	铜权,35斤秤,斤半锤,重933克,1295年大都路(今北京郊区大兴)造。北京市文管部门藏。
W 2/1295/元贞元年	585.6 克	36.60 克	3.66 克	铜权,35斤秤,斤半锤,重878.4克,1295年大都路造。1957年内蒙古乌盟兴和县魏家村出土。
W 3/1303/大德七年	775.0 克	48.43 克	4.83 克	铜权,25斤秤,一斤锤,重775克,1303年大都路造。1976年天津市武清出土。
W 4/1303/大德七年	588.7 克	36.79 克	3.68 克	铜权,35斤秤,斤半锤,重883克,1303年大都路造。天津市文管会藏。
W 5/1304/大德八年	600.0 克	37.50 克	3.75 克	铜权,35斤秤,斤半锤,重900克,1304年大都路造。北京市文管部门藏。
W 6/1304/大德八年	637.5 克	39.84 克	3.98 克	铜权,55斤秤,二斤锤,重1275克,1304年大都路造。北京中国国家博物馆藏。
W 7/1306/大德十年	616.0 克	38.5 克	3.85 克	铜权,16斤秤,一斤锤,重616克,1306年大都路造。北京市文管部门藏。
W 8	609.0 克	38.06 克	3.81 克	铜权,25斤秤,一斤锤,重609克,制造时间、地点不明。天津市文管会藏。

来源：丘光明《中国物理学史大系：计量史》，长沙：湖南教育出版社，2002，页489。

1303年制造的W3异常地重，除此之外，所有其他遗物显示，在特定时空、社会、经济、政治场合用来称量货物的重量单位"斤"，可以轻到585.6克（W 2），或重到637.5克（W 6）。次一级的"两"相应的数值是在36.60克到39.84克之间，"钱"是3.66克到3.98克之间。

在私人、官方和地域等不同的条件下，算出不同称重制度之间的均值是有问题的，尽管如此，我还是试图这样做，目的是得出不同计量单位的数值，用更为简便的方式进行各种计算。平均而言（除了W3），衡器斤、两、钱的重量分别等于608.46克、38.03克和3.80克。

至少有22个元代银锭的重量为人所知，表37列举如下：

图 37a

图 37b

图 37 元代五十五斤秤使用的二斤秤锤，1304 年

资料：邱隆、丘光明、顾茂森等编，《中国古代度量衡图集》，北京：文物出版社，1984，插图 229，页 155，解说见该书页 35。

注释：与迄今发现的绝大部分元代衡器一样，这件秤锤是用于提杆秤的。在这件典型的元权上有汉文铭文："大德八年大都路造"和"五十五斤秤"，八思巴字写着："二斤秤"，后面这两句短文也用畏吾体蒙古文和波斯文刻写。此权重 1275 克，折合每斤 637.5 克。

表 37 元代银锭的重量

编号/年代/年号	斤	两	钱	备注
S1/元代?	624.0	39.00	3.90	50.2 两，重 1959 克，1952 年甘肃庆阳县出土。
S2/元代?	638.0	39.87	3.88	50.03 两，重 1995 克，1966 年河北平泉颜仗子大队出土。
S3/元代?	645.3	40.33	4.03	49.09 两，重 1980 克，1966 年河北怀来小南门姑子坟出土。
S4/元代?	627.0	39.19	3.92	1.5 两，重 58.8 克，黑龙江省博物馆藏。
S5/元代?	642.0	40.13	4.01	50 两，重 2005 克，1969 年天津市武清双树公社出土，出土 5 枚银锭，每斤的平均重量为 642 克。
S6/元代?	632.0	39.50	3.95	50 两，重 1974 克，1969 年天津市武清双树公社出土。
S7/元代?	643.0	40.19	4.02	49.7 两，重 1997 克，1969 年天津市武清双树公社出土。
S8/元代?	643.0	40.19	4.02	49.9 两，重 2008 克，1969 年天津市武清双树公社出土。
S9/元代?	650.0	40.63	4.06	49.3 两，重 2002 克，1969 年天津市武清双树公社出土。

（续表）

编号/年代/年号	斤	两	钱	备注
S10/元代？	632.0	39.50	3.95	50两，重1974克，平阳路造，1969年天津市武清马圈公社出土。
S11/元代？	632.3	39.52	3.95	可能为50两，重1976克，太原路造，现藏中国人民银行山西分行。
S12/元代？	627.2	39.20	3.92	50两，重1960克，东平路造，上海地区出土，上海博物馆藏。
S13/元代	628.8	39.30	3.93	50两，重1965克，真定路造，上海地区出土，上海博物馆藏。
S14/1277/至元十四	607.0	37.94	3.79	50两，重1896克，1277年造，1956年江苏句容出土。
S15/1277/至元十四	608.0	38.00	3.80	50两，重1899克，1277年造，1956年江苏句容出土。
S16/1277/至元十四	607.0	37.94	3.79	50两，重1896克，1277年造，1956年江苏句容出土。a
S17/1277/至元十四	607.0	37.94	3.79	50两，重1896克，1277年造，1956年江苏句容出土。a
S18/1277/至元十四	500.7	31.27	3.13	54两，重1690克，1277年扬州造，1971年辽宁朝阳西大营子公社西涝村出土。
S19/1277/至元十四	589.76	36.86	3.69	50两，重1843克，1277年行中书省扬州造，1988年上海市金山干巷乡寒圩村胜利大桥北岸出土。
S20/1277/至元十四	608.0	38.00	3.80	50两，重1900克，1277年行中书省扬州造，现藏上海博物馆。
S21/1277/至元十四	617.6	38.60	3.86	50两，重1930克，1277年行中书省扬州造，收入《中国银锭》。
S22/1350/至正十	609.3	38.08	3.81	50两，重1904克，1350年瑞州路造，1977年吉林省农安三宝人民公社广山店村出土。

来源：

S1、S4等：丘光明《中国物理学史大系：计量史》，长沙：湖南教育出版社，2002，页492—493。

S2、S3等：叶世昌等（2009），页115—125。

注释：彭信威/Kaplan (1994), vol. 2, p. 473引用奥平昌洪《东亚钱志》卷十一，页71，这部日本的钱币图谱提到另一件10两元代衡器，重356.25克，每钱重约3.56克。这件衡器是天历二年九月（1329年的9—10月间）制造的。

a 叶世昌等（2009），页120提到1957年句容赤山湖出土的一枚银锭，总重量有所不同，为1879.19克。

如果我们把重量过轻的 S18 排除在外，那么可以得到斤、两、钱重量的最低值和最高值分别是在 607.0 克到 650.0 克，37.94 克到 40.19 克，3.79 克到 4.06 克之间。

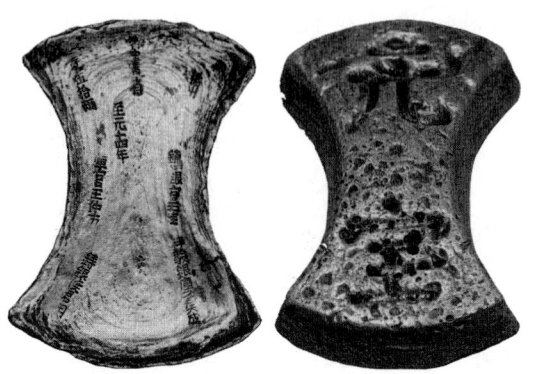

图 38　蒙古时代银锭（1 锭或 50 两）

来源：叶世昌等（2009），页 118；von Glahn (2009), p. 22。

注释：银锭的铭文显示，它在 1277 年曾放置在行省机构的官库中。它在扬州铸造，该城 1276 年为蒙古军队占据。背面有大字铭文"元宝"。

为了计算简便，根据元代银锭（排除 S18），这里也给出斤、两、钱的平均值，它们分别是 624.7 克、39.04 克、3.90 克。

下一步，让我们把元代衡器和银锭数据的最低值、最高值和先前宋代、金代的那些数值进行比较。

元代刻字衡器的最低、最高、平均重量数值是：

1 斤从 585.60 克到 637.50 克，均值 608.46 克；

1 两从 36.60 克到 39.84 克，均值 38.03 克；

1 钱从 3.66 克到 3.98 克，均值 3.80 克。

元代刻字银锭的最低、最高、平均重量数值是：

1 斤从 607.00 克到 650.00 克，均值 624.69 克；

1 两从 37.94 克到 40.62 克，均值 39.04 克；

1 钱从 3.79 克到 4.06 克，均值 3.90 克。

现在让我们把元代的情况与可知的宋代、金代数据进行比较。郭正忠根据数量非常有限的宋代衡器遗存，得出 1 斤的可能范围是在 601 克到 640 克之间。[①]宋代存世的银锭超过三十件，如果我们考虑它们的重量大小，那么斤、两、钱

---

①　见郭正忠《三至十四世纪中国的权衡度量》，北京：中国社会科学出版社，1993，页 214。郭正忠的数据仅仅以三件遗存衡器为基础。又见丘光明（2002），页 459—460。

相应的最低值和最高值当如下文所示。

宋代刻字银锭重量的最低值、最高值：
1 斤在 566.40 克到 649.60 克之间；
1 两在 35.40 克到 40.60 克之间；
1 钱在 3.54 克到 4.06 克之间。①

能够找到的三件金代衡器显示，1 斤的重量在 631 克到 634 克之间。② 更有启发意义的，是与金代银锭重量有关的数据。丘光明列举了金代 32 件银锭，三种重量单位的数值范围在此处对我们来说是很有意义的：

金代刻字银锭的最低值和最高值
1 斤在 624.00 克到 649.00 克之间；
1 两在 39.00 克到 40.56 克之间；
1 钱在 3.90 克到 4.06 克之间。③

几乎没有例外，蒙古时代所有衡器和银锭的重量都恰好处于我们已知的宋代、金代度量衡遗物的重量范围之内。据此，虽然元代长度和容积的测量标准大于宋代，但蒙古人看来简直原封不动地采用了前代汉人和女真人政权的重量测量标准。④

3. 不过，对上文所列数据需要加以解释。首先应当指出，用来称量产品的衡器与用来称量珍贵金属的衡器在精确程度上肯定会有所区别。这意味着，我们可以预期，后者比前者具有更高的统一性和精确度。此外，根据我们所了解的中国古代后期的情况判断，很显然，在政府内部的财政事务或政府与社会之间的金融、财政交易中，各个政府机构在白银货币方面使用相当统一的计量单位制度。不过，考虑到市场的不同级别，适应不同重量和白银成色的各种银制货币计量单位存在于不同地点、区域、行业和贸易之中。

一个已为经验所证明的假设是，在一定程度上，中央、区域、各地政府有相当统一的重量制度；涉及财政事务的很多宋代银锭的重量显示，重量单位斤、两、钱分别为 640 克、40 克、4 克。⑤ 根据以上假设和事实，中国的度量衡史研究者得出结论，这些数值或多或少体现了政府和财政事务中在理论上被指定的标准计量单位。相应地，具有较轻重量的衡器和银锭可能属于其他区域、地方、商业、职业的度量衡系统。郭正忠以及受他启发的丘光明等人都已经指出，除

---
① 见丘光明（2002），页 460—461，稍有不同的观点见郭正忠（1993），页 219。
② 见丘光明（2002），页 484—485。
③ 丘光明（2002），页 490—491。
④ 丘光明（2002），页 494。
⑤ 见郭正忠（1993），页 215—221 对银锭铭文所做的记述。

了官方的度量衡标准外，在社会和市场中还存在着数值不同的度量衡使用习惯和方法。①

在对度量衡和货币文物做了仔细研究之后，让我们回到本附录开始所引述或解说的爱尔森、舒尔曼和裕尔的观点。元代文物所揭示的数据显示，尽管在蒙古帝国内部货币单位具有统一的制度，但爱尔森列表所显示的这种数量上的统一性并不等同于定量方面的一致性。*miskal* 或与它相近的威尼斯 *saggio sottile* 极不可能在重量的数值上与中国的"钱"相同或大体相同。由于 *miskal* 在 4.26 克到 4.68 克之间。根据衡器，在市场上通用的、或在政府和财政事务中使用的中国的"钱"从 3.66 克到 3.98 克不等，而根据银锭，其数值则在 3.79 克到 4.06 克之间。因此，不仅两种重量单位涉及的数量范围不同，而且，很明显"钱"的最高数值尚不及 *miskal* 的最低数值。

舒尔曼和裕尔都推测，"两"的重量约为 37.6 克，"钱"为 3.76 克。根据中国的度量衡文物，无疑存在着与这一数值非常接近的衡器（特别是 W5 和 W8）和银锭（特别是 S14–17、S20 和 S22）。不过，其他大多数衡器和银锭则重得多。另外，中国的度量衡史研究者强调，在不同区域、地点、行业和贸易中使用的度量衡系统和官方标准重量系统之间必然存在差异。关于官方标准重量系统，他们得出初步的结论，标准的斤、两、钱，在宋代、金代，乃至元代的近似重量分别等于 640 克、40 克、4 克。② 考虑到很多衡器和银锭的重量或多或少与此符合，而且它们通常带有的铭文显示出官方属性，这一观点看来是可以接受的设想。

舒尔曼认为中国制度中 1 锭银等于 50 两的做法可能并非源自汉地。根据宋代度量衡遗物，这一观点必须修正。宋代银锭上的铭文表明，50 两的银锭非常普遍，只不过当时银锭称为"铤"而非"锭"。③

在我本人的计算中，我将遵循以下规则和惯例：

——只要必要和可能，我将区分用于货物的重量测量和用于钱币或贵金属的重量测量。

——为了简便，对于货物、钱币和贵金属的重量测量，我主要采用它们各

---

① 见郭正忠（1993），页 221—222；丘光明（2002），页 461。有一种类似的现象，出于各种特定的目的，在宋代，长度的各种测量单位有巨大差异，参见 Hans Ulrich Vogel, "History of Length Measures during the Song Period (960–1279): Some Reflections on the State of the Field and Reasearch Prospects," in Harald Witthöft (ed.), *Acta Metrologiae Historicae V*, 7. Internationaler Kongreß des Internationalen Komitees für Historische Metrologie (CIMH), 25.–27. September 1997 in Siegen, St. Katharinen: Scripta Mercatura Verlag, 1999, pp. 153–172。

② 见郭正忠（1993），页 221；丘光明（2002），页 463、494。

③ 参阅郭正忠（1993），页 212—221。另外，von Glahn (2009), p. 18 认为，在大汗窝阔台（约 1186—1241）统治时期，蒙古帝国采纳宋－金的常规银锭作为直到边远地区都采用的记账通用货币。

自的平均值。这样做对于国家和社会不同层次、不同部分存在的度量衡系统的多样性可能并非允当，将会在一定程度上抹煞度量衡状况的复杂性，尽管如此，这样处理似乎足以指出各种普遍的趋向。

——除了使用平均值外，对于一些经过选择的例子，我也会分别使用衡器、钱币、贵金属重量的最低、最高估算值。

马可·波罗说，80枚贝币（porcelain shell）等于一个重量单位的白银，或者根据一些早期抄本所述，一个 saggio 等于两个威尼斯格罗特（groat）。[①] 据此，让我们现在考虑 saggio、miskal 与中国"钱"的关系。裕尔假设一重量单位的银或 saggio 约等于 1miskal，这似乎是合适的。在附录3中，我已经提出，1威尼斯格罗特或 grosso 的重量介于2.01克到2.22克之间，均值为2.13克，那么两格罗特重4.02克到4.44克，均值为4.26克。从附录4可知，1威尼斯 saggio sottile 的重量被赋予了不同的数值，其中在用于贵金属时，它的重量是4.19克，与两个格罗特为4.26克的平均重量非常接近。如果我们依照史密斯在附录5中所做的解释，那么1miskal 在蒙古治下伊朗的额定标准数值为4.32克。把所有这些数字放到一起，同时考虑到威尼斯格罗特遗物所示其重量在4.02克到4.44克之间的事实，采用我们计算的结果似乎并不过于牵强：马可·波罗所说与贝币等价的1单位重量白银或 saggio 或 miskal 相当于单位重量为4.3克的 saggio（相当于2格罗特）或 miskal。

假定1单位重量的白银、saggio 或 miskal 等于4.3克，元代白银1两的平均重量为39.04克，saggi 或 miskal 与中国白银1两的平均值之对应关系如下：

——1saggio 或 miskal 为4.3克，银锭1两为39.04克，推导出9.0791 saggi=1两。

不过，为了确证和可控，应考虑最好和最差的情况，让我们也用最高值、最低值进行计算。一方是2格罗特的重量（附录3；4.02克）和1saggio 或 1miskal 的重量（附录5；4.68克），另一方是元代衡器和银锭1两的重量（分别为36.6克、40.62克，见上）：

——2groat 为4.02克，银锭1两为40.62克，推导出 10.1045 saggi=1两

——2groat 为4.02克，衡器1两为36.6克，推导出 9.1045 saggi=1两

——1miskal 为4.68克，银锭1两为40.62克，推导出 8.6795 saggi=1两

——1miskal 为4.68克，衡器1两为36.6克，推导出 7.8205 saggi=1两

saggio 或 miskal 与中国"两"的最低值、最高值之换算关系将在计算蒙元帝国盐税和总税收时着意加以采用。

---

① 见第三章第二节第一小节。

附录 7

马可·波罗书最重要的抄本和印本中关于中国盐币、食盐生产和盐课段落的选编

V 1) 法意混合语抄本，Paris B.N.F. fr. 1116 (F) *Le devisament dou monde*，**14 世纪**

Luigi Foscolo Benedetto, *Marco Polo, Il Milione*, Firenze: L. S. Olschki (Comitato geografico nazionale italiano; 3), 1928. 法意混合语本的晚近转写本见 Gabriella Ronchi, *Marco Polo, Milione. Le divisament dou monde: Il Milione nelle redazioni toscana e franco-italiana*, with a preface of Cesare Segre, 2nd ed. Milano: Mondadori (I meridiani), 1988, pp. 464, 467, 491, 520-521, and especially Mario Eusebi, *Il manoscritto della Bibliothèque Nationale de France Fr. 1116; I, Il testo*, Roma and Padova, Editrice Antenore (Biblioteca Veneta; Poliana: Documenti per l'edizione integrale del libro di Marco Polo; 1), 2010, pp. 118, 120-121, 137-138, 159, 160。从内容而言，这里所讨论的法意混合语抄本中的有关章节基本与早期法文本 (V 2、V 3) 相同。一些研究者倾向于把这个文本称为"法语-威尼斯语"本 (Franco-Venetian)。[①] 梅纳尔 (Philippe Ménard) 和很多其他马可·波罗研究者认为，这个本子与原本最为接近，其后是早期法文本、经过增补的 Z 抄本和剌木学的翻译本。[②]

Text MP A, pp. 111-112:
CXVI. Ci dit de la provence de Tebet

[…] Et vos di tout voiremant que en celle contree a maintes bestes que faisent le mouscre et s'apellent en lor langajes gudderi. Et cesti mavesi homes ont maint buen chiens que en prenent en grant abundance et por ce ont dou moscre en grant quantité. Il ne ont monoie ne carte de cele dou grant kan, mes de sel font il monoie.

[①] Critchley (1992), p. 19.
[②] Philippe Ménard, "Le problème de la version originale du «Devisement du Monde» de Marco Polo," in François Livi (ed.), *De Marco Polo à Savinio: Écrivains italiens en langue française*, Paris: Presses de l'Université de Paris-Sorbonne, 2003, pp. 16, 17.

492   Il vestent mout povremant; car los vestimens sunt de pelles de bestes et de canevace et de bocoran. Et ont langajes ‖ por elz et s'apellent Tebet. […]

Text MP B, p. 114:
CXVIII. Ci devise de la provence de Gaindu
[…] Et vos di qu'il ont monoie en tel mainere com je vos dirai. Sachiés qu'il a or en verge, et le poisent a sajes et selonc que poise vaut. Mes ne ont monoie cugné cun estanpe. Et la petite monoie vos deviserai que est. Il prennent la sel e la font cuire, et puis la gitent en forme et est de le grant qu'il puet poiser entor de dimi livre: et les quatrevint de ceste tiel sel que je vos ai devisé vaut un sajes d'or fin, et ce est la peitit monoi qu'il despendent. […]

Text MP D, p. 129:
CXXXIII. Ci devise de la cité de Cianglu
Cianglu est encore ‖ une mout grant cité ver midi [et] est au grant kan et de la provence dou Catai. Lor monoie est de carte; ils sunt ydres et font ardoir les cors mors. Et sachiés que en ceste ville se fait la sal en grandisme quantité et vos dirai comant. Il est voir qu'il prenent une mainere de tere qui est molt saumastre; e de ceste terre font grant mons; e desus cest mont gitent aigues asez, tant que l'eive [vait desout; et puis prenent cele eive] et la metent en grant pot et en grant chaudere de fer e la font boir asez. Et adonc est le sal fait, mout biaus e blance et menu; et si vos di que de ceste sal se porte por maintes contrees environ et si en ont grant avoir. […]

Text MP E, pp. 152-153:
CLIV. Ci devise de la grant rende que le grant kaan a de Qui[n]say
Or vos vueil conter la grandisme rente que le grant kaan a de ceste cité de Qui[n]sai [que je vos di] desovre e de les teres qui sunt sout sa segnorie, qui est de IX part une de la provence dou Mangi. Or vos conterai primeremant de la sal, por ce que plus vaut a rente. Or sachiés tuit voiremant que le sal de ceste ville rente chascun an consuetudemant LXXX tomain d'or: e chascun tomain est LXX^M sajes d'or, que montent, les LXXX tomain, MMMMM^M e DC^M de sajes d'or; que chascun sajes vaut plus de un florin d'or o de un ducato d'or. E ce est bien un merveiose couse et grandismes enonbre de monoie. […]

Comment: 80 *tomans* à 70,000 *saggi* = 5,600,000 *saggi*.

Text MP F, p. 153:

CLIII. Ci devise de la grant rende que le grant kaan a de Qui[n]say

[…] si que jeo, Marc Pol, que plusor foies oi faire le conte de la rende de tous cestes couses [je vos di en verité que la rende de tous cestes couses] senz le sal, consuetudemant pour chascun an vaut CCX tomain d'or, que vailent XIV^M milia et DCC^M. Et ce est bien des plus desmesuré eno[n]bre de rente de monoie que se oist unque conter. E ce est de les IX part le une de la provence. […]

Comment: 210 *tomans* [à **70,000** *saggi*] = 14,700,000 *saggi*.

* * *

V 2) 伦敦大英图书馆藏法文抄本 Royal 19 D$_1$ (B$_1$), (*Le devisement du monde*), 约 1330–1340 年

Joël Blanchard and Michel Quereuil, *Voyages à travers la China*, and Jean-Claude Delclos et Claude Roussel, *A travers la Chine du Sud*, in Philippe Ménard (ed.), *Marco Polo: Le devisement du monde*, Genève: Librairie Droz S.A., 2006, vols. 4 and 5.

这个现代版本以大英图书馆藏早期法文抄本 B1 为底本，但兼顾马可·波罗书所有其他数量众多的法文本，以及所有其他重要抄本，如法意混合语本(F^2)、托斯卡纳本(TA)、威尼斯本(VA)、匹匹诺本和托莱多本(Z)。

除了 Text MP C，所有早期法文本(包括 V$_3$)和法意混合语本(V$_1$)都包含关于盐币、食盐生产和盐课的详细信息。①

---

① 另一个法文本见 *Le Livre de Marco Polo: Fac-simile d'un manuscrit du XIVe siècle conservé a la Bibliothèque Royale de Stockholm*, Stockholm: photolithographie par l'Institut Lithographique de l'État Major; typographie par l' Imprimerie Centrale, 1882。法国国王 Charles V (r. 1363–1380) 拥有马可·波罗书的 5 个抄本。这个本子曾经一度为卢浮宫的皇家图书馆（Royal Library of the Louvre）所有，1411 年作为第 317 号藏品列出。Blanchard and Quereuil (2005), p. 11 指出，它属于法文抄本 Ms. C1。关于斯德哥尔摩抄本的新近语言校勘研究，见 Anja Overbeck, *Literarische Skripta in Ostfrankreich: Edition und sprachliche Analyse einer französischen Handschrift des Reiseberichts von Marco Polo (Stockholm, Kungliga Biblioteket, Cod. Holm. M 304)*, Trier: Kliomedia (Trierer Historische Forschungen; 51), 2003。

494   Text MP A, vol. 4, pp. 70-71:

114. Ci devise le .C. et XIIII. chapitre de la province de Tebet, comment les genz qui y demeurent sont vestuz de piaux des bestes sauvages, dont il y a grant plenté, et comment il les enchassent par feu.

[…] Et si vous di que en ceste contree ont moult grant plenté de bestes dont l'en fait le mugliac, et l'appellent en leur language «guderi». Et ont celle male gent moult de granz chienz et bons qui prennent moult de ces bestioles, si que pour ce il ont moult de ce mugliat en grant habondance. Il n'ont pas monnoie de chartre du seel du Grant Caan, mais ont monnoie que il font [de] sel. Il se vestent moult povrement et leurs vesteures sont de piaux de bestes et de chanevas et de bouguerans. Et ont langage par eulz et s'appellent Tebet. […]

Comment: In contrast to Pipino's text, the early French texts (V$_2$, V$_3$) and the Franco-Italian version (V$_1$) mention that the money the *Tebetans* used was made of salt.

Text MP B, vol. 4, p. 74:

116. Ci dit le .C. et .XVI. chapitre de la prouvince de Gaindu.

[…] Il ont monnoie en tel maniere: il ont or en verge et le poisent a pois; tant comme il [poise], si vaut. Mais nulle monnoie coingnie n'ont. Lor petite monnoie est telle: il prennent le sel et le font cuire, et puis le gietent en fourme, et est si grande chascune que bien puet peser demie livre, et les .IIII^{xx}. formes de tel sel vault un saje d'or fin, c'est un pois. Et ceste est la petite monnoie que il despendent. […]

Comment: In contrast to Pipino's text the early French texts (V$_2$, V$_3$) and the Franco-Italian version (V$_1$) mention the weight of a salt currency piece of "half a pound." Like Pipino's rendering, they do not provide the further details of Text MP C that we can only find in Ramusio's account.

Text MP D, vol. 4, pp. 100-101:

131. Ci dit li .VI^{xx}. et .XI. chapitre de la province de Cyanglu.

Cyanglu est encore unne moult grant cité, qui est vers midi, la quelle est au Grant Caan, et de la prouvince du Catay. Leur monnoie est de chartres, et sont ydres et font ardoir leurs corps mors. Et sachiez que en ceste cité se fait le sel en grant quantité, et vous diray comment: il prennent unne maniere de terre qui est moult sumastre et en font moult grans mons, et dessus ces mons gietent tant d'yaue que elle va juques au fons du mont de terre; et puis prennent et [cueillent] ceste yaue [qui ist de celle terre] et la meitent en granz chaudieres de fer et la font bien boulir, et puis la laissent refroidier et puis devient sel moult bel et moult blanc, mais il est menu; et porte l'en de ce sel par maintes province environ, dont il en traient grant avoir et grant pourfit. […]

Text MP E, vol. V, pp. 121-122:
152. Ci dit li .VII^{xx}. et .XII. chapitre de la grant rente que le Grant Caan a chascun an de la cité de Quinsay et de ses appartenances, lequelle rente est livree et bailliee au seigneur du lieu et a ses sougiez.

Or vous conterons de la grant rente que le Grant Caan a chascun an en ceste cité de Quinsay et es appartenances. Si vous conteray premierement du sel pour ce que moult vault de rente.

Sachiez que le sel rent chascun an a somme .IIII^{XX}. commans d'or et chascun commant est .LXX^{M}. sages d'or, [se] volez pois, si que les .IIII^{XX}. commans d'or montent .V^{M}. milliers et .VI^{C}. milliers de pois d'or, dont chascun pois d'or vault plus de un flourin d'or, si que ce est unne grande somme de monnoie. […]

Comment: 80 *tomans* à 70,000 *saggi* = 5,600,000 *saggi*.

Text MP F, vol. V, pp. 122-123:
152. Ci dit li .VII^{xx}. et .XII. chapitre de la grant rente que le Grant Caan a chascun an de la cité de Quinsay et de ses appartenances, lequelle rente est livree et bailliee au seigneur du lieu et a ses sougiez.

[…] Et pour ce que vous en sachiez le nombre, je vous di que messire Marc Pol, qui tout ce raconta, dit par verité que il y fu par plusieurs fois pour veoir la raison de la rente de l'annee, de celle meisme partie si comme je vous ay dit, que [montoient] tous les drois et rentes que le Seingneur avoit, sanz les commans [du] sel, commans .CC.X. d'or, qui vallent .X[I]V^{M}. et .VII^{C}. milliers.① Et c'est bien .I. des desmesurez nombres de monnoie de droit qui onques feust oïs, et encore que il est sanz le droit du sel, qui est aussi en moult grant nombre. Si que vous pouez bien veoir que, quant le Seigneur a si grant rente de la monnoie de la nuevisme partie de

---

① 根据 Text MP E 中给出的 *commant* 数值进行了校正。正如 Delclos and Roussel (2006), p. 123n92 所说，没有一个抄本给出了正确的答案。

la prouvince, ce que il doit avoir des autres .VIII. parties [monte grant nombre merveilleusement]; si que je vous di bien pour voir que moult en a le Grant Caan desmesureement grans rentes et granz pourfis de la grant prouvince du Mangy, si que il la doit moult amer et sauver et bien garder, et il ainsi le fait, car il en a grant raison si comme vous avez oÿ. […]

Comment: 210 *tomans* [à 70,000 *saggi*] = [14,700,000 *saggi*].

* * *

V 3) 法文抄本 Paris B.N.F. fr. 5631 (A₁), *Du devisement du monde*, 14 世纪中期或下半期

Guillaume Pauthier, *Le livre de Marco Polo, citoyen de Venise, conseiller privé et commissaire impérial de Khoubilaï Khaân, rédigé en Français sous sa dictée en 1298 par Rusticien de Pise*, Paris: Librairie de Firmin Didot Frères, Fils et C., Imprimeurs de l'Institut de France, 1865. Pauthier 的本子主要以 A₁ 抄本为底本,① 但补充了其他抄本中的内容，包括几乎相同的 1407 年抄本 Ms. A₂ (B.N.F. fr. 2810)、残缺严重的 15 世纪后半期抄本 Ms. B₄ (B.N.F. fr. 5649) 和地理学会（Geographical Society）本。

Text MP A, pp. 375-377:
Chapitre CXIV
Ci dist de la province de Tebet.
[…] Si vous di encore que en ceste contrée, ont moult de bestes qui font le muguelias, et l'appellent en leur language *guduri*. Et ont, ces males gens, moult de grans chiens et de bons qui prennent moult de ces bestialles. Si que pour ce, il en ont, du muguelias, en grant habondance. Il n'ont pas monnoie de chartretes, de celle du grant Kaan; mais font monnoie de sel. Il sont vestus moult pourement, car il ne sont vestus que de peaus de bestes et de chanevoz et de bouguerans; et ont langage par euls, et s'appellent Tebet. […]

---

① 在法文抄本的命名方面，我依照的是 Blanchard and Quereuil (2005), pp. 11–14。

Text MP B, pp. 385:
Chapitre CXVI
Ci dist de la province de Gaindu.

[…] Il ont monnoie en tel maniere. Il ont or en verge et le poisent a poys; et tant comme il poise il vaut. Mais nulle monnoie congniée il n'ont. Leur petite monnoie est si faite. Il prennent sel et le font cuire et puis le getent en forme; et est si grant chascune que puet peser entour demie livre. Et les .lxxx. fourmes de ce sel vaut un sage d'or fin. C'est un pois, et ceste est la petite monnoie que ils despendent. […]

Text MP D, pp. 437-438:
Ci dit de la cité de Cianglu.

Cianglu est encore une moult grant cité vers midi; et est au grant Kaan et de la province de Catay. Leur monnoie est de chartin; et sont idolastres et font ardoir les corps mors. Et sachiez que l'en fait sel en ceste cité en grant quantité; et vous dirai comment. Il prennent une maniere de terre qui est moult saumastre et en font grans mons. Et dessus cel mont getent yaue assez, tant qu'elle va jusques au fons; et puis prennent et cueillent cele yaue qui ist de celle terre, et la metent en grans chaudieres de fer, et la font bien boulir, et puis la laissent refroidier, et devient sel moult bel et blanc. Mais il est menu. Et porte l'en de ce sel par maintes provinces environ, de quoi il traient grant avoir, et grant proufit. […]

Text MP E, pp. 509-510:
Ci devise de la grant rente que le grant Kaan a, chascun an, de laditte noble cité de Quinsay, et de ses appartenances.

Or vous conteray la grandisme rente que le grant Kaan a, chascun an, de ceste ditte cité de Quinsay, et de ses appartenances, qui est la .ixe. partie de la contrée du Mangy. Et premierement, du sel; pour ce que moult vault de rente. Sachiez que le sel rent, chascun an, en somme .iiij. vingt tommans① d'or; et chascun tomman vault .lxx.M. saies d'or, si que les .iiij. vingts tommans montent, en somme: cinq mille et six cens pois d'or;② et chascun pois d'or vault plus d'un flourin d'or. Si que c'est une grant somme de monnoie. […]

---

① A 和 B 抄本有 *iiij. mille toumaux*; C 抄本没有 *quatre mille*，只有 *IIII\$^{xx}$ (80) tommans d'or*。地理学会（Geographical Society）的两个本子也有 *quatre vingt tomain* 或 *tomay*。

② A 和 B 抄本如此。C 抄本为：*v.^{m}. (cinq mille) milliers et VI.^{c} (six cens) milliers de poiz d'or*。

Comment: 80 *tomans* à 70,000 *saggi* = 5,600,000 *saggi*.

498 Text MP F, pp. 513-518:
Ci devise de la grant rente que le grant Kaan a, chascun an, de laditte noble cité de Quinsay, et de ses appartenances.

[…] Et sachiez en verité que ledit Messire Marc Pol, qui tout ce raconte, fu pluseurs fois envoiés par le grant Kaan pour veoir le compte de ce que montent les drois et les rentes du Seigneur, de ceste .ixe. partie qui montent, sans la somme du sel que nous vous avons devant dit, .ij.c. et x. tommans① d'or qui valent .xv. mille et .vij. cens mille et .viij. pois d'or,② un des plus desmesurez nombre de monnoie de rente qui oncques feust oïs. Si povez bien veoir que quant li Sires a si grant rente de la .ixe. partie de la contrée, que moult puet valoir la rente des autres .viij. parties. Mais vraiement, ceste est la plus grant et la plus prouffitable partie; et pour le grant prouffit que li grans Sires a de ceste contrée, l'aime il moult; et moult le fait soigneusement garder, et tenir ceulx qui y habitent en grant paix. […]

Comment: 210 *tomans* = 15,700,008 *saggi*?

* * *

V 4) 匹匹诺（Francesco Pippino da Bologna）拉丁文本 *De consuetudinibus et condicionibus orientalium regionum*，**1317 年之前**

Justin V. Prášek, *Marka Pavlova z Benátek; Milion: Dle jediného rukopisu spolu s příslušným základem latinským*. Prag: Nákladem České Akademie Císaře Františka Josefa pro Vědy, Slovesnost a Umění, 1902. 这份转写并不是最好的。Florian Schaffenrath 和 Hermann Niedermayr 的新版本正在准备中。又见 Juan Gil, *El libro de Marco Polo: Ejemplar anotado por Cristobal Colón y que se conserva en la Biblioteca Capitular y Colombina de Sevilla* (Edicion, traduccion y estudios de Juan Gil; presentacion de Francisco Morales Padron), Madrid: Testimonio, 1986。后者也包括 *De consuetudinibus et condicionibus orientalium regionum, e uulgari in Latinum traduc-*

---

① C 抄本如此。A 和 B 抄本为：*deux cens toumaux d'or*。
② C 抄本为：*quinze mil et .vij.c. (sept cents) milliers*，地理学会本为：*deus cens dix tomain d'or que vailent quinze millemiaia et septs cens mille*。

tus per fratrem Franciscum de Pepuris de Bononia 一书的转写。匹匹诺本的另一个本子是 *De consuetudinibus et conditionibus orientalium regionum*, 由 National Diet Library 影印出版，题目为"*Of the Marco Polo Itinerarum*, Antverpiae 1485"，似有一定程度的隐略，出版地点和时间为 Tokyo: Otsuka Kogeisha Ltd., 1949。这个本子由东京的东洋文库［Toyo Bunko (Oriental Library)］收藏，尽管如此，它基本与 Prášek 给出的转写本一致，关于大汗的财政收入的章节，包含一些不同的内容。东京抄本似乎和另一个名为 De consuetudinibus et conditionibus orientalium regionum（Gouda: Gerard Leeu, between 1483 and June 11, 1484）的抄本相同。后者保存在伦敦的大英图书馆，在鲁汶天主教大学的主图书馆档案室可以看到它的缩微胶卷。

  Philippe Ménard 把匹匹诺本定为 1317 年之前。在他看来，匹匹诺本是对马可·波罗著作的改编，包括大量更改和缩写。① 巴比耶里（Barbieri）认为，匹匹诺的翻译以威尼斯 VA 本系统为底本。②

Text MP A, p. 113:

Secundus liber

De regione alia prouincie thebeth et de quadam turpi consuetudine e\ius, Capitulum xxxvij.

  [...] In hac regione multa sunt animalia siluestria, que muscatum faciunt et dicuntur gudderi. Habent autem incole loci canes uenaticos multos, qui ipsa animalia capiunt, propter quod de muscato copiam habent. Induuntur corio et pellibus bestiarum aut buchirano uel canapino③ rudi. Linguam propriam habent similiter et monetam et ad pronunciam thebeth pertinent et sunt [59a] affines magne pronuncie mangy. Hec enim pouincia thebeth latissima est et in octo regna diuitur. Multas habet Ciuitates et oppida, montuosa est ualde et lacus habet ac flumina in quibus inuenitur aurum, quod dicitur paglola.④ ibi eciam corallum pro moneta habent, quod caro precio emitur, eo quod omnes femine regionis⑤ corallum ad colla deferunt et omnibus ydolis suis similiter corallum appendunt ad colla. hoc enim ad magnam gloriam reputatur. [...]

---

① 见 Ménard (2003), pp. 10-12; id., (2001), p. 15。
② Alvaro Barbieri, "Quale «Milione»? ...," in his *Dal viaggo al libro: Studi sul* Milione, p. 73.
③ **L** canapacio, **P²** canabio. 如果没有另外说明，关于匹匹诺本的注释取自 Prášek 的注释。
④ **L** paylol.
⑤ **L** + illius.

Comment: Pipino's text does not say that the money the *Tebetans* used was made of salt, but goes on to mention the use of cowries as currency.

Text MP B, p. 116:
De prouincia Cayndu, xxxviij.

[…] Monetam vero in hunc modum habent. Virgulas [60^{a1}] aureas sub certo pondere faciunt, quas pro pecunia expendunt, et iuxta① pondus uirgule precium eius est et hec est moneta maior. Minor vero talis est: sal in caldario coquunt, quot postea in formella② proiciunt, ubi consolidatur, et talem monetam③ expendunt. Octoginta enim de hiis paruulis denariis sagium④ vnum aureum valent.⑤[…]

Comment: Pipino's text does not mention the weight of the salt pieces. It also does not provide the further details of Text MP C that we can find in the Ramusio version.

Text MP D, p. 130:
De Ciuitatibus Cacansu⑥, Cyanglu et Cyangli, l.

[…] Ab hac Ciuitate [Cacansu] itur ad meridiem diebus tribus et inuenitur Ciuitas Cyanglu grandis ualde, que eciam est de prouincia Cathay, ubi fit sal in copia maxima. Est enim ibi terra salsissima, de qua monticulos faciunt, super quos aquam proiciunt. postea colligunt aquam que erupit de subpede monticuli, quam in magnum ponentes caldarium ad ignem diu bulire faciunt. Postea congelatur in sal minutum⑦ et album. […]

Text MP E, pp. 146-147:
De Prouentibus, quos recipit magnus Kaam de quinsay et de⑧ prouincia magny, Ca. lxv.

Nunc dicendum est de prouentibus et redditibus, quos recipit [77^a] magnus

---

① **V** iusta.
② **P²** formulas.
③ **P¹** + imminutam.
④ **L** signum.
⑤ **L** faciunt in valore.
⑥ **L** Cancasu.
⑦ **L** pulchrum.
⑧ **P²** schází.

Kaam de Ciuitate quinsay et de tota prouincia mangy. Singulis annis recipit magnus Kaam de sale, quod fit in Ciuitate quinsay et terminis① tomamos aureos lxxx, quilibet autem tomamus② ascendit ad lxxx milia sagiorum auri. Ascendunt igitur in summa lxxx tomami aurei ad sex③ milia milium et xl④ milia sagiorum auri.⑤ quodlibet autem sagium auri plus habet⑥ de pondere quam florenus. [...]

Comment: 80 *tomans* à 80,000 *saggi* = 6,400,000 *saggi*.

Text MP F, pp. 147:
De Prouentibus, quos recipit magnus Kaam de quinsay et de*⑦ *prouincia magny, Ca. lxv.

[...] Ego marchus audiui computare summam reddituum, quos magnus Kaam recipit de regno quinsay, quod⑧ ascendabant annuatim prouentus huiusmodi preter sal ad xv milia milium et [77ᵇ] sexcenta⑨ milia sagiorum auri.⑩

Comment: 15,600,000 *saggi*.

* * *

V 5) 格瑞纳乌斯（Simon Grynaus）拉丁文印刷本 *Marci Pavli Veneti de regionibus orientalibus*, 1532 年

Marci Pavli Veneti de regionibus orientalibus, in Simon Grynäus (1493-1541), *Novvus orbi regionvm ac insvlarvm veteribvs incognitarvm*, ..., Basileae: apvd Io. Hervagivum, 1532 (Database "Western Books on China," Staatsbibliothek Berlin). Dietmar Henze 评论说："vir doctus et antiquitatis mire studiosus", Joh.

---

① 根据转写本 Gil (1986), p. 338, 不是 *terminis* 而是 *terris eius*。这为东京抄本所证实。
② **L** romanos.
③ **P**¹ a **P**² quinque.
④ **P**¹ a **P**² sexaginta.
⑤ 这句话不见于东京抄本。
⑥ **P**¹ + auri.
⑦ **P**² schází.
⑧ 参见转写本 Gil (1986), p. 338: "[...] quod est nona pars prouincie Mangy, et ascendabant [...]." 东京抄本也是这样写的。
⑨ **P**² sexaginta.
⑩ 东京抄本为："[...] ad xv. miliū et .cccccc. milia sagiorū auri."

Huttich 才是真正的编辑者。① 这个本子在一定程度上与匹匹诺本不同。它在巴塞尔（Basel）和巴黎两地同时印刷。两年后，在斯特拉斯堡出版了一个德文版。1671 年，Andreas Müller 做了一次重印，根据收藏在柏林的一个匹匹诺抄本做了修订。关于 Müller 的再加工，见 *Marci Pauli Veneti, Historici fidelisimi juxta ac praestantissimi, de regionibus orientalibus Libri III: Cum Codice Manuscripto Bibliothecae Electoralis Brandenburgicae collati, exq; eo adjectis Notis plurimùm tum suppleti tum illustrati. Accedit, propter cognationem materiae, haithoni armeni historia orientalis: quae & de tartaris inscribitur; Itemque Andreae Mulleri, Greissenhagii, de Chataja, cujus praedictorum Auctorum uterque mentionem facit, Disquisitio; inque ipsum Marcum Paulum Venetum praefatio, & locupletissimi indices.* Coloniae Brandenburgicae: Ex Officina Georgii Schulzii, Typogr. Elect. Anno M. DC. LXXI。②

Text MP A, p. 379:

Liber secundus

De regione alia Tebeth, & turpi ejus cõsuetudine. Cap. XXXVII.

[...] Inueniuntur etiam apud eos multa animantia, quae muschum producunt, quae Gadderi uocantur. Venantur incolae hujusmodi animalia canibus, abundantq; muscho. Linguam habent propia atq; peculiarem monetam, & pellibus induuntur bestiarum, aut canabeo rudi. Pertinet haec regio ad prouinciam Tebeth: nam est Tebeth latissima prouincia, diuiditurq; in octo regna, habens ciuitates & opida multa. Terra montuosa est, suntq; in ea loca quaedam, atq; quidam fluvij, in quibus aurum inuenitur. Vtuntur quoque ibi corallio pro moneta: nam est is lapis apud eos in magno pretio, & omnes feminae deferent eum ad collum, appenduntq; impsum quasi rem speciosam ad colla idolarũ. [...]

Comment: In the Grynäus version the text is differently arranged than in Pipino, but both do not mention here that salt is used as money and both continue to make comments on the use of cowries.

Text MP B, p. 380:

De prouincia Caniclu. Cap. XXXVIII.

---

① Henze (2000), vol. 4, p. 168.

② 见 Carlos Sanz, *El libro de Marco Polo: Notas historicas y bibliograficas*, Madrid: Direccion General de Archivos y Bibliotecas, 1958, pp. 20-21。

[…] Moneta eorũ sunt uirgulae quaedam aureae, certum habendes pondum, et iuxta pondus uirgulae est ualor monetae. Et haec quidem est moneta maior. Habent etiam minorem, quam hoc modo faciunt. Coquunt sal in caldario, & postea faciũt ex eo in formellis massulas paruas, quas consolidates pro moneta exponunt. […]

Comment: The Grynäus version, in contrast to Pipino, does not mention the value relationship between the salt pieces and gold. Like Pipino it also does not indicate the weight of the salt pieces.

Text MP D, p. 387:
De ciuitatibus a Cacaufu, Canglu & Ciangli. Cap. L.
[…] Ab hac ciuitate [Cacaufu] tres numerantur dietae versus meridiem ad ciuitatem aliam magnam, Canglu nomine, quae sale abundat: nam est terra illa salsissima, & ex ea eliciunt sal hoc pacto. Congerunt terram in modum collis, & superfundentes aquam, quae salsuginem terrae attrahat, eam iterum sub congesto colle hauriunt, & tam diu iuxta ignem coquunt, donec in salis coaguleter densitatem. […]

Text MP E, p. 394:
De prouentibus, qui magno Cham in urbe Ruinsai, & prouincia Mangi penduntur. Cap. LXV.
Exigit Cham magnus singulis annis de sale quod paratur in urbe Quinsay & terminis eius myriades octoginta aureorum. […]

Comment: The Gynäus version is here much shorter than Pipino. It seems that 80 *tomans* are meant.

Text MP F, p. 395:
De prouentibus, qui magno Cham in urbe Ruinsai, & prouincia Mangi penduntur. Cap. LXV.
[…] Ego Marcus semel audivi computum fieri singulorum reddituũ, qui magno Cham penduntur annuatim in regno Quinsay, quod est nona pars prouincia Mangi: ascenditq; summa omnium, sale tamen excepto, ad quindecim milia milium aureorum, atq; sexcenta milia.

Comment: 15,600,000 *saggi*.

* * *

V 6) 托莱多大教堂图书馆（Library of the Cathedral of Toledo）藏拉丁文 Z 抄本 *Marcus Paulus Venetus de diuersis hominum generibus, et diuersitatibus Regionum Mundanarum; ubi inuenies omnia magna, Mirabilia, et diuersitates Armenie Maioris, Persarum, Tartarorum, et Jndie, ac aliarum Prouinciarum circa Asiam, Mediam, et partem Europe; compilat. in Carceribus Janue Anno M.CC.XCVIII*

Alvaro Barbieri, *Marco Polo, Milione: Redazione latina del manoscritto Z, versione italiana a fronte*, Parma: Fondazione Pietro Bembo / Ugo Guanda, 1998. Cf. also Arthur Christopher Moule and Paul Pelliot, *Marco Polo: The Description of the World*, London: George Routledge, 1938, vol. 2, pp. xxix, xxx, xxxvi-xxxvii, and xlix.

Text MP A, p. 130:
Capitolo 53

[…] Et sic quia multa huiusmodi animalia partibus illis sunt ideo in multis locis spergunt quare redollet ex eo provincia tota et iste tales bestie vocantur in eorum lingua gudderi. Et homines illi quam plures habent bonos canes ad ipsas capiendas ydoneos. Ipsi vero non habent monetam, neque de cartis magni Can, sed de sale faciunt monetas. Vestes eorum sunt pelles bestiarum, canapum et bucheranum. Loquelam per se habent. Et nuncupatur Thebet.

Text MP B, p. 138:
Capitolo 55

[…] Monetam quidem habent talem. Quia habent virgas auri; et ponderant eas et, secundum quod pondus est, ita valent. Et non habent cum aliquo signo monetam. Habent etiam monetam [27v] de sale. […]

Comment: The Latin edition of the Z manuscript is rather short in its description of the salt money. No details about its manufacture, form or even its value are given.

Text MP D, p. 164:
Capitolo 66

Cianglu est quedam magna civitas versus meridiem de provincia Cathay, subdita Magno Can; gentes cuius adorant ydolla et faciunt comburi funera. Monetam habent de cartis Magni Can. In ista civitate et districtu fit sal in maxima habundantia in hunc modum. Habent enim quamdam maneriem terre salse, de qua magnos congregantes montes, super eos aquam infundunt; quam quidem aquam infusam, ex virtute terre salsedine asumpta, ad inferiora discurentem colligunt per conductus, ipsam postmodum in patellis spatiosis et amplis multum facientes bulire. Qua bene bulita, fit inde sal pulcher et albus. De quo sale per multas portant contratas. Et de ipso gentes ille consequuntur pecuniam infinitam et Magnus Dominus inde percipit multum redditum et proventum. [...]

Text MP E, pp. 218, 220:
Capitolo 86
Ad presens dicere volumus et narare immensam quantitatem reddituum quos Magnus Dominus ab ista civitate percipit et ab aliis terris que civitati isti respondent, que sunt pars nona, sive regnum nonum, provincie Ma\<n\>çi. Et dicemus primo de sale, quia plus quantum ad reditum valet. Noveritis itaque quod sal reddit anis singulis octuaginta 'thoman' de auro; et quodlibet 'thoman' est septuaginta milia sadiorium auri, et quodlibet sadium valet pluri uno floreno aureo vel uno ducato aureo. Et ideo tantus est reditus salis in ista civitate quia est in confinibus iuxta mare, ubi multitudo fit salis; et ab ista civitate bene quinque regna Manci pro eorum usibus sale suplentur. Hoc quidem constat de sale, de aliis vero dicemus. [...]

Comment: 80 *tomans* à 70,000 *saggi* = [5,600,000 *saggi*].

Text MP F, p. 220:
Capitolo 86
[...] Ita quod de istis omnibus dominus Marcus Paulo, qui pluries audivit fieri rationem introitus, absque sale, dicit quod valet continuo, anis singulis, .ccx. 'thoman' sadiorum aureorum. Et hec est nona pars provincie Manci. Sed tamen omnes istos reditus facit expendere Magnus Can in exercitibus custodientibus civitates et contratas, et in ipsarum civitatum indigentiam auferendam. [...]

Comment: 210 *tomans*.

V 7) 帕多瓦（**Padova**）藏威尼斯方言抄本 (**VA**$_3$) *Milione*

Alvaro Barbieri and Alvise Andreose, with the collaboration of Marina Mauro and a preface of Lorenzo Renzi, *Marco Polo, Il «Milione» veneto: ms. CM 211 della Biblioteca Civica di Padova*, Venezia: Marsilio, 1999.

与 Barbara Wehr 相反，Philippe Ménard 认为，威尼斯方言本既不是马可·波罗书的原始文本（authentique version），也不是匹匹诺译本的底本。就像托斯卡纳方言抄本 (V$_8$) 那样，与法意混合语抄本 (V$_1$) 相比，所有的威尼斯方言文本中都包含大量缩写、错误和篡改，因而不能被视为最初的文本。①

Text MP A, p. 196:

Capitolo XCIII

Della provinzia de Teber, dove è le chane che fano grande schiopo quando l'ardeno.

[44v] [...]^{27}In quella chontrà è molte de quelle bestie cha fano el muschio, et sono apellati guderi. ^{28}La zente de quella contrà à molti chani che lle prendeno, sì che i àno molto muschio. ^{29}Et è grandisimi mastini grandi chome axeni, et sono boni per prender le bestie salvadege, e altri chani da chaza de piuxor vixe.

^{30}E i àno moneta per si; e sì se ge spende choralli per moneta e molto chari, perché tute le femene porteno chorali al chollo, e àno questi per una gran zoia.

Comment: The passage on *Tebet* mixes up in some sense the accounts on salt money and cowry money.

Text MP B, p. 197:

Capitolo XCIV

Della provinzia de Guandi, là dove l'omo, quando l'à briga, se mete el capello

---

① 见 Ménard (2003), pp. 12–13，特别是 Barbieri, "Quale 《Milione》? ...," 收入他的 *Dal viaggo al libro: Studi sul Milione*, pp. 72–73。除了 VA^3 外，Barbieri 提到以下其他威尼斯方言的译本：Biblioteca Casanatense di Roma 藏残本 V^1, MS 3999；藏于 Biblioteca Riccardiana di Firenze 的被毁坏的 V^2 译本 MS 1924；现已亡佚的 Venturi Ginori Lisci 私人档案中的 V^4；质量不高的 V^5，即 Bürgerbibliothek of Bern 藏 MS 557。另有两种 VA^2 的其他抄本，一个藏于 Municipal Library in Lucca，另一个是西西里方言译本，藏于 Biblioteca Capitular of Sevilla，见 Valentinetti Mendi (1992), *Una familia veneta del Libro de Marco Polo*。

al'uxio, et è signior de chaxa quanto el vuol.

[45r] [...] ¹⁰In questa provinzia se fa moneda a questo muodo: i àno verge d'oro e sì le pexa a sazi, e sechondo ch'el pexano el valle; e questa si è la grosa moneta. ¹¹La pizolla moneta si è de tal maniera: i chuoxeno sal in una chaldiera e poi la zetano in formelle et deventa saldo e duro, e fano <denari> pizoli che pexa zercha uno tornexelo pizolo; li otanta de questi denari pizoli val un sazio d'oro: e questa è la pizolla moneta. [...]

Text MP D, p. 207:
Capitolo CVI
Della zità de Cinvanglu, ove se fa de terra sal.

[50r] [...]⁴Et da questa zità [Chanchasu] va l'omo versso mezodì tre zornade e truova la zità de Cinvanglu, la qual è (50v) molto grande et è della provinzia de Chatai. ⁵In questa zità se fa sal in grande quantità. ⁶El ge n'è tera molto salmastra; de quela tera i fano uno monte e zetano tanta aqua ch'ella riesse de soto, e poi, tolto de quella aqua, i la fa boglir in gran chaldiere et deventa sal biancho e menuto. [...]

Text MP E, p. 217:
Capitolo CXVII
Della zità Quinsai, ch'è a dir 'la zità de ziello,' e la qual è lla maor zità che sia al mondo, ove è cotante zente e cotanti ponti e tante meraveie.

[55r] [...]⁴⁷Mo've voio chontar della gran rendeda de Gran Chaan de questa zità de Quinsai et della provinzia. ⁴⁸E dirò-ve inprimamente del sale. ⁴⁹Lo Gran Chaan sì à zaschaduno ano rendita del sal, che sse fa in questa zità e in le suo' pertinenzie, ben otanta tomani d'oro: e zaschadun toman sì val otantamilia sazi d'oro, e monta otanta tomami sìe fiade mille milia siezento sazi d'oro – e zaschadun sazio val plui d'uno fiorino d'oro. [...]

Comment: 80 *tomans* à 80,000 *saggi* = [6,400,000 *saggi*]?

Text MP F, p. 217:
Capitolo CXVII
Della zità Quinsai, ch'è a dir 'la zità de ziello,' e la qual è lla maor zità che sia al mondo, ove è cotante zente e cotanti ponti e tante meraveie.

[55r] ⁵⁴[…] sì che io, Marcho, aldì far gran conto in suma de questa rendita senza el sal, e aldì far raxion che pur in lo regniame de Quinsai, ch'è una delle nuove parte della pro[55v]vinzia de Mangi, monta zaschadun ano ben duxentomilia tomani d'oro. ⁵⁵E questa è ben chossa desmexurata.

Comment: 200 *tomans*.

* * *

V 8) 托斯卡纳方言抄本 *Milione* (TA²), 14 世纪早期

Gabriella Ronchi, *Marco Polo, Milione. Le divisament dou monde: Il Milione nelle redazioni toscana e franco-italiana*, with a preface of Cesare Segre, 2nd ed. Milano: Mondadori (I meridiani), 1988. See these passages also in Valeria Bertolucci-Pizzorusso (ed.), *Marco Polo, Milione. Versione toscana del Trecento*, Milano: Adelphi Edizioni, 1975, and with some variations in Ruggero M. Ruggieri, *Marco Polo, Il Milione: Introduzione, edizione del testo toscano ("Ottimo"), note illustrative, esegetiche, linguistiche, repertori onomastici e lessicali*, Firenze: Leo S. Olschki Editore (Biblioteca dell'"Archivium Romanicum," Serie I – Storia – Letteratura – Paleografia; 200), 1986, pp. 208-209, 211, 224, 239-240. 托斯卡纳译本的一个转写本可以在互联网得到，见 http://it.wikisource.org/wiki/Milione。

与威尼斯方言本相似，托斯卡纳本被认为是马可·波罗行纪的大幅度缩减本，丢掉了三分之一的内容。①

Text MP A, p. 150:
<114>
De la provincia di Tebet

[…] E dicovi que in quella contrada àe molte bestie che fanno il moscado; e questa mala gente àe molti buoni cani, e prendonne assai. Egli non ànno né carte né monete di quelle de Grande Cane, ma fannole da-lloro.② Egli si vestono poveramente, ché-lloro vestire si è di canavacci e di pelle di bestie e di bucerain; e ànno loro linguaggio e chiamansi Tebet. […]

---

① 见 Ménard (2001), p. 14。
② *da-lloro*: 翻译错误：'di sale,' *de sel* F, 23。

Comment: This Tuscan manuscript does not mention that the money used in *Tebet* was made out of salt. As is stated by the editor, *da-lloro* seems to be a translation error for 'di sale.'

Text MP B, pp. 154-155:
<116>
De la provincia di Gaindu
[…] Egli ànno muneta com'io vi dirò. Egli prendono la sel e fannola cuocere e gìttalla in forma, e pesa questa forma da una mezza libbra; e le quattro venti di questi tali sel ch'io v'ò detto, vagliono uno saggio d'oro fino, e questa è la picciola moneta ch'egli spendo. […]

Comment: Gabriella Ronchi has pointed out that in comparison with the Franco-Italian version the Tuscan rendering gives an incomplete and wrong impression. It suggests that salt was the only money in this province, because it drops the crucial information that gold is used as big money in contrast to the adoption of salt currency in small transactions. It also leaves out the important statement that the inhabitants of this province have no coined money. The garbling of the text is due to a *saut du même au même*, i.e. a jumps from the same to the same, in this case from *monoie* to *monoie* (or: from *vos* (*dirai*) to *vos* (*deviserai*)) in the Franco-Italian text, by leaving out what is between these two same or identical expressions: "Et vos di qu'il ont *monoie* en tel mainere com je vos dirai. Sachiés qu'il a or en verge, et le poisent a sajes et selonc que poise vaut. Mes ne ont monoie cugné cun estanpe. Et la petite *monoie* vos deviserai que est. Il prennent la sel e la font cuire, […]."[①] The type of abbreviating and garbling of the original text fostered by *homéotéleutic* constructions is common in the Tuscan version.[②]

Text MP D, p. 174:
<128>
Della città di Ciaglu
Ciaglu è una molto grande città de la provincia de Catai, ed è al Grande Kane;

---

① Gabriella Ronchi, , "Traduzione e compendio nella versione toscana del *Milione*," in Cesare Segre et al. (eds.) (1983), p. 38.
② Ronchi (1983), pp. 28-29.

e' sono idoli. La moneta ànno di carte, e fan ardere lor corpi morti. E i<n> questa città si fa'l sale in grandissima quantità, e dirovi come. Qui à una terra molto salata, e fannone grandi monti gittano molt'acqua, tanto che l'acqua vae di sotto. Poscia quest'acqua fanno bollire in grandi caldaie di ferro assai, e quest'acqua è fatta sale, bianca e minuta. E di questo sale si porta per molte contrade. [...]

Text MP E, pp. 202-203:
<149>
La rèdita del sale

Or ve conterò de la rèdita ch'àe il Grande Kane di Quisai e delle terre che sono sotto di lei; e prima vi conterò del sale. Lo sale di questa contrada rende l'anno al Grande Kane .lxxx. tomain d'oro: ciascuno tomain è .lxxx^{⑬}. saggi d'oro,① che monta per tutto .vj^{⑬}.iiij^{⑬}. di saggi d'oro② - e ciascuno saggio d'oro vale piùe d'un fiorino d'oro -, e questo è maravigliosa cosa. [...]③

Comment: 80 *tomans* à 80,000 *saggi* = 6,400,000 *saggi*.

Text MP F, pp. 202-203:
<149>
La rèdita del sale

[...] Sì che io Marco Polo, ch'ò veduto e sono stato a fa-lla ragione, † la rendita sanza il sale vale ciascun anno .ccx^m. tomani d'oro; e quest'è il più smisurato novero del mondo di moneta, che monta .xv^{⑬}.dcc^m. E questo è de le nove parti l'una de la provincia. [...]

Comment: 210 *tomans* = 15,700,000 *saggi*.
The version rendered by Ruggieri, p. 239, has: "E quest'è delle otto parti l'una della provincial."

---

① .lxxxm. saggi: F, 2 有 *LXX^M sajes*, 这得到 Z 本的证实。
② .vj^m.iiij^e. di saggi: F, 2 has *MMMM^M e DC^M*.
③ 只有拉丁文的 Z 本也给出了食盐大量生产的原因: *Et ideo tantus est redditus salis in ista ciuitate quia est in confinibus iuxta mare ubi multitudo fit salis & ab ista ciuitate bene quinque regna manci pro eorum usibus sale suplentur*。

∗ ∗ ∗

V 9) 里加市立图书馆（the Municipal Library in Lucca）藏威尼斯方言抄本 (MS 1296) *Delle cosse mirabile del mondo* **和塞维利亚市教会图书馆（Biblioteca Capitular of the City of Sevilla）藏西西里方言抄本** *Delle cosse mirabile del mondo*

Angélica Valentinetti Mendi, *Una familia veneta del Libro de Marco Polo*, Madrid: Editorial de la Universidad Complutense, Facultad de Filología, Departamento de Filología Italiana, 1992.

这两个抄本属于威尼斯方言 VA 本分支 (VA^2) 的晚期版本，只是简短涉及了长芦的食盐生产 (Text MP D) 和行在城的财政收入 (Texts MP E and F)。所有马可·波罗其他涉及食盐的内容，即 Texts MP A，B，C，它们均未包括。塞维利亚抄本不是用威尼斯方言，而是用西西里方言写的，略带威尼斯方言色彩。①

Text MP D, p. 357 (Lucca manuscript):
Capitolo .LXXXV. De la città dita Cianglu.

Andande più oltra cinque zornate da questa città [Cancassu] trovasse una citade chiamata Cianglu, nobile e grande, sita verso <el mezo>di, la qual città é del destreto del Catalio. Qui se fa gran quantità de sale; […]

Text MP E and F, p. 383 (Lucca manuscript):
Capitolo .C°I. De la intrada che à el Gran Cane de la provintia de Gynsay.

Abiando dito de la città de Ginsay, vogliove dir de la sua entrata.

El Gran Chane de tuta la provintia de Ginsai à pu[ro] de sale a l'anno nuovemillia tumani d'oro; e zascun tuman e sazi novemillia d'oro; e zascun sazo d'oro val più de sette fiorini.[…]

Text MP E and F, p. 383 (Lucca manuscript):
Capitolo .C°I. De la intrada che à el Gran Cane de la provintia de Gynsay.

---

① 参阅 Angélica Valentinetti Mendi, *Marco Polo – Libro del Famoso Marco Polo; Libro de le Cose Mirabile*, Logroño: Instituto de Estudios Riojanos, 2008, pp. LIV and LXVI。

[…] De l'altre intrate oltra el sale à de rendita a l'anno vintimillia tumani d'oro.

Text MP D, p. 357 (Sevilla manuscript):
Capitulo 84. Di la città dita Cianglu.

Andando più oltra v. iornate de questa città [Cancassu] trovasse un'altra città chiamata Cianglu, nobili e grandi, situata verso elo mezodi, la quali città he de lo destricto de lo Cathayo. Qui si fa gran quantità di sali; […]①

Text MP E and F, p. 383 (Sevilla manuscript):
Capitulo 100. De la intrata che ha lu Gran Canj de la provincia di Giunsay.

Havendovj dicto de la città Guinsay, vogluvj dirj de la sua intrata.

Elu Gran Canj de tucta la provincia de Guinsay ha puru di salj ognj annu tumina d'oru .viiij°. milia; et ciascuno tumino he sazi .viiij°. milia; et ciascuno sazo d'oru vale più de .vij. fiorinj. […]

Comment: 9,000 *tomans* à 9,000 *saggi* [= 81,000,000 *saggi*]? The revenue figures seem to be totally corrupted.

Text MP E and F, p. 383 (Sevilla manuscript):
Capitulo 100. De la intrata che ha lu Gran Canj de la provincia di Giunsay.

[…] De le altre intrate oltra elu salj ha de rendita l'anno .xx. milia tumina d'oro.

Comment: 2,000 tomans [à 9,000 *saggi* = 180,000,000 *saggi*]? The revenue figures seem to be totally corrupted.

* * *

V 10) 1496 年塞萨（Sessa）印刷本 *Delle maravigliose cose del mondo*

Delle maravigliose cose del mondo, Venice: Johannes Baptista Sessa, 13 June 1496（藏伦敦大英图书馆，在鲁汶天主教大学主图书馆的档案室有它的缩微胶卷）。在内容上它与 1500 年 12 月 20 日印刷的 *Delle maravigliose cose del mondo*（Brescia: Baptista Farfengus）相同，后者现存圣马力诺亨廷顿图书馆（Henry E. Huntington Library in San Marino），在鲁汶天主教大学主图书馆

---

① 关于塞维利亚本，现在也可阅读 Valentinetti Mendi (2008), *Marco Polo – Libro del Famoso Marco Polo; Libro de le Cose Mirabile*, pp. 102 and 114。

的档案室有它的缩微胶卷。又见 María Luisa López-Vidriero, *Delle meravigliose cose del mondo: Estudio y traducción de la edición véneta de 1496*, Valencia and Madrid: Vicent Garcia and Patrimonio Nacional, 1997, pp. 123, 132, 这是塞萨本的西班牙文译本。

桑兹（Sanz）正确地将塞萨印刷本称为缩减的本子。① 关于塞萨版本的缺点，又见 Valeria Bertolucci Pizzorusso, 她指出，在开篇，它甚至混入了鄂多立克（Odorico da Pordenone）行记中的一个段落。②

与法意混合语本 (V_1) 和早期法语本 (V_2,V_3) 相比，它只包含 Texts MP D, E, F 的简短内容，没有 Texts MP A 和 B。

Text MP D:

In chap. 98 on the city of Cancasú it is only mentioned that Cianglú produces much salt: "Questa terra sifa assai sal."

Text MP E:

Capitolo .cxii. Dito ueho dela cita de Guinsai dire ue uoglio delo rendedo del g.c.

De tutta la prouincia de Guinsai ello ha pur del sale tomani doro .ix. milia, eciaschuno toman e sazi .ix. milia doro: eciaschuno sazo doro ual piu de .vii. ducati doro: [...]③

Comment: 9,000 *tomans* à 9,000 *saggi* [= 81,000,000 *saggi*]? The revenue figures seem to be totally corrupted.

Text MP F:

Capitolo .cxii.

[...] delaltre cose senza lo sal ello ha tomini .xx. milia doro.④

Comment: 20,000 tomans [à 9,000 *saggi* = 180,000,000 *saggi*]? The revenue figures seem to be totally corrupted.

---

① 见 Sanz (1958), p. 20。
② Bertolucci Pizzorusso (2006), p. 203.
③ López-Vidriero 的西班牙文翻译本，p. 132, 也有如下文字："**Chap. 112: De la renta que el Gran Can saca de Guinsai**. Toda la provincia de Guinsai obtiene de la sal ix mil tomanes de oro y cada tomán son ix mil sazos de oro y cada sazo de oro vale más de vii ducados de oro. [...]."
④ López-Vidriero, p. 132: "[...] De las otras cosas que no son la sal obtienen xx mil tomanes de oro."

***

V 11) 1553 年剌木学（Giovanni Battista Ramusio）意大利文印刷本 *I viaggi di Marco Polo, gentiluomo veneziano* I

Giovanni Battista Ramusio, *Navigazioni e Viaggi*, ed. by Marica Milanesi, Turin: Giulio Einaudi, 1980, vol. 3.

Text MP A, p. 203:
Della gran provincia detta Thebeth. Cap. 37.

[…] E queste tal bestie si chiamano nella loro lingua gudderi, e se ne prendono molte con cani. Essi non hanno monete, né anche di quelle di carta del gran Can, ma spendono corallo, e vestono poveramente di cuoio e di pelle di bestie e di canevaccia. Hanno linguaggio da per sé e s'appartengono alla provincia di Thebeth, la qual confina con Mangi, […]

Comment: Ramusio's text does not mention salt money here, but cowries instead.

Texts MP B and MP C, p. 205:
Della provincia di Caindú. Cap. 37.

[…] La loro moneta è di tal maniera, che fanno verghe d'oro e le pesano, e secondo ch'è il peso della verghetta cosí vagliono: e questa è lo loro moneta maggiore, sopra la quale non v'è alcun segno. E la picciola veramente è di questo modo: hanno alcun'acque salse, con le quali fanno il sale facendole bollire in padelle, e poi ch'hanno bollito per un'ora si congelano a modo di pasta, e si fanno forme di quantità d'un pane di due denari, le quali sono piane dalla parte di sotto e di sopra sono rotonde; e quando sono fatte si pongono sopra pietre cotte ben calde appresso al fuoco, e ivi si seccano e fansi dure, e sopra queste tal monete si pone la bolla del signore. Né le monete di questa sorte si possono far per altri che per quelli del signore, e ottanta di dette monete si danno per un saggio d'oro. Ma i mercanti vanno con queste monete a quelle genti ch'habitano fra i monti ne' luoghi salvatichi e inusitati, e truovano un saggio d'oro per sessanta, cinquanta e quaranta di quelle monete di sale, secondo que le genti sono in luogo piú salvatico e discosto dalle città e gente domestica, perché ogni volta que vogliono non possono vendere il lor oro e altre cose, sí come il muschio e altre cose, perché non hanno a cui venderle: e però fanno buon mercato, perché truovano l'oro ne' fiumi e laghi, come s'è detto. E vanno questi mercanti per monti e luoghi della provincia di Tebeth sopradetta, dove similmente si spaccia la moneta di sale, e fanno grandissimo guadagno e profitto, perché quelle genti usano di quel sale ne' cibi, e compransi anco delle cose necessarie. Ma nelle città usano quasi solamente i frammenti di dette monete ne' cibi, e spendono le monete intiere. […]

Text MP D, p. 220:
Della città di Cianglú. Cap. 50.
   Cianglú è una gran città verso mezodí, della provincia del Cataio, subdita al gran Can, le cui genti adorano gl'idoli e fanno abbruciare i corpi morti; spendono le monete di carta del gran Can. In questa città e distretto fanno grandissima quantità di sale, in questo modo: hanno una sorte di terra salmastra, della quale ne fanno gran monti e gettanli sopra dell'acqua, la quale, ricevuta la salsedine per virtú della terra, discorre di sotto e raccolgnola per condotti, e dopo la mettono in padelle spaziose e larghe, non alte piú di quattro dita, facendola bollire molto bene; e poi ch'ell'ha bollito quanto li pare, congela in sale, ed è bello e bianco, e si porta fuori in molti paesi, e quelle genti ne fanno gran guadagno, e il gran Can ne riceve grand'entrata e utilità.[…]

   Comment: Ramusio is the only text which mentions the depth of the salt pans.

Text MP E, pp. 243-244:
Dell'entrata del gran Can. Cap. 69.
   Or parliamo alquanto dell'entrata che ha il gran Can della città di Quinsai e dell'altre a quella aderenti: il gran Can riceve da detta città e dall'altre che a quella rispondono, ch'è la nona parte overo il nono regno di Mangi; e prima del sale, che val piú quanto alla rendita. Di questo ne cava ogn'anno ottanta toman d'oro, e ciascun toman è ottantamila saggi d'oro, e ciascun saggio vale piú d'un fiorin d'oro, que ascenderia alla somma di sei milioni e quattrocentomila ducati: e la causa è ch'essendo detta provincia appresso l'oceano, vi sono molte lagune, overo paludi,

386　马可·波罗到过中国

dove l'acqua del mare l'estate si congela, e vi cavano tanta quantità di sale che ne forniscono cinque altri regni della detta provincia. […]

Comment: 80 *tomans* à 80,000 *saggi* = 6,400,000 *saggi*.

Text MP F, p. 244:
Dell'entrata del gran Can. Cap. 69.
[…] E fatt'il conto in presenza del detto messer Marco, fu trovato che l'entrata di questo signore, non computando l'entrata del sale detta di sopra, ascende ogn'anno alla somma di 210 tomani, e ogni toman, com'è detto di sopra, vale ottantamila saggi d'oro, che saria da sedici millioni d'oro e ottocentomila.

Comment: 210 *tomans* à 80,000 *saggi* = 16,800,000 *saggi*.

* * *

V 12) 14 世纪后期，阿德蒙特（Admont）德文抄本 *Hi hebit sich an dy heydenische cronike von der manchvalt des begenknissis und sitin unde wyse vil provincien di herno geschrebin sten*

Nicole Steidl, *Marco Polos "Heydnische Chronik": Die mitteldeutsche Bearbeitung des "Divisament dou monde" nach der Admonter Handschrift Cod. 504*, Aachen: Shaker Verlag, 2010, 依据 Horst von Tscharner, *Der mitteldeutsche Marco Polo nach der Admonter Handschrift*, Berlin: Weidmannsche Buchhandlung, 1935.

根据 von Tscharner 的看法，这个本子以马可·波罗书第二个托斯卡纳方言本 (TB) 和它的拉丁文译本 (LA) 为底本。第二个托斯卡纳方言本源自威尼斯方言 VA 本系统。

Texts MP B, p. 338 (p. 32):
[24rb] ***L Von perln und von turchin und von manchirhande muncze und von neylikyn und von czuckir und von golde.***
In der provincien Gagdy […]. [25va] Dy muncze dy sy haldin vor dy groste, dy ist in deme gewichte eyns sagii, des pfennigis also genant von golde, und ist also gut sam eyn floren. Dy mynste muncze dy wirt von gesotem salcze und das

gegossin in formen, als man tut in Rusyn, der ist also gut als eyn sagi dy muncze also genant.①[…]

Comment: The Admont manuscript indicates here that the *Tebet* salt currency is made in a similar way to salt money [?] in Russia.

Text MP D, pp. 344-345 (pp. 38-39):
[30vb] **LXI Von vil sidin und von guldin tuchirn und von salcze wundirlichin gemacht.**
[…] Von denne dry tage reyse do ist eyn andir groze stat Cyangula genant, do macht man vil salczes in der wys: Do ist erde, dy vurt man czu samen uf den andir, so gust man uf dy erde gar lutir vrisch wassir, und das wassir gesegin durch das ertriche das [31ra] nemen si unde sidin is, so gerynt is unde wirt gar gut salcz and wiz. […]

Text MP E, p. 353 (p. 47):
[36rb] **LXXII Von deme unczeligim czuckir.**
In der provincien Mangi ist me czuckirs wen in allir der werlt. Abir dy rente di do hot der groze chaam in der provincien Mangy, und ouch in der stat Quinsay hot der groze [37va] chaam czu rente alle jar alleyne von salcze lxxx tusint comanos von purem golde. eyn iclichir comanus ist also gut sam lxxx tusint sagi guldiner, abir eyn sagus der ist also gut als eyn floren und eyn wenic bessir. lxxx comani machin tusint tusint sagi und vj tusint me. […]

Comment: 80 *tomans* à 80,000 *saggi* = 1,006,000 *saggi*? This indication of 1,006,000 *saggi* does not make sense. Compare with the LA version which states the following: *quinque milia milia sagiorum et sex centum milia plus*, i.e. 5,600,000 *saggi*.

Text MP F, p. 47:
[36rb]**Von deme unczeligem czuckir.**
[37va] […] Ich Marcus Polo, eyn dichter disis buchis, han geseen rechin di rente

---

① 根据罗马梵蒂冈图书馆（Vatican Library in Rome）收藏的抄本 Berberianian cod. Lat. 2687（可能属 15 世纪早期）LA 本有如下内容：*parva vero fit de sale cocto et trajectato in formis, de qua lxxx valent unum sagum*. 换言之，阿德蒙特本（Admont version）没有翻译出表示 lxxx 的数字。

517 des grozen chaam alleyne in deme riche Quinsay, das do ist das ix teil der provincien Mangi, ane di rente di gevellit von dem salcze. Dy rente [37vb] di der groze chaam hot in deme eynigin riche Quinsay czu samene geslagin and gereyt ane das salcz, ist cc und x tusint comani goldis, di sint also gut als xv tusint sagi goldis und vj hundirt tusint; eyn sagus der gilt me wen eyn floren. [...]

Comment: 210,000 ? *tomans* = 15,600,000 *saggi*? This indication too is quite corrupt and unclear. The Latin LA versions have *xv milia miliaria [...]* or *quindecim milia [...]*.

* * *

V 13) 1477 年德文印刷本 *Hie hebt sich an das puch des edeln Ritters vnd landtfarers Marcho Polo*

Hie hebt sich an das puch des edeln Ritters vnd landtfarers Marcho Polo, in dem er schreibt die grossen wunderlichen ding dieser welt, Nuremberg: Friedrich Creussner, 1477. (藏伦敦大英图书馆，在鲁汶天主教大学主图书馆的档案室有它的缩微胶卷。)

如同阿德蒙特抄本 (V_{12})，这个印刷本以马可·波罗书的第二个托斯卡纳方言本 (TB) 和它的拉丁文译本 (LA) 为底本。第二个托斯卡纳方言本源自威尼斯方言 VA 本系统。这是各种语言中马可·波罗书的第一个印刷本。它既不包含有关土番 (*Tebet*) 使用盐币的内容 (Text MP A)，也没有长芦食盐生产的段落 (Text MP E)。

Texts MP B:

Wie das volck guldene muencz macht vnd auch muencz von salcz. Sie haben mangerley specerey vnd zucker.

In disem landt macht man also muencz, sie machen stuck von golde, grosse und kleyne. Vnd dar nach so wegen sie die stuck. Vnd sie gelten nach dem als das gold gut ist. Aber es ist swere vnd grosse muencze, sie machen auch eyn kleyne muencze. Also, sie nemen salcz, vnn das syeden sie in eynem kessel, dar nach gyessen das in eyn form, als wir die muencz, so wirt es alles hert, dar auß machen sie kleyne muencze vnn geringe, als die heller mit vns sein. Vnd achczig der selbigen heller gelten eyn sagio von gold. [...]

Comment: Interestingly, the salt money is compared here with the *Heller* which was a widespread type of small currency used in parts of Europe since the thirteenth century.

Text MP F:
Was guelt d'groß Chan von dem landt Mangi hat auff zu heben
Nvn solt ir vernemen von der grossen guelt meines hernn von dem landt Mangi. Wann meyn herr der groß Chan alle iar von disem landt achczig tausent tomani von gold hat, vnn eyn itliche toman ist achczig sagio von gold, vnd eyn itliche sagio gilt ein ducaten. Also das precht sex hundert vnn vierczigtausent ducaten, dy er ierlichen von dem landt Mangi hat. [...]

Comment: 80,000 *tomans* à 80 *saggi* = 6,400,000 *saggi* or ducats!? In contrast to all manuscript versions the first printed version of Marco Polo starts with the total income and ends with the salt revenue. Moreover, it not only mistakes the amount of total income for the figure of the salt revenue, but also implies different values for one *toman* of gold, as in the case of Text MP F one *toman* is given as 80 *saggi* or ducats, while in Text MP E one *toman* is more or less 80,000 guilders.

Text MP E:
Was guelt d'groß Chan von dem landt Mangi hat auff zu heben
[...] Auch hat er auff zu heben von dem salcz zweyhundert vnd zehen thomani, das pringt des iars sechzehen Milioni vnn achthunderttausend gulden.

Comment: 210 *tomans* [à 80,000] = 15,800,000 *gulden* !?

* * *

V 14) 14 世纪末期卡塔兰（Catalan）本 *Istoria del Catay in Lingua Spagnola*
Annamaria Gallina, *Viatges de Marco Polo: Versió catalana del segle XIV*, Barcelona: Editorial Barcino (Els nostres clàssics; A 85), 1958.
这是 Bibliotheca Riccardiana 所藏 cod. 2048 本，如同阿拉贡（Aragonese）本，它是由耶路撒冷圣胡安骑士团首领（master of San Juan de Jerusalén）赫雷迪亚

（Juan Fernández de Heredia, 1310—1396）的翻译学校完成的。① 马可·波罗有关食盐的段落，在卡塔兰本中非常简短而且混乱。它不包含土番（Tebet）盐币、长芦食盐生产和行在城盐课的内容。

519　Text MP A, p. 104:

[XLII]

　　Aquesta província de Lethabech [Thebet] [...] E són totz ydòlatres; e han bèsties salvatjes a lur viure, specialment d'aqueles qui fan l'almesch. E són de la seyoria del Gran Cham. E no han moneda, ne vestedures sinó de pells salvatjes.

＊＊＊

V 14a) 14 世纪末期阿拉贡（Aragon）抄本 *El Libro de Marco Polo*

　　John J. Nitti, *Juan Fernández de Heredia's Aragonese Version of the "Libro de Marco Polo,"* Madison: Advisory Board of the Hispanic Seminary of Medieval Studies (Dialect Series; 1), 1980. See also R. Stuebe, *El Libro de Marco Polo, aus dem Vermächtnis des Dr. Hermann Knust, nach der Madrider Handschrift*, Leipzig: Dr. Seele & Co 1902.

　　这个译本是由耶路撒冷圣胡安骑士团首领赫雷迪亚的翻译学校完成的。它保存在埃斯科里亚尔的圣洛伦佐里尔图书馆（Real Bibliotheca de San Lorenzo del Escorial），编号 Ms. Z. I. 2 (I.c.3 y I. ≡ 4)。② 如同 14 世纪末期的卡塔兰本 *Istoria del Catay in Lingua Spagnola*，它以现在亡佚的卡塔兰原本为底本，代表了马可·波罗书一个大幅度缩减的版本，对于具有更广泛传统的文本问题而言，它的贡献甚微。③

Text MP A, p. 104:

[XXV.] De la prouinçia de Letabech

　　Aquesta prouinçia de Letabech [Thebet] [...] Et son todos ydolatres; et han muchas bestias saluages, et mayorment daquellas que fazen el almesch. Et son de la

---

　① 参阅 Valentinetti Mendi (2008), *Marco Polo – Libro del Famoso Marco Polo; Libro de le Cose Mirabile*, p. LVIIn247。

　② 参阅 Valentinetti Mendi (2008), *Marco Polo – Libro del Famoso Marco Polo; Libro de le Cose Mirabile*, p. LVII。

　③ Nitti (1980), p. v.

senyoria del grant can. Et no han moneda, ni vestiduras sino de pieles de bes-tias [fol. 76c] saluajes.

* * *

V 15) 1502 年费尔南德斯（Valentim Fernandes）的葡萄牙文印刷本 *Livro de Marco Paulo de Veneza, das condições e custumes das gentes e das terras e prouincias orientaes*

Francisco Maria Esteves Pereira, *Marco Paulo o livro de Marco Paulo – o livro de Nicolao Veneto – carta de Jerónimo de Santo Estevam, conforme a impressão de Valentim Fernandes, feita em Lisboa em 1502; com tres fac-similes, introdução e índices*, Lisboa: Oficinas Gráficas da Biblioteca Nacional (Publicações da Biblioteca Nacional, Reimpressões II), 1922.

这个葡萄牙文本译自匹匹诺本。

Text MP A, Ho Livro Segundo, pp. 43r-43v:
De hũa outra regiam da prouincia de Teheth e de huũ maao e torpe custume della. Capitulo .xxxvij.

[…] Em esta terra ha muytas animalias de que fazem ho almisquire. e som chamadas gauderi. E os moradores daquella terra tem muytos caães pera caçar que filham | aquellas alimarias, pella qual ha hi almisquire em grande auondança. E vestemse de coyro e de pelles de bestas ou de bocasin. ou de canabaço cruu ou grosso. Tem própria lingoagem. e outrosy moeda. e pertençe aa prouincia de Tebeth. e som vezinhas a grã prouincia de Mangy. […]

Text MP B, Ho Livro Segundo, p. 44r:
Da prouincia de Cayndu. Capitulo .xxxviij.

[…] A moeda tem desta maneyra. Fazem verguas pequenas de ouro sob çerto peso. e estas despendem por dinheiro. e segundo ho peso da vergua assy he ho preço della. e esta he a moeda mayor que corre. Mas a menor he tal. Cozem sal em caldeira e lançam a despois em formas pequenas e assy coalha. e tal moeda meuda despendem. E oytenta destes dinheiros meudos de sal valem hũa vergua de ouro. […]

Text MP D, Ho Livro Segundo, p. 50r:

Das çidades de Cacanfu Cyanglu e Cyangli. Capitulo .l.

[…] Desta çidade [Cacanfu] contra ho meo dia hyndo per tres dias he achada a çidade muy grande de Cyanglu que he tambem na prouincia de Cathay. onde fazem sal em muy grande auondança. porque hy ha huũa terra muy salguada de que fazem montes pequenos. sobre os quaes lançam agua que escorre do sopee do monte. e fazem feruer aquella agua per grande espaaço em huũ grande calderom. e despois congelase. e assy se faz em sal meudo e branco. […]

Text MP E, Ho Livro Segundo, p. 56r:

Das rondas e proueitos que reçebe ho gram Cham da prouincia de Mangy. e da çidade de Quinsay. Capitulo .lxv.

Agora conuem de dizer das rendas que reçebe ho gram Cham da çidade de Quinsay. e de toda a prouincia de Mangy segundo se segue. Ho gram Cham reçebe todollos annos de sal que se faz em a çidade de Quinsay e termos della. oytenta comanos de ouro. E cada huũ comano sobe a valor de oytenta mill sagios douro, e assi multipricam oytenta comanos douro em soma de çinco mill milhões e sasenta mill sagios douro, e cada huũ sagio douro tem mais peso que huũ frolim. […]

Comment: 80 *tomans* à 80,000 *saggi* = 5,600,000 *saggi*?

Text MP F, Ho Livro Segundo, pp. 56r-56v:

Das rondas e proueitos que reçebe ho gram Cham da prouincia de Mangy. e da çidade de Quinsay. Capitulo .lxv.

[…] Eu Marco paulo ouui contar a soma das rendas que reçebe | ho gram Cham do regno de Quinsay que he a .ix. parte da prouincia de Mangy. e foy achado que sobiam cada huũ anno estas rendas a fora ho sal a quinze mill milhões e .Ix. mill sagios de ouro.

Comment: 15,600,000 *saggi*.

* * *

V 16) 1518 年在塞维利亚（Sevilla）由萨拉曼卡（Juan Varela y Salamanca）印刷的桑塔埃利亚（Rodrigo Fernández de Santaella）西班牙文本 *El libro d'l* *famoso Marco paulo vene/ciano d'las cosas merauillosas q vido/enlas partes oriē-tales. conuiene saber/enlas indias. Armenia. Arabia. Per-/sia τ Tartaria. E del poderio del gran/Can y otros reyes. Cō otro tratado de/Micer pogio florētino que trata delas/mesmas tierras τ yslas* of Rodrigo Fernández de Santaellaa

    José María Fulquet y Puig, *Libro de las Cosas Maravillosas de Marco Polo (1477)*, Madrid: Gráficas Ultra (Sociedad de Bibliófilos Españoles), 1947.① 桑塔埃利亚（Rodrigo Fernández de Santaella）的第一个西班牙文译本在 1503 年由克罗姆伯格（Estanislao Polono y Jacobo Cromberger）在塞维利亚（Sevilla）印刷。它以威尼斯方言抄本系统 VA 的晚期版本 (VA^2) 为底本。③

    第一个西班牙文译本没有提到土番（*Tebet*）和建都使用盐币。

Text MP D, p. 118:
CAPITULO .LXXXV.
DE LA CIBDAD CYANGLU

    Andando desta cibdad cinco jornadas está otra cibdad que llaman Cyanglu, muy noble e grande, assentada fazia medio día y es del estrecho de Cathayo. Aquí se faze gran cuantidad de sal; […]

Text MP E, p. 130:
CAPITULO .CJ.
DE LA RENTA QUE HA EL GRAN CAN DE LA PROVINCIA DE GIUNSAY

    Pues que os he dicho de la cibdad e provincia de Giunsay, quieros dezir de lo que renta. El gran Can ha desta provincia, de sola la sal, cada año cuatro mill e quinientas fanegas de oro e cada fanega cabe .xviij. mill sazos e cada sazo de oro vale más de siete ducados. […]

---

    ① 关于西班牙文以及其他语种的印刷本，见 Sanz (1958), pp. 19–25，现在尤其可参阅 Valentinetti Mendi (2008), *Marco Polo—Libro del Famoso Marco Polo; Libro de le Cose Mirabile*, pp. LXXIX–LXXXV。

    ② 也可参考 *El libro dl famoso Marco paulo veneciano dlas cosas merauillosas q vido enlas partes oriētales. conuiene saber enlasindias. Armenia Arabia. Persia r Tartaria. E del poderio del gran Can y otros reyes. Cō otro tratado de Micer pogio florētino que trata delas mesmas tierras r yslas*, Facsimile ed. Coruña: Editorial Orbigo, 2008。

    ③ 参阅 Valentinetti Mendi, *Marco Polo – Libro del Famoso Marco Polo; Libro de le Cose Mirabile*, pp. LIV and LXVI ff, and Angélica Valentinetti Mendi, "Tradizione ed innovazione: La prima traduzione spagnola del *Libro delle meraviglie*," in Silvia Conte (ed.) (2008), pp. 115ff.。

Comment: 4,500 *tomans* à 80,000 *saggi* = 360,000,000 *saggi*? The revenue figures are totally corrupted in this version.

Text MP F, p. 130:
CAPITULO .CJ.
DE LA RENTA QUE HA EL GRAN CAN DE LA PROVINCIA DE GIUNSAY

[…] De las otras rentas allende de la sal ha cada año .x. mill fanegas de oro.

Comment: 10,000 *tomans* [à 80,000 *saggi* = 800,000,000 *saggi*]? The revenue figures are totally corrupted in this version.

* * *

V 17) 1529 年，在洛格罗尼奥（Logroño）由艾古亚（**Miguel de Eguía**）印刷的桑塔埃利亚（**Rodrigo Fernández de Santaella**）西班牙文本 *Libro del famoso Marco/polo veneciano delas cosas meraui\llosas q vido enlas partes orien-/tales: conuiene saber enlas/Indias/Armenia / Ara/bia /Persia / τ Tarta-/ria. E del poderio / del gran Can y /otros reyes. / Con otro / tratado / de mi\cer / Pogio Florentino τ que trata / delas mesmas tie-/rras τ yslasibro del famoso Marco / polo veneciano delas cosas*

Angélica Valentinetti Mendi, *Marco Polo – Libro del Famoso Marco Polo; Libro de le Cose Mirabile*, Logroño: Instituto de Estudios Riojanos, 2008.[①]

像文献 V_{16}，这个西班牙文印刷本不包含土番（*Tebet*）和建都使用盐币的段落。

Text MP D, p. 103:
CAPÍTULO OCHENTA E CINCO
DE LA CIUDAD CYANGLU

¹D'esta ciudad adando desta cinco jornadas está otra ciudad que llaman Cyanglu, muy noble e grande, assentada hazia mediodía, y es del estre(21d)cho de Cathayo. ²Aqui se haze gran quantidad de sal; […]

---

① 也参见 *Libro del famoso Marco Polo veneciano: Edición en facsímile de la impresa en Logroño por Miguel de Eguía (1529)*, San Millán de la Cogolla: Cilengua, 2007。

Text MP E, p. 115:
CAPÍTULO CI
DE LA RENTA QUE HA EL GRAN CAN DE LA PROVINCIA DE GIUNSAY
    ¹Pues que os he dicho de la ciudad y provincia de Giunsay, quiéroos dezir de lo que renta. ²El gran Can ha d'esta provincia de sola la sal cada año cuatro mill e quinientas hanegas de oro, e cada fanega cabe diezeocho mill sazos, e cada sazo de oro vale más de siete ducados. […]

Comment: 4,500 *tomans* à 80,000 *saggi* = 360,000,000 *saggi*? The revenue figures are totally corrupted in this version.

Text MP F, p. 115:
CAPÍTULO CI
DE LA RENTA QUE HA EL GRAN CAN DE LA PROVINCIA DE GIUNSAY
    […] De las otras rentas allende de la sal ha cada año .x. mill hanegas de oro.

Comment: 10,000 *tomans* [à 80,000 *saggi* = 800,000,000 *saggi*]? The revenue figures are totally corrupted in this version.

* * *

V 18) 1601 年卡斯特罗（Martin de Bolea y Castro）以格瑞纳乌斯（Grynäus）本为底本印刷的西班牙文本 *Historia de las grandezas y cosas marauillosas de las Prouincias Orientales ...*

    Historia de las grandezas y cosas marauillosas de las Prouincias Orientales. Sacada de Marco Paulo Veneto, y traduzida de Latin en Romance, y añadida en muchas partes por Don Martin de Bolea y Castro, Varon de Clamofa, señor de la Villa de Sietamo. Dirigida a Don Beltran de la Cueba, Duque de Alburquerque, Marques de Cuellar, Conde de Ledesma y Guelma, Lugarteniente, y Capitan General por su Magestad, en el Reyno de Aragon. Con Licencia, en Caragoça: Por Angelo Tauano, Año. M. DCI. (Biblioteca Nacional, Madrid, R. 1055).

Text MP A, p. 93:
Libro Segundo
Capitulo. 37

De otra parte de la prouincia de Tebeth, y un mal costumbre della.

[…] Ay ensu tierra muchos animales que crian almizque, que los llaman Gaderos, caçanlos con perros. Tienen propria lengua y moneda. Visten de pellejos de sieras. Esta region es en los limites de la prouincia de Tebeth, porque es muy grande y se diuide en ocho Reynos, llenos de Ciudades y lugares. […]

Text MP B, p. 95:

Capitulo 38.

De la provincia de Caniclu.

[…] Su moneda es unas barrillas de oro de cierto peso, conforme al qual es el valor de la moneda, y esta es la mayor y mejor. Aunque ay otra diferente y estraña, que es, tomar la sal y cozerla en un caldero, y despues de cozida hazen de ella unos panezitos chiquitos, que secos siruen de moneda. […]

Text MP D, pp. 106-107:

Capitulo 50.

De las ciudades de Cacaufu, Canglu, y Ciangli.

[…] Desta Ciudad a la de Canglu ay tres jornadas hazia medio dia, que es ciudad grande, abundante de sal, porque toda la tierra es muy salobre, y sacan la sal desta manera. Amontonan la tierra como un colladico y echá le agua encima, que lleue consigo lo salobreño de la tierra, y tornan despues a sacar esta agua por debaxo de los montones, y despues la cuezen tanto, hasta que se espessa, y se hace sal. […]

Text MP E, p. 120:

Capitulo 65.

De las rentas que se pagan al gran Can, en la Ciudad de Quinsay, y toda la Prouincia de Mangi.

Leua el gran Can cada año de la sal, que se fáca enla ciudad de Quinsay y sus terminos, ochenta miryados de oro, que son ochozientos mil ducados. […][①]

Comment: 80 tomans seem to be meant.

---

① 我没有抄录 Text MP F。

***

V 19) 1579 年弗兰普顿（John Frampton）的英文印刷本 *The most noble and famous trauels of Marcus Paulus, one of the nobilitie of the state of Venice*

John Frampton, *The most noble and famous trauels of Marcus Paulus, one of the nobilitie of the state of Venice, into the East partes of the world, as Armenia, Persia, Arabia, Tartary, with many other kingdoms and Prouinces. No lesse pleasant, than profitable, as appeareth by the Table, or Contents of this Booke. Most necessary for all sortes of Persons, and especially for Trauellers. Translated into English*, At London: Printed by [H. Bynneman for] Ralph Nevvbery, Anno. 1579.

这个最早的英文印刷本印于 1579 年，以 1518 年桑泰拉（Santaella）的西班牙文印刷本为底本，因而和第二个桑泰拉译本一样短。它也不包括 Texts MP A, B, C。

Text MP D, p. 86:
Of the Citie named Cianglu.
Chap. 85.

From this Citie [Cancafu] trauelling five dayes iourney, you come onto another Citie named *Cianglu*, which is very noble and great, situated towards the midday, or south, and it is of the streight of *Cataya*, here is made greate plenty of salte: [...]

Tests MP E, p. 99:
On the rent which the great Cane hath of the prouince of Quynsay.
Chap. 101.

Seing I haue declared onto you of the City and prouince of *Quinsay*, now I wil declare you what rent the greate *Cane* hath yearely, out of this prouince only, of the salt euvery yere 4500. hanegs or bushels of Gold, and to euery measure goeth 18000. Sazos, and euery Sazo of Gold is worth seauen Duckets, [...]

Comment: 4,500 *tomans* à 18,000 *saggi* [= 81,000,000 *saggi*]? Like the Santaella version of 1518 the revenue figures are totally corrupted in this English version.

Tests MP F, p. 99:

***On the rent which the great Cane hath of the prouince of Quynsay.
Chap. 101.***

[...] and of the other rentes ouer and aboue the salte he hath euerye years 10000. hanegs of gold.

Comment: 10,000 *tomans* [à 18,000 *saggi* = 180,000,000 *saggi*]?

* * *

V 20) 1664 年格拉斯梅克（Jan Hendrik Glazemaker，1620—1682）荷兰文印刷本 *Markus Paulus Venetus,* **Reisen, en beschryving der Oostersche lantschappen;** *Daar in hy naarkeuriglijk veel Landen en Steden,…*

Jan Hendrik Glazemaker, *Markus Paulus Venetus*, Reisen, en beschryving der Oostersche lantschappen; *Daar in hy naarkeuriglijk veel Landen en Steden, di hy zelf ten meestendeel bereist en bezichtigt heeft, beschrijft, de zeden en gewoonten van die Volken, tot aan die tijd onbekent, ten toon stelt, en d'opkoomst van de Heerschappy der Tartaren, en hun verövering van verscheide landen in Sina, met ander namen genoemt, bekent maakt. Beneffens de* Historie der Oostersche lantschappen, door Haithon van Armenien te zamen gestelt. Beide nieuwelijks door J. H. Glazemaker vertaalt. Hier is noch by gevoegt *De reizen van Nicolaus Venetus, en* Jeronymus van St. Steven *naar d'Oostersche landen, en naar d'Indien. Door P.P. vertaalt. Als ook een Verhaal van de verovering van 't Eilant Formosa, door de Sinezen; door J.V.K.B. vertaalt. Met kopere platen verciert*, t'Amsterdam: Voor Abraham Wolfgang, 1664. Copy held by Leiden University Library, 459 B17.

格拉斯梅克的荷兰文译本显然以格瑞纳乌斯（Grynäus）的拉丁文本 (V_5) 为底本。

Text MP A, p. 57:
XXXVII. Van een ander lantschap Tebeth, en van des zelfs schandelijke gewoonte

[...] Men vind by hen ook veel beesten / die muskus voortbrengen / en *Gadderi* genoemt worden. D'inwoonders jagen dusdanige beesten met honden / en hebben overvloet van muskus. Zy gebruiken hun eige taal / en bezondere munt / en kleden zich met vellen van beesten / of met ruwe hennipklederen. Dit gewest behoort aan

Tebeth / 't welk een zeer groot Lantschap is / in acht Koninkrijken gedeelt word / en veel steden en vestingen heeft. Het lant is bergächtig; en daar in zijn enige plaatsen en vloeden / in de welken gout gevonden word. Zy gebruiken hier ook koraal voor hun munt: want deze steen is by hen in hoge waarde; en alle de vrouwen dragen hem aan hun hals; en zy hangen hem / als een kostelijk ding / aan de halzen van hun afgoden. [...]

Text MP B, p. 58:
XXXVIII. Van't Lantschap Kaniklu
[...] Hun munt is zekere goude stokjes / die zeker gewicht hebben; en naar 't gewicht van 't stokje is de waarde van de munt. Dit is de grote munt. Maar zy hebben ook een kleine / die zy in dezer voegen toestellen. Zy koken zout in een ketel / en maken namaals daar af in zekere vormtjes kleine klompjes / die / als zy hard en vast geworden zijn / zy voor munt uitgeeven. [...]

Text MP D, p. 66:
L. Van de steden Kakaufu, Kanglu, en Ciangli
[...] Van deze stat [Kakaufu] telt men drie dagreizens tot aan een ander grote stat / Kanglu genoemt / die overvloet van zout heeft: want dit lant is zeer zout; en het zout word in dezer voegen daar uit gehaalt. Zy maken een hoop van aarde / gelijk een heuvel / daar zy water op storten / 't welk de zoutigheit van d'aarde meeneemt; en zy storten dat weder op een heuvel / en koken het zo lang by 't vuur / tot dat het zo dik als zout word. [...]

Text MP E, p. 74:
LXV. Vand'inkoomsten, die in de stat Quinsai, en in 't lantschap Mangi aan de grote Cham betaalt worden
De grote Cham vordert jarelijks van t' zout / 't welk in de stat Quinsai / en in des zelfs lantpalen gemaakt word / acht hondert duizent goude stukken. [...]

Comment: It seems that 800,000 *saggi* are meant?

Text MP F, p. 74:
LXV. Van d'inkoomsten, die in de stat Quinsai, en in 't lantschap Mangi aan de

grote Cham betaalt worden

[…] Ik Markus heb eens de rekening van alle d'inkoomsten horen doen / die jarelijks in 't Koninkrijk Quinsai / 't welk het negende deel van 't lantschap Mangi is / aan de grote Cham betaalt worden; en zy beloopt in 't geheel / het zout uitgezondert / tot vijftien millioenen en zes hondert duizent goude stukken.

Comment: 15,600,000 *saggi*.

附录 8

表 3、表 27

表 3 元代纸币或钞版遗存的尺寸测量

地区	省份	货币	遗存类型[a]	面额[b]	高[c]	宽[c]	宽与高之比(高设为1)[d]	文字区域的高	文字区域的宽	文字区域的宽与高之比(高设为1)[d]	印造和流通的时期
呼和浩特	内蒙古	中统	钞(0629)	10文	16.4	9.3	0.567	15.8	8.3	0.525	1260—1269
(贾敬颜(a))		中统	钞版拓片,残片(0639)	1贯文省							1260—1269
贺兰县	宁夏	中统	钞(0631)	500文	28.1	19.2	0.683[e]	25.8	17.4	0.674	1260—1269
		中统	钞(0630)	300文	26.4	17.5	0.663	23.0	15.0	0.652	1260—1269
托克逊	新疆	中统	钞 copy	2贯文省	34.3	23.9	0.697				1260—1269
沅陵县	湖南	至元	钞(0652)	300文	24.3	16.8	0.691	21.6	14.2	0.657	1287—1305
		至元	钞(0649)	100文	21.9	13.7	0.626	18.8	11.8	0.628	1287—1305
		至元	钞(0646)	50文	21.2	12.8	0.604	19.0	10.7	0.563	1287—1305
		至元	钞(0645)	30文	19.6	11.8	0.602	17.2	9.1	0.529	1287—1305
		至元	钞(0643)	20文	18.7	11.1	0.594	15.6	9.0	0.577	1287—1305

（续表）

地区	省份	货币	遗存类型[a]	面额[b]	高[c]	宽[c]	宽与高之比(高设为1)[d]	文字区域的高	文字区域的宽	文字区域的宽与高之比(高设为1)[d]	印造和流通的时期
无锡	江苏	至元	钞(a)	500文	27.5-27.8	18.5-19.0		24.8—25.5	16.3—16.8		1287—1321
		至元	钞(b)	500文	27.6	18.7	0.678	25.2	16.5	0.655	1287—1321
		至元	钞(d)	500文			0.678				1287—1321
		至元	钞(a)	200文	24.0-24.4	15.6-16.1		22.1—22.4	14.0—14.3		1287—1321
		至元	钞(c)	200文	24.0	16.0	0.667	22.3	14.2	0.637	1287—1321
		至元	钞(d)	200文			0.663				1287—1321
（彭信威）		至元	钞版拓片(0650)	200文	24.5	15.6	0.637	22.8	14.9	0.654	1287—1321
华容	湖南	中统	钞(0638)	500文	24.8	18.4	0.742				1260—1269
		至元	钞	500文	27.0	18.5	0.685				1287及以后
		至元	钞(0653)	300文	25.2	18.9	0.750	24.8	17.2	0.694	1287及以后
		至元	钞s	50文	21.0	12.8	0.610				1287及以后
［新加坡］		至元	钞版	2贯				28.2	20.2	0.716	1287—约1350
［纽约］		至元	钞版	2贯				27.9	20.2	0.724	1287—约1350
平山县	河北	至元	双面钞版	2贯	25.3[f]	16.3[f]	0.644[f]				1287—约1350
		至元	双面钞版	500文	25.3[f]	16.3[f]	0.644[f]				1287—约1350

（续表）

地区	省份	货币	遗存类型[a]	面额[b]	高[c]	宽[c]	宽与高之比(高设为1)[d]	文字区域的高	文字区域的宽	文字区域的宽与高之比(高设为1)[d]	印造和流通的时期
格尔木农场	青海	中统	钞(0640)	1贯文省	29.5 [28.7]	21.0 [20.7]	0.711 [0.721]	[25.5]	[18.4]	[0.721]	1350及以后
		中统	钞(0636)	500文	26.8[g]	18.5	0.690[g]	25.7	17.1	0.665	1350及以后
		中统	钞(0637)	500文	27.2[g]	19.1[g]	0.702[g]	23.6	17.0	0.720	1350及以后
		至元	钞(0665)	2贯	30.4	20.8	0.684	28.0	19.0	0.679	1350及以后
		至元	钞	1贯	24.0[e]	20.0[e]					1350及以后
		中统	钞(0632)	500文	26.8	19.0	0.709	24.0	16.9	0.704	1350及以后
[上海]		至元	钞(0663)	2贯	29.4	21.5	0.731	27.5	19.8	0.720	1287—约1350
		至元	钞版(0660)	2贯				28.5	20.7	0.726	1287—约1350
		至元	钞版(0661)	2贯				28.2	20.3	0.720	1287—约1350
		至元	钞版拓片(0647)	100文				20.7	12.7	0.614	1287—约1350
塔尔寺	青海	至元	钞	2贯				25.0	19.8	0.792	1287—约1350
日喀则	西藏	中统	钞	1贯文省	26.0	18.0	0.692				1350及以后
		至元	钞								
(中村不折)		至元	钞	2贯				27.9	20.0	0.717	1287—约1350
泉布馆		至元	钞版	2贯				27.9	20.0	0.717	1287—约1350
		至元	钞版	2贯				26.7	19.7	0.738	1287—约1350

(续表)

地区	省份	货币	遗存类型[a]	面额[b]	高[c]	宽[c]	宽与高之比(高设为1)[d]	文字区域的高	文字区域的宽	文字区域的宽与高之比(高设为1)[d]	印造和流通的时期
		至元	钞版	300文				23.6	15.6[h]	0.661	1287—约1350
		至元	钞版	100文				20.0	12.4	0.662	1287—约1350
咸阳市	陕西	中统	钞(0641)	1贯文省	29.9	21.4	0.716	26.9	18.8	0.699	1350及以后
		中统	钞(0633)	500文	27.7	19.9	0.718	24.5	17.2	0.702	1350及以后
黑城(KH)	内蒙古	中统	钞(0642)	1贯文省	29.7	21.2	0.713	26.4	18.6	0.705	1350及以后
		中统	钞(0635)	500文	27.9	19.3	0.692	24.4	17.2	0.705	1350及以后
		至元	钞(a)	2贯			0.729			0.727	1287—约1350
		至元	钞(b)	2贯				27.2	19.2	0.706	1287—约1350
		至元	钞(c)(0664)	2贯	29.9	22.1	0.739	28.2	19.7	0.699	1287—约1350
		至元	钞(0659)	1贯	29.4g	22.3g	0.759g				1287—约1350
		至元	钞(0648)	100文	20.8	15.4	0.740	20.0	12.8	0.640	1287—约1350
		至元	钞(0644)	30文	20.6	11.8	0.573	18.2	9.6	0.527	1287—约1350
黑城(S)	内蒙古	中统	钞	500文	24.4	16.9	0.697				
黑城	内蒙古	中统	钞	1贯文省	30.0—29.0	22.1—20.0		28.7	17.7	0.617	1350及以后

（续表）

地区	省份	货币	遗存类型[a]	面额[b]	高[c]	宽[c]	宽与高之比(高设为1)[d]	文字区域的高	文字区域的宽	文字区域的宽与高之比(高设为1)[d]	印造和流通的时期
		中统	钞(0634)	500文	27.9	19.4	0.708	24.0	17.2	0.717	1350及以后
		至元	钞s	2贯	30.5—29.7	22.5—22.0		27.7	19.7	0.711	1287—约1350
		至元	钞(0666)	2贯	30.6	22.1	0.722	27.7	19.5	0.704	1287—约1350
		至元	钞(0658)	1贯	29.6	21.4	0.723	28.0	18.3	0.654	1287—约1350
		至元	钞	200文	23.7	15.5	0.654	22.0	14.7	0.668	1287—约1350
		至元	钞	100文	22.5	<11.3		19.0			1287—约1350
吉日嘎朗图	内蒙古	中统	钞	500文				27.2	18.8	0.691	1350及以后
		至元	钞	2贯				27.0	19.5	0.722	1287—约1350
		至元	钞	1贯				26.7	18.4	0.689	1287—约1350
（王贵忱）		至元	钞版拓片	2贯						0.707	1287—约1350
（贾敬颜(b)）		至元	钞版拓片	2贯						0.719	1287—约1350
福州	福建	至元	钞版拓片(0655)	500文							1287—约1350
吐鲁番(a)	新疆	至元	钞	2贯	30.0	20.0	0.667				1287—约1350
吐鲁番(b)	新疆	至元	钞	2贯							1287—约1350
[锦州]	辽宁	中统	钞版	2贯文省				29.0	19.2	0.662[f]	1276—1287

（续表）

地区	省份	货币	遗存类型[a]	面额[b]	高[c]	宽[c]	宽与高之比(高设为1)[d]	文字区域的高	文字区域的宽	文字区域的宽与高之比(高设为1)[d]	印造和流通的时期
揭阳县	广东	至元	钞版	2贯				25.2	17.2	0.683	1287—约1350
揭西县	广东	至元	钞版拓片	2贯				26.3	19.9	0.757	1287—约1350
（贾敬颜(c)）		至元	钞版拓片	2贯						0.731	1287—约1350
[曲阜]	山东	至元	瓦制钞版	1贯						0.678	1287—约1350
磁县	河北	至元	钞版	2贯				17.3	9.0	0.520	1287—约1350
		至元	钞版	2贯				8.5	8.0	0.941	1287—约1350
		至元	钞版	300文				23.5	15.5	0.660	1287—约1350
		至元	钞版	300文				14.5	8.0	0.552	1287—约1350
郧县（郧阳区）	湖北	至元	双面钞版(0662)	2贯				26.4	19.8	0.750	1287—约1350
		至元	双面钞版(0654)	500文				24.2	16.3	0.674	1287—约1350
[天津]		至元	钞版拓片	100文				20.3	12.5	0.616	1287—约1350

535　　来源（按地名字母顺序排列）：

磁县：张子英，"磁县发现'至元通行宝钞'铜版及铜印"，《中国钱币》，1（1993）：36-37；叶世昌等（2009），页534。1989年，四块青铜钞版和两方铜印被磁县黄沙乡申家庄村农民赵庆学发现。青铜钞版包括至元2贯纸币的一大一小钞版，以及至元300文纸币的一大一小钞版。钞版重量没有公布，姚朔民认为磁县钞版和铜印是用来伪造纸币的。他列出了六条理由：一、所刻文字的特征和排列，与真的至元钞相比不够均衡，质量粗糙。二、钞版上的料号和字号并未留白，以待手填，而是刻上了现成的数字。三、钞版的布局框架和所绘钱串粗劣。四、小型钞版的使用和功能尚不清楚，十分可疑。五、两方铜印上以及至元300文青铜钞版上八思巴字的"宝"字拼写错误。六、钞版的质量不均，制作粗劣。参见姚朔民，"析磁县至元通行宝钞铜版"，《中国钱币》，1（1993）：7-8。

福州：这一至元500文钞的钞版是1964年发现的，现藏于福州市文物管理委员会，参见《中国古钞图辑》，页64，叶世昌等（2009），页161、536。

格尔木：参见许新国，"格尔木出土元代纸币考说"，《青海金融研究》，6（1987）；叶玉梅，"试析青海柴达木盆地出土的元'钞'"，《青海社会科学》，6（1994a）；113-117；同氏（1994b），"元代青藏麝香之路上的纸币：青海柴达木盆地出土的元钞"，《青海民族研究（社会科学版）》，2（1994b）：51-54；叶世昌等（2009），页136—137、140—141、174—175、534、562—563。

无论是中统还是至元钞都是在至正时期（1341—1371）的1350年之后印造的。它们以桑树树皮制造的灰黑纸印造。钞被毛皮包裹，1955年在进行土方工程时被发掘出来。

括号中的面额是中统钞1贯，依据为叶世昌等（2009），页140—141、563上公布的数据和图片。

贺兰：两张中统钞分别在宁夏回族自治区贺兰的拜寺口双塔的西塔圆室中发现，时间是1986年5月，当时正进行一项修复工程。同时发现的其他物品有：大朝通宝钱币、两幅在丝绸施以胶和漆绘制出的唐卡、小铜佛像、金刚木像、有雕刻花纹的木制花瓶、两束丝绸制作的花、三张花卉图案的布、一个香案和一张供椅、一些烂布和绳索以及陶器。钞未刻有八思巴文，因此必然是在1269年之前印造的。钞的图案中提到的主要发行机构是一个行中书省。尤其重要的是，中统300文钞证明了确实发行过十种面值的早期中统钞，而非九种。钞的颜色被描述为灰黑色，据说由丝绸、麻、桑树皮制造。500文中统钞的外廓损坏，下部也不完整。在钞背面的右上角，用墨写有一个汉字"李"，可能是原来的主人的名字。中统300文钞也损坏严重，但似乎在高度和宽度上更加完整。参见雷润泽、于存海、何继英，"宁夏拜寺口双塔发现的大朝通宝和中统元宝交钞"，《中国钱币》，4（1989），页28—31；《中国古钞图辑》，页46—48、53；叶世昌等（2009），页127—129、562。

黑城（KH）：这是指科兹洛夫探险队1908年在黑城发行的八张钞，该地又名哈剌浩特，属额济纳旗。这些钞都是在至正时期印造的，现藏于圣彼得堡的艾尔米塔什博物馆。照片见《中国古钞图辑》，页2、5、39—40、52、57、61—62、68—69、74—75；叶世昌等（2009），页135、144—145、147—148、153—154、166—167、534、562—563。

至元2贯钞的高宽比值，见《中国古钞图辑》，页57。

至元2贯钞的印刷区域的尺寸测量，参见庞文秀，"元钞版别杂考（上）"，《内蒙古金融研究》，4（2003）：9—10。

至元2贯钞（C）的尺寸，见下述著作的图版：叶世昌等（2009），页173。

黑城（S）：参见约翰·伯顿，王欣译，"一张十三世纪的中国钞票及其保存"，《新疆文物》，2（1991）；叶世昌等（2009），页534。这是指由斯坦因（1862—1943）在1914年发现的一张钞。

黑城：参见李逸友，"元代草原丝绸之路上的纸币——内蒙古额济纳旗黑城出土的元钞及票券"，《内蒙古金融研究》，2（2003）：6-15；叶世昌等（2009），页134、165、176、562—563。在1983年到1984年间的考古发掘中，中国考古学家发现了144张元代纸币，大部分都严重损毁，因为它们是被遗弃或者作他用的废钞，例如用来糊地板。

中统钞：发现了12张钞，其中2张保存完整，1张损毁严重，另外9张已经漫漶。纸张是黑桑树皮制造的，似乎用了活字来印刷字号。这些中统钞不属于早期中统钞，而是1350年印行的。与早期的中统钞相反，它们带有八思巴文字样的"中统元宝"和"诸路通行"，另有汉文的对应文字。钞的正面图案中的F区域，显示的不是行中书省，而是中书省。此外，背面的印章读作："至正印造元宝交钞"，这清楚地表明，这些钞是至正年间印造的。这种至正年间印造的中统1贯文省纸币，在1907年至1908年的科兹洛夫在黑城探险期间已经发现过，现藏于圣彼得堡艾尔米塔什博物馆。图样参见《中国古钞图辑》，页39—40。

中统500文钞，参见《中国古钞图辑》，页51—52；叶世昌等（2009），页134。

目前发掘出土了四种面额的至元钞，即2贯、1贯、200文和100文：

已经发现了128张2贯钞，其中13张保存完好，15张部分受损，100张已经漫漶。它们是用灰色或灰黑色的树皮制造的。用八思巴文写有"至元宝钞"和"诸路通行"字样，位于铜钱串的左右两边。大约有一半钞写有千字文编号。纸币上标明尚书省为发行机构。尽管在元后期这个机构被撤销，至元钞的图样却没有相应改变。钞的正面有两方八思巴文朱色印章，上面一方读作"提举诸路通行宝钞印"，第二方读作"宝钞总库之印"，背面也有一方八思巴文朱印，读作"印造宝钞库印"；此外，还有一方墨印，上面绘有两串10小串的铜钱，并带有"二贯"字样。正面和反面都印有"宝钞"字样的骑缝墨印。个别钞在背面没有朱印，但有一方到两方"二贯"墨印。由中方和俄方发掘出的这种纸币以及钞版拓片，参见《中国古钞图辑》，页55—59。

出土了一张1贯钞纸币，图案与2贯钞相似，由灰色树皮印造。中方和俄方发掘出的这种相当罕见面额的至元钞图片，参见《中国古钞图辑》，页4、60—62。

提到过两张200文钞，由灰黑色树皮印造。只有一张比较完整，但无字号。由于正面很小，两方朱印重叠。背面只有常见的墨色印，没有朱印。

发现了一张100文钞。该钞漫漶和损坏程度相当严重；因此，表中提到的宽度是对钞现存部分的测量。印刷区域高19厘米。科兹洛夫探险队发掘出的这张纸币的正面和背面插图参见《中国古钞图辑》，页68—69。

在1978—1979年的另一次考古发掘中发现了一张元代纸币，但是并非官方印造，而似乎是由地方政府印造的代用品。参见叶世昌等（2009），页535，特别是陈炳应，"黑城新出土的一批元代文书"，《考古与文物》，1（1983），第13号文书，见页56、61—62。

呼和浩特：参见卫月望，"白塔中统元宝交钞考说"，《内蒙古金融研究》，S1（2002）：页 28—30、23。这张中统 10 文纸币是在 1982 年修复呼和浩特的万部华严经塔或称白塔时发现的。当时它被掩埋在回廊附近东门第二层石窟的土表。主要的发行机构为行中书省，由于并未带有八思巴文字样，肯定是 1269 年之前印造的。它不仅是迄今发现的年代最早的元代纸币，并且也是面额最小的一张。参见方辑，"稀世珍宝——一张元代中统元宝交钞"，《内蒙古社会科学》，4（1985）：93；卫月望，"壹拾文中统元宝交钞考说"，《中国钱币》，4（1985）：38-40；卜杨武，"呼市东郊白塔发现一张'中统元宝交钞'"，《内蒙古金融研究》，S1（2002）：24-26；《中国古钞图辑》，页 54；叶世昌等（2009），页 126、534、562。

华容：参见李正鑫，"湖南华容出土元钞"，《中国钱币》，4（1994）：33-35、23；叶世昌等（2009），页 138、159、563。1988 年，在华容县城关镇的元代墓葬中发现了 11 张纸币。女性亡故者棺木保存完好，其中发现了 80 件丝绸衣物，还有 6 张中统 500 文纸币，5 张至元 500 文纸币（1 件），外加 300 文（1 件）和 50 文（3 件）。它们都被放置在一处，折叠四次，收藏在一个带有花纹图案的丝绣钱包内。颜色是灰黑色。中统钞未带八思巴文字样，肯定是 1269 年之前印造的。对于早期中统钞十分典型的是，主要发行机构为某一行中书省。

吉日嘎朗图：1985 年 4 月，额济纳旗吉日嘎朗图苏木的一户牧民，在距离达来湖波镇 40 公里的红柳沙丘中发现了若干纸钞。大多数为至元 2 贯纸币，也有至元时期的 1 张至元 1 贯纸币和 3 张中统 500 文纸币。据说钞呈蓝绿色。参见普·那生德力格尔，"内蒙古额济纳旗出土元代纸币"，《考古》，8（1990）：765-766 及图版；同氏，"内蒙古额济纳旗出土元代纸币"，《内蒙古金融研究》，S1（2002），39-40；叶世昌等（2009），页 535。

贾敬颜：a 项是一方破碎的中统 1 贯文省钞版的拓片，贾敬颜藏。很有可能是早期中统钞的一个代表。参见《中国古钞图辑》，页 59；叶世昌等（2009），页 139。b 项是至元 2 贯钞版，参见《中国古钞图辑》，页 59。c 项是一方拓片，见于罗振玉 1914 年的《四朝钞币图录》。关于后者，据说这方钞版拓片的字样和图案与真钞并不完全相同，参见《中国古钞图辑》，页 136。

揭西县：钞版本身 1975 年发掘于揭西县老麻塘。长 26.3 厘米，宽 19.9 厘米，厚 1 厘米，重 2.75 公斤。广东省博物馆提供了一份复制件。据说钞版本身是由"白色"合金制造，文本字样和尺寸官方印造的纸币不完全吻合。参见曾广亿，"广东陵水、顺德、揭西出土的宋代瓷器、渔猎工具和元代钞版"，《考古》，1（1980）：71-76 及钞版；《中国古钞图辑》，页 137。与《中国古钞图辑》的编者相反，叶世昌及其合著者认为这一钞版是官方使用的真品。

揭阳县：参见庞文秀，"元钞版别杂考（上）"，《内蒙古金融研究》，S4（2003）：

8—10。

尚不太清楚揭西县发现的遗物是否与揭阳县所发现的为同一文物。不过,从根据文本和图片复原的长宽比值来看,似乎是不同的两件文物。

锦州:这块钞版参见那荣利,"'中统元宝交钞贰贯文省'钞版考",《内蒙古金融研究》,S1(2002):63-65;叶世昌等(2009),页535。这块青铜钞版现藏锦州市博物馆。钞版厚1厘米,重8.04斤(磅抑或公斤?)。因为是用青铜制作的,所以可追溯到1276年或稍后,因为在那之前,钞版是木制的。这件钞版很可能就是《中国古钞图辑》中绘制的那件,参见《中国古钞图辑》,页135;文字布局及字体是所谓的"九叠篆",较为粗劣或不够正式。

中村不折:参见前田直典,"元の紙幣の様式に就て",页6。这是一张至元钞,属于中村不折的私人收藏。

纽约:参见 L. Carrington Goodrich, "A Bronze Block for the Printing of Chinese Paper Currency," *American Numismatic Society Museum Notes*, 4 (1950): 127-130。这块青铜钞版1949年在 Allen J. Merher 中国艺术画廊(地址:119 East 57th Street, New York)展出过。这块钞版的尺寸测量是十分可靠的,精确到了英寸。它厚0.6厘米,放在4个高约1.6厘米的钉上。

彭信威:这块至元200文钞版来自彭信威,《中国货币史》第2版,上海:上海人民出版社,1958年,钞版64;又参见 Peng Xinwei/Kaplan (1994), vol. 2, p. 493。钞版的高和宽可通过图版所附的参照尺计算出来。又可参见《中国古钞图辑》,页67;叶世昌等(2009),页156, 563。

平山县:参见河北省博物馆,文物管理处,郑绍宗,"河北平山县发现的'至元通行宝钞'铜版",《考古》,1 (1973):42;叶世昌等(2009),页534。这一双面钞版是1963年在平山县王坡村的一处工地上发现的。厚1.1厘米,重2.4公斤。一面用于印造2贯钞,另一面则用于印造500文钞。另一件1964年发现的至元500文钞版,现藏福州市文管会,参见《中国古钞图辑》,页64。

曲阜:这块瓦制钞版可见天真美术馆编《四朝宝钞》,1918年出版于上海。跋文提到,这块钞版是由山东省农民在刨地时发现的,随后藏于曲阜的颜心斋家。这无疑是一块伪造者使用的瓦制钞版,参见《中国古钞图辑》,页139—140。

泉布馆:参见前田直典,"元の紙幣の様式に就て",页6. 前田直典提到,这些至元黄铜钞版现藏大阪造币厂的礼宾厅(泉布馆)。

上海:参见叶世昌等(2009),页130、152、168—169、171、562—563。这些文物现

藏上海博物馆。中统500文纸币是至正时期（1341—1371）在1350年开始印造的。

新加坡：参见姚庆霖，"国宝至元钞版被拍卖"，《内蒙古金融研究》，S2（2003）：5。1988年2月13日，在新加坡新奥达尼大饭店举行的拍卖会上，这块青铜钞版以85000美元的价格被拍给了某西方博物馆。姚庆霖感叹这是国宝流失。

塔尔寺：参见庞文秀，"元钞版别杂考（上）"，《内蒙古金融研究》，S4（2003）：9。

天津：参见卫月望（2002a），"蒙元纸币史料诠释"，《内蒙古金融研究》，S1（2002）：48。似乎与《中国古钞图辑》，页141上给出的拓片是同一张。这一目前已经遗失的钞版，其制造似乎较为粗劣。因此，我们怀疑这恐非官方的钞版。拓片现藏中国钱币学会。

托克逊：这张中统2贯文纸币，著录于王树枏的《新疆访古录》。据说是1909年在托克逊附近的吐鲁番山脉中发现的钞的复制件。这一复制件的式样和图案，是典型的早期中统钞，参见《中国古钞图辑》，页22—23；叶世昌等（2009），页536，特别是页461，此处给出了高和宽的测量。

吐鲁番（a）：参见叶世昌等（2009），页461，引黄文弼《吐鲁番考古记》（1954年）。

吐鲁番（b）：参见叶世昌等（2009），页461，所绘制的至元2贯纸币，现藏吐鲁番博物馆。图版显示的纸币与一般的至元2贯纸币相比，似乎质地低劣。e区域的字样，虽然尚可辨别，也十分粗糙。此外，两串钱的图案与其他至元2贯纸币上的不同，后者显示的是两串成两列的铜钱，每列有500文钱，且各自分开。而在吐鲁番纸币上，只有两串钱一并绘制在各自的栏内。似乎畏兀儿地区发行的至元2贯纸币的质量和图案与汉地的相比均有不及。

王贵忱：这一拓片是王贵忱提供的，参见《中国古钞图辑》，页58.

无锡：参见冯丽蓉，"无锡市博物馆藏'至元通行宝钞'"，《中国钱币》，3（1989）：44-45；叶世昌等（2009），页535。

在位于龙王和崞嶂山山脉之间的钱裕（1247—1320）及其妻的墓穴中，共发现了33张至元钞，其中15张500文，18张200文。钞的颜色呈灰色，被放进丝袋并置于钱裕妻子胸前的衣服里，她的亡故之日可能距其夫亡故之日不久，钱裕显然是一个富有的地主和商人，1321年下葬于开化乡崞嶂山的甲丈坞亥山，随葬的还有154件金、银、玉、漆、丝绸质地的物品，还有纸币，但是没有陶器。墓葬在1960年被发掘，当时纸币正面和背面的朱印尚清晰可见。

（b）项数据为5, 6, 7, 9, 12, 13, 14, 15号500文纸币数据的平均值，我们有这8张纸币的完整数据，包括纸张大小和印刷面积。参见冯丽蓉（1989），页45。又参见无锡市博物馆，"江苏无锡市元墓中出土一批文物"，《文物》，12（1964）：56，其中给出了类似的数据（27.8、18.9、25.0、16.4 厘米）。

（c）项数据为 32 和 33 号 200 文纸币数据的平均值，我们有这两张纸币的完整数据，包括纸张大小和印刷面积。参见冯丽蓉（1989），页 45。又见无锡市博物馆（1964），页 56，其中的数据几乎相同（24、16、22.3、14 厘米）。

（d）项数据，即单个 500 和 200 贯钞纸币的高度、长度或高宽比，是根据图版给出的，参见《中国古钞图辑》，页 63、66。

同时参见叶世昌等（2009），页 157、162—164。该书绘制了无锡收藏的纸币，但它们与本表数据的关系尚不清楚。

日喀则：参见西藏自治区文物管理委员会，"西藏萨迦寺发现的元代纸币"，《文物》9（1975）：32-34；叶世昌等（2009），页 536。1959 年，在西藏日喀则的萨迦寺发现了一张中统 1 贯纸币和一张至元钞，那张至元钞在报告中未加描述，因为已经被送往中国历史博物馆。据说，那张中统钞的用纸是桑皮，呈灰黑色。背面印章读作"至正印造元宝交钞"，这表明这张纸币是在至正时期印造的。正如常见的后期中统钞的保准式样，在 C 和 E 区域是汉文和八思巴文的"中统元宝"和"诸路通行"字样。

咸阳：这些中统钞是 1965 年咸阳市发现的，现藏咸阳市博物馆。它们是至正时期印造的，时间在 1350 年及以后。参见蔡永华、马建熙，"咸阳发现的元代纸币"，《考古与文物》，3（1980）；《中国古钞图辑》，页 41—43、49—50；叶世昌等（2009），页 132、142-143、535、562-563。

沅陵县：这些至元钞来自黄公知州妻子之墓，黄公知州即黄澄存，生于 1228，葬于 1305 年。因此，它们是迄今可证的最早的至元钞。一共发现了七张纸币，在折叠三次后放入一个小钱包。纸币呈灰黑色，据说是用丝绵、麻、桑树皮造的纸张印造的。只有至元 50 文纸币是在是在湘军和石见（可能是假名）的文章中被加以描述。该墓位于沅陵市双桥镇。这些纸币现藏沅陵县博物馆。挖掘工作开始于 1985 年。参见湘军和石见，"沅陵元墓出土元代纸币考说"，《湖南文物》，1（1986）：36-38、52；《中国古钞图辑》，页 6、65、67-70、76；叶世昌等（2009），页 146、26—27、153、536、563。

郧县（郧阳区）：参见王正华、刘尚敬、刘朝金，"郧县发现'至元通行宝钞'双面铜钞版"，《江汉考古》，3（1993）：96，95；王正华，"湖北郧县发现元代'至元通行宝钞'双面铜钞版"，《内蒙古金融研究》，S1（2003）：74-76；叶世昌等（2009），页 160、170、563。这是一面为至元 2 贯纸币，另一面为至元 500 文纸币的双面钞版，现藏郧阳博物馆。钞版本身的尺寸为：高 27.5 厘米，宽 19.5 厘米，厚 1.3 cm，体重 3150 克。报告说明，钞版是黄铜质地！同样奇怪的是，2 贯纸币的 E 和 C 区域，也就是铜钱图案左和右，都是空白。而在 500 文纸币上我们可看到通常的八思巴文字样"至元宝钞"和"诸路通行"。此外，字号和料号数字已经在钞版上现成刻好，而不是像通常情况下那样留有空白，有待手填。在 2 贯钞版上，字号"八"仍然清晰可见，而其他编号领域的字样就不清楚了。除了大号字体外，小号字体的文字很难辨认。一个非常相似的2贯和500文双面钞版出土于河北省平山县（参见河北省博物馆文物管理处，"河北平山县发现的'至元通行宝钞'铜版"，《考古》，1（1973）：42；《中国古钞图辑》，页142—143。

除2贯钞版字号区域中的"一"外，其他编号领域的字样无法辨认。此外，两块钞版都带有通常的八思巴文字样。

注释：

关于纸币的高和宽，文献中找到的数据往往不够精确。似乎尺寸测量显示的往往是纸币的高和宽，而非印刷区域的高和宽。如果是钞版，测量似乎显示的仅仅是印刷区域。参见"元の紙幣の様式に就て"，页7，前田直典正确地指出，采用纸币的高度和宽度，可能存在问题，因为印刷区域外的纸张余边不统一，还因为在元代纸币文物的保存质量差异极大。

表中加灰色底色是指模糊可疑的，非官方或伪造的钞或钞版，它们仅载录于《中国古钞图辑》第二部分所谓"附录"，页133—143。

a. (a), (b) 等等，是指单个纸币。(0629)—(0666) 等指叶世昌等（2009）一书的插图。

b. "文省"包括"短串纸币"。

c. 叶世昌等（2009）一书给出的纸币的高和宽，也是我采纳的数据。之所以没有使用更早研究者给出的数字，是因为我认为叶书的数值更精确。无论如何，与早先报告给出的数据的差异不大。

d. 在某些情况下，我们无法获得高和宽的测量数据，但至少高宽比值可以通过照片或拓片确定。显然，这会造成一定程度的不精确，因为许多纸币有模糊和损坏，也由于摄影图片有些失真。

e. 纸币损毁严重，以至于无法准确测量高和宽。

f. 尚不清楚这些测量数据是指整个钞版抑或仅为印刷区域。可能仅是前者，因为不同面值纸币的印刷区域，不太可能完全相同。

g. 纸币有所损坏，部分残缺，因而可能多少造成宽高比值失真。这些数据是由叶世昌等（2009），页534提供的。

h. 前田直典给出的原始数据（精确到英寸）肯定出现了印刷错误。这里，我们根据他给出的纸币印刷区域高宽比值进行了调整。

I. 根据《中国古钞图辑》，页135的照片，比值应该为0.648。

表格 27　1263—1329 年元朝年度各项税课（以货币、贵重金属等计）与支出（以纸钞计）存世数据　542—545

年	税粮 夏税 锭	粮 石	科差 丝 斤	绢 匹	包银 锭	肥 索	绵 斤	布 匹	盐课 锭	茶课 锭	酒醋课 纸钞 锭	肥 索	商税 锭	额外课 锭
1263			712,171		56,158									
1265			986,912		56,874			85,412						
1266			1,053,226		59,085									
1267			1,096,489		78,126									
1269		超过 1,000,000												
1270													450,000	
1276										1,200				
1277										2,300				
1278										6,600				
1281										24,000				
1284		290,500[a]								40,000				
1286		578,520[a]									250,000			
1289		935,000[a]												
1290		1,595,000[a]												
1291		1,527,250[a]												
1292		1,407,400[a]							1,700,000					
至 1295														
1295		345,000[a]								80,300				

（续表）

年	税粮		科差					盐课	茶课	酒醋课		商税	额外课
	粮	夏税	丝	绢	包银	肥	绵	布			纸钞	肥索		
	石	锭	斤	匹	锭	索	斤	匹	锭	锭	锭		锭	锭
1298	742,751[a]													
1307	1,665,422[a]													
1308	1,240,148[a]													
1311	2,873,212[a]									171,131				
1313	2,317,228[a]									192,866				
1318	2,553,714[a]									250,000				
1328	12,114,708	149,274[b]	1,098,843	350,530	989	1,133,119	72,015	211,223	7,661,000	289,211[c]	491,755[d]	201,117[e]	939,682	212,835
1329	10,960,053		884,450[f]	407,500			70,645	407,500						

年	岁课										岁课总数（以纸钞计）	支出总数（以纸钞计）
	铜	铁	铅锡	矾	硝碱	竹木	竹竿	板木条	金	银		
	斤	斤 锭	斤 锭	锭	锭	锭			两[g]		锭	锭
1263												
1265												
1266												
1267												
1269												
1270												
1276												
1277												
1278												
1281												
1284											932,600[h]	
1286												
1289												
1290												
1291												

b

（续表）

年	铜 斤	铁 锭	铁 斤	铅锡 锭	铅锡 斤	矾 锭	硝碱 锭	竹木 锭	竹竿	板木条	金 两	银 两[g]	岁课总数（以纸钞计）	支出总数（以纸钞计）
1292													2,987,305 锭	超过 3,638,543 锭
至1295														
1295														
1298											19,000	100,000[i]	3,600,000	
1307													4,000,000	超过 5,200,000
1308														
1311														超过 8,200,000
1318														16,000,000—17,000,000
1328	2,380	1,880	884,543	937	1,798	2,249	26	13,550	269,695	58,600	24,450	77,460	9,663,790[j]	
1329											16,350	58,450	9,297,800	

546 来源：《元史》卷93，页2360—2361、2363、2366—2369；卷94，页2392—2401、2404—2407；Schurmann (1956), pp. 80, 101-102, 123-125, 186, 197-199, 210-211, 238-242；陈高华、史卫民《中国经济通史·元代经济卷》，北京：经济日报出版社，2000，页753—757；Franke (1949), pp. 132, 134, 137-138。

注释：以纸钞形式征收的税以粗体表示。

a. 这些数字指的只是运输量。税粮总额应该更大。

b. 这包括以下行省：

江浙　　　57,830.80 锭
江西　　　52,895.20 锭
湖广　　　19,378.04 锭

加起来总额是130,104.04锭。然而《元史》卷93，页2361记载的总额是149,273.60锭。

c. 代表的是1320年的值。

d. 469,159.40 锭酒课，22,595.70 锭醋课。

e. 酒课。

f. 傅海博的数字是834,405 斤。

g. 原始数字是锭金或银。此处换算为两（1锭=50两）金或银。这样贵金属的锭就不会与纸钞的锭混杂了。

h. 卢世荣（1285年被处死）的目标是将年度税课从932,600锭增至3,000,000锭。然而从傅海博对1284—1285年卢世荣改革元朝财政制度的详细分析可知，至少到1285年这还没有实现。见Franke (1949), pp. 60 - 76，尤其是页64、71、73。这一目标在1292年得以实现，是纸钞贬值而不是税课增加的结果。

i. 见Franke (1949), p. 134。陈高华、史卫民（2000），页754只有60,000两。

j. 陈高华、史卫民（2000），页755总额相差30,000，因为他们给出的纸钞收入总额只有9,633,790锭。傅海博（Franke 1949），p.138给出的总额是9,890,000锭。然而，将1328年的所有项目相加，结果总额是9,763,338锭。金银税额换算为纸钞，结果是9,828,585锭钞，与傅海博的数字相近。这些数字之间差别不大，因此不构成实质问题，尤其是年度实际税收相对于规定数值有一定程度的上下波动。

书 目

1. 马可·波罗之书的版本[①]

Allulli, Ranieri, *Marco Polo: Il Milione*, Milano: Alpes, 1928. 此版本只是在历史和地理的细节方面能引起人们的兴趣，对于文本校勘而言没有用处。

Aquí empieza el libro de Micer Marco Polo dónde se explican las maravillas del mundo. Texto integro en frances moderno gracias a los trabajos de M. G. Pauthier sobre los manuscritos de la Biblioteca Nacional de París, en versión castellana de A. Cardona y G. Gilbert con 84 ilustraciones ejecutadas para el Duque de Borgoña en 1399 y un estudio preliminar de A. Cardona sobre la obra y su historia, Barceloña: Círculo del Bibliófilo, 1978.

Badel, Pierre-Yves, *Marco Polo: La description du monde*, Paris: Le livre de Poche (Lettres gothiques; 4551), 1998. 这是法国国家图书馆（Bibliothèque Nationale de France）收藏的早期法语抄本 ms. fr. 5649 的现代刊本。它属于早期法语抄本之 B 分支的 B_4。

Baldelli Boni, Giovanni Battista, *Il Milione di Marco Polo*, Firenze: Pagani, 1827. 这是以佛罗伦萨国家图书馆（Bibliotheca Nazionale di Firenze）所藏托斯卡纳方言 TA_1 本（Tuscan TA_1）的抄本 MS II, IV, 88 为底本而成的版本。这个抄本早于 Magliab. XIII, 104（出处：Crusca 18），尽管它远不是最好的托斯卡纳语本，但被称作 "Ottimo"（译者按，意大利语 "优、最佳"）。Badelli 版本的错误不少。此外，为了弥补 TA_1 本的问题，他令人遗憾地选择了托斯卡纳语 TB_6（Magliab. XIII, 73) 作为辅助，然而这个本子并不属于 TA 系统，而属于更晚的 TB 本系统，它本身源自一个威尼斯－艾米利安（Venetian-Emilian）VA 翻译本。

Barbieri, Alvaro, *Marco Polo, Milione: Redazione latina del manoscritto Z, versione italiana a fronte*, Parma: Fondazione Pietro Bembo / Ugo Guanda, 1998. 它包括拉丁文 Z 抄本一个复制本的现代转写。Z 本藏于托莱多大教堂图书馆［Cathedral Library of Toledo，见 Moule and Pelliot (1938)］。它还有一个关于 Z 本所省略的段落的附录。这个复制本

[①] 关于不同版本的评论主要参考 Barbieri, "Quale 'Milione'?...," in his *Dal viaggio al libro: Studi sul Milione*, pp. 67–89。

［米兰安博罗西那图书馆（Biblioteca Ambrosiana in Milano）MS Y 160 P. S. 号抄本］是 1795 年由 Giuseppe Toaldo (1719–1798) 授意抄写的。

　　Barbieri, Alvaro (2004c),"La prima attestazione della versione VA del Milione (ms. 3999 della Biblioteca Casanatense di Roma)," in his *Dal viaggo al libro: Studi sul* Milione, pp. 93–127. 这是威尼斯 V_1 残本的现代基础刊本，早期的刊本见 Pelaez (1906)。

　　Barbieri, Alvaro, and Alvise Andreose, with the collaboration of Marina Mauro and a preface of Lorenzo Renzi, *Marco Polo, Il "Milione" veneto: ms. CM 211 della Biblioteca Civica di Padova*, Venezia: Marsilio, 1999. 这是威尼斯 VA 本系统唯一完整抄本的现代基础性版本。又见 Olmo (1986–1987)。

　　Bartoli, Adolfo, *I viaggi di Marco Polo*, Firenze: Le Monnier, 1863. 基本上，这是一个 Baldelli Boni (1827) 本的重制本，但使用 Roux de Rochelle (1824) 中能够得到的 F 本和其他 TA 本对 TA_1 本做了订补，包含大量问题和错误。

　　Battaglia Ricci, Lucia, *Marco Polo: Milione*, Milano: Sansoni, 2001. 这是 Bertolucci Pizzorusso (1975) TA_2 托斯卡纳刊本的一个复制本，但不包括评论性的注解。

　　Bellonci, Maria, *Il Milione*, Torino: Edizione Rai Radiotelevisione Italiana, 1982; Milano: Mondadori (Oscar classici), 1990. 这是意大利语版本。

　　Benedetto, Luigi Foscolo, *Marco Polo, Il Milione*, Firenze: L. S. Olschki (Comitato geografico nazionale italiano; 3), 1928. 这是一个现代完整版本，但主要以法国国家图书馆的 ms. fr. 1116 (F) 抄本为底本。

　　——, *Il Milione: Il libro di Messer Marco Polo dove sai raconta le Meraviglie del Mondo*, Milano-Roma: Treves-Treccani-Tumminelli, 1932. 这是 1928 年马可·波罗之书面向大众的压缩版本。

　　Bernardi, Katia, *Il "Milione" veneto del ms. 557 della Bibliotheca Civica di Berna*, Tesi di laurea, Università di Padova, 1993–1994. 这是一个威尼斯语版本 V_5，即伯尔尼市民图书馆（Bürgerbibliothek of Bern）MS 557 号抄本的刊本。它的质量不及 V_3 本，即帕多瓦市民图书馆（Biblioteca Civica di Padova）所藏 MS CM 211 号抄本［见 Barbieri and Andreose (1999)］。

　　Bertolucci Pizzorusso, Valeria, *Marco Polo, Milione. Versione toscana del Trecento*, Milano: Adelphi Edizioni, 1975, 1982. 这是托斯卡纳 TA_2 本的基础性版本，以佛罗伦萨国家图书馆所藏 MS II, IV, 136 号抄本为底本，该抄本早于 Magliab. XIII,69（出处：Strozzi 378), 它比被错误地称作 "Ottimo"（最佳）的 TA_1 本好得多［见 Baldelli Boni (1827)］。这个版本还包括 Giorgio Cardona 编制的很有用的"详细的索引"（Indice ragionato）。在网上有托斯卡纳语译本的转写，见 http://it.wikisource.org/wiki/Milione，访问时间：2012 年 3 月 1 日。

Blanchard, Joël, and Michel Quereuil, *Voyages à travers la China*, in Philippe Ménard (ed.), *Marco Polo: Le devisement du monde*, Genève: Librairie Droz S.A. (Textes littéraires français), vol. 4, 2005.

Boivin, Jeanne Marie, Laurence Harf-Lancner, and Laurence Mathey-Maille, *Traversée de l'Afghanistan et entrée en China*, in Philippe Ménard (ed.), *Marco Polo: Le devisement du monde*, Genève: Librairie Droz S.A. (Textes littéraires français), vol. 2, 2003.

Boutet, Dominique, Thierry Delcourt, and Danièle James-Raoul, *Livre d'Yinde; Retour vers l'Occident*, in Philippe Ménard (ed.), *Marco Polo: Le devisement du monde*, Genève: Librairie Droz S.A. (Textes littéraires français), vol. 6, 2009.

Bürk, August, Die *Reisen des Venezianers Marco Polo im dreizehnten Jahrhundert*, Leipzig: B. G. Teubner, 1845. 以剌木学（Ramusio）本和 Marsden、Baldelli Boni 和 Ritter 的注释为基础的德语本。

Buongiorno, Teresa, *Il romanzo di Marco Polo*, Milano: Rusconi, 1980.

Charignon, Antoine Joseph Henri, *Le livre de Marco Polo, citoyen de Venise, conseiller privé et commissaire impérial de Khoubilaï Khaân, rédigé en Français sous sa dictée en 1298 par Rusticien de Pise, revu et corrigé par Marco Polo lui même en 1307*, publié par G. Pauthier en 1867, traduit en français moderne et annoté d'après les sources chinoises par A. J. H. Charignon, Pékin: Nachbaur, 1924.

Chênerie, Marie-Luce, Michèle Guéret-Laferté et Philippe Ménard, *Départ des voyageurs et traversée de la Perse*, in Philippe Ménard (ed.), *Marco Polo: Le devisement du monde*, Genève: Librairie Droz S.A. (Textes littéraires français), vol. 1, 2001.

Ciccuto, Marcello, *Marco Polo: Il Milione*, Milano: Rizzoli, 1981, repr. Milano: Fabri Editori (La Grande Letteratura Italiana), 2006.

De consuetudinibus et condicionibus orientalium regionum, e uulgari in Latinum traductus per fratrem Franciscum de Pepuris de Bononia, as transcribed in Juan Gil, *El libro de Marco Polo: Ejemplar anotado por Cristobal Colón y que se conserva en la Biblioteca Capitular y Colombina de Sevilla*, Madrid: Testimonio, 1986. 哥伦布的评注写在源自匹匹诺（Pipino）译本的一个抄本上。

De consuetudinibus et conditionibus orientalium regionum, Gouda: Gerard Leeu, between 1483 and June 11, 1484. 藏于伦敦大英图书馆（British Library, London）；在鲁汶天主教大学主图书馆的档案室（Tabularium of the Central Library of the Catholic University of Leuven）有它的缩微胶卷可用。

De Klerk, Jan, and Henri Willem Wijsman, *Marco Polo's boek over de wonderen van de wereld: Toelichtingen bij de miniaturen, de tekst en de historische achtergronden aan de hand van 86 folio's van het handschrift van het Livre des merveilles van Marco Polo bewaard in de Bibliothèque nationale de France te Parijs (manuscrit français 2810); met een inleiding en een nawoord over het handschrift en de historische context*, 's-Hertogenbosch: Stichting Erasmus Festival, 2008.

Delclos, Jean-Claude, and Claude Roussel, *A travers la Chine du Sud*, in Philippe Ménard (ed.), *Marco Polo: Le devisement du monde*, Geneve: Librairie Droz S.A. (Textes littéraires français), vol 5, 2006.

Delle maravigliose cose del mondo, Venice: Johannes Baptista Sessa, 13 June 1496. 藏于伦敦大英图书馆；在鲁汶天主教大学主图书馆的档案室有它的缩微胶卷可用。

——, Brescia: Baptista Farfengus, 20 December 1500. 藏圣马力诺的亨廷顿图书馆（Henry E. Huntington Library in San Marino）；在鲁汶天主教大学主图书馆的档案室（Tabularium of the Central Library of the Catholic University of Leuven）有它的缩微胶卷可用。

Description géographique des provinces & villes plus fameuses de l'Inde Orientale, meurs, loix,& coustumes des habitans d'icelles, mesmement de ce qui est soubz la domination du grand Cham Empereur des Tartares / par Marc Paule, gentilhomme Venetien, et nouvellement reduict en vulgaire Fran.ois, Paris: Iehan Longis, 1556. 见 http://gallica.bnf.fr/ark:/12148/bpt6k52228d/f2（访问时间：2012 年 3 月 1 日）。也可参考巴黎版 Paris: Estienne Groulleau,1556。见 http://gallica.bnf.fr/ark:/12148/bpt6k842244（访问时间：2012 年 3 月 1 日）。

Dinale, Maria Teresa, *Il Milione veneto del ms. 1924 della Bibliotheca Riccarsiana di Firenze*, Tesi di laurea, Universita di Padova, 1989–1990. 这是一个受损的威尼斯语译本 V$_2$，即佛罗伦萨利卡迪亚纳图书馆（Biblioteca Riccardiana di Firenze）MS 1924 号抄本的现代版本。

El libro dl famoso Marco paulo veneciano dlas cosas merauillosas q vido enlas partes oriētales.conuiene saber enlasindias. Armenia Arabia. Persia r Tartaria. E del poderio del gran Can y otros reyes. Cō otro tratado de Micer pogio florētino que trata delas mesmas tierras r yslas, Facsimile ed. Coruña: Editorial Orbigo, 2008. 这是 Rodrigo Fernandez de Santaella 所译的第一个西班牙语译本。

Esteves Pereira, Francisco Maria, *Marco Paulo o livro de Marco Paulo—o livro de Nicolao Veneto—carta de Jerónimo de Santo Estevam, conforme a impress.o de Valentim Fernandes, feita em Lisboa em 1502; com tres fac-similes, introdução e índices*, Lisboa: Oficinas Gráficas da Biblioteca Nacional (Publicações da Biblioteca Nacional, Reimpressões II), 1922. 这是 1502 年 Valentim Fernandes 出版的葡萄牙语翻译本，译自匹匹诺本。

Eusebi, Mario, *Il manoscritto della Bibliothèque Nationale de France Fr. 1116; I, Il testo*, Roma and Padova: Editrice Antenore (Biblioteca Veneta; Poliana: Documenti per l'edizione integrale del libro di Marco Polo; 1), 2010. 这是法意混合语本 F 的最新现代版本。

Faucon, Jean-Claude, Danielle Quéruel and Monique Santucci, *L'empereur Khoubilai Khan*, in Philippe Ménard (ed.), *Marco Polo: Le devisement du monde*, Genève: Librairie Droz S.A. (Textes littéraires français), vol. 3, 2004.

Frampton, John, *The most noble and famous trauels of Marcus Paulus, one of the nobilitie of the state of Venice, into the East partes of the world, as Armenia, Persia, Arabia, Tartary, with many other kingdoms and Prouinces. No lesse pleasant, than profitable, as appeareth by the Table, or Contents of this Booke. Most necessary for all sortes of Persons, and especially for Trauellers. Translated into English*, At London: Printed by [H. Bynneman for] Ralph Nevvbery, Anno. 1579. 在 "Early English Books Online" 上可以找到。这个 1579 年 Frampton 的第一个英语印刷本译自 1518 年 Santaella 的西班牙语印本，因而它和 Santaella 的第二个译本一样短。

Fulquet y Puig, José María, *Libro de las Cosas Maravillosas de Marco Polo (1477)*, Madrid: Graficas Ultra (Sociedad de Bibliófilos Españoles), 1947. 这是以威尼斯语抄本系统 VA 本的晚期版本（VA_2）为底本的 Santaella 西班牙语译本的现代版本。

Gallina, Annamaria, *Viatges de Marco Polo: Versió catalana del segle XIV*, Barcelona: Editorial Barcino (Els nostres clàssics; A 85), 1958. 这是 14 世纪很短而缺损的卡塔兰（Catalan）本（利卡迪亚纳图书馆 cod. 2048 号）的现代版本。

Gallo, Rodolfo, *Marco Polo: Delle cosa de'Tartari e dell'Indie Orientali nella versione di Gio Battista Ramusio*, Venezia, 1954.

Gennari, Pamela, " 'Milione,' redazione VB: Edizione critica commentata," PhD diss., Venezia, Universita Ca'Foscari, 2008–2009. 见 http://dspace.unive.it/handle/10579/937 （访问时间：2012 年 2 月 29 日）。

Gil, Juan, *El libro de Marco Polo: Ejemplar anotado por Cristobal Colón y que se conserva en la Biblioteca Capitular y Colombina de Sevilla* (Edicion, traduccion y estudios de Juan Gil; presentacion de Francisco Morales Padron), Madrid: Testimonio, 1986. 这是对克里斯托弗·哥伦布（Christopher Columbus）对马可·波罗之书所做评注的权威研究。这些评注写在源自匹匹诺译本的一个拉丁文抄本上。Gil 是关于这一课题最重要的专家。

——, *El libro de Marco Polo anotado por Cristóbal Colón; El libro de Marco Polo, versión de Rodrigo de Santaella*, Madrid, Alianza Editorial, 1987.

Giovannini, Luigi, *Marco Polo: Il Milione, con le postille di Cristoforo Colombo*, Roma: Edizioni Paolone, 1985. 这是一个缺陷较多的版本，对哥伦布的马可·波罗文本评述做

了研究。

　　Glazemaker, Jan Hendrik, *Markus Paulus Venetus*, Reisen, en beschryving der Oostersche lantschappen; *Daar in hy naarkeuriglijk veel Landen en Steden, di hy zelf ten meestendeel bereist en bezichtigt heeft, beschrijft, de zeden en gewoonten van die Volken, tot aan die tijd onbekent, ten toon stelt, en d'opkoomst van de Heerschappy der Tartaren, en hun ver.vering van verscheide landen in Sina, met ander namen genoemt, bekent maakt. Beneffens de* Historie der Oostersche lantschappen, *door Haithon van Armenien te zamen gestelt. Beide nieuwelijks door J. H. Glazemaker vertaalt. Hier is noch by gevoegt* De reizen van Nicolaus Venetus, *en* Jeronymus van St. Steven *naar d'Oostersche landen, en naar d'Indien. Door P.P. vertaalt. Als ook een Verhaal van de verovering van't Eilant Formosa, door de Sinezen; door J.V.K.B. vertaalt. Met kopere platen verciert,* t'Amsterdam: Voor Abraham Wolfgang, 1664. 藏莱顿大学图书馆（Leiden University Library），编号 459 B17。马可·波罗书的 Glazemaker 荷兰语译本显然以 Grynaus 的拉丁语版本为底本。见 *Marci Pavli Veneti de regionibus orientalibus*。

　　Granieri, Maria Gabriella, "Il 'Milione' di Marco Polo: Redazione veneta del scritto Dona delle Rose," Tesi di laurea, Università di Padova, 1989–1900.

　　Hambis, Louis, *La description du monde; Texte intégral en Français moderne avec introduction et notes*, Paris: Librairie C. Klincksieck, 1955. 这是 Moule and Pelliot (1938) 本的简化法语版本，包含了后两位作者完整版本的所有问题。

　　Heers, Jacques, *Marco Polo*, Paris: Fayard, 1983.

　　Hie hebt sich an das puch des edeln Ritters vnd landtfarers Marcho Polo, in dem er schreibt die grossen wunderlichen ding dieser welt, Nuremberg: Friedrich Creussner, 1477. 藏于伦敦大英图书馆；在鲁汶天主教大学主图书馆的档案室有缩微胶卷可用。和 Admont 抄本一样，这个文本以马可·波罗书的第二个托斯卡纳语版本 (TB) 和它的拉丁语译本 (LA) 为底本。第二个托斯卡纳语版本来自威尼斯语 VA 本系统。电子文本见 http://dfg-viewer.de/show/?set[mets]=http%3A%2F%2 Fdaten.digitale-sammlungen.de%2F~db%2Fmets%2Fbsb00004552_mets.xml（访问时间：2012 年 3 月 1 日）。

　　Historia de las grandezas y cosas marauillosas de las Prouincias Orientales. Sacada de Marco Paulo Veneto, y traduzida de Latin en Romance, y añadida en muchas partes por Don Martin de Bolea y Castro, Varon de Clamofa, señor de la Villa de Sietamo. Dirigida a Don Beltran de la Cueba, Duque de Alburquerque, Marques de Cuellar, Conde de Ledesma y Guelma, Lugarteniente, y Capitan General por su Magestad, en el Reyno de Aragon, Con Licencia, en Caragoça: Por Angelo Tauano, Año. M. DCI. (Biblioteca Nacional, Madrid, R. 1055). 以 Grynäus 的文本为底本。见 *Marci Pavli Veneti de regionibus orientalibus*。

Hoang-Thi, Kim Loan,"Edition critique de la version francaise du livre de Marco Polo (les deux premières parties)," Positions des thèses de l'École des Chartes, 1967.

Kappler, René, *Marco Polo: La description du monde*, Paris: Imprimerie Nationale Editions, 2004.

Komroff, Manuel, *The Travels of Marco Polo [the Venetian]*, with illustrations by Withold Gordon, Garden City, New York: Garden City Publishing Co. 1926, 1930.

Kosta-Théfaine, Jean-Francois, "Étude et édition du manuscrit de New York, Pierpont Morgan Library, M 723, f. 71–107, *Du devisement du monde* de Marco Polo," PhD diss., Université de Paris IV-Sorbonne, 2002. 这个刊本所用抄本属于早期法语抄本之 A 分支的 A4。

Lanza, Antonio, *Marco Polo: Il Milione*, Roma: Editori Riuniti, 1980. 这是 Bertolucci Pizzorusso (1975) 托斯卡纳语 TA_2 本的基础性版本的重编本，包括一些修订和 Giorgio Manganelli 所写的具有洞察力的导言。

Latham, Ronald, *The Travels of Marco Polo*, London: Penguin, 1958, repr. New York: Abaris Books, 1982.

Le Livre de Marco Polo: Fac-simile d'un manuscrit du XIVe siècle conservé a la Bibliothèque Royale de Stockholm, Stockholm: photolithographie par l'Institut Lithographique de l'État Major; typographie par l'Imprimerie Centrale, 1882. 这个文本属于早期法语本的 C_1 分支。现藏斯德哥尔摩王室图书馆（Kungliga Biblioteket in Stockholm），编号 Cod. Holm. M 304。关于这一抄本，现可参阅的版本和研究为 Overbeck (2003)。

Libro del famoso Marco Polo veneciano: Edición en facsímile de la impresa en Logroño por Miguel de Eguía (1529), San Millán de la Cogolla: Cilengua, 2007. 这是 1529 年 Santaella 的西班牙语印刷本。

López-Vidriero, María Luisa, *Delle meravigliose cose del mondo: estudio y traducción de la edición véneta de 1496*, Valencia and Madrid: Vicent Garcia and Patrimonio Nacional, 1997. 这是 1496 年 Sessa 印刷本的西班牙语译本。

Marci Pauli Veneti, Historici fidelisimi juxta ac praestantissimi, de regionibus orientalibus Libri III: Cum Codice Manuscripto Bibliothecae Electoralis Brandenburgicae collati, exq; eo adjectis Notis plurimùm tum suppleti tum illustrati. Accedit, propter cognationem materiae, haithoni armeni historia orientalis: quae & de tartaris inscribitur; Itemque Andreae Mulleri, Greissenhagii, de Chataja, cujus praedictorum Auctorum uterque mentionem facit, Disquisitio; inque ipsum Marcum Paulum Venetum praefatio, & locupletissimi indices, Coloniae Brandenburgicae: Ex Officina Georgii Schulzii, Typogr. Elect. Anno M. DC. LXXI. 这是 1671 年 Andreas Müller 完成并出版的 Grynäus 文本的再加工本，包括依据保存在柏

林的一个匹匹诺抄本所做的修订。见 http://reader.digitale-sammlungen.de/de/fs1/object/display/bsb10358895_00001.html 和 http://books.google.de（访问时间：2012年3月1日）。

Marci Pavli Veneti de regionibus orientalibus, in Simon Grynäus (1493–1541), *Novvus orbi regionvm ac insvlarvm veteribvs incognitarvm,...*, Basileae: apvd Io. Hervagivum, 1532. 在柏林国家图书馆（Staatsbibliothek Berlin）CrossAsia 项目的数据库 "Western Books on China" 中可见此书。这是一个以匹匹诺本为底本的拉丁文印刷本。

Marco Polo; Le livre des merveilles, manuscrit français 2810 de la Bibliothèque nationale de France, Paris—Das Buch der Wunder. Handschrift Français 2810 der Bibliothèque nationale de France, Paris, with commentaries from François Avril, Marie-Therese Gousset, Jacques Monfrin, Jean Richard and Marie-Hélène Tesnière, and with a contribution from Thomas Reimer, Luzern: Faksimile Verlag, 1995–1996. 这个抄本以众多插图而闻名。它属于早期法语抄本的 A 分支，即 A_2。

Marsden, William, *Marco Polo: The Travels*, London: Dent, 1908.

Mazzali, Ettore, *Marco Polo; Milione*, Milano: Garzanti, 1982; Torino: La stampa, 2003.

Ménard, Philippe (ed.), *Marco Polo: Le devisement du monde*, Genève: Librairie Droz, 5 vols., 2001–2006. 这是一个权威的现代版本，以大英图书馆收藏的早期法语抄本 B_1 为底本，但兼顾所有其他早期法语抄本以及所有其他重要的抄本，即法意混合语本（F_2）、托斯卡纳方言本（TA）、威尼斯方言本（VA）、匹匹诺和托莱多（Z）译本。

Moule, Arthur Christopher, and Paul Pelliot, *Marco Polo: The Description of the World*, 2 vols., London: George Routledge, 1938. 此书第一卷是一个以法意混合语本 F 为底本的完整本，还包括取自其他十八个抄本的补充内容。不过，Barbieri 认为，这个完整的版本具有严重的缺陷，因为对所收补充内容的选择既是武断的，也未经校勘。第二卷包括托莱多教会图书馆收藏的拉丁文 Z 抄本（编号 MS Zelada 49.20）的转写，不过这在 Barbieri 看来是含混不清的。1795 年 Giuseppe Toaldo(1719—1798) 所购抄本的一种现代转写，见 Barbieri (1998)。

Nitti, John J., *Juan Fernández de Heredia's Aragonese Version of the "Libro de Marco Polo,"* Madison: Advisory Board of the Hispanic Seminary of Medieval Studies (Dialect Series; 1), 1980. 这是以埃斯科里亚尔的圣洛伦佐里尔图书馆（Real Bibliotheca de San Lorenzo del Escorial）所藏抄本 Ms. Z. I. 2 (I.c.3 y I.≡4) 为底本的现代刊本。和卡塔兰本一样，它来自一个现已亡佚的卡塔兰原本，代表了马可·波罗之书一种相当简化的版本。

Nordenskiöld, Nils Adolf Erik, *Le livre de Marco Polo: Facsimile d'un manuscrit du XIVe siècle conservé à la Bibliothèque Royale de Stockholm*, Stockholm: Imprimerie Centrale, 1882. 这个文本属于早期法语抄本的 C 分支，即 C_1。关于其现代刊本，见 Overbeck (2003)。

Of the Marco Polo Itinerarum, Antverpiae 1485, National Diet Library, Tokyo: Otsuka

Kogeisha Ltd., 1949. 这是匹匹诺的译本，即 *De consuetudinibus et conditionibus orientalium regionum*。

Olivieri, Dante, "La lingua di varî testi veneti del *'Milione'*," in *Miscellanea di studi critici in onore di V. Crescini*, Cividale: Tip. Fratelli Stagni, 1927, pp. 501–522.

——, *Marco Polo: Il Milione*, Bari: Laterza, 1928. 这是一个以 Bartoli (1863) 本为底本的有不少错误和问题的本子，利用威尼斯方言文本系统做了增补和修正。

Olmo, Ysabel, *Il "Milione" veneto del ms. CM 211 della Biblioteca Civica di Padova, Edizione interpretativa e studio linguistico*, Tesi di laure, Università di Padova, 1986–1987. 这是威尼斯方言 VA 本系统唯一一个完整抄本的现代刊本。又见 Barbieri and Andreose (1999)。

Ortalli, Gherardo, *Il Milione di Marco Polo*, Milano: Gruppo ART'È, 2004. 这是托斯卡纳本的重编本，有长篇介绍文章和注释。

Overbeck, Anja, *Literarische Skripta in Ostfrankreich: Edition und sprachliche Analyse einer französischen Handschrift des Reiseberichts von Marco Polo (Stockholm, Kungliga Biblioteket, Cod. Holm. M 304)*, Trier: Kliomedia (Trierer Historische Forschungen; 51), 2003. 这个文本属于早期法语抄本的 C 分支，即 C_4。

Pauthier, Guillaume, *Le livre de Marco Polo, citoyen de Venise, conseiller privé et commissaire impérial de Khoubilaï Khaan, rédigé en Français sous sa dictée en 1298 par Rusticien de Pise*, Paris: Librairie de Firmin Didot Frères, Fils et C., Imprimeurs de l'Institut de France, 1865. 以早期法语写本 A_1 为底本，又用其他抄本做了增补，如几乎完全相同的 1407 年抄本 Ms. A2 (B.N.F. fr. 2810)、非常残缺的 15 世纪后半期抄本 Ms. B_4 (B.N.F. fr. 5649) 和法意混合语本 (F)。该书可从如下网址获得 http://books.google.de（访问时间：2012 年 3 月 1 日）。

Pelaez, Mario, "Un nuovo testo veneto del 'Milione' di Marco Polo," *Studi romanzi*, 4 (1906): 5–65. 这是罗马卡萨纳特图书馆（Biblioteca Casanatense di Roma）所藏威尼斯方言 VA_1 残本 MS 3999 的第一个刊本，有一些错误。它的现代刊本见 Barbieri(2004c)。

Penzer, Norman Mosley, *The Most Noble and Famous Travels of Marco Polo, together with the Travels of Nicolò de' Conti, Edited from the Elizabethan Translation of John Frampton; with Introduction, Notes and Appendixes*, London: Argonaut, 1929.

Ponchiroli, Daniele, *Il libro di Marco Polo detto Milione*, Torino: Einaudi, 1954. 包括 Daniele Ponchiroli 撰写的一篇很好的导言，但是作为刊本，其工作方法并非独创的。

Prašek, Justin V., *Marka Pavlova z Benátek; Milion: Dle jediného rukopisu spolu s příslušným základem latinským*, Prag: Nákladem České Akademie Císaře Františka Josefa pro Vědy, Slovesnost a Umění, 1902. 这个刊本的电子版见 http://www20.us.archive.org/stream/

markapavlovazbe00prgoog/markapavlovazbe00prgoog_djvu.txt。这是以威尼斯方言 VA 本系统为底本的匹匹诺译本的一种刊本。有一个以匹匹诺本为底本的抄本，见 Herzog August Bibliothek Wolfenbüttel, Cod. Guelf. Weissenb. 40, fol. 7ff.，它的电子版见 http://diglib.hab.de/wdb.php?dir=mss/40-weiss（访问时间：2012 年 3 月 1 日）。

Ramusio, Giovanni Battista, *Secondo volume Delle navigationi et viaggi Nel quale si contengono L'historia delle cose de'Tartari, & diversi fatti de'loro imperatori, descritta da m. Marco Polo gentilhuomo venetiano, et da Hayton Armeno. Varie descrittioni di diuersi autori...*, Venedig: Stamparia Giunti, 1559. 见 http://books.google.de（访问时间：2012 年 2 月 29 日）。

——, *Navigazioni e Viaggi*, ed. by Marica Milanesi, Turin: Giulio Einaudi, 1980, vol. 3.

Ronchi, Gabriella, *Marco Polo, Milione. Le divisament dou monde: Il Milione nelle redazioni toscana e franco-italiana*, with a preface of Cesare Segre, 2nd ed. Milano: Mondadori (I meridiani), 1988. 这个法意混合语本的底本是法国国家图书馆藏抄本 ms. fr. 1116，对 Benedetto 本做了多处更正。托斯卡纳本是 Bertolucci Pizzorusso (1975) TA_2 版的复制本，但没有校勘记。托斯卡纳译本的转写可见 http://it.wikisource.org/wiki/Milione（访问时间：2012 年 3 月 1 日）。

Roux de Rochelle, Jean Baptiste Gaspard, *Voyages de Marco Polo*, Paris: Everat, 1824. 这是法国国家图书馆藏抄本 ms. fr. 1116 的最早近代刊本，现在已被 Benedetto (1928)、Ronchi (1988) 和 Eusebi (2010) 等版本所取代。

Ruggieri, Ruggero M., *Marco Polo, Il Milione: Introduzione, edizione del testo toscano ("Ottimo"), note illustrative, esegetiche, linguistiche, repertori onomastici e lessicali*, Firenze: Leo S. Olschki Editore (Biblioteca dell'"Archivium Romanicum," Serie I—Storia— Letteratura—Paleografia; 200), 1986. 此书试图将 "Ottimo" 本或 TA_1 译本重新确立为 TA 本系统的基础文本。

Simion, Samuela, "Il 'Milione' secondo il manoscritto Hamilton 244 della Staatsbibliothek di Berlino: Edizione critica," PhD diss. Venezia, Università Ca'Foscari, 2007–2008.

Steidl, Nicole, *Marco Polos "Heydnische Chronik": Die mitteldeutsche Bearbeitung des "Divisament dou monde" nach der Admonter Handschrift Cod. 504*, Aachen: Shaker Verlag, 2010.

Stokes, Whitley, "The Gaelic Abridgement of the Book of Marco Polo," *Zeitschrift für celtische Philologie*, 1 (1897): 245–273, 362–438.

Stuebe, R., *El Libro de Marco Polo, aus dem Verm.chtnis des Dr. Hermann Knust, nach der Madrider Handschrift*, Leipzig: Dr. Seele & Co 1902. 这个阿拉贡（Aragon）抄本的新版本见 John F. Nitti。Stuebe 译本的电子文本见 http://home.us.archive.org/stream/ellibrodemarcopo00polo/ellibrodemarcopo00polo_djvu.txt（访问时间：2012 年 3 月 1 日）。

Valentinetti Mendi, Angelica, *Marco Polo—Libro del Famoso Marco Polo; Libro de le Cose Mirabile*, Logroño: Instituto de Estudios Riojanos, 2008. 这是 1529 年 Santalla 西班牙语印刷本的新版本。

——, *Una familia veneta del Libro de Marco Polo*, Madrid: Editorial de la Universidad Complutense, Facultad de Filologia, Departamento de Filología Italiana, 1992. 这本书是包含属于威尼斯 VA 本系统之分支 VA_2 的两个文本的现代刊本，一个抄本藏于卢卡的市立图书馆（Municipal Library in Lucca），另一部为西西里译本，藏于塞维利亚的教会图书馆（Biblioteca Capitular of Sevilla）。

Von Tscharner, Horst, *Der mitteldeutsche Marco Polo nach der Admonter Handschrift*, Berlin: Weidmannsche Buchhandlung, 1935. 以马可·波罗书的第二个托斯卡纳本系统(TB)和它的拉丁文译本 (LA) 为底本。不过，第二个托斯卡纳本源自威尼斯 VA 本系统。

Yule, Henry, *The Travels of Marco Polo: The Complete Yule-Cordier Edition*, 1903, repr. New York: Dover Publications, 1993. 这个英文本以 Phautier(1868) 为底本，但还收入了 ms. fr. 1116 号法意混合语抄本和剌木学本多出的段落。虽然它出版已久，但其丰富的注释仍有参考价值。可从以下网址获取 http://www.gutenberg.org/ebooks（访问时间：2012 年 3 月 1 日）。

Zambon, A., " 'De condicionibus et consuetudinibus orientalium regionum': Il 'Marco Polo' di fra'Pipino nella lezione del ms. Riccardiano 983; Editione e studio del testo," tesi di Laurea magistrale, Padova, Università degli Studi, 2009–2010.

Zolesi, Ettore, *Marco Polo: Dall'opera di G. B. Ramusio (Venezia 1559) narrata nell'italiano d'oggi*, Roma: Editoriale epoca, 1982.

Zorzi, Alvise, Fabrizio Lollini, Marcello Brusegan and Monica Centanniet (eds.), *Il Milione*, Firenze: Vallecchi (I libri delle meraviglie), 1999.

2. 其他原始资料

Afshar, Iraj, *Khitaynama: sharh-i mushahidat-i Saiyid 'Ali Akbar Khita'i* (The Book on China: The Eyewitness Report of 'Ali Akbar Khita'i), Tehran: Markaz-i Aznad-i Farhangi Asya, 1978 [=1378 h.s.].

Andreose, Alvise, *Libro delle nuove e strane e meravigliose cose; volgarizzamento italiano del secolo XIV dell'Itinerarium di Odorico da Pordenone*, Padova: Centro Studi Antoniani, 2000.

Andreose, Alvise, and Philippe Ménard, *Le voyage en Asie d'Odoric de Pordenone, traduit par Jean Le Long, OSB, Itineraire de la peregrinacion et du voyaige (1351)*, Genève:

Librairie Droz (Textes littéraires français), 2010.

Anon. (ed.), *Hafiz Abru: Zubdat at-Tawarikh* (Cream of Chronicles), Tehran: Sazman-i Chap wa Intisharat-i Wizarat-i Farhang wa Irshad-i Islami, 1993 [=1372 h.s.].

Ayati, Abdulhamid, *Tahrir-i Tarikh-i Wassaf* (History of Wassaf), Tehran: 'Ilmi, 1959 [=1346 h.s.].

《本草纲目》，李时珍，1596 年成书，合肥：黄山书社，1992。

Bertuccioli, Giuliano, *Martino Martini; Novus atlas sinensis*, reprint of the Bleau edition of 1655, with Italian translation and commentaries, Trento: Università degli Studi di Trento (Opera omnia/Martino Martini), 2003.

Bibliothèque Nationale de France, Nouvelles Acquisitions (NAF), 7482, *Collection Renaudot Sinica* (unknown author(s) of Jesuit testimonies from the seventeenth to the eighteenth centuries), Fol. 91v.

Boxer, Charles Ralph, *South China in the Sixteenth Century: Being the Narratives of Galeote Pereira, Fr. Gaspar da Cruz, O.P., Fr. Martín de Rada, O.E.S.A. (1550–1575)*, London: Haklyut Society, 1953.

Bracciolini, Poggio, *De l'Inde: Les voyages en Asie de Niccolo de 'Conti*, ed. and transl. by Michèle Guéret-Laferté, Turnhout: Brepols, 2004.

——, *Le Voyage aux Indes de Nicolo de Conti (1414–1439)*, ed. by Anne-Laure Amilhat-Szary, with a preface of Geneviève Bouchon and transl. by Diane Ménard, Paris: Editions Chandeigne, 2004.

Buell, Paul D., and Eugene N. Anderson, with an appendix by Charles Perry, *A Soup for the Qan: Chinese Dietary Medicine of the Mongol Era as Seen in Hu Szu-hui's Yin-Shan Cheng-Yao—Introduction, Translation, Commentary, and Chinese Text*, London and New York: Kegan Paul International (The Sir Henry Wellcome Asian Series), 2000.

Buggisch, Christian, *Reisen des Ritters John Mandeville: Vom Heiligen Land ins ferne Asien*, Lenningen: Edition Erdmann, 2004.

《草木子》，叶子奇，序作于 1378 年，《元明史料笔记丛刊》本，北京：中华书局，1959。

陈得芝、邱树森、何兆吉辑点，《元代奏议集录》，《元代史料丛刊》本，杭州：浙江古籍出版社，1998。

Chien, Cecilia Lee-fang, *Salt and State: An Annotated Translation of the Songshi Salt Monopoly*, Ann Arbor: Center for Chinese Studies, The University of Michigan (Michigan Monographs in Chinese Studies; 99), 2004.

《重修政和经史证类备用本草》，唐慎微等，1249 年成书，此后多次重刊，北京：

人民卫生出版社，1957。

Coopland, George William, *Le songe du vieil pèlerin*, Cambridge: Cambridge University Press, 1969.

Conlan, Thomas Donald, *In Little Need of Divine Intervention: Takezaki Suenaga's Scrolls of the Mongol Invasion of Japan; Translation with an Interpretive Essay*, Ithaca: East Asia Program, Cornell University (Cornell East Asia series; 113), 2001.

Cramer, N. A., *De Reis van Jan de Mandeville, naar de middelnederlandsche Handschriften en Incunabelen, vanwege de Maatschappij der Nederlandsche Letterkunde te Leiden*, Leiden: Brill, 1908.

《大清一统志》，序言时间1842年，柏林国家图书馆（Berlin State Library / Staatsbibliothek Berlin）the CrossAsia project《四库全书》电子版。

《大元仓库记》，《史料四编》，台北：广文书局，1972。

《大元混一方舆胜览》，刘应李编，约1303年，詹有谅重编，郭声波整理，成都：四川大学出版社，2003。

《大元圣政国朝典章》（通用的简称《元典章》），1322年，台北：文海出版社，1964。

Daffinà, Paola, Claudio Leonardi, Maria Cristiana Lungarotti, Enrico Menestò and Luciano Petech, *Giovanni di Pian di Carpine, Storia dei Mongoli*, Spoleto: Centro italiano di studi sull'alto Medioevo (Biblioteca del "Centro per il Collegamento degli Studi Medievali e Umanistici nell'Università di Perugia"), 1989. 拉丁文本的校勘本和意大利文翻译。

Davis, John F., *Sketches of China, partly during an Inland Journey of Four Months, between Peking, Nanking, and Canton; with Notices and Observations Relative to the Present War*, London: Charles Knight, 1841.

Dawson, Christopher, *The Mongol Mission: Narratives and Letters of the Franciscan Missionaries in Mongolia and China in the Thirteenth and Fourteenth Centuries*, translated by a nun of Stanbrook Abbey, London and New York: Sheed and Ward, 1955.

De Acosta, José, *Historia Moral y Natural de las Indias Orientales*, Sevilla: Juan de León, 1590.

De Magaillans, R. P. Gabriel, *Nouvelle Relation de la China, Contenant la description des particularitez les plus considerables de ce grand Empire*, Paris: Chez Claude Barbin, 1688.

De Mailla, Joseph-Anne-Marie de Moyriac, *Histoire générale de la China ou annales de cet empire; traduites du Tong-kien-kang-mou*, Paris: Ph.-D. Pierres et Clousier, 1779.

De Rachewiltz, Igor, *The Secret History of the Mongols: A Mongolian Epic Chronicle of the Thirteenth Century*, Leiden, Boston: Brill (Brill's Inner Asian Library; 7/1–2), 2004.

Defremery, Charles Francois, *Voyages d'Ibn Battûta: Texte arabe accompagné d'une traduction par C. Defremery et le Dr. B. R. Sanguinetti*, 2nd ed. Paris: Imprimerie Impériale, 1874–1879, repr. Paris: Éditions Anthropos, 1979.

Deluz, Christiane, *Jean de Mandeville; Le livre des merveilles du monde*. Paris: CNRS Éditions (Sources d'histoire médiévale, publiées par l'Institut de Recherche et d'Histoire des Textes; 31), 2000.

《滇海虞衡志》，檀萃，18—19 世纪，《丛书集成初编》本，上海：商务印务馆，1936。

《滇略》，谢肇淛，约 1600 年，柏林国家图书馆（Berlin State Library /Staatsbibliothek Berlin）the CrossAsia project《四库全书》电子版。

《滇南盐法图》，见李苾。

《滇志》，刘文征编，1621–1627 年，昆明：云南教育出版社，1991。

Dienes, Mary, "Eastern Missions of the Hungarian Dominicans in the First Half of the Thirteenth Century," *Isis*, 27.2 (1937): 225–241.

丁文江编，《徐霞客游记》，上海：商务印书馆，1928。

Dörrie, Heinrich, "Drei Texte zur Geschichte der Ungarn und Mongolen: Die Missionsreisen der fr. Iulianus O.P. ins Ural-Gebiet (1234/5) und nach Russland (1237) und der Bericht des Erzbischofs Peter über die Tartaren," *Nachrichten der Akademie der Wissenschaften in Göttingen, I, Phil.-hist. Klasse*, 6 (1956): 125–202.

Du Halde, Jean-Baptiste, *Description geographique, historique, chronologique, politique, et physique de l'Empire de la China et de la Tartarie chinoise, enrichie des cartes générales et particulieres de ces pays, de la carte générale & des cartes particulieres du Thibet, & de la Corée, & ornée d'un grand nombre de figures & de vignettes gravées en taille-douce*, Paris: P. G. Le Mercier, 1735.

《读史方舆纪要》，顾祖禹，1667 年，北京：中华书局，2005。

段金录、张锡禄编，《大理历代名碑》，昆明：云南民族出版社，2000。

Elger, Ralf, *Ibn Battuta: Die Wunder des Morgenlandes—Reisen durch Afrika und Asien*, München: Verlag C. H. Beck, 2010.

Epistolae Fr. Iohannis de Monte Corvino, in Anastasius Van den Wyngaert (ed.), *Sinica Franciscana*, vol. 1, *Itinera et relationes Fratrum Minorum saeculi XIII et XIV*, Quaracchi-Firenze: Collegium S. Bonaventurae, 1929, vol. 1, pp. 335–355.

Evans, Allan, *Francesco Balducci Pegolotti: La Pratica della Mercatura*, Cambridge (Mass.): The Mediaeval Academy of America, 1936.

方国瑜主编，《云南史料丛刊》，昆明：云南大学出版社，1990—2001。

Forke, Alfred, *Lun-Hêng: Miscellaneous Essays of Wang Ch'ung*, translated from the Chinese and annotated by Alfred Forke, 2nd ed. New York: Paragon Book Gallery, 1962.

Gadrat, Christine, *Une image de l'Orient au XIVe siecle: Les* Mirabilia Descripta *de Jordan Catala de Sévérac; édition, traduction et commentaire*, Paris: École des Chartes (Mémoires et documents de l'École des Chartes; 78), 2005.

Gallagher, Louis J., *China in the Sixteenth Century: The Journals of Matthew Ricci: 1583–1610*, translated from the Latin by Louis J. Gallagher, S.J., with a foreword by Richard J. Cushing, D.D., L.L.D., Archbishop of Boston, New York: Random House, 1953.

Gallo, Rodolfo, "Nuovi documenti riguardanti Marco Polo e la sua famiglia," *Atti dell'Istituto Veneto di Scienze, Lettere ed Arti*, 114 (1958), pp. 309–325.

Garnier, Francis, *Voyage d'exploration en Indo-Chine, effectué pendant les années 1866, 1867 et 1868*, Paris: Hachette et Cie., 1873.

Gießauf, Johannes, *Die Mongolengeschichte des Johannes von Piano Carpine: Einführung, Text, Übersetzung, Kommentar*. Diplomarbeit. Graz: RM—Druck- und Verlagsanstalt (Schriftenreihe des Instituts für Geschichte [der Karl-Franzens-Universität Graz]; 6), 1995.

Gil, Juan, *En demanda del Gran Kan: Viajes a Mongolia en el siglo XIII*, Madrid: Alianza Editoral, 1993.

《广西府志》，赵弘任编，1714年版。

Hambis, Louis, *Le Chapitre CVII du Yuan Che: Les généalogies impériale mongoles dans l'histoire chinoise officielle de la dynastie mogole; avec des notes supplémentaires par Paul Pelliot* (Supplement to *T'oung Pao*, XXXVIII), Leiden: Brill, 1945.

——, *Le Chapitre CVIII du Yuan Che: Les fiefs attribués aux membres de la famille impériale et aux ministres de la cour mongole d'après l'histoire officielle de la dynastie mongole* (*T'oung Pao* monographs III), Leiden: Brill, 1954.

《汉书》，班固，58—76年，北京：中华书局，1962。

Hosie, Alexander, *Three Years in Western China: A Narrative of Three Journeys in Ssǔ-ch'uan, Kuei-chow, and Yün-nan*, first ed. London and Liverpool: Philip, 1890; second ed. 1897.

《后汉书》，范晔，450年，"志"由司马彪（卒于305年）撰，刘昭约510年注，北京：中华书局，1965。

《华阳国志》，常璩，约332—350年，《华阳国志校注》本，刘琳校注，成都：巴蜀书社，1984。

黄文弼，《吐鲁番考古记》，北京：中国科学院，1954。

Institut Royal de France (ed.), *Notices et extraits des manuscrits de la Bibliothèque du Roi et autres bibliothèques*, vol. 13, Paris: Imprimerie Royale, 1838.

——, *Notices et extraits des manuscrits de la Bibliothèque du Roi et autres bibliothèques*, vol. 14, Paris: Imprimerie Royale, 1843.

Itinerarium Willelmi de Rubruc, in Anastasius Van den Wyngaert (ed.), *Sinica Franciscana*, vol. 1, *Itinera et relationes Fratrum Minorum saeculi XIII et XIV*, Quaracchi-Firenze: Collegium S. Bonaventurae, 1929, vol. 1, pp. 164–332.

Jackson, Peter, with David O. Morgan, *The Mission of Friar William of Rubruck: His Journey to the Court of the Great Khan Möngke, 1253–1255*, London: The Hakluyt Society, 1990.

Jahn, Karl, *Rashid al-Dīn, Ta'rīkh-i mubārak-i Ghazani*, 's-Gravenhage: Mouton, 1957.

Jados, Stanley S., *The Consulate of the Sea and Related Documents*, University of Alabama Press, 1975, in the Library of Iberian Resources Online, http://libro.uca.edu/consulate/consulate.htm（访问时间：2012 年 5 月 24 日）.

《景泰云南图经志书校注》，陈文编，1455 年，李春龙、刘景毛校注，昆明：云南民族出版社，2002。

《旧唐书》，刘煦，945 年，北京：中华书局，1975。

Kappler, Claude, and René Kappler, *Guglielmo di Rubruck; Viaggio nell'imperio dei Mongoli*, Roma: Lucarini, 1987.

Kircher, Athanasius, *China monumentis qua sacris qua profanis illustrata, nec non variis Naturae & Artis Spectaculis, aliarumque rerum memorabilium argumentis illustrata*, Amsterdam, 1667; facsimilie ed., Frankfurt/Main: Minerva, 1966.

——, (1670), *La Chine d'Athanase Kirchere de la Compaigne de Jesus, illustrée de plusieurs monuments tant sacrés que profanes, et de quantité de recherchés de la nature & de l'art...*, Amsterdam: Jean Jansson à Waesberge, & les heritiers d'Elizée Weyerstraet, 1670.

Kobayashi Takashirō 小林高四郎、Okamoto Keiji 岡本敬二,《通制條格の研究譯注》，东京：中国刑法志研究会，1964–1975。

Kölla, Brigitte, *Der Traum von Hua in der Ötlichen Hauptstadt: Meng Yuanlaos Erinnerungen an die Hauptstadt der Song; Einleitung und Übersetzung Buch 1–3*, Bern, Berlin etc.: Peter Lang, 1996.

《琅盐井志》，孙元相、赵淳编，1756 年。

Lech, Klaus, *Das mongolische Wellreich: Al-'Umarī's Darstellung der mongolischen Reiche in seinem Werk Masālik al-abṣār fī mamālik al-amṣār [Glances of the Eyes throughout the Districts of the Lands]; mit Paraphrase und Kommentar*, Harrassowitz (Asiatische Forschungen; 22), 1968.

Leicht, Hans Dieter, *Wilhelm von Rubruk; Beim Grosskhan der Mongolen, 1253–1255*, Lenningen: Edition Erdmann, 2003.

Letts, Malcolm, *Mandeville's Travels: Texts and Translations*, London: The Hakluyt Society, 1953.

李苾，《滇南盐法图》，1707 年。原图藏北京中国国家博物馆。

李修生主编，《全元文》，南京：江苏古籍出版社 / 凤凰出版社，1998—2004。

《历代名臣奏议》，黄淮、杨士奇等，1416 年、1635 年，《中国史学丛书》本，吴相湘主编，台北：台湾学生书局，1964。

《丽江府志略》，管学宣、万咸燕编纂，1743 年，《中国西南文献丛书》第一辑《西南稀见方志文献》，兰州：兰州大学出版社，2003。

《临安府志》，1731 年版。

Luce, Gordon H. (transl.), and Giok Po Oey (ed.), *The Man Shu (Book of the Southern Barbarians)*, Ithaca, New York: Department of Far Eastern Studies, Cornell University, 1961.

《论衡校释（附刘盼遂集解）》，王充，约成书于公元 70 年到 80 年；黄晖校注，北京：中华书局，《新编诸子集成》，1990。

罗振玉，《四朝钞币图录》，1914。

Maitra, K. M., *A Persian Embassy to China, Being an Extract from Zubdatu't Tawarikh [Cream of Chronicles] of Hafiz Abru*, with a new introduction by L. Carrington Goodrich, New York: Paragon Book Reprint Corp., 1970.

Martini, Martino, *Novus atlas sinensis a Martino Martinio Soc. Jesu Descriptu et serenissimo archiduci Leopoldo Guilielmo Austriaco dedicatus cum privilegio S. C. Maj. et Ordd. Foed. Belg.* Amsterdam, 1655. See also facsimile ed., Trento: Museo Tridentino di Scienze Naturali, Cassa di Risparmio di Trento e Rovereto, 1981.

Michieli, Adriano Augusto, "Il Milione di Marco Polo e un Cronista [i.e. Jacopo d'Acqui] del 1300," *La geografia*, 12.4–5 (1924): 153–166.

Mills, J. V. G., *Ma Huan; Ying-yai Sheng-lan: The Overall Survey of the Ocean's Shores [1433]*, Cambridge: University Press, 1970.

Mills, J. V. G. (transl.); Roderich Ptak (ed.), *Fei Hsin; Hsing-ch'a Sheng-lan: The Overall Survey of the Star Raft*, Wiesbaden: Harrassowitz, 1996.

《秘书监志》，王士点、商企翁编，1341—1367 年，柏林国家图书馆（Berlin State Library /Staatsbibliothek Berlin）the CrossAsia project《四库全书》电子版。

《明实录》，17 世纪早期汇纂，国立北平图书馆，台北：历史语言研究所重印，未注明出版日期。

《明史》，张廷玉等编，始于 1646 年，终于 1736 年，1739 年首次印刷，北京：中华书局，1974。

Monaco, Lucio, and Giulio Cesare Testa, *Odorico da Pordenone: Relazione del viaggio in Oriente e in Cina (1314?–1330)*, Pordenone: Camera di Commercio, Industria, Artigianato e Agricoltura, 1982.

——, *Odorichus de rebus incognitis: Odorico da Pordenone nella Prima Edizione a Stampa del 1513*, Pordenone: Camera di Commercio, Industria, Artigianato e Agricoltura, 1986.

Morrall, Eric John, *Sir John Mandevilles Reisebeschreibung in deutscher Übersetzung von Michael Velser: Nach der Stuttgarter Papierhandschrift Cod. HB V 86*, Berlin: Akademie-Verlag, 1974.

Moule, Arthur Christopher, "Brother Jordan of Sévérac," *Journal of the Royal Asiatic Society of Great Britain and Ireland*, 2 (1928): 349–376.

Nasr, Husain, *Tanksuq-nama ya tibb-i ahl-i Khata* (Treasure Book on the Medicine of the People of China), Tehran: Capkhana-i Sazman-i Intisharat wa Chap-i Danishgah-i Tihran, 1972 [1350 h.s.].

内蒙古钱币研究会、《中国钱币》编辑部编，蔡明信翻译，《中国古钞图辑》，北京：中国金融出版社，1992。

Orlandini, Giovanni, "Marco Polo e la sua famiglia," *Archivio Veneto-Tridento*, 9 (1926): 1–68.

潘吉星，《天工开物校注及研究》，成都：巴蜀书社，1989。

Pullé, Giorgio, *Viaggio del beato Odorico da Pordenone*, Milano: Alpes, 1931.

——, *Giovanni da Pian del Carpine; Viaggio ai Tartari*, Milano: Istituto editoriale italiano, 1956.

《钦定四库全书总目》，纪昀、永瑢、陆锡熊等编，1782 年，柏林国家图书馆（Berlin State Library /Staatsbibliothek Berlin）the CrossAsia project《四库全书》电子版。

《清朝文献通考》，张廷玉、嵇璜、刘墉、纪昀等编，1767 年下令编纂，1787 年完成，《十通》本，杭州：浙江古籍出版社，2000。

邱隆、丘光明、顾茂森、刘东瑞、巫鸿编，《中国古代度量衡图集》，北京：文物出版社，1984。

Rashīd al-Dīn, *Tanksuqnama-i ilkhan dar funum-i 'ulum-i khita'i* (The Precious Work of the Ilkhan on the Various Branches of Khitay Learning), c. 1295–1304.

Ratchnevsky, Paul, *Un code des Yuan*, vol. 1, Paris: Presses Universitaires de France (Bibliothèque de l'Institut des Hautes Études Chinoises; 4), 1937.

———, *Un code des Yuan*, vol. 2, Paris: Presses Universitaires de France (Bibliothèque de l'Institut des Hautes Études Chinoises; 4), 1972.

———, *Un code des Yuan*, vol. 4, Paris: Presses Universitaires de France (Bibliothèque de l'Institut des Hautes Études Chinoises; 4), 1985.

Ratchnevsky, Paul, and F. Aubin, *Un code des Yuan*, vol. 3, *Index*, Paris: Presses Universitaires de France (Bibliothèque de l'Institut des Hautes Études Chinoises; 4), 1977.

Richard, Jean, *Simon de Saint-Quentin; Histoire des Tartares*, Paris: P. Geuthner, 1965.

Ridder, Klaus, *Jean de Mandevilles "Reisen": Studien zur Überlieferungsgeschichte der deutschen Übersetzung des Otto von Diemeringen*, München and Zürich: Artemis (Münchener Texte und Untersuchungen zur deutschen Literatur des Mittelalters; 99), 1991.

Rockhill, William Woodville, *The Journey of William of Rubruck to the Eastern Parts of the World 1253–55, as Narrated by Himself, with Two Accounts of the Earlier Journey of John of Pian de Carpine*, London: The Hakluyt Society, 1900.

Rossabi, Morris, *The Mongols and Global History: A Norton Documents Reader*, New York and London: W. W. Norton & Company, 2011.

Schaab-Hanke, Dorothee, and Stephen H. West, *Kaifeng um 1120: Das Dongjing Meng Hua Lu des Meng Yuanlao*, Gossenberg: Ostasien Verlag (Bibliothek der Tang und Song; 3), publication announced for 2012.

Schefer, Ch., "Notice sur les relations des peuples Musulmans avec les Chinois: L'extension de l'islamisme jusquà la fin du XVe siecle," Paris: Centenaire de l'École de Langues Orientales Vivantes, 1895, pp. 1–43.

Schurmann, Herbert Franz, *Economic Structure of the Yüan Dynasty: Translation of Chapters 93 and 94 of the Yüan shih*, Cambridge (Mass.): Harvard University Press, 1956.

《沈刻元典章校补》，重印本，台北：文海出版社，1967。

《申斋集》，刘岳申（1260—约1368），柏林国家图书馆（Berlin State Library / Staatsbibliothek Berlin）the CrossAsia project《四库全书》电子版。

《四川盐法志》，四川总督丁宝桢下令官修，1882。

Sivin, Nathan, with the research collaboration of the late Kiyosi Yabuuti 藪內清 and Shigeru Nakayama 中山茂, *Granting the Seasons: The Chinese Astronomical Reform of 1280, with a Study of its Many Dimensions and an Annotated Translation of its Records*, New York: Springer (Sources in the History of Mathematics and Physical Sciences), 2009.

《宋会要辑稿》，北京：中华书局，1957。

Souza, George Bryan, and Jeffrey S. Turley, *The Commentaries of D. García de Silva y Figueroa on his Embassy to Shah Abbas of Persia on behalf of Philip III, King of Spain*, manuscript of 2011, to be published by the Hakluyt Society.

Strasmann, Gilbert, *Konrad Steckels deutsche Übertragung der Reise nach China des Odorico de Pordenone*, Gießen: Erich Schmidt Verlag (Texte des späten Mittelalters und der frühen Neuzeit; 20), 1968.

Stussi, Alfredo, with contributions of Frederic C. Lane, Thomas E. Marston and Oystein Ore, *Zibaldone de Canal: Manoscritto mercantile del sec. XIV*, Venezia: Il Comitato Editore (Fonti per la storia di Venezia, Sez. V—Fondi vari), 1967.

《隋书》，魏徵等，636—656 年，北京：中华书局，1973。

Sun E-Tu Zen and Sun Shiou-Chuan, *T'ien-kung K'ai-wu: Chinese Technology in the Seventeenth Century, by Sung Ying-Hsing*, University Park, Penn., and London: Pennsylvania State University Press, 1966.

《通制条格校注》，李术鲁翀（1279—1338）撰写序言，方龄贵校注，北京：中华书局，2001。

Trotter, David A., *Jean de Vignay: Les Merveilles de la Terre d'Outremer—Traduction du XIVe siècle du récit de voyage d'Odoric de Pordenone*. Exeter: Exeter University Publications, 1990.

T'Serstevens, A. (ed.); Roberto Ortolani (transl.), *I precursori di Marco Polo: Testi integrali scelti, tradotti e commentati; con una introduzione sulla geografia dell'Asia prima di Marco Polo*, Milano: Aldo Garzanti Editore, 1960.

Tumurtogoo, Domjin, with the collaboration of G. Cecegdari, *Mongolian Monuments in 'Phags-Pa Script: Introduction, Transliteration, Transcription and Bibliography*, Taipei: Institute of Lingguistics, Academia Sinica (Language and Linguistics Monograph Series; 42), 2010.

Waley, Arthur, *The Travels of an Alchemist: The Journey of the Taoist Ch'ang-ch'un from China to the Hindukush at the Summons of Chingiz Khan, Recorded by His Disciple Li Chih-ch'ang*, Taipei: SMC Publishing Inc., 1991.

《新唐书》，欧阳修等，1043—1060 年，北京：中华书局，1975。

《新元史》，柯劭忞编纂，1890—1920 年，《二十五史》，台北：艺文印书馆，1956、1975。

《新编古今事文类聚外集》，富大用，庐陵武溪书院印刷，1326 年。

《新纂云南通志》，秦光玉等编纂，1943。

《续通典》，嵇璜、刘墉奉诏编纂，1783 年，《十通》本，杭州：浙江古籍出版社，2000。

《续文献通考》，张廷玉、嵇璜、刘墉等编纂，以王圻（1529—1612）的《续文献通考》

为基础，序言作于 1784 年，《十通》本，杭州：浙江古籍出版社，2000。

《续云南通志稿》，王文韶等编纂，1898 年，《中国边疆丛书》本，台北：文海出版社。

《续修白盐井志》，李训铭编纂，1901 年修订，1907 年印刷。

杨世钰丛书主编，张树芳本篇主编，《大理丛书·金石篇》，10 册，北京：中国社会科学出版社，1993。

叶世昌、王裕巽、屠燕治、张文芳，《元明货币》，收入马飞海总主编，《中国历代货币大系》5，上海：上海人民出版社，2009。

Yoshida Tora [吉田寅]; Hans Ulrich Vogel (transl.), *Salt Production Techniques in Ancient China: The Aobo tu*, Leiden: Brill (Sinica Leidensia; 27), 1993.

《元一统志》，孛兰肹等编，大德年间（1297—1307）印刷；赵万里辑校，北京：中华书局，1966。

《元江府志》，章履成编纂，1712 年版。

《元史》，宋濂（1310—1381）主编，北京：中华书局，1976。

Yule, Henry, *Mirabilia Descripta—The Wonders of the East by Friar Jordanus, of the Order of Preachers and Bishop of Columbum in India the Greater, (circa 1330); Translated from the Latin Original, as Published at Paris in 1839, in the Recueil de Voyages et de Mémoires, of the Society of Geography, with the Addition of a Commentary*, London: The Hakluyt Society, 1863.

——, *Cathay and the Way thither, Being a Collection of Medieval Notices of China*, New Edition, Revised throughout in the Light of Recent Discoveries by Henri Cordier, *Vol. I: Preliminary Essay on the Intercourse between China and the Western Nations Previous to the Discovery of the Cape Route*, London: The Hakluyt Society, 1913.

——, *Cathay and the Way thither, Being a Collection of Medieval Notices of China*, New Edition, Revised throughout in the Light of Recent Discoveries by Henri Cordier, *Vol. II: Odoric of Pordenone*, London: The Hakluyt Society, 1913.

——, *Cathay and the Way thither, Being a Collection of Medieval Notices on China*, New Edition, Revised throughout in the Light of Recent Discoveries by Henri Cordier, *Vol. III: Missionary Friars—Rashiduddín—Pegolotti—Marignolli*, London: The Hakluyt Society, 1914.

——, *Cathay and the Way thither, Being a Collection of Medieval Notices on China*, New Edition, Revised throughout in the Light of Recent Discoveries by Henri Cordier, *Vol. IV: Ibn Batuta—Benedict Goë—Index*, London: The Hakluyt Society, 1916.

《云南通志》，周季凤编纂，1510 年版（1553 年重印）。

《云南通志》，鄂尔泰、靖道谟编纂，1736年版，柏林国家图书馆（Berlin State Library / Staatsbibliothek Berlin）the CrossAsia project《四库全书》电子版。

《云南图经志书》，见《景泰云南图经志书校注》。

《云南志校释》，樊绰著，约9世纪中期，赵吕甫校注，北京：中国社会科学出版社，1985。

《云南志略》，李京，收入方国瑜主编，徐文德、木芹纂录校订，《云南史料丛刊》第3卷，昆明：云南大学出版社，1998。

Zanetti, V., "Quattro documenti inediti dell'Archivio degli Esposti in Venezia (Marco Polo e la sua famiglia—Marin Falier)," *Archivio Veneto*, 16 (1878): 95–110.

赵彦卫，《云麓漫抄》，1206年（记约1170年之后的事情），《涉闻梓旧》本，收入《丛书集成》。

《至顺镇江志》，余希鲁编，至顺（1330—1332）末期，台北：华文书局，1968。

《中国古钞图辑》，见：内蒙古钱币研究会等（1992）。

中国国家博物馆编，《中国国家博物馆馆藏文物研究丛书·绘画卷（风俗画）》，上海：上海古籍出版社，2007。

中国人民银行云南省分行金融研究所编印，《云南近代货币史资料汇编》，无出版日期。

《中堂事记》，收入《秋涧集》，王恽著，柏林国家图书馆（Berlin State Library / Staatsbibliothek Berlin）the CrossAsia project《四库全书》电子版。

3. 二手文献[①]

Abe Takeo 安部健夫，"元代通貨政策の發展"，收入同作者《元代史の研究》，东京：创文社，1972，pp. 363–423.

Abegg-Stiftung (ed.), *Gewebtes Gold: Metallfäden in der Textilkunst*, exhibition catalogue, Riggisberg, 2006.

Aga-Oglu, Kamer, "Blue-and-White Porcelain Plates Made for Moslem Patrons," *Far Eastern Ceramic Bulletin*, 3.3 (1951): 12–16.

Agachanjanc, Okmir E., "Der Pamir im Buch des Marco Polo," *Petermanns Geographische Mitteilungen*, 116 (1972).

Airaldi, Gabriella, "Autobiografia di Marco," in Frederico Masini et al. (eds.) (2006),

---

[①] 这个书目试图囊括关于马可·波罗的所有重要的西文、汉文、日文重要论著，对 Watanabe Hiroshi (1986) 的书目进行补充。对于更早的意大利文、法文、英文、德文文献，Yule 的论著，*The Travels of Marco Polo*, Cordier (1920), Cicutto, *Marco Polo: Il Milione*, 以及 Henze (2000) 很有用。

pp. 209–219.

Akbari, Suzanne Conklin, "Currents and Currency in Marco Polo's Devisement dou monde and The Book of John Mandeville," in Akbari and Iannucci (eds.) (2008), pp. 110–130.

Akbari, Suzanne Conklin, and Amilcare Iannucci, with the assistance of John Tulk (eds.), *Marco Polo and the Encounter of East and West*, Toronto, Buffalo, and London: University of Toronto Press, 2008.

Akimoto Naojiro 杉本直治郎, "中世における雲南の貝貨",《史學研究》, 41 (1950): 1–46.

Alabiso, Alida, "Chinese Imperial Palaces in Marco Polo's 'Milione'," 收入陆国俊等主编 (1995), pp. 160–170.

Allsen, Thomas T., *The Mongols in East Asia, Twelfth-Fourteenth Centuries: A Preliminary Bibliography of Books and Articles in Western Languages*, Philadelphia: Sung Studies Newsletter, 1976.

——, *Mongol Imperialism: The Policies of the Grand Qan Möngke in China, Russia, and the Islamic Lands, 1251–1259*, Berkeley, Los Angeles, London: University of California Press, 1987.

——, "Mongolian Princes and their Merchant Partners 1200–1260," *Asia Major*, third series, 2.2 (1989): 83–126.

——, "Biography of a Cultural Broker: Bolad Ch'eng-hsiang in China and Iran," *Oxford Studies in Islamic Art*, 12 (1996): 7–22.

——, *Commodity and Exchange in the Mongol Empire: A Cultural History of Islamic Textiles*, Cambridge: Cambridge University Press (Cambridge Series in Islamic Civilization), 1997.

——, *Culture and Conquest in Mongol Eurasia*, Cambridge: Cambridge University Press, 2001.

——, "The Cultural Worlds of Marco Polo," *Journal of Interdisciplinary History*, 31.3 (2001a): 375–383.

Almagià, Roberto, *La figura e l'opera di Marco Polo secondo recenti studi*, Roma: Istituto Italiano per il Medio ed Estremo Oriente, 1938.

——, *Marco Polo: Commemorazione tenuta il 10 Giugno 1954 in Palazzo Ducale a Venezia*, Venezia: Carlo Ferrari, 1954.

——, "Marco Polo e la cartografia dell'Asia orientale," in "Due grandi viaggiatori italiani: Marco Polo e Amerigo Vespucci," supplement to *L'Universo*, 3 (March to June 1954a): 5–10.

——, "Importanza geografica del viaggio di Marco Polo," *L'Italia che scrive*, 30 (1954b).

—— et al. (eds.), *Nel VII centenario della nascita di Marco Polo*, Venezia: Istituto Veneto di Scienze, Lettere e Arti, 1955.

——, "A proposito di recenti studi su Marco Polo e i suoi viaggi," *Rivista geografica italiana*, 62.2 (1955a): 81–100.

Altaner, Berthold, "Sprachstudien und Sprachkenntnisse im Dienste der Mission des 13. und 14. Jahrhunderts," *Zeitschrift für Missionswissenschaft und Religionswissenschaft*, 21 (1931): 113–136.

——, "Die fremdsprachliche Ausbildung der Dominikanermissionare während des 13. und 14. Jahrhunderts," *Zeitschrift für Missionswissenschaft und Religionswissenschaft*, 23 (1933): 233–241.

——, "Sprachkenntnisse und Dolmetscherwesen im missionarischen und diplomatischen Verkehr zwischen Abendland (Päpstliche Kurie) und Orient im 13. u. 14. Jahrh.," *Zeitschrift für Kirchengeschichte*, 55 (1936): 83–126.

Ament, William Scott, "Marco Polo in Cambaluc: A Comparison of Foreign and Native Accounts," *Journal of the Oriental Society*, 3.2 (1892): 97–122.

Amitai-Preiss, Reuven, and David O. Morgan (eds.), *The Mongol Empire & its Legacy*, Leiden: Brill, 2001.

Amoretti, Biancamaria Scarcia, "Some Side Thoughts on Marco Polo's Outlook over Islam," 收入陆国俊等主编 (1995), pp. 215–222.

Amrein, Kaspar C., "Marco Polo: Oeffentlicher Vortrag, gehalten in der Geographisch-kommerziellen Gesellschaft in St. Gallen," Zürich: J. Herzog, 1879, 42 pp.

安莉、陈乃雄,"'至元通行宝钞'之印",《内蒙古金融研究》,S1(2002):66—67。

Anderson, Eugene N., *The Food of China*, New Haven and London: Yale University Press, 1988.

Andreose, Alvise, "La prima attestazione della versione VA del Milione (ms. 3999 della Biblioteca Casanatense di Roma): Studio linguistico," *Critica del testo*, 4.2 (2001): 423–525, and 5.2 (2002): 655–668.

Anon., "Un texte de Marco Polo sur l'existence de chrétiens dans la Chine du Sud depuis le VIe siècle," *Le bulletin catholique de Pékin*, 15 (1928): 574–578.

Armijo-Hussein, Jacqueline Misty, "Sayyid 'Ajall Shams al-Din: A Muslim from Central Asia, Serving the Mongols in China, and Bringing 'Civilization' to Yunnan," PhD diss., Harvard University, 1996, UMI, accessed the CrossAsia project of the Berlin State Library

(Staatsbibliothek Berlin).

Asami Shōzō 淺海正三, "元代都市の夜衛について", 《史潮》, 4.2 (1934): 120–140.

Atwood, Christopher Pratt, *Encyclopedia of Mongolia and the Mongol Empire*, Bloomington: Indiana University Press, 2004.

——, "Ulus Emirs, Keshig Elders, Signatures, and Marriage Partners: The Evolution of a Classic Mongol Institution," in David Sneath (ed.), *Imperial Statecraft: Political Forms and Techniques of Governance in Inner Asia, Sixth-Twentieth Centuries*, Bellingham (Wash.): Center for East Asian Studies (Studies on East Asia; 26), 2006, pp. 141–173.

Ayers, John, "Some Characteristic Wares of the Yüan Dynasty," *Transactions of the Oriental Ceramic Society*, 29 (1957): 69–86.

Backus, Charles, *The Nan-chao Kingdom and T'ang China's Southwestern Frontier*, Cambridge: Cambridge University Press, 1981.

Badel, Pierre-Yves, "Lire la merveille selon Marco Polo," *Revue des sciences humaines*, 183 (1981–1983): 7–16.

Bagrow, Leo, "The Maps from the Home Archives of the Descendants of a Friend of Marco Polo," *Imago Mundi*, 5 (1948): 3–13.

Baier, Martin, "Salzgewinnung und Töpferei der Dayak im nordwestlichen Ost-Kalimantan (Indonesisch-Borneo)," *Tribus (Jahrbuch des Linden-Museums)*, 54 (2005): 57–89.

Balard, Michel, "Les Génois en Asie centrale et en Extrême-orient au XIVe siècle: Un cas exceptionnel?" *Économies et sociétés au moyen âge: Mélanges offerts à Édouard Perroy*, Paris: Publications de la Sorbonne, 1973, pp. 681–689.

Balazs, Étienne, "Marco Polo dans la capitale de la Chine," in *Oriente Poliano*, 1957, pp. 133–154.

——, "Marco Polo in the Capital of China," in his *Chinese Civilization and Bureaucracy: Variations on a Theme*, edited with an Introduction by Arthur F. Wright, transl. by H. M. Wright, New Haven and London: Yale University Press, 1964, pp. 79–100.

——, La Bureaucratie céleste: Recherches sur l'économie et la société de la Chine traditionelle, Paris: Gallimard, 1968.

Baldelli Boni, Giovanni Battista, *Carte geografiche attenenti all'opera dei viaggi di Marco Polo, commentati del Conte Baldelli*, Firenze, 1827.

鲍志成,《马可·波罗与天城杭州》,香港:香港新风出版社,2000。

Barbieri, Alvaro, "Quale 'Milione'? La questione testuale e le principali edizioni moderne del libro di Marco Polo," *Studi mediolatini e volgari*, 42 (1996): 9–46. Repr. in his *Dal viaggo al libro: Studi sul Milione*, pp. 47–91.

——, "Marco Polo e l'altro," Studi testuali, 5 (1998): 7–24. Repr. in his *Dal viaggo al libro: Studi sul Milione*, pp. 157–175.

——, "Un Veneziano nel Catai: Sull'autenticità del viaggio di Marco Polo," *Critica del testo*, 3.3 (2000): 993–1022. Repr. in his *Dal viaggo al libro: Studi sul Milione*, pp. 9–43.

——, "Il popolo degli arcieri: L'organizzazione militare e le tecniche di combattimento dei Mongoli nel libro di Marco Polo," *Annuario (Istituto Romano di Cultura i Ricerca Umanistica)*, 2 (2000a): 21–38. Also published under the title "Il popolo degli archieri: I Mongoli nel Milione" in his *Dal viaggo al libro: Studi sul Milione*, pp. 195–218.

——, *Dal viaggio al libro: Studi sul Milione*, Verona: Grafiche Fiorini (Medioevi; 6), 2004.

—— (2004a), "Marco Polo, Rustichello, il 'patto,' il libro: Genesi e statuto testuale del Milione," in his *Dal viaggo al libro: Studi sul Milione*, pp. 129–154.

—— (2004b), "Usanze e culti nell'Oriente poliano (schede etnografiche dal Milione)," in his *Dal viaggo al libro: Studi sul Milione*, pp. 219–243.

—— (2004d), "Marco Polo e la montagna," in his *Dal viaggo al libro: Studi sul Milione*, pp. 177–194.

—— (2004e), "Marco Polo etnografo: Le cortigiane templari nella provincia di Maabar," in his *Dal viaggo al libro: Studi sul Milione*, pp. 245–251.

——, "Il 'narrativo' nel Devisement dou monde: Tipologia, fonti, funzioni," in Silvia Conte (ed.) (2008), pp. 49–75.

Barozzi, Pietro, *Appunti per la lettura del Milione*, Genova: F.lli Bozzi, 1971.

——, "Le postille colombiane al Milione," in Osvaldo Baldacci (ed.), *Scritti geografici in onore di Aldo Sestini*, Firenze: Società di studi geografici, vol. 1, 1982, pp. 53–65.

Barrett, Timothy H., "Wall? I Saw no Wall," *London Review of Books*, 17.23 (November 30, 1995): 28.

——, "The Modern Historiography of Asia and the Faking of 'The City of Light'," *Modern Asian Studies*, 32.4 (1998): 1017–1023.

Barthold, V. V., "The Burial Rites of the Turks and Mongols," transl. by J. M. Rogers, *Central Asiatic Journal*, 14.1–3 (1970): 195–227.

Bartolucci, Lidia, "Ancora sul Milione de Marco Polo," *Economia e storia*, 23 (1976): 241–244.

Barysz, Kornelius, "Marco Polos Einfluß auf die Kartographie, insbesondere auf Waldseemüllers Weltkarte aus dem Jahre 1507," Ph.D., University of Wien, 1917.

Battaglia Ricci, Lucia, "Milione de Marco Polo," in Alberto Asor Rosa (ed.), *Letteratura italiana: Le Opere*, vol. 1: Dalle origini al cinquecento, Torino: Einaudi, 1992, pp. 85–105.

——, "Del Madagascar, dell'uccello griforne, delle donne cinesi e di altro ancora," in Vitilio Masiello (ed.), *Studi di filologia italiana in onore di Gianvito Resta*, Roma: Salerno Editrice, 2000, vol. 1, pp. 3–25.

Batterson, Mark, and William W. Boddie, *Salt, the Mysterious Necessity*, New York: Dow Chemical Company, 1972.

Baumer, Christoph, *Frühes Christentum zwischen Euphrat und Jangtse: Eine Zeitreise entlang der Seidenstrasse zur Kirche des Ostens*, Stuttgart: Urachhaus Verlag, 2005.

Bausani, Alessandro, "Marco Polo e l'Islam," in Lionello Lanciotti (ed.), *Sviluppi scientifici, prospettive religiose, movimenti rivoluzionari in Cina*, Firenze: Olschki, 1975, pp. 29–38.

Bawden, Charles R., "Astrologie und Divination bei den Mongolen—die schriftlichen Quellen," *Zeitschrift der Deutschen Morgenländischen Gesellschaft*, 108 (1958): 317–337.

Beal, Edwin G., "Concerning Marco Polo and Christopher Columbus: The Pipino Version," *Journal of East Asian Libraries*, 101.1 (1993): 151–160.

Beckingham, Charles F., and Bernard Hamilton (eds.), *Prester John, the Mongols and the Ten Lost Tribes*, Aldershot: Variorum, 1996.

Benedetto, Luigi Foscolo, "Il vero testo di Marco Polo," *Il Marzocco*, January 27, 1924.

——, "Il problema critico del testo di Marco Polo," *Atti del X. Congresso geografico italiano*, Milano, 1927, vol. 1, pp. 361–365.

——, "A proposito dell'edizione olschkiana di Marco Polo," *La Bibliofilia*, 30 (1928): 430–432.

——, "Di una pretesa redazione latina che Marco Polo avrebbe fatta del suo libro," *Archivio storico italiano*, serie VII, 13 (1930): 207–216.

——, "Perché fu chiamato Milione il libro di Marco Polo," *Il Marzocco*, 35.37 (September 14, 1930a): 1–2.

——, "Ancora del nome Milione," *Il Marzocco*, November 16, 1930b, p. 4.

——, "Nota marcopoliana: A proposito del codice Ghisi," *Rendiconti della classe di Scienze morali e storiche*, vol. XVII, serie VII, vol. I, fasc. 1/5 (serie accademiche giugno-ottobre 1939), pp. 15–45.

——, "Grandezza di Marco Polo," in his *Uomini e tempi: Pagine varie di critica e storia*, Milano, Napoli: Riccardo Ricciardi Editore, 1953, pp. 71–85.

——, "Non 'Rusticiano' ma 'Rustichello'," in his *Uomini e tempi: Pagine varie di criti-*

ca e storia, Milano, Napoli: Riccardo Ricciardi Editore, 1953a, pp. 63–700.

——, *Ancora qualque rilievo circa la scoperta dello Z toledano*, Torino: Accademia delle Scienze, 1960. Formerly published in *Atti della Accademia delle Scienze di Torino*; *Classe di scienze morali, storiche e filologiche*, 94.2 (1959–1960): 1–60.

——, *La tradizione manoscritta del "Milione" di Marco Polo*, Torino: Bottega d'Erasmo, 1962.

Berger, Friedemann, *Die Milchstraße am Himmel und der Kanal auf Erden: Geschichte, Kultur und Gegenwart an Chinas Großem Kanal*, Beijing: Verlag für fremdsprachige Literatur, 1998.

Bergreen, Laurence, *Marco Polo: From Venice to Xanadu*, New York: Alfred A. Knopf, 2008.

Bernard-Maître, Henri, "Un nouveau 'Marco Polo' en français," *France-Asie*, 113 (1955): 219–228.

Bernholz, Peter, "Paper Money Inflation, Gresham's Law and Exchange Rates in Ming China," *Kredit und Kapital*, 30.1 (1997): 35–51.

——, *Monetary Regimes and Inflation: History, Economic and Political Relationships*, Cheltenham, UK, and Northhampton, MA, USA: Edward Elgar, 2003.

Bertolucci Pizzorusso, Valeria, "Enunciazione e produzione del testo nel 'Milione'," *Studi mediolatini e volgari*, 25 (1977): 5–43.

——, "Recuperi (e smarrimenti) di manoscritti veneti del 'Milione'," in *Scritti in onore di Giovan Battista Pellegrini*, vol. 1, Pisa: Pacini Editore, 1983, pp. 357–370.

——, "À propos de Marco Polo et de son livre: Quelques suggestions de travail," in Alberto Limentani et al. (eds.), *Essor et fortune de la Chanson de geste dans l'Europe et l'Orient latin: Actes du IXe Congrès International de la Société Rencesvals pour l'étude des épopées romanes; Padoue-Venise 29 août–4 septembre 1982*, Mondena: Mucci, 1984, vol. 2, pp. 795–801.

——, "La certificazione autoptica: Materiali per l'analisi di una costante della scrittura di viaggio," *Viaggi e scritture di viaggio*, 3 (1990): 281–299.

——, "Lingue e stili nel 'Milione'," in Renzo Zorzi (ed.), *L'epopea delle scoperte*, Firenze: Olschki, 1994, pp. 61–73.

——, "Nuovi studi su Marco Polo e Rustichello da Pisa," in Luigina Morini (ed.), *La cultura dell'Italia padana e la presenza francese nei secoli XII–XV* (Pavia, 11–14 settembre 1994), Alessandria: Edizioni dell'Orso, 2001, pp. 95–110.

——, "Pour commencer à raconter le voyage: Le prologue du Devisement du monde de

Marco Polo," in Emmanuèle Baumgartner and Laurence Harf-Lancner (eds.), *Seuils de l'oeuvre dans le texte médiéval*, Paris: Presses de la Sorbonne Nouvelle, 2002, pp. 115–130.

——, "Edizioni di lusso del Milione," *Studi mediolatini e volgari*, 50 (2004); 251–254.

——, "Le meraviglie inquietanti: Marco Polo, Sklovskij, Calvino," *Studi mediolatini e volgari*, 51 (2005): 7–26.

——, "Le versioni storiche del Milione in Italia: La versione Toscana," in Frederico Masini et al. (eds.) (2006), pp. 199–208.

——, "Le relazioni di viaggio di Marco Polo e di Odorico da Pordenone: Due testi a confronto," in Silvia Conte (ed.) (2008), pp. 155–172.

Bertuccioli, Umberto, "Marco Polo uomo di mare," *Ateneo Veneto*, 146 (1955): 23ff.

Bezzola, Gian Andri, *Die Mongolen in abendländischer Sicht [1220–1270]: Ein Beitrag zur Frage der Völkerbegegnungen*, Bern and München: Francke Verlag, 1974.

Bianchi, Vito, *Marco Polo, Storia del mercante che capì la Cina*, Roma-Bari: Leterza, 2007.

Bianconi, Giovanni Giuseppe, "Dell'Epyornis Maximus e degli scritti di Marco Polo; Memoria II," *Memorie della Accademia delle Scienze dell'Istituto di Bologna*, serie seconda, vol. 2, Bologna, 1862: 3–64.

——, *Degli scritti di Marco Polo e dell'uccello Ruc da lui menzionato*, Bologna, Gamberini e Parmeggiani, Memoria prima, 1862, 64 pp., Memoria seconda, 1868, 40 pp.

Biasutti, R., "Il nuovo 'Marco Polo' di L. F. Benedetto nella versione italiana e l'isola di Madagascar," *Rivista geografica italiana*, 39 (1932): 133–138.

Birge, Bettine, "Levirate Marriage and the Revival of Widow Chastity in Yüan China," *Asia Major*, third series, 8.2 (1995): 107–146.

——, *Women, Property, and Confucian Reaction in Sung and Yüan China (960–1368)*, Cambridge: Cambridge University Press (Cambridge Studies in Chinese History, Literature and Institutions), 2002.

Blake, Robert P., "The Circulation of Silver in the Moslem East down to the Mongol Epoch," *Harvard Journal of Asiatic Studies*, 2.3/4 (1937): 291–328.

Bloch, M. R., "Salz in der Geschichte des Geldes," *Mitteilungen der List-Gesellschaft*, 12/13.8 (1975/1976): 251–266.

Blue, Gregory, "Marco Polo et les pates," *Médievales*, 20 (1989): 91–98.

——, "Marco Polo's Pasta," in Hakim Mohammed Said (ed.), *Essays on Science: Felicitation Volume in Honour of Dr. Joseph Needham*, Karachi: Hamdard Foundation Pakistan, 1990, pp. 39–48.

波迪，W. W. (William W. Boddie),"无可置疑的文明"，王海潜译，彭久松校，《井盐史通讯》，1（1978）：36—40、50—58。在余士雄主编（1983）中重印，页259—274。

Bodun, Yuehan 约翰·伯顿，王欣译，"一张十三世纪的中国钞票及其保存"，《新疆文物》，2（1991）。

Boltz, William G., "Leonardo Olschki and Marco Polo's Asia (with an Etymological Excursus on giraffe)," *Romance Philology*, 23.1 (1969): 1–16.

Bonnaire, M., "Quelques mots sur Marco Polo," *Société Dunkerquoise pour l'Encouragement des Sciences, des Lettres et des Arts*, 31 (1899): 65–100.

Borbone, Pier Giorgio, *Storia di Mar Yahballaha e di Rabban Sauma: Un orientale in Occidente ai tempi di Marco Polo*, Turin: Silvio Zamorani, 2000.

Borlandi, Franco, "Alle origini del libro di Marco Polo," in Gino Barbieri, Maria Raffaella, and Amintore Fanfani (eds.), *Studi in onore di Amintore Fanfani*, Milano: Giuffrè, 1962, vol. 1, pp. 108–147.

Borschberg, Peter, "Der asiatische Moschushandel vom frühen 15. bis zum 17. Jahrhundert," in Jorge M. dos Santos Alves, Claude Guillot and Roderich Ptak (eds.), *Mirabilia Asiatica: Produtos raros no comércio marítimo; Produits rares dans le commerce maritime; Seltene Waren im Seehandel*, Wiesbaden and Lisboa: Harrassowitz and Fundação Oriente, 2003, vol. 1, pp. 65–83.

Bousquet-Labouérie, C., "Les Voyageurs de l'Orient: Étude des rapports entre les texts et les images dans quelques récits manuscrits sur l'Asie aux XIVe et XVe siècles," PhD thesis, Université François Rabelais, Tours, 1994.

Boyer, Martha, *Mongol Jewellery*, Copenhagen: I Kommission Hos, Guyldenda Boghandel, Nordisk Forlag, 1952.

Boyle, John Andrew, "A Form of Horse Sacrifice amongst the 13th- and 14th-Century Mongols," *Central Asiatic Studies*, 10 (1965): 145–150. Repr. in his *The Mongol World Empire 1206–1370*.

——, "An Eurasian Hunting Ritual," Folklore, 80 (1969): 12–16. Repr. in his *The Mongol World Empire 1206–1370*.

——, "Marco Polo and his Description of the World," *History Today*, 23.8 (1973): 554–563. Repr. in his *The Mongol World Empire 1206–1370*.

——, "The Thirteenth-Century Mongols' Conception of the After-Life: The Evidence of their Funerary Practices," *Mongolion Studies*, 1 (1974): 5–14. Repr. in his *The Mongol World Empire 1206–1370*.

——, *The Mongol World Empire 1206–1370*, preface by Owen Lattimore, London: Variorum Reprints, 1977.

Bremer, Ernst, "Polo, Marco," in Wolfgang Stammler and Kurt Langosch (eds.); Kurt Ruh et al. (ed. of 2nd ed.), *Die deutsche Literatur des Mittelalters: Verfasserlexikon*, vol. 7, Berlin and New York: De Gruyter, 1979, col. 771–775.

Bretschneider, Emil, *Medieval Researches from Eastern Asiatic Sources*, 2 vols., London: Trübner & Co., 1888.

Brook, Timothy, "Native Identity Under Alien Rule: Local Gazetteers of the Yuan Dynasty," in Richard Britnell (ed.), *Pragmatic Literacy, East and West, 1200–1330*, Woodbridge: Boydell Press, 1997, pp. 235–245.

——, *The Troubled Empire: China in the Yuan and Ming Dynasties*, Cambridge, MA, and London: The Belknap Press of Harvard University Press, 2010.

Brose, Michael C., "Central Asians in Mongol China: Experiencing the 'Other' from Two Perspectives," *Medieval History Journal*, 5.2 (2002): 267–289.

——, "Uyghur Technologists of Writing and Literacy in Mongol China," *T'oung Pao*, second series, 91.4–5 (2005): 396–435.

Brown, J. Coggin, "The Mines and Mineral Resources of Yunnan, with Short Accounts of its Agricultural Products and Trade," *Memoirs of the Geological Survey of India*, XLVII, 1923.

Bruce, Clarence Dalrymple, *In the Footsteps of Marco Polo: Being an Account of a Journey Overland from Simla to Pekin*, Edinburg and London: W. Blackwood, 1907.

Brunello, Franco, *Marco Polo e le merci dell'Oriente*, Vincenza: Neri Pozza Editore, 1986.

卜杨武，"呼市东郊白塔发现一张'中统元宝交钞'"，《内蒙古金融研究》, S1(2002): 24–26。

Buell, Paul D., "Steppe Perspectives on the Medieval History of China: Modern Mongol Scholarship on the Liao, Chin and Yüan Periods," *Zentralasiatische Studien*, 15 (1981): 129–149.

——, "Saiyid Ajall (1211–1279)," in Igor de Rachewiltz, Chan Hok-lam, Hsiao Ch'i-ch'ing and Peter W. Geier, with the assistance of May Wang (eds.), *In the Service of the Khan: Eminent Personalities of the Early Mongol-Yüan Period (1200–1300)*, Wiesbaden: Harrassowitz, 1993, pp. 466–479.

——, *The A to Z of the Mongol World Empire*, Lanham, Toronto, Plymouth: The Scarecrow Press, 2010.

Buenger Robbert, Louise, "Il sistema monetario," in Giorgio Cracco and Gherardo Ortalli (eds.), *Storia di Venezia dalle origini alla caduta della Serenissima; II: L'età del Comune*, Roma: Istituto della Enciclopedia Italiana fondata da Giovanni Treccani, Istituto Poligrafico e Zecca dello Stato, 1995, pp. 409–430.

Buffa, Gaspare, "Marco Polo: Orazione commemorativa letta nel R. Liceo Cristoforo Colombo il 24 marzo 1872," Genova: Schenone, 1872, 18 pp.

Burgio, Eugenio, "Forma e funzione autobiografica nel 'Milione'," in Francesco Bruni (ed.), *"In quella parte del libro de la mia memoria": Verità e finzioni dell'"io" autobiografico*, Venezia: Marsilio, 2003, pp. 37–55.

——, "Marco Polo e gli 'idolatri'," in Sonia Maura Barillari and Nicolò Pasero (eds.), *Le voci del Medioevo: Testi, immagini, tradizioni; Atti del VII Convegno internazionale (Rocca Grimalda, 21–22 settembre 2002)*, Alessandria: Edizioni dell'Orso, 2006, pp. 31–62.

Burgio, Eugenio, and Mario Eusebi, "Per una nueva edizione del Milione," in Silvia Conte (ed.) (2008), pp. 17–48.

Burgio, Eugenio, and Giuseppe Mascherpa, " 'Milione' latino: Note linguistiche e appunti di storia della tradizione sulle redazioni Z e L," in Renato Oniga and Sergio Vatteroni (eds.), *Plurilinguismo letterario*, Soveria Manelli: Rubbettino, 2007, pp. 119–158.

Busetto Giorgio, "La posizione del Milione nella letteratura Franco-Italiana," 收入陆国俊等主编 (1995), pp. 273–280.

Bushell, Stephen Wootton, "Notes on the Old Mongolian Capital of Shangtu," *Journal of the Royal Asiatic Society*, 7 (1875): 329–338.

Bussagli, Mario, "La grande Asia di Marco Polo," in Alvise Zorzi (ed.), *Marco Polo, Venezia e l'Oriente*, Milano: Electa, 1980, pp. 173–226.

Butler, John S., and Liu Jin-tan, "Money, Prices and Causality: The Chinese Hyperinflation 1946–49 Reexamined," *Journal of Macroeconomics*, 11 (1989): 447–457.

蔡美彪，"元代圆牌两种考释"，收入《元史论集》，北京：人民出版社，1984，页698—710。

——，"元氏开化寺碑译释"，《考古》，9（1988）：842–845。

——，"试论马可波罗在中国"，《中国社会科学》，2（1992）：177–188。重印于陆国俊等主编（1995），页297—314。

——, "Marco Polo in China," transl. by Wang Yintong from《中国社会科学》, 2 (1992), rev. by Yang Zhi and Tao Busi, *Social Sciences in China*, 14.2 (1993): 171–179.

——，"马可波罗归途记事析疑"，《元史论丛》，6（1997）：24–34。

——，"马可波罗所记阿合马事件中的 Cenchu、Vanchu"，《中国社会科学院研究生院学报》，5（1998）：89–93。

蔡永华、马建熙,"咸阳发现的元代纸币",《考古与文物》, 3(1980)。

Calabrese, Omar, Renato Giovannoli, and Isabella Pezzini (eds.), *Hic sunt leones: Geografia fantastica e viaggi straordinari*, Milano, Electra, 1983.

Calvino, Italo, *Le città invisibili*, 3rd. ed. Torino: Giulio Einaudi editore, 1972.

Capecchi, Fernando, "O 'livro das maravilhas' de Marco Polo," *Boletim da Sociedade de Geográfia de Lisboa*, 73 (1955): 307–314.

Capusso, Maria Grazia, *La lingua del "Divisament dou monde" di Marco Polo. I. La morfoligia verbale*, Pisa: Pacini Editore, 1980.

——, "La mescidanza linguistica del Milione franco-italiano," in Silvia Conte (ed.) (2008), pp. 263–283.

Caraci, Giuseppe, "Un capitolo del 'Milione' di Marco Polo," *Rivista geografica italiana*, (1924): 12–42.

——, "Viaggiatori italiani in Persia," *Il Veltro*, 14 (1960): 39–60.

Cardona, Giorgio R., "Indice ragionato," in Valeria Bertolucci Pizzorusso, *Marco Polo, Milione. Versione toscana del Trecento*, Milano: Adelphi Edizioni, 1975, pp. 591–760.

Carile, Antonio, "Territorio e ambiente nel 'Divisament dou Monde' di Marco Polo," *Studii Veneziani*, 1 (1977): 13–26.

Carvajal, Doreen, "Marco Polo: Is a Rivalry Just Fiction?" *The New York Times*, December 9, 1997, URL: http://www.nytimes.com/1997/12/09/world/marco-polo-is-a-rivalry-justfiction.html (访问时间: 2011 年 2 月 4 日)。

Casal, U. A., "Salt," *Monumenta Nipponica*, 14.1/2 (1958): 61–90.

Casella, Mario, "Il libro di Marco Polo," *Archivio storico italiano*, serie VII, 11 (1929): 193–230.

Castellani, Guiseppe, "I valori delle monete espresse nel testamento di Marco Polo," *Rivista mensile della Città di Venezia*, 3.9 (1924).

Cattaneo, A. S., *Fra Mauro's Mappa Mundi and Fifteenth-Century Venetian Culture*, Brepolis: Brepols Publishers (Terrarum orbis series; 8), 2011.

Cavalieri, Renzo, "Marco Polo and Chinese Law," 收入陆国俊等主编(1995), 页 170—176。

岑仲勉,"枢密副使孛罗",《历史语言研究所集刊》, 5(1935); 重印于余士雄主编(1983), 页 188—195。

Cessi, Roberto, "L'opera di Marco Polo," *Rivista mensile della città di Venezia,* 8 (1929): 465–476.

Chaffee, John W., "The Impact of the Song Imperial Clan on the Overseas Trade of

Quanzhou," in Angela Schottenhammer (ed.) (2001), pp. 13–46.

柴继光,"奇特的云南钱盐币",收入他的《中国盐文化》,北京:新华出版社,1991,页 148—154。

Chaix, Paul, "Marco Polo," *Le Globe: Journal géographique* (Organ de la Société de Géographie de Genève), 39 (1900): 84–94.

Chakravarti, Ranabir, "Early Medieval Bengal and the Trade in Horses: A Note," *Journal of the Economic and Social History of the Orient*, 42.2 (1999): 194–211.

Chan Hok-lam [陈学霖], "Liu Ping-chung 刘秉忠 (1216–74): A Buddhist-Taoist Statesman at the Court of Khubilai Khan," *T'oung Pao*, 53.1/3 (1967): 98–146.

——, "The Yüan Currency System," in David M. Farquhar, *The Government of China under Mongolian Rule: A Reference Guide*, Stuttgart: Franz Steiner (Münchener Ostasiatische Studien; 53), 1990, pp. 445–460.

——, "Siting by Bowshot: A Mongolian Custom and its Sociopolitical and Cultural Implications," *Asia Major*, 3rd ser., 4.2 (1991): 53–78. Repr. in his *China under the Mongols: History and Legend under the Yüan and Ming*.

——, " 'The Distance of a Bowshot': Some Remarks on Measurement in the Altaic World," *Journal of Song-Yuan Studies*, 25 (1995): 29–46.

——, *China under the Mongols: History and Legend under the Yüan and Ming*, Aldershot, Brookfield USA, Singapore, Sydney: Ashgate Variorum, 1999.

Chan Hok-lam and William Theodore de Bary (eds.), *Yüan Thought: Chinese Thought and Religion under the Mongols*, New York: Columbia University Press, 1982.

Chang Chun-shu, "Maritime Trade and Images of the South Seas and the Western World in Sung China, 960–1279," in Michel Soymié (ed.), *Chine ancienne (Pre-modern China), Actes du XXIXe Congrès Internationale des Orientalistes, section organisé par Michel Soymié*, Paris: L'Asiathèque, 1977, pp. 11–16.

Chang Kia-ngau, *The Inflationary Spiral: The Experience in China, 1939–50*, New York and London: MIT Press, John Wiley & Sons, and Chapman & Hall, 1958.

Chang Yahlin, "A Kublai Con Job? The Dubious Diary of a Proto-Marco Polo," *Newsweek*, October 6, 1997, http://www.newsweek.com/1997/10/05/a-kublai-con-job.html (访问时间:2011 年 2 月 4 日).

Charignon, A. J. H., "Deux chapitres de Marco Polo," *La Chine*, 4.64 (1er mai 1924): 135–145.

——, "La Grande Java de Marco Polo en Cochinchine," *Bulletin de la Société des Études Indochinoises*, nouvelle série, 4.4 (octrobre–décembre 1929): 191–347.

Chavannes, Édouard, "Inscriptions et pièces de chancellerie chinoises de l'époque mongole," *T'oung Pao*, 5.4 (1904): 357–447; 6 (1905): 1–42; 9 (1908): 297–428.

陈炳应,"黑城新出土的一批元代文书",《考古与文物》,1(1983):59–61。

——,"《马可·波罗游记》中的元钞",《中国钱币》,2(1999):75–76。

——,"《马可·波罗游记》中的元钞",《甘肃金融》,11(1998):58–62。

Chen Chau-nan, Chang Ping-tsun, and Chen Shi-kuan, "The Sung and Ming Paper Monies: Currency Competition and Currency Bubbles," *Journal of Macroeconomics*, 17.2 (1995): 273–288.

Chen Dasheng, "Le rôle des étrangers dans le commerce maritime de Quanzhou ('Zaitun') aux 13e et 14e siècles," in Denys Lombard and Jean Aubin (eds.), *Marchands et hommes d'affaires asiatiques dans l'Océan Indien et la Mer de Chine, 13e–20e siècles*, Paris: Ed. de l'École des Hautes Études en Sciences Sociales, 1988, pp. 21–29.

陈得芝,"马可波罗在中国的旅程及其年代",南京大学历史系元史研究室编《元史及北方民族史研究集刊》,10(1986),页430—447。

——,"元代的钞法",《南京大学学报》,4(1992)。

——,"马可·波罗补注数则",收入陆国俊等主编(1995),页36—46。

——,《蒙元史研究丛稿》,北京:人民出版社,2005。

陈高华,"元代盐政及其社会影响",《历史论丛》,1(1964):195–217。重印于南京大学历史系元史研究室编《元史论丛》,北京:人民出版社,1984,页307—339。

——,《元史研究新论》,上海:上海社会科学院出版社,2005。

陈高华、史卫民,《中国经济通史:元代经济卷》,北京:经济日报出版社,2000。

——,《中国风俗通史:元代卷》,上海:上海文艺出版社,2001。

——,《元代大都上都研究》,北京:中国人民大学出版社,2010。

陈吕范等,《云南冶金史》,昆明:云南人民出版社,1980。

Ch'en, Paul Hengchao, *Chinese Legal Tradition under the Mongols: The Code of 1291 as Reconstructed*, Princeton, New Jersey: Princeton University Press, 1979.

陈然,"我国西南市场上曾流通的一种特殊货币——盐币",《中国钱币》,4(1997):63–66。

陈世松,"马可·波罗所见之中国桥",收入陆国俊等主编(1995),页148—160。

陈喜忠,《中国元代经济史》,史仲文、胡晓林主编《百卷本中国全史》13,北京:人民出版社,1994。

陈延杭,"《马可·波罗游记》中刺桐海船的探讨",收入陆国俊等主编(1995),

页 111—124。

Ch'ên Yüan 陈垣, *Western and Central Asians in China under the Mongols: Their Transformation into Chinese* 元西域人华化考, translated and annotated by Ch'ien Hsinghai 钱星海 and L. Carrington Goodrich, Los Angeles: Published by Monumenta Serica at the University of Californía, 1966.

陈月清,"马可·波罗和《马可波罗游记》",收入刘明翰主编《外国史学名著选介》,济南:山东教育出版社,1986。

陈仲益,"马哥孛罗与道教",《北京大学研究所国学门周刊》,2.21(1926):202-204。

Chesnaux, Jean, "Marco Polo détrôné?" *La Quinzaine Littéraire*, 788 (15 juillet 2000): 24–25.

Chiang Tao-chang, "The Salt Industry of Ming China," *Geographical Review*, 65.1 (1975): 93–106.

Chiappori, Maria Grazia, "I tre Polo nella 'Iglesia militans' di Andrea Bonaiuti in S. Maria Novella a Firenze," *Quaderni medievali*, 15 (1985): 27–51.

Chiodo, Elisabetta, "The Horse White-as-Egg (öndegen čayan): A Study of the Custom of Consecrating Animals to Deities," *Ural-Altaische Jahrbücher*, n. s. 11 (1992): 125–151.

Chipman, Leigh, "Islamic Pharmacy in the Mamlūk and Mongol Realms: Theory and Practice," *Asian Medicine: Tradition and Modernity*, 3.2 (2007): 265–278.

Chou Shun-hsin, *The Chinese Inflation, 1937–49*, New York and London: Columbia University Press, 1963.

Chü Ch'ing-yüan 鞠清远, "Government Artisans of the Yüan Dynasty," in John De Francis and E-tu Zen Sun (eds. and transl.), *Chinese Social History: Translations of Selected Studies*, Washington, D.C.: American Council of Learned Societies, 1956, pp. 234–246.

Church, Sally K., "Zheng He: An Investigation into the Plausibility of 450-ft Treasureships," *Monumenta Serica*, 53 (2005): 54–71.

Ciccuto, Marcello, "La crociata immaginaria di Marco Polo," *Italianistica*, 16 (1987): 221–233. Also in his *L'immagine del testo: Episodi di cultura figurativa nella letteratura italiana*, Roma: Bonacci (L'ippogrifo; 50), 1990, pp. 41–62.

——, "L'India del Milione: Sistemazione enciclopedica di una scoperta," in his *L'immagine del testo: Episodi di cultura figurativa nella letteratura italiana*, Roma: Bonacci (L'ippogrifo; 50), 1990a, pp. 63–102.

——, "Storia e mito del Milione," *Lettere italiane*, 43 (1991): 153–170. Also in his *Icone della parola: Immagine e scrittura nella letteratura delle origini*, Modena: Mucchi,

1995, pp. 147–171.

———, "L'Africa al tempo di Marco Polo: Realtà o finzione?" *Studi d'italianistica nell'Africa australe / Italian Studies in Southern Africa*, 5.2 (1992): 9–18.

———, "Le meraviglie di Marco: Il Milione alla corte di Borgogna," *Rara volumina*, 1 (1997): 5–34.

———, "Codici culturali a confronto nell'enciclopedia di Marco Polo: Il 'caso India'," in Silvia Conte (ed.) (2008), pp. 204–218.

Cigni, Fabrizio, "Il romanzo arturiano di Rustichello da Pisa," *tesi di laurea*, Facoltà di Lettere, Università di Pisa, anno accademico 1986–1987.

———, " 'Prima' del Devisement dou monde: Osservazioni (e alcuni ipotesi) sulla lingua della Compilazione Arturiana di Rustichello da Pisa," in Silvia Conte (ed.) (2008), pp. 219–231.

Clark, Hugh R., *Community, Trade and Networks: Southern Fujian Province from the Third to the Thirteenth Century*, Cambridge: Cambridge University Press, 1991.

Clark, Larry V., "The Turkic and Mongol Words in William of Rubruck (1253–1255)," *Journal of the American Oriental Society*, 93: 181–189.

Cleaves, Francis Woodman, "A Chancellery Practice of the Mongols in the Thirteenth and Fourteenth Centuries," *Harvard Journal of Asiatic Studies*, 14.3/4 (1951): 493–526.

———, "Darugha and gerege," *Harvard Journal of Asiatic Studies*, 16.1–2 (1953): 237–259.

———, "The Biography of Bayan of the Bārin in the Yüan Shih," *Harvard Journal of Asiatic Studies*, 19.3/4 (1956): 185–303.

———, "A Chinese Source Bearing on Marco Polo's Departure from China and a Persian Source on his Arrival in Persia," *Harvard Journal of Asiatic Studies*, 36 (1976): 181–203.

———, "The Biography of the Empress Cabi in the Yüan shih," *Harvard Journal of Ukrainian Studies*, 3–4 (1979–80): 185–303.

———, "The Second Chapter of an Early Mongolian Version of the Hsiao Ching," in Annemarie von Gabain und Wolfgang Veenker (eds.), *Documenta Barbarorum: Festschrift für Walther Heissig zum 70. Geburtstag*, Wiesbaden: Harrassowitz (Veröffentlichungen der Societas Uralo-Altaica; 18), 1983, pp. 39–46.

———, "The Memorial for Presenting the Yüan shih," *Asia Major*, third series, 1 (1988): 59–69.

Collingridge, George, "The Early Cartography of Japan," *Geographical Journal*, 3.5 (1894): 403–409.

Commeaux, Charles, *La vie quotidienne chez les Mongols de la Conquête (XIIIe siècle)*, Paris: Hachette, 1972.

Concina, Chiara, "Prime indagini su un nuovo frammento franco-veneto del Milione di Marco Polo," *Romania*, 125 (2007): 342–369.

Conermann, Stephan, and Jan Kusber (eds.), *Die Mongolen in Asien und Europa*, Frankfurt/ M.: Peter Lang (Kieler Werkstücke; 4: Beiträge zur osteuropäischen Geschichte), 1997.

Connell, Charles W., "Western Views of the Origins of the 'Tartars': An Example of the Influence of Myth in the Second Half of the Thirteenth Century," *Journal of Medieval and Renaissance Studies*, 3 (1973): 115–137.

Conte, Silvia (ed.), *I viaggi del Milione: Itinerari testuali, vettori di trasmissione e metamorfosi del Devisement du monde di Marco Polo e Rustichello da Pisa nella pluralità delle attestazioni; Convegno Internazionale, Venezia, 6–8 ottobre 2005 (Università degli Studi di Roma "Tor Vergata," Università Ca'Foscari di Venezia)*, Roma: Tiellemedia Editore, 2008.

Contini, Gianfranco, "Una nuova edizione del Milione," in his *Ultimi esercizî ed elzeviri (1968–1987)*, Torino: Einaudi, 1988, pp. 217–220. Originally published in *La Republica*, April 20, 1976.

Cordier, Henri, *Centenaire de Marco Polo: Conférence faite à la Société d'Études Italiennes le mercredi 18 décembre 1895 à la Sorbonne*, Paris: E. Leroux (Bibliothéque de voyages anciens; 3), 1896.

——, "Marco Polo's Travels," *Geographical Journal*, 26.6 (1905): 686–687.

——, *Bibliotheca Sinica: Dictionnnaire bibliographique des ouvrages relatifs à l'empire chinois,* deuxième édition, Paris: E. Guilmoto (Librairie Orientale & Amércaine), 1906–1907, repr. Taipei: Ch'eng-wen Publishing Company, 1966.

——, "L'itinéraire de Marco Polo en Perse," *Bulletin de l'Académie des Inscriptions et Belles Lettres: Comptes rendus*, mai 1911, 55.4 (1911): 298–309.

——, "Le Christianisme en Chine et en Asie Centrale sous les Mongols," *T'oung Pao*, second series, 18.1/2 (1917): 49–113.

——, *Ser Marco Polo, Notes and Addenda*, London: John Murray, 1920.

Corna Pellegrini, Giacomo, "Il geografo Marco Polo," *Ambiente, società, territorio*, 3 (2005): 3–7.

——, "La geografia di Marco Polo, oggi," in Gino De Vecchis (ed.) (2006), pp. 13–40.

Corradini, Piero, "Italians in China at the Time of Marco Polo," 收入陆国俊等主编（1995）, pp. 251–260.

Corsi, Elisabetta, "Marco Polo's Observations on the Use of Paper in China and the State of Paper-making Technology at the Time," 收入陆国俊等主编（1995）, pp. 177–184.

Critchley, John, *Marco Polo's Book*, Aldershot, Hampshire, and Brookfield, Vermont: Variorum, 1992.

D'Ancona, Jacob; David Selbourne (transl. and ed.), *The City of Light: The Hidden Journal of the Man who Entered China Four Years before Marco Polo*, New York: Citadel Press, Kensington Publishing Corp., 2000.

D'Avezac, M., "Un mot sur la langue en laquelle a été écrite la relation originale de Marc Polo," *Bulletin de la Société de Géographie*, 2.16 (1841): 117–121.

Dabringhaus, Sabine, and Roderich Ptak, with the Assistance of Richard Teschke (eds.), *China and Her Neighbours: Borders, Visions of the Other, Foreign Policy, 10th to 19th Century*, Wiesbaden: Harrassowitz Verlag (South China and Maritime Asia; 6), 1997.

Dainelli, Giotto, *Marco Polo*, Torino: Unione tipografico-editrice torinese (I Grandi Italiani; 12), 1941.

——, *Missionari e mercadanti rivelatori dell'Asia nel Medioevo*, Torino: Unione Tipografico-Editrice Torinese, 1960.

Daire, Marie-Yvane (2003), *Le Sel des Gaulois*, Paris: Editions Errance (Collection des Hesperides), 2003.

Dalla Pozza Peruffo, Giovanna, "From East to West: Cultural Transformations on the European Painting between 14th and 16th Century after Marco Polo's Journey," 收入陆国俊等主编 (1995), pp. 260–273.

党宝海，《蒙元驿站交通研究》，北京：昆仑出版社，"东方文化集成"，2006。

——，《马可波罗眼中的中国》，北京：中华书局，"文化中国"；上海：上海古籍出版社，"世界的中国"，2010。这是本大众读物。

Daniels, Christian, *Agro-Industries: Sugarcane Technology*, part III of vol. 6, *Biology and Biological Technology*, of Joseph Needham's *Science and Civilisation in China*, Cambridge: Cambridge University Press, 1996.

Dardess, John W., "From Mongol Empire to Yüan Dynasty: Changing Forms of Imperial Rule in Mongolia and Central Asia," *Monumenta Serica*, 30 (1972–1973): 117–165.

——, *Conquerors and Confucians: Aspects of Political Change in Late Yüan China*, New York and London: Columbia University Press, 1973.

Dars, Jacques, "Les jonques chinoises de haute mer sous les Song et les Yuan," *Archipel*, 18 (1979): 41–56.

——, *La marine chinoise du Xe siècle au XIVe siècle*, Paris: Economica, 1992.

De Ghellinck d'Elseghem, Joseph, *Le franciscains en Chine aux XIIIe et XIVe siècles*,

Louvain: Duculot (Xaveriana; 42, 44), 1927.

De Rachewiltz, Igor, "The Hsi-yu lu 西游录 by Yeh-lü Ch'u-ts'ai 耶律楚材," *Monumenta Serica*, 21 (1962): 1–128.

——, "Yeh-lü Ch'u-ts'ai (1189–1243): Buddhist Idealist and Confucian Statesman," in Arthur F. Wright and Denis Twitchett (eds.), *Confucian Personalities*, Stanford: Stanford University Press 1962a, pp. 189–216.

——, "Personnel and Personalities in North China in the Early Mongol Period," *Journal of the Economic and Social History of the Orient*, 9.1/2 (1966): 88–144.

——, "Some Remarks on the Language Problem in Yüan China," *Journal of the Oriental Society of Australia*, 5.1 and 5.2 (1967): 65–80.

——, *Papal Envoys to the Great Khans*, London: Faber & Faber, 1971.

——, "Qan, Qa'an and the Seal of Güyüg," in Annemarie von Gabain and Wolfgang Veenker (eds.), *Documenta Barbarorum: Festschrift für Walther Heissig zum 70. Geburtstag*, Wiesbaden: Harrassowitz (Veröffentlichungen der Societas Uralo-Altaica; 18), 1983, pp. 272–281.

——, "Marco Polo Went to China," *Zentralasiatische Studien*, 27 (1997): 34–92.

——, "Marco Polo Went to China: Additions and Corrections," *Zentralasiatische Studien*, 28 (1998): 177.

——"Wood's *Did Marco Polo Go to China*? A Critical Appraisal," http://rspas.anu.edu.au/eah/Marcopolo.html (accessed February 26, 2012).

De Rachewiltz, Igor, Chan Hok-lam, Hsiao Ch'i-ch'ing and Peter W. Geier, with the assistance of May Wang (eds.), *In the Service of the Khan: Eminent Personalities of the Early Mongol-Yüan Period (1200–1300)*, Wiesbaden: Harrassowitz, 1993.

De Rachewiltz, Igor, and Donald Daniel Leslie, "Review Article [on Jacob d'Ancona, *The City of Light: The Hidden Journal of the Man who Entered China Four Years before Marco Polo,* translated and edited by David Selbourne]," *Journal of Asian History*, 32 (1998), pp. 180–185.

De Skattschkoff, Constantin, "Le Vénitien Marco Polo et les services qu'il a rendus en faisant connaître l'Asie," *Journal asiatique*, 7.4 (1874): 122–158.

De Vecchis, Gino, "Insegnare la Cina: Marco Polo e il suo viaggio in Oriente," *Ambiente, società, territorio*, 2 (2005): 3–8.

—— (ed.), *Verso l'altro e l'altrove: La geografia di Marco Polo, oggi*, Roma: Carocci editore (Ambiente, società, territorio; 1), 2006.

——, "Marco Polo, la grande avventura in Oriente: Itinerari didattico-geografici," in De

Vecchis (ed.) (2006), pp. 41–76.

De Vierna Trevisan, Marc'Alvise, "Origini ed eredità della nobile famiglia Polo, patrizia veneziana, da cui nacque ser Marco viaggiatore," *Rivista araldica*, 75 (1977): 251–253.

Dearing, J. A., R. T. Jones, J. Shen, X. Yang, J. F. Boyle, G. C. Foster, D. S. Crook, and M. J. D. Elvin, "Using Multiple Archives to Understand Past and Present Climate–Human–Environment Interactions: The Lake Erhai Catchment, Yunnan Province, China," *Journal of Paleolimnology*, 40.1 (2008): 3–31.

Del Guerra, Giorgio, *Rustichello da Pisa*, Pisa: Nistri-Lischi Editori, 1955.

Delgado, James P., *Khubilai Khan's Lost Fleet: In Search of a Legendary Armada*, Vancouver, BC et al.: Douglas & McIntyre, 2008.

——, *Khubilai Khan's Lost Fleet: History's Greatest Naval Disaster*, London: Bodley Head, 2009.

Deluz, Christiane, "Villes et organisation de l'espace: La Chine de Marco Polo," in Monique Bourin (ed.), *Villes, bonnes villes, cités et capitals: Études d'histoire urbaine (XIIe–XVIIIe siècle) offertes à Bernard Chevalier*, Tours: Université de Tours, 1993, pp. 161–168.

——, "La hiérarchie sociale dans l'empire mongol vue par les voyageurs occidentaux (XIIIe–XIVe s.)," in Huguette Legros, Denis Hüe, Joël Grisward and Didier Lechat (eds.), *Remembrances et reveries: Hommage à Jean Batany*, Orléans: Paradigme (Medievalia; 58), 2006, pp. 85–94.

Demiéville, Paul, "La situation religieuse en Chine au temps de Marco Polo," in *Oriente Poliano*, 1957, pp. 193–234.

Deng, Kent, *Chinese Maritime Activities and Socioeconomic Development*, Westport, CT: Greenwood Press, 1997.

——, *Maritime Sector, Institutions, and Sea Power of Premodern China*, London: Greenwood Press (Contributions in Economics and Economic History; 212), 1999.

Denlinger, Paul B., "Chinese in hP'ags-pa Script," *Monumenta Serica*, 22.2 (1963): 407–473.

Deyell, John, "The China Connection: Problems of Silver Supply in Medieval Bengal," in John F. Richards (ed.), *Precious Metals in the Later Medieval and Early Modern World*, Durham, NC: Carolina Academic Press, 1983.

Di Lenna, N., "Il lago Geluchalat di Marco Polo e di G. B. Ramusio," *Lugo*, 1918, 7 pp.

Di Majo, Elena, and Matteo Lafranconi, *Galleria Nazionale d'Arte Moderna: Le collezioni, II, XIX secolo*, Milano: Mondadori Electa, 2009.

Dieu, Léon, "Marco Polo: Quel est le text authentique de sa relation?" *Revue d'histoire ecclésiastique*, 42 (1947): 110–119.

———, *Marco Polo chez le Grand Khan*, Namur: Grands Lacs, 1947.

丁谦，"《马哥博罗游记》补注改订"，《地学杂志》，86–96（1917–18）；重印于余士雄主编（1983），页 380—446。

董咸庆，"盐币：云南市场流通过的货币"，收入彭泽益、王仁远主编，《中国盐业史国际学术讨论会论文集》，成都：四川人民出版社，1991。

Douchet, S., "Les 'Ysles d'Ynde' ou le temps des hommes (Marco Polo—Ibn Battuta)," *Médiévales*, 47 (2004): 97–112.

Drapeyron, Ludovic, "Le retour de Marco Polo en 1295: Cathay e Sypangu," *Revue de Géographie*, 19.1 (1895): 3–8.

Drège, Jean-Pierre, *Marco Polo et la route de la soie*, Paris: Gallimard, 1976.

———, *Marco Polo und die Seidenstrasse,* Ravensburg: Maier (Abenteuer Geschichte; 30), 1992.

———, "Marco Polo n'est jamais allé en Chine!" *L'histoire*, 199 (1996): 6–7.

Drouin, M. E. "Notice sur les monnaies mongoles, faisant partie du recueil des documents de l'époque mongole publié par le Prince Roland Bonaparte," *Journal asiatique*, Mai–Juin 1896: 486–544.

段立生，"马可波罗的罗斛国之行"，《东南亚研究》，3（1996）： 60–62。

Dunn, Ross E., *The Adventures of Ibn Batuta, a Muslim Traveler of the Fourteenth Century*, London: Croom Helm, 1986.

Dutschke, Consuelo Wager, "Francesco Pipino and the Manuscripts of Marco Polo's 'Travels'," PhD diss., University of Los Angeles, 1993, UMI, accessed the CrossAsia project of the Berlin State Library (Staatsbibliothek Berlin).

———, "The Truth in the Book: The Marco Polo Texts in Royal 19.D.I. and Bodley 264," *Scriptorum*, 52.2 (1998): 278–300.

Eberstein, Bernd, *Bergbau und Bergarbeiter zur Ming-Zeit (1368–1644)*, Hamburg: Gesellschaft für Natur- und Völkerkunde Ostasiens e. V., Hamburg, and Deutsche Gesellschaft für Natur- und Völkerkunde Ostasiens e. V., Tokyo (Mitteilungen der Gesellschaft für Natur- und Völkerkunde Ostasiens; 62), 1974.

Ebisawa Tetsuo 海老澤哲雄, "Bondservants in the Yüan," *Acta Asiatica*, 45 (1983): 27–48.

Eco, Umberto, "Il 'Milione': Descrivere l'ignoto," in his *"Sugli specchi" e altri saggi*, Milano: Bompiani (Saggi tascabili), 1995, pp. 61–66.

Edkins, Joseph, "Kan Fu," *China Review*, 15.5 (1887): 310–311.

Egami Namio, *The Mongol Empire and Christendom*, transl. by Fukuhara Yusuko, Tokyo: San Paolo, 2000.

Eggebrecht, Arne (ed.), *Die Mongolen und ihr Weltreich*, Mainz am Rhein: Phillip von Zabern, 1989.

Elvin, Mark, *The Pattern of the Chinese Past*, Stanford: Stanford University Press, 1973.

Endicott-West, Elizabeth, "The Yüan," in Gilbert Rozman (ed.), *Soviet Studies of Premodern China*, Ann Arbor: University of Michigan Center for Chinese Studies, 1984, pp. 97–110.

——, "Hereditary Privilege in the Yüan Dynasty," *Journal of Turkish Studies (Festschrift for Francis W. Cleaves)*, 9 (1985): 15–20.

——, "Imperial Governance in Yuan Times," *Harvard Journal of Asiatic Studies*, 46.2 (1986): 523–549.

——, *Mongolian Rule in China: Local Administration in the Yuan Dynasty*, Cambridge (Mass.) and London: Harvard University Press, 1989.

——, "Merchant Associations in Yüan China: The Ortogh," *Asia Major*, 3.2 (1989a): 127–154.

——, "The Yüan Government and Society," in Franke and Twitchett (eds.) (1994), pp. 587–615.

Endō Kamematsu 远藤亀松，《元朝錢史の研究 — 中國北族王朝貨幣史》，东京：远藤亀松自印本, 1981.

Engels, Odilo, and Peter Schreiner (eds.), *Die Begegnung des Westens mit dem Osten: Kongreßakten des 4. Symposions des Mediävistenverbandes in Köln 1991 aus Anlaß des 1000. Todesjahres der Kaiserin Theopahnu*, Sigmaringen: Jan Thorbecke, 1993.

Enoki Kazuo, "Marco Polo and Japan," in *Oriente poliano*, 1957, pp. 23–44.

——, "The Nestorian Christianism in China in Mediaeval Time According to Recent Historical and Archaeological Researches," in *Atti del convegno internazionale sul tema: L'Oriente Cristiano nella storia della civiltà (Roma 31 marzo–3 aprile 1963) (Firenze 4 aprile 1963)*, Roma: Accademia Nazionale dei Lincei, 1964, pp. 45–61.

Etiemble, René, "La philosophie, les arts et les religions de la Chine dans l'oeuvre de Marco Polo," in Agostino Pertusi (ed.), *Venezia e l'Oriente fra tardo Medioevo e Rinascimento*, San Giorgio Maggiore (Venezia), Fondazione Giorgio Cini, Centro di Cultura e Civiltà: Sansoni, 1966, pp. 375–388.

Eufe, Rembert, "Marco Polo veneziano e le lingue," in Cosimo Palagiano et al. (eds.) (2007), pp. 125–148.

Fanfani, A., "Perché fu trascurata la divulgazione di Marco Polo sulle carta moneta dei cinesi?," *Economia e storia*, 3.2 (1956): 196–198.

方国瑜,"马可波罗云南行纪笺证",《西南边疆》,4(1939):54–69;重印于余士雄主编(1983),页107—126。

——"云南用贝作货币的时代及贝的来源(附:云南用盐块代钱的记载)",《云南社会科学》,1(1981):24–41;重印于杨寿川编著(1997),《贝币研究》,页28—64,但不包括关于盐币的附录。

——,《滇史论丛》,上海:上海人民出版社,1982。

——,《方国瑜文集》,昆明:云南教育出版社,2001—2003。

方国瑜、林超民,"马可波罗'云南行纪'史地丛论",《西南古籍研究》,1(1985);"续",2(1986)。

——,《〈马可波罗行纪〉云南史地丛考》,北京:民族出版社,1994。又见方国瑜主编、徐文德、木芹纂录校订,《云南史料丛刊》第3卷,昆明:云南大学出版社,1998,页160—254。

方慧,"关于元代云南的'真贝''私贝'问题",收入杨寿川编著(1997),《贝币研究》,页209—215;最初发表于《云南社会科学》,3(1982):77–79。

——,"从金石文契看元明及清初云南使用贝币的情况",收入杨寿川编著(1997),《贝币研究》,页127—157。

方辑,"稀世珍宝——一张元代'中统元宝交钞'",《内蒙古社会科学》,4(1985):93。

Fang Jun, "A Bibliography of Extant Yuan Gazetteers," in *Journal of Song-Yuan Studies*, 23 (1993): 123–138.

Farquhar, David M., "The Official Seals and Ciphers of the Yüan Period," *Monumenta Serica*, 25 (1966): 362–393.

——, *The Government of China under Mongolian Rule: A Reference Guide*, Stuttgart: Franz Steiner (Münchener Ostasiatische Studien; 53), 1990.

Faucon, Jean-Claude, "La représentation de l'animal par Marco Polo," *Médiévales*, 32 (1997): 97–117.

——, "Marco Polo et les enchanteurs," in *Chant et enchantement au Moyen Âge, travaux du Groupe de recherches "Lectures médiévales," Université de Toulouse II*, Toulouse: Éditions Universitaires du Sud, 1997a, pp. 205–222.

——, "Feux de l'Ailleurs (les rites de crémation dans le Devisement du monde), in *Feu et Lumière au Moyen Âge, travaux du Groupe de recherches "Lectures médiévales," Université de Toulouse II*, Toulouse: Éditions Universitaires du Sud, 1998, pp. 103–120.

——, "Examen des données numériques dans le Devisement du Monde," in Silvia Conte (ed.) (2008), pp. 89–111.

Fedi, Pierfrancesco, "Bukhara: Le notizie di Marco Polo e le testimonianze di alcuni viaggiatori italiani del secondo ottocento," in Cosimo Palagiano et al. (eds.) (2007), pp. 195–214.

Fedorov-Davydov, German A., "The Monetary System of The Golden Horde," translated by L. I. Smirnova, http://www.paleog.com/im/fd/summary.pdf, p. 47 (accessed August 4, 2009).

Feinstein, Stephen, *Marco Polo: Amazing Adventures in China*, Berkeley Heights, N.J.: Enslow Publishers, 2010.

Feng Han-yi and J. K. Shryock, "The Historical Origins of the Lolo," *Harvard Journal of Asiatic Studies*, 3 (1938): 103–127.

冯丽蓉，"无锡市博物馆藏'至元通行宝钞'"，《中国钱币》，3（1989）：44–45。

Feng Xianming, "Exports of Chinese Porcelains up to the Yuan Dynasty," *SPAFA Digest: Journal of SEAMO Project in Archaeology and Fine Arts*, 2.1 (1981): 4–7, and 2.2 (1981): 37–41, 43.

—— "Red-glazed and Underglaze-red Porcelain of the Yuan Dynasty," *Orientations*, 16.7 (1985): 44–48.

Ferguson, John C., "Marco Polo's Journey in Manzi," *Journal of the North-China Branch of the Royal Asiatic Society*, 37 (1906): 190–191.

Finnane, Antonia, "Yangzhou: A Central Place in the Qing Empire," in Linda Cooke Johnson (ed.), *Cities of Jiangnan in Late Imperial China*, Albany: State University of New York Press (SUNY Series in Chinese Local Studies), 1993, pp. 117–149.

——, *Speaking of Yangzhou: A Chinese City, 1550–1850*, Cambridge (Mass.): Harvard University Press (Harvard East Asian Monographs; 236), 2004.

Fletcher, Joseph, "Integrative History: Parallels and Interconnections in the Early Modern Period, 1500–1800," *Journal of Turkish Studies*, 9 (1985): 37–57.

——, "The Mongols: Ecological and Social Perspectives," *Harvard Journal of Asiatic Studies*, 46.1 (1986): 11–50.

Foltz, Richard C., *Religions of the Silk Road: Overland Trade and Cultural Exchange from Antiquity to the Fifteenth Century*, New York: St. Martin's Press, 1999.

Forbes, Andrew D. W., "The 'Cin-Ho' (Yunnanese Chinese) Caravan Trade with North Thailand during the Late Nineteenth and Early Twentieth Centuries," *Journal of Asian Histo-*

ry, 21 (1987): 1–47.

——, "The Role of Hui Muslims in the Traditional Caravan Trade between Yunnan and Thailand," in Denys Lombard and Jean Aubin (eds.), *Marchands et hommes d'affaires asiatiques dans l'Océan Indien et la Mer de Chine, 13e–20e siècles*, Paris: Ed. de l'École des Hautes Études en Sciences Sociales, 1988, pp. 289–295.

Franchi, Stanislao, "L'albero solo od albero secco di Marco Polo," *Atti della Reale Accademia delle Scienze di Torino*, 74 (1938): 205–220.

——, *L'itinerario di Marco Polo in Persia*, Turin: Collegio Artigianelli, 1941.

Franke, Herbert, "Ahmed: Ein Beitrag zur Wirtschaftsgeschichte Chinas unter Qubilai," *Oriens*, 1.2 (1948): 222–236.

——, *Geld und Wirtschaft unter der Mongolen-Herrschaft: Beiträge zur Wirtschaftsgeschichte der Yüan-Zeit*, Leipzig: Harrassowitz, 1949.

——, "Some Sinological Remarks on Rašîd ad-Dîn's History of China," *Oriens* 4.1 (1951): 21–26.

——, "Could the Mongol Emperors Read and Write Chinese?" *Asia Major*, N.S. 3 (1953): 28–41. Repr. in his *China under Mongol Rule*.

—— (ed.), *Studia Sino-altaica: Festschrift für Erich Haenisch zum 80. Geburtstag*, Wiesbaden: Franz Steiner Verlag, 1961.

——, "Sino-western Contacts under the Mongol Empire," *Journal of the Royal Asiatic Society, Hong Kong Branch*, 6 (1966): 49–72. Repr. in his *China under Mongol Rule*.

——, "Eine mittelalterliche chinesische Satire auf die Mohammedaner," in Wilhelm Hoenerbach (ed.), *Der Orient in der Forschung: Festschrift für Otto Spies zum 5. April 1966*, Wiesbaden: Otto Harrassowitz, 1967, pp. 203–208.

——, "Die Gesandtschaft des Johann von Marignola im Spiegel der chinesischen Literatur," in Lydia Brüll and Ulrich Kemper (eds.), *Asian: Tradition und Fortschritt; Festschrift für Horst Hammitzsch zu seinem 60. Geburtstag*, Wiesbaden: Harrassowitz, 1971, pp. 117–134.

——, "A Note on Wine," *Zentralasiatische Studien*, 8 (1974): 241–245.

——, "Chinese Historiography under Mongol Rule: The Role of History in Acculturation," *Mongolian Studies*, 1 (1974a): 15–26.

——, *From Tribal Chieftain to Universal Emperor and God: The Legitimation of the Yüan Dynasty*, München: Verlag der Bayerischen Akademie der Wissenschaften, 1978.

——, "A Note on Multilinguality in China under the Mongols: The Compilers of the Revised Buddhist Canon 1285–1287," in Edward H. Kaplan and Donald W. Whisenhunt (eds.), *Opuscola Altaica: Essays Presented in Honor of Henry Schwarz*, Bellingham, Wash.: Western

Washington University Press (Studies on East Asia; 19), 1994, pp. 286–298.

——, *China under Mongol Rule*, Brookfield, Vermont: Variorum Ashgate Publishing Limited, 1994.

——, "Tibetans in Yüan China," in his *China under Mongol Rule*, 1994, VII, pp. 296–328.

Franke, Herbert, and Denis Twitchett (eds.), *The Cambridge History of China, vol. 6, Alien Regimes and Border States, 907–1368*, Cambridge: Cambridge University Press, 1994.

Franke, Otto, *Geschichte des chinesischen Reiches: Eine Darstellung seiner Entstehung, seines Wesens und seiner Entwicklung bis zur neuesten Zeit*; vol. 4: *Der konfuzianische Staat II / Krisen und Fremdvölker*, vol. 5: *Anmerkungen, Ergänzungen und Berichtigungen zu Band 4 / Namens- und Sachverzeichnis*, Berlin, New York: De Gruyter, 2001.

Freeman, Michael, "Sung," in Chang Kwang-chih (ed.), *Food in Chinese Culture: Anthropological and Historical Perspectives*, New Haven and London: Yale University Press, 1977, pp. 143–176.

Freschi, Fausto, "Marco Polo e la provincia indiana di Lar," *Parole del passato*, 75 (1993): 445–453.

Fried, Johannes, "Auf der Suche nach der Wirklichkeit: Die Mongolen und die europäische Erfahrungswissenschaft im 13. Jahrhundert," *Historische Zeitschrift*, 243 (1986): 287–332.

Friedmann, John Block, *The Monstrous Races in Medieval Art and Thought*, Cambridge (Mass.): Harvard University Press, 1981.

傅维康，"马可·波罗的中医中药见闻"，《医古文知识》，16.3（1999）：32–33。

Fujieda Akira 藤枝晃，"マルコ・ポーロの伝えた蒙疆の事情"，《東洋史研究》，4.4–5 (1939): 133–160 (421–441).

——, "昔児吉思その他—『マルコ・ポーロの伝えた蒙疆の事情』補正"，《東洋史研究》，5.1 (1939a): 67–68.

Fujita Toyohachi 藤田豐八，"ユール氏注マルコ・ポーロ紀行補正二則"，《東洋學報》，3 (1913): 443–448；重印於他的《東西交涉史の研究 — 南海編》，东京：Kōshoin, 1932, pp. 69–77。

Furth, Charlotte, "Yuan-period Medical Cases," in Victor H. Mair, Nancy S. Steinhardt and Paul R. Goldin (eds.), *Hawaii Reader in Traditional Chinese Culture*, Honolulu: University of Hawaii Press, 2005, pp. 440–443.

Gabriel, Alfons, *Marco Polo in Persien*, Wien: Typographische Anstalt, 1963.

——, "Neue Gesichtspunkte zu Marco Polos Route durch Persien," *Mitteilungen der Österreichischen Geographischen Gesellschaft*, 1–2 (1963a): 39–52.

Gallina, Annamaria, "Di un'antica traduzione aragonese del Milione," *Filologia Romanza*, 3 (1956): 296–314.

Gallo, Rodolfo, "Le ricerche della tomba di Marco Polo nella Chiesa di S. Lorenzo," Venezia: Stab. Grafico U. Bortoli, 1924, and in *Rivista mensile della Città di Venezia*, 3.9 (settembre 1924): 223–258.

——, "Le vicende della tomba di Marco Polo nella Chiesa di S. Lorenzo," *Rivista mensile della Città di Venezia*, 1924a.

——, "Dove era la tomba di Marco Polo," *Rivista mensile della Città di Venezia*, 14.5 (maggio 1935): 201–212.

——, "Marco Polo, la sua famiglia, il suo libro," in Roberto Almagià et al. (eds.), *Nel VII centenario della nascita di Marco Polo*, Venezia: Istituto Veneto di Scienze, Lettere ed Arti, 1955, pp. 63–193.

Gambetti, Giacomo, *Sul set di Marco Polo*, Torino: ERI, 1983.

Ganshof, François-Louis, "Le voyage de Marco Polo en Chine," *Bulletin de la Société de Géographie de Lille*, 3 (1938): 104–116.

高桥弘臣 [Takahashi Hirōmi] 著；林松涛翻译，《宋金元货币史研究——元朝货币政策之形成过程》，"日本宋学研究六人集（第二辑）"，上海：上海古籍出版社，2010。

Gaudio, Attilio, "Sulle tracce di Marco Polo; II. Dall'Anatolia Orientale all'Iran; III. Iran Meridionale e Belucistan; VI. La via del ritorno," *L'universo*, 35 (1955): 250–256, 369–382, 892–904.

Gaunt, Simon, " 'La greigneur merveille du monde': Marco Polo and French as a Marker of Cultural Relativity," *French Studies Bulletin*, 27.100 (2006): 63–66.

Gazagnadou, Didier, "Un cas de diffusion d'une technique administrative de Chine en Occident par l'intermédiaire des empires mongol et mamluk: La poste d'état à relais à chevaux, " PhD, Université de Paris 8, 1988.

——, *La poste à relais: La diffusion d'une technique de pouvoir à travers l'Eurasie (Chine, Islam, Europe)*, Paris: Kimé, 1994.

Geng Shimin, Hans-Joachim Klimkeit, and Jens Peter Laut, "Eine neue nestorianische Grabinschrift aus China," *Ural-altaische Jahrbücher*, N.F. 14 (1996): 164–175.

Gernet, Jacques, *La vie quotidienne en Chine à la veille de l'invasion mongole, 1250–1276*, Paris: Hachette, 1959.

Ghisalberti, Carlo, "Sulla 'Historia Mongalorum' di Giovanni da Pian del Carpine," in Cosimo Palagiano et al. (eds.) (2007), pp. 87–97.

Gillman, Ian, and Hans-Joachim Klimkeit, *Christians in Asia before 1550*, Richmond, Surrey: Curzon, 1999.

Giovanni Battista Ramusio, "editor" del "Milione": Trattamento del testo e manipolazione dei modelli; Atti del seminario di ricerca (Venezia, 9–10 settembre 2010), Roma e Padova: Editrice Antenore (Biblioteca Veneta; Poliana: Documenti per l'edizione integrale del libro di Marco Polo; 3), 2011.

Giraldez, Arturo, "Cacao Beans in Colonial México: Small Change in a Global Economy," manuscript, 2010.

Godelier, Maurice, "La 'monnaie de sel' des Baruya de Nouvelle-Guinée," *L'homme: Revue française d'anthropologie*, 9.2 (1969): 5–37.

Golfin, Jean, *Saint François en Chine: Ou l'épopée solitaire du franciscain Jean de Montecorvino*, Paris: Editions du Cerf, 2012.

Goldstein, Jonathan, *The Jews of China*; Vol. One: *Historical and Comparative Perspectives*; Volume Two: *Sourcebook and Research Guide*, Armonk, New York: M. E. Sharpe, 1998–1999.

Gonçalves, Júlio, "Marco Polo e os Portugueses: Duas fases da geografia do Oriente," *Boletim da Sociedade de Geografia de Lisboa*, (1955): 315–324.

龚缨晏, "马可波罗对杭州的记述", 《杭州大学学报》, 28.1（1998）: 34–40。

Goodrich, L. Carrington "A Bronze Block for the Printing of Chinese Paper Currency," *American Numismatic Society Museum Notes*, 4 (1950), 127–136.

——, "Westerners and Central Asians in Yuan China," in *Oriente poliano*, 1957, pp. 1–22.

——, *Western Asians in China under the Mongols*, Los Angeles: University of California Press, 1966.

Gosch, Stephen S., and Peter Stearns, *Premodern Travel in World History*, New York and London: Routledge (Themes in World History), 2008.

Gosman, Martin, "Marco Polo's Voyages: The Conflict between Confirmation and Observation," in Zweder von Martels (ed.), *Travel Fact and Travel Fiction: Studies on Fiction, Literary Tradition, Scholarly Discovery and Observation in Travel Writing*, Leiden, New York and Köln: Brill, 1994, pp. 72–84.

Gossen, Carl Theodor, "Marco Polo und Rustichello da Pisa," in Manfred Bambeck and Hans Helmut Christmann, in collaboration with Erich von Richthofen (eds.), *Philologica Romanica: Festschrift Erhard Lommatzsch*, München: Wilhelm Fink Verlag, 1975, pp. 133–143.

Goussett, Marie-Thérèse, "Un programme iconographique conçu par Jean sans Peur?" in *Marco Polo; Le livre des merveilles, manuscrit français 2810 de la Bibliothèque nationale de France, Paris*, Luzern: Faksimile Verlag, 1995–1996, pp. 353–364.

Grande, Stefano, "Le relazioni geografiche: P. Bembo, G. Fracastoro, G. B. Ramusio, G. Castaldi," *Memorie della Società Geografica Italiana*, 12 (1905): 93–197.

Gribaudi, Dino, "L'uomo Marco Polo nel 'Libro delle meraviglie del mondo'," in *"Due grandi viaggiatori italiani: Marco Polo e Amerigo Vespucci," supplement to L'Universo*, 3 (March to June 1954): 19–31.

Grossato, Alessandro, *Navigatori e viaggiatori veneti sulla rotta per l'India: Da Marco Polo ad Angelo Legrenzi*, Venezia: Marsilio, 1994.

Grousset, René, *Histoire de l'Extrême-orient*, Paris: Libraire orientaliste Paul Geuthner, 1929.

顾峰,"马可·波罗游昆明",《滇池》, 2（1980）；修订本见余士雄主编（1983），页 132—134。

顾卫民,"中国的马可·波罗介绍与研究(1874-1990 年)",收入陆国俊等主编(1995),页 362—375。

——, "Le ricerche su Marco Polo in Cina, dal 1874 al 1995," in Frederico Masini et al. (eds.) (2006), pp. 317–348.

古德格, E. W. (E. W. Gudger),"元代马可波罗所见亚洲旧有的近代事物",朱杰勤译,《现代史学》, 2.3 (1935)；校译本收入余士雄主编（1983）, 页 236—258。

Gueret-Laferté, Michèle, *Sur les routes de l'empire mongol: Ordre et rhétorique des rélations de voyages au XIIIe et XIVe siècles*, Paris: Champion (Nouvelle bibliothèque du Moyen Âge; 28), 1994.

——, "Le vocabulaire exotique du Devisement dou monde," in Silvia Conte (ed.) (2008), pp. 287–305.

Guerri, Domenico, "Le meraviglie del mondo di messer Marco Polo detto Milione," *Scuola e cultura*, 9.5 (1933): 491–511, and in his *Scritti danteschi e d'altra letteratura antica*, ed. by Antonio Lanza, Anzio (Roma): De Rubeis, 1990, pp. 273–287.

Guillot, Claude, Denys Lombard, and Roderich Ptak (eds.), with the assistance of Richard Teschke, *From the Mediterranean to the China Sea*, Wiesbaden: Harrassowitz (South China and Maritime Asia; 7), 1998.

郭圣铭,"马哥·波罗",《旅行天地》, 3 (1980)；修订本收入余士雄主编（1983），页 25—29。

郭正忠,"宋代东南海盐课利岁收考察",收入他的《宋盐管窥》,太原：山西经济出版社，1990。

——，《三至十四世纪中国的权衡度量》，北京：中国社会科学出版社，1993。

——主编，《中国盐业史：古代编》，北京：人民出版社，1997。

Guzman, Gregory G., "Simon of Saint-Quentin and the Dominican Mission to the Mongols, 1245–1248," PhD diss., University of Cincinnati, 1968.

——, "Simon of Saint-Quentin and the Dominican Mission to the Mongol Baiju: A Reappraisal," *Speculum*, 46.2 (1971): 232–249.

——, "Simon of Saint-Quentin as Historian of the Mongols and Seljuk Turks," *Medievalia et Humanistica*, new series 3 (1972): 155–178.

——, "The Encyclopedist Vincent of Beauvais and his Mongol Extracts from John of Plano Carpini and Simon of Saint-Quentin," *Speculum*, 49.2 (1974): 287–307.

——, "European Clerical Envoys to the Mongols: Reports of Western Merchants in Eastern Europe and Central Asia, 1231–1255," *Journal of Medieval History*, 12 (1996): 53–67.

Haeger, John W., "Marco Polo in China? Problems with Internal Evidence," *Bulletin of Sung and Yüan Studies*, 14 (1978): 22–30.

Haenisch, Erich, "Steuergerechtsame der chinesischen Klöster unter der Mongolenherrschaft: Eine kulturgeschichtliche Untersuchung mit Beigabe dreier noch unveröffentlichter Phagspa- Inschriften," *Berichte über die Verhandlungen der Sächsischen Akademie der Wissenschaften zu Leipzig, Philologisch-historische Klasse*, Leipzig: Verlag von S. Hirzel, 1940.

Halbertsma, Tjalling H. F., *Early Christian Remains of Inner Mongolia: Discovery, Reconstruction and Appropriation*, Leiden: Brill (Sinica Leidensia), 2008.

Hambis, Louis, "Le voyage de Marco Polo en Haute Asie," in *Oriente poliano*, 1957, pp. 173–191.

Hamilton, James, and Niu Ruji, "Deux inscriptions funéraires turques nestoriennes de la Chine Orientale," *Journal Asiatique*, 282 (1994): 147–164.

Hammer-Purgstall, Joseph Freiherr von (1842), *Geschichte der Ilchane, das ist der Mongolen in Persien*, Darmstadt: Carl Wilhelm Leske, 1842.

Haneda Tōru 羽田亨，"元の海青牌に就ついて"，《考古學論叢》，2（1930）：32–46。

——，《元朝驛傳雜考》，东京：东洋文库，1930a。

——, "Une tablette du décret sacré de l'empereur Genghis," *Memoirs of the Research Department of the Toyo Bunko*, 8 (1936): 85–91.

Harf-Lancner, Laurence, "From Alexander to Marco Polo, from Text to Image: The Marvels of India," in Donalds Maddox and Sara Sturm-Maddox (eds.), *The Medieval French*

Alexander, Albany: State University of New York Press, 2002, pp. 235–257.

——, "Divergences du texte et de l'image: L'illustration du *Devisement du monde* de Marco Polo," *Ateliers*, 30 (2003): 39–52.

Harrison, Tom, *World Within*, London: The Cresset Press, 1959.

——, "Trade Porcelain and Stoneware in South-East Asia," *Sarawak Museum Journal*, 10 (1961): 222–226.

[Hartlaub, Dr.], "Das Schaf des Marco Polo auf der Hochebene von Pamir," *Mittheilungen aus Justus Perthes' Geographischer Anstalt über wichtige neue Erforschungen auf dem Gesammtgebiete der Geographie von Dr. A. Petermann*, 7 (1866): 286–287.

Haw, Stephen G., *Marco Polo's China: A Venetian in the Realm of Khubilai Khan*, London and New York: Routledge, 2006.

——, *The Mongol Unification of China*, London: Routledge (Routledge Studies in the Early History of Asia), in press.

何珍如,"康熙时期的云南盐政",《中国历史博物馆馆刊》,5（1983）:70–78。

河北省博物馆文物管理处,"河北平山县发现的'至元通行宝钞'铜版",《考古》,1 (1973): 42。

Heers, Jacques, *Marco Polo*. Paris: Fayard, 1983.

——, "De Marco Polo à Christophe Colomb: Comment lire le Divisement du monde?" *Journal of Medieval History*, 10 (1984): 125–143.

Henze, Dietmar, *Enzyklopädie der Entdecker und Erforscher der Erde*, Graz: Akademische Druck- und Verlagsanstalt, 2000.

Herb, G. Henrik, "Mongolian Cartography," in J. Brian Harley and David Woodward (eds.), *History of Cartography*, Chicago: University of Chicago Press, 1992–1994, vol. 2, pp. 682–685.

Herriott, James Homer, "The 'Lost' Toledo Manuscript of Marco Polo," *Speculum*, 12.4 (1937): 456–463.

——, "The Zelada Manuscript of Marco Polo," *The Geographical Review*, 29.1 (1939): 172–173.

——, "Folklore from Marco Polo: Maabar," *California Folklore Quarterly*, 2.1 (1943): 1–12.

——, "Folklore from Marco Polo: Russia," *California Folklore Quarterly*, 3.4 (1944): 309–317.

——, "Folklore from Marco Polo: Japan," *California Folklore Quarterly*, 4.4 (1945): 398–403.

Herrmann, Albert, "Marco Polos Reisen in China und ihre Bedeutung für die Gegenwart," *Jahrbuch Hochschule für Politik*, 1939: 335–351.

Heyd, Wilhelm, *Geschichte des Levantehandels im Mittelalter*, vol. 2, Stuttgart: Cotta, 1879.

Hirth, Friedrich, "Ueber den Schiffsverkehr von Kinsay zu Marco Polo's Zeit," *T'oung Pao*, 5.5 (1894): 386–390.

Hirth, Friedrich, and William Woodville Rockhill, *Chau Ru-kua: His Work on the Chinese and Arab Trade in the Twelfth and Thirteenth Centuries, entitled Chu-fan-chï*, Petersburg 1911, repr. Amsterdam: Oriental Press, 1966.

Ho Chuimei, "The Ceramic Boom in Minnan during Song and Yuan Times," in Angela Schottenhammer (ed.) (2001), pp. 237–308.

Ho Yung Chi, "Marco Polo: Was He Ever in China?" *Annual of the China Society*, 3 (1953): 54–58.

Hocquet, Jean-Claude, *Le sel et la fortune de Venise*, vol. 1, *Production et monopole*, Villeneuve d'Ascq: Publications de l'Université de Lille, 1979.

Hoffmann, Agnes, "Untersuchung zu den altdeutschen Marco Polo-Texten," Phil. Diss. Freiburg im Breisgau; Ohlau in Schlesien: Spezialdruckerei für Dissertationen Dr. Hermann Eschenhagen, 1936.

Hogendorn, Jan, and Marion Johnson, *The Shell Money of the Slave Trade*, Cambridge: Cambridge University Press (African Studies Series; 49), 1986.

Holmgren, Jennifer, "Observations on Marriage and Inheritance Practices in Early Mongol and Yuan Society, with Particular Reference to the Levirate," *Journal of Asian History*, 20 (1986): 127–192.

Holtus, Günter, and Anja Korner, " 'Pour savoir la pure verité...' Die Handschrift des Reiseberichts von Marco Polo in der Königlichen Bibliothek Stockholm (ms. cod. Holm. M 305)," in Dominique Boutet, Marie-Madeleine Castellani, Françoise Ferrand and Aimé Petit (eds.), *"Plaist vos oïr bone cançon vallant?" Mélanges de langue et de littérature médiévales offerts à François Suard*, Lille: Éditions du Conseil Scientifique de l'Université Charles-de-Gaulle-Lille III, 1999, vol. 1, pp. 423–434.

Honda Minobu 本田実信, "マルコ・ポーロの『山の老人』",《伝統と現代》, 14（1972）; 重印于他的《モンゴル時代史》, 東京：東京大學出版會, 1991。

Horesh, Niv, "The Transition from Coinage to Paper Money in China: Hallmarks of Statehood in Global Perspective, 8th Century BC to 1935 AD," *Journal of the Institute of Asian Studies*, 21.2 (2004): 1–26.

——, "The Great Money Divergence: European and Chinese Coinage before the Age of Steam," *Journal of Chinese Studies*, January 2013 (in press).

Hori Kyotsu, "The Mongol Invasions and the Kamakura Bakufu," PhD diss., Columbia University, 1967.

Hoshi Ayao 星斌夫,《中國社會經濟史語彙》,東京:近代中國研究センタ,1966–1975。

——,《中國社會經濟史語彙:續篇》,山形:光文堂書店,1981。

Hou Ching-Lang 侯锦郎, *Monnaies d'offrande et la notion de trésorerie dans la religion Chinoise*, Paris: Presses Universitaire de France (Mémoires de l'Institut des Hautes Études Chinoises; 1), 1975.

Houtum-Schindler, Albert, "Notes on Marco Polo's Itinerary in Southern Persia (Chapters XVI to XXI, Col. Yule's Translation)," *Journal of the Royal Asiatic Society of Great Britain and Ireland*, new series, 13 (1881): 490–497.

——, "Marco Polo's Camadi," *Journal of the Royal Asiatic Society of Great Britain and Ireland*, 1898, pp. 43–46.

——, "Marco Polo's Travels; New Editions; his 'Arbre Sol' not 'Sun-tree,' but Cypress of Zoroaster," *Journal of the Royal Asiatic Society of Great Britain and Ireland*, January 1909: 154–162.

Hsiao Ch'i-ch'ing, *The Military Establishment of the Yuan Dynasty*, Cambridge (Mass.) and London: Harvard University Press, 1978.

户亭风、王少华(1985),"九江出土元代烧钞库印",《中国钱币》,3(1985):61、5。

Huang Hsing-tsung, *Fermentations and Food Science*, part V of vol. 6, *Biology and Biological Technology*, of Joseph Needham's *Science and Civilisation in China*, Cambridge: Cambridge University Press, 2000.

黄培林、钟长永主编,《滇盐史论》,四川人民出版社出版,自贡盐业出版编辑室编辑,1997。

黄时鉴,"关于马可·波罗的三个年代问题",收入中外关系史学会编《中外关系史论丛》,第1辑,北京:世界知识出版社,1981,页59—67;修订本见余士雄主编(1983),页287—297。

——, "The Persian Language in China during the Yuan Dynasty," *Papers on Far Eastern History*, 34 (1986): 83–95.

——,"关于茶在北亚和西域的早期传播——兼说马可波罗未有记茶",《历史研究》,1(1993):141–145;收入陆国俊等主编(1995),页83—91。

——, "The Early Dissemination of Tea in Northern Asia and the Western Region—Why

Marco Polo Never Mentioned Tea," transl. by Lu Yunzhong, rev. by Yang Zhi and Bruce Doar, *Social Sciences in China*, 15.4 (1994): 167–175. 中文本最初发表于《历史研究》, 1 (1993), 141–145。

——, "《光明之城》伪书考", 《历史研究》, 3 (2001): 65–80。

——, "A Study of the Bogus Book: *The City of Light*," transl. by Huang Shijian, rev. by David Kelly, *Social Sciences in China*, 23.4 (2002): 45–57.

Huang Shijian and Gong Yingyan, "Marco Polo and the Great Wall—Also on *Did Marco Polo Go to China?*" transl. by Deng Ying and Liu Xiangnan, *Social Sciences in China*, 20.3 (1999): 117–134. 中文本黄时鉴、龚缨晏, "马可·波罗与万里长城——兼评《马可·波罗到过中国吗？》", 发表于《中国社会科学》, 4 (1998)。

Hucker, Charles O., *A Dictionary of Official Titles in Imperial China*, Stanford, California: Stanford University Press, 1985.

Hudson, G. F., "Marco Polo," *Geographical Journal*, 120.3 (1954): 299–311.

——, "The Medieval Trade of China," in Donald S. Richards (ed.) (1970), pp. 159–167.

Huf, Hans-Christian, "Die phantastischen Reisen des Marco Polo," in id. (ed.), *Sphinx: Geheimnisse der Geschichte*, vol. 2: *Von Marco Polo bis Rasputin*, Bergisch-Gladbach: Lübbe, 1996, pp. 146–189.

Hughes, Muriel J., "Marco Polo and Medieval Silk," *Textile History*, 6 (1975): 119–131.

霍巍, "宋元时期的敦煌葬俗：'马可波罗游记'中的一段史料", 《敦煌研究》, 1 (1990): 38–42。

Ichimaru Tomoko 市丸智子, "元代貨幣の貫文錠兩單位の別について－黑城出土及び徽州契約文書を中心として", 《社會經濟史學》, 68.3, (2002): 249–270。

——, "元代の銀・鈔・銅錢の相互關係について — 使用單位の分析お中心に —", 《東洋史論集》, 36 (2008): 88–122。

Imperatori, Giorgio, "Una pagina poco nota su Marco Polo scrittore," in his *Goethe e gli scrittori d'Italia*, Udine: Istituto delle Edizioni Accademiche, 1937, pp. 21–23.

Ineichen, Gustav, "La mescolanza delle forme linguistiche nel *Milione* di Marco Polo," in Günter Holtus, Henning Krauss and Peter Wunderli (eds.), *Testi, cotesti e contesti del franco-italiano: Atti del I° simposio franco-italiano (Bad Homburg, 13–16 aprile 1987); In memoriam Alberto Limentani*, Tübingen: Max Niemeyer Verlag, 1989, pp. 65–74.

Israeli, Raphael, *Muslims in China: A Study in Cultural Confrontation*, London: Curzon Press, 1978.

——, *Islam in China: Religion, Ethnicity, Culture, and Politics*, Lanham, Maryland: Lexington Books, 2002.

Iwamura Shinobu 岩村忍, 《マルコ・ポーロの研究》, Tōkyō: Chikuma shobō, 1948.

——, "元時代における紙幣イノフレーション - 經濟史的研究", 《東方學報》, 34（1964）: 61–133。该文的汉译本见岩村忍（1999）。

——, "紙幣制とその崩壞", 收入他的《モンゴル社會經濟史の研究》, 京都: 同朋舍, 1968。

——, "日本発見はマルコ・ポーロではない", 《中央公論》, 83.2 (1984): 150–157.

Izumori Kō 泉森皎, "第3章 マルコ・ポーロ『東方見聞録』から見た織物產業", 《シルクロード學研究》, 13（2002）: 25–31。

Jack-Hinton, Colin, "Marco Polo in South-East Asia: A Preliminary Essay in Reconstruction," *Journal of Southeast Asian History*, 5.2 (1964): 43–103.

Jackson, A. V. Williams, "The Magi in Marco Polo and the Cities in Persia from which they Came to Worship the Infant Christ," *Journal of the American Oriental Society*, 26 (1905): 79–83; 26 (1905): 423.

Jackson, Peter, "William of Rubruck in the Mongol Empire: Perception and Prejudices," in Zweder von Martels (ed.), *Travel Fact and Travel Fiction: Studies on Fiction, Literary Tradition, Scholarly Discovery, and Observation in Travel Writing*, Leiden, New York: Brill, 1994, pp. 54–71.

——, "Paper Currency Issued in Mongol Iran in 693/1294," *Encyclopaedia Iranica*, online ed., www.iranicaonline.org (accessed June 15, 2010).

——, "Marco Polo and his 'Travels'," *Bulletin of the School of Oriental and African Studies*, 61.1 (1998): 82–101.

——, *The Mongols and the West, 1221–1410*, Harlow, England, and New York: Pearson/Longman: 2005.

Jacobini, Elisabetta, "La relazione tra testo ed immagine e la rappresentazione dell'Oriente nel *Marco Polo* di Oxford (Bodleian Library, ms. Bodley 264, ff. 218–270)," in Sonia Maura Barilari and Margherita Lecco (eds.), *Testi e immagine: Espressione linguistica e communicazione iconografica dall'antichità all'età contemporanea*, in *L'immagine riflessa*, n.s. 11.2 (2002): 217–244.

Jacoby, David, "Marco Polo, his Close Relatives, and his Travel Account: Some New Insights," *Mediterranean Historical Review*, 21.2 (2007): 193–218.

Jagchid Sechin, "Chung-tu, the Central Capital of Yuan Dynasty," in Giovanni Stary (ed.), *Proceedings of the XXVIII Permanent International Altaistic Conference: Venice, 8–14 July*

1985, Wiesbaden: Harrassowitz, 1989, pp. 177–193.

Jagchid Sechin, and Charles R. Bawden, "Some Notes on the Horse-policy of the Yuan Dynasty," *Central Asiatic Journal*, 10 (1965): 246–268.

Jahn, Karl, "Das irānische Papiergeld: Ein Beitrag zur Kultur- und Wirtschaftsgeschichte Irān's in der Mongolenzeit," *Archiv Orientální*, 10 (1938): 308–340.

——, "Wissenschaftliche Kontakte zwischen Iran und China in der Mongolenzeit," *Anzeiger der Österreichischen Akademie der Wissenschaften—Philosophisch-historische Klasse*, 106.13 (1969): 199–211.

——, "Paper Currency in Iran: A Contribution to the Cultural and Economic History of Iran in the Mongol Period," *Journal of Asian History*, 4 (1970): 101–135.

——, "Rashīd al-Dīn and Chinese Culture," *Central Asiatic Journal*, 14 (1970a): 134–147.

Jandesek, Reinhold, *Das fremde China: Berichte europäischer Reisender des späten Mittelalters und der frühen Neuzeit*, Pfaffenweiler: Centaurus (Weltbild und Kulturbegegnung; 3), 1992.

——, "Der Umgang mit dem 'Fremden' in den Berichten mittelalterlicher Chinareisender," in Odio Engels and Peter Schreiner (eds.), *Die Begegnung des Westens mit dem Osten: Kongressakten des 4. Symposions des Mediävistenverbandes in Köln 1991 aus Anlass des 1000. Todesjahres der Kaiserin Theophanu*, Sigmaringen: Thorbecke, 1993, pp. 89–98.

——, "Conceptions and Perceptions of China: European Travellers in the Middle Ages," 收入陆国俊等主编（1995），页 280—296。

Jensen, Joergen, "The World's Most Diligent Observer," *Asiatische Studien*, 51.3 (1997): 719–729.

季子，"元代社会状况的研究——介绍《马哥博罗游记》对元代社会史的贡献"，《中山文化教育馆季刊》，2.2（1935）；收入余士雄主编（1983），页 208—235。

贾二强，"《马可波罗游记》中的陕西地名及陕情记载"，《陕西师范大学学报》（哲学社会科学版），3（1986）：89—92。

箭内亘 [Yanai Wataru] 著，陈捷、陈清泉翻译，《蒙古史研究》，上海：商务印书馆，1932。

蒋华，"《马可·波罗游记》与饮食文化"，收入陆国俊等主编（1995），页 124—135。

江辛眉，"伯希和《马哥孛罗游记诠释》简介"，《中国史研究》，2（1979）；收入余士雄主编（1983），页 349—350。

金涛，"马可·波罗是骗子吗？"收入本社编《中外历史之谜》，武汉：湖北人民出版社，1986。

Jing Anning, "The Portraits of Khubilai Khan and Chabi by Anige (1245–1306), a Nepali Artist at the Yuan Court," *Artibus Asiae*, 54 (1994): 40–85.

Johnson, Marion, "The Cowrie Currencies of West Africa," in Dennis O. Flynn and Arturo Giraldez (eds.), *Metals and Monies in an Emerging Global Economy*, Aldershot, Hampshire, and Brookfield, Vermont: Variorum (An Expanding World: The European Impact on World History 1450–1800; 14), 1997, pp. 193–248.

Jones, A. H. M., "Asian Trade in Antiquity," in Donald S. Richards (ed.) (1970), pp. 1–10.

Joris, André, "Autour du 'Devisement du monde': Rusticien de Pise et l'empereur Henry VII de Luxembourg (1310–1313)," *Le Moyen Age*, 100 (1994): 353–368.

Kadoi Yuka, *Islamic Chinoiserie: The Art of Mongol Iran*, Edinburgh: Edinburgh University Press, 2009.

Kahle, Paul, "Chinese Porcelain in the Lands of Islam," *Transactions of the Oriental Ceramic Society*, 18 (1940–1941): 27–46.

Kaiser, Elgrid, "Der Wortschatz des Marco Polo," PhD diss., University of Vienna, 1967.

考古，"马可·波罗到过内蒙"，《民族论坛》，6（1999）：41–43。

Kaszuba, Sophia C., "Wounds in Medieval Mongol Warfare: Their Nature and Treatment in the *Secret History*, with Some Notes on Mongolian Military Medicine and Hygiene," *Mongolian Studies*, 19 (1996): 59–67.

Katayama Miyoki 片山幹生，"マルコ・ポーロ『世界の記述』における「ジパング」"，*Azur*, 6 (2005): 19–33。

Kawakami Kōichi 河上光一，《宋代鹽業史の基礎研究》，東京：吉川弘文館，1992。

Kawane Yoshiyasu 河音能平，"第 17 回マドリード國際歷史學會議 -3- 円卓會議——マルコ・ポーロ時代の手稿史料 1250–1330 年 <特集>"，《歷史學研究》，623 (1991): 29–35, 49。

Kedar, Benjamin Ze'ev, *Merchants in Crisis: Genoese and Venetian Men of Affairs and the 14th-century Depression*, Roma: Jouvence: 1981.

Kingsmill, T. W., "Notes on the Topography of some of the Localities in Manji, or Southern China Mentioned by Marco Polo," in Nicholas-Belfield Dennys (ed.), *Notes and Queries on China and Japan*, Hongkong: A. Saint, 1869, vol. 1, pp. 52–54.

——, "Notes on Marco Polo's Route from Khoten to China," *Chinese Recorder and Missionary Journal*, 7.5 (1876): 338–343.

Klein, Wassilios, *Das nestorianische Christentum an den Handelswegen durch Kyrgy-*

zstan bis zum 14. Jahrhundert, Turnhout: Brepols (Silk Road Studies; 3), 2000.

Klein, Wassilios, and J. Tubach, "Ein syrisch-christliches Fragment aus Dunhuang/China," *Zeitschrift der Deutschen Morgenländischen Gesellschaft*, 144 (1994): 1–58.

Kleitz, Dorsey, "Ezra Pound, Marco Polo, and Cathay," *Essays and Studies in British and American Literature*, 50 (2004): 29–43.

Klopprogge, Axel, *Ursprung und Ausprägung des abendländischen Mongolenbildes im 13. Jahrhundert: Ein Versuch zur Ideengeschichte des Mittelalters*, Wiesbaden: Harrassowitz, 1993.

Köprülü, Mehmed Fuad, "La proibizione di versare il sangue nell'esecuzione d'un membro della dinastia presso i Turchi et i Mongoli," *Annali del Istituto Universitario Orientale di Napoli*, Nuova serie, 1 (1940): 15–23.

Kolbas, Judith G., "Mongol Money: The Role of Tabriz from Chingiz Khan to Uljaytu, 616 to 709 AH/1220 to 1309 AD," PhD diss., New York University, 1992, UMI, accessed the CrossAsia project of the Berlin State Library (Staatsbibliothek Berlin).

Koltzoff-Massalsky, nee Ghika, Helene [pseud. Dora d'Istria], "Marco Polo, il Cristoforo Colombo dell'Asia.—Discorso della Principessa Elena Ghika (Dora d'Istria) gentilmente dedicato alla Società dell Gabinetto di Minerva in Trieste e letto nella Società stessa, da uno die Direttori, nella sera del 14 maggio 1869," Trieste: Tipografia del Lloyd Austriaco, 1869, 39 pp.

Komaroff, Linda (ed.), *Beyond the Legacy of Genghis Khan*, Leiden: Brill (Islamic History and Civilization), 2006.

Komaroff, Linda, and Stefano Carboni (eds.), *The Legacy of Genghis Khan: Courtly Art and Culture in Western Asia, 1256–1353*, New York: The Metropolitan Museum of Art, 2002.

Kosta-Théfaine, Jean-François, "Du récit de voyage et de sa mise en image: L'exemple du manuscrit de New York (Pierpont Morgan Library, M.723) du *Devisement du Monde* de Marco Polo," in Jean-Loup Korzilius (ed.), *Art et literature: Le voyage entre le texte et l'image*, Amsterdam and New York: Rodopi, 2005, pp. 31–60.

Kotwicz, W., "Formules initiales des documents mongols aux XIII et XIV siecles," *Rocznik Orientalistyczny*, 10 (1934): 131–157.

Kozlow, Pyotr K., *Mongolei, Amdo und die tote Stadt Chara-Choto: Die Expedition der Russischen Geographischen Gesellschaft, 1907–1909*, transl. by L. Breitfuß and Paul Gerhard Zeidler, Berlin: Verlag Neufeld & Henius, 1925.

Krahl, Regina, "Some Notes on Song and Yuan Silver," *Oriental Art*, 44.2 (1998): 39–43.

Kramp, F. G., "Japan or Java? An Answer to Mr. George Collingridge's Article on 'The Early Cartography of Japan'," *Tijdschrift van het Koninklijk Nederlandsch Aardrijkskundig Genootschap*, second series, 11 (1894), 499–510.

Krünitz, Johann Georg, *Oekonomische Encyklopädie oder allgemeines System der Staats- Stadt- Haus- und Landwirthschaft*, Berlin: Pauli, 1773–1858 (digitalized version of the University Library of Trier).

Kube, Horst, *Das Weltreich der Mongolen: Dschingis Khans Triumph und Vermächtnis*, Bergisch Gladbach: Lübbe, 1988. Translation of Peter Brent's *The Mongol Empire*, London: Weidenfeld and Nicolson Ltd., 1976.

Kunicke, Hugo, "Das sogenannte Männerkindbett," *Zeitschrift für Ethnologie*, 1911, pp. 546–563.

——, *Die Couvade oder das sogenannte Männerkindbett*, Halle a. S.: H. John, 1912.

Kunst- und Ausstellungshalle der Bundesrepublik Deutschland (ed.); *Dschingis Khan und seine Erben: Das Weltreich der Mongolen*, München: Kunst- und Ausstellungshalle der Bundesrepublik Deutschland, Hirmer Verlag GmbH, 2005.

Kuroda Akinobu, "Concurrent Currencies in History: Comparison of Traditional Monetary Systems between China and India," *Proceedings of the Thirteenth International Economic History Congress, Session 15, Global Monies and Price Histories, 16th–18th Centuries, Buenos Aires 22–26 July, 2002*. See http://u-tokyo.academia.edu/KurodaAkinobu/Papers/240974/ Concurrent_Currencies_In_History_Comparison_of_Traditional_Monetary_Systems_Between_India_and_China (accessed March 19, 2012).

——, "The Maria Theresa Dollar in the Early Twentieth-century Red Sea Region: A Complementary Interface between Multiple Markets," *Financial History Review*, 14 (2007): 89–110.

——, "The Eurasian Silver Century, 1276–1359: Commensurability and Multiplicity," *Journal of Global History*, 4 (2009): 245–269.

Kuwabara Jitsuzō 桑原隲藏, "コルヂェ氏の新著『マルコ・ポーロ』を読む",《"支那"学》, 1.9 (1920): 709–719.

——, "On P'u Shou-keng 蒲壽庚: A Man of the Western Regions who was the Superintendent of the Trading Ships' Office in Ch'uan-chou 泉州 towards the End of the Sung Dynasty, together with a General Sketch of Trade of the Arabs in China during the T'ang and Sung Eras," *Memoirs of the Research Department of the Tōyō Bunko*, 2 (1928): 1–79, and 7 (1935): 1–104.

Lach, Donald F., *Asia in the Making of Europe*, vol. 1, *The Century of Discovery*, Chicago and London: Chicago University Press, 1965.

Lago, Luciano, "Congetture ed esperienze nell"imago mundi': Il contributo di derivazione poliana," in Frederico Masini et al. (eds.) (2006), pp. 221–265.

Lala Comneno, Maria Adelaide, "Cristianesimo nestoriano in Asia Centrale nel primo millennio: Testimonianze archeologiche," *Orientalia Christiana Periodica*, 61 (1995): 495–535.

Lam, Peter Y. K., "Jingdezhen Wares of the Yuan Dynasty," *Orientations*, 15 (1983): 14–26.

蓝勇,《西南历史文化地理》,重庆:西南师范大学出版社,1997。

Lanciotti, Lionello, "Marco Polo e la sinologia occidentale," in Frederico Masini et al. (eds.) (2006), pp. 269–274.

Landry, Isabelle, "La Chine fantôme de Marco Polo," *Le Monde*, 5 avril 1996, p. II.

Lane, Frederic C., and Reinhold C. Mueller, *Money and Banking in Medieval and Renaissance Venice*; vol. 1, *Coins and Moneys of Account*, Baltimore and London: Johns Hopkins University Press, 1985.

Lane, George, *Daily Life in the Mongol Empire*, Westport, Connecticut and London: Greenwood Press, 2006.

Langlois, Charles-Victor, "Marco Polo," in Barthelemy Haureau (ed.), *Histoire littéraire de la France*, Paris, 1921; Kraus Reprint 1971, vol. 35, pp. 232–259.

Langlois Jr., John D. (ed.), *China under Mongol Rule*, New Jersey: Princeton University Press, 1981.

——— (ed.), " 'Living Law' in Sung and Yuan Jurisprudence," *Harvard Journal of Asiatic Studies*, 41.1 (1981a): 165–217.

Larioux, Bruno, Odile Redon and B. Rosenberger (eds.), "Contre Marco Polo: Une histoire comparée des pâtes alimentaires," *Médievales*, 16–17 (1989): 25–100.

Larner, John, *Marco Polo and the Discovery of the World*, New Haven and London: Yale University Press, 1999.

———, "Plucking Hairs from the Great Cham's Beard: Marco Polo, Jan de Langhe, and Sir John Mandeville," in Akbari and Iannucci (eds.) (2008), pp. 133–155. Latham, Ronald, *The Travels of Marco Polo*, New York: Abaris Books, 1982.

Lathuillère, Roger, "La compilation de Rusticien de Pise," *Grundriss der romanischen Literaturen des Mittelalters*, 4.1 (1978), 623–625.

Laufer, Berthold, "Asbestos and Salamander: An Essay in Chinese and Hellenistic Folklore," *T'oung Pao*, 16 (1915): 299–273.

——, "Karajang," *Journal of the Royal Asiatic Society of Great Britain and Ireland*, October 1915a: 781–784.

——, *Sino-Iranica: Chinese Contributions to the History of Civilization in Ancient Iran, with Special Reference to the History of Cultivated Plants and Products*, Chicago: Field Museum of Natural History (Field Museum of Natural History Publications 201; Anthropological Series Vol. XV. No. 3), 1919.

Laurent, Marie-Hyacinthe, "Grégoire X et Marco Polo (1269–1271)," *Mélanges d'archéologie et d'histoire de l'École Française de Rome*, 58 (1941): 132–144.

Le Coz, Raymond, *Histoire de l'Eglise d'Orient: Chrétiens d'Irak, d'Iran et de Turqie*, Paris: Cerf, 1995.

Le Strange, Guy, "The Cities of Kirmān in the Time of Hamd-Allah Mustawfi and Marco Polo," *Journal of the Royal Asiatic Society of Great Britain and Ireland*, April 1901: 281–290.

Lê Thi Liên, Nguyên Thi Mai Hu'o'ng, Charlotte Pam, Mark Staniforth, Jim Delgado, Kimura Jun, and Randall J. Sasaki, "Understanding the Bach Dang Battlefield from Recent Research Results," Museum of Underwater Archaeology, http:/www.uri.edu/mua/ (accessed November 18, 2011).

Lech, Klaus, *Das mongolische Weltreich: Al-'Umarī's Darstellung der mongolischen Reiche in seinem Werk Masālik al-abṣār fī mamālik al-amṣār*, Wiesbaden: Harrasowitz (Asiatische Forschungen; 22), 1968.

Lecouteux, Claude, *Les monstres dans la pensée médiévale européenne*, Paris: PUPS, 1993, pp. 149–152.

Lee, Thomas H. C., "A Report on the Recently Excavated Song Ship at Quanzhou and a Consideration of its True Capacity," *Sung Studies Newsletter*, 11–12 (1975–1976): 4–9.

Lefèvre, Vincent, *Lumières de soie, soieries tissées d'or de la collection Riboud*, Paris: Musée Guimet, 2004.

雷润泽、于存海、何继英,"宁夏拜寺口双塔发现的大朝通宝和中统元宝交钞",《中国钱币》,4(1989):28–31。

Lembke, Katja, Eugenio Martera and Patrizia Pietrogrande (eds.), *Marco Polo: Von Venedig nach China; Niedersächsisches Landesmuseum Hannover 23. September 2011–26. Februar 2012*, Hannover: Landesmuseum Hannover, 2011.

Lentz, Wolfgang, "War Marco Polo auf dem Pamir?" *Zeitschrift der Deutschen Morgenländischen Gesellschaft*, 96 (1933): 1–32.

Leslie, Donald Daniel, *The Survival of the Chinese Jews: The Jewish Community of Kaifeng*, Leiden: Brill, 1972.

——, "The Identification of Chinese Cities in Arabic and Persian Sources," *Papers on Far Eastern History*, 26 (1982): 1–38.

——, "The Mongol Attitude to Jews in China," *Central Asiatic Journal*, 39.2 (1995): 234–245.

Leslie, Donald Daniel, Yang Daye, and Ahmed Youssef, *Islam in Traditional China: A Bibliographical Guide*, Sankt Augustin: Monumenta Serica Institute (Monumenta Serica monograph series; 54), 2006.

Lessing, Gotthold Ephraim, "Marco Polo, aus einer Handschrift ergänzt, und aus einer andern sehr zu verbessern," in *Gotthold Ephraim Lessings vermischte Schriften*, vol. 13, Berlin: In der Voßischen Buchhandlung, 1773, pp. 359–384.

Levi, Cesare Augusto, "Il vero segreto di Dante e Marco Polo: Communicazione al Comitato di Treviso della 'Dante Alighieri' letta la sera del 17 Novembre, 1905," Treviso: Zopelli, 1905, 37 pp.

Lévy, Brian J., "Un bestiaire oriental: Le monde animal dans *Le Devisament dou monde*," in Matsubara Hideichi, Suzuki Satoru, Fukumoto Naoyuki and Harano Noboru (eds.), *Les animaux dans la littérature*, Tokyo: Keio University Press, 1997, pp. 159–178.

李长林，"国人介绍与研究《马可·波罗游记》始于何时？"，《世界史研究动态》，10（1990）。

——，"中国马可·波罗学研究中的几个问题"，《世界历史》，5（1996）：78-82。

李干，"元代发行的纸币及其历史意义"，《内蒙古社会科学》（汉文版），4（1985）：49-52。

李家瑞，"古代云南用贝币的大概情形"，《历史研究》，9（1956）：85-100；重印于杨寿川编著（1997），《贝币研究》，页94—118。

李霖灿，《南诏大理国新资料的综合研究》，台北：人类学研究所（专刊9），1967。

李逸友，"元代草原丝绸之路上的纸币——内蒙古额济纳旗黑城出土的元钞及票券"，《内蒙古金融研究》，S2（2003）：6-15。

李长傅，"《马哥波罗游记》海南诸国新注"，《真知学报》，2.4（1942）；收入余士雄主编（1983），页363—379。

李正鑫，"湖南华容出土元钞"，《中国钱币》，4（1994）：33-35、23。

Li Zhi'an[李治安], "Une nouvelle réflexion sur le séjour de Marco Polo en Chine," in Li Shenwen (ed.), *Chine—Europe—Amérique: Rencontres et échanges de Marco Polo à nos jours*, Québec: Les Presses de l'Université de Laval, 2009, pp. 13–24.

李治安、薛磊,《中国行政区划通史·元代卷》,上海:复旦大学出版社,2009。

Lieu, Samuel M. C., "Nestorians and Manicheans on the South China Coast," *Vigiliae Christianae*, 34.1 (1980): 71–86.

——, *Medieval Christian and Manichaean Remains from Quanzhou (Zayton)*, Turnhout: Brepohls Publishers (Corpus Fontium Manichaeorum: Series Archaeologica et Iconographica; 2), 2012.

Ligeti, Louis, *Mongolian Studies*, Amsterdam: Verlag B. R. Gruner (Bibl. Orientalis hungarica; 14), 1970.

——, *Monuments en écriture 'Phagspa: Pièces de chancellerie en transcription chinoise*, Budapest: Akademiai Kiado, 1972.

Lighte, Peter Rupert, "The Mongols and Mu Ying in Yunnan: At the Empire's Edge," PhD diss., Princeton University, 1981, UMI, access by the CrossAsia project of the Berlin State Library (Staatsbibliothek Berlin).

Limentani, Alberto, " 'Entrée d'Espagne' e 'Milione'," in Paola Benincà et al. (eds.), *Scritti in onore di Giovan Battista Pellegrini*, vol. 1, Pisa: Pacini Editore, 1983, pp. 395–417.

林树建,"元代的浙盐",收入彭泽益、王仁远编《中国盐业史国际学术讨论会论文集》,成都:四川人民出版社,1991,页307—322;又见《浙江学刊》,3(1991):35–40、71。

林文勋,"是'丝绸之路',还是'贝币之路'?",《思想战线》,27.5(2001):134-135。

林元雄、宋良曦、钟长永等,《中国井盐科技史》,成都:四川科学技术出版社,1987。

Lincoln, Bruce, "An Early Moment in the Discourse of 'Terrorism': Reflections on a Tale from Marco Polo," *Comparative Studies in Society and History*, 46.2 (2006): 242–259.

Liu, Cary Y., "The Yuan Dynasty Capital, Ta-tu: Imperial Building Program and Bureaucracy," *T'oung Pao*, 78.4–5 (1992): 264–301.

刘森,《宋金纸币史》,北京:中国金融出版社,1993。

Liu Yih-Min, "A Comparative and Critical Study of Ali Akbar's Khitāy-Nāma with Reference to Chinese Sources (English Summary)," *Central Asiatic Journal*, 27 (1983): 58–78.

Lo Jung-pang, "The Controversy over Grain Conveyance during the Reign of Qubilai Qagan, 1260–94," *Far Eastern Quarterly*, 13.3 (1954): 263–285.

——, "The Emergence of China as a Sea Power during the Late Sung and Early Yüan Periods," *Far Eastern Quarterly*, 14 (1954–55): 489–503.

Lombard, Denys, and Roderich Ptak (eds.), *Asia Maritima: Images et réalité, Bilder und Wirklichkeit, 1200–1800*, Wiesbaden: Harrassowitz (South China and Maritime Asia; 1), 1994.

龙达瑞,"《马可波罗行纪》中所涉及的宗教问题研究",《宗教学研究》,1(1990):54—61。

——,"《马可·波罗游记》与13世纪印度宗教",收入陆国俊等主编(1995),页202—215。

Lopez, Robert Sabatino, "Nuove luci sugli italiani in Estremo Oriente prima di Colombo," in *Studi colombiani (Convegno internazionale di studi colombiani, Genova 1951)*, vol. 3, Genova, 1951, pp. 337–398.

——, "China Silk in Europe in the Yuan Period," *Journal of the American Oriental Society*, 72.2 (1952): 72–76.

——, "L'extrême frontière du commerce de l'Europe médiévale," *Le Moyen Age*, 69 (1963): 449–490.

——, "Nouveaux documents sur les marchands italiens en Chine à l'époque mongole," in *Académie des Inscriptions & Belles-Lettres: Comptes rendus des séances de l'année 1977, Janvier–Mars*, Paris: Éditions Klincksieck, 1977, pp. 445–458.

Lopez, Robert Sabatino, and Gabriella Airaldi, "Il più antico manuale italiano di pratica della mercatura," in G. Pistarino (ed.), *Miscellanea di studi storici II*, Genova: Bozzi (Collana Storica di Fonti e Studi; 38), 1983, pp. 99–134.

Lopez, Robert Sabatino, and Irving W. Raymond, *Medieval Trade in the Mediterranean World: Illustrative Documents, Translated with Introductions and Notes*, New York: Columbia University Press, 1955.

陆国俊、郝名玮、孙成木主编,《中西文化交流先驱——马可·波罗》[纪念马可·波罗离华回国700周年(1291-1991)],北京:商务印书馆,1995。(译者按,本书所收诸文,先见于其他刊物者,标题等偶有修订。不涉主旨者,不一一罗列。)

吕长生,"清代云南井盐生产的历史画卷——《滇南盐法图》",《中国历史博物馆馆刊》,5(1983):110-112、136。

吕同六,"《马可·波罗游记》的笔录者——鲁思蒂谦诺",《人民日报》,1980年9月22日;收入余士雄主编(1983),页196—200。

罗勤,"《光明之城》:比《马可·波罗游记》更全面展示中国的书",《贵州教育学院学报》(社会科学版), 16.5 (2000),页71—75。

罗仁忠,"元代昏钞倒换及烧钞制度概述",《中国钱币》,1(1993):29-30。

Lupprian, Karl-Ernst, "Die Beziehungen der Päpste zu islamischen und mongolischen Herrschern im 13. Jahrhundert anhand ihres Briefwechsels," *Studi e Testi*, 291 (1981):

216–241.

Lutz, Albert (ed.), *Der Goldschatz der Drei Pagoden: Buddhistische Kunst des Nanzhao- und Dali-Königreichs in Yunnan, China*, Zurich: Museum Rietberg Zürich, 1991.

Luzzana Caraci, Ilaria, "Marco Polo e le grandi scoperte geografiche dei secoli XV e XVI," in Cosimo Palagiano et al. (eds.) (2007), pp. 215–225.

Luzzatto, Gino, "Il mercante veneziano del tempo di Marco Polo," in Roberto Almagià et al. (eds.), *Nel VII centenario della nascita di Marco Polo*, Venezia: Istituto Veneto di Scienze, Lettere ed Arti, 1955, pp. 241–254.

——, *An Economic History of Italy: From the Fall of the Roman Empire to the Beginning of the 16th Century*, transl. by Philip Jones, London: Routledge, 2005.

马文宽、李兰琴，"《马可·波罗游记》所录中国基督教初考"，收入陆国俊等主编（1995），页185—202。

Macconi, Massimiliano, "Realtà e immaginazione nella Cina di Marco Polo: L'incontro nel sogno tra Oriente e Occidente," in Gabriella Airaldi, Paola Mortari Vergara Caffarelli and Laura Emilia Parodi (eds.), *I Mongoli dal Pacifico al Mediterraneo; Atti del Convegno Internazionale (Genova, 7–8 maggio 2002)*, Genova: ECIG, 2004, pp. 281–285. Also published in Franco Martignone (ed.), *Il Mediterraneo attraverso i secoli*, Genova: Name, 2002, vol. 1, pp. 69–75.

Màdaro, Adriano, "*The Million*: How an Extraordinary Case of Human Friendliness and Solidarity Brought forth a Case of Ordinary Greed," 收入陆国俊等主编（1995），页232—251。

Maeda Naonori 前田直典，《元朝史の研究》，东京：东京大学出版会，1973。

——，"元の紙幣の様式に就て"，收入他的《元朝史の研究》，1973，页3—17。

——，"元代の貨幣単位"，收入他的《元朝史の研究》，1973，页19—39。

——，"元代における鈔の発行制度とその流通状態"，收入他的《元朝史の研究》，1973，页41—106。

——，"元代における紙幣の物価変動"，收入他的《元朝史の研究》，1973，页107—143。

Maejima Shinji 前嶋信次，"マルコ・ポーロとアレクサンドロス伝説(1)"，《史学》，41.4 (1969): 1–30。

——, "The Muslims in Ch'üan-chou 泉州 at the End of the Yüan Dynasty," *Memoirs of the Toyo Bunko*, 31 (1973): 28–51; 32 (1974): 47–71.

买买堤依明·玉素甫、穆舜英，"推动东西文化交流的使者——马可·波罗"，收入陆国俊等主编（1995），页91—97。

Maltzan, Heinrich Freiherr von, "Marco Polos Angaben über Südarabien und Habesch," *Ausland*, 44 (1871): 649–652.

Mangold, Gunther, *Das Militärwesen in China unter der Mongolen-Herrschaft*, PhD diss., Ludwig-Maximilians-Universität München, Bamberg, aku Fotodruck, 1971.

Manly, John Matthews, "Marco Polo and the Squire's Tale," *Publication of the Modern Language Association of America*, 11.3 (1896): 349–362.

毛汶,"《读马可孛罗游记》证误",《学风》,9(1935);收入余士雄主编(1983),页 351—356。

Marco Polo: Ausstellung in der SKA-Galerie "Le Point" Zürich, Zürich: Schweizerische Kreditanstalt [Ausstellung in der SKA-Galerie "Le Point," Paradeplatz 8, Zürich, 1995–1996], 1995.

Marroni, Sergio, "La meraviglia di Marco Polo: L'espressione della meraviglia nel lessico e nella sintassi del *Milione*," in Silvia Conte (ed.) (2008), pp. 233–262.

Marsh-Edwards, J. C., "The Friars in the Mongol Empire," *Dublin Review*, 204 (1939): 386–397.

Martin, Lawrence, "The Newly-Discovered Marco Polo Map," *Annals of the Association of American Geographers*, 24.1 (1934): 60–61.

Martinez, A. P., "Regional Mint Outputs and the Dynamics of Bullion Flows through the Īl-Xānate," *Journal of Turkish Studies*, 7 (1984): 121–173.

Mascherpa, Guiseppe, "Nuove indagini sulla tradizione latina Z del Milione di Marco Polo," PhD diss., Universita degli Studi, Siena, 2007–2008.

——, "San Tommaso in India: L'apporto della tradizione indiretta alla costituzione dello stemma del *Milione*," in Alberto Cadioli and Paolo Chiesa (eds.), *Prassi ecdotiche: Esperienze editoriali su testi manoscritti et testi a stampa; Milano, 7 giugno e 31 ottobre 2007*, Milano: Cisalpino (Quaderni di Acme; Universita degli studi di Milano, Facolta di lettere e filosofia; 103), 2008, pp. 171–184.

Masini, Frederico, Franco Salvatori, and Sandro Schipani (eds.), *Marco Polo 750 Anni: Il viaggio. Il libro. Il diritto; Congresso Internationale, Roma, 23 novembre 2004, Venezia, 25 november 2004 (Università degli Studi di Roma "Tor Vergata," Università degli Studi di Roma "La Sapienzia," Università Ca'Foscari di Venezia)*, Roma: Tiellemedia Editore, 2006.

Massano, Riccardo, "Marco Polo," in Vittore Branca et al. (ed.), *Dizionario critico della letteratura italiana*, vol. 3, Torino: Unione tipografico editrice torinese, 1986, pp. 489–494.

Matsuda, Kōichi, "On the Ho-nan Mongol Army," *Memoirs of the Toyo Bunko*, 50 (1992): 29–55.

May, Timothy, *The Mongol Conquests in World History*, London: Reaktion Books, 2011.

Mayers, W. F., "Marco Polo's Legend Concerning Bayan," *Notes and Queries on China and Japan*, 11, (1868): 162.

McKinnon, E. Edwards, "Research at Kota Cina, a Sung-Yüan Period Trading Site in East Sumatra," *Archipel*, 14 (1977): 19–32.

Ménard, Philippe, "L'illustration du *Devisement du Monde* de Marco Polo," *Bulletin de la Société Nationale des Antiquaires de France*, 1985, pp. 85–91.

——, "L'illustration du 'Devisement du Monde' de Marco Polo: Étude d'iconographie comparée," in François Moureau (ed.), *Métamorphoses du récit de voyage; Actes du Colloque de la Sorbonne et du Sénat (2 mars 1985)*, Paris and Genève: Champion/Slatkine, 1986, pp. 17–31.

——, "L'illustration du *Devisement du Monde* de Marco Polo," *Bulletin de l'Université de Tokyo-Meisei, Faculté de Civilisation Japonaise et Comparée*, 2 (1994): 152–178.

——, "Réflexions sur l'illustration du texte de Marco Polo dans le manuscrit fr. 2810 de la Bibliothèque Nationale de Paris," in Fukumoto Naoyuki, Matsumura Takeshi, Otaka Yorio, and Gilles Eckard (eds.), *Mélanges in memoriam Takeshi Shimmura offerts par ses amis, ses collègues et ses élèves,* Tokyo: Kenkyūsha, 1998, pp. 81–92, ill. 1–13.

——, "Le prétendu 'remaniement' du *Devisement du Monde* de Marco Polo attribué à Grégoire," *Medioevo Romanzo*, 22 (1998a): 332–351.

——, "Le manuscrit de Vevey du *Devisement du Monde*," in Alain Labbé, Daniel W. Lacroix and Danielle Quéruel (eds.), *Guerres, voyages et quêtes au moyen âge: Mélanges offerts à Jean-Claude Faucon*, Paris: Champion (Colloques, congrès et conférences sur le Moyen Age; 2), 2000, pp. 271–280.

——, "Marco Polo en Angleterre," *Medioevo Romanzo*, 24.2 (2000a): 189–208.

——, "Introduction," in Marie-Luce Chênerie, Michèle Guéret-Laferté and Philippe Ménard, *Départ des voyageurs et traversée de la Perse*, in Philippe Ménard (ed.), *Marco Polo: Le devisement du monde*, Geneve: Librairie Droz S.A., 2001, pp. 9–115.

——, "L'itinéraire de Marco Polo dans sa traversée de la China," *Medioevo Romanzo*, 26 (2002): 321–360.

——, "Le problème de la version originale du 'Devisement du Monde' de Marco Polo," in François Livi (ed.), *De Marco Polo à Savinio: Écrivains italiens en langue française*, Paris: Presses de l'Université de Paris-Sorbonne, 2003, pp. 17–19.

——, "L'édition du *Devisement du Monde* de Marco Polo," *Comptes-rendus des séances de l'Académie des Inscriptions et Belles-Lettres*, 149.1 (2005): 407–435.

——, "Intérêt et importance de la version francaise du *Devisement du monde* de Marco Polo," in Frederico Masini et al. (eds.) (2006), pp. 183–197.

——, "Aperçu sur le vocabulaire nautique du texte de Marco Polo," in Chantal Connochie-Bourgne (ed.), *Mondes marins du Moyen Age*, Aix-en-Provence: Publications de l'Université de Provence (Senefiance; 52), 2006a, pp. 317–327.

——, "Marco Polo en images: Les représentations du voyageur au Moyen Âge," in Pietro G. Beltrami, Maria Grazia Capusso, Fabrizio Cigni, and Sergio Vatteroni (eds.), *Studi di filologia romanza offerti a Valeria Bertolucci Pizzorusso*, vol. 2, Pisa: Pacini, 2006c, pp. 993–1022.

——, "Marco Polo et le Japon," in Shigemi Sasaki (ed.), *Le quarantième anniversaire de la fondation de l'Université Meisei; Symposium et conférence internationaux*, Tokyo: Universite Meisei, 2006d, pp. 39–64.

——, "Les représentations de Khoubilai Khan dans la peinture chinoise," in Catherine Bel, Pascale Dumont and Frank Willaert (eds.), *"Contez me tout": Mélanges de langue et de littérature médiévales offertes à Herman Braet*, Louvain: Peeters, 2006e, pp. 577–600.

——, "La représentation de l'empereur de Chine Khoubilai Khan dans le *Devisement du Monde* de Marco Polo," in Venceslas Bubenicek and Rocher Marchal (eds.), *Gouvernement des hommes, gouvernement des âmes; Mélanges Charles Brucker*, Nancy: Presses Universitaires de Nancy, 2007, pp. 229–244.

——, "L'Arsenal de Venise," in Michel Vergé-Franceschi (ed.), *La Corse, la Méditerranée et les grands arsenaux européens*, Ajaccio: A. Piazzola, 2007a, pp. 61–94.

——, "Marco Polo et la mer: Le retour de Marco Polo en Occident d'après les diverses versions du texte," in Silvia Conte (ed.) (2008), pp. 173–204.

——, "Les représentations de l'empereur Khoubilai Khan dans les manuscrits français du *Devisement du Monde*," in Paola Moreno and Giovanni Palumbo (eds.), *Autour du XVe siècle: Journée d'étude en l'honneur d'Alberto Varvaro*, Liége: Bibliothèque de la Faculté de Philolosophie et Lettres de l'Université de Liége, 2008a, pp. 118–139.

——, "Langues en contact chez Marco Polo: Les italianismes du vocabulaire de la mer dans la version française," in Yvan G. Lepage and Christian Milat (eds.), *"Pour s'onor croistre": Mélanges de langue et de littérature médiévales offerts à Pierre Kunstmann*, Ottawa: Editions David, 2008b, pp. 245–255.

——, *Marco Polo: Die Geschichte einer legendären Reise*, transl. from the French by Birgit Lamerz-Beckschäfer, Darmstadt: Wissenschaftliche Buchgesellschaft, 2009.

——, *Marco Polo: À la découverte de l'Asie*, Grenoble: Éditions Glénat, 2009a.

——, "Les mots orientaux dans le texte de Marco Polo," *Romance Philology*, 63 (2009b): 87–135.

——, "Réflexions sur le prologue des différentes versions du *Devisement du Monde* de Marco Polo," in Monique Léonard, Xavier Leroux and François Roudaut (eds.), *Le lent brassement des livres, des rites et de la vie: Mélanges offerts à James Dauphiné*, Paris: Champion, 2009c, pp. 97–113.

——, "L'apport de Marco Polo à la culture française," *Travaux de littérature*, 22 (2009d): 93–125.

——, "Le mélange des langues dans les diverses versions du *Devisement du Monde* de Marco Polo," in Claire Kappler and Suzanne Méjean-Thiolier (eds.), *Le Plurilinguisme au Moyen Age, Orient-Occident: De Babel à la langue Une*, Paris: L'Harmattan, 2009e, pp. 233–249.

——, "Marco Polo et la mer: Les navires vus en Orient," in Reynal Abad, Jean-Pierre Bardet, Jean-François Dunyach and François-Joseph Ruggiu (eds.), *Les passions d'un historien: Mélanges en l'honneur de Jean-Pierre Poussou*, Paris: Presses de l'Université Paris-Sorbonne (Collection Roland Mousnier; 44), 2010, pp. 415–424.

——, "Problèmes philologiques dans le *Devisement du Monde* de Marco Polo: Les graphies des noms chinois en *zhou* dans les versions romanes," in Anja Overbeck, Wolfgang Schweickard and Harald Völker (eds.), *Lexikon, Varietät, Philologie: Romanistische Studien Günter Holtus zum 65. Geburstag*, Berlin: De Gruyter, 2011, pp. 713–721.

——, "Pelliot et les études sur Marco Polo," to be published in the proceedings of the international colloquium *Paul Pelliot, de l'histoire à la légende, 2–3 octobre 2008*, Paris: College de France, 2012.

——, "Problèmes de plurilinguisme: Le voyageur et les langues de l'Orient," to be published in *Mélanges en l'honneur de François Moureau*, Paris: Presses de l'Universite de Paris-Sorbonne, 2012.

——, "Deux nouveaux folios inédits d'un fragment franco-italien du *Devisement du Monde* de Marco Polo," to be published in *Medioevo Romanzo*, 2012.

——, "Réflexions sur l'adaptation des noms chinois et ouigours dans les versions du *Devisement du Monde* de Marco Polo," to be published in *Mélanges offerts à Danielle Quéruel*, 2012.

——, "L'écriture du récit de voyage: Les références du narrateur au voyageur dans le *Devisement du Monde* de Marco Polo," communication prepared for the colloquium *Le voyage dans tous ses états*, Université de Paris-Sorbonne, 16–17 mars 2012.

Meneghetti, Maria Luisa, "Scrivere in carcere nel Medioevo," in Pietro Frassica (ed.), *Studi di filologia e letteratura italiana in onore di Maria Picchio Simonelli*, Alessandria: Edizioni dell'Orso, 1992, pp. 185–189.

——, "Quando l'immagine dice di più: Riflessioni sull'apparato decorativo del *Livre des Merveilles du Monde*," in Pietro G. Beltrami, Maria Grazia Capusso, Fabrizio Cigni and Sergio Vatteroni (eds.), *Studi di filologia romanza offerti a Valeria Bertolucci Pizzorusso*, vol. 2, Pisa: Pacini, 2006, pp. 1023–1050.

——, "Marco Polo ad Avignone," in Silvia Conte (ed.) (2008), pp. 77–88.

孟榭,"评李季译《马可波罗游记》",《天津益世报》,1936年11月19日;收入余士雄主编(1983),页322—326。

Metzger, Thomas A., "The Organizational Capabilities of the Ch'ing State in the Field of Commerce: The Liang-huai Salt Monopoly, 1740–1840," in William E. Willmott (ed.), *Economic Organization in Chinese Society*, Stanford, California: Stanford University Press, 1972, pp. 9–45.

Micheli, Silvio, *Mongolia: Sulle orme di Marco Polo*, Milano: Bompiani, 1964.

Michieli, Adriano Augusto, "L'opera e la figura di Marco Polo," *Archivio Veneto-Tridentino*, 8 (1924): 225–265.

——, "Chi fu e che cosa fece Rusticiano da Pisa," *Atti del Reale Istituto Veneto di Scienze, Lettere ed Arti*, 84.2 (1924/25): 321–337.

——, "Marco Polo e le missioni d'Oriente," *Rivista illustrata della Esposizione Missionaria Vaticana*, 2.6 (1925).

——, "L'iconografia di Marco Polo," *Emporium: Rivista mensile illustrate d'arte e di cultura*, 61 (February 1925a): 114–123.

——, "Il carattere morale di Marco Polo," *L'Universo*, 8 (March 1925b): 341–346.

——, "Gli studiosi veneti del Polo," in Roberto Almagià et al. (eds.), *Nel VII centenario della nascita di Marco Polo*, Venezia: Istituto Veneto di Scienze, Lettere ed Arti, 1955, pp. 269–295.

Milanesi, Marica, "L'itinerario Occidente-Cina attraverso l'Oceano Indiano nel XIII e XIV secolo," in Cesare Segre et al. (eds.) (1983), pp. 51–74.

——, "Giovanni Battista Ramusio e le *Navigazioni e viaggi* (1550–1559)," in Renzo Zorzi (ed.), *L'epopea delle scoperte*, Firenze: Olschki (Collana Civilta veneziana: Saggi; 40), 1994, pp. 75–101.

明义士(James M. Menzies),"马哥孛罗时代在中国的基督教",《齐大季刊》,12.315(1934);收入余士雄主编(1983),页298—319。

Mitsofuji Toshio 光藤俊夫, "元寇の戦いはマルコ・ポーロがフビライ・ハーンに進言して起こった最初の日本への異國からの侵攻だったと言う說がある—マルコ・ポーロと神風", 《學苑》, 785 (2006): 126–129。

Mittag, Achim, "Vom 'Reiseaufenthaltsort' zum 'Goldschmelztiegel': Hang-chou und die Akkomodation der *shi-da-fu*-Schicht in der Südlichen Song," in Helwig Schmidt-Glintzer (ed.), *Lebenswelt und Weltanschauung im frühneuzeitlichen China*, Stuttgart: Franz Steiner Verlag, 1990, pp. 97–132.

Miyazawa Tomoyuki 宮澤知之, "元代後半期の幣制とその崩壞", 《鷹陵史學》, 27 (2001): 53–92。

Miyoshi Tomokazu 三吉朋十, "マルコ・ポーロの見た印度", 《印度》, 5.2 (1956): 26–36; 5.3(1957): 32–36; 6.3 (1958): 45–51。

Molinari, Italo M., [and Li Zefen], *Un articolo d'autore Cinese su Marco Polo e la Cina*, Napoli: Istituto Orientale di Napoli (Supplemento n. 30 agli Annali, vol. 42, fasc. 1), 1982. 译自李则芬发表于《东方杂志》1977 年 10/11 月号上的一篇文章。

Mollat, Michel, *Les explorateurs du XIIIe au XVIe siècle: Premiers regards sur les mondes*, Paris: Lattès, 1984.

Monaco, Lucio, "I volgarizzamenti italiani della relazione di Odorico da Pordenone," *Studi mediolatini e volgari*, 26 (1978–1979): 179–220.

Monfrin, Jacques, "La tradition du texte," in *Marco Polo; Le livre des merveilles, manuscrit français 2810 de la Bibliothèque nationale de France, Paris*, Luzern: Faksimile Verlag, 1995–1996, pp. 337–351.

——, "La tradition du texte de Marco Polo," in his *Études de philologie romane*, Genève: Droz (Publications romanes et françaises; 230), 2001, pp. 515–533.

Monteverdi, Angelo, "Lingua e letteratura a Venezia nel secolo di Marco Polo," *Lettere italiane*, 6 (1954): 141–151. See also in Vittore Branca (ed.), *Storia della civiltà veneziana*; Vol. 1, *Dalle origini al secolo di Marco Polo*, Firenze: Sansoni, 1979, pp. 255–362.

Morandini, Mino, "Marco Polo, l'ordine domenicano e la prima fortuna del Milione," *Humanitas*, 38 (1983): 264–275.

Morgan, David O., "Marco Polo in China—or not," *Journal of the Royal Asiatic Society*, third series, 6.2 (1996): 221–225.

——, "Prester John and the Mongols," in Charles F. Beckingham and Bernard Hamilton (eds.), *Prester John, the Mongols and the Ten Lost Tribes*, Aldershot: Variorum, 1996a, pp. 159–170.

——, *The Mongols; Second Edition*, Malden (Mass.): Blackwell Publishing, 2007.

Moriyasu Takao 森安孝夫, "シルクロード東部における通貨 — 絹・西方銀錢・官布から銀錠へ", 收入同作者編, 《中央アジア出土文物論叢》, 京都: 朋友書店, 2004, pp. 1–40。

Mostaert, Antoine, "A propos de quelques portraits d'empereurs mongols," *Asia Major*, 4 (1927): 147–156.

——, "Le mot Natigay/Nacigay chez Maro Polo," in *Oriente poliano*, 1957, pp. 95–101.

Mote, Frederick W., "Confucian Eremitism in the Yüan Period," in Arthur F. Wright (ed.), *The Confucian Persuasion*, Stanford, California: Stanford University Press, 1960, pp. 202–240.

——, "Chinese Society under Mongol Rule, 1215–1368," in Franke and Twitchett (eds.) (1994), pp. 616–664.

——, "A Note on Traditional Sources for Yüan History," in Franke and Twitchett (eds.) (1994a), pp. 689–726.

——, *Imperial China, 900–1800*, Cambridge (Mass.): Harvard University Press, 1999.

Moule, Arthur Christopher, "Marco Polo's Sinjumatu," *T'oung Pao*, second series, 13.3 (1912): 431–433.

——, "Documents Relating to the Mission of the Minor Friars to China in the Thirteenth and Fourteenth Centuries," *Journal of the Royal Asiatic Society of Great Britain and Ireland*, July 1914: 533–599.

——, "Hang-chou to Shang-tu, A.D. 1276," *T'oung Pao*, 16.3 (1915), 393–419.

——, "The Minor Friars in China," *Journal of the Royal Asiatic Society of Great Britain and Ireland*, January 1917: 1–36.

——, "A Note on the Chinese Atlas in the Magliabecchian Library, with Reference to Kinsay in Marco Polo," *Journal of the Royal Asiatic Society of Great Britain and Ireland*, July 1919: 393–395.

——, "The Life of Odoric of Pordenone," *T'oung Pao*, second series, 20.3–4 (1920/21): 275–290.

——, "The Minor Friars in China," *Journal of the Royal Asiatic Society of Great Britain and Ireland*, 1 (1921): 83–115.

——, "A Bibliographical Notes on Odoric," *T'oung Pao*, second series, 21.5 (1922): 387–393.

——, "Carriages in Marco Polo's Quinsai," *T'oung Pao*, second series, 24.1 (1925–1926): 66–69.

——, "The Siege of Saianfu and the Murder of Achmach Bailo (Two Chapters of Marco

Polo)," *Journal of the North China Branch of the Royal Asiatic Society*, 58 (1927): 1–35.

——, *Christians in China before 1500*, London: Society for Promoting Christian Knowledge, 1930.

——, "The Use of the Cross among the Nestorians in China", *T'oung Pao*, second series, 28.1–2 (1931): 78–86.

——, "The Nestorians in China," *Journal of the Royal Asiatic Society of Great Britain and Ireland*, 1 (1933): 116–120.

——, "Marco Polo's Description of Quinsai," *T'oung Pao*, 33.1 (1937): 105–128.

——, *Quinsai with Other Notes on Marco Polo*, Cambridge: At the University Press, 1957.

Moule, Arthur Christopher, and Lionel Giles, "Christians at Cheng-chiang fu," *T'oung Pao*, 16 (1915): 627–686.

Moule, G. E., "Notes on Col. Yule's Edition of Marco Polo's 'Quinsay'," *Journal of the North-China Branch of the Royal Asiatic Society*, 9 (1875): 1–24.

Münkler, Marina, *Marco Polo: Leben und Legende*, Munchen: Beck (Beck'sche Reihe; 2097: C. H. Beck Wissen), 1998.

——, *Erfahrung des Fremden: Die Beschreibung Ostasiens in den Augenzeugenberichten des 13. und 14. Jahrhunderts*, Berlin: Akademie-Verlag, 2000.

——, *Marco Polo: Vita e leggenda*, transl. by Giuliana Cavallo-Guzzo, Milano: Vita e Pensiero, 2001.

Münkuyev, N. Ts., "A New Mongolian P'ai-tzŭ from Simferopol," *Acta Orientalia Academiae Scientiarium Hungaricae*, 31.2 (1977): 185–215.

Mullie, Jos., "Une planche à assignats," *T'oung Pao*, second series, 33.2 (1937): 150–157.

Muret, Ernest, "Un fragment de Marco Polo," *Romania*, 30 (1901): 409–414.

Myers, Henry A., "The Image of the Far East in the West from the Accounts of Western Travelers in the Thirteenth Century," *Asian Profile*, 1.1 (1973): 63–73.

那荣利，"'中统元宝交钞贰贯文省'钞版考"，《内蒙古金融研究》，S1（2002）：63–65。

Nagel-Angermann, Monique, *Das alte China*, Stuttgart: Konrad Theiss Verlag, 2007.

Nashengdeliger, Pu（普·那生德力格尔），"内蒙古额济纳旗出土元代纸币"，《考古》，8（1990）：765–766 与图版。

——，"内蒙古额济纳旗出土元代纸币"，《内蒙古金融研究》，S1（2002）：39–40。

Needham, Joseph, with the collaboration of Wang Ling and Lu Gwei-Djen, *Science and Civilisation in China*, vol. 4, *Physics and Physical Technology*, part 3, *Civil Engineering and Nautics*, Cambridge: Cambridge University Press, 1971.

——, *Science and Civilisation in China*, vol. 6, *Biology and Biological Technology*, part 1, *Botany*, Cambridge: Cambridge University Press, 1986, repr. 1989.

Needham, Joseph, and Dorothy Needham, "The Coming of Ardent Water," *Ambix*, 19 (1972): 69–112.

内蒙古钱币学会编,《元代货币论文选集》,呼和浩特:内蒙古出版社,1993。

Nicolle, David, *The Mongol Warriors: Genghis Khan, Kublai Khan, Hülegü, Tamerlane*, London: Brockhampton Press, 1990.

Nilakanta Sastri, Kallidaikurichi A., "Marco Polo on India," in *Oriente poliano*, 1957, pp. 111–120.

宁超,"元明时期云南矿业发展概况",《学术研究》,1(1962):13–26。

Nordenskjöld, Adolf Erik, "The Influence of the 'Travels of Marco Polo' on Jacobo Gastaldi's Maps of Asia," *Geographical Journal*, 13.4 (1899): 396–406.

Nordenskjöld, Adolf Erik; Giuseppe de Vita (transl.), "Intorno alla influenza dei 'Viaggi di Marco Polo' sulle Carte dell' Asia di Giacomo Gastaldo," *Rivista geografica italiana*, 8 (1901): 496–511.

Nowell, Charles E., "The Old Man of the Mountain," *Speculum*, 22.4 (1947): 497–519.

——, "The Historical Prester John," *Speculum*, 28.3 (1953): 435–445.

Olbricht, Peter, *Das Postwesen in China unter der Mongolenherrschaft im 13. und 14. Jahrhundert*, Wiesbaden: Harrassowitz (Göttinger Asiatische Forschungen; 1), 1954.

Oldham, H. Yule, "The Early Cartography of Japan," *Geographical Journal*, 4.3 (1894): 276–279.

Olivieri, Dante, "Di una famiglia di codici italiani dei viaggi di Marco Polo," *Atti del Reale Istituto Veneto di Scienze, Lettere ed Arti*, 64.2 (1904/05): 1639–1665.

——, "Ancora sulle redazioni venete dei 'Viaggi' di Marco Polo: Comunicazione al VI Congresso geografico italiano, Venezia, 26–31 maggio 1907," Venezia, Tip. Ferrari, 1908.

——, "La lingua di vari testi veneti del 'Milione'," in *Miscellanea di studi in onore di Vincenzo Crescini*, Cividale: Fratelli Stagni, 1927, pp. 501–522.

Olmo García, Ysabel, "Il ms. CM 211 della Bibliotheca Civica di Padova e la versione veneta del 'Milione'," in Ramon Lorenzo (ed.), *Actas do XIX Congreso Internacional de Lingüística e Filoloxía Románicas, Universidade de Santiago de Compostela, 1989*, VII, Sección IX. Filoloxía medieval e renacentista; A. Crítica textual e edición de textos; B. Histo-

ria e crítica literarias, Coruña: Fundación "Pedro Barrié de la Maza, Conde de Fenosa", pp. 137–142.

Olschki, Leonardo, *Marco Polo's Precursors*, Baltimore: Johns Hopkins University Press, 1943.

——, "Medical Matters in Marco Polo's Description of the World," *Bulletin of the History of Medicine*, 15 (1944): 237–259.

——, "Asiatic Exotism in Italian Art of the Early Renaissance," *Art Bulletin*, 26.2 (1944a), 95–106.

——, *Guillaume Boucher: A French Artist at the Court of the Khans*, Baltimore: The Johns Hopkins Press, 1946.

——, *The Myth of Felt*, Berkeley-Los Angeles: University of California Press, 1949.

——, "Poh-lo: Une question d'onomatologie chinoise," *Oriens*, 3 (1950): 183–189.

——, "Manichaeism, Buddhism and Christianity in Marco Polo's China," *Asiatische Studien*, 5 (1951): 1–21.

——, *L'Asia di Marco Polo: Introduzione alla lettura e allo studio del Milione*, Firenze: Sansoni (Biblioteca storica Sansoni, Nueva serie; 30), 1957.

——, "Marco Polo, Dante Alighieri e la cosmografia medievale," in *Oriente Poliano*, 1957a, pp. 45–66.

——, *Marco Polo's Asia: An Introduction to his "Description of the World," Called "Il milione,"* transl. from the Italian by John A. Scott and rev. by the author, Berkeley and Los Angeles: University of California Press, 1960.

Oriente Poliano: Studi e conferenze tenute all'Is. M. E. O. in occasione del VII centenario della nascita di Marco Polo (1254–1954), Roma: Istituto Italiano per il Medio ed Estremo Oriente, 1957.

Orlandini, Giovanni, *Origine del Teatro Malibran: La Casa dei Polo e la Corte del Milion*, Venezia: G. Scarabellin, 1913.

Ostrowski, Donald, *Muscovy and the Mongols: Cross-Cultural Influences on the Steppe Frontier, 1304–1589*, New York and Cambridge, England: Cambridge University Press, 1998.

Otagi Matsuo 愛宕松男, "マルコ・ポーロ元朝滞在年次考",《文化》, 15.2（1951）: 31–44。

——, "マルコ・ポーロ旅行記に現わされた中國",《歷史》, 7 (1954): 1–12。

——, "マルコ・ポーロ所伝の火浣布（Salamander）について",《東方學》, 28（1964）; 重印於 Otagi Matsuo 愛宕松男（1989）。

——, "マルコ・ポーロ旅行記地名考訂 (1)— 福建の二地 Vuguen と Tyunju",《集

——,"マルコ・ポーロ旅行記地名考訂 (2)— 腹裏の三地 Ydifu, Cachar Modun, Singiu Matu",《集刊東洋學》, 14 (1965a);重印於愛宕松男(1989)。

——,"マルコ・ポーロ旅行記地名考訂 (3)—Lingin・宿遷道中 (Ciugiu, Caiju) と Tanpigiu・富陽道中 (Vugiu, Cingiu)",《集刊東洋學》, 18（1967）;重印於愛宕松男（1989）。

——,《マルコ・ポーロ『東方見聞錄』解題》,東京：平凡社, 1970。

——,"マルコ・ポーロ『東方見聞錄』に述べられたる地名ギンギン・タラースについて",收入江上波夫教授古稀紀念事業會《江上波夫教授古稀紀念論集(歷史篇)》,東京：山川出版社, 1977;重印於愛宕松男（1989）。

——,《愛宕松男東洋史學論集》第五卷：東西交渉史,東京：三一書房, 1989。

Ōshima Ritsuko 大島立子, "The chiang-hu in the Yüan," Acta Asiatica, 45 (1983): 69–95.

——, "Mongol Rule over Hu-kuang 湖廣 Province during the Yüan Dynasty: Control over the Hsi-tung 溪洞 People," Memoirs of the Research Department of the Toyo Bunko, 43 (1985): 19–43.

Pahlke, Ingeborg, "Die Chinareise des Sulaimān At-Tāǧir," Zeitschrift für Geschichte der arabisch-islamischen Wissenschaften, 5 (1989): 190–224.

Palagiano, Cosimo, "La percezione dell'Asia ai tempi di Marco Polo," in Cosimo Palagino et al. (eds.) (2007), pp. 19–36.

Palagiano, Cosimo, Cristiano Pesaresi and Miriam Marta (eds.), L'impresa di Marco Polo: Cartografia, viaggi, percezione; Convegno Internationale, Spoleto, 16 e 17 dicembre 2005 (Dipartimento di Geografia Umana, "Sapienzia" Università di Roma), Roma: Tiellemedia Editore, 2007.

Palladius, Archimandrite, "Elucidations of Marco Polo's Travels in North China, Drawn from Chinese Sources," Journal of the North-China Branch of the Royal Asiatic Society, 10 (1876): 1–54.

潘先林,"独辟蹊径的元代云南史地研究力作——读《〈马可波罗行纪〉云南史地丛考》",《中国历史地理论丛》, 19.4（2004）：143-149。

庞文秀,"元钞版别杂考(上)",《内蒙古金融研究》, S4（2003）：8-10。

——,"元钞版别杂考(下)",《内蒙古金融研究》, S4（2003）：10-12。

Pankhurst, Richard, " 'Primitive Money' in Ethiopia," Journal de la Societé des Africanistes, 32.2 (1962): 213–247.

Paquier, Jean-Baptiste, "Itinéraire de Marco Polo a travers la région du Pamir au XIIIe siécle," *Bulletin de la Société de Géographie*, sixième serie, 12 (1876): 113–128.

Paris, Paulin, "Notice sur la relation originale de Marc-Pol, Vénitien, lue a l'Académie des Inscriptions le 30 novembre, et à la Société de Géographie le 7 décembre suivant,...," *Bulletin de la Société de Géographie*, 19 (1833): 23–31.

——, "Nouvelles recherches sur les premières rédactions du voyage de Marco Polo, lues à la Séance publique annuelle des cinq académies, le 25 octobre 1850," Paris: Firmin-Didot frères 1851, 13 pp.

Parker, E. H., "The White City," *China Review*, 14.6 (1886): 358–359.

——, "Kaunchis," *China Review*, 14.6 (1886a): 359.

——, "Polo," *China Review*, 15.4 (1887): 249.

——, "Marco Polo's Transliterations," *China Review*, 16.2 (1887a): 125.

——, "Canfu," *China Review*, 16.3 (1887b): 189.

——, "Charchan," *China Review*, 18.4 (1890): 261.

——, "Hunting Lodges," *China Review*, 18.4 (1890a): 261.

——, "Barscol," *China Review*, 18.4 (1890b): 261.

——, "Life Guards," *China Review*, 18.4 (1890c): 262.

——, "Marco Polo's Tangut," *Imperial and Asiatic Quarterly Review and Oriental and Colonial Record*, 9.21–22 (1901): 128–139, 363–378.

——, "Some New Facts about Marco Polo's Book," *Imperial and Asiatic Quarterly Review and Oriental and Colonial Record*, third series, 17.33–34 (1904): 125–149.

Pasquali, Giorgio, "Dal Milione a Fedro," *La Cultura*, November 1930: 881–895.

Pasquinelli d'Allegra, Daniela, "Verso l'altro e l'atrove: Percorsi di formazione geografica interculturale sulle tracce di Marco Polo," in Gino de Vecchis (ed.) (2006), pp. 77–95.

Pauthier, Guillaume, "Le Pays de Tenduc et les descendants du Prêtre Jean," *Revue de l'Orient de l'Algérie et des Colonies* (1862).

——, "Marco Polo," in Ferdinand Hoefer (ed.), *Nouvelle biographie générale depuis les temps les plus reculés jusqu'á nos jours*, vol. 40, Paris: Firmin Didot Freres, 1862a, pp. 635–659.

——, "Le livre de Marco Polo: Citoyen de Venice," *Annales de philosophie chrétienne*, 1886.

Paviot, Jacques, "Buscarello de' Ghisolfi, marchand génois intermédiaire entre la Perse mongole et la Chrétienté latine (fin du XIIIme–début du XIVme siècles," in *La storia dei Genovesi: Atti del convegno di studi sui ceti dirigenti nelle istituzioni di Genova, Genova, 29 maggio–1 giugno*, vol. 11, Genova 1991, pp. 107–117.

Pearson, Richard, Li Min and Li Guo, "Port, City, and Hinterlands: Archaeological Perspectives on Quanzhou and its Overseas Trade," in Angela Schottenhammer (ed.) (2001), pp. 177–235.

Pedriali, Federica G., "Under the Rule of the Great Khan: On Marco Polo, Italo Calvino and the Description of the World," *Modern Language Notes (Italian Issue)*, 120 (2005): 161–172.

Pelliot, Paul, "Chrétiens d'Asie Centrale et d'Extrême-Orient," *T'oung Pao*, 15 (1914): 623–644.

——, "Le nom turc du vin dans Odoric de Pordenone," *T'oung Pao*, second series, 15.3 (1914a): 448–453.

——, "Les traditions manichéennes au Fou-kien," *T'oung Pao*, second series, 22 (1923): 193–208.

——, "Les Mongols et la papauté," *Revue de l'Orient chrétian*, third series, 23 (1923a): 3–30; 24 (1924): 225–325; 27 (1931–32): 3–84.

——, "Une ville musulmane dans la Chine du Nord sous les Mongols," *Journal asiatique*, 211 (1927): 261–279.

——, review of *Le livre de Marco Polo, citoyen de Venise, haut fonctionnaire à la Cour de Koubilai-khan, généralissime des armées mongoles, gouverneur de province, ambassadeur du grand khan vers l'Indo-Chine, les Indes, la Perse et les royaumes chrétiens d'Occident* by A. J. H. Charignon, *T'oung Pao*, second series, 25.1/2 (1927a): 156–169.

——, "Le prétendu mot "*iascot*" chez Guillaume de Rubrouck," *T'oung Pao*, second series, 27.2/3 (1930): 190–192.

——, "Sur *yam* ou *ĵam* 'relais postale'," *T'oung Pao*, second series, 27 (1930a): 192–197.

——, "Remarques sur l'itinéraire de Marco Polo," *Actes du XXe Congrès International des Orientalistes: Bruxelles, 5–10 septembre 1938*, Louvain: Bureaux du muséon, 1940, p. 216.

——, "Marco Polo," *Journal of the Royal Asiatic Society of Great Britain and Ireland*, 2 (1940a): 200–201.

——, "Les caractères de transcription 斡 *wo* ou *wa* et *pai*," *T'oung Pao*, second series, 37.3/4 (1944): 125–134.

——, "*Qubčiri-qubčir* et *qubči'ur-qubčur*," *T'oung Pao*, second series, 37.5 (1944a): 153–164.

——, "*Tängrim > tärim*," *T'oung Pao*, second series, 37.5 (1944b): 165–185.

——, *Notes on Marco Polo*, Paris: Imprimerie Nationale, Librairie Adrien-Maisonneuve, vol. 1, 1959; vol. 2, 1963; vol. 3, 1973.

——, *Recherches sur les chrétiens d'Asie Centrale et d'Extrême-Orient*, Paris: Imprimerie Nationale, 1973.

彭海,"关于马可波罗在扬州的时间",收入他的《马可波罗来华史实》,2010,页291—296。本文最初发表于《历史研究》,2(1980);收入余士雄主编(1983),页135—141。

——,《马可波罗来华史实》,北京:中国社会科学出版社,2010。

Peng Ke and Zhu Yanshi, "New Research on the Origins of Cowries Used in Ancient China," *Sino-Platonic Papers*, 68 (1995): 1–18.

彭信威,《中国货币史》,第2版,上海:上海人民出版社,1958。

Peng Xinwei (author); Edward H. Kaplan (transl.), *A Monetary History of China (Zhongguo huobi shi)*, Bellingham, Washington: Western Washington University (East Asian Research Aids and Translations), 1994.

Peretto, Francesca, "Il codice sivigliano del *Milione*," *Quaderni di filologia romanza della Facoltà di Lettere e Filosofia dell'Univerità di Bologna*, 7.13 (1930): 217–247.

Perreti, Aurelio, "Per la storia del testo di Marco Polo," *Archivio storico italiano*, serie VII, 13 (1930): 217–247.

Perrone, Carlachiara, "Su una recente edizione del 'Milione' di Marco Polo," *Filologia e critica*, 14 (1989): 89–104.

Petech, Luciano, "Marco Polo e i dominatori mongoli della Cina," in Lionello Lanciotti (ed.), *Sviluppi scientifici, prospettive religiose, movimenti rivoluzionari in China*, Firenze: Olschki, 1975, pp. 21–27.

——, "Les marchands italiens dans l'empire Mongol," *Journal asiatique*, 250 (1962): 549–574, and in his *Selected Papers on Asian History*, Roma: Istituto Italiano per il Medio ed Estremo Oriente (Serie Orientale Roma; 60), 1988, pp. 161–186.

Peter, Alain, "Marco Polo est-il un faussaire?", *L'histoire*, 237 (1999): 21–22.

Petit, Joseph, "Un capitaine du règne de Philippe le Bel: Thibaut de Chepoy," *Le Moyen Age*, 10 (second series, 1) (1897): 224–239.

Petrella, Daniele, "Gli scavi di archeologia subacquea nell'isola di Takashima," in Giovanni Borriello (ed.), *Orientalia Parthenopea*, vol. 4, Napoli: Orientalia Parthenopea Edizioni, 2006, pp. 79–98.

——, "Gli scavi archeologici dell'isola di Takashima: Dai materiali all prima ricostruzione storico-scientifica," in Rosa Caroli (ed.), *Atti del XXXI Convegno di Studi sul Giappone,*

Venezia, 20–22 settembre 2007, [Venezia:] Associazione Italiana per gli Studi Giapponesi & Tipografia Cartotecnica Veneziana, 2008, pp. 301–316.

Phillips, George, "Marco Polo and Ibn Batuta in Fookien," *Chinese Recorder and Missionary Journal*, 3 (1870–1871): 12–15, 44–49, 71–73, 87–89, 125–128.

——, "Notices of Southern Mangi," *Proceedings of the Royal Geographical Society of London*, 18.2 (1873–1874): 168–174.

——, "Zaitun Researches," *Chinese Recorder and Missionary Journal*, 5.6 (1874): 327–339; 6 (1875): 31–42; 7 (1876): 330–338, 404–418; 8.2 (1877): 117–124.

——, "Changchow, the Capital of Fuhkien in Mongol Times," *Journal of the China Branch of the Royal Asiatic Society*, new series, 23.1 (1888): 23–30.

——, "The Identity of Marco Polo's Zaitun with Changchau," *T'oung Pao*, 1.3 (1890): 218–238.

——, "Two Mediaeval Fuh-kien Trading Ports, Chüan-chow and Chang-chow," *T'oung Pao*, 6.5 (1895): 449–463 (Chang-chow); 7.3 (1896): 223–240 (Chuan-chow).

Phillips, George, with notes and remarks by Henry Yule, "Notices of Southern Mangi," *Journal of the Royal Geographical Society of London*, 44 (1874a): 97–112.

Piacentini, Valeria Fiorani, "Merchants, Merchandise, and Brigands on the Silk Road (Marco Polo, Hormoz and the Qarawnas)," in Lu Guojun et al. (eds.) (1995), pp. 78–82.

Pickering, John, "The History of Paper Money in China," *Journal of the American Oriental Society*, 1.2 (1844): 136–142.

皮拉左里，米（Michele Pirazzoli-t'Serstevens），"滇文化中的贝和铜钱"，蒋志龙译，收入杨寿川编著（1997），《贝币研究》，页 230—236。

Pirazzoli-t'Serstevens, Michele, "Une denrée recherchée: La céramique chinoise importée dans le golfe arabo-persique, IXe–XIVe siècles," in Jorge M. dos Santos Alves, Claude Guillot and Roderich Ptak (eds.), *Mirabilia Asiatica: Produtos raros no comércio marítimo; Produits rares dans le commerce maritime; Seltene Waren im Seehandel*, Wiesbaden and Lisboa: Harrassowitz and Fundação Oriente, 2005, vol. 2, pp. 69–88.

Pirenne, Jacqueline, *La légende du Prêtre Jean*, Strasbourg: Presses universitaires de Strasbourg, 1992.

Pistarino, Geo, "I Portoghesi verso l'Asia del Prete Gianni," *Studi Medievali*, 3.2 (1961): 75–137.

Pope, Alexander, *Fourteenth-century Blue-and-white: A Group of Chinese Porcelains in the Topkapu Sarayi Müzesi*, Istanbul, Washington D.C.: Freer Gallery of Art, 1952.

——, *Chinese Porcelains from the Ardebil Shrine*, Washington D.C.: Smithsonian Institution, 1956.

Poppe, Nicholas, *The Mongolian Monuments in hP'ags-pa Script*, transl. and ed. by John R. Krueger, Wiesbaden: Harrassowitz, 1957.

Poppe, Nikolaus, "Ein altmongolischer Hochzeitsbrauch," in Herbert Franke (ed.) (1961), pp. 159–164.

Pozza, Marco, "*Marco Polo Milion*: An Unknown Source Concerning Marco Polo," *Mediaeval Studies*, 68 (2006): 285–301.

Pryor, John H., "Marco Polo's Return Voyage from China: Its Implication for 'The Marco Polo Debate'," in Geraldine Barnes and Gabrielle Singleton (eds.), *Travel and Travellers from Bede to Dampier: Papers from the University of Sydney Centre for Medieval Studies Workshop 22–23 August 2001*, London: Cambridge Scholars Press, 2005, pp. 125–157.

Ptak, Roderich, "Ebenholz in China: Termini, Verwendung, Einfuhr (ca. 1200–1600)," *Münchner Beiträge zur Völkerkunde*, 3 (1990): 17–40. Repr. in his *China's Seaborne Trade with South and Southeast Asia (1200–1750)*.

——, "Notes on the Word 'Shanhu' and Chinese Coral Imports from Maritime Asia, c. 1250–1600," *Archipel*, 39 (1990a): 65–80. Repr. in his *China's Seaborne Trade with South and Southeast Asia (1200–1750)*.

——, "China and the Trade in Tortoise-Shell (Sung to Ming Periods)," in Roderich Ptak and Dietmar Rothermund (eds.), *Emporia, Commodities and Entrepreneurs in Asian Maritime Trade, c. 1400–1750*, Stuttgart: Franz Steiner Verlag (Beitrage zur Südasienforschung, Südasien-Institut, Universität Heidelberg; 141), 1991, pp. 195–229. Repr. in his *China's Seaborne Trade with South and Southeast Asia (1200–1750)*.

——, "China and the Trade in Cloves, circa 960–1435," *Journal of the American Oriental Society*, 113.1 (1993): 1–13. Repr. in his *China's Seaborne Trade with South and Southeast Asia (1200–1750)*.

——, "Ein mustergultiges 'Barbarenland'? Kalikut nach chinesischen Quellen der Yuanund Ming-Zeit," in Denys Lombard and Roderich Ptak (eds.), *Asia Maritima: Images et réalité, Bilder und Wirklichkeit, 1200–1800*, Wiesbaden: Harrassowitz (South China and Maritime Asia; 1), 1994, pp. 79–116.

——, "Images of Maritime Asia in Two Yuan Texts: *Daoyi zhilue* and *Yiyu zhi*," *Journal of Song-Yuan Studies*, 25 (1995): 47–75.

——, "Südostasiens Meere nach chinesischen Quellen (Song und Yuan)," *Archipel* (*L'horizon nousantarien, Mélanges en hommage à Denys Lombard*; 1), 56 (1998): 5–30. Repr. in his *China, the Portuguese, and the Nanyang: Oceans and Routes, Regions and Trade (c.*

1000–1600).

——, *China's Seaborne Trade with South and Southeast Asia (1200–1750)*, Aldershot and Burlington, VT: Ashgate Publishing Ltd. (Variorum Collected Studies Series; CS638), 1999.

——, *China, the Portuguese, and the Nanyang: Oceans and Routes, Regions and Trade (c. 1000–1600)*, Aldershot and Burlington, VT: Ashgate Publishing Ltd. (Variorum Collected Studies Series; CS777), 2004.

——, *Die maritime Seidenstraße: Küstenräume, Seefahrt und Handel in vorkolonialer Zeit*, München: C. H. Beck (Historische Bibliothek der Gerda Henkel Stiftung; 2), 2007.

——, *Birds and Beasts in Chinese Texts and Trades: Lectures Related to South China and the Overseas World*, Wiesbaden: Harrassowitz (Maritime Asia; 22), 2010.

——, with technical assistance of Marc Nürnberger (ed.), *Marine Animals in Traditional China: Studies in Cultural History; Meerestiere im traditionellen China: Studien zur Kulturgeschichte*, Wiesbaden: Harrassowitz (Maritime Asia; 21), 2010a.

Pullè, Giorgio, "Eserciti mongoli e milizie europee nel XIII secolo," *L'Universo*, 17.10 (1936): 1–11.

前田直典 [Maeda Naonori], "元代纸币的价值变动", 收入刘俊文主编, 索介然译,《日本学者研究中国史论著选译》第5卷, "五代宋元" 部分, 北京：中华书局, 1993。又见姚朔民的译文, "元钞价值的变动",《中国钱币》, 4（1985）: 46–53; 又收入内蒙古钱币学会编（1993）, 页 377—389。

Qin Dashu, "A Study of the Relationship and Mutual Influences of the Cizhou and Ding Kilns [Song-Yuan Period]," *China Archaeology and Art Digest*, 3.4 (2000): 39–58.

丘光明,《中国物理学史大系：计量史》, 长沙：湖南教育出版社, 2002。

Qiu Shusen 邱树森 and Fang Jun 方骏, "Conference Report—New Findings in Marco Polo Studies: A Brief Report on the International Conference on Marco Polo and 13th Century China," *Journal of Song-Yuan Studies*, 31 (2001): 356–362.

全汉昇, "元代的纸币",《中央研究院历史语言研究所集刊》, 15（1948）: 1–48。重印于他的《中国经济史论丛》, 第1卷, 香港：香港中文大学新亚书院新亚研究所出版, 崇文书店发行, 1972, 页 369—416。

Racine, Pierre, "Les Polos et la route de la soie," *Byzantinische Forschungen*, 25 (1999): 203–220.

Rafiuddin Makhdumi, M., "Mongol Monetary System," in R. C. Sharma (ed.), *Perspectives on Mongolia: Papers Presented at the First Indo-Mongolian Colloquium Held in September 1986 at the School of International Studies, Jawaharlal Nehru University*. Delhi:

Seema Publications, 1988, pp. 49–54.

Raphael, Kate, "Mongol Siege Warfare on the Banks of the Euphrates and the Question of Gunpowder (1260–1312)," *Journal of the Royal Asiatic Society*, third series, 19.3 (2009): 355–370.

Ratchnevsky, Paul, "Mongol Law and Chinese Law in the Yüan Dynasty," *Chinese Social and Political Science Review*, 20.2 (1936): 266–289.

——, *Essai sur la codification et la législation a l'époque des Yuan*, Thèse complementaire, Paris: Librairie Ernest Leroux, 1937.

——, "Die mongolische Rechtsinstitution der Busse in der chinesischen Gesetzgebung der Yüan-Zeit," in Herbert Franke (ed.) (1961), pp. 169–179.

——, *Historisch-terminologisches Wörterbuch der Yüan-Zeit*, Berlin: Akademie-Verlag (Veröffentlichungen des Instituts für Orientforschung; 66), 1967.

——, "Über den mongolischen Kult am Hofe der Grosskhane in China," in Louis Ligeti (ed.), *Mongolian Studies*, Amsterdam: Verlag B. R. Gründer (Bibl. Orientalis hungarica; 14), 1970, pp. 417–443.

——, "Jurisdiction, Penal Code, and Cultural Confrontation under Mongol-Yüan Law," *Asia Major*, third series, 6.1 (1993): 161–179.

Recktenwald, Horst Claus, *Wörterbuch der Wirtschaft*, Stuttgart: Alfred Kröner Verlag, 1987.

Reichert, Folker, "Eine unbekannte Version der Asienreise Odorichs von Pordenone," *Deutsches Archiv für Erforschung des Mittelalters*, 43.1 (1987): 531–573.

——, "Columbus und Marco Polo—Asien in Amerika: Zur Literaturgeschichte der Entdeckungen," *Zeitschrift für historische Forschung*, 5 (1988): 1–63.

——, "*Pulchritudo mulierum est parvos habere pedes*: Ein Beitrag zur Begegnung Europas mit der chinesischen Welt," *Archiv für Kulturgeschichte*, 71 (1989): 297–307.

——, "Chinas Beitrag zum Weltbild der Europäer: Zur Rezeption der Fernostkenntnisse im 13. und 14. Jahrhundert," *Zeitschrift für historische Forschung*, 6 (1989a): 33–57.

——, *Begegnungen mit China: Die Entdeckung Ostasiens im Mittelalter*, Sigmaringen: Thorbecke Verlag, 1992.

——, "Marco Polos Buch: Lesarten des Fremden," in Dietrich Hart (ed.), *Fiktion des Fremden: Erkundung kultureller Grenzen in Literatur und Publizistik*, Frankfurt a. Main: Fischer, 1994, pp. 180–203.

——, "Fremde Frauen: Die Wahrnehmung von Geschlechterrollen in den spätmittelalterlichen Orientberichten," in Odilo Engels and Peter Schreiner (eds.), *Die Begegnung des*

Westens mit dem Osten: Kongreßakten des 4. Symposions des Mediävistenverbandes in Köln 1991 aus Anlaß des 1000. Todesjahres der Kaiserin Theophanu, Sigmaringen: Jan Thorbecke Verlag, 1993, pp. 167–184.

——, "Die Städte Chinas in europäischer Sicht," in Wilfried Hartmann (ed.), *Europas Städte zwischen Zwang und Freiheit: Die europäische Stadt um die Mitte des 13. Jahrhunderts*, Regensburg: Universitätsverlag (Schriftenreihe der Europa-Kolloquien im Alten Reichstag), 1995, pp. 329–354.

——, "Fernreisen im Mittelalter," *Das Mittelalter*, 3.2 (1998): 5–17.

——, *Erfahrung der Welt: Reisen und Kulturbegegnung im späten Mittelalter*, Stuttgart: W. Kohlhammer, 2001.

Reimer, Thomas, "Marco Polo et les aigles chercheurs de diamants," in *Marco Polo; Le livre des merveilles, manuscrit français 2810 de la Bibliothèque nationale de France, Paris*, Luzern: Faksimile Verlag, 1995–1996, pp. 491–496.

任荣康,"马可·波罗中亚旅行之研究",硕士学位论文,上海:复旦大学,1984。

——,"《马可·波罗行记》版本史简述",《中国文化研究集刊》第5辑.上海:复旦大学出版社,1987。

Renzi, Lorenzo, "Le versioni venete del 'Milione' di Marco Polo," *Odeo Olimpico: Memorie dell'Academia Olimpica di Vicenza*, 20 (1987–1990): 55–64.

Riasanovky, Valentin A., *Fundamental Principles of Mongol Law*, Bloomington: Indiana University Publications, 1965.

Richard, Jean, "Le début des relations entre la papauté et les Mongols de Perse," *Journal asiatique*, 237 (1949): 287–293.

——, "Les missions chez les Mongols aux 13e et 14e siècles," *Histoire universelle des missions catholiques*, 1 (1957): 173–195.

——, "The Mongols and the Franks," *Journal of Asian History*, 31 (1969): 45–57.

——, "Isol le Pisan: Un aventurier franc gouverneur d'une province Mongole?" *Central Asiatic Journal*, 14 (1970): 186–194.

——, *Orient et Occident au Moyen Age: contacts et relations*, London: Variorum, 1976.

——, *La papauté et les missions d'Orient au Moyen Age (XIIe–XVe siècles)*, Paris: Boccard, 1977.

——, "Une ambassade mongole à Paris en 1262," *Journal des savants*, 4 (1979): 295–303.

——, "Marco Polo: Le voyageur et son livre," in *Marco Polo; Le livre des merveilles, manuscrit français 2810 de la Bibliothèque nationale de France, Paris*, Luzern: Faksimile Verlag, 1995–1996, pp. 325–336.

——, "The *Relatio de Davide* as a Source for Mongol History and the Legend of Prester John," in Beckingham and Hamilton (eds.) (1996), pp. 139–158.

Richards, Donald S. (ed.), *Islam and the Trade of Asia: A Colloqium*, Oxford and Philadelphia: Bruno Cassirer and University of Pennsylvania Press (Papers on Islamic History; 2), 1970.

Rieger, Dietmar, "Marco Polo und Rustichello da Pisa: Der Reisende und sein Erzähler," in Xenja von Ertzdorff and Dieter Neukirch, with the editorial collaboration of Rudolf Schultz (eds.), *Reisen und Reiseliteratur im Mittelalter und in der Frühen Neuzeit*, Amsterdam—Atlanta, GA: Rodopi (Chloe; Beihefte zum Daphnis; 13), 1992, pp. 289–312.

Rintchen, Biambyn, "A propos du papier-monnaie mongol," *Acta Orientalia Academiae Scientiarum Hungaricae*, 4: 159–164, 1954.

Ritter, Carl, *Die Erdkunde von Asien*, 2nd revised and enlarged ed. Berlin: G. Reimer, 1932–1959.

Rockhill, William Woodville, "Notes on the Relations and Trade of China with the Eastern Archipelago and the Coast of the Indian Ocean during the Fourteenth Century: Part I," *T'oung Pao*, 15 (1914): 429–442.

Rogers, Michael, "China and Islam: The Archaeological Evidence in the Mashriq," in Donald S. Richards (ed.), 1970, pp. 67–80.

Romanini, Fabio, *"Se fussero più ordinate, e meglio scritte...": Giovanni Battista Ramusio correttore ed editore delle Navigationi et viaggi*, Roma: Viella (Frontiere della modernita; Amerigo Vespucci, l'America, l'Europa; 4), 2007.

——, "Nuevi rilievi sulla prassi editoriale ramusiana," in *Giovanni Battista Ramusio, "editor" del "Milione"*, 2011, pp. 3–26.

Ronay, Gabriel, *The Tartar Khan's Englishman*, London: Cassell, 1978.

Ronchi, Gabriella, "Traduzione e compendio nella versione toscana del *Milione*," in Cesare Segre et al. (eds.) (1983), pp. 20–48.

Rosner, Erhard, "Die 'Zehn schimpflichen Delikte' im chinesischen Recht der Yüan-Zeit," PhD diss., Ludwig-Maximilians-Universitat Munchen, 1964.

Ross, Edward Denison, "Marco Polo and his Book," *The Proceedings of the British Academy*, 20 (1934): 181–205.

Rossabi, Morris, "The Muslims in the Early Yüan Dynasty," in John D. Langlois, Jr. (ed.), *China under Mongol Rule*, Princeton: Princeton University Press, 1981, pp. 257–295.

—— (ed.), *China among Equals. The Middle Kingdom and its Neighbors, 10th–14th Centuries*, Berkeley and Los Angeles: University of California Press, 1983.

——, *Khubilai Khan: His Life and Times*, Berkeley and Los Angeles: University of California Press, 1988.

—— *Voyager from Xanadu: Rabban Sauma and the First Journey from China to the West*, New York: Kodansha, 1992.

Rossi, Ettore, "Nel settimo centenario della nascita di Marco Polo," *Bolletino della Società Geografica Italiana*, 8.8 (1955).

Rossi-Osmida, Gabriele, "Marco Polo e i Christiani d'Oriente: Evidenze storiche e archeologiche," in Cosimo Palagiano et al. (eds.) (2007), pp. 109–124.

Rossini, C. Conti, "Marco Polo e l'Etiopia," *Atti del Reale Istituto Veneto di Scienze, Lettere ed Arti*, 99.2 (1939–1940): 56–57.

Roth, Helmut R., and Ulambajar Erdenbat (eds.), *Qara Qorum-City (Mongolia) I: Preliminary Report of the Excavations 2000–2001*, Bonn: Institut für Vor- und Frühgeschichte (Bonn Contributions to Asian Archaeology; 1), 2002.

Rouleau, Francis A., "The Yangchow Latin Tombstone as a Landmark of Medieval Christianity in China," *Harvard Journal of Asiatic Studies*, 17.3/4 (1954): 346–365.

Roux, Jean-Paul, "Tängri: Essai sur le Ciel-Dieu des peuples altaiques," *Revue de l'histoire des religions*; 149 (1956): 49–82, 197–230; 150 (1957): 27–54, 173–212.

——, "Notes additionelles a Tämgri, le Ciel-Dieu des peuples altaïques," *Revue de l'histoire des religions*, 154 (1958): 32–66.

——, *La mort chez les peuples altaïques anciens et médiévaux*, Paris: Maisonneuve, 1963.

——, "La danse chamanique de l'Asie centrale," in *Les danses sacrées: Égypte ancienne, Israël, Islam, Asie centrale, Inde, Cambodge, Bali, Java, Chine, Japon*, Paris: Éditions du Seuil (Sources orientales; 6), 1963a, pp. 281–314.

——, *Les explorateurs au Moyen Âge*, Paris: Hachette (Collection Pluriel; 8773), 1967.

——, "Quelques objects numineux des Turcs et des Mongols; I, Le bonnet et la ceinture," *Turcica*, 7 (1975): 50–64.

——, *Les religions des Turcs et des Mongols*, Paris: Payot, 1984.

Roux, M., "Rapport sur la publication des voyages de Marco Polo," *Bulletin de la Société de Géographie*, 1.1 (1822): 181–205.

Roux de Rochelle, Jean Baptiste Gaspard, "Notice sur l'arbre du Soleil, ou arbre sec, décrit dans la relation des voyages de Marco Polo," *Bulletin de la Société de Geographie*, 3.3

(1845): 187–194.

Rudolph, Richard C., "Medical Matters in an Early Fourteenth Century Chinese Diary," *Journal of the History of Medicine and Allied Sciences*, 2.3 (1947): 299–306.

——, "A Second Fourteenth-Century Tombstone in Yangchou," *Journal of Oriental Studies*, 13.2 (1975): 133–136.

Ruge, S., "Marco Polo und die Anianstrasse," *Globus*, 69 (1896): 133–137.

Ruggieri, Ruggero M., *Marco Polo e l'Oriente francescano*, Roma: Edizoni Rari Nantes, 1984.

——, "Affinità di tematiche e di personaggi tra il *Milione* e il *Morgante*," in *Symposium in honorem Prof. M. de Riquier*, Barcelona: U. Barcelona, 2006, pp. 349–359.

Ryan, James D., "Christian Wives of Mongol Khans: Tartar Queens and Missionary Expectations in Asia," *Journal of the Royal Asiatic Society*, 8.3 (1998): 411–421.

Saar, John, "Japanese Divers Discover Wreckage of Mongol Fleet," *Smithsonian Magazine*, December 1981: 118–129.

Saeki Tomi 佐伯富，《中國鹽政史の研究》，京都：法律文化社，1987。

Saeki Yoshirō 佐伯好郎，"マルコ・ポウロの『東方見聞録』について"，收入他的《"支那"基督教の研究》，東京：春秋社松柏館，1943, vol. 2, 頁 500—548。

——, *The Nestorian Documents and Relics in China*, Tokyo: Academy of Oriental Culture, Tokyo Institute, 1951.

Sandler, Christian, "Die Anian-Strasse und Marco Polo," *Zeitschrift der Gesellschaft für Erdkunde zu Berlin*, 29 (1894): 401–408.

Sanz, Carlos, *El libro de Marco Paulo: Notas historicas y bibliograficas*, Madrid: Direccion General de Archivos y Bibliotecas, 1958.

Sasaki, Randall J., "The Archaeological Investigation of 'Kamikaze': The Mongol Invasion of Japan," Museum of Underwater Archaeology, http:/www.uri.edu/mua/ (accessed November 18, 2011).

Sasaki Shigemi, "Faune et flore dans *Le Devisement du Monde*: 'Mont Vert' du Grand Kaan et 'Vergier' de Deduit," in Alain Labbé, Daniel W. Lacroix and Danielle Quérel (eds.), *Guerres, voyages et quêtes au Moyen Âge: Mélanges offerts à Jean-Claude Faucon*, Paris: Champion (Colloques, congres et conferences sur le Moyen Age; 2), 2000, pp. 381–388.

Satya, Laxman D., "Debuking the Myth: Did Marco Polo Go to China?" *Education about Asia*, 4.3 (1999): 48–51.

Saunders, John Joseph, "Matthew Paris and the Mongols," in T. A. Sandquist and Michael R. Powicke (eds.), *Essays in Medieval History Presented to Bertie Wilkinson*, Toronto: University of Toronto Press, 1969, pp. 116–132.

——, *The History of the Mongol Conquest*, London: Routledge & Kegan Paul, 1971.

Scanlon, George T., "Egypt and China: Trade and Imitation," in Donald S. Richards (ed.) (1970), pp. 81–93.

Schäfer, Ernst, "Zur Erinnerung an Marco Polo," *Mitteilungen der Geographischen Gesellschaft in Hamburg*, 15 (1899): 45–65.

Schaller, Michael, "Marco Polo und die Texte seiner 'Reisen'," *Programm der Königlichen Studien-Anstalt Burghausen für das Studienjahr 1889–90*, Burghausen: L. Russy, [1890], 57 pp.

Schlegel, Dietlinde, "Hao Ching (1222–1275), ein chinesischer Berater des Kaisers Kublai Khan," PhD diss., Ludwig-Maximilians-Universität München; Bamberg: Offsetdruckerei Kurt Urlaub, 1968.

Schmidt-Glintzer, Helwig, *China: Vielvölkerreich und Einheitsstaat—Von den Anfängen bis heute*, München: Beck, 1997.

Schmieder, Felicitas, *Europa und die Fremden: Die Mongolen im Urteil des Abendlandes vom 13. bis in das 15. Jahrhundert*, Siegmaringen: Jan Thorbecke Verlag (Beiträge zur Geschichte und Quellenkunde des Abendlandes; 16), 1994.

Schottenhammer, Angela (ed.), *The Emporium of the World: Maritime Quanzhou, 1000–1400*, Leiden: E. J. Brill (Sinica Leidensia; 49), 2001.

Schütte, Hans-Wilm, *Wie weit kam Marco Polo?* Gossenberg: Ostasienverlag (Reihe Gelbe Erde; 1), 2008.

Schumann, Karl, "Marco Polo, ein Weltreisender des XIII. Jahrhunderts," *Sammlung gemeinverständlicher wissenschaftlicher Vorträge*, 10.460 (1885): 1–32.

Schurmann, Herbert Franz, "Mongolian Tributary Practices of the Thirteenth Century," *Harvard Journal of Asiatic Studies*, 19.3/4 (1956): 304–389.

Schwaderer, Richard, "Marco Polos phantastische Reise und Italo Calvinos Reise in die Phantasie, oder: Was leistet heute noch Erzählen," *Italienische Studien*, 8 (1985): 71–84.

Schwarz, Henry G., "Some Notes on the Mongols of Yunnan," *Central Asiatic Journal*, 28 (1984): 100–118.

Scorza Barcellona, Francesco, "La notizia di Marco Polo sui re magi," *Studi e ricerche sull'Oriente cristiano*, 15 (1992): 87–104.

——, "Ancora su Marco Polo e i magi evangelici," in Silvia Conte (ed.) (2008), pp. 307–336.

Sedillot, René, *Muscheln, Münzen und Papier: Die Geschichte des Geldes*, Frankfurt,

New York: Campus Verlag, 1992.

Segre, Cesare, "Marco Polo," in Hans Robert Jauss, Erich Köhler et al. (eds.), *Grundriss der romanischen Literaturen des Mittelalters*, vol. VI/2, Heidelberg: Carl Winter-Universitätsverlag, 1970, pp. 196–197.

——, "Marco Polo: Filologia e industria culturale," in Cesare Segre et al. (1983), pp. 9–20.

——, "Marco delle Meraviglie," *FMR: Mensile d'arte e di cultura dell'immagine*, 14 (1983a): 91–110.

——, "Chi ha scritto il *Milione*," in Silvia Conte (ed.) (2008), pp. 5–16.

Segre, Cesare, Gabriella Ronchi and Marica Milanesi (eds.), *Avventure del "Milione"*, Parma: Edizoni Zara (Menante filologo; 6), 1983.

Seguso, L., *La casa dei Milioni o l'abitazione di Marco Polo*, Venezia: Venezia e il Congresso, 1881.

Serruys, Henry, "Remains of Mongol Customs in China during the Early Ming," *Monumenta Serica*, 16 (1957): 137–190.

——, *Kumiss Ceremonies and Horse Races: Three Mongolian Texts*, Wiesbaden: Harrassowitz, 1974.

Severtzow, Nicolas, "Etudes de géographie historique sur les anciens itinéraires à travers le Pamir: Ptolémée, Hiouen-Thsang, Song-Yuen, Marco Polo," *Bulletin de la Société de Géographie*, 11 (1890): 417–467, 553–610.

Sezgin, Fuat, and Eckhard Neubauer (eds.), *The Book on China, Khitāynāma, by ʿAlī Akbar Khitāʾī (d. after 1516 A.D.)*, Frankfurt am Main: Institute for the History of Arabic-Islamic Science at the Johann Wolfgang Goethe University (Publications of the Institute for the History of Arabic-Islamic Science, Series C, Facsimile Editions; 56), 1994.

邵循正，"语言与历史——附论《马可波罗游记》的史料价值"，《元史论丛》，1（1982）；收入余士雄主编（1983），页201—207。

——，"释 Natigai Nacigai"，《元史论丛》，1（1982）；收入余士雄主编（1983），页320—321。

沈定平，"从马可·波罗到利玛窦"，收入陆国俊等主编（1995），页314—337。

沈福伟，"威尼斯百万富翁马可·波罗"，收入他的《中外文化的交流》，上海：上海教育出版社，1990。

申友良，《马可·波罗时代》，北京：中国社会科学出版社，2001。又见http://book.chaoxing.com/ebook/read_10500714.html（访问时间：2012年3月3日）。

——，"《马可·波罗时代》新探"，《内蒙古社会科学》（汉文版），22.1/4（2001a）：

55–58。

——, "马可·波罗与《马可·波罗时代》新探", 《湛江师范学院学报》, 22.1 (2001b): 60–65。

——, "蒙元时期的中西文化交流——《马可·波罗游记》史事探论", 《社会科学辑刊》, 136 (2001c): 99–104。

——, "马可·波罗到底说谎了没有?", 《湛江师范学院学报》, 28.1 (2007): 113–118。

申友良、肖月娥, "是谁神化了马可·波罗", 《湛江师范学院学报》, 26.2 (2005): 78–81.

石坚军, "对《马克波罗游记》Bangala 史实的考释", 《中国历史地理论丛》, 22.3 (2007a): 136–148。

——, "马可波罗出使云南时间考", 《云南师范大学学报》（哲学社会科学版）, 39.1 (2007b): 68–71。

——, "马可波罗涉足缅甸说质疑", 《云南民族大学学报》, 24.3 (2007c): 95–99。

史卫民, "元岁赐考实", 《元史论丛》, 3 (1986): 144–153。

Shimo Hirotoshi, "Two Important Persian Sources of the Mongol Empire," *Etudes mongoles et siberiennes*, 27 (1996): 221–224.

Shinno Reiko, "Promoting Medicine in the Yuan Dynasty (1206–1368): An Aspect of Mongol Rule in China," PhD diss., Stanford University, 2002, UMI, access by the CrossAsia project of the Berlin State Library (Staatsbibliothek Berlin).

Shiratori Kiyoshi 白鳥清, "マルコポーロ東方見聞録の日本伝中に見える不思議な記載", 《史苑》, 17.1 (1956)。

束世澂, "中国史书上之马哥孛罗考", 《史地学报》, 2.7 (1923): 87–109。

Sighinolfi, Lino, "La prima edizione integrale del 'Milione' di Marco Polo," *La bibliofilia*, 30 (1928): 329–338.

Silverstein, Adam J., *Postal Systems in the Pre-modern Islamic World*, Cambridge: Cambridge University Press (Cambridge Studies in Islamic Civilisations), 2007.

Simion, Samuela, "Note di storia bibliografica sul manoscritto Hamilton 424 della Staatsbibliothek di Berlino," *Quaderni Veneti*, 47–48 (2008): 99–125.

——, "Struttura e fonti di V," in *Giovanni Battista Ramusio, "editor" del "Milione"*, 2011, pp. 27–44.

Simon, Maud, "*Le livre des merveilles*: Le voyage de Marco Polo d'après le ms. fr. 2810 de la Bibliothèque Nationale de Paris," *Revue luxembourgeoise de littérature générale et comparée*, 1 (1996): 96–107.

Simonetti, Antonio. *The History of Million: An Interaction of Marco Polo's Nickname, the Arithmetic Unit and the Book*, Crotia: Editions Sintel Porec, ISBN 953-98576-1-9. 我未能找到该书。

Sinor, Denis, "Un voyageur du treizième siècle: Le Dominicain Julien de Hongrie," *Bulletin of the School of Oriental and African Studies*, 14. (1952): 589–602.

——, "Les relations entre les Mongols et l'Europe jusquà la mort d'Arghoun et de Bela IV," *Cahiers d'histoire mondiale*, 3 (1956): 39–62.

——, "The Mongols and Western Europe," in Kenneth M. Setton (ed.), *A History of the Crusades*, Madison: University of Wisconsin Press, 1975, vol. 3, pp. 513–544.

——, "The Inner Asian Warriors," *Journal of the American Oriental Society*, 101 (1981): 133–144.

——, "Interpreters in Medieval Inner Asia," in Marcel Erdal (ed.), *Studies in the History and Culture of Central Eurasia*, Jerusalem: University of Haifa, Institute of Middle Eastern Studies (Asian and African Studies; 16), 1982, pp. 293–320.

——, "Diplomatic Practices in Medieval Inner Asia," in Clifford Edmund Bosworth, Charles Issawi, Roger Savory and Abraham L. Udovitch (eds.), *The Islamic World, from Classical to Modern Times: Essays in Honor of Bernard Lewis*, Princeton: Darwin Press, 1989, pp. 337–355.

Smith, D. Howard, "Zaitun's Five Centuries of Sino-Foreign Trade," *Journal of the Royal Asiatic Society of Great Britain and Ireland*, 90:3–4 (1958): 165–177.

Smith, Jacov Paul, *Taxing Heaven's Storehouse: Horses, Bureaucrats, and the Destruction of the Sichuan Tea Industry, 1074–1224*, Cambridge (Mass.) and London: Harvard University Press, Council on East Asian Studies (Harvard-Yenching Institute monograph series; 32), 1991.

——, "Family, Landsmann, and Status-group Affinity in Refugee Mobility Strategies: The Mongol Invasions and the Diaspora of Sichuanese Elites, 1230–1330," *Harvard Journal of Asiatic Studies*, 52.2 (1992): 665–708.

——, "Fear of Gynarchy in an Age of Chaos: Kong Qi's Reflections on Life in South China under Mongol Rule," *Journal of the Economic and Social History of the Orient*, 41.1 (1998): 1–95.

Smith, Jacov Paul, and Richard von Glahn (eds.), *The Song-Yuan-Ming Transition in Chinese History*, Cambridge (Mass.): Harvard University (Harvard East Asian Monographs; 221), 2003.

Smith, John Masson, Jr., "The Silver Currency of Mongol Iran," *Journal of the Economic and Social History of the Orient*, 12.1 (1969): 16–41.

——, "Mongol and Nomadic Taxation," *Harvard Journal of Asiatic Studies*, 30 (1970): 46–85.

Smith, John Masson, Jr., and Frances Plunkett, "Gold Money in Mongol Iran," *Journal of the Economic and Social History of the Orient*, 11.3 (1968): 275–297.

So, Billy K. L. (即 So Kee Long 苏基朗), *Prosperity, Region and Institutions in Maritime China: The South Fukien Pattern, 946–1368*, Cambridge (Mass.) and London: Harvard University Press, 2000.

So Kee Long 苏基朗, "The Trade Ceramics Industry in Southern Fukien during the Sung," *Journal of Song-Yuan Studies*, 24 (1994): 1–19.

Solmi, Sergio, "Il Milione," in his *Della favola, del viaggio e di altre cose: Saggi sul fantastico*, Milano: Ricciardi Editore, 1976, pp. 35–50.

Spence, Jonathan D., "Leaky Boat China," *New York Times*, October 19, 1997.

——, *The Chan's Great Continent: China in Western Minds*, New York and London: W. W. Norton & Company, 1998.

Spuler, Bertold, "La situation de l'Iran à l'époque de Marco Polo," in *Oriente poliano*, 1957, pp. 121–132.

——, *Geschichte der Mongolen*, Zürich: Artemis, 1968.

——, *Die Mongolen in Iran: Politik, Verwaltung und Kultur der Ilchanzeit 1220–1350*, Berlin: Akademie-Verlag, 1985.

Stahl, Alan M., *Zecca: The Mint of Venice in the Middle Ages*, Baltimore, London and New York: The Johns Hopkins University Press and the American Numismatic Society, 2000.

Standaert, Nicolas (ed.), *Handbook of Christianity in China, Volume One: 635–1800*, Brill: Leiden (Handbook of Oriental Studies, Section Four, China; 15/1), 2001.

Stange, Hans O. H., "Where was Zayton actually situated?" *Journal of the American Oriental Society*, 69 (1949): 121–124.

——, "Ein Kapitel aus Marco Polo," in Herbert Franke (ed.) (1961), pp. 194–197.

Stargardt, Janice, "Behind the Shadows: Archaeological Data on Two-way Sea-trade between Quanzhou and Satingpra, South Thailand, 10th–14th Century," in Angela Schottenhammer (ed.) (2001), pp. 309–393.

Stein, Aurel, "Hsüan-tsang's Notice of P'i-mo and Marco Polo's Pein," *T'oung Pao*, second series, 7.4 (1906): 469–480.

——, "Marco Polo's Account of a Mongol Inroad into Kashmir," *Geographical Journal*,

54.2 (1919): 92–103.

Stein, Christian Gottfried Daniel, "Ueber den Venetianer Marco Polo," Rede des Herrn Professor Dr. Christian Gottfried Daniel Stein (Gesprochen den 29sten September 1819) in *Einladung zur Gedächtnisfeier der Wohlthäter des Berlinisch-Köllnischen Gymnasiums…von dem Direktor Johann Joachim Bellermann*, Berlin, 1821, pp. 8–19.

Steinhardt, Nancy S., "Currency Issues of Yuan China," *Bulletin of Song-Yuan Studies*, 16 (1980): 59–81.

——, "Imperial Architecture under Mongolian Patronage: Khubilai's Imperial City of Dadu," PhD diss., Harvard University, 1981.

——, "The Plan of Khubilai Khan's Imperial City," *Artibus Asiae*, 44 (1984), 137–158.

Streicher, Fr., "Der Marko Polo-Mythus," *Bulletin de la Société Fribourgeoise des Sciences Naturelles*, 35 (1941): 42–50.

Stussi, Alfredo, "Il mercante veneziano," in Mario Cortelazzo (ed.), *Arti e mestieri tradizionale: Cultura populare del Veneto*, Milano: Silvana, 1989, pp. 47–66.

Sudō Takahashi 須藤賢, "済州馬頭——マルコ・ポーロ旅行記に対する一考察",《立命館文學》, 64 (1948): 20–29。

Suez, Iuming, "Marco Polo," *St. John's Echo*, Shang-hai, November 1899.

Sugiyama Masaaki 杉山正明, "New Developments in Mongol Studies: A Brief and Selective Overview," *Journal of Song-Yuan Studies*, 26 (1996): 217–227.

孙光圻, "《马可・波罗游记》中的中国古代造船文明与航海文明", 收入陆国俊等主编（1995）, 页 135—148。

Surdich, Francesco, "La più recente storiografia poliana," in *Storiografia e storia: Studi in onore di Eugenio Duprè Theseider*, vol. 1, Roma: Bulzoni, 1974, pp. 105–121.

——, "Trent'anni di studi italiani su Marco Polo: Un bilancio," in Cosima Palagiano et al. (eds.) (2007), pp. 161–193.

Susuki Tetsuya 鈴木徹也, "謎の共同編集者——マルコ・ポーロ「東方見聞録」異聞",《帝京大學外國語外國文學論集》, 9 (2003): 13–34。

Sykes, Major Percy Molesworth, "Marco Polo's Travels ["Did Marco Polo Visit Bagdad?" and "Did Marco Polo Visit the Tabas?]" *Geographical Journal*, 26.4 (1905a): 462–466. Response of Henri Cordier in *Geographical Journal*, 26.6 (1905): 686–687.

Szcześniak, Boleslaw, "The Laurentian Bible of Marco Polo," *Journal of the American Oriental Society*, 75.3 (1955): 173–179.

——, "Recent Studies on Marco Polo in Japan," *Journal of the American Oriental Society*, 76.4 (1956): 228–229.

——, "Marco Polo's Surname 'Milione' According to Newly Discovered Documents," *T'oung Pao*, 48.4/5 (1960), pp. 447–449.

Takahashi Hirōmi 高橋弘臣,《元朝貨幣政策成立過程の研究》,東京:東洋書院,2000。

Takata Hiteki 高田英樹,"ジパングの系譜—マルコ・ポーロ研究序說",《愛媛大学教養部紀要》,21.1 (1988): 65–91; 23.1 (1990): 19–60。

——,"ルスティケッロ・ダ・ピーサ:マルコ・ポーロ旅行記の筆録者",《大阪國際女子大学紀要》,24.2 (1998): 1–48。

——,"マルコ・ポーロ年次考(2)—中世ヴェネツィア年代記",《大阪國際女子大学紀要》,25.2 (1999): 383–411。

——,"ザイトン 泉州—マルコ・ポーロの東方(1)",《國際研究論叢:大阪國際大学紀要》,23.2 (2010): 133–152。

——,"マルコ・ポーロ寫本—マルコ・ポーロの東方(2)",《大阪國際女子大学紀要》,23.3 (2010a): 131–151; 24.1 (2010a): 91–112。

——,"カンバラク 大都—マルコ・ポーロの東方(3)",國際研究論叢:大阪國際大学紀要》,24.2 (2011): 225–250。

——,"ジパング 日本國—マルコ・ポーロの東方(4)",《大阪國際女子大学紀要》,24.3 (2011a): 107–130。

谭其骧主编,《中国历史地图集》,第7册,北京:中国地图出版社,1982。

Tan, Rita C., "The Roberto T. Villanueva Collection in Manila: Export Wares of the Yuan Dynasty," *Arts of Asia*, 20.4 (1990): 70–86.

谭晓琳、弓建中,"新一轮的质疑与回答——《马可·波罗到过中国吗?》所引发的论战及思考",《蒙古学信息》,3(1999):20–26。

汤国彦主编,《云南历史货币》,昆明:云南人民出版社,1989。

Tang Li, *A Study of the History of Nestorian Christianity in China and its Literature in Chinese: Together with a New English Translation of the Dunhuang Nestorian Documents*, Frankfurt/M: Peter Lang, 2002; 2nd ed. 2004.

——, "Mongol Responses to Christianity in China: A Yuan Dynasty Phenomenon," *Asia Research Institute Working Paper Series*, no. 63, Singapore: Asia Research Institute, April 2006.

——, *East Syriac Christianity in Mongol-Yuan China (12th–14th Centuries)*, Wiesbaden: Harrassowitz (Orientalia Biblica et Christiana; 18), 2011.

唐锡仁,"马可波罗和他的游记",《世界历史》,3(1979);收入余士雄主编(1983),页15—24。

——,"马可·波罗杭州纪游",《地理知识》,6(1980);收入余士雄主编(1983),页157—161。

——,《马可波罗和他的游记》,北京:商务印书馆,1981。

Tayama Shigeru 田山茂,"元代の権鹽法について",《史學研究》,9.2(1937):76-97。

Tedeschi, Salvatore, "L'Abissinia nel libro di Marco Polo," *Africa*, 25 (1981): 361–383.

Tenenti, Alberto, "Reale e immaginario della montagna in Marco Polo," *Intersezioni*, 16 (1996): 139–150.

Teng Ssu-yu and Knight Biggerstaff, *An Annotated Bibliography of Selected Chinese Reference Works*, third ed. Cambridge (Mass.): Harvard University Press (Harvard-Yenching Institute Series; 2), 1971.

Terracini, B., "Ricerche ed appunti sulla piu antica redazione del 'Milione'," *Rendiconti della Reale Accademia Nazionale dei Lincei; Classe di scienze morali, storiche e filologiche*, serie VII, 9 (1933): 369–428.

Teza, Emilio, "I viaggi di Marco Polo nella vecchia versione boema," *Atti del Reale Istituto Veneto di Scienze, Lettere ed Arti; Anno accademico 1907–1908*, 66.2 (1908): 745–758.

Thiel, Joseph, "Der Streit der Buddhisten und Taoisten zur Mongolenzeit," *Monumenta Serica*, 20 (1962): 1–81.

Thomas, Georg Martin, "Zu Marco Polo, aus einem Cod. ital. Monacensis," *Sitzungsberichte der königl. bayerischen Akademie der Wissenschaften*, 1.1 (1862): 261–270.

Thomson, J. T., "Marco Polo's Six Kingdoms or Cities in Java Minor, Identified in translations from the Ancient Malay Annals," *Proceedings of the Royal Geographical Society of London*, 20.3 (1875–1876): 215–218 and 220–224.

Tite, M. S., Ian C. Freestone and Mavis Bimson, "A Technological Study of Chinese Porcelain of the Yuan Dynasty," *Archaeometry*, 26.2 (1984): 139–154.

Togan, Isenbike, "The Chapter on Annual Grants in the *Yüan shih*," PhD diss., Harvard University, 1973.

Tomioka Gihachi 富冈仪八,"近代中国丝绸之路地区盐的生产与流通形态",《大阪商业大学论集》,1988。

Trauzettel, Rolf, "Die chinesischen Quellen," in Michael Weiers (ed.) (1986), pp. 11–13.

——, "Die Yüan-Dynastie," in Michael Weiers (ed.) (1986a), pp. 217–282.

Tsien Tsuen-Hsuin, *Paper and Printing*, part I of vol. 5 of Joseph Needham's *Science and Civilisation in China*, Cambridge: Cambridge University Press, 1985.

Tsunoda Ryūsaku and Luther Carrington Goodrich, *Japan in the Chinese Dynastic His-*

tories, South Pasadena: P. D. and Ione Perkins, 1951.

屠寄,《蒙兀儿史记》, 1934; 重印本, 台北: 世界书局, 1983。

Tucci, Ugo, "Marco Polo," in *I protagonisti della storia universale*, Milano: Compagnia Edizioni Intemazionali, 1966, vol. 4, pp. 57–84.

——, "I primi viaggiatori e l'opera di Marco Polo," in Girolamo Arnaldi and Manlio Pastore Stocchi (eds.), *Storia della cultura veneta: Dalle origini al Trecento*, Vicenza: Neri Pozza Editore, vol. I/1, 1976, pp. 633–670.

——, "Il commercio veneziano e l'Oriente al tempo di Marco Polo," in Alvise Zorzi (ed.), *Marco Polo, Venezia e l'Oriente*, Milano: Electa, 1981, pp. 41–68.

——, "Marco Polo, mercante," in Lionello Lianciotti (ed.), *Venezia e l'Oriente*, Firenze: Olschki, 1987, pp. 323–337.

——, "Mercanti veneziani in Asia lungo l'itinerario poliano," in Lionello Lianciotti (ed.), *Venezia e l'Oriente*, Firenze: Olschki, 1987a, pp. 307–321.

——, "Marco Polo ando veramente in Cina?" *Studi veneziani*, n.s., 33 (1997): 49–59.

——, "Il libro di Marco Polo tra filologia e informatica," *Studi veneziani*, 43 (2002): 77–93.

Tucci, Ugo, and Walter Heissig, *Die Religionen Tibets und der Mongolei*, Stuttgart: Kohlhammer, 1970.

Tullock, Gordon, "Paper Money—A Cycle in Cathay," *The Economic History Review*, new series, 9.3 (1957): 393–407.

Turnbull, Stephen, *Mongol Warrior, 1200–1350*, Oxford: Osprey, 2003.

——, *The Mongol Invasions of Japan 1274 and 1281*, Oxford: Osprey, 2010.

Tzanaki, Rosemary, *Mandeville's Medieval Audiences: A Study on the Reception of the Book of Sir John Mandeville (1371–1550)*, Aldershot: Ashgate, 2003.

Übleis, Franz, "Marco Polo in Südasien (1293/94)," *Archiv für Kulturgeschichte*, 60 (1978): 268–305.

Uematsu Tadashi, "The Control of Chiang-nan in the Early Yuan," *Acta Asiatica*, 45 (1983): 49–68.

Umehara Kaoru 梅原郁, "元代差役法小論",《東洋史研究》, 23 (1965): 399–427。

Vacca, Giovanni, "Un manoscritto inedito dei viaggi di Marco Polo," *Revista geografica italiana*, 14 (1907): 107–108.

——, "Un documento cinese sulla data del ritorno di Marco Polo," *Atti dell'Accademia dei Lincei, Rendiconti della classe di scienze morali*, March to June 1947: 348–350.

Valentinetti Mendi, Angelica, "Tradizione ed innovazione: La prima traduzione spagnola del *Libro delle meraviglie,*" in Silvia Conte (ed.) (2008), pp. 113–172.

Valeri, Diego, "Il gran libro di Marco Polo," *L'Approdo*, 3 (1954): 46–54.

Van Mechelen, Johan, "Yuan," in Nicolas Standaert (ed.) (2001), pp. 41–111.

Veyssière, Géraldine, "Les illustrations du *Livre des merveilles* sont-elles exotiques?" in Alain Buisine, Norbert Dodille and Claude Duchet (eds.), *L'exotisme: Actes du colloque de Saint-Denis de la Réunion*, Paris: Didier, 1988, pp. 163–177.

Vicentini, Enrico Abramo, "I generi in Marco Polo: Il testo e sua storia," PhD diss., University of Toronto, 1991, UMI, access by the CrossAsia project of the Berlin State Library (Staatsbibliothek Berlin).

——, "Il *Milione* di Marco Polo come portolano," *Italica*, 71 (1994): 145–152.

Vincenti, Eleonora, "Appunti per una lettura del *Milione*," in Roberto Antonelli (ed.), *Miscellanea di studi in onore di Aurelio Roncaglia a cinquant'anni dalla sua laurea*, Modena: Mucchi, 1989, vol. 4, pp. 1429–1437.

Vitebsky, Piers, "Some Medieval European Views of Mongolian Shamanism," *Journal of the Anglo-Mongolian Society*, 1 (1974): 24–42.

Voegelin, Eric, "The Mongol Orders of Submission to European Powers, 1245–1255," *Byzantium*, 15 (1940–1941): 378–413.

Vogel, Hans Ulrich, "Chinese Central Monetary Policy and the Yunnan Copper Mining Industry in the Early Qing (1644–1800)," PhD diss., University of Zürich, 1983; rev. version of 1989.

——, "Chinese Central Monetary Policy, 1644–1800," *Late Imperial China*, 8.2 (1987): 1–52.

——, *Untersuchungen über die Salzgeschichte von Sichuan (311 v. Chr.-1911): Strukturen des Monopols und der Produktion*, Stuttgart: Franz Steiner Verlag (Münchener Ostasiatische Studien; 51), 1990.

——, "Bergbau auf Gold, Silber, Kupfer und Zinn in Yunnan bis zum Ende der Mongolenzeit," in Albert Lutz (ed.), *Der Goldschatz der Drei Pagoden: Buddhistische Kunst des Nanzhao- und Dali-Königreichs in Yunnan, China*, Zürich: Museum Rietberg Zürich, 1991, pp. 75–78.

——, with the research assistance of Sabine Hieronymus, "Cowry Trade and its Role in the Economy of Yünnan, the Ninth to the Middle of the Seventeenth Century," in Roderich Ptak and Dietmar Rothermund (eds.), *Emporia, Commodities and Entrepreneurs in Asian Maritime Trade, c. 1400–1750*, Stuttgart: Franz Steiner Verlag (Beitrage zur Sudasienforschung, Südasien-Institut, Universität Heidelberg), 1991a, pp. 231–262.

——, with the research assistance of Sabine Hieronymus, "Cowry Trade and its Role in the Economy of Yünnan: From the Ninth to the Mid-Seventeenth Century," *Journal of the Economic and Social History of the Orient*, 36.3 (1993): 211–252; 36.4 (1993): 309–353.

——, "Common Salts (Basically Sodium Chloride) in Traditional Chinese Pharmaceutics, Pharmacology, and Medicine," in Antonio Malpica Cuello and José Antonio Gonzáles Alcantud (eds.), *La sal: Del gusto alimentario al arrendamiento de salinas; Congreso Internacional de la CIHS, Granada, 7–11 septiembre, 1995*, Granada: La Grafica, [1997], pp. 377–396.

——, "History of Length Measures during the Song Period (960–1279): Some Reflections on the State of the Field and Reasearch Prospects," in Harald Witthöft (ed.), *Acta Metrologiae Historicae V, 7. Internationaler Kongreß des Internationalen Komitees für Historische Metrologie (CIMH), 25.–27. September 1997 in Siegen*, St. Katharinen: Scripta Mercatura Verlag, 1999, pp. 153–172.

——, "Die Darstellung der Salzproduktion in Sichuan: Eine chinesische Bildrolle aus der Mitte des 18. Jahrhunderts," *Thesis: Wissenschaftliche Zeitschrift der Bauhaus-Universität Weimar (Internationale Tagung am Lehrstuhl für Bauaufnahme und Baudenkmalpflege: Investitionen im Salinenwesen und Salzbergbau: Globale Rahmenbedingungen, regionale Auswirkungen, verbliebene Monumente—Gewidmet Rudolf Palme (1942–2002))*, 4/5 (2002): 328–345. 关于插图和画卷上文字的德文翻译，见下面的条目。

——, "Die Darstellung der Salzproduktion in Sichuan—Eine chinesische Bildrolle aus der Mitte des 18. Jahrhunderts," http://www.uni-tuebingen.de/?id=24313 (accessed September 8, 2012).

——, "Ma Jis 'Yanjing tushuo' (Illustrierte Abhandlung über die Salzbrunnen [Sichuans]) aus der späten Ming-Zeit und seine technikgeschichtliche Bedeutung," *Zeitschrift der Deutschen Morgenländischen Gesellschaft*, 155.1 (2005): 253–294.

——, "A Short History of Salt Production in Yunnan Province in South-west China: Technical and Economic Aspects," in Nuria Morère Molinero (ed.), *Las salinas y la sal de interior: Economía, medio ambiente y sociedad—Inland Salt Works and Salt History: Economy, Environment and Society*, Madrid: Universidad Rey Juan Carlos, Servicio de Publicaciones, 2007, vol. 2, pp. 809–834.

——, "Types of Fuel Used in the Salt Works of Sichuan and Yunnan in South-western China: A Historical Overview," in Olivier Weller, Alexa Dufraisse et Pierre Pétrequin (eds.), *Sels, eau et forêt d'hier à aujourd'hui*, Paris: Presses Universitaires de Franche-Comté, 2008, pp. 451–477.

——, *The Salt Industry*, part 37 of Joseph Needham's *Science and Civilisation in China*, Cambridge: Cambridge University Press, forthcoming.

Voiret, Jean-Pierre, "Die Reisen des Marco Polo und sein Aufenthalt in China," in *Marco Polo: Ausstellung in der SKA-Galerie "Le Point" Zürich*, 1995, pp. 4–20.

——, "China, 'objektiv' gesehen: Marco Polo als Berichterstatter," *Asiatische Studien*, 51.3 (1997): 805–821.

Von Collani, Claudia, "Missionaries," in Nicolas Standaert (ed.) (2001), pp. 286–294.

Von den Brincken, Anna-Dorothée, *Die "Nationes Christianorum Orientalium" im Verständnis der lateinischen Historiographie*, Köln, Wien: Böhlau, 1973.

Von Ertzdorff, Xenja, "Marco Polos 'Beschreibung der Welt' im 14. und 15. Jahrhundert in Deutschland," in Gerhard August, Otfried Ehrismann and Hans Ramge (eds.), *Festschrift für Heinz Engels zum 65. Geburtstag*, Göppingen: Kümmerle (Göppinger Arbeiten zur Germanistik; 561), 1991, pp. 46–64.

——, "Gedruckte Reiseberichte über China in Deutschland im 15. und 16. Jahrhundert," in Xenja von Ertzdorff and Dieter Neukirch, with the collaboration of Rudolf Schulz (eds.), *Reisen und Reiseliteratur im Mittelalter und in der frühen Neuzeit: Vorträge eines interdisziplinären Symposiums vom 3.–8. Juni 1991 an der Justus-Liebig-Universität Gießen*, Amsterdam: Editions Rodophi B. V., 1992, pp. 417–437.

Von Euw, Anton, "Le Livre des Merveilles du Monde; Das Buch der Wunder der Welt," in *Marco Polo: Ausstellung in der SKA-Galerie "Le Point"*, 1995, pp. 21–39.

Von Glahn, Richard, *Fountain of Fortune: Money and Monetary Policy in China, 1000–1700*, Berkeley: University of California Press, 1996.

——, "Towns and Temples: Urban Growth and Decline in the Yangzi Delta, 1100–1400," in Jacov Paul Smith and Richard von Glahn (eds.), *The Song-Yuan-Ming Transition in Chinese History*, Cambridge (Mass.): Harvard University (Harvard East Asian Monographs; 221), 2003, pp. 176–211.

——, "Re-examining the Authenticity of Song Paper Money Specimens," *Journal of Song-Yuan Studies*, 36 (2006): 79–106.

——, "Monies of Account and Monetary Transition in China, Twelfth to Fourteenth Centuries," manuscript, 2009.

Von Klaproth, Julius Heinrich [1822]; John Pickering (transl.) (1844), "The History of Paper Money in China," *Journal of the American Oriental Society*, 1.2 (1844): 136–142.

——, "Reseignemens sur les ports de Gampou et de Zaithoum, décrits par Marco Polo, *Journal asiatique*, 5 (1824): 35–44.

——, "Sur le pays de Tenduc ou Tenduch de Marco Polo," *Journal asiatique*, 1.5 (9) (1826): 299–306.

——, "Remarques géographiques sur les Provinces occidentales de la Chine décrites par Marco Polo," *Journal asiatique*, 1 (1828): 97–120.

Von Richthofen, Ferdinand, "Das Land und die Stadt Caindu von Marco Polo," *Verhandlungen der Gesellschaft für Erdkunde zu Berlin*, 1 (1974): 33–39.

Wagner, Henry R., "Marco Polo's Narrative Becomes Propaganda to Inspire Colón," *Imago Mundi*, 6 (1949): 3–13.

Waldron, Arthur, *The Great Wall of China: From History to Myth*, Cambridge: Cambridge University Press, 1990.

王贵,"《萨迦世系史》和《马可·波罗游记》的一个重要相同点",《中国西藏》（中文版）,6（1997）:51–52。

王金水、陶德臣,"从马可波罗有无提到茶说起",《农业考古》,2（2005）:266–268。

王硕丰;Andrea Lee (transl.),《马可·波罗的中国传奇》(*Marco Polo's Marvels of China*),北京:五洲传播出版社,"中外文化交流故事丛书",2010.

王四达,"《光明之城》的真伪问题刍议",《华侨大学学报》(哲社版),2（2000）。

王铁藩,"福州发现五代十国时期闽铅币和元代秤权、钞版",《文物》,7（1975）。

王颋,"《马可波罗游记》中的几个地名",《南京大学学报》(哲学社会科学版),3（1980）:60–62;收入余士雄主编(1983),页357—362。

王文成,"蒙古灭金前后的市场演变与白银使用",《中国经济史研究》,1（2000）:117–125。

王晓欣、邓晶龙,"马可波罗与十三纪中国国际学术讨论会综述",《历史研究》,4（2001）:178–182。

王育民,"关于《马可·波罗游记》的真伪问题",《史林》,4（1988）。

王正华,"湖北郧县发现元代'至元通行宝钞'双面铜钞版",《内蒙古金融研究》,S1（2003）:74–76。

王正华、刘尚敬、刘朝金,"郧县发现'至元通行宝钞'双面铜钞版",《江汉考古》,3（1993）:96,95。

Wardwell, Anne E., "Panni Tartarici: Eastern Islamic Silks Woven with Gold and Silver (13th and 14th Centuries)," *Islamic Art*, 3 (1988–1989): 95–133.

——, "Two Silk and Gold Textiles of the Early Mongol Period," *Bulletin of the Cleveland Museum of Art*, 79.10 (1992): 354–378.

Wasserstein, Bernard, and David Wasserstein, "Jacopo Spurioso?" *Times Literary Sup-*

plement, November 14, 1997.

Watanabe Hiroshi 渡辺宏, "日本におけるマルコ・ポーロ",《アジア・アフリカ文化研究所研究年報》, 1975, pp. 1-18; 1976, pp. 7-28; 1977, pp. 11-24; 1978, pp. 47-68。

——, Marco Polo Bibliography マルコ・ポーロ 1477-1983, Tokyo: The Toyo Bunko, 1986.

Watson, Andrew M., "Back to Gold—and Silver," *Economic History Review*, 20 (1967): 1-34.

Watt, James C. Y., "Textiles of the Mongol Period in China," *Orientations*, 29.3 (1998): 72-83.

Wehr, Barbara, "A propos de la genèse du Devisament dou monde et Marco Polo," in Maria Selig (ed.), *Le passage à l'écrit de langues romanes*, Tübingen: Gunter Narr Verlag, 1993, pp. 299-326.

——, "Zum Reisebericht von Marco Polo in der lateinischen Fassung von Fra Pipino da Bologna," in Rudolf Kettemann and Hubert Petersmann (eds.), *Latin vulgaire—latin tardif: Actes du cinquième colloque international sur le latin vulgaire et tardif, Heidelberg, 5–8 septembre 1997*, Heidelberg: Winter, 1999, pp. 117-132.

——, "Zum altvenezianischen Fragment VA[1] des Reiseberichts von Marco Polo," in Luigina Morini (ed.), *La cultura dell'Italia padana e la presenza francese nei secoli XIII–XV; Pavia 11–14 settembre 1994*, Alessandria: Dell'Orso, 2001, pp. 111-142.

——, "Eine Crux im Text von Marco Polo: rondes," in Volker Noll and Sylvia Thiele (eds.), *Sprachkontakte in der Romania: Zum 75. Geburtstag von Gustav Ineichen*, Tübingen: Max Niemeier Verlag, 2004, pp. 147-158.

——, "Venetismi e toscanismi nel MS. B.N. fr. 1116 del testo di Marco Polo," in Renato Oniga and Sergio Vatteroni (eds.), *Plurilinguismo letterario*, Soveria Manelli: Rubbettino, 2007, pp. 205-223.

韦培春、吴献中,"从扬州地方志印证马可·波罗在扬州的踪迹",收入陆国俊等主编(1995),页 70—78。

卫月望,"壹拾文中统元宝交钞考说",《中国钱币》,4(1985):38-40。

——,"白塔中统元宝交钞考说",《内蒙古金融研究》,S1(2002):28-30、23。

——,"蒙元纸币史料诠释",《内蒙古金融研究》,S1(2002a):33-48。

Weidner, Marsha Smith, "Painting and Patronage at the Mongol Court of China 1260-1368," PhD diss., University of California, Berkeley, 1982.

Weiers, Michael (ed.), with the collaboration of Veronika Veit and Walter Heissig, *Die Mongolen: Beiträge zu ihrer Geschichte und Kultur*, Darmstadt: Wissenschaftliche Buchgesellschaft, 1986.

闻广,"《马可波罗行纪》中地质矿产史料",《河北地质学院学报》, 15.2(1992): 205–213。

翁国珍,"马哥·波罗及其福建之行",《海交史研究》, 2 (1980): 54–57. 修订本收入余士雄主编(1983),"马哥·波罗福建之行", 162–168。

Wetzel, Hermann H., "Marco Polo's Milione zwischen Beschreiben und Erzählen," in Gabriele Birken-Silvermann and Gerda Rössler (eds.), *Beiträge zur sprachlichen, literarischen und kulturellen Vielfalt in den Philologien: Festschrift für Rupprecht Rohr zum 70. Geburtstag*, Stuttgart: Franz Steiner Verlag, 1992, pp. 523–540.

——, "Il Milione di Marco Polo fra descrizione e racconto," in Piotr Salwa and Ewa Dorota Zolkiewska (eds.), *Narrations brèves: Mélanges de littérature ancienne offerts à Krystyna Kasprzyk*, Warszawa and Genève: Publications de l'Institut de Philologie Romane, 1993, pp. 99–116.

Wheatley, Paul, "Geographical Notes on Some Commodities Involved in Sung Maritime Trade," *Journal of the Malayan Branch of the Royal Asiatic Society*, 32.2 (1961): 5–140.

Wink, André, "From the Mediterranean to the Indian Ocean: Medieval History in Geographic Perspective," *Comparative Studies in Society and History*, 44.3 (2002): 416–445.

Witte, Johannes, *Das Buch des Marco Polo als Quelle für Religionsgeschichte*, Berlin: Hutten-Verlag, 1916.

Wittkower, Rudolf, "Marco Polo and the Pictorial Tradition of the Marvels of the East," in *Oriente Poliano*, 1957, pp. 155–172.

Wolkenhauer, W., "Marco Polo," *Deutsche Rundschau für Geographie und Statistik*, 20 (1898): 181–185.

Wood, Frances, *Did Marco Polo Go to China?* London: Secker & Warburg, 1995.

——, "Did Marco Polo Go to China?" *Asian Affairs: Journal of the Royal Society for Asian Affairs*, 28.3 (1996): 296–304.

——, "Marco Polo's Readers: The Problem of Manuscript Complexity," *Asian Research Trends: A Humanities and Social Science Review*, 10 (2000): 67–75.

——, *The Lure of China: Writers from Marco Polo to J. G. Ballard*, South San Francisco: Long River Press, 2009.

Worthy, Edmund E., "Regional Control in the Southern Sung Salt Administration," in John Winthrop Haeger (ed.), *Crisis and Prosperity in Sung China*, Tucson: University of Arizona Press, 1975.

Wright, David Curtis, "Navies in the Mongol Yuan Conquest of Southern Song China, 1274– 1279," *Mongolian Studies*, 29 (2007): 207–216.

吴承越,"盐与滇盐币",《盐业史研究》,2(1997):43。

吴德铎,"关于马可波罗的中文史料",《中华文史论丛》,3(1980):204。

吴晗,"《元史食货志》钞法补",《中国社会经济史集刊》,7.2(1946);以"元代之钞法"为题重印于《吴晗史学论著选集》,卷2,北京:人民出版社,1986,页433—465。

吴幼雄,"评《光明之城》——咸淳间的剌桐港是'自由贸易区'吗?"《泉州师范学院学报》,5(2000):68-87。

——,"再评《光明之城》",《泉州师范学院学报(社会科学)》,20.1(2002):80—88。

Wunderli, Peter, "Marco Polo und der Ferne Osten: Zwischen 'Wahrheit' und 'Dichtung'," in Peter Wunderli (ed.), *Reisen in reale und mythische Ferne: Reiseliteratur in Mittelalter und Renaissance*, Düsseldorf: Droste Verlag (Studia Humaniora; 22), 1993, pp. 124–196.

无锡市博物馆,"江苏无锡市元墓中出土一批文物",《文物》,12(1964):52-62。

西藏自治区文物管理委员会,"西藏萨迦寺发现的元代纸币",《文物》,9(1975):32—34。

夏湘蓉、李仲均、王根元编著,《中国古代矿业开发史》,北京:地质出版社,1980。

向达,"元代马哥孛罗诸外国人所见之杭州",《东方杂志》,26.10(1929):91-104;收入余士雄主编(1983),页142—156,题目略有改动。

——,"马可波罗与马可波罗游记",《旅行家》,4(1956);收入余士雄主编(1983),页3—14。

湘军、石见,"沅陵元墓出土元代纸币考说",《湖南文物》,1(1986):36-38、52。

辛渝,"马可·波罗到过西藏吗?"《西南民族大学学报》,5(1991):86。

修晓波,"元代色目商人的分布",《元史论丛》,6(1997):174-188。

徐泓,《清代两淮盐场的研究》,台北:嘉新水泥公司文化基金会,1972。

许明龙,"《马可·波罗游记》与中国在欧洲的影响",收入陆国俊等主编(1995),页223—232。

许蓉,"'马可波罗游记'和13世纪末的杭州",《台州师专学报》,23.2(2001):

39–43。

许新国,"格尔木出土元代纸币考说",《青海金融研究》,6(1987)。

薛磊,《元代宫廷史》,天津:百花文艺出版社,2008。

Yamazaki Mikio 山崎幹夫,"毒の博物誌-1-マルコ・ポーロの「山の老人」—インド大麻",《自然》,38.8 (1983): 88–92。

Yanai Wataru 箭内亙,"元朝牌符考",收入他的《蒙古史研究》,東京:刀江書院,1966,頁 839—898。

岩村忍 [即 Iwamura Shinobu]; 涛海翻译,"元朝的纸币制度及其崩溃",《蒙古学信息》,2(1999):7-11。

Yang Bin, "Horses, Silver, and Cowries: Yunnan in Global Perspective," *Journal of World History*, 15.3 (2004): 281–322.

——, *Between Wind and Clouds: The Making of Yunnan (Second Century BCE to Twentieth Century CE)*, New York: Columbia University Press, 2009.

Yang Chih-chiu [杨志玖] and Ho Yung-chi [He Yongji 何永佶],"Marco Polo Quits China," *Harvard Journal of Asiatic Studies*, 9.1 (1945): 51.

Yang Lien-sheng, *Money and Credit in China: A Short History*, Cambridge (Mass.): Harvard University Press, 1952.

——, "The Form of the Paper Note *Hui-tzu* of the Southern Sung Dynasty," *Harvard Journal of Asiatic Studies*, 16.3/4 (1953): 365–373.

——, "Marginalia to the *Yüan tien-chang*," *Harvard Journal of Asiatic Studies*, 19.1/2 (1956): 42–51.

杨寿川编著,《贝币研究》,昆明:云南大学出版社,1997。

——,"贝币研究——中原与云南用海贝作货币的历史考察",收入杨寿川编著(1997),《贝币研究》,页 1—27。

——,"哈尼族与贝币",收入杨寿川编著(1997),《贝币研究》,页 216—229。

杨文清,"《马可·波罗游记》中的体育史料",《体育文史》,6(1985):35—39。

杨志玖,"关于马可波罗离华的一段汉文记载",《文史杂志》,1.12(1941);收入陆国俊等主编(1995),页 17—25。

——,"关于马可波罗离华的一段汉文记载",《南开大学学报》,3(1979);收入余士雄主编(1983),页 169—178。

——,"关于马可波罗的研究——读柯立福教授的《关于马可波罗离华的汉文资料及其到达波斯的波斯文资料》",《南开大学学报》,3(1979a);收入余士雄主编

（1983），页 179—187。

——，"关于马可波罗在中国的几个问题"，《中国史研究》，2(1982)；收入他的《元史三论》，北京：人民出版社，1985。稍作修改后收入余士雄主编（1983），页 275—286。

——，"马可波罗与中国——对《马可·波罗到过中国没有？》一文的看法"，《环球》，10（1982）；修改后收入余士雄主编（1983），页 52—60。

——，"马可·波罗足迹遍中国——与海格尔先生商榷"，《南开学报》，6(1982a)；收入余士雄主编（1983），页 70—84。

——，"马可波罗离开中国在 1291 年的根据是什么？"，《历史教学》，2（1983）：6。

——，"再论马可波罗书的真伪问题"，《历史研究》，2 (1994): 72–78。

——，"再论马可·波罗书的真伪问题——剖析怀疑论者的论据和心态"，收入陆国俊等主编（1995），页 25—35。

——，"百年来我国对《马可·波罗游记》的介绍与研究"（上、下），《天津社会科学》，1（1996a）：73–80; 2（1996b）：52–57。

——，"马可波罗到过中国——对《马可波罗到过中国吗？》的回答"，《历史研究》，3 (1997): 107–122。

——, "Marco Polo Did Come to China: A Reply to *Did Marco Polo Go to China?*" transl. by Hui Jianfeng and Pan Yufen, rev. by Sue Xuetao, *Social Sciences in China*, 19.3 (1998a): 98–123. 最初发表于《历史研究》，3（1997）。

——，"马可波罗到过中国吗？——从他所记元代节日和刑制谈起"，《文史知识》，9 (1998b): 112–116。

——，《马可波罗在中国》，天津：南开大学出版社，1999。

——，"我与《马可波罗游记》"，《历史教学》，10（2000）：5。

姚庆，"国宝至元钞版被拍卖"，《内蒙古金融研究》，S2（2003）：5。

姚朔民，"析磁县至元通行宝钞铜版"，《中国钱币》，1（1993）：7–8。

Yasin Mazhar Siddiqi, "Mongol Decimal System and Military Organization of the Delhi Sultanate," in R. C. Sharma (ed.), *Perspectives on Mongolia: Papers Presented at the First Indo-Mongolian Colloquium Held in September 1986 at the School of International Studies, Jawaharlal Nehru University*, Delhi: Seema Publications, 1988, pp. 55–67.

叶世昌，"元代的纸币流通制度"，《中国社会经济史研究》，4（1997）：87-94。

叶玉梅，"试析青海柴达木盆地出土的元'钞'"，《青海社会科学》，6（1994a）：113–117。

——，"元代青藏麝香之路上的纸币：青海柴达木盆地出土的元钞"，《青海民族研究》（社会科学版），2（1994b）：51-54。

伊克，"马可·波罗与内蒙古"，《中外文化交流》，1（1999）：54-55。

映堂居士，"元代西人入中国述"，《中西闻见录》，21（1874）；收入余士雄主编（1983），页1—2。

Yokkaichi Yasuhiro, "Horses in the East-West Trade between China and Iran under Mongol Rule," in Bert G. Fragner, Ralph Kauz, Roderich Ptak and Angela Schottenhammer (eds.), *Pferde in Asien: Geschichte, Handel und Kultur; Horses in Asia: History, Trade and Culture*, Wien: Verlag der Österreichischen Akademie der Wissenschaften (Philosophisch-Historische Klasse, Denkschriften; 378, und Veröffentlichungen zur Iranistik; 46), 2009, pp. 87–97.

余士雄，"中西方历史上的友好使者——马可·波罗"，《历史教学》，8（1981）；修订本见余士雄主编（1983），页30—38。

——，"马可波罗在中国"，*China Reconstructs*, 4 (1982), in English, German and Spanish；中文修订本收入余士雄主编（1983），页61—69。

——，"谈新译《马可波罗游记》"，《读书》，10（1982a）；修订本收入余士雄主编（1983），页327—336。

——主编，《马可·波罗介绍与研究》，北京：书目文献出版社，1983。（译者按，本书所收文章先见于其他刊物者，标题等偶有少量修订，不涉要旨，不一一罗列。）

——，"《马可·波罗游记》中的中国历史名城考释"，《中国科技史料》，6.5（1985）：24—30。

——，"《马可波罗游记》的外文版本和中文译本"，《江西师范大学学报》（哲学社会科学版），4（1989）：109–114。

——，"马可·波罗记叙的元初两次叛乱考释"，《西北史地》，2（1986）。

——，"新疆桃花源人有来历——《马可·波罗游记》一大贡献"，《北京晚报》，1990年8月16日.

——，"《马可·波罗游记》意大利文版为何称《百万》"，《文摘报》，698（1990a）。

——，"《马可·波罗游记》中几个主要问题评述"，收入陆国俊等主编（1995），页337—362。

袁冀，《元史研究论集》，台北：台湾商务印书馆，2006。

——，《元史探微》，台北：文史哲出版社，2009。

Yule, Henry, "Marco Polo and his Recent Editors," *Quarterly Review*, 125 (July and October 1868): 133, 166.

——, "A Manuscript of Marco Polo", *Athenaeum*, 2851 (June 17, 1882): 765–766.

——, "Notes on the Oldest Records of the Sea Route to China from Western Asia," *Proceedings of the Royal Geographical Society, and Monthly Record of Geography*, Nov.

1882a, 8vo.

——, "Marco Polo", *Encyclopedia Britannica*, vol. 19, 1885, pp. 404–409.

——, "Prester John", *Encyclopedia Britannica*, vol. 19, 1885a, pp. 714–718.

Yule, Henry, and Arthur Coke Burnell, *Hobson-Jobson: The Anglo-Indian Dictionary*, Hertfordshire: Wordsworth Editions Ltd., 1996.

Zaccagnini, Guido, "Francesco Pipino traduttore del 'Milione' cronista e viaggiatore in oriente nel secolo XIV," *Atti e Memorie della Reale Deputazione di storia patria per l'Emilia e la Romagna*, serie V, vol. 1 (1936): 61–95.

Zaganelli, Gioia, "Viaggiatori europei in Asia nel Medioevo: Note sulla retorica del mirabile," *Studi testuali*, 4 (1996): 157–165.

——, "In margine a due recenti edizioni del *Milione* di Marco Polo," *Critica del testo*, 3 (2000): 1023–1032.

Zanetti, V., "Marco Polo e la sua famiglia," *Archivio Veneto*, 16 (1879): 359–362.

曾广亿，"广东陵水、顺德、揭西出土的宋代瓷器、渔猎工具和元代钞版"，《考古》，1（1980）：71–76，附有图版。

张国旺，"元代海盐问题研究"，硕士论文，河北师范大学，2003。

——，《元代榷盐与社会》，天津：天津古籍出版社，2009。

张箭，"马可·波罗对自然地理学和地质矿物学的贡献"，《自然辩证法通讯》18.104/4（1996）：55–62；又见"马可·波罗对自然地理学和矿物学的贡献"，《地理研究》，15.2（1996a）：100–105。

张景明，"元上都与大都城址的平面布局，" *China Archaeology and Art Digest*, 4.2–3(2001): 21–32.

Zhang Kai, "Marco Polo e 'L'epoca dell'asse Quanzhou-Venezia': Indagine sul rapporto tra il commercio d'oltremare in epoca Song e Yuan e la rivoluzione commerciale del Mediterraneo," in Frederico Masini et al. (eds.) (2006), pp. 275–303.

张宁，"《马可·波罗游记》中的元大都"，《人民日报》，1980年4月10日；大幅修订后收入余士雄主编（1983），页85–106。

——，"马可·波罗研究中的新成果"，《中国社会科学》，4（1990）：194-196。

——，"《马可·波罗游记》中的大都文明"，收入陆国俊等主编（1995），页97–110。

张维华，"《马可波罗游记》中之哈剌章"，《经世》"战时特刊"，47/48（1939）；收入余士雄主编（1983），页127–131。

张卫萍，"也谈马可·波罗中国之行的真实性"，《平原大学学报》，21.3(2004):101–102。

Zhang Longxi, "Marco Polo, Chinese Cultural Identity and an Alternative Model of East-West Encounter," in Akbari and Iannucci (eds.) (2008), pp. 280–296.

张锡禄，《南诏与白族文化》，北京：华夏出版社，1992。

Zhang Xiping, "Il Milione e le ricerche sulla storia del Christianesimo in Cina," in Frederico Masini et al. (eds.) (2006), pp. 305–316.

张星烺，"答束世澂君'中国史书上之马哥孛罗质疑'"，《史地学报》，3.3 (1923): 59–61。

张跃铭，"《马可波罗游记》在中国的翻译与研究"，《江淮论坛》，3 (1981)；缩减本收入余士雄主编 (1983)，页39—51。

张子英，"磁县发现'至元通行宝钞'铜版及铜印"，《中国钱币》，1 (1993): 36–37。

Zhao, Qingzhi George, *Marriage as Political Strategy and Cultural Expression: Mongolian Royal Marriages from World Empire to Yuan Dynasty*, New York: Peter Lang (Asian Thought and Culture), 2008.

赵小平，"历史时期云南盐币流通探析"，《盐业史研究》，2 (2007): 13–19。

郑弌，"Tiunguy 即'丰州'——对《马可·波罗行记》中一条地名的考证"，《南阳师范学院学报》(社会科学版)，3.4 (2004): 32–36, 64。

周良霄，"元代旅华的西方人：兼答马可波罗到过中国吗?"，《历史研究》，3 (2001): 91–100。

朱江，"从元朝官制探讨马可·波罗在扬州"，《扬州史志》，3 (1990)。

——，"从《马可·波罗游记》联想到的几点"，收入陆国俊等主编 (1995)，页47—62。

朱谦之，"《马哥波罗游记》之影响"，收入他的《中国哲学对于欧洲的影响》，福州：福建人民出版社，1985。

朱耀廷，"《马可波罗行纪》中的元大都——农业文化与草原文化结合的产物"，《北京联合大学学报》(人文社会科学版)，2 (2009): 31–37。

朱霞，"从《滇南盐法图》看古代云南少数民族的井盐生产"，《自然科学史研究》，23.2 (2004): 132–147，附有图版。这篇论文的英译文见下。

Zhu Xia (author); Cao Jin, Ailika Schinköthe, Hans Ulrich Vogel et al. (transl.), "The Production of Well Salt by Ethnic Minorities in Pre-modern Yunnan: The 'Illustrations on the Salt Production Methods of Yunnan,'" *East Asian Science, Technology and Medicine*, 33 (2011): 33–82.

Zoli, Sergio, "L'immagine dell'Oriente nella cultura italiana da Marco Polo al Settecento," in Cesare de Seta (ed.), *Storia d'Italia; Annali 5: Il paesaggio*, Torino: Giulio Einaudi editore, 1982, pp. 45–123.

Zorzi, Alvise, *Vita di Marco Polo veneziano*, Milano: Rusconi, 1982.

——, "L'Asia mongola e Marco Polo," in Gino Benzoni, Marica Milanesi, Daria Perocco et al. (eds.), *L'Oriente: Storie di viaggiatori italiani*, Milano: Electa, 1985, pp. 48–69.

——, *Marco Polo: Eine Biographie*, transl. by Sylvia Höfer, Hildesheim: Claassen, 1992.

邹振环,"清末汉文文献中有关马可·波罗来华的最早记述",《世界历史》,5(1999):79-83。

邹志谅,"白塔中统元宝交钞印释",《内蒙古金融研究》,S1(2002):77。

邹重华,"马可·波罗成都之行考辨",《四川文物》,3(1990):11-14。

Zurla, D. Placido, *Di Marco Polo e degli altri viaggiatori Veneziani più illustri*, Venezia: Gio. Giacomo Fuchs, 1818.

Zweig, Stefan, *Die Welt von Gestern*, Stockholm: Bermann-Fischer, 1944.

索引凡例

1. 中译本索引根据英文原著的索引重新编排。索引中的页码为英文原著的页码，在中译本中采用页边码的形式标出。因边码无法精确对应，可能有一两行之内的错动。位于注释中的条目，请按边码位置查找相应注释。

2. 人名索引。汉文人名居前，在古代汉文文献中有汉文名字的非汉人，也使用汉文名，后附拉丁字母的复原转写。日本人名虽然使用汉字，但发音与汉语不同，也按照拉丁字母拼写形式排列，但保留汉字人名。西文人名使用原文，若有本人使用的汉文名，酌情注出。

3. 地名索引。中国地名居前，包括马可·波罗提到的中国地名，采用拉丁字母拼写的形式，放在汉文地名之后。最后是外国地名。

4. 书名索引。首先列出马可·波罗行纪的各种文本，然后依次列外文书籍、汉文书籍的条目。

5. 专题索引。围绕某一主题拟出的索引。

6. 以上索引，汉字条目按照首字汉语拼音和声调顺序排列，西文条目按首词英文字母顺序排列。

7. 索引词汇在同一条目中重复出现，用～表示。

人名索引

1. 汉文

阿八哈（Abakha），伊利汗，74, 87

阿必失哈 (Apusca),伊利汗国使者，81

阿合马（Ahmad），元朝理财大臣，51, 55, 63, 165, 166, 167 注

阿里不哥（Arigh Boke）,94

阿鲁浑（Arghun），伊利汗，72, 73, 80, 82, 117

阿术 (Ajul, Agul), 52

安童 (Hantum), 70

孛罗，78–80, 115–16, 349, 361

孛罗阿哈（Bolad Akha），78, 79, 87, 115–16, 118, 349, 415

伯颜（Bayan），41 注, 52

不古汗（Bugu Khan），52

蔡美彪，41, 75, 76

曹伯启，367

陈炳应，126

陈椿 334

陈得芝 71, 377 注

陈高华 383

陈然 326

成吉思汗（Chinggis Khan），51, 93

崔斌，41–42

董士选，71

董咸庆，286, 325 注

杜甫，47

朵鲁不觯，167

法显，229

樊绰，245, 297, 298, 316, 317;~关于盐币，324, 327, 328, 330

范文虎（即 Vonsainchin/ 范 参政），52

方国瑜，10 注, 289, 410;~关于贝币，263–64;~关于盐币，288 注, 316, 318, 325, 327, 329, 330

方慧，250

龚缨晏，48, 49

海都（Kaidu），14 注, 51, 122

郝彬，367

郝经，406 注

何珍如，314

何汉威，326 注

忽必烈汗，xxiv, 46, 84, 115, 166;~与孛罗，78–79;~的汉语，42;~的使团，74, 80–81;~的货币政策，92, 94, 95–96;~与马可·波罗，52, 69, 70, 71, 118

忽思慧，45–46,65–66

忽秃伦（Khutulun），14 注, 51

胡祗遹，214

虎哥赤（Hugachi），52

黄溍，48–49

黄培林, 276
黄时鉴, 45, 48, 49
火者（Coja）, 11 注, 81
金世扬, 303, 304
阔阔真（Kökechin）, 蒙古贵族女子, 11 注, 72, 80–83, 87, 116
李苾, 309–10
李家瑞, 243, 259
李京, 299
李璮, 李璮之乱, 51, 69, 96, 408
李珣, 260
李逸友, 126
李源道, 237
李则芬, 371
梁瑞, 241
林超民, 289, 329, 410
刘秉忠, 94
刘肃, 94
刘正, 263
卢世荣, 162, 395, 396
马薛里吉思（Mar Sarghis, Dominus Sergius）, 58, 357–58, 359, 362–63, 390
忙哥剌（Manggala）, 王子, 52
蒙哥（Möngke）, 94
灭怯安山, 167
木华黎（Mukhali）, 蒙古将军, 78–79, 361
那海（Nokhai）, 王子, 19
那替该（Natigai）, 59
乃颜（Nayan）, 37 注, 51, 85, 360
囊加歹（Nangiadai）, 52
庞文秀, 128, 133
彭海, 13 注, 68 注, 69 注, 71, 77–80, 400 注; ~关于马可·波罗, 289–90, 424; ~关于马可·波罗的官职, 353–54, 357, 360–62
彭信威, 215–20
怯烈（Qielai）, 251
秦始皇, 48
丘处机, 48
撒蛮, 78, 361
赛典赤赡思丁［Saiyid Ajall Shams al-Din 'Umar（al-Bukhari）］, 251, 262–63, 329
商企翁, 127
商挺, 94
沈括, 47
石坚军, 290
史卫民, 383
宋应星, 337
苏颂, 335, 336 注
唆都（Sögätü）, 52
太平吉思, 358
唐慎微, 335–36, 339
屠寄, 78 注
脱斡里勒（Toghril）, 51
妥欢帖木儿（Toghun Temür, 元顺帝）, 73
汪大渊, 28
王充, 244–45
王昇, 264, 269
王士点, 127
王文统, 94
王恽, 48
王著, 52
窝阔台汗（Ögödei Khan）, 172
吴玠, 216

武汉臣, 127
武祺, 215–17, 220–23
兀鲁觲（Oulatay）, 81
相威, 78, 361–62
萧启庆, 405
徐霞客, 304
旭烈兀（Hülegü）, 伊利汗, 72, 113
颜心斋, 175
杨琏真迦, 166
杨联陞, 225
杨志玖, 10注, 12注, 45, 66, 81, 359
耶律楚材, 93, 391
也先帖木儿（Esen Temür）, 52
叶子奇, 401, 405
虞集, 71

俞希鲁, 357–58
元仁宗, 102
月赤察儿（Öchicher）, 70
乐实, 164
张璧［张瑄之误］, 123注, 127
张德辉, 48
张珪, 166
张国旺, 346
张隆溪, 10注
张易, 52
赵汝适, 28注
郑介夫, 210–11
钟长永, 276
朱江, 353, 354, 359
朱瑄［朱清之误］, 127

2. 外文

Abacan, 52注
Adam, Salimbene de, 21
Airaldi, Gabriella, 16注, 31
Allsen, Thomas T., 116, 415
Almeida, Antonio de, 24注
Backus, Charles, 296
Bacon, Roger, 22
Barbaro, Josaphat, 469
Barbieri, Alvaro, 21, 22, 40, 86, 295, 505
Barros, Joao de, 49
Bembo, Cardinal Pietro, 291
Benedetto, Luigi Foscolo, 21, 24, 292, 293
Benedict the Pole, 73注
Bernholz, Peter, 224注, 225, 308
Bertolucci Pizzorusso, Valeria, 30, 31–32, 33
Biruni, al~, 268

Bloch, Marc, 326
Bonaguisi, Amelio, 5注
Boni, Giovanni Battista Baldelli, xxiii
Boniface VIII, Pope, 117
Borlandi, Franco, 26, 38
Bracciolini, Poggio, 15注, 24注, 294注
Bretschneider, Emil, 124
Bridia, C. de, 73注
Brown, J. Coggin, 282
Brunello, Franco, 66
Canal, Martin de, 30
Carile, Antonio, 26
Carpini, Giovanni dal Piano del, 21, 29, 50, 73注, 87, 411
Charles de Valois, 19, 30–31
Chepoy, Jean de, 19, 30

Chepoy, Thibaut de, 19, 30, 31

Clemente V, Pope, 31

Clunas, Craig, 5 注

Cogatai, 52 注

Conti, Nicolo de, 15 注, 294 注

Cremona, Tranquillo, 352

Creusner, Fritz, 34

Critchley, John, 14, 19, 20, 24, 70

Cruz, Gaspar da, 49

David, Sir Percival, 291 注

Davies, John F., 344

d'Abano, Pietro, 50

d'Acqui, Jacopo, xxiii, xxiv, 18, 44, 50

de Rachewiltz, Igor, 罗依果, xvii, 45, 74 注, 76, 85, 424 注; ~关于马可·波罗的准确性, 12, 36; ~关于马可·波罗的官职, 75, 349 注, 351

Deluz, Christiane, 411–12, 414

Deyell, John, 242

Dieu, Leon, 293–94

du Halde, Jean-Baptiste, 杜赫德, 124

Edward I (king of England), 74

Elvin, Mark, 伊懋可, 216 注, 243 注

Elger, Ralf, 424

Falco, Nicolaus, 15 注

Faucon, Jean-Claude, 37, 376 注, 423

Fernandes, Valentim, 35

Fernández de Santaella, Rodrigo, 34–35, 521. 又见书名索引马可·波罗文本 Santaella versions

Fitch, Ralph, 240–41

Forbes, Andrew D. W., 241

Fracastero, Girolamo, 291

Franke, Herbert 傅海博, 5 注, 39; ~关于通货膨胀, 225; ~关于纸币, 96, 121, 176, 179, 181, 216; ~关于税收, 383; ~关于贸易, 161, 166

Monfrin, Jacques, 14 注, 19 注

Odorico da Pordenone, 15 注, 24 注, 44–47, 75, 447–56; ~所记缠足, 46, 47; ~与长城, 50; ~所记纸币, 110, 111, 127; ~所记食盐, 364, 378–79, 423; ~所记扬州, 353, 364

Oliverio, Jacopo de, 353

Olschki, Leonardo, 25, 411

Otagi Matsuo, 愛宕松男 79

Palladius (Pjotr Iwanowitsch Kafarow), 1 注

Pantoja, Diego de, 24 注

Pauthier, Guillaume, 115, 340, 349, 350, 376 注, 469, 496; ~关于税收, 365, 367, 368

Pegolotti, Francesco di Balduccio, 22, 24, 26–27, 28, 171, 459–62; ~关于纸钞, 110, 111, 112, 159

Pelliot, Paul, 伯希和, 234, 349

Petech, Luciano, 伯戴克, xxii

Philip IV (king of France), 117

Pipino, Francesco, 31–32, 34, 50

Polo, Maffeo（马可·波罗的叔叔）, xxiv, 12, 50; ~的使命, 14, 72, 76; ~与权力牌符, 84, 85; ~与襄阳之战, 13 注, 67, 68 注

Polo, Marco (MP): ~的偏见, 45, 66; ~之死, 44, 50; ~的夸张, 67–68, 69, 73, 74; ~的旅程, 13, 36–37; ~的语言能力, 40–41, 70; 作为商人的~, 16 注, 24–28, 36, 423; ~的使命, 69–75, 84–85; ~的绰号, xxiii, 7; ~的笔记, 38;~的官职,

4, 7, 13 注, 14, 23, 24, 68, 75, 348–64, 389–91, 411, 415, 423–25; ~的财产, 85–86; 作为囚徒的~, 16, 17, 18, 19, 38, 82, 357; ~返乡, 14, 80–84, 116; ~的财富, xxiv, 76; ~的妻子, 87; 又见书名索引 *divisament dou monde, Le*

Polo, Marco (*lo grando*: of Soldachia) 老马可·波罗（马可·波罗伯父）, xxiii

Polo, Nicolo 尼古拉·波罗（马可·波罗的父亲）, xxiii, xxiv, 12, 38; ~作为最早的"拉丁人" 67; ~的使命, 14, 72, 76; ~与象征权威的牌符, 84; ~与襄阳之战, 13 注, 67, 68 注

Pliny the Elder, 286 注

Pozza, Marco, xxiii

Rada, Martin de, 46, 49

Ramusio, Giovanni Battista, xxiv, 21, 22, 32, 33, 38, 51, 291; ~关于税收, 371; ~关于茶, 46

Rashid al-Din, 74, 87, 349, 475; ~关于城市, 414 注, 415, 417; ~关于阔阔真使团, 11 注, 81; 关于纸币, 113, 116, 214 注, 445–46

Reichert, Folker, 15 注, 35, 112

Riccardus, Friar, 73 注

Ricci, Matteo, 利玛窦, 3, 49

Richthofen, Ferdinand von, 306

Rossabi, Morris, 69

Rubroek, Willem van, 22, 29, 50, 52 注, 73 注, 87, 411; ~关于汉字, 44–45; ~关于纸币, 111, 112, 128, 129, 439

Rustichello da Pisa (Rusticiaus de Pise), 14–19, 26, 30, 31, 33 注, 38; ~的夸大, 39, 67, 68, 74, 351, 409

Sadr al-Din, 113, 115

Samarqandi, 'Abdar-Razzaq as-, 468–69

Sarezana, Ventura de, 73

Savignone, Andalo da, 73

Schurmann, Herbert Franz, 180, 383, 396

Schütte, Hans-Wilm, 39, 43, 128, 350–51

Sédillot, René, 327

Segre, Cesare, 15, 16

Sévérac, Jordan Catala de, 457–58

Silvestri, Domenico, 50

Simon of Saint-Quentin, 73 注

Smith, John Masson, 475

Solagna, Guglielmo di, 15 注

Sorg, Anton, 34

Stange, Hans O. H., 5 注

Streicher, Fr., 5 注

Szcześniak, Boleslaw, xxiii

Tagir, Sulaiman al-, 268

Tughlak, Mahomed, 115 注, 226

Theodolus, 73–74

Toaldo, Giuseppe, 292

Trauzettel, Rolf, 5 注

Trigault, Nicolas, 金尼阁, 24 注

Tucci, Ugo, 24, 25, 27, 43

Uematsu Tadashi, 植松正, 401

Uzzano, 27

Valla, Lorenzo, xvii, xix

Velho, Bartholemeu, 49

Velser, Michael, 34

Vicentini, Enrico Abramo, 35

Vilione, Antonio, 353

Vilione, Domenico, 88, 351, 353

Vilione, Katarina, 351

von Glahn, Richard, 128, 136 注, 163, 164,

260, 329, 410

von Tscharner, Horst, 33

Wassaf, 174, 377–78, 379, 423, 439–45

Watson, Andrew M., 169

Wehr, Barbara, 17, 19, 21, 294

Wood, Frances，吴芳思, 5, 12, 17, 20–22, 43, 48; ~关于城市, 415; ~关于贝币, 267; ~关于抄本系统, 291–92, 293,295注; ~关于马可·波罗的官职 349; ~关于食盐, 271, 273, 280; ~关于牌符, 85

YajimaHikoichi,家島彦一 171 注

Yokkaichi Yasuhiro, 四日市康博, 170

Yule, Henry, 39 注, 85, 98, 112, 357; ~关于行政区划, 343, 401; ~关于贝币, 234, 236–37; ~关于兑换率, 368; ~关于马可·波罗的官职, 349–50; ~关于九个王国, 369; ~关于纸币, 158, 447; ~关于地名, 407–8; ~关于盐, 317–18, 340

Zelada, Francisco Xavier de, 292

Zurficar, 62

地名索引

1. 中国

安庆，203, 416
北京，见：Cambaluc/ 汗八里
长安，200, 416
长芦盐区，位于河北，6, 201, 331, 332–39, 420
常州，51, 203
成都，200, 201, 206, 413, 421
处州，204, 210, 211, 345, 346, 400
长城，43, 48–50
刺桐，见：泉州
大都，见：Cambaluc/ 汗八里
大理王国，见：Carajan/ 哈剌章
大运河，56
福建，~ 的考古发现，123; ~ 的对外贸易，395, 396; 马可·波罗在 ~, 57, 62, 226; ~ 纸币，187, 190, 204, 212, 399; ~ 的瓷器，64; ~ 的海盐，331, 332; ~ 的糖，65
福州，370, 395, 416, 533; ~ 的摩尼教，58 注; ~ 的纸币，204, 211; ~ 的印版，123–24; ~ 与贸易，167
澉浦，204, 253, 395, 397, 416
甘肃，69 注, 77, 79, 411; ~ 纸币，186, 190, 199, 209
甘州（又见 Canpiciou），77, 79, 413, 416; ~ 纸币，199, 210

高丽（Korea），171, 403
广东，298, 405; ~ 的对外贸易，253, 397, 398; ~ 的纸币，124, 189, 190, 534; ~ 的海盐，331, 332
广海，331, 332
广西，242, 298; ~ 与贝币，253, 254; ~ 的纸币，187, 188, 189, 190
广西路（属于湖广行省），301, 303, 304, 325
贵州，190; ~ 的铜矿开采，303–5; ~ 与贝币，232, 253; ~ 的盐币，324, 325, 327
哈剌和林（Karakorum），5 注, 38, 412, 413
杭州地区（行在），61, 412, 413, 416; ~ 的对外贸易，395, 397; ~ 的军事，405; 蒙古进攻 ~, 171; 马可·波罗在 ~, 61, 69, 361–62; 马可·波罗关于 ~ 的记述，406–7, 422, 423; ~ 的纸币，203; ~ 的税收，xxiv, 7, 365–98. 又见两浙（杭州）盐区
河东盐湖，279, 332
河间盐区，331, 332, 400
和林，122, 188, 403
河南，369, 404; ~ 的纸币，185, 186, 189, 202–3, 209, 393

后梆（Ho-boung）村的食盐作坊（在云南），285, 312

淮盐区（江苏），331, 337, 339–48

淮安，202, 339, 400

淮东道，345, 347, 353, 355–56, 364

淮南，91, 370, 371–72, 400, 401

济南，201, 408, 410, 422

将陵（Chinangli；济南路），407–8

江南，55, 65, 369–72, 404, 407; ~的贝币，251, 252, 253, 261, 264; 蒙古征服~，100, 101; ~的纸币，123, 190, 191, 192, 193, 195, 211; ~的白银，193, 196, 197

江苏，见淮盐区

江浙，369, 404, 406; ~的军事，55; 马可·波罗在~，349; ~的纸币，185, 186, 189, 195, 203–4, 209; ~的税收，384–88, 393

开平（上都），53, 142, 199, 416

昆明（鸭赤，云南府），200, 237, 243, 264, 266, 269, 411, 416

琅井盐场（云南），283

丽江路（云南），248, 274, 275, 305–6

两淮盐区，6, 331, 332, 337, 339–48, 370, 378; 马可·波罗所记~，364, 400

两浙（杭州）盐区，331, 332, 407; 马可·波罗所记~，400; ~的税收，371–72, 376–78, 384, 385

临安路，247, 252, 253, 254, 269, 301, 303

马可·波罗桥（Pulisanghin，卢沟桥），38

蛮子（中国南方），44, 56; ~的行政区划，405; 蒙古征服~，223, 225, 392, 395; ~的九个王国，369–70, 400, 406–7; ~的纸币，170, 200, 212; ~的税收，380, 384, 389; ~的食盐，371–72

南诏王国，243, 244, 245, 258; ~的马匹，241–42; ~的食盐，273, 274, 296, 298, 330

宁夏，63, 79, 360; ~纸币，96, 137, 146注，199, 209注, 210, 529

庆元，253, 395, 396, 397, 398

泉州（又见Zayton、刺桐），28注, 73, 207; ~的对外贸易，64注, 167, 253, 394–98; 马可·波罗关于~，7, 62注, 416; 马可·波罗自~返回，69, 82, 360, 414; ~的穆斯林，424注; ~的纸币，204, 211

沙州，199, 411, 416

山东，~军事，405; ~纸币，93, 164, 175, 534; ~海盐，271, 331, 332

陕西，~行中书省，185, 189, 190, 200, 209, 403; ~的纸币，105, 123, 126, 136, 185, 186, 216, 532

上都，见：开平

上海，~的货币，483, 484, 531; ~对外贸易，253, 395, 397

四川，329, 404; ~货币，2, 89, 90, 200, 210, 253, 324, 399; ~与九个王国，369, 370; ~食盐生产，271, 272, 273, 280–81, 297, 332, 421–22; 又见Caindu建都；成都；Tebet土番

苏州，41注, 64注, 407, 410, 416, 422; ~纸币，189, 199, 203

太原，200, 251, 336, 413, 416

泰州，202, 400; ~与马可·波罗的官职，364; ~食盐生产，337, 339, 341, 345, 346, 347

通州，~与马可·波罗的官职，361, 364; ~纸币，202; ~盐，337, 339, 341, 345–47, 400

襄阳, 416; 马可·波罗关于~, 422; 攻打~, 4, 5 注, 13 注, 14, 67–68, 409

下沙场, 334, 335, 336

解州盐湖, 338, 339, 421

行在（Kinsay）, 见杭州

徐州, 63, 201, 422 注

盐源场（在四川）, 296–97

燕京（中都）, 121, 142, 184

扬州, 370, 407, 410, 416, 422; ~的行政结构, 348–64; ~的武器制造业, 351, 361; ~的意大利墓碑, 87, 351, 353; ~的军队, 405; 马可·波罗在~做官, 4, 7, 13 注, 14, 68, 348–64, 389–91; 马可·波罗关于~, 400, 422; 马可·波罗到~的使命, 69; ~与盐, 341, 342, 346–47, 348, 378, 379, 447

扬子江, 37 注, 341, 343, 403–4

仪征, 343–44, 364

永昌, 见: Zardandan

云龙井盐场（在云南）, 284

云南, ~的贝币, 4, 227–69, 289, 300; ~的货币, 2, 289, 303–5; ~的币值系统, 238–39; ~的兑换率, 38, 243, 264; ~的黄金, 2, 38, 243, 244, 264, 269, 289; ~的矿业, 243–50; 蒙古征服~, 235, 258; 马可·波罗关于~, 74, 268, 289–90, 420; ~的纸钞, 200–201, 210, 266, 289, 399; ~的盐币, 6, 272, 282, 289, 322, 331; ~的食盐生产, 271, 272–85, 297, 309–15; ~与四川比较, 281–82; 又见 Carajan 哈刺章

浙江, 271, 332, 371, 372

真州, 68 注, 203, 339, 347, 401 注, 403

镇江, 63, 203, 404, 416; ~地方政府, 390; ~的聂思脱里教徒, 58, 357–59, 362

中国南方, 见 Manzi（蛮子）

Anin（哈尼）, 231, 232, 241, 259 注, 269, 411

Caichu（解州）, 200, 421

Caindu（建都, 在四川）, 60, 275; 蒙古对~的征服, 328–29; ~的纸币, 200; ~的盐币, 210, 290–91, 295, 296, 299, 322, 323, 324, 328; ~的盐价, 318–23

Cambaluc（汗八里, 大都, 北京）, 53, 176, 413, 414, 416, 420; ~的造币, 106, 108, 121–24, 166, 412, 436–38; ~的纸币, 100, 199

Canpiciou, 见: 甘州

Carajan（哈刺章, 大理, 云南）, 52, 60, 410, 411, 416; ~的贝币, 232, 233, 237, 239, 252, 253, 257, 264, 269; ~的兑换率, 243, 264; ~的黄金, 243, 244; ~输出的马匹, 241, 242; ~的采矿, 247, 248; ~的纸币, 201; ~的盐币, 322; ~的食盐生产, 273, 282; ~的白银, 248–49

Coloman, 411

Manzi, 见: 蛮子, 中国南方

Saianfu（襄阳府）, 203, 409

Tadinfu, 东平路, 201, 407–9, 410

Tebet（土番, 今四川西部）, 6; 马可·波罗关于~, 74, 295, 420; ~的纸币, 210, 399; ~的盐币, 272, 282, 290–91, 295, 317, 318, 324, 327, 331; ~的盐价, 323 在~作为货币的纺织品, 95, 298; 马可·波罗关于~, 53, 63–64; ~和纸币,

107, 168; ～交纳的税收, 180, 383–84, 543; ～的贸易, 167,299, 308. 又见"丝绸"

Yachi 鸭赤, 见: 昆明

Zardandan（永昌）, 245, 411; ～的贝币, 264, 265, 269; ～的纸币, 201; ～的盐币, 299, 322; ～的银矿业, 243, 248–49; ～之战, 51

Zayton, 见: 泉州

2. 外国

阿拉干（Arakan）, 229, 232, 268; 又见: 缅甸

埃及, 31, 45, 171, 268, 462

埃塞俄比亚, ～的盐币, 286–87, 317–18

安南, 232, 257, 268, 420. 又见: 越南

奥里萨（Orissa）, 232, 266, 268

波斯, 马可·波罗在～, 19, 69, 74; ～的纸钞, 113–18, 160, 174, 226

勃固（Pegu）, 229, 232, 268

掸, 242

东京（交州）, 240, 253, 260

东南亚, ～贝币, 4,227–69; 去～的使团, 69, 71, 74; 又见特定的国家和地区

菲律宾, 256, 257

非洲, ～的贝币 229, 260注, 268; ～的盐币, 286–87, 326, 327

佛罗伦萨, 27, 169

琉球群岛, 256, 257

罗马（古代）, 286

美洲, 哥伦布之前的～287–88

孟加拉, ～的贝币, 229, 232, 239, 242–43, 266, 268; 与银, 171, 242; 与～的贸易, 241; 又见: 印度

缅甸, 51, 420; 来自～的贝壳, 253, 261; ～贝币, 229, 239; 马可·波罗出使～, 69, 74, 289; ～盐币, 286; ～与白银, 171, 242

欧洲, 308; ～的贝壳, 267–68; ～来的"拉丁人", 13–14, 67; ～的食盐生产, 316注, 339, 421; ～的白银, 169, 171; 又见: 威尼斯

婆罗洲（Borneo）, 82, 257, 287

斯里兰卡（锡兰）, 71, 82, 167, 170, 268

苏禄群岛, 257

苏门答腊, 66, 257

泰国, 见: 暹

特雷布松（Trebizond）, 83, 249

威尼斯, 31, 267–68, 272

锡兰（斯里兰卡）, 71, 82, 167, 170, 268

锡莱特（孟加拉国）, 242

暹, 241; ～与纸币, 229, 231, 232,239, 253, 261, 268

也门, 250

越南, 69, 74, 232

占婆, 51, 360

书名索引

1. 马可·波罗书

Admont manuscript version (V 12), 33, 34, 372, 381, 515–17; 又见 German manuscript versions

Aragon manuscript version (V 14a), 381, 519

Bodley 264 (early French ms.; B2), 17, 431 注

Catalan manuscript (V 14), 381, 518–19

De consuetudinibus et condicionibus orientalium regionum, 见 Pipino manuscript version

Delle navigationi e viaggi, 见 Ramusio printed version

devisement du monde, Le (Descriptions of the World; Marco Polo; V 2 (A1), xxii, xxiii, 205, 493; 又见 French manuscript versions

divisament(又作 *devisement* 或 *divisement*) *dou monde, Le* (Descriptions of the World; Marco Polo; V 1), xxiv; ~ 的不同书名, 16 注; ~ 的准确性, 36–39, 419–25; ~ 的增补和删减, 291–95; ~ 的作者, 13, 14–17; ~ 中的夸张, 67–68, 69, 73, 74; 关于~的史学史, 8–9; 阅读~的方式, 35–36; ~的性质与风格, 13, 22–36; ~的原始文本, 10, 17–18; ~的前言, 2–3, 36; ~的读者, 30–36; ~的版本, 10–11, 13, 17–22, 30–36, 41, 291–95, 429–38, 491–528; 又见 Franco-Italian manuscript version

Fernandes printed version (V 15), 381, 520–21

Frampton printed version (V 19), 373, 381, 525–26

Franco-Italian manuscript version (V 1), xviii, xxiv 注, 7 注, 14, 15, 16 注, 294; ~关于城市, 38, 416; ~关于贝币, 236 注; ~关于币值, 157; ~的语言, 38, 41; ~关于语言, 40–41; ~中的商业主题, 25–27; ~关于马可·波罗的官职, 350, 362; ~关于九个王国, 370; ~与其他版本系统比较, 17, 19–20, 21, 22, 33–34, 68 注; ~关于纸币, 98, 106–9, 181, 205, 206, 208, 210, 212, 429–30; ~关于印刷, 128; ~的读者, 30; ~关于盐币, 293; ~关于印章, 145; ~关于税收,

372, 381, 389

French manuscript versions (V 2 (B1), V 3, C3), 17, 19 注, 22, 30–31, 32, 37, 98, 106–9, 125, 128, 145, 157, 181, 205, 206, 208, 236 注, 285 注, 292, 293, 294, 337, 338, 350, 369, 372, 381, 389, 431–33, 493–98

Ottimo manuscript version (V 8), 29 注, 29 注, 32 注, 507; 又见 Tuscan manuscript versions

Pipino manuscript version (V 4), 17, 18, 20, 21, 31–32, 294, 498–501; ~中的阿拉伯、波斯语词汇, 41; ~关于伪造, 173, 174; ~关于纸钞, 106–9, 181, 205, 206, 433–34; ~关于印刷, 128; ~关于盐币, 293; ~关于印章, 145; ~关于税收, 372, 381

Portuguese printed version (V 15), 381, 520–21

Ramusio printed version (V 11), 17, 68 注, 381, 513–15; ~的真实性, 294; ~关于伪造, 173, 174; ~关于纸币的流通, 205, 206, 208; ~关于出使, 81 注; ~关于马可·波罗的官职, 350, 363; ~关于九个王国, 369; ~关于纸币, 106–9, 129, 144, 181, 434–36; ~关于印刷, 128; ~关于盐, 296; ~关于盐币, 291–95, 318, 326, 328; ~关于印章, 145, 152, 157; ~关于税收, 372

Santaella versions: (V 16), 293, 372, 381, 521–22; (V 17), 523–24, 参见人名索引 Fernandez de Santaella, Rodrigo, 34–35, 521

Sessa printed version (V 10), 17, 22, 295, 372, 381, 512–13

Spanish versions, 34–35; ~的印刷本 (V 18), 524–25

Tuscan manuscript versions (V 8), 15, 32–34, 41, 293, 295, 372, 381, 507–10

Venetian versions (V 7), 18 注, 20, 21, 32, 33, 34, 41, 293, 295, 372, 381, 505–7;(V 9), 510–11

Yule translations, 458, 460–62; ~关于鄂多立克（Odoric）, 455–56; ~关于税收, 365, 372, 376 注, 378; (V 21), 290, 436–38

Z manuscript of Toledo (Zelada Codex; V 6), 15, 17, 19, 20–22, 32, 33, 39 注, 44 注; ~中的阿拉伯、波斯语词汇, 41; ~的真实性, 294; ~关于马可·波罗的官职, 363; ~关于九个王国, 369; ~关于纸币, 106 注, 205, 208, 210, 211, 434; ~的再发现, 291 注; ~关于盐币, 291–92, 503–5; vs. 与 Sessa version 对比, 295 注; ~关于税收, 371, 372, 381; 关于女性, 47

2. 其他书籍

Astley's *Voyages*, 5 注, 43 注

Consolat del mar, 267

De falso credita et ementita Constantini donatione declamatio(A notification of protest …; Valla), xvii

Khalkha Dijirom《喀尔喀法典》, 56

Pratica della Mercatura(Pegolotti), 22, 459–62; 又见人名索引 Pegolotti, Francesco di Balduccio

Science and Civilization in China (Needham), 281

Suwar al-aqalim(*Configuration of Climes*; Rashid al-Din), 415

Tabakat-i-Nasiri, 268

《熬波图》，陈椿，334
《宝钞通考》，武祺，215
《本草图经》，苏颂，335, 336 注
《草木子》，叶子奇，401, 403, 405
《重修政和经史证类备用本草》，335–36, 339
《大元圣政国朝典章》(简称《元典章》)，367
《大元通制条格》，250–51, 252
《大元一统志》，415
《岛夷志略》，汪大渊，28
《滇南盐法图》，李苾，310–314
《汉书》，244
《后汉书》，245 注
《华阳国志》，245 注
《论衡》，王充，244–45
《蛮书》，樊绰，245, 273
《蒙古卫拉特法典》，56
《秘书监志》，王士点、商企翁编，127
《明史》，125 注，127
《农桑辑要》，65

《盘龙庵诸人舍施常住记》，259
《千字文》，135
《乾道会要》，345
《三阳图志》，潮州地方志，405
《散家财天赐老生儿》，武汉臣杂剧，127
《天工开物》,337
《新唐书》，258
《饮膳正要》，忽思慧编，45–46, 66
《永乐大典》，80–81
《元史》, 1, 42; ~关于行政区划, 402–3,406, 408, 409, 410; ~ 中的李罗, 77–78, 79,349; ~关于商税, 392, 393; ~关于非货币化, 217; ~关于货币面值, 192; ~关于黄金, 246; ~关于政府行政管理, 355, 356; ~关于奢侈商品, 166, 167; ~关于蒙古使团, 72; ~与马可·波罗, 80, 360, 362, 420,424; ~关于九个王国, 370; ~关于纸钞, 215, 216; ~关于盐币, 318; ~关于食盐生产, 421–22; ~关于税收, 179,180, 181
《元一统志》，孛兰肹主编，299
《云南图经志书》， 299–301
《云南志》，樊绰，298, 328
《云南志略》，259, 299
《至顺镇江志》，俞希鲁编，357–58
《中堂事记》，167–68
《中兴会要》，345–46
《诸蕃志》，赵汝括，28 注

专题索引

阿拉伯史料,~关于城市,415–17;~关于贝币,232;~关于币值,159;~关于货币机构,124;~与马可·波罗书对比,2, 4, 213, 399, 410, 411, 420, 424;~与马可·波罗的官职,364;~关于纸币,109–13, 119;~关于盐币,6, 293;~关于食盐生产,333, 340;又见特定的作者条目

阿拉伯语 41, 63;~旅行指南,415–16, 425

八思巴字,41, 137;纸钞上的~, 103, 105, 134, 135, 150, 151, 152, 156;印章上的~, 157, 177

碑文,191–98

北宋,89, 90

贝币,2, 4, 8, 226, 227–69, 412;~流通,254–55, 269;以~为贡纳,258–59;~的货币功能,260, 269;马可·波罗关于~的记载,230–34, 267–69, 288, 410, 420;多样化货币体系中的~, 230;~与纸币比较,190, 210, 262, 263, 265, 269;~与地名,399–400;私人部门使用~,229, 234, 236, 238, 252, 258–62;公共部门使用~, 229, 234, 236, 238, 252, 260, 265;清朝的~, 301;关于~的规章,250–53, 269;~与盐币,286, 307, 324, 325, 328, 329;~的现存样本,228, 235, 254–55, 257;用~纳税,237, 238, 243, 252, 263, 264–65, 269, 329, 383–84, 542;~的多样性,260–62;云南的~, 4, 227–69, 289, 300

贝壳,~的特性,230, 260;非法的~, 253, 261, 266, 269;进口的~, 234, 239–41, 250–57, 264;~的大小,256–57, 261, 262;~的来源,231, 233;~的类型,256–57, 261–62

波塞拉尼(porcellani,小猪、贝壳),268

波斯语,44;~地名,13, 39–42

波斯资料,~关于城市,415–17;~关于货币面额,159;~关于货币机构,124;~与马可·波罗对比,213, 399, 410, 411, 420, 424;~与马可·波罗的官职,364;~关于纸钞,109–13, 119;~关于波罗一家,82;~关于盐币,293;~关于盐生产,333, 340

茶,90, 241;饮~, 43, 45–46;~税,46, 180, 181, 543

缠足,43, 46–47

朝贡贸易(贡品报酬),180 注, 241, 326;贝币支付的~, 263, 265, 269

城市,~的军事驻防,405–6;马可·波

罗关于～的记述，23, 29, 38, 56 注 61–62, 399–417, 422; 又见特定的城市
瓷器（Porcelain），64, 207; ～与贝币, 234, 267

大黄，64 注
道教，43, 52 注，58
滇文化，235, 243, 244, 257 注
点金术，纸币被视为～106, 112, 214, 436
赌博，57
兑换率，对铜钱的～, 303; 对贝币的～, 229, 233, 234, 236–38, 252, 263–64; 对黄金的～, 237–38, 243, 249, 252, 264, 290, 295–96, 319, 322, 368, 373–75, 376, 382–84; 比较官府的与市场的～, 323, 376, 379, 388; 对纸钞的～, 158, 368, 374–75, 382–84; 对盐币的～, 290, 295–96, 317–18, 320–21, 323; ～与盐课, 378–79; 对白银的～, 236–38, 243, 249, 264, 303, 319, 322, 368, 373–75, 384; ～与税收, 373–76, 387, 388
对外贸易，～与货币，89; ～的政府垄断, 395–96, 397, 398; 与印度的～, 241; 马可·波罗关于～, 394,398; ～的保护 172–73; ～税, 394–98; 又见"奢侈商品"

法律制度，56–57; ～与作伪, 114, 138, 140, 173–74; ～与纸币，161–65
非货币化，非货币化率，215–17
佛教，52 注，58, 411
佛郎人（Franks），67

哈尼人（Woni, Hani），259, 269
汉朝，244–45, 296

汉文资料，关于商税的～, 392, 393; 关于贝币的～, 229, 232, 234–69, 400; 关于纸币发行的～, 183–212; ～的优点, 77, 298, 424; 关于政府行政部门的～, 359; 关于采矿的～, 244–50; ～与马可·波罗记载比较, 212–26, 267–69, 419–25; 关于纸币的～, 110, 118, 120–212, 399; 关于波罗一家的～, 14, 74–80, 82; 关于盐币的～, 295, 297–309, 315–30, 324, 400; 关于食盐生产的～, 333; 关于盐课的～, 375, 377, 379; 关于税收的～, 365–66, 380; 关于贸易的～, 161; 旅行记述的～, 28
汉语，蒙古人的～知识, 42; 马可·波罗关于～的记述, 44–45; 马可·波罗的～知识, 41; ～中的马可·波罗之名, 74; 关于～的汉语资料, 105, 116, 117, 134; ～与印章, 157; ～的记录, 43, 44–45
回鹘语，41, 42, 45
回民，241, 251; 又见穆斯林
会子，91, 93, 101, 196, 216, 223
婚俗，59
货币，在互补性的货币流通中的～, 327; ～的等价物, 477–90; 金朝的～, 90–91; 马可·波罗关于～, 57, 419, 420, 422, 425; ～与多元的货币制度, 230; 以～为主题, 26, 27; 威尼斯～, 471–73; ～的重量, 475–76; 元朝的～, xix, 412; 又见钱币; 铜币; 贝币; 黄金; 纸币; 盐币; 银
货币机构，9, 141–44; ～的集权, 124, 143; 马可·波罗所记～, 213; ～与纸币, 120, 121–24; ～的改革, 102, 161, 163, 164, 168, 173, 184, 223, 225, 376, 378; 地方～, 96, 101, 122–23, 124, 130, 137, 141,

183, 209; ~与印章, 152, 157; ~的空间分布, 184–212, 226

货币替代物, 6, 190, 210, 212, 226, 288, 308

基督教, 52注, 72, 294; ~聂思脱里教（Nestorian）, 58, 353, 357–58, 411; 又见天主教会

季风, 66, 82

价格, 96, 184; ~与纸币, 182, 375–76; 盐的~, 318–23, 376

交钞, 93

交钞库, 143–44, 176, 184

交换的票据, 89, 90

交子, 90

金, ~制成钱币, 169; ~与贝币, 233, 237–38, 252, 263, 268–69; ~用作货币, 2, 92, 99, 226, 269, 412; 等价~, 380–81; 兑换~, 4, 107, 108, 252, 290; ~兑换率, 38, 237–38, 243, 249, 252, 264, 290, 295–96, 319, 322, 368, 373–75, 376, 382–84; ~的开采, 243, 244–45, 246, 247; ~的货币功能, 95, 96, 266; 马可·波罗关于~, 410, 420; ~与纸币, 99, 100, 190, 210; ~与波斯纸币, 115; ~与地名, 399; ~的私人用途, 269; ~的公共用途, 269; ~的管制, 101, 102, 161–63, 170; ~与盐币, 295–96, 317–21, 323, 324, 325; ~与白银比较, 169–70; 对~的政府控制, 160–73, 214, 246; ~与税收, 376, 377–79, 380–82, 389; 以~纳税, 384, 386, 545; 云南的~, 2, 38, 243, 244, 264, 269, 289

金朝, ~的行政区划, 401, 403; ~与货币, 90–91; ~的纸币, 89, 91, 93, 95, 128, 129, 131, 134, 138, 145; ~与银, 171

酒, 392, 393, 543

考古遗存, 287, 419, 425; 贝币的~, 228, 235; 金属货币的~, 193, 368; 纸币的~, 4, 9, 97, 103–5, 121–38, 146–57, 158, 213, 529–41

筷子, 43, 47

可可豆, 288

拉丁人, 13–14, 67

拉丁语, 44, 45

辽朝, 89

鸬鹚捕鱼, 43, 47

马, 170, 241–42, 299; ~与贝币, 252, 264, 265

马可·波罗会议（天津, 2000年）, 9

满洲人, 46; 又见清朝

贸易, 易货~, 302, 308; 马匹~, 252, 264, 265, 299; 地方产品对外国产品的~, 395; 麝香~, 75, 76注, 86, 170, 242, 290, 296, 317; ~限制, 161–63, 170; 盐~, 241, 242, 271, 272; ~中的盐币, 296, 317, 325–26; 丝绸~, 170, 241, 242, 351; ~与白银, 161–63, 170, 242, 269; 茶~, 90, 241; 纺织品~, 167, 299, 308; 水牛~299

煤炭, 62, 281, 393

蒙古人, ~与中国文化, 13, 42, 43–67; ~的内部冲突, 53; ~征服中国南方, 51, 91, 100–101, 122, 169, 223, 225, 235, 244, 258, 328–29, 392, 395; ~对汉人

的不信任, 55; ~与缠足, 46; ~与伊斯兰教, 411; 马可·波罗所记~, 18, 19, 43–67; 在波斯, 113; ~的宗教, 59; ~与茶, 45–46; 又见蒙古军队、元朝

蒙古军队, 55–56; 城市中的~, 405–6; ~的费用, 90–91, 94, 100, 109, 112, 122, 181; ~与使团, 77; 马可·波罗所记~, 51, 422; ~与纸币, 94, 100, 109, 112, 122; ~与白银, 171, 193

蒙古驿递服务, 57, 76, 85, 361, 362

蒙古语, 40–42, 74

米斯卡尔（miskal）, 237, 368, 375, 382, 387; ~的重量, 475–76

面值, 157–59; 贝币的~, 229, 233, 234, 236, 238–39; 设计的~, 136; 马可·波罗关于~, 213, 420; 纸钞的~, 96–98, 100, 102, 103, 107, 109, 110, 114, 121, 129–130, 131, 191; 在碑文中的~, 191–98; 至元钞的~, 102, 103, 191; 中统钞的~, 96–98, 100, 191

明朝, ~的贝币, 238, 257, 258, 265; ~与长城, 48, 49; ~与抄本, 293; ~的纸币, 109, 125, 128, 129, 132, 134, 145, 157; ~的盐币, 299–301, 330; ~的食盐生产, 278, 279, 280, 341, 344

穆斯林, 20, 46, 53, 55注, 69, 166, 167注, 241, 251, 359, 417

南宋, ~的行政区划, 400, 404, 405; ~的货币, 90, 91, 101, 171, 196, 212, 220, 223; 蒙古征服~, 100–101, 122, 169; ~和南诏的马匹, 242; ~的九个王国, 369–71; ~的食盐管理, 340

聂思脱里教（Nestorianism）, 58, 353, 357–58, 411

奴隶制, 86

女性, 46–47, 87

女真人, 41, 46, 90–91

帕斯塔（pasta）, 65

牌符、牌子（paizi）, 14, 76, 84–88, 361

平准库, 184–89, 205, 209–11

契丹人, 41, 46, 89

奇迹故事, 23, 29, 35

铅矿, 305

怯薛（keshigten）, 55, 56, 77

清朝, ~的盐币, 301–6; ~的盐生产, 276, 278, 341, 344

青铜, 84, 243

青铜钱币, ~与纸币比较, 92, 94, 102, 163, 209; 限制使用~, 91, 190; ~的短缺, 89, 96

仁慈的圣母玛利亚公会（Santa Maria del la Misericordia confraternity）, xxiii

儒学, 43, 58

瑞士国家银行, 217, 222

萨满, 60

伞盖, 55

商朝, 235

石棉（salamander, 火蜥蜴）, 8注, 62–63

狩猎, 53

蜀国, 296

水牛, 280, 288, 297, 299

税收, 542–46; 杭州地区的~, xxiv, 7, 365–98; 马可·波罗关于~, 368–69, 379–81,

384–85, 387–91, 419, 422–23, 425; ~和纸币, 96, 101, 179–181, 183, 377–382, 384, 386, 387, 393; ~和地名, 399; 得自食盐的~, 280, 366–79, 400, 543; ~总额, 379–91 各种~, 6, 7; ~与钞票的兑换, 90; 商业~, 391–93, 394, 543–44; 用贝币交纳的~, 237, 238, 243, 252, 263, 264–65, 269, 329, 383–84, 542; 外贸~, 394–98; 用黄金交纳的~, 384, 386, 545; 以实物交纳的~, 383–85, 386, 矿业~, 246; ~与马可·波罗的官职, 364; ~与纸币, 96, 101, 115, 179–81, 183; ~的减免, 57; 盐~, 180, 181, 271, 272, 276, 319, 343, 344, 361; ~与盐币, 287, 315; 用丝绸交纳的~, 180, 383–84, 393, 542; 用银交纳的~, 95, 280, 383–84, 386, 392, 545; 茶~, 46, 180, 181, 543; 云南盐~, 279–80

丝绸, ~作为货币, 95, 96, 258; ~与纸币, 93, 126; ~生产, 407; 用~纳税, 180, 383–84, 393, 542; ~贸易, 170, 241, 242, 351

商人, 31, 55, 73, 87; ~的团体 (斡脱 ortogh), 75–76, 94, 95, 100, 170, 396; ~与钱币兑换, 90; ~与城市, 412; ~与用货物换取纸币, 4, 107, 108, 161, 165, 166–68, 171–72, 214–15; 外国~, 161, 172–73; 马可·波罗所记~, 214–15; ~与纸币, 94, 95, 100, 107, 108, 111, 112, 114; ~与税收, 391, 394; 畏兀儿~, 94, 100, 170

商人指南手册, 22–28, 36, 415–16, 425

奢侈商品, ~的估价, 107, 167–68, 172, 214; ~的交换, 4, 107, 108, 166–68,

171–72; 马可·波罗所记~, 420; 国家对~的垄断, 160–73, 214; ~税, 395

麝香贸易, 75, 76注, 86, 170, 242, 290; ~与盐币, 296, 317

宋朝, ~的行政区划, 401, 403, 407; ~与城市, 413–14; ~的非货币化, 217, 220; ~纸币, 89, 126, 128, 190, 209, 216; ~食盐生产, 334, 341, 422; 又见北宋、南宋

岁赐, 94–95, 100, 181

孙丹尼牙 (Soltania) 主教, 110, 111, 159, 174, 215, 456–57

糖, 65–66

唐朝, 242, 244, 257; ~的盐, 274, 276, 296

唐古特西夏王国, 89

唐古特语（西夏语）, 45

天文学, 66

天主教会, 31–32, 35, 58, 75

铁钱, 89, 90, 91, 101

通货膨胀, 223–25, 388; 马可·波罗关于~的记述, 215; ~与纸币, 91, 100, 101, 104, 179, 215, 376; ~与波斯纸币, 115; ~与盐币, 308–9

通行交钞, 96

铜, 243, 244, 247, 303–5, 544

铜币, 89–90, 170; ~的流通, 191–98; ~的兑换率, 303; ~与纸币比较, 96, 99, 211, 212, 214; 禁用~, 101; ~与盐币, 324, 328; ~短缺, 95; ~现存样本, 193; 云南的~, 303–5

突厥语, 40–42, 44

汪古（Öngüt）, 51

威尼斯语, 38注

畏兀儿人, 60, 359; ~ 商人, 94, 100, 170

伪造, 160, 175, 253, 315; ~ 贝币, 230, 266; 马可·波罗关于 ~ 的记载, 213, 420; 对 ~ 的惩罚, 114, 138, 140, 173–74

文化, 蒙古 ~ 与汉 ~ 的对比, 13, 43–44; 马可·波罗关于 ~, 43–67

锡矿, 247

西方资料, ~ 关于货币面额, 159; ~ 关于货币机构, 124; 与马可·波罗进行比较的 ~, 213, 399, 410, 420, 424; ~ 与马可·波罗的官职, 364; 关于纸币的 ~, 119; 关于盐币的 ~293

西南丝绸之路（贝币之路）, 239–40, 250, 253, 256, 257, 326

西夏王朝, 69注, 89

象, 53, 54

行用库, 96, 122, 164, 168, 178, 184–89

性欲, 20, 59, 60

盐, 271–348; 易货贸易中的 ~, 308; 煮干的 ~, 311–12; ~ 土, 334, 335–38, 420; ~ 的形式, 309–15; ~ 的政府垄断, 271, 366–79; 手工模塑的 ~, 312–14; ~ 湖, 332, 338, 339; 马可·波罗关于 ~, 271–72, 364, 400, 410, 419, 420–22, 425, 491–528; ~ 价, 318–23, 376; 海 ~, 279, 319, 331, 332, 334, 339, 344, 420, 422; 由食 ~ 获取的税入, 280, 366–79, 400, 543; ~ 税, 180, 181, 271, 272, 276, 319, 343, 344, 361; ~ 贸易, 241, 242, 271, 272

盐币, 2, 5–6, 8, 412; ~ 的模糊属性, 317, 326, 327; ~ 在建都, 210, 290–91, 295, 296, 299, 322–24, 328; 有关 ~ 的汉文资料, 295, 297–309, 315–30, 400; ~ 与贝币, 260, 286, 307, 324, 325, 328, 329; 埃塞俄比亚的 ~, 286–87, 317–18; ~ 兑换率, 290, 295–96, 317–18, 320–21, 323; 政府对 ~ 的控制, 271, 295–96, 298, 315, 318, 319, 323, 328–30; ~ 与土著居民, 297–98, 300, 301, 306, 315, 326–27; ~ 的货币功能, 324–28, 329; 马可·波罗关于 ~, 268, 271, 285–97, 315–30, 410, 420, 491–528; ~ 与纸币的比较, 190, 210, 226, 295, 324; ~ 与地名, 399; ~ 在中华人民共和国, 307–8; 哥伦布之前的美洲的 ~, 287–88; ~ 的私人用途, 315, 323, 325–26, 330; ~ 的公共用途, 329; ~ 与盐的形式, 314–15; ~ 的现存实例, 287; 藏区的 ~, 210, 272, 282, 290–91, 295, 317, 318, 324, 327, 331; ~ 的重量, 295, 315–17; ~ 在云南, 6, 272, 282, 289, 322, 331

盐的管理, 9; 在两淮地区的 ~, 339–48; ~ 与当地政府, 390; ~ 与马可·波罗, 349, 362, 364, 422–23; 在云南的 ~, 273

盐的生产, xix, 5, 8, 57, 296–97; 长芦地区的 ~, 6, 201, 331, 332–39, 420; 欧洲的 ~, 316注, 339, 421; 两淮地区的 ~, 339–48; 海盐生产, 319; 明代的 ~, 278, 279, 280, 341, 344; ~ 与地名, 399; 清代的 ~, 276, 278, 341, 344; ~ 的生产定额, 320–21; ~ 的产盐收入, 7, 271–72, 280, 386; ~ 与盐币, 301, 303, 305–6, 309, 317; 四川的 ~, 271, 272, 273, 280–81, 297, 332; 井盐生产, 420–22; 云南的 ~, 271, 272–85, 297, 309–15

耶稣会士, 75
伊斯兰, 52 注, 58, 411, 417; 又见穆斯林
伊斯兰教国家, 169–70
以妻待客（guest prostitution）, 60
银, 2, 4; 中亚~, 169, 171; ~与贝币, 233, 236–38, 268–69; 以~为基础的货币, 96, 98, 102, 158, 216, 218–23; ~作为货币, 92, 94, 95, 226, 269, 412; ~的面值, 239; ~的分布, 191–98; ~贡纳, 266; 欧洲~, 169, 171; ~的兑换, 107, 108, 165; ~的兑换率, 236–38, 243, 249, 264, 303, 319, 322, 368, 373–75, 384; 政府的~垄断, 160–73, 214; ~的重要性, 168–71; ~开采, 243, 246, 247, 248; 马可·波罗关于~, 243, 248, 410, 420; ~与纸币, 92, 99, 100, 115, 158–59, 190, 211, 242; ~与地名, 399; ~的私人用途, 161–63, 170, 242, 269; ~的公共用途, 266, 269; ~的储备, 92, 93, 94, 96, 102; ~管制, 101, 102, 161–63, 170; ~与盐币, 287, 304, 305, 306, 317–18, 319, 320–21, 324, 325, 330; ~现存实例, 9; 用~纳税, 280, 383–84, 386, 392, 545; 云南~, 244, 249–50, 269, 289

饮料, 45–46, 65
印刷, 43, 126; ~活字印刷, 136, 145; 马可·波罗关于~, 420; 纸钞的~, 45, 114, 116, 121, 123–24, 128–29
印章, 用于造假的~, 175; ~与钞的销毁, 176, 177; ~上面的语言, 157, 177; 在文件上的~, 117; 马可·波罗关于~, 145, 152, 157, 213; 纸币上的~, 97, 103, 105, 107, 109–11, 114, 116, 121, 127–29, 137, 144, 145–57; 在废钞上的~, 178
犹太教, 58
元朝, ~的行政结构, 348–64, 369–71, 399–417; ~的货币政策, 91–92, 94, 95–96, 101; ~的多族群政策, 40; 又见元朝政府的行政管理; 蒙古
元朝政府的行政管理, 7, 348–64; 关于~的汉文史料, 355, 356, 359; ~的协商性质, 390, 425; ~与贝币, 262–66; ~与对外贸易, 395–96, 397, 398; ~中的外国人, 357–59; ~的地域划分, 399–417; 地方的~, 329, 389–91; ~的垄断, 271, 318, 319, 392, 395–96, 397, 398, 420, 422, 423; 马可·波罗是~的官员, 4, 7, 13 注, 14, 23, 24, 68, 348–364, 350, 362, 389–391, 411, 415, 423–425; 马可·波罗关于~的记述, 400, 401–4, 420, 422, 423; ~的官员, 57, 266; ~中的纸币, 199, 201; ~与盐币, 295–96, 298, 315, 318, 319, 323, 328–30; ~与盐课收入, 271, 367–68

御带库, 53

葬俗, 60, 411
藏语, 45
藏族人, 296; 又见 Tebet 土番
造币, 青铜~, 89, 91, 92, 94, 96, 102, 163, 190, 209; 铁~, 89, 90, 91, 101; 禁止~, 91, 101, 190; ~的短缺, 89, 90, 95, 96; 又见铜币
纸币, xxi, 2, 8, 89–226; ~的管理, 120, 121–24; ~被视为炼金术, 106, 112, 214, 436; 流通的数量, 215–23; ~的年表, 93–104; ~的流通, 159–212, 399;

~的颜色, 107, 111, 121, 126, 127–28, 213; ~的可倒换性, 163–64, 165; ~与贝币对比, 190, 210, 262, 263, 265, 269; ~的面额, 96–98, 100, 102, 103, 107, 109, 110, 114, 121, 129–30, 131, 191; ~的贬值, 163, 164, 171, 215, 225, 226, 319, 322, 323, 377, 384; ~上的图案, 131–34; 销毁旧~, 176–77; ~的流通, 95, 121–22, 182, 183–212, 214; 赠送~, 266; ~的等价物, 99, 100, 158–59; 用奢侈商品换~, 4, 107, 108, 161–62, 165, 166–168, 171–172, 214–215; 倒换旧~, 160, 168, 174–79, 185, 213, 215, 216, 424; ~的兑换率, 158, 368, 374–75, 382–84; ~的伪造, 173–74; ~与黄金, 99, 100, 190, 210; ~与通货膨胀, 91, 100, 101, 104, 115, 179, 215, 225, 308, 376; ~上的语言, 103, 105, 116, 117, 134, 135, 150, 151, 152, 156; ~与司法制度, 161–65; ~上的图文, 131–40; ~的军事用途, 94, 100, 109, 112, 122; 马可·波罗关于~, 106–9, 119, 213, 343, 399, 412, 420, 429–38; ~与马可·波罗的官职, 363, 364; ~官方用途, 94–95, 100, 181, 199, 201, 213, 266, 329; ~的分期, 145–46, 152, 191–98; ~在波斯, 113–18, 160, 174, 226; ~的印刷, 45, 114, 116, 121, 123–24, 128–29; ~的私人交易, 181–83, 213; ~的生产, 106, 114, 120–59, 215; ~的原料, 64 注 107, 110, 114, 116, 121, 124–28, 213; ~与盐币, 190, 210, 295, 324; ~与盐币对比, 190, 210, 226; ~与盐课, 271, 367–68; ~上面的印章, 97, 103, 105, 107, 109, 110, 111, 114, 116, 121, 127, 128–29, 137, 144, 145–57; ~的编号, 135, 145; ~在四川, 200, 210, 399; ~与白银, 92, 99, 100, 115, 158–59, 190, 211, 242; ~的大小, 129–31, 213; 宋代的~, 89, 101, 122, 126, 128, 190, 209, 220, 223; 关于~的资料, 109–13, 118, 119, 120–212, 399, 439–70; 中国南方的~, 101, 170, 200, 212, 220, 223; ~现存实物, 4, 9, 97, 103–5, 121–38, 146–57, 158, 213, 529–41; ~和税收, 96, 101, 179–81, 183, 377–82, 384, 386, 387, 393; 云南的~, 200–201, 210, 266, 289, 399

至大银钞, 102; ~流通数量, 216, 218–23

至元钞 (至元通行宝钞), ~流通数量, 216, 218–23; ~印刷钞版, 124; ~的可倒换性, 164; 关于~造假, 173; ~的面额, 98, 102, 103, 191; ~的贬值, 164; ~的兑换率, 374; ~的行用, 143, 163; ~上的标记, 132–40; ~与分期, 145; ~的大小, 129–31; 现存实物, 121, 126, 129–31, 151–57, 529–41

占星术, 45, 61

中华民国时期 307

中华人民共和国时期, 307–8

中统钞（中统元宝交钞）, ~的流通数量, 216, 218–23; ~的可倒换性, 164; 造假, 173; ~的面额, 96–98, 100, 191; ~的贬值, 102, 377, 388–89; ~的等价物, 378, 379; ~的兑换率, 374–75; ~的行用, 182; ~上的标记, 132–40; ~的分期, 145; ~上的印章, 157; ~与白银, 169; ~的大小, 130–31; ~的现存实物,

104–5, 121, 126, 130–31, 146–51, 209 注, 529–41; ~与税, 380–82, 383, 387, 392

中统厘钞, 98, 100

中统银货, 96, 98, 158

重量与度量, 9, 27; 货币的~, 236–37, 295, 315–17, 475–76; 威尼斯的~, 474; 又见米斯卡尔（*miskal*）

周朝, 235

宗教, ~与货币, 258–59, 266; ~与地理学, 411, 412; ~与忽必烈汗, 52; ~与使团, 72, 76; 马可·波罗关于~, 57–59, 422. 又见天主教；基督教；伊斯兰教；聂思脱里教（Nestorianism）

译后记

本书的翻译由三位译者分工负责：

党宝海译序一、序二、作者自序、致谢、转写与体例、第一章、第八章、附录1—7、书目，翻译并重编索引。

马晓林译第三、四、五、六、七章和附录8的表27。

周思成译第二章、附录8的表3。

全书译竣后，三位译者相互校订了译文。

本书的翻译得到原作者傅汉思（Hans U. Vogel）教授的大力支持和热心帮助；博睿（Brill）出版社慷慨提供了本书版权；北京大学历史学系荣新江教授一直关注并推动本书的翻译和出版工作；深圳大学历史系助理教授蔡伟杰博士在翻译工作的开始阶段提供了重要帮助；北京大学出版社张晗先生对全书进行了细致的编校。谨此一并申谢！